2011～2012 年

党政机关事业单位出差和会议定点饭店目录

上册 · 出差定点

财政部　编

中国财政经济出版社

图书在版编目（CIP）数据

党政机关事业单位出差和会议定点饭店目录：2011～2012年．上册·出差定点／中华人民共和国财政部编．—北京：中国财政经济出版社，2011.2

ISBN 978-7-5095-2755-9

Ⅰ.①党…　Ⅱ.①中…　Ⅲ.①饭店-中国-现代-名录　Ⅳ.①F719.2-62

中国版本图书馆CIP数据核字（2011）第022143号

责任编辑：刘　茜　王　乐　张振中　　　责任校对：徐艳丽

封面设计：邹海东

中国财政经济出版社出版

URL：http://www.cfeph.cn

E-mail：cfeph@cfeph.cn

社址：北京市海淀区阜成路甲28号　邮政编码：100142

发行电话：(010)88190555

北京财经印刷厂印刷　各地新华书店经销

787×1092毫米　16开　80.25印张　1 987 000字

2011年3月第1版　2011年3月北京第1次印刷

定价：148.00元（上、下册）

ISBN 978-7-5095-2755-9/F·2346

（图书出现印装问题，本社负责调换）

前　言

根据《中央国家机关出差和会议定点管理办法》，对党政机关出差和会议定点饭店实行动态管理，两年一定的规定，财政部委托国务院机关事务管理局和各省、地级财政部门通过政府采购确定了地级以上城市 2011 ~ 2012 年定点饭店，使用有效期为 2011 年 1 月 1 日至 2012 年 12 月 31 日。

为方便党政机关和事业单位查阅各地区定点饭店相关信息、财务部门办理报销手续，财政部组织力量编辑了本《目录》。由于对定点饭店实行动态管理，本《目录》所载的饭店信息可能发生变更，有效信息应当以互联网上“党政机关出差会议定点饭店查询网（www. hotel. gov. cn）”所载信息为准。

《目录》分为上下两册，上册为“党政机关出差定点饭店目录”，下册为“党政机关会议定点饭店目录”。

由于编辑时间仓促，《目录》中各地区的表格式样不完全相同，同时可能存在有关数据的错误，在此向读者表示歉意，并再次提醒您，定点饭店的有效信息以“党政机关出差会议定点饭店查询网”为准。

财政部行政政法司

2010 年 12 月

目　录

北 京 市

- 财政部委托国务院机关事务管理局在北京市招标采购出差定点饭店并负责日常监督管理工作。
- 本次政府采购，确定北京市出差定点饭店 134 家。
- 出差定点饭店按照与国务院机关事务管理局签订《协议书》的价格向中央和地方各级党政机关和事业单位提供相应的接待服务。
- 如果对协议价格产生疑义，可以要求定点饭店出示《协议书》。
- 如有出差定点饭店变更或协议价格变化，应以“党政机关出差和会议定点饭店查询网”的信息为准。
- 本目录中的北京市出差定点饭店的详细信息，可在“党政机关出差和会议定点饭店查询网”查阅。
- 北京市长途电话区号　010

北京市出差定点饭店

饭店名称	发票开具单位名称	星级	客房（数量：间；价格：元/天）					地址	前台订房电话	备注
			房型	总间数	协议间数	门市价	协议价			
东城区										
北京和平里宾馆	北京和平里宾馆	3	标准间	196	196	468	238	北京市东城区兴化路（化工部大院4号楼）	010－64286868－6116/6118	
			普通套间	8	8	688	398			
			豪华套间	2	2	888	468			
			单人间	46	46	468	228			
康铭大厦经营管理中心	康铭大厦经营管理中心		单床标准间	25	25	868	220	北京市东城区美术馆后街18号	010－64023388－6088	
			双床标准间	94	94	968	320			
			普通套间	5	5	1860	520			
北京华风宾馆	北京华风宾馆	3	单床标准间	9	9	702	248	北京市东城区前门东大街5号	010－65241976/65247311－8403/8402	
			双人床标间（小）	45	45	702	248			
			双人床标间（大）	12	12	823	248			
			商务标准间	61	61	944	248			
			三人间	1	1	944	318			
			普通套间	6	6	944	418			
			高级套房	3	3	1186	458			
			豪华套房	3	3	2264	558			
北京黄河京都大酒店有限责任公司	北京黄河京都大酒店有限责任公司	3	标准间	195	195	680	280	北京市东城区夕照寺中街29号	010－51335588	
			普通套间	9	9	880	500			
			豪华套间	1	1	1280	500			
			单间	15	15	680	260			
北京市交通饭店	北京市交通饭店	3	单床标准间	12	12	418	220	北京市东四块玉南街35号	010－67196200	
			商务双床标间	41	41	498	250			
			普通标准间	25	25	418	220			
			套间	5	5	788	530			
北京龙潭康城饭店	北京龙潭康城饭店		单床标准间	9	9	338	198	北京市东城区幸福大街福光路2号	010－67141115	
			双床标准间	43	43	338	198			
			套间	4	4	468	318			
北京海霸餐饮有限公司	北京海霸餐饮有限公司	4	单床标准间	40	40	680	300	北京市东城区和平里兴化路6号	010－84285766/84278888	
			双床标准间	78	78	580	260			
			套间	5	5	880	300			
北京江苏大厦	北京江苏大厦	3	B座标准间A	100	100	528	280	北京市东城区安定门外大街丁88号	010－64271188－88866	
			B座标准间B（无窗）	24	24	462	200			

饭店名称	发票开具单位名称	星级	客房（数量：间；价格：元/天）					地址	前台订房电话	备注
			房型	总间数	协议间数	门市价	协议价			
北京江苏大厦	北京江苏大厦	3	B 座大床间	17	17	528	280	北京市东城区安定门外大街丁 88 号	010－64271188－88866	
			B 座套间	12	12	748	380			
			A 座普通标准间	20	20	988	340			
			A 座商务单间	39	39	988	300			
			A 座豪华标准间	24	24	1188	340			
			A 座豪华商务单间	23	23	1188	300			
			A 座行政套间	5	5	2880	650			
北京香江戴斯酒店	北京香江鼎富酒店有限公司	3	经济间	24	24	668	300	北京市东城区南河沿大街南湾子胡同 1 号	010－65127788	
			经济单人间	2	2	668	300			
			豪华大床间	88	88	898	300			
			豪华双床间	49	49	898	340			
			复式豪华家庭间	1	1	1680	650			
北京市崇文门饭店	北京市崇文门饭店	3	双床标准间	121	121	780	330	北京市东城区崇文门西大街 2 号	010－65122211	
			单床标准间	55	55	868	290			
			豪华间	60	60	868	350			
			标准双床套间	6	6	980	440			
			标准单床套间	30	30	980	440			
			商务单床套间	17	17	1080	480			
			商务双床套间	9	9	1080	480			
			全景豪华套间	5	5	1280	480			
内蒙古大厦	北京内蒙古大厦有限责任公司	4	大床标准间	91	91	1280	300	北京市东城区崇文门内大街 2 号	010－65186666－3247	
			双床标准间	133	133	1280	340			
			豪华套房	4	4	2880	600			
			豪华单人间	10	8	1880	400			
港中旅酒店有限公司北京和平里旅居酒店	港中旅酒店有限公司北京和平里旅居酒店	3	城景商务双床房	26	26	600	288	北京市东城区和平里东街 12 号	010－59885997	
			其他景标准双床房	2	2	600	288			
			城景标准双床房	42	42	600	288			
			城景高级大床房	12	12	600	288			
			城景高级套超大床房	7	7	950	400			
			城景高级套双床房	1	1	950	400			

饭店名称	发票开具单位名称	星级	客房（数量：间；价格：元/天）房型	总间数	协议间数	门市价	协议价	地址	前台订房电话	备注
北京中安之家酒店连锁有限公司	北京中安之家酒店连锁有限公司		单床标准间（北京安定门店）	30	30	389	170	北京市东城区安定门外大街168号	400－6114888	1. 北京中安之家酒店连锁有限公司在京共四家成员酒店。2. 发票开具单位以各个成员酒店名义分别开具
			双床标准间（北京安定门店）	150	150	369	180			
			普通套间（北京安定门店）	2	2	569	200			
			单床标准间（北京中安宾馆）	45	45	318	170			
			双床标准间（北京中安宾馆）	72	72	358	180			
			普通套间（北京中安宾馆）	3	3	780	200			
			单床标准间（北京东单宾馆）	44	44	329	170			
			双床标准间（北京东单宾馆）	66	66	359	180			
			普通套间（北京东单宾馆）	2	2	569	200			
			单床标准间（北京梅苑饭店）	51	51	299	170			
			双床标准间（北京梅苑饭店）	65	65	339	180			
			普通套间（北京梅苑饭店）	3	3	589	200			
北京银丰国际商务酒店有限责任公司	北京银丰国际商务酒店有限责任公司		商务标准间（大床）	18	18	498	198	北京市东城区安德里北街25号	010－62045899	
			标准间 A	49	49	438	208			
			标准间 B	32	32	398	208			
			商务标准间（双床）	18	18	498	208			
			豪华套间	4	4	1588	408			

饭店名称	发票开具单位名称	星级	客房（数量：间；价格：元/天）					地址	前台订房电话	备注
			房型	总间数	协议间数	门市价	协议价			
北京西华饭店有限责任公司	北京西华饭店有限责任公司	3	双床标间	98	98	560	300	北京市东城区北河沿大街智德北巷5号	010－52171900	北京西华饭店有限责任公司下属有西华智德饭店、西华京兆饭店、西华月坛饭店三个经营实体
			大床标间	27	27	560	300			
			豪华标间	33	33	680	400			
			豪华套间	12	12	880	480			
			双床标准间（经济型）	133	133	420	200			
			大床标准间（经济型）	21	21	420	200			
			小床标准间	9	9	400	200			
北京宁夏大厦有限责任公司	北京宁夏大厦有限责任公司	4	双床标准间	106	106	960	296	北京市东城区安定门内大街分司厅胡同13号	010－64009999－6811	
			单床标准间	16	16	960	260			
			商务套间	3	3	1360	550			
			行政套间	3	3	1600	590			
北京旅居华侨饭店	北京华侨饭店	3	单床标准间	40	40	700	260	北京市东城区北新桥三条5号	010－64016688	
			双床标准间	84	84	700	280			
			普通套间	4	4	1200	450			
			豪华套间	2	2	1300	480			
			豪华大床间	8	8	1000	320			
			豪华双床间	5	5	1000	340			
			单人间	7	7	450	180			
北京金泰恒业集团有限公司金泰绿洲大酒店	北京金泰恒业有限责任公司金泰绿洲大酒店	3	单床标准间	6	6	580	235	北京市东城区永外彭庄甲58号	010－83106666	
			双床标准间	77	77	580	250			
			普通套间	11	11	880	395			
			豪华套间	3	3	1280	635			
			商务标准间	28	28	680	300			
			商务单人间	13	13	680	285			
			特价无窗房	5	5	480	218			
北京京泰龙国际大酒店管理有限公司	北京京泰龙国际大酒店管理有限公司	5	高级间	159	159	1080	300	北京市东城区珠市口东大街19号	010－67075888	
			商务间	124	124	1280	320			
			豪华间	8	8	1580	300			
			豪华套间	25	25	2280	600			
北京东交民巷饭店	北京东交民巷饭店	4	双床标准间	139	139	1680	320	北京市东城区东交民巷甲23号	010－65243311－36	
			无窗大床标准间	5	5	1000	260			
			大床标准间	4	4	1680	280			
			双床商务间	21	21	1880	340			
			标准套间	5	5	3280	620			

饭店名称	发票开具单位名称	星级	客房（数量：间；价格：元/天）					地址	前台订房电话	备注
			房型	总间数	协议间数	门市价	协议价			
西城区										
北京真武饭店	北京真武饭店		商务标准间	33	33		298	北京市西城区复外真武庙二条5号	010－68016266	
			普通标准间	87	87	308	240			
			商务单人间	6	6	398	298			
			普通单人间	14	14	288	220			
			套间	8	8	680	480			
北京中民大厦	北京中民大厦有限责任公司	4	B楼标准间	65	65	850	280	北京市西城区白广路7号	010－83539988－66	
			A楼单人间	22	22	1280	300			
			A楼标准间	141	141	1280	330			
			B楼套间	3	3	1980	650			
			A楼套间	8	8	1980	650			
			B楼单人间	3	3	850	300			
阳光老宅院酒店	北京阳光老宅院酒店有限公司		双床标准间	83	83	980	300	北京市西城区旧鼓楼大街西绦胡同2号	010－84021188	
			大床间	30	30	880	300			
			套房	4	4	1580	600			
北京同春园饭店	北京同春园饭店	2	双人标准间	50	50	400	200	北京市西城区新街口外大街甲14号	010－62003493/62353288	
			三人标准间	30	30	400	240			
			普通套间	5	5	600	300			
			豪华套间	2	2	1000	400			
北京展览馆宾馆	北京展览馆宾馆有限公司	3	标准间	220	220	798	320	北京西城区西直门外大街135号	010－68316633－7130	
			商务大床间	20	20	898	300			
			套间	3	3	1388	620			
北京中油宾馆	北京中油宾馆	3	豪华套间	6	6	980	480	北京市西城区六铺炕二巷1号院	010－62045522－5516	
			普通套间	7	7	880	380			
			普通双床标准间	85	85	280	200			
			豪华双床标准间	125	125	398	260			
			普通单床标准间	135	135	220	180			
			豪华单床标准间	49	49	398	220			

饭店名称	发票开具单位名称	星级	客房（数量：间；价格：元/天） 房型	总间数	协议间数	门市价	协议价	地址	前台订房电话	备注
如家和美酒店管理（北京）有限公司（公司名称）	如家和美酒店管理（北京）有限公司（公司发票开具单位名称）		标准双人房（北京亚运村店）	80	80	279	210	北京市西城区西直门内大街永详胡同3号（公司地址）	010－66117733－402	
			标准双人房（北京大观园店48间；北京景泰桥店25间；北京双清路店63间）	136	136	219	210			
			标准双人房（北京金台路店）	36	36	239	210			
			特惠商务大床房（北京亚运村店）	51	51	259	200			
			标准大床房（北京大观园店）	50	50	179	170			
			商务大床房（北京大观园店37间；北京景泰桥店11间）	48	48	219	200			
			标准大床房（北京亚运村店2间）	2	2	239	200			
			标准大床房（北京景泰桥店48间；北京双清路店83间）	131	131	199	190			
			商务大床房（北京亚运村店9间）	9	9	279	200			
			商务大床房（北京金台路店）	86	86	239	200			
新疆生产建设兵团驻北京办事处招待所	新疆生产建设兵团驻北京办事处招待所		双床标准间	64	64	580	260	北京市西城区马连道南街6号院2号楼兵团大厦	010－58363888/58363886	
			单床标准间	16	16	580	260			
			普通套间	20	20	1280	420			
北京国谊宾馆	北京国谊宾馆	4	贵宾楼标准间	105	105	1380	340	北京市西城区文兴东街1号	010－88393017/68316611－30110	
			迎宾楼标准间	88	88	1580	340			
			贵宾楼套间	77	77	1980	650			
			迎宾楼套间	64	64	2180	650			
北京辽宁饭店	北京辽宁饭店	3	单床标准间	22	22	460	290	北京市西城区德外大街一号	010－62015588－366/588	
			双床标准间	58	58	520	330			
			套间	8	8	1800	640			

饭店名称	发票开具单位名称	星级	客房（数量：间；价格：元/天）					地址	前台订房电话	备注
			房型	总间数	协议间数	门市价	协议价			
北京京铁生达大厦	北京京铁生达大厦		标准间	100	100	380	228	北京市西城区真武庙四条四号	010－68017733	
			单人间	10	10	380	228			
			豪华套间	2	2	680	476			
			三人间	10	10	300	270			
北京云天酒店有限公司	北京云天酒店有限公司		单床标准间	39	39	420	300	北京市西城区白广路二条甲3号	010－63553377	
			双床标准间	25	25	420	320			
			套间	5	5	860	600			
			四人间	3	3	620	420			
中国职工之家	中国职工之家	4	单床标准间	210	210	1000	298	北京市西城区真武庙路1号	010－68576699－29	
			双床标准间	500	500	1200	338			
			套间	40	40	2000	648			
北京诺林大酒店有限责任公司	北京诺林大酒店有限责任公司		单床标准间	7	7	588	300	北京市西城区广安门南街甲12号	010－63551188/13901211999	
			双床标准间	92	92	588	340			
			豪华标间	16	16	618	380			
			商务间	2	2	658	400			
			套间	6	6	1388	650			
北京华审宾馆	北京华审宾馆		单床标准间	5	5	450	298	北京市西城区西外南路5号	010－68331188	
			双床标准间	70	70	450	310			
			套间	2	2	680	630			
			双人间	5	5	228	220			
			三人间	18	18	228	220			
北京中铁信达经贸有限公司广安门铁路宾馆	北京中铁信达经贸有限公司广安门铁路宾馆	2	单床标准间	39	39	168	158	北京市西城区广安门外车站东街9号	010－51823987	
			双床标准间	134	134	168	158			
			套间	4	4	268	258			
北京市金帝雅宾馆	北京市金帝雅宾馆		单床标准间	8	8	380	200	北京市西城区三里河北街甲5号	010－58550868	
			双床标准间	95	95	380	210			
			套间	7	7	880	410			
北京中铁信达经贸有限公司天健宾馆	北京中铁信达经贸有限公司天健宾馆	2	单床标准间	9	9	168	158	北京市西城区广外南街63号	010－51926066	
			双床标准间	77	77	168	158			
			套间							
北京京都紫禁城饭店有限责任公司	北京京都紫禁城饭店有限责任公司	2	单床标准间	4	4	380	198	北京市西城区广安门南街48号	010－51759503	
			双床标准间	102	102	320	198			
			套间	6	6	380	198			
			豪华套间	2	2	580	350			

饭店名称	发票开具单位名称	星级	客房（数量：间；价格：元/天）					地址	前台订房电话	备注
			房型	总间数	协议间数	门市价	协议价			
北京城中园宾馆	北京城中园宾馆		单床标准间	30	30	288	200	北京市西城区西直门南小街甲188号	010－66162209	
			双床标准间	86	86	288	210			
			套间	8	8	580	410			
北京远通维景国际大酒店	北京远通酒店管理有限公司	4	高级单床间	93	93	2380＋15%	300	北京市西城区平安里西大街30号楼	010－66026688－预定部	
			高级双床间	184	184	2380＋15%	340			
			高级套间	18	18	3580＋15%	650			
			行政套间	9	9	4880＋15%	650			
北京东方饭店	北京东方饭店	3	双床间	192	192	888	340	北京市西城区万明路11号	010－63014466－8335	
			大床间	72	72	888	300			
			套间	24	24	1288	550			
北京港中旅维景国际大酒店	北京港中旅维景国际大酒店有限公司	4	商务单人房	61	61	1960	300	北京市西城区广安门内大街338号	010－83529999－8105	
			标准单人房	18	18	1680	300			
			标准双人房	88	88	1680	340			
			商务贵宾房	3	3	2400	300			
			商务双人房	18	18	1960	340			
			标准套房	12	12	3080	650			
			豪华贵宾房	4	4	2240	300			
			商务套房	4	4	3400	650			
			残疾人房	2	2	1680	340			
北京国信宾馆（国家信访局北京国信宾馆培训中心）	北京国信宾馆	4	单床标准间	3	3	688	280	北京市西城区太平街甲八号	010－83101102	
			东楼双床标准间	55	55	588	300			
			西楼双床标准间	101	101	288	200			
			普通套间	3	3	888	600			
			豪华套间	1	1	1000	600			
北京国宾酒店有限责任公司	北京国宾酒店有限责任公司	5	单床标准间	226	226	2200	300	北京市西城区阜成门外大街甲9号	010－58585588－8669	
			双床标准间	203	203	2200	340			
			普通套间	39	39	4800	650			
德宝饭店	北京德宝饭店	4	标准间	129	95	680	340	北京市西城区德宝新园22号楼	010－68318866－2480	
			标准间	60	42	680	300			
			套间	6	6	1680	650			
			行政套间	9	9	1480	650			
			行政套房	4	4	1480	650			

饭店名称	发票开具单位名称	星级	客房（数量：间；价格：元/天）					地址	前台订房电话	备注
			房型	总间数	协议间数	门市价	协议价			
北京市德胜饭店	北京市德胜饭店	3	双床标准间	56	56	618	230	北京市西城区北三环中路14号	010－62368866－1819	
			标准大床房	13	13	688	280			
			商务套间	6	6	1288	600			
			单床标准间	7	7	618	230			
北京竹园宾馆	北京竹园宾馆	3	单床标准间	10	10	880	260	北京市西城区旧鼓楼大街小石桥胡同24号	010－58520088－236/252/238	
			双床标准间	110	110	880	280			
			普通套间	30	30	990	280			
			豪华套间	10	10	1760	320			
北京圣豪酒店	北京圣豪酒店有限责任公司	3	单人标准间	10	10	488	230	北京市西城区鸭子桥路35号	010－51926699	
			双人普通标准间	65	65	488	230			
			商务套房	2	2	888	400			
			行政套房	2	2	1080	500			
			豪华双人标准间	31	31	588	280			
北京德胜门华宇假日酒店	北京华宇世纪投资有限公司华宇假日酒店分公司	4	标准双床间	55	55	2500	335	北京市西城区德胜门外大街71号	010－82065555	
			标准大床间	52	52	2500	295			
			高级双床间	42	42	3000	335			
			高级大床间	91	65	3000	295			
			行政楼层套房	10	5	4500	650			
朝阳区										
劳动和社会保障部社会保障能力建设中心	劳动和社会保障部社会保障能力建设中心		公寓楼单人间	116	116	360	160	北京市朝阳区双桥中路军马庄北院	010－65786100	
			公寓楼标准间	154	154	320	180			
			贵宾楼标准间	64	64	580	280			
			贵宾楼商务套间	10	10	1160	450			
			贵宾楼高级套间	5	5	2320	650			
北京外国专家大厦	北京外国专家大厦	4	标准间	70	70	1180	330	北京市朝阳区北四环中路华严北里8号院1号楼	010－82858888－66	
			普通套间	84	84	1380	550			
北京凯迪克格兰云天大酒店	北京凯迪克格兰云天大酒店有限公司		高级大床房	64	64	2967	300	北京市朝阳区北辰东路18号	010－84971188－13368	
			高级双床房	112	112	2967	340			
			商务套房	47	47	4577	500			
			行政大床标准间	48	48	4462	300			
			行政双床标准间	10	10	4462	340			
			奥运景观房	13	13	4692	550			
			奥运景观套	10	10	5727	650			

饭店名称	发票开具单位名称	星级	客房（数量：间；价格：元/天）					地址	前台订房电话	备注
			房型	总间数	协议间数	门市价	协议价			
北京贵州大厦	北京贵州大厦	3	单床标准间	14	14	680	300	北京市朝阳区和平西桥樱花西街18号	010－64444466－81	
			普通套间	13	13	980	420			
			双床标准间	145	145	580	270			
贵国酒店	北京贵国酒店管理有限公司	3	双床标准间	96	96	968	260	北京市朝阳区左家庄一号（三元桥）	010－84513388－6667	
			大床标准间	57	57	968	260			
			商务套间	2	2	2178	600			
			商务大床间	12	12	1408	300			
北京奥亚酒店	北京奥亚酒店有限公司	2	经济单人间	30	30	338	168	北京市朝阳区北苑路169号	010－64892299	
			经济标准间（双床）	45	45	388	198			
			标准间（大床）	19	19	428	208			
			标准间（双床）	104	104	428	208			
郁金香温泉花园度假村	北京金郁金香文化发展有限公司	3	单人标准间	16	16	800	300	北京市朝阳区金盏乡东苇路旁郁金香花园内	010－84337801	
			双人标准间	210	210	580	280			
			普通套间	71	71	800	460			
			豪华套间	20	20	3200	600			
			加床房	32	32	2800	440			
北京世纪经典技术培训中心	北京世纪经典技术培训中心	2	单床标准间	无				北京市朝阳区双桥中路9号	010－85390885	
			双床标准间	110	110	360	160			
			套间	3	3	480	300			
北京市军队离休退休干部活动中心京民大厦	北京市军队离休退休干部活动中心京民大厦	3	豪华大床间	26	26	566	290	北京市朝阳区华严里10号	010－62020011－2113	
			豪华标准间	247	247	766	300			
			普通套间	12	12	1066	600			
北京森根国际大酒店有限公司	北京森根国际大酒店有限公司	5	单床标准间	28	28	2240	300	北京市朝阳区来广营西路81号	010－86108490－5555	
			双床标准间	102	102	2240	340			
			套间	42	42	3200	600			
			豪华套间	26	26	4000	650			
北京兰溪宾馆	北京兰溪宾馆	3	单床标准间	10	10	568	260	北京市朝阳区育慧南路1号	010－84646377	
			双床标准间	96	96	588	280			
			套间	4	4	1088	580			

饭店名称	发票开具单位名称	星级	客房（数量：间；价格：元/天）					地址	前台订房电话	备注
			房型	总间数	协议间数	门市价	协议价			
北京共济国际酒店	北京共济国际酒店有限公司		单床标准间	99	99	1380 +15%	300	北京市朝阳区太阳星城水星园E区9号楼	010－84410088－8866	
			双床标准间	98	98	1380 +15%	340			
			普通套间	6	6	1780 +15%	600			
			豪华套间	4	4	1780 +15%	650			
北京市蟹岛绿色生态农庄有限公司	北京市蟹岛绿色生态农庄有限公司	3	单床标准间	380	380	160	100	北京市朝阳区金盏乡长店村北凌云600号	010－84324100－/4200/4888/4889	
			双床标准间	278	278	480	260			
			套间	26	26	600	400			
强强（北京）国际商务酒店有限公司	强强（北京）国际商务酒店有限公司	4	单床标准间	89	89	1359	300	北京市朝阳区东三环南路102号	010－87385588－2806/2808、400－6500019	
			双床标准间	135	135	1359	300			
			圆弧观景间	40	40	1759	500			
			套间	30	30	3159	600			
北京北辰实业集团公司元辰鑫国际酒店	北京北辰实业集团公司元辰鑫国际酒店	4	商务大床间	59	59	1600	290	北京市朝阳区裕民路12号	010－82250362	
			商务双床间	101	101	1600	320			
			豪华套间	3	3	2880	630			
			商务套间	3	3	2600	580			
			公寓套房	38	10	2600	580			
			豪华大床间	14	5	1880	290			
			豪华双床间	7	5	1880	320			
北京亮马河大厦有限公司	北京亮马河大厦有限公司	4	标准大床间	269	180	2600	280	北京市朝阳区东三环北路8号	010－65906688－5283/85/91	
			标准双床间	171	150	2800	330			
			行政套间	26	10	4500	620			
中旅大厦	中旅大厦有限责任公司	4	标准双人间	171	171	1622	340	北京市北三环东路2号	010－64622288－预定部	
			标准大床间	45	45	1622	340			
			商务双人间	79	79	1909	540			
			商务大床间	109	109	1909	540			
			豪华单人间	37	37	2099	600			
			标准套间	29	29	2195	650			
人卫大厦有限公司（北京康源瑞廷酒店）	人卫大厦有限公司	5	商务双床间	47	47	1690	320	北京市朝阳区潘家园南里19号	010－59097206/59097207/59097208/59097209	
			商务单床间	6	6	1890	260			
			商务湖景双床间	61	61	1890	320			
			商务湖景单床间	30	30	2090	260			
			豪华单床间	38	38	1990	260			

饭店名称	发票开具单位名称	星级	客房（数量：间；价格：元/天）					地址	前台订房电话	备注
			房型	总间数	协议间数	门市价	协议价			
人卫大厦有限公司（北京康源瑞廷酒店）	人卫大厦有限公司	5	豪华湖景单床间	26	26	2190	260	北京市朝阳区潘家园南里19号	010－59097206/59097207/59097208/59097209	
			行政双床间	15	15	1990	320			
			行政单床间	41	41	2290	260			
			商务套间	19	19	2390	400			
			行政套间	19	19	2990	400			
			湖景套间	4	4	3690	400			
北京东方宫霄酒店	北京东方宫霄酒店有限公司	3	双人标准间	75	75	780	338	北京市朝阳区关东店28号	65019558	
丰台区										
北京冠京饭店	北京冠京饭店有限责任公司	2	单床标C	11	11	340	180	北京市丰台区丰台北路甲79号	010－63899988－6000	
			双床标B	50	50	380	200			
			双床标C	34	34	340	180			
			双床标A	12	12	480	210			
			套间、商务间	14	14	580	360			
北京鸿坤国际大酒店	北京鸿坤国际大酒店有限公司		双床标准间	142	142	1080	320	北京市丰台区广安路1号	010－63319988－3101	
			单床标准间	70	70	1080	280			
			豪华套间	29	29	1980	550			
			普通套间	7	7	1980	500			
			双床豪华标间	126	126	1380	340			
			特惠双床标准间	30	30	880	220			
			特惠单床标准间	18	18	880	150			
天利酒店	天利（北京）酒店管理有限公司		标准间	100	100	788	260	北京市丰台区大成路7号	010－68693388	
			标准大床间	11	11	788	260			
			豪华套间	7	7	2088	500			
北京金辇酒店管理有限公司	北京金辇酒店管理有限公司		单床标准间	55	55	1388或3388	290	北京市丰台区洋桥西里甲1号	010－87280689	
			双床标准间	144	144	1388	320			
			套间	28	28	2788或3388	650			
北京一商集团有限责任公司北京商务会馆	北京商务会馆	3	标准间	240	240	680	340	北京市丰台区右安门外玉林里1号	010－63292244－4100	
			单人间	21	21	620	300			
			套间	18	18	1280	600			

饭店名称	发票开具单位名称	星级	客房（数量：间；价格：元/天）					地址	前台订房电话	备注
			房型	总间数	协议间数	门市价	协议价			
大方饭店	北京大方饭店有限责任公司		标准间	235	235	830	320	西客站南广场东侧	010－63362288－66	
			单人间	39	39	680	300			
			豪华标准间	35	35	980	360			
北京华储宾馆有限公司	北京华储宾馆有限公司		双床标准间	34	34	240	180	丰台区方庄芳古园二区三号楼	010－87679188/67637050	
			双床套间	9	9	380	280			
			三床套间	6	6	400	370			
			豪华套间	3	3	588	380			
石景山区										
北京海特饭店	北京海特饭店	3	单人间	20	20	900	300	北京市石景山区实兴大街1号	010－68811188－1000	
			标准间	117	117	900	300			
			豪华间	10	10	1600	518			
			行政套房	1	1	3000	650			
海淀区										
北京山东宾馆	北京山东宾馆		经济标间	10	10	260	180	北京市海淀区北三环马甸南路2号院	010－82002288	
			普通标间	10	10	360	210			
			商务标间	60	60	398	280			
			豪华套间	5	5	800	560			
北京鑫正酒店	北京鑫正酒店		双床标准间	38	38	398	280	北京市海淀区紫竹院路45号	010－68431818/68470416	
			豪华套房	2	2	1280	588			
			单床标准间	8	8	398	268			
北京市京水宾馆	北京市京水宾馆		商务单间	18	18	328	200	北京市海淀区普惠北里10号	010－88615599	
			标准间A 标准间B	26	26	328	200			
			商务套间	7	7	398	238			
			豪华套间	2	2	498	298			
			标准间C	12	12	238	148			
			商务标间	24	24	298	180			
国家行政学院学员公寓	国家行政学院机关服务中心		单间	121	121	380	260	北京市海淀区长春桥路6号国家行政学院	010－68929665/68929667	
			标准间	317	317	480	288			
			套间	106	106	580	368			
北京市京浙宾馆	北京市京浙宾馆		双床标准间	60	60	498	288	北京市海淀区北太平庄马甸南路2号院2号楼（七省驻京办）	010－82009898	
			单床标准间（大床）	37	37	498	278			
			普通套间	5	5	688	398			

饭店名称	发票开具单位名称	星级	客房（数量：间；价格：元/天）					地址	前台订房电话	备注
			房型	总间数	协议间数	门市价	协议价			
北京天天假日饭店	北京天天假日饭店	3	标准间 B	124	124	580	240	北京市海淀区万寿路17号	010－68131166－109/102	
			豪华单人间	15	15	580	240			
			温馨套房	3	3	880	500			
			豪华套房	4	4	1580	600			
北京闽京办招待所（八闽宾馆）	北京闽京办招待所	3	双床标准间	46	46	488	288	北京市海淀区马甸七省大院（马甸南路2号院）	010－62019688/82005551－8888、传真82021796	
			单床标准间	29	29	468	278			
			普通套间	4	4	888	498			
北京瑞成大酒店	北京瑞成大酒店有限公司	3	双床标准间	154	154	780	320	北京市海淀区西翠路9号	010－68132255－2002/2003	
			大床标准间	30	30	780	300			
			小单间	12	12	580	270			
			三人间	3	3	880	380			
			标准套间	5	5	980	480			
			豪华套间	2	2	1280	580			
新兴宾馆	新兴宾馆	3	单床标准间	7	7	1080	300	北京市海淀区西三环中路17号	010－88236688－5120	
			双床标准间	197	197	800	300			
			普通套间	15	15	1160	420			
			豪华套间	8	8	1360	480			
北京凯德宾馆	北京凯德宾馆贸易有限公司凯德宾馆		双床标准间	24	24	298	210	北京市海淀区五棵松正大南路四号	010－68226608	
			单床标准间	5	5	288	200			
			豪华套间	3	3	688	410			
中央社会主义学院服务中心	中央社会主义学院服务中心		标准间 A	151	151	1080	280	北京市海淀区万寿寺甲4号	010－68706868－6；68706140	
			豪华双人间	6	6	1680	320			
			豪华单人间	14	14	1080	280			
			豪华套间	16	16	2280	600			
			标准间 B	180	180	688	238			
			普通套间	10	10	988	560			
北京厦门商务会馆	北京厦门商务会馆	4	标准间	34	24	600	320	北京市海淀区知春路46号	010－82118899－8919	
			单人间	32	23	600	300			
			套房	10	7	880	520			
北京锡华商务酒店	北京锡华海体商务酒店有限公司	3	单人标准间	76	76	1380	280	北京市海淀区西苑操场15号	010－62646688	
			双人标准间	144	144	1380	320			
			普通套间	17	17	1680	500			
			豪华套间	12	12	2280	600			

饭店名称	发票开具单位名称	星级	客房（数量：间；价格：元/天）					地址	前台订房电话	备注
			房型	总间数	协议间数	门市价	协议价			
北京天佑丰顺宾馆有限公司	北京天佑丰顺宾馆有限公司	3	商务套间	10	10	980	500	北京市海淀区北蜂窝路甲15号	010－51829500	
			单人间	10	10	498	280			
			双床标准间	189	189	480	260			
			豪华套间	5	5	1280	600			
			三人间	6	6	568	350			
科技会堂	科技会堂	3	单床标准间	23	23	550	280	北京市海淀区复兴路3号	010－68518822	
			双床标准间	166	166	600	300			
			单床普通套间	13	13	1000	550			
			双床普通套间	8	8	1200	580			
			单床商务套间	8	8	1500	630			
			豪华套间	2	2	2500	650			
梦溪（北京）宾馆	梦溪（北京）宾馆		单床标准间	148	148	880	300	北京市海淀区学院路20号	010－59933199/3200	
			双床标准间	39	39	980	340			
			商务套间	28	28	1280	650			
			豪华套间	8	8	2280	650			
中土大厦	北京中土大厦	3	单床标准间	10	10	780	300	北京市海淀区北峰窝路6号	010－51818888－5608/82	
			双床标准间	255	255	780	330			
			豪华标准间	30	30	880	398			
			行政套间	5	5	1580	600			
			豪华套间	5	5	1980	650			
			小单人间	16	16	480	200			
			残疾人间	1	1	980	680			
北京万寿庄宾馆	北京万寿庄宾馆	3	单床标准间	9	9	600	300	北京市海淀区万寿路西街七号	010－68133322－686	
			双床标准间A	98	98	660	330			
			双床标准间B	95	95	600	300			
			套间	13	13	1200	600			
北京紫玉饭店	北京紫玉饭店	3	普通单床标准间	26	26	580	300	北京市海淀区增光路55号	010－68411188－1003/1009、68411337	
			普通双床标准间	80	80	580	320			
			豪华双床标准间	124	124	980	340			
			豪华商务双床标准间	62	62	1280	340			
			普通套间	9	9	1680	650			
			豪华套间	1	1	1980	650			

饭店名称	发票开具单位名称	星级	客房（数量：间；价格：元/天）					地址	前台订房电话	备注
			房型	总间数	协议间数	门市价	协议价			
北京市世纪国建宾馆	北京世纪国建宾馆责任有限公司		单床标准间	33	33	1850	300	北京市海淀区车公庄西路10号	010－58329999－6689	
			普通标准间	149	149	1500	340			
			豪华标准间	13	13	1500	340			
			花园套间	10	10	3600	650			
			行政套间	14	14	3600	650			
北京金泰海博大酒店有限责任公司金泰之家西直门店	北京金泰海博大酒店有限责任公司		特价单人间	4	4	138	120	北京市海淀区索家坟2号	010－62261166	
			单人间	28	28	178	160			
			普通大床间	14	14	200	180			
			标准间	52	52	228	200			
			豪华大床间	4	4	258	200			
建银大厦	建银大厦	4	标准双床间	173	173	1180	340	北京市西站南路2号	010－63266633－8032	
			标准大床	13	13	1180	300			
			行政双床	22	22	1380	340			
			行政单床	55	55	1380	300			
			普通套间	8	8	1980	600			
			豪华套间	9	9	3380	650			
北京新世纪饭店	北京新世纪饭店有限公司	5	标准间	160	160	2260＋15%	300净价	北京市首都体育馆南路6号	010－68491999	
			标准间	382	382	2260＋15%	330净价			
			普通套间	18	18	4180＋15%	650净价			
北京首农香山会议中心	北京首农香山会议中心		单床标准间	17	17	680	280	北京市海淀区北辛村28号	62598788	
			双床标准间	96	96	680	300			
			套间	8	8	980	580			
华融大厦	华融大厦		单床标准间	90	65	660	300	北京市海淀区阜成路18号	010－68401028	
			双床标准间	81	65	720	340			
北方朗悦酒店甘家口店	北京兵工甘家口招待所		商务标准间	60	60	358	258	北京市海淀区三里河路37号	010－68356661	
			商务大床间	21	21	358	258			
			商务单人间	42	42	338	238			
			标准间A	10	10	318	228			
			标准间B	9	9	298	218			
			套间	3	3	378	338			

饭店名称	发票开具单位名称	星级	客房（数量：间；价格：元/天）					地址	前台订房电话	备注
			房型	总间数	协议间数	门市价	协议价			
隆格酒店	北京隆格酒店管理有限公司	3	单床标准间	27	27	580	260	北京市海淀区牡丹北里11号楼	010－62081177	
			双床标准间	85	85	560	260			
			普通套间	4	4	760	320			
			豪华套间	4	4	1110	420			
北京中邮苑宾馆有限公司	北京中邮苑宾馆有限公司	3	单床标准间	13	13	480	288	北京市右安门内大街17号	010－63521978	
			双床标准间	89	89	480	288			
			套间	12	12	580	348			
北京广东大厦	北京广东大厦	3	单床标准间					北京市海淀区岭南路36号	010－68414384	
			双床标准间	193	193	680	340			
			套间	17	17	1680	650			
北京湖北大厦	北京湖北大厦有限责任公司	4	标准间	50	50	1880	330	北京市海淀区中关村南大街36号	010－62172288	
			高级标间	50	50	2580	338			
			标准小套	50	50	3180	630			
			豪华标间A	50	50	2180	338			
北京富伦德酒店管理有限公司	北京富伦德酒店管理有限公司	3	单床标准间	32	32	518	298	海淀区三里河路39号	010－68338866－8888	
						298	228			
			双床标准间	82	82	518	298			
						298	228			
			套间	2	2	818	600			
中建商务大厦	中建商务大厦有限责任公司	4	双床标准间	94	94	380	190	海淀区北洼西里12号	010－88515588	
			商务间	36	36	450	210			
			普通套间	7	7	860	300			
			豪华套间	1	1	1160	410			
北京吉林雪松宾馆	北京吉林雪松宾馆	0	豪华套间	3	3	1288	488	海淀区马甸南路2号院	010－82000066	
			普通套间	6	6	588	258			
			双床标准间	30	30	260	148			
			单床标准间	25	25	240	148			
武青会议中心（中国人民武装警察部队后勤部招待所）	武青会议中心	4	普通标准间	124	124	780	320	北京市海淀区杏石口路18号	010－88863399－21、68794644	
			豪华标准间	24	24	880	340			
			普通套房	12	12	1880	600			

饭店名称	发票开具单位名称	星级	客房（数量：间；价格：元/天）					地址	前台订房电话	备注
			房型	总间数	协议间数	门市价	协议价			
北京海北绿园休闲渡假村有限公司	北京海北绿园休闲渡假村有限公司	4	普通套间	5	5	1680	550	北京市海淀区西北旺镇西玉河村南侧	010－82479858	
			豪华套间	4	4	2280	600			
			双床标准间	117	117	580	220			
北京美泉宫饭店管理有限公司	北京美泉宫饭店管理有限公司	5	双人标准间	168	168	2500	340	北京市海淀区西四环北路125号1幢	010－88869999	
			单人标准间	92	92	2000	300			
			套间	84	84	3000	500			
北京学府宾馆	北京学府宾馆	3	标准双人间	80	80	680	280	北京市海淀区志新东路9号	010－82837376	
			标准套间	6	6	1080	650			
门头沟区										
北京京西晨光饭店	北京京西晨光饭店	3	A区单床标准间	9	9	200	160	门头沟区双峪路一号	010－69843134/69858383－5101	
			A区双床标准间	74	74	200	160			
			B区单床标准间	3	3	320	280			
			B区双床标准间	63	63	320	280			
			套间	9	9	480	380			
通州区										
北发大酒店	北京北发大酒店有限责任公司		单床标准间	10	10	1180	170	通州区台湖镇国际图书城园区	010－80808999	
			双床标准间	181	181	988	180			
			套间	10	10	1680	360			
顺义区										
北京市京林空港培训中心	北京市京林空港培训中心	3	标准间	55	55	668	330	北京市首都机场南平东里乙一号	010－64583715	
			豪华标准间	111	111	780	330			
			单人间	12	12	668	290			
			商务套房	12	12	1056	520			
			豪华套间	1	1	1800	640			
			二室一厅	24	24	1086	420			
			小三室一厅	6	6	1568	520			
			大三室一厅	8	8	1868	520			
北京空港奥竺宾馆有限公司	北京空港奥竺宾馆有限公司		大床标准间	24	24	580	200	北京市顺义区天竺地区小天竺一街36号	010－64548082	
			普通标准间	175	175	580	200			
			阳光标准间	39	39	680	260			
			三人套间	6	6	880	380			
			四人套间	10	10	880	380			
			大床套间	4	4	880	380			

饭店名称	发票开具单位名称	星级	客房（数量：间；价格：元/天）					地址	前台订房电话	备注
			房型	总间数	协议间数	门市价	协议价			
北京顺义宾馆	顺义区人民政府招待所	3	标准间	199	199	1280	240	北京市顺义区府前中街3号	010－69444815－2120/2020	
			普通套间	17	17	2720	360			
			豪华套间	6	6	7540	580			
			单人间	112	112	1090	240			
			三人间	6	6	1310	300			
北京望潮苑民俗度假村有限公司	北京望潮苑民俗度假村有限公司	3	单床标准间	2	2	480	278	北京市顺义区仁和镇河南村村东	010－89491980/89491981－8600/8000	
			双床标准间	57	57	380	247			
			套间	11	11	480	326			
			别墅套房	18	18	680	394			
总装备部银轮接待处	总装备部银轮接待处		一类双床标准间	93	93	800	320	北京市顺义区天竺开发街12号	010－66368308/64565978	
			二类双床标准间	59	59	400	280			
			三类双床标准间	24	24	300	240			
			单床标间	16	16	400	260			
			普通套间	3	3	980	580			
			豪华套间	13	13	1800	600			
昌平区										
阳光酒店管理集团有限公司北京阳光会议中心	阳光酒店管理集团有限公司北京阳光会议中心	3	普通标准间 A	60	60	330	230	北京市昌平区长陵镇锥石口村北	010－89721241	
			普通标准间 B	64	64	280	180			
			豪华标准间	194	194	480	260			
			大单间	14	14	350	300			
			普通套间	24	24	912	600			
			小单间	3	3	200	160			
华清温泉宾馆	北京市华清温泉宾馆有限责任公司	3	标准间	55	55	580	290	北京市昌平区东小口镇中滩村东	010－84826665	
			豪华标准间	33	33	680	340			
			套间	8	8	880	440			
北京昆钰酒店	北京昆钰酒店	3	单床标准间	17	17	380	170	北京市昌平区沙河镇沙阳路11号	010－51529388/59795238－8200	
			双床标准间	150	150	380	180			
			套间	2	2	1280	420			
			三人间	5	5	450	230			
虎峪园林山庄	机械工业部机关服务局虎峪园林山庄		双床标准间	70	70	380	190	北京市昌平区南口镇虎峪村	010－69771100	
			双床标准间	40	40	360	180			
			普套	2	2	600	300			
			豪套	6	6	800	350			
			单床标准间							
			双床标准间	60	60	490	210			
			普套	8	8	1580	380			
			豪套	2	2	1980	400			

饭店名称	发票开具单位名称	星级	客房（数量：间；价格：元/天）					地址	前台订房电话	备注
			房型	总间数	协议间数	门市价	协议价			
北京碧水庄园房地产开发有限公司碧水酒店管理分公司	北京碧水庄园房地产开发有限公司碧水酒店管理分公司	4	单床标准间	18	18	600	300	昌平区回龙观镇碧水庄园定福皇庄75号	010－69733116	
			双床标准间	85	85	660	340			
			套间	12	12	1320	650			
			豪华套间	1	1	3888	650			
北京汤山假日会议中心	北京汤山假日会议中心	4	单床标准间	无				北京市昌平区小汤山镇中心街西端	010－61785522－8288	
			双床标准间	120	120	580	270			
			套间	9	9	880	530			
			高套	1	1	1188	600			
怀柔区										
北京市民主法制干部培训基地（北京宽沟雁栖山庄）	北京市民主法制干部培训基地		豪华套房	9	9	3800	648	北京市怀柔区雁栖湖雁青路21号	010－69666699－6666/6600	
			标准间	93	93	480	200			
			普通套房	7	7	1000	380			
北京市松秀园度假村	北京市松秀园度假村	3	单床标准间	无	无	无	无	怀柔区雁青路13号	010－69661645	
			双床标准间	99	99	440	260			
			套间	5	5	2000	650			
平谷区										
北京育新苑宾馆	北京育新苑宾馆	3	双人标准间	196	196	480	330	北京市平谷区金海湖镇韩庄北街3号	010－69991723－8666、69991242	
			单人标准间	5	5	480	300			
			普通套间	10	10	960	500			
			豪华套间	5	5	1500	600			
			三人标准间	23	23	480	330			
北京东晓新越酒店	北京东晓新越酒店	3	单床标准间	22	22	388	268	北京市平谷区乐西小区17号	010－89997812	
			双床标准间	79	79	328	220			
			套间	12	12	688	413			
			三人间	6	6	428	280			
延庆县										
北京圣世苑温泉大酒店	北京圣世苑温泉大酒店有限公司	4	标准间	140	140	680	340	北京市延庆县东外大街69号	010－69103737/69187776/69187775	
			商务套房	60	60	1480	600			

饭店名称	发票开具单位名称	星级	客房（数量：间；价格：元/天）					地址	前台订房电话	备注
			房型	总间数	协议间数	门市价	协议价			
北京八达岭华风温泉大城堡	北京八达岭华风温泉大城堡	3	单床标准间	28	28	380	170	北京市延庆县庆园街2号	010－69182266－销售部	
			双床标准间	92	92	588	280			
			套间	4	4	1880	620			
			小标准间	36	36	588	260			
			小套间	3	3	980	400			
			三人间	6	6	788	340			
北京金隅八达岭温泉度假村有限责任公司	北京金隅八达岭温泉度假村有限责任公司	3	标准间	304	304	580	240	北京市延庆县妫水北街1号	010－69148833/69186869/69180006/69180005	
			豪华间	12	12	680	280			
			豪华套间	14	14	1880	480			
			公寓	46	46	780	300			

天 津 市

- 财政部委托天津市财政局负责在天津市招标采购出差定点饭店并负责日常监督管理。
- 本次政府采购，确定天津市出差定点饭店 60 家。
- 出差定点饭店按照与财政部门签订《协议书》的价格向中央和地方各级党政机关和事业单位提供相应的接待服务。
- 如果对协议价格产生疑义，可以要求定点饭店出示《协议书》。
- 如有出差定点饭店变更或协议价格变化，应以“党政机关出差会议定点饭店查询网”的信息为准。
- 本目录中的天津市出差定点饭店的详细信息，可在“党政机关出差会议定点饭店查询网”查阅。
- 天津市长途电话区号　022

天津市出差定点饭店

饭店名称	发票开具单位名称	星级	客房（数量：间；价格：元/天）					地址	前台订房电话	备注
			房型	总间数	协议间数	门市价	协议价			
和平区										
天津市天宇大酒店	天津市天宇大酒店	4	套间	18	15	1950	600	天津市和平区电台道19号	022－23603388－3070	
			单间	22	15	1280	280			
			标准间	94	70	1658	300			
天津市和平宾馆	天津市和平宾馆	3	套间	4	4	810	567	天津市大理道66号	022－23191588/13032234170	
			单间	57	57	488	300			
			标准间	24	24	488	300			
天津富蓝特大酒店	天津富蓝特大酒店	3	豪华套间	1	1	1280	598	天津市和平区新华路231号	022－83326399	
			套间	13	13	580	398			
			经济间	16	16	280	198			
			单间	12	12	448	288			
			标准间	54	54	380	266			
天津第一饭店	天津津华饭店有限公司	3	套间	9	9	1145	450	天津市解放北路158号	022－23309988	
			单间	57	57	764	300			
			标准间	27	27	764	300			
			豪华套间	1	1	1540	550			
			小单间	4	4	477	280			
天津警备区鞍山道招待所	中国人民解放军天津警备区鞍山道招待所		豪华套间	2	2	980	600	天津市和平区鞍山道32号	022－84637230	
			后楼套间	7	7	660	500			
			前楼套间	4	4	480	400			
			后楼单间	39	39	260	200			
			前楼单间	2	2	260	160			
			后楼标间	56	56	260	200			
			前楼标间	53	53	260	160			
			后楼三人间	16	16	180	150			
			前楼三人间	10	10	300	210			
			后楼四人间	3	3	240	200			
			后楼五人间	2	2	350	300			
晋滨国际大酒店	天津晋滨国际大酒店有限公司	4	标准间	130	130	1180	300	天津市和平区鞍山道135号	022－83311818	
			单间	80	70	1180	300			
			套房	30	30	2188	600			

饭店名称	发票开具单位名称	星级	客房（数量：间；价格：元/天）					地址	前台订房电话	备注
			房型	总间数	协议间数	门市价	协议价			
天津市沃特大饭店	天津市沃特大饭店有限责任公司	2	标准间（大、双床）	46	46	668	248	天津市和平区湖北路23号增1~2号	022－23310088－0	
			商务间	9	9	888	298			
			豪华套间	4	4	1188	398			
河东区										
天津财富豪为商务酒店有限公司	天津财富豪为商务酒店有限公司	4	套间	11	11	1680	600	天津市河东区津塘路79号	022－58299988	
			单间	72	50	1148	300			
			标准间	131	131	880	300			
天津市赣津饭店	天津市赣津饭店	2	豪华套房	2	2	580	380	天津市河东区新开路136号江西大厦	022－24410098	
			普通套房	2	2	380	220			
			单人间	14	14	300	160			
			标准间	77	77	300	160			
			三人间	6	6	400	210			
天津世纪泰豪酒店	天津世纪泰豪酒店管理有限公司		特惠大床间	16	16	1080	299	天津市河东区卫国道136号	022－58228888	
			标准大床间	18	18	1080	299			
			豪华大床间	77	77	1380	299			
			豪华双床间	85	85	1380	299			
			豪华套房	6	6	2180	599			
			商务套房	16	16	1980	599			
河西区										
天津汉庭友谊路二店	汉庭（天津）投资咨询有限公司河西分公司		双床房	66	66	209	192	天津市河西区宾友道121号	022－28355565	
			家庭房	13	13	219	201			
			高级特大床房	37	37	199	183			
			高级大床房	39	39	189	174			
			特价房	2	2	149	137			
			大床房	3	3	149	137			
			套房	2	2	289	266			
天津国际经济贸易展览中心有限公司津利华大酒店	天津国际经济贸易展览中心有限公司津利华大酒店	4	单人间	136	136	1160	300	天津市河西区友谊路32号	022－28352222－4101	
			标准间	42	42	1160	300			
			豪华单人间	25	25	1776	300			
			套间	24	24	2196	600			
			豪华套间	6	6	4016	600			

天津

饭店名称	发票开具单位名称	星级	客房（数量：间；价格：元/天）					地址	前台订房电话	备注
			房型	总间数	协议间数	门市价	协议价			
天津科技大厦	天津国际科技咨询公司	3	单人间	5	5	488	230	天津市河西区友谊路23号	022－28455911	
			标准间（双床）	40	40	688	280			
			商务间（双人大床）	56	56	698	290			
			高级商务间（双人大床）	12	12	888	300			
			豪华套房	5	5	998	500			
中铁十八局集团有限公司柳林宾馆	中铁十八局集团有限公司柳林宾馆	3	豪华大套间	2	2	1880	500	天津市中河西区柳林东中铁十八局	022－60282693	
			豪华中套间	6	6	1280	400			
			豪华单间	18	18	680	280			
			豪华标准间	32	32	680	280			
			标准间	22	22	480	240			
			三人间	20	20	380	280			
南开区										
天津市水上会宾园饭店	天津市水上会宾园饭店	4	套间	16	16	1280	600	天津市南开区水上公园路46号	022－23369488－总台	
			单间	41	41	660	300			
			标准间	100	100	660	300			
双鹿大厦	天津双鹿大厦	3	套间	3	3	1880	480	天津市南开区三马路165号	022－27318888－8106	
			单间	33	33	420	192			
			标准间	62	62	480	210			
天津体育宾馆	天津体育宾馆	3	套间	1	1	1380	600	天津市南开区卫津南路90号	022－23935800	
			单间	16	16	660	300			
			标准间	58	58	520	280			
天津市华城宾馆	天津市华城宾馆	3	套间	4	4	980	580	天津市南开区红旗南路253号	022－23369219	
			单间	16	16	660	298			
			标准间	75	75	480	270			
			豪华套间	2	2	2480	600			
天津夏日荷花酒店投资股份有限公司	天津夏日荷花酒店投资股份有限公司鼓楼店	3	套间	6	6	650	385	天津市南开区南马路816－1号	022－27272288	含早餐
			单间	157	157	315	245			
			标准间	59	59	375	290			
红楼大酒店	天津市电影公司红楼大酒店	3	标准间	65	65	360	240	天津市南开区卫津南路38号	022－23411461	
			单人间	1	1	240	150			
			套房	27	27	420	280			
			豪华套房	4	4	880	600			
			三人间	1	1	480	300			

饭店名称	发票开具单位名称	星级	客房（数量：间；价格：元/天）					地址	前台订房电话	备注
			房型	总间数	协议间数	门市价	协议价			
汇高花园酒店	天津汇高花园酒店有限公司		单人间	90	90	1080	298	天津市南开区白堤路236号增1号	022－87897777	
			商务标准间	95	95	1080	298			
			行政套房	4	4	3080	600			
河北区										
天津凯德大酒店	天津市凯德商旅物业管理有限公司	4	套间	27	20	1180	600	天津市河北区自由道15号	022－24451777	
			单间	23	16	580	300			
			标准间	143	106	780	300			
天津远洋宾馆	天津远洋宾馆	3	套间	18	18	1280	600	天津市河北区远洋广场5号	022－24205518－销售部	
			单间	40	40	428	300			
			标准间	80	80	428	300			
			经济间	10	10	373	200			
天津津利华中山饭店	天津津利华中山饭店		套间	6	6	998	368	天津市河北区中山北路27号	022－58219888	
			大床间	20	20	498	198			
			标准间	50	50	498	198			
			豪华套间	1	1	1988	600			
格兰云天大酒店	天津市格兰云天大酒店有限公司		套间	7	7	1880	600	天津市河北区金钟河大街229号	022－26418888	每个房间赠送38元标准的两份自助早餐，赠送报纸、矿泉水
			单间	38	38	580	280			
			标准间	80	80	580	280			
天津快捷假日酒店	天津万笑饭店有限公司	4	大床标间	106	74	888	270	天津市河北区中山路288号	022－26288888	
			双床标间	160	110	888	270			
			套间	10	7	1888	600			
塘沽区										
天津胜利宾馆	天津胜利宾馆有限公司	4	套间	20	15	1588	600	天津市塘沽区津塘公路1369号	400－6517288	
			单间A	80	60	438	280			
			单间B	22	17	218	180			
			标准间A	186	140	438	280			
			标准间B	82	82	198	168			
金世界酒店	天津市金世界酒店有限公司	3	套间	4	4	528	368	天津塘沽新港二号路2169号	022－25788088－8000/8088	
			单间	11	11	298	218			
			标准间	46	46	318	238			
			豪华套间	3	3	818	568			
			小单间	18	18	198	168			

饭店名称	发票开具单位名称	星级	客房（数量：间；价格：元/天）					地址	前台订房电话	备注
			房型	总间数	协议间数	门市价	协议价			
今天国际酒店	天津国臣投资集团有限公司		行政套房	17	17	1088	496	天津市塘沽区新港二号路1641号	022－25789999－8001/8002	
			行政豪华套	1	1	1588	596			
			豪华套	5	5	888	396			
			女士豪华套	1	1	908	406			
			豪华三人套	2	2	988	496			
			女士大床房	15	15	438	256			
			精致大床间	93	93	418	246			
			女士双床房	3	3	463	281			
			精致双床间	50	50	443	271			
天津市巨川国际商务酒店管理有限公司津塘公路店	天津市巨川国际商务酒店管理有限公司津塘公路店	4	套间	10	10	2088＋15%	598	天津市津塘公路1155号	022－66888888	
			豪华间	28	28	1288＋15%	298			
			标准间（双床）	128	128	1088＋15%	268			
			标准间（大床）	63	63	1088＋15%	268			
大港区										
天津石化天华宾馆	天津石化天华宾馆	3	套间	9	9	1080	600	天津市大港区北围堤路西68号	022－63804735/63804736	
			单间	11	11	580	300			
			标准间	67	67	380	228			
天津市升云海鲜酒店有限公司	天津市升云海鲜酒店有限公司	3	套间	13	13	688	300	天津市大港区东环路888号	022－63231800	
			单间	6	6	160	80			
			标准间	115	115	180	120			
			三人间	8	8	200	150			
			豪华套房	4	4	888	500			
天悦宾馆	天津市天悦宾馆有限责任公司		套间	8	8	366	280	天津市滨海新区大港世纪大道180号	022－63862276	
			单间	10	10	296	180			
			标准间	99	99	258	160			
			普通客房	23	23	120	100			
天津海润会议服务有限公司	天津海润会议服务有限公司		高级套房	1	1	880	600	天津市大港区学府路928号	022－63237880/63305100/63301500	
			套房	13	13	520	380			
			商务房	13	13	480	300			
			标准间	151	151	300	180			

饭店名称	发票开具单位名称	星级	客房（数量：间；价格：元/天）					地址	前台订房电话	备注
			房型	总间数	协议间数	门市价	协议价			
大港宾馆	天津市大港宾馆有限公司		套间	4	4	480	460	天津市大港区迎宾街73号	022－63232222	
			单间	32	32	248	180			
			标准间	124	124	228	160			
			三人间	3	3	228	160			
天津市天联宾馆有限责任公司	天津市天联宾馆有限责任公司		套间	6	6	880	580	天津市大港区迎宾街121号	022－59711118	
			单间	6	6	248	180			
			标准间A	36	36	248	170			
			标准间B	34	34	248	180			
			三人间	7	7	248	180			
大港油田宾馆	大港油田集团有限责任公司	3	普通标间	129	129	320	240	天津大港油田三号院团结西路	022－25923253	
			商务标间	8	8	458	260			
			商务单间	4	4	418	260			
			豪华标间	10	10	582	300			
			豪华小套	10	10	1248	600			
			豪华大套	9	9	2180	600			
			豪华多套	2	2	4180	600			
东丽区										
天津市东丽区人民政府招待所	天津市东丽区人民政府招待所	2	套间	3	3	798	598	天津市东丽区跃进路30号	022－24391908	
			单间	63	63	448	298			
			标准间	97	97	448	298			
天津市金滦酒店	天津市金滦酒店		套间	5	5	880	480	天津市东丽区津塘公路268号	022－58996648	
			单间	4	4	360	180			
			标准间	74	74	320	170			
			三人间	2	2	360	180			
东丽湖大酒店	天津东丽湖大酒店有限公司		豪华双床房	21	21	880	280	天津市东丽区东丽湖东丽之光大道2号	022－84966666	
			豪华大床房	15	15	880	280			
			豪华套房	2	2	1650	400			
西青区										
天津市西青区老干部疗养院（西青宾馆）	天津市西青区老干部疗养院		套间	4	4	820	600	天津市西青区杨柳青镇西河闸西	022－27940168/27940158	
			标准间	130	130	300	200			
津南区										
月坛酒店	天津市月坛酒店有限公司	3	套间	60	60	428	280	天津市咸水沽镇为民路4号	022－28578888	
			单间	20	20	400	240			
			标准间	100	100	328	180			

饭店名称	发票开具单位名称	星级	客房（数量：间；价格：元/天）					地址	前台订房电话	备注
			房型	总间数	协议间数	门市价	协议价			
天津宝成宾馆有限公司	天津宝成宾馆有限公司		豪华套房（一号楼）	9	9	780	500	天津市津南区海河二道闸南侧	022－88698986	
			标准套房（二号楼）	9	9	520	300			
			标准间（一号楼）	70	70	520	260			
			普通标准间（二号楼）	122	122	320	160			
			一般标准间（三号楼、别墅）	108	108	260	130			
北辰区										
瑞景大酒店	天津瑞景酒店有限公司	4	标准大床房	67	67	800	300	天津市北辰区辰昌路1260号	022－26691888－7001	
			标准双床房	57	57	800	300			
			商务大床房	44	44	866	300			
			豪华大床房	6	6	938	300			
			标准套房	4	4	1080	600			
			行政套房	5	5	1488	600			
			行政公寓套房	6	6	2268	600			
			行政豪华套房	1	1	3688	600			
武清区										
天津武清区天鹅湖温泉度假村有限公司	天津武清区天鹅湖温泉度假村有限公司	4	套间	57	57	980	460	天津武清开发区福源道20号	022－82171516	
			四合院	45	45	680	220			
			标准间	482	482	680	220			
天津市武清区人民政府招待所（雍阳宾馆）	天津市武清区人民政府招待所（雍阳宾馆）	3	套间	4	4	1280	600	天津市武清区杨村镇雍阳东道16号	022－29390027	
			单间	4	4	260	200			
			标准间（四合院、贵宾楼A楼）	112	112	260	200			
			标准间（贵宾楼B楼）	22	22	300	260			
天津海关武清培训中心	天津海关武清培训中心		套间	11	11	980	600	天津武清开发区泉州路2号	022－84202500	
			单间	13	13	480	300			
			标准间	97	97	360	260			
宝坻区										
天津市农商会议中心	天津市农商会议中心		标准间	146	146	480	260	天津市宝坻区天宝经济开发区宝中道南侧1号	022－22530900	
			单人间	100	100	350	130			
			套房	18	18	960	540			
			豪华套房	6	6	1200	580			

饭店名称	发票开具单位名称	星级	客房（数量：间；价格：元/天）					地址	前台订房电话	备注
			房型	总间数	协议间数	门市价	协议价			
天津市宝坻宾馆	天津市宝坻宾馆	3	东楼套间	5	5	480	360	天津市宝坻区广川街23号	022－29260100	
			西楼套间	10	10	360	300			
			豪华套间	4	4	1128	600			
			东楼标准间	41	41	180	140			
			西楼标准间	80	80	260	210			
			东楼三人间	51	51	200	160			
蓟县										
天津市财税干部培训中心	天津市财税干部培训中心		套间	20	20	1680	600	天津市蓟县官庄镇营房村北	022－29821629/29822071	
			单间	11	11	528	300			
			标准间	102	102	480	300			
			大标间	2	2	548	300			
			三人间	1	1	580	300			
天津市公安局教育培训中心	天津市公安局教育培训中心		套间	10	10	600	400	天津市蓟县官庄镇玉石庄村	022－29822456	
			标准间	124	124	360	180			
			三人间	6	6	480	270			
天津市蓟县渔阳宾馆	天津市蓟县渔阳宾馆	4	套间	30	30	1000	600	天津市蓟县迎宾路12号	022－82715588	
			贵宾楼标准间	156	156	580	290			
			一区标准间	17	17	380	200			
			二区标准间	39	39	320	180			
			三区标准间	92	92	200	120			
宁河县										
天津市宁河县贵达宾馆	天津市宁河县贵达宾馆	3	江南小院套间	18	18	880	500	天津市宁河县苗庄镇	022－69226666/69225195/69225208	
			日式单间	5	5	360	260			
			广运楼标准间	84	84	380	260			
			日式标准间	11	11	360	260			
			日式套房	5	5	800	500			
			宾馆标准间	32	32	298	260			
			广运楼套间	2	2	800	500			
			宾馆套间	1	1	800	500			
静海县										
天津市静海县贾苑大酒店	天津市静海县贾苑大酒店	2	中式套房	1	1	800	580	天津市静海镇东方红路50号	022－28946341	
			豪华套房	2	2	600	480			
			高级套房	2	2	480	320			
			普通套房	2	2	400	280			

饭店名称	发票开具单位名称	星级	客房（数量：间；价格：元/天）					地址	前台订房电话	备注
			房型	总间数	协议间数	门市价	协议价			
天津市静海县贾苑大酒店	天津市静海县贾苑大酒店	2	豪华标准间	6	6	300	200	天津市静海镇东方红路50号	022－28946341	
			普通标准间	12	12	200	160			
			高级三人间	27	27	200	160			
			普通三人间	50	50	150	140			
			单人间	2	2	200	120			
静海宾馆	静海宾馆	1	套间	7	7	600	400	天津市静海县静文路20号	022－28941097	
			标准间	153	153	180	150			
开发区										
天津市金帆酒店	天津市金帆酒店	3	套间	4	4	880	580	天津开发区第一大街49号	022－25326666－6888	单人间与双人间可按需求变换
			单间	36	36	480	300			
			标准间	24	24	480	300			
保税区										
天津天保国际酒店	天津天保国际酒店有限公司	5	套间	38	30	1400	600	天津保税区京门大道368号	022－25761588－3611	
			单间	30	6	1000	300			
			标准间	62	55	1000	300			
天津空港物流加工区白云宾馆有限公司	天津空港物流加工区白云宾馆有限公司		套间	16	16	1368	599	天津空港物流加工区西二道90号	022－84860000	
			单间	39	39	588	299			
			标准间	64	64	588	299			
天津空港格兰云天大酒店	天津海津置地投资有限公司格兰云天大酒店分公司		高级套间	31	31	2180	599	天津空港经济区西二道82号	022－58838888	
			单间	95	95	1280	299			
			标准间	72	72	1280	299			
新技术产业园区										
鑫茂天财酒店	天津鑫茂天财酒店有限公司	4	套间	61	48	1380	580	天津华苑产业区榕苑路1号	022－23080088/23080888	
			豪华标准间	32	25	880	298			
			大标准间	72	55	880	298			
			标准间	23	18	680	298			

河 北 省

- 财政部委托河北省财政厅负责在河北省地级以上城市招标采购出差定点饭店并负责日常监督管理工作。
- 本次政府采购确定河北省出差定点饭店 176 家。
- 出差定点饭店按照与财政部门签订《协议书》的价格向中央和地方各级党政机关和事业单位提供相应的接待服务。
- 如果对协议价格产生疑义，可以要求定点饭店出示《协议书》。
- 如有出差定点饭店变更或协议价格变化，应以“党政机关出差会议定点饭店查询网”的信息为准。
- 本目录中的河北省出差定点饭店的详细信息，可在“党政机关出差会议定点饭店查询网”查阅。
- 河北省秦皇岛市、承德市的出差定点饭店的价格存在季节差价，请在使用查询时注意。
- 河北省各地区长途电话区号：

石家庄市　0311	张家口市　0313
承德市　0314	秦皇岛市　0335
唐山市　0315	廊坊市　0316
保定市　0312	沧州市　0317
衡水市　0318	邢台市　0319
邯郸市　0310	

河北省出差定点饭店

饭店名称	发票开具单位名称	星级	客房（数量：间；价格：元/天）					地址	前台订房电话	备注
			房型	总间数	协议间数	门市价	协议价			
石家庄市										
河北太行国宾馆（白楼宾馆）	河北太行国宾馆		怡宾楼双套间	14	14	880	480	石家庄市维明北大街28号	0311－87862217	早餐免费，餐费9折
			怡宾楼标准间	148	148	380	260			
			迎宾楼豪华标准间	10	10	880	300			
河北中国大酒店	河北省人民政府招待处	4	贵宾楼套间	13	13	1680	600	石家庄市自强路127号	0311－87025441	早餐免费，餐费9折
			贵宾楼标准间	200	200	480	260			
河北省人大常委会招待处（颐圆宾馆）	河北省人大常委会招待处（颐圆宾馆）		主楼豪华套间	10	10	1260	600	石家庄市新华路355号	0311－87883802	早餐免费，餐费9折
			主楼套间	8	8	1060	400			
			主楼单间	9	9	580	246			
			主楼标准间	76	76	580	246			
			副楼单间	4	4	520	230			
			副楼标准间	143	143	520	230			
河北省政协招待处（中山宾馆）	河北省政协招待处（中山宾馆）		主楼套间	13	13	980	450	石家庄市中华北大街市庄路57号	0311－85987777	早餐免费，餐费8.5折，零客免费洗衣，房间提供水果
			主楼单间	18	18	498	230			
			主楼标准间	70	70	380	240			
			副楼套间	5	5	500	240			
			副楼标准间	80	80	300	160			
			副楼单间	6	6	498	230			
			副楼经济间	30	30	320	140			
			副楼豪华单间	1	1	498	230			
河北宾馆	河北宾馆	5	套房	20	14	1980	600	石家庄市育才街168号	0311－89668001	早餐免费，餐费9折
			单间	150	105	1160	300			
			标准间	160	112	1160	300			
石家庄银河宾馆	石家庄银河宾馆	4	西楼套间	14	14	880	350	石家庄市四中路10号	0311－85986688	早餐免费，餐费9折
			西楼单间	13	13	660	220			
			西楼商务标准间	13	13	600	230			
			西楼标准间	50	50	600	220			
			东楼标准间	50	50	400	170			
石家庄亚太大酒店	石家庄亚太大酒店	3	迎宾楼套间	3	3	960	488	石家庄市青园街215号	0311－85999889	早餐免费，餐费9折
			迎宾楼单间	10	10	480	230			
			迎宾楼标准间	184	184	480	230			

饭店名称	发票开具单位名称	星级	客房（数量：间；价格：元/天）					地址	前台订房电话	备注
			房型	总间数	协议间数	门市价	协议价			
石家庄亚太大酒店	石家庄亚太大酒店	4	贵宾楼套间	8	8	1080	600	石家庄市青园街215号	0311－85999889	早餐免费，餐费9折
			贵宾楼单间	29	29	660	300			
			贵宾楼标准间	46	46	660	280			
			贵宾楼商务单间	17	17	688	300			
燕山大酒店	河北燕山大酒店有限责任公司	4	行政套房	3	3	1690	600	石家庄市裕华西路40号	0311－87012233	早餐免费，餐费8.5折，零客免费洗衣
			行政小套房	3	3	1390	600			
			豪华套房	10	10	1090	490			
			豪华大床房	5	5	760	300			
			行政房	15	15	990	300			
			高级单人间	16	16	590	260			
			豪华单人间	10	10	660	260			
			高级房	70	70	590	260			
			豪华房	60	60	660	260			
河北世纪大饭店	河北世纪大饭店有限公司	5	套间	41	41	1100	600	石家庄市中山西路145号	0311－87036699	早餐免费，餐费9折
			单间	90	90	780	300			
			标准间	153	153	680	260			
河北省军区招待所西院	河北省军区招待所西院		迎宾楼套间	29	29	500	350	石家庄市裕华东路100号	0311－86699919	早餐免费，餐费9折，零客免费水洗衣
			迎宾楼标准间	135	135	260	180			
			北楼标准间	75	75	200	140			
燕春花园酒店	石家庄市燕春花园酒店管理有限公司	4	商务套房	10	10	950	475	石家庄市中山东路195号	0311－86671188	早餐免费，餐费9折
			套房	10	10	750	375			
			单间	10	10	550	275			
			标准大床间	20	20	650	280			
			标准间	91	91	650	260			
石家庄市裕华大酒店	石家庄市裕华大酒店有限公司		套间	5	5	890	534	石家庄市裕华西路69号副1号	0311－85233001	早餐免费，餐费8.5－9折，零客免费洗衣，房间提供水果
			单间	18	18	260	166			
			高档单间	11	11	280	175			
			高档标间	11	11	380	238			
			标准间	39	39	330	208			
石家庄国宾大酒店	石家庄国宾大酒店有限公司	4	行政套间	1	1	1902	600	石家庄市中山东路99号	0311－86911999	早餐免费，餐费9折，零客免费洗衣，提供水果
			行政三套间	1	1	2640	600			
			商务套间	2	2	1200	400			
			时尚B型	6	6	900	300			
			商务单间	53	53	790	300			
			商务标间	82	82	790	300			
			时尚间	54	54	660	230			

河北

饭店名称	发票开具单位名称	星级	客房（数量：间；价格：元/天）					地址	前台订房电话	备注
			房型	总间数	协议间数	门市价	协议价			
河北金圆大厦	河北金圆大厦有限公司	4	行政套房	2	2	3888	590	石家庄市中华北大街3号	0311－88614888/88614762/88614760	早餐免费，餐费8.5折，房间提供水果
			商务套间	5	5	860	500			
			高级套房	3	3	860	400			
			单间	22	22	520	270			
			标准间	110	110	520	270			
河北阳光大厦	河北阳光大厦		套房	15	15	1880	580	石家庄市平安南大街33号	0311－88625003	早餐免费，餐费8.5折
			标准间	119	119	490	240			
			商务单间	21	21	730	280			
石家庄西美商务酒店有限公司	石家庄西美商务酒店有限公司	4	套房	27	27	1060	420	石家庄市建设南大街6号	0311－86918888	早餐免费，餐费8.5折
			豪华商务套房	13	13	1200	480			
			豪华时尚间	70	70	1380	248			
			商务时尚间	79	79	1200	248			
			行政商务间	30	30	860	248			
			豪华商务间	105	105	760	248			
			普通商务间	57	57	660	248			
河北建投能源投资股份有限公司国际大厦酒店	河北建投能源投资股份有限公司国际大厦酒店	4	套房	3	3	1760	600	石家庄市中山东路301号	0311－85919888/85919777	早餐免费，餐费8.5折
			单间	120	120	690	300			
			标准间	83	83	560	260			
河北汇文大酒店	河北汇文大酒店	4	商务套房	9	9	588	260	石家庄市站前街6号	0311－87865818	早餐免费，餐费8.5折
			套房	9	9	490	260			
			商务单间	12	12	328	260			
			商务标间	33	33	498	260			
			单间	27	27	268	260			
			标准间	67	67	348	260			
河北注册会计师教育中心	河北注册会计师教育中心		套房	6	6	476	238	石家庄装院路198号	0311－83939300	早餐免费，餐费8折
			单间	170	170	176	80			
			标准间	8	8	256	120			
平山县西苑温泉度假村有限公司	平山县西苑温泉度假村有限公司	3	迎宾楼套房	2	2	480	300	河北省平山县温塘镇	0311－82813166	早餐免费，餐费9.5折
			迎宾楼单间	2	2	360	150			
			迎宾楼标准间	130	130	260	100			
		4	怡宾楼套房	8	8	680	400			
			怡宾楼标间	95	95	480	160			
			贵宾楼套房	14	14	880	480			
			贵宾楼标间	150	150	580	200			

饭店名称	发票开具单位名称	星级	客房（数量：间；价格：元/天）					地址	前台订房电话	备注
			房型	总间数	协议间数	门市价	协议价			
河北省国土资源厅培训中心	河北省国土资源厅培训中心	3	套房	6	6	780	450	河北省鹿泉市上庄镇	0311－83986636	早餐免费，餐费8折
			三件套	1	1	980	600			
			标准间	95	95	368	130			
			经济间	23	23	198	110			
石家庄凯旋金悦酒店管理有限公司	石家庄凯旋金悦酒店管理有限公司	4	行政套房	1	1	1180	590	石家庄市东大街9号	0311－85378822	早餐免费，餐费7.8折
			行政单间	14	14	690	248			
			行政标间	35	35	690	248			
			套间	9	9	860	420			
			单间	14	14	560	238			
			标准间	81	81	560	248			
河北汇宾大酒店	河北汇宾大酒店	3	套房	2	2	1280	450	石家庄市裕华西路160号	0311－87688558	早餐免费，餐费9.2折
			豪华单间	9	9	620	280			
			单间	5	5	620	258			
			标准间	64	64	480	178			
河北北方大厦	河北北方大厦	3	套房	8	8	580	450	石家庄市胜利北街309号	0311－85918888－3001/3002	早餐免费，餐费9折
			单间	4	4	260	180			
			标准间	90	90	180	160			
			商务标间	58	58	258	190			
河北野生原度假村有限公司	河北野生原度假村有限公司	4	套间	12	12	880	300	河北平山县孟贤壁北行3公里	0311－82885555	早餐免费，餐费9.5折
			标准间	137	137	480	160			
河北人防大厦	河北人防大厦	3	套间	4	4	980	398	石家庄市平安南大街85号	0311－86116666	早餐免费，餐费8.5折
			单间	9	9	300	150			
			标准间	70	70	300	160			
			三人间	3	3	360	180			
			小套间	2	2	680	300			
新华区国海大酒店	新华区国海大酒店		豪华套间	7	7	888	444	石家庄市友谊北大街178号	0311－87088556	早餐免费，餐费8.5折
			豪华标准间	23	23	480	210			
			豪华单人间	11	11	480	240			
			套间	4	4	688	344			
			单间	13	13	430	215			
			标准间	41	41	430	215			

饭店名称	发票开具单位名称	星级	客房（数量：间；价格：元/天）					地址	前台订房电话	备注
			房型	总间数	协议间数	门市价	协议价			
石家庄市东方龙大酒店	石家庄市东方龙大酒店	3	豪华套房	4	4	880	380	石家庄市建设南大街128号	0311－86013231	早餐免费，餐费8.5折
			套房	4	4	680	340			
			豪华单间	4	4	480	220			
			单间	8	8	398	180			
			高标间	33	33	480	220			
			行政间	2	2	480	220			
			三人间	1	1	680	280			
			标准间	46	46	398	180			
石家庄美东国际大酒店有限公司	石家庄美东国际大酒店有限公司	4	套房	6	6	1380	460	石家庄市广安大街18号副1号	0311－87860001/87860002	早餐免费，餐费8.5折
			单间	24	24	760	248			
			普通单间	5	5	580	198			
			标准间	85	85	660	218			
华夏商务酒店	石家庄桥东华夏商务酒店		套间	6	6	980	340	石家庄市槐安东路1号	0311－86121999	早餐免费，餐费8.5折
			单间	18	18	416	170			
			标准间	97	97	436	180			
矿区宾馆	石家庄市矿区恒兴宾馆有限公司		套间	7	7	288	198	石家庄市矿区矿市南街	0311－82081161	
			单间	9	9	188	130			
			标准间	49	49	188	120			
井陉县人民政府招待所	井陉县人民政府招待所		套间	2	2	480	260	井陉县建设南路14号	0311－82025640	
			单间	6	6	180	120			
			标准间	43	43	150	100			
银山花园酒店	河北银山花园酒店管理有限公司		套间	25	25	688	345	鹿泉市向阳大街90号	0311－89176999－6001	
			单人间	15	15	528	200			
			标准间	90	90	468	170			
正定县华阳假日酒店	正定县华阳假日酒店有限公司	3	套间	3	3	1188	300	石家庄市正定县常山西路2号	0311－88011470	
			单间	19	19	288	172			
			标准间	127	127	268	160			
栾城大酒店	栾城大酒店		套间	5	5	699	350	栾城县惠源路9号	0311－85501000	
			单间	2	2	288	200			
			标准间	114	114	228	150			
金皇冠大酒店	辛集市东城建筑有限公司金皇冠大酒店		小套间	9	9	720	350	辛集市兴华北路245号	0311－83282888	
			商务单间	10	10	490	220			
			普通标准间	81	81	390	170			

饭店名称	发票开具单位名称	星级	客房（数量：间；价格：元/天）					地址	前台订房电话	备注
			房型	总间数	协议间数	门市价	协议价			
晋州宾馆	晋州宾馆		套间	10	10	288	258	晋州市向阳街14号	0311－84319999	
			标准间	55	55	158	138			
			标准间	51	51	138	118			
			标准间	45	45	100	88			
深泽宾馆	深泽县宾馆餐厅		套间	7	7	480	380	深泽县真武路38号	0311－83523461	
			单间	4	4	380	280			
			标准间	57	57	220	180			
无极县富泰大酒店	无极县富泰大酒店		套间	4	4	398	268	无极县无极路138号	0311－85567999	
			单间	8	8	198	128			
			标准间	31	31	218	150			
藁城市藁城宾馆	藁城市藁城宾馆	3	三套间	2	2	880	340	河北省藁城市市府西路001号	0311－88048488	
			双套间	6	6	680	230			
			单人间	4	4	480	200			
			标准间	110	110	260	160			
赵县赵州宾馆	赵县赵州宾馆		套间	12	12	560	240	赵县国道街111号	0311－84946776	
			单间	3	3	340	140			
			标准间	80	80	340	140			
新乐宾馆	新乐宾馆		套间	2	2	480	288	新乐市新华路	0311－88581484	
			标准间	71	71	268	168			
机关接待中心	机关接待中心		套间	3	3	580	280	高邑县府前路151号	0311－84036975	
			单间	3	3	380	130			
			标准间	31	31	280	100			
石家庄槐阳会馆餐饮有限责任公司	石家庄槐阳会馆餐饮有限责任公司		套间	1	1	460	280	元氏县蟠龙路32号	0311－84634888	
			单间	5	5	218	130			
			标准间	60	60	198	110			
赞皇县赞皇宾馆	赞皇县赞皇宾馆		套间	4	4	280	210	赞皇县太行路10号	0311－84221551	
			单间	10	10	120	120			
			标准间	36	36	160	110			
平山县人民政府招待所	平山县人民政府招待所	2	套间	1	1	460	280	平山县城建设北大街5号	0311－82911036	
			单间	4	4	320	200			
			标准间	60	60	300	150			
平山县温泉宾馆	平山县温泉宾馆	3	套间	5	5	800	350	平山县温塘镇石闫路2号	0311－82811688	
			单间	4	4	480	220			
			标准间	165	165	380	160			

饭店名称	发票开具单位名称	星级	客房（数量：间；价格：元/天）					地址	前台订房电话	备注
			房型	总间数	协议间数	门市价	协议价			
灵寿宾馆	灵寿宾馆		套间	2	2	488	280	石家庄市灵寿县人民路41号	0311－82520048	
			单间	3	3	298	180			
			标准间	39	39	268	160			
			经济标准间	4	4	168	120			
			经济间	2	2	120	80			
行唐县政府招待所	行唐县人民政府招待所		套间	4	4	480	280	龙州镇玉城西大街1号	0311－28981574	
			单间	5	5	198	170			
			标准间	35	35	180	160			
张家口市										
张家口市新华大厦有限公司	张家口市新华大厦有限公司	3	豪华套间	4	4	588	529	张家口市桥西区至善街33号	0313－8086818/8086819	
			套间	3	3	460	414			
			单间	8	8	360	216			
			标准间	52	52	360	216			
张家口市恒通酒店管理有限责任公司恒通商务酒店	张家口市恒通酒店管理有限责任公司恒通商务酒店	3	套间	3	3	800	368	张家口市桥东区五一路19号	0313－2055555	
			豪华标准间	4	4	600	298			
			高级标准间	11	11	500	268			
			标间	10	10	380	198			
			单间	4	4	400	198			
华宇商务酒店	张家口市华源诚信经贸有限公司华宇商务酒店		大套间	2	2	598	418	张家口市桥东区钻石路24号	0313－2086878/2086868	
			商务套间	5	5	558	358			
			单间	38	38	268	178			
			标准间	50	50	288	188			
			母子间	8	8	308	208			
张家口宾馆	张家口宾馆	3	套间	5	5	488	390	张家口市桥东区解放大街13号	0313－2086188/2086189	
			单间	8	8	268	215			
			标准间	75	75	268	215			
张家口市蓝鲸大厦餐饮娱乐有限公司	张家口市蓝鲸大厦餐饮娱乐有限公司	4	单人间	15	15	188	188	河北省张家口市桥东区胜利南路2号	0313－4022222/4083677	
			标准间（A）	49	49	588	300			
			标准间（B）	29	29	528	290			
			普通套间	17	17	888	480			

饭店名称	发票开具单位名称	星级	客房（数量：间；价格：元/天）					地址	前台订房电话	备注
			房型	总间数	协议间数	门市价	协议价			
张家口市大陆神农酒店有限公司	张家口市大陆神农酒店有限公司	3	套间	4	4	1296	588	张家口市高新区清河南路	0313－4080808	
			单间	5	5	388	288			
			标准间	77	77	368	268			
唐山市										
唐山饭店	唐山饭店	3	套间	10	10	480	390	唐山建设南路46号	0315－3729501/3729502	
			单间	55	55	380	298			
			标准间	90	90	280	230			
唐山宾馆	唐山宾馆	3	套间	60	60	618	495	唐山建设北路25号	0315－2808250	
			甲A单间	30	30	328	262			
			甲A标准间	170	170	328	262			
			行政单间	20	20	328	262			
			行政标准间	70	70	368	295			
唐山锦江贵宾楼饭店	唐山锦江贵宾楼饭店	4	套间	8	6	1196	598	唐山建设南路46号	0315－3729334	
			单间	40	30	596	298			
			标准间	40	30	596	298			
唐山金槟酒店有限公司	唐山金赞商贸有限公司	3	套间	12	12	588	318	唐山建设南路48－8号	0315－2846722	
			单间	22	22	380	268			
			标准间	35	35	368	200			
唐山大酒店	唐山大酒店	3	套间	20	20	365	260	唐山新华西道	0315－3736166	
			单间	20	20	240	180			
			标准间	60	60	240	150			
唐山市凯源饭店有限公司	唐山市凯源饭店有限公司	2	套间	2	2	960	350	唐山市北新东道13号	0315－2857799	
			单间	8	8	680	240			
			标准间	57	57	398	280			
保定市										
秀兰饭店	保定市秀兰饭店有限公司	5	豪华套间	20	20	1188	600	保定市乐凯南大街388号	0312－3277888	
			普通标准间	103	103	688	300			
保定华侨宾馆	保定华侨宾馆有限公司	3	套间	7	7	538	398	保定市天鹅西路70号	0312－3106182	
			普通标准间	125	125	288	216			
东方大酒店	保定市东方大酒店		套间	10	10	556	278	保定市红阳大街139号	0312－5072898	
			标准间	87	87	438	218			
省招酒店	河北省省直机关事务管理局保定招待处		标准间	106	106	200	160	保定市北市区莲池北大街389号	0312－5024999/5025537	
			豪华套间	7	7	600	480			

河北

河北

饭店名称	发票开具单位名称	星级	客房（数量：间；价格：元/天）					地址	前台订房电话	备注
			房型	总间数	协议间数	门市价	协议价			
电谷锦江国际酒店	保定源盛融通发展有限公司电谷酒店分公司	5	豪华大床套间	77	77	1199	600	保定市朝阳北大街1888号	0312－8631888/8631999	
			高级单人间	96	96	699	300			
			高级双人间	118	118	699	300			
星光国际商务酒店	保定星光国际商务酒店有限公司	5	豪华套间	16	16	988	600	保定市高新区朝阳北大街999号	0312－3102272/3327800	
			标准间	73	73	660	300			
中银大厦	保定中银大厦有限公司	4	标准间	57	57	618	300	保定市朝阳南大街16号	0312－3098888	
			豪华套间	3	3	818	490			
保定山水宾馆	保定山水宾馆		标准间	95	95	268	188	保定市百花东路240号	0312－3071480	
华中假日大酒店	保定市华中假日酒店有限公司	4	豪华套间	9	9	680	408	保定市朝阳北大街969号	0312－3106555	
			普通标准间	151	151	460	276			
华润白洋淀管理培训学院	华润保定白洋淀管理培训学院服务有限公司	5	标准间	23	23	900	300	保定市雄县白洋淀温泉城1号路	0312－5968899/5960979	
			豪华单人间	184	184	800	300			
华电综合服务中心	保定华电综合服务中心		豪华套间	10	10	580	500	保定市永华北大街619号	0312－7523004	
			标准间	70	70	320	200			
同美酒店	保定市同美商务酒店有限公司		豪华套间	6	6	688	380	保定市朝阳北大街899号	0312－5882858	
			标准间	54	54	488	260			
贵宾楼宾馆	保定市贵宾楼宾馆有限公司		豪华套间	2	2	458	458	保定市红旗大街543号	0312－5039596	
			普通标准间	71	71	218	218			
曲阳县宾馆	曲阳县宾馆		套间	6	6	388	350	保定市曲阳县恒阳路6号	0312－4212161	
			单间	2	2	218	190			
			普标准间	33	33	158	140			
			高标准间	20	20	188	170			
成宝酒店	徐水县成宝酒店		套间	7	7	488/468	342/328	保定市徐水县巨力西路	0312－7116699	
			单间	3	3	218	153			
			标准间	17	17	268/168	188/118			

饭店名称	发票开具单位名称	星级	客房（数量：间；价格：元/天）					地址	前台订房电话	备注
			房型	总间数	协议间数	门市价	协议价			
唐县宾馆	唐县宾馆		套间	7	7	420	380	保定市唐县光明路3号	0312－6420902	
			单间							
			标准间	130	130	150	130			
四季经典国际酒店	河北四季经典饮食有限公司	4	高级套间	7	7	688	380	保定市定兴县朝阳路东口	0312－5870300	
			单间	23	23	388	200			
			标准间	52	52	388	200			
鹏达世纪酒店	高碑店市鹏达世纪酒店有限公司	3	套间	12	12	658	460	保定市高碑店迎宾路16号	0312－7939999	
			单间	63	63	328	260			
			标准间	95	95	260	260			
好年景宾馆	易县好年景宾馆		套间	3	3	328	200	保定市易县朝阳西路	0312－8856788	
			标准间	30	30	218	120			
河北诚信大厦	河北诚信大厦有限责任公司	4	公寓套房	24	24	568	398	保定市涿州建设路410号	0312－6676666	
			单间	17	17	368	260			
			标准间	54	54	368	260			
沧州市										
沧州迎宾馆	沧州市人民政府招待处	4	套间	13	13	700	420	沧州市新华东路15号	0317－3054555	
			单间	29	29	500	290			
			标准间	123	123	500	290			
洋帆大酒店	沧州洋帆大酒店	4	套间	6	6	1888	468	沧州市运河区浮阳北大道16号	0317－2077566	
			单间	11	11	600	290			
			标准间	66	66	718	278			
鸿信宾馆	沧州鸿信宾馆	3	套间	10	10	600	360	沧州市新华中路80号	0317－3510888	
			单间	7	7	300	180			
			标准间	88	88	300	180			
宏泰大酒店	沧州宏达房地产开发有限公司宏泰大酒店分公司	3	套间	10	10	680	340	沧州市浮阳南大道11号	0317－3777777	
			标准间	63	63	358	161			
民族会馆	河北沧州会馆餐饮有限公司	3	套间	4	4	580	408	沧州市解放西路颐和广场12号	0317－3771555	
			单间	5	5	280	188			
			标准间	40	40	300	210			
颐和大酒店	河北沧州东塑集团股份有限公司颐和大酒店	4	套间	12	12	768	418	沧州市迎宾大道颐和庄园内	0317－5508888	
			单间	21	16	398	159			
			标准间	49	40	548	298			

饭店名称	发票开具单位名称	星级	客房（数量：间；价格：元/天）					地址	前台订房电话	备注
			房型	总间数	协议间数	门市价	协议价			
五洲大酒店	任丘市五洲大酒店有限责任公司	4	套间	3	3	800	380	任丘市裕华中路2号	0317－3388138	
			单间	15	15	400	160			
			标准间	68	68	400	160			
新世纪国际大酒店	任丘市新世纪国际酒店有限公司	4	套间	8	8	630	380	任丘市战道总部桥头	0317－3333399	
			标准间	40	40	288	230			
金都花园酒店	黄骅市财政干部培训中心	4	套间	12	12	1188	600	河北省黄骅市神华大街	0317－8881988	
			单间	20	20	518	300			
			标准间	100	100	518	300			
肃宁县华阳大酒店	肃宁县华阳大酒店	4	套间	9	7	688	600	肃宁县泽城路	0317－5019999	
			单间	28	20	388	300			
			标准间	186	131	288	260			
民族干部培训中心	孟村回族自治县民族干部培训中心	3	套间	16	16	1680	600	县城东团结路北	0317－6762888	
			标准间	36	36	360	240			
渤海新区迎宾馆	沧州渤海新区迎宾馆有限公司	3	套间	42	42	680	368	沧州渤海新区一号路一号	0317－5819999	
			单间	32	32	520	258			
			标准间	13	13	380	268			
吴桥县百盛庄园假日酒店	吴桥县百盛庄园假日酒店	3	套间	2	2	616	430	河北省吴桥县太行道东侧财政局北	0317－7365888	
			单间	3	3	390	220			
			标准间	59	59	216	150			
衡水市										
衡水市人民政府招待处	衡水市人民政府招待处	4	贵宾楼小套间	6	6	580	460	衡水市桃城区人民西路69号	0318－6888888－1000	
			贵宾楼单间	8	8	398	230			
			贵宾楼标准间	42	42	398	230			
			怡宾楼小套间	6	6	498	400			
			怡宾楼标准间	34	34	368	210			
衡水阳光大酒店有限责任公司	衡水阳光大酒店有限责任公司	4	贵宾套间	1	1	928	556	衡水市新华西路158号	0318－2113101/2113102/2113103	
			商务双套间	6	6	780	468			
			商务单人间	19	19	500	280			
			商务标准间	45	45	500	280			
			标准三套间	3	3	910	546			
			标准双套间	17	17	610	366			
			标准单间	12	12	450	268			
			标准间	26	26	450	268			
			普通单间	3	3	380	228			
			普通标准间	30	30	380	228			

饭店名称	发票开具单位名称	星级	客房（数量：间；价格：元/天）					地址	前台订房电话	备注
			房型	总间数	协议间数	门市价	协议价			
广厦酒店有限公司	衡水广厦酒店有限公司	3	普通三人套	10	10	426	213	衡水市育才南大街29号	0318－2898001/2898003	
			豪华三人套	3	3	560	280			
			普通单人间	9	9	300	150			
			豪华单人间	3	3	526	263			
			豪华大单间	3	3	580	280			
			普通标准间	41	41	300	150			
昆仑大酒店	衡水联众商贸有限公司昆仑大酒店		普通标间	26	26	380	228	衡水市和平路24号	0318－2898888	
			中档标间	42	42	450	268			
			豪华标间	13	13	500	280			
			普通单间	13	13	500	280			
			小套间	10	10	72	430			
			大套间	10	10	1080	560			
金山大酒店	金山大酒店	3	金华楼商务单人间	5	5	468	280	衡水市中心街606号	0318－2189999	
			金华楼商务标准间	25	25	368	220			
			贵宾楼套间	4	4	588	350			
			贵宾楼豪华标准间	25	25	358	215			
			贵宾楼标准间	30	30	228	136			
			贵宾楼单人间	10	10	258	155			
衡水洞天宾馆	衡水洞天宾馆	2	豪华三套间	2	2	999	499	衡水市胜利中路8号	0318－6880606/6880808/6880909	
			三套间	1	1	719	359			
			豪华二套间	1	1	599	299			
			二套间	6	6	459	229			
			单人间	2	2	399	199			
			标准间	110	110	289	139			
衡源酒店	衡水电力建设公司衡源酒店		三套间	1	1	880	560	衡水市站前西路29号	0318－2298888	
			二套间	4	4	660	420			
			单人间	5	5	460	280			
			标准间	51	51	300	200			
丽都宾馆	衡水丽都宾馆有限责任公司	3	套间	5	5	600	330	衡水市人民西路1099号	0318－2366666	
			单间	24	24	268	148			
			标准间	39	39	298	168			
			单间	2	2	298	190			
枣强县人民政府招待所	枣强县人民政府招待所	2	套间	10	10	380	300	枣强县县城新华中路9号	0318－8266688	
			单间	10	10	120	100			
			标准间	36	36	260	200			

饭店名称	发票开具单位名称	星级	客房（数量：间；价格：元/天）房型	总间数	协议间数	门市价	协议价	地址	前台订房电话	备注
邢台市										
邢台市人民政府第二招待处（邢台宾馆）	邢台市人民政府第二招待处	3	套间	7	7	666	466	邢台市顺德路201号	0319－3666888	
			单间	4	4	380	266			
			标准间	41	41	380	266			
		2	套间	4	4	400	280			
			单间	30	30	238	160			
			标准间	124	124	196	135			
邢台军分区招待所	邢台军分区招待所		套间	7	7	480	380	邢台市新华南路38号	0319－3691355	
			单间	20	20	140	110			
			标准间	117	117	140	110			
邢台市鸿泰民俗文化园有限公司	邢台市鸿泰民俗文化园有限公司	3	套间	5	5	688	482	邢台市冶金北路达活泉西门南50米	0319－5201000	
			单间	6	6	298	209			
			标准间	58	58	298	209			
金牛大酒店	金牛大酒店	4	套间	5	4	980	570	邢台市中兴西大街193号	0319－2098888	
			单间							
			标准间	50	35	680	280			
蓝天美食山	蓝天美食山		套间	3	3	358	280	邢台市八一大街88号	0319－5900000	
			单间							
			标准间	34	34	238	188			
邢州大酒店	邢州大酒店	4	中式套房	8	8	680	408	邢台市新华北路185号	0319－3285003	
			商务单人间	10	8	420	252			
			欧式标间	28	28	280	168			
			中式标间	31	31	320	192			
			豪华标间	10	10	420	252			
			商务欧式标间	22	22	380	228			
			商务中式标间	1	23	420	252			
			商务豪华标间	8	8	480	288			
辰光大酒店	辰光大酒店	4	普通套房	3	3	458	320	邢台市中兴西大街319号	0319－2120818	
			高级套房	11	11	580	406			
			商务套房	3	3	780	546			
			普通单间	4	4	298	211			
			高级单间	36	36	398	280			
			普通标间	23	23	298	211			
			高级标间	46	46	398	280			

饭店名称	发票开具单位名称	星级	客房（数量：间；价格：元/天）					地址	前台订房电话	备注
			房型	总间数	协议间数	门市价	协议价			
邢台辰光快捷酒店	邢台辰光快捷酒店		套间	8	8	298	228	邢台市中兴东大街198号	0319－3697028	
			大单间	23	23	198	148			
			小单间	35	35	168	126			
			标准间	48	48	198	148			
辰光商务酒店	辰光商务酒店	3	套间	8	8	399	319	邢台市中兴东大街468号	0319－3130666/3130999	
			单间	75	75	219	175			
			标准间	60	60	219	175			
邢台县人民政府招待所（白云宾馆）	邢台县人民政府招待所	1	三套间	1	1	480	336	邢台市北长街36号	0319－3664666	
			双套间	2	2	380	266			
			单间	10	10	168	138			
			商务标间	11	11	168	138			
			普通标间	65	65	138	120			
			普通三人间	12	12	168	138			
			特价三人间	6	6	140	120			
沙河市人民政府招待所（沙河宾馆）	沙河市人民政府招待所		商务套间	2	2	450	360	沙河市聚英路	0319－8920111	
			经济套间	2	2	388	310			
			普通套间	3	3	228	160			
			商务单间	2	2	380	300			
			经济单间	15	15	228	180			
			普通单间	2	2	228	160			
			商务标间	6	6	320	260			
			经济标间	48	48	188	160			
			普通标间	27	27	120	100			
			三人间	17	17	100	80			
河北恒倩实业有限公司隆尧宾馆	河北恒倩实业有限公司隆尧宾馆	3	单间	14	14	110	90	隆尧县新华路69号	0319－6694100	
			标准间	42	42	130	110			
临城蓝天生态院观光园	临城蓝天生态院观光园	3	套间	6	6	358	280	临城县岐山湖大道中段北侧	0319－6694100	
			标准间	56	56	238	188			
宁晋县晶龙宾馆有限公司	宁晋县晶龙宾馆有限公司	3	套间	13	13	888	560	宁晋县天宝西街33号	0319－5808888	
			单间	26	26	248	223			
			标准间	30	30	248	223			
广宗宾馆	广宗宾馆	4	套间	3	3	388	388	广宗县兴广路8号	0319－7219999	
			单间	4	4	188	188			
			标准间	40	30	128	128			

河北

饭店名称	发票开具单位名称	星级	客房（数量：间；价格：元/天）					地址	前台订房电话	备注
			房型	总间数	协议间数	门市价	协议价			
巨鹿华丰宾馆	巨鹿华丰宾馆有限责任公司		套间	6	6	480	450	巨鹿县新华北街3号	0319－4326888	
			单间	8	8	180	160			
			标准间	28	28	238	220			
河北省巨鹿宾馆	河北省巨鹿宾馆		套间	15	15	400	320	河北省巨鹿县秦泽路	0319－4332563	
			单间	9	9	200	160			
			标准间	48	48	200	160			
清河宾馆	河北省清河宾馆	3	普通套间	3	3	760	280	清河县祥和大街36号	0319－829999－2103/6688	
			豪华套间	2	2	780	360			
			高级套房	8	8	800	400			
			普通单间	8	8	228	80			
			商务单间	4	4	448	128			
			豪华单间	8	8	528	268			
			经济标间	8	8	228	80			
			普通标间	32	32	488	128			
			商务标间	28	28	488	146			
			豪华标间	34	34	528	268			
京九国际大酒店	清河县京九国际大酒店	3	多人套房	6	6	288	258	河北省邢台市清河县太行中路66号	0319－8167777/8163866	
			标准套房	3	3	299	269			
			豪华套房	11	11	328	298			
			单人间	14	14	158	128			
			标准间	59	59	168	138			
			商务标间	15	15	219	189			
邯郸市										
冀南宾馆	邯郸市冀南宾馆	3	豪华套间	1	1	880	550	邯郸市展览路2号	0310－3100819	
			套间	4	4	500	280			
			单间	8	8	490	228			
			豪华标准间	39	39	490	228			
			普通标准间	87	87	280	160			
邯郸市迎宾国际饭店有限公司	邯郸市迎宾国际饭店有限公司	3	豪华套间	2	2	680	408	河北省邯郸市人民路159号	0310－3018888	
			商务套间	2	2	580	348			
			豪华单间	4	4	420	246			
			普通单间	5	5	330	188			
			商务标间	10	10	480	270			
			豪华标间	28	28	420	220			
			普通标间	69	69	320	180			
			商务单间	10	10	480	270			

饭店名称	发票开具单位名称	星级	客房（数量：间；价格：元/天）					地址	前台订房电话	备注
			房型	总间数	协议间数	门市价	协议价			
邯郸宾馆	邯郸宾馆	4	标准间	61	61	480	280	邯郸市中华大街74号	0310－2113888－5009	
			单人间	15	15	520	298			
			双套间	8	8	880	528			
邯郸赵王宾馆有限公司	邯郸赵王宾馆有限公司	4	套间	3	3	1380	550	邯郸市复兴路19号	0310－4055555	
			单间	16	16	480	240			
			标准间	46	46	480	240			
		3	单人间普	15	15	300	150			
			双人间普	60	60	300	150			
邯郸饭店	邯郸市邯郸饭店	3	套间	7	7	380	230	邯郸市浴新南大街178号	0310－3283700	
			标准间	50	50	200	120			
			豪华标准间	16	16	300	180			
龙山宾馆	涉县龙山宾馆	3	套间	4	4	600	400	涉县龙山大街646号	0310－3891888	
			单间	7	7	480	280			
			豪华标准间	43	43	360	260			
			标准间	50	50	300	180			
丛台大酒店	河北丛台电子股份有限公司丛台大酒店	4	双套间	34	34	1488	498	邯郸市人民路109号	0310－5808888	
			豪华单人间	42	42	988	286			
			普通单人间	32	32	888	276			
			豪华标准间	31	31	988	286			
			普通标准间	18	18	888	276			
			家庭房	13	13	1018	296			
新梅林大酒店	新梅林大酒店		双套间	10	10	520	298	邯郸市开发区联通北路9号	0310－5700789	
			豪华单人间	15	15	360	208			
			豪华标准间	61	61	360	208			
邯郸市新凯悦酒店	邯郸市新凯悦酒店有限公司		双套间	8	8	880	480	邯郸市雪驰路79号	0310－8015666	
			豪华单人间	13	13	380	188			
			普通单人间	13	13	320	160			
			普通标准间	68	68	380	188			
招商大酒店	邯郸市招商大酒店有限公司	4	豪华双套间	3	3	1688	598	邯郸市联纺东路512号	0310－5706665	
			行政套间	14	14	1988	498			
			豪华单人间	49	49	618	280			
			豪华双人间	98	98	618	280			
河北省青泉集团公司宇宙宾馆	河北省青泉集团公司宇宙宾馆	3	双套间	7	7	398	238	武安市桥西路589号	0310－5551088/5551266	
			三套间	1	1	498	298			
			豪华双人间	2	2	308	178			
			普通双人间	130	130	278	168			

饭店名称	发票开具单位名称	星级	客房（数量：间；价格：元/天）					地址	前台订房电话	备注
			房型	总间数	协议间数	门市价	协议价			
龙田大酒店	河北龙田贸易有限公司龙田大酒店		双套间	7	7	680	400	涉县经济开发区裕华东路	0310－3895990	
			三套间	5	5	580	380			
			四套间	6	6	980	538			
			普通双人间	95	95	300	188			
峰峰隆滏宾馆	邯郸市峰峰隆滏商务会馆	3	商务双套间	10	10	1588	580	峰峰矿区滏阳东路6号	0310－5123456	
			豪华单人间	23	23	488	258			
			豪华双人间	26	26	388	238			
			普通双人间	60	60	298	168			
磁县人民政府招待所	磁县人民政府招待所	2	双套间	2	2	480	336	磁县磁州镇建设路46号	0310－2322415－8518	
			豪华双人间	14	14	230	160			
			普通双人间	25	25	218	150			
			双套间北楼	2	2	360	248			
			五人双套间	5	5	260	180			
			普通三人间	13	13	168	118			
魏县人民政府招待所	魏县人民政府招待所		双套间	8	8	380	320	魏县魏州路71号	0310－3514521	
			三套间	2	2	580	490			
			普通双人间	52	52	160	140			
星际美高大酒店	邯郸市星际美高大酒店有限公司	4	商务套房	6	6	1288	560	邯郸市联防路512号	0310－5908888	
			商务单人间	30	30	628	260			
			单人间	98	98	428	248			
			豪华双人间	12	12	628	260			
			普通双人间	94	94	428	248			
肥乡宾馆	肥乡县恒泰宾馆有限公司		三套间	3	3	1188	598	肥乡县井堂南大街路东肥乡宾馆	0310－8666666	
			豪华单人间	4	4	418	209			
			单人间	8	8	318	160			
			豪华双人间	15	15	398	198			
			普通双人间	50	50	246	160			

秦皇岛市出差淡旺季定点饭店

饭店名称	发票开具单位名称	星级	客房（数量：间）			淡季报价（元/天）		旺季报价（元/天）		地址	前台订房电话	备注
			房型	总间数	协议间数	门市价	协议价	门市价	协议价			
秦皇岛市												
秦皇岛鸿升扬州饭店有限公司	秦皇岛鸿升扬州饭店有限公司	3	套间	6	6	1280	600	1280	880	秦皇岛市开发区长江东道66号	0335－8071632	7－8月为旺季
			单间	6	6	480	280	480	360			
			标准间	37	37	480	240	480	330			
秦皇岛市北戴河金山宾馆	秦皇岛市北戴河金山宾馆	3	套间A	9	9	880	580	880	870	秦皇岛市北戴河海滨东三路4号	0335－4260666/4260777	
			标准间A	118	118	680	280	680	420			
			套间B	10	10	680	380	680	570			
			标准间B	150	150	480	280	480	380			
秦皇岛市北戴河鸥鹏酒店	国务院国有资产监督管理委员会化工北戴河疗养院	3	套间	10	10	1280	380	1280	570	北戴河滨海大道1号	0335－4021531/4021695	
			单间	17	17	580	260	580	390			
			标准间	255	255	580	260	580	390			
河北省财政厅机关服务中心北戴河培训基地	河北省财政厅机关服务中心北戴河培训基地		套间	2	2	2880	600	2880	900	北戴河区新河路1号	0335－4280777	
			单间	8	8	1180	288	1180	430			
			标准间	100	100	1180	300	1180	450			
北戴河友谊宾馆	北戴河友谊宾馆	3	套间	31	31	1080	380	1080	570	河北省秦皇岛市北戴河区鹰角路1号	0335－4041965	
			单间	4	4	480	140	480	210			
			标准间	302	302	680	180	680	270			
北戴河联峰假日酒店	河北省国家税务局北戴河培训中心	3	套间	9	9	1080	580	1080	850	秦皇岛市北戴河区联峰北路27号	0335－4024999	
			单间	10	10	480	280	480	400			
			标准间	60	60	480	280	480	400			
国家税务总局北戴河培训中心	国家税务总局北戴河培训中心		套间	18	18	1080	580	1080	850	秦皇岛市北戴河区联峰路副10号	0335－4024888	
			单间	2	2	380	200	380	300			
			标准间	59	59	480	280	480	400			
北戴河新华假日酒店	秦皇岛北戴河新华假日酒店管理有限公司	4	套间	8	8	2880	590	2880	885	秦皇岛北戴河安二路二号	0335－4280888	
			单间	17	17	1880	290	1880	435			
			标准间	122	122	1180	290	1180	435			
华北电网有限公司北戴河疗养院	华北电网有限公司北戴河疗养院	3	单间	5	5	680	290	680	430	秦皇岛市北戴河区海宁路31号	0335－4042653－2167	
			标准间	90	90	680	290	680	430			

承德市出差淡旺季定点饭店

饭店名称	发票开具单位名称	星级	客房（数量：间）			淡季报价（元/天）		旺季报价（元/天）		地　址	前台订房电话	备　注
			房型	总间数	协议间数	门市价	协议价	门市价	协议价			
承德市												
乾阳大酒店	承德市乾阳大酒店	4	套间	31	20	1800	500	1800	650	承德市普乐北路18号	0314－5565058	
			单间	15	10	900	200	900	340			
			标准间	288	220	880	200	880	340			
			三人间	5	2	1000	240	1000	340			
京城大酒店	承德京城大酒店有限公司	4	套间	15	12	1888	550	1888	650	承德市双桥区半壁山路12号	0314－2250127	
			单间	27	19	888	240	888	340			
			标准间	119	83	888	240	888	340			
承德市盛华大酒店	承德市盛华大酒店	4	套间	15	11	1500	550	1500	650	承德市武烈路22号	0314－2271100	
			单间	8	6	700	240	700	340			
			标准间	86	65	780	240	780	340			
承德山庄宾馆	承德山庄宾馆	3	套间	11	11	1880	550	1880	650	承德市丽正门大街11号	0314－2091133/2095500	淡季为1－5月及10－12月，旺季为6－9月
			单间	15	15	880	240	880	340			
			标准间	261	261	680	240	680	340			
			标准间（经济型）	57	57	380	200	380	300			
			三人间	28	28	400	240	400	340			
碧峰饭店	承德碧峰饭店	3	套间	9	9	990	300	990	450	承德市火神庙马市街8号	0314－2051198	
			单间	9	9	560	140	560	280			
			标准间	62	62	560	140	560	300			
			三人间	8	8	600	180	600	340			
平泉县政府招待处	平泉县政府招待处		套间	8	8	600	500	600	500	平泉镇西城北路	0314－6085555	
			单间	15	15	260	200	260	200			
			标准间	14	14	280	200	280	200			
华泽宾馆	丰宁满族自治县同信服务有限责任公司华泽宾馆	2	套间	4	4	480	380	580	460	丰宁满族自治县新丰北路240号	0314－8061142	
			标准间	26	26	240	200	280	240			

饭店名称	发票开具单位名称	星级	客房（数量：间）			淡季报价（元/天）		旺季报价（元/天）		地址	前台订房电话	备注
			房型	总间数	协议间数	门市价	协议价	门市价	协议价			
承德县人民政府招待所	承德县人民政府招待所	3	套间（迎宾楼）	22	22	200	160	200	160	承德市承德县下板城大街88号	0314－3118801	淡季为1－5月及10－12月，旺季为6－9月
			单间（迎宾楼）	8	8	200	160	200	160			
			单间（贵宾楼）	2	2	300	240	300	240			
			标准间（迎宾楼）	53	53	160	120	160	120			
			标准间（贵宾楼）	36	36	298	240	350	240			
仟禧龙大酒店	兴隆县仟禧龙大酒店	3	套间	4	4	480	300	500	300	兴隆县城西关	0314－5058398	
			单间	8	8	280	140	300	150			
			标准间	58	58	280	140	300	150			
中天宾馆	围场满族蒙古族自治县中天宾馆		套间	4	4	768	550	980	650	围场县城二街天宝路87号	0314－7517848	
			单间	4	4	350	240	450	340			
			标准间	42	42	268	240	480	340			
龙骧大酒店	承德鸿泰集团商贸有限公司龙骧大酒店	3	套间	9	9	660	550	660	640	隆化县建设街中段219号	0314－7088888	
			单间	14	14	360	240	360	340			
			标准间	103	103	380	240	380	340			
宽城天宝酒店	宽城天宝酒店有限责任公司	4	套间	14	12	1280	550	1280	600	宽城镇民族街	0314－6638888	
			单间	14	10	580	240	580	270			
			标准间	89	76	580	240	580	270			
宽城京城大酒店	宽城京城宾馆有限公司	3	套间	6	6	888	550	888	600	宽城满族自治县行政中心西侧	0314－6869901	
			单间	9	9	388	240	388	270			
			标准间	51	51	388	240	388	270			
滦平大酒店	滦平北山大酒店有限公司	3	套间	3	3	1880	550	1880	650	滦平北山新区	0314－8988188	
			单间	5	5	580	220	580	320			
			标准间	70	70	480	220	480	320			
承德维利多得酒店	承德维利多德酒店有限公司		套间	20	20	1280	550	1280	650	承德市双滦区元宝山大街9号	0314－4216666	
			单间	6	6	680	240	680	340			
			标准间	78	78	680	240	680	340			
承德市鹰手营子矿区乾营宾馆	承德市鹰手营子矿区乾营宾馆		套间	6	6	480	300	580	380	承德市鹰手营子矿区街中心	0314－5218888	
			单间	2	2	200	150	240	160			
			标准间	52	52	200	150	240	160			

山 西 省

- 财政部委托山西省财政厅负责在山西省地级以上城市招标采购出差定点饭店并负责日常监督管理工作。
- 本次政府采购，确定山西省出差定点饭店 43 家。
- 出差定点饭店按照与财政部门签订《协议书》的价格向中央和地方各级党政机关和事业单位提供相应的接待服务。
- 如果对协议价格产生疑义，可以要求定点饭店出示《协议书》。
- 如有出差定点饭店变更或协议价格变化，应以“党政机关出差会议定点饭店查询网”的信息为准。
- 本目录中的山西省出差定点饭店的详细信息，可在“党政机关出差会议定点饭店查询网”查阅。
- 山西省各地区电话长途区号：

太原市	0351	大同市	0352
朔州市	0349	阳泉市	0353
长治市	0355	晋城市	0356
忻州市	0350	晋中市	0354
临汾市	0357	运城市	0359
吕梁市	0358		

山西省出差定点饭店

饭店名称	发票开具单位名称	星级	客房（数量：间；价格：元/天）房型	总间数	协议间数	门市价	协议价	地址	前台订房电话	备注
太原市										
山西悦宾酒店有限公司	山西悦宾酒店有限公司	3	套间	6	6	999	599	太原市迎泽西大街西渠路28号	0351－5637111	
			单间	4	4	766	300			
			标准间	70	70	666	300			
山西天瑞商务酒店	山西天瑞商务酒店有限公司	4	套间	10	10	1880	600	太原市水西门街26号	0351－3386666	
			单间	53	53	1280	300			
			标准间	72	72	1280	300			
山西中财大酒店	山西中财大酒店	3	套间	4	4	778	480	太原市解放南路6号	0351－2021298	
			单间	3	3	290	230			
			标准间一	40	40	290	228			
			标准间二	15	15	338	290			
山西三桥大厦	山西三桥大厦	3	套间	2	2	1668	580	太原市旱西关街15号	0351－3351888	
				4	4	698	300			
			单间	5	5	698	280			
				8	8	468	240			
			标准间	102	102	468	240			
太原太重宾馆（有限公司）	太原太重宾馆（有限公司）	3	套间	3	3	1288	600	太原市万柏林区西矿街前进路32号	0351－6194400	
			单间	6	6	618	300			
			标准间	64	64	468	280			
山西省职工活动中心	山西省职工活动中心	3	豪华套间	1	1	1380	600	太原市北肖墙51号	0351－5260166/5260188/5260111	
			套间	2	2	480	300			
			单间	1	1	260	220			
			标准间	28	28	320	260			
			标准间	53	53	260	220			
山西黄河京都大酒店有限公司	山西黄河京都大酒店有限公司	4	套间	5	5	1380	600	太原市平阳路19号	0351－5670001/5670003	
			单间	42	42	720	300			
			标准间	118	118	620	300			
山西滨河饭店有限公司	山西滨河饭店有限公司	4	套间	7	7	1620	600	太原市府西街103号	0351－3332222－7032	
			单间	34	34	920	300			
			标准间	56	56	920	300			

饭店名称	发票开具单位名称	星级	客房（数量：间；价格：元/天）					地址	前台订房电话	备注
			房型	总间数	协议间数	门市价	协议价			
太原铁路新创餐饮旅游有限公司（太原铁道大厦）	山西新铁大酒店		套间	10	10	888	500	太原市迎泽南街19号	0351－2231888/2236188	
				10	10	688	230			
			标准间	150	150	688	210			
山西晋协宾馆（有限公司）	山西晋协宾馆（有限公司）	4	普通套间	12	12	1098	600	太原市东缉虎营35号	0351－5659567/5659568	
			普通标准间	48	48	878	300			
山西金三元宾馆	山西金三元宾馆	3	套间	12	12	588	400	太原坞城路123号	0351－2283155/2283255	
			单间	10	10	358	270			
			标准间	92	92	388	250			
太原并州饭店	太原并州饭店	3	套间	40	40	998	598	太原市迎泽大街118号	0351－8226003/4041004	
			单间	60	60	268	200			
			标准间	210	210	498	280			
山西饭店	山西饭店	3	套间	10	10	1200	600	太原市纯阳宫21号	0351－8210666	
			单间	23	23	380	280			
			标准间	264	264	380	250			
山西晋祠宾馆	山西晋祠宾馆	5	套间	61	61	980	600	太原市晋祠路三段669号	0351－6099999－9000	
			单间	54	54	480	280			
			标准间	232	163	480	280			
山西省公安厅交通管理局训练基地	山西省公安厅交通管理局训练基地		普通套间	12	12	1880	500	太原市晋源区晋祠镇马坊沟	0351－6349777/6349888	
			单间	6	6	580	280			
			标准间	52	52	580	280			
			单间	24	24	388	200			
			标准间	30	30	388	200			
山西省财政厅培训中心	山西省财政厅培训中心	3	套间	5	5	880	600	太原市开化寺街13号	0351－8212555/8212556	
			单间	13	13	480	300			
			标准间	72	72	300	290			
太原太航三产有限公司太航宾馆	太原太航三产有限公司太航宾馆	3	普套（副楼）	16	16	380	300	太原市亲贤北街28号	0351－7085888/7054520/7084342	
			豪华套间	4	4	498	240			
			普单（副楼）	15	15	248	200			
			豪华标间	126	126	498	240			
			普标（副楼）	130	130	248	160			

饭店名称	发票开具单位名称	星级	客房（数量：间；价格：元/天）					地址	前台订房电话	备注
			房型	总间数	协议间数	门市价	协议价			
太原华苑宾馆有限公司	太原华苑宾馆有限公司	3	套间	4	4	868	580	太原市迎泽大街9号	0351－4653011	
			单间	32	32	408	278			
			商务标准间	60	60	428	268			
			标准间	64	64	388	258			
山西新纪元酒店有限公司	山西新纪元酒店有限公司	3	套间	4	4	758	408	太原市长风街12号	0351－7650088	
			套间	3	3	868	498			
			单间	34	34	318	178			
			标准间	57	57	568－668	300			
大同市										
大同宾馆	大同宾馆	4	套间	13	13	1180	420	山西省大同市迎宾西路37号 邮编：037008	0352－5868666；传真5868200	
			单间	42	42	580	220			
			标准间	133	133	580	240			
雁北宾馆	雁北宾馆	4	套间	15	15	780	420	山西省大同市御河北路甲1号 邮编：037004	0352－5860888；传真5860000	
			单间	55	55	680	220			
			标准间	127	127	580	240			
浩海国际酒店	浩海国际酒店	4	套间	9	9	1880	568	山西省大同市新建南路46号 邮编：037008	0352－5686888；传真5686880	
			单间	39	39	680/580	248			
			标准间	170	170	680/580	248			
云冈国际酒店	云冈国际酒店	4	套间	14	14	760	440	山西省大同市大西街38号 邮编：037004	0352－5869999；传真5869666	
			单间	18	18	560	240			
			标准间	137	137	560	240			
朔州市										
朔州万通源大酒店	朔州万通源大酒店	4	套间	29	29	680	490	山西省朔州市开发北路68号	0349－5666666	
			单间	34	34	580	268			
			标准间	73	73	580	268			
阳泉市										
阳泉宾馆	阳泉宾馆	3	套间	13	13	880	600	山西省阳泉市北大街119号	0353－2031000	
			标准间	86	86	388	300			
长治市										
长治宾馆	长治宾馆	3	商务套	6	6	998	598	长治市英雄中路110号	0355－2188001/2188002/2188003	含早餐
			普通套	6	6	928	568			
			商务单间	22	22	498	300			
			商务标间	13	13	498	300			
			普通标间	84	84	428	278			
			普通单间	14	14	428	278			

饭店名称	发票开具单位名称	星级	客房（数量：间；价格：元/天）					地址	前台订房电话	备注
			房型	总间数	协议间数	门市价	协议价			
财苑大厦	财苑大厦	4	单间	12	12	420	230	长治市长兴305号	0355－2200000/2200001	
			标准间	77	77	508	279			
晋城市										
阳光大酒店	晋城市阳光大酒店有限公司	4	套间	10	10	1280	550	晋城市泽州路568号	0356－2229188	
			单间	9	9	498	258			
			标准间	111	111	398	258			
太平洋大酒店	晋城市太平洋大酒店有限公司	4	套间	16	16	788	450	晋城市凤台西街899号	0356－6969666	
			单间	9	9	418	208			
			标准间	79	79	418	208			
泽州大酒店	泽州大酒店管理有限公司	4	套间	30	30	898	428	晋城市凤台西街2839号	0356－2099999	
			单间	51	51	488	243			
			标准间	59	59	488	243			
颐宾大酒店	晋城市颐宾大酒店有限责任公司	4	豪华套间	3	3	1688	450	晋城市前进路1428号	0356－3068888	
			套间	7	7	788	300			
			单间	4	4	488	150			
			标准间	52	52	488	150			
家里来饭店	晋城市家里来餐饮管理有限公司	3	套间	1	1	468	198	晋城市凤台西街1169号（市国税局后院）	0356－2027707	
			单间	3	3	398	168			
			标准间	50	50	240	120			
忻州市										
五台山大酒店	忻州市五台山大酒店有限责任公司	3	套间	6	6	688	380	忻州市五台山北路65号	0350－3060666	
			单间	6	6	368	228			
			标准间	89	89	288	180			
瑞龙大酒店	忻州市瑞龙大酒店（有限公司）	4	豪华套间	5	5	1888	580	忻州市人民公园西侧	0350－3168888/3168555	
			商务套间	4	4	888	440			
			单间	6	6	518	234			
			豪华标间	22	22	508	274			
			商务标间	54	54	468	234			
晋中市										
山西金华苑宾馆有限公司	山西金华苑宾馆有限公司	3	商务套房	4	4	728	510	山西省晋中市榆次区迎宾街99号	0354－3361001/3361222	
			普通套房	3	3	518	363			
			豪华客房标间	47	47	460	298			
			标准间	6	6	328	230			

饭店名称	发票开具单位名称	星级	客房（数量：间；价格：元/天）					地址	前台订房电话	备注
			房型	总间数	协议间数	门市价	协议价			
晋中市黄金海岸有限公司	晋中市黄金海岸有限公司	3	套房	7	7	798	399	山西省晋中市榆次区文苑街88号	0354－3076666/3073777	
			单间	13	13	458	229			
			标准间	92	92	398	199			
临汾市										
临汾宾馆	山西临汾宾馆	3	套间A	5	5	560	360	临汾市解放路7号	0357－2086888/2086899	
			单间A	6	6	480	280			
			标准间A	45	45	280	160			
			单间B	9	9	188	90			
			标准间B	82	82	228	120			
运城市										
运城市金鑫房地产有限公司金鑫大酒店	运城市金鑫房地产有限公司金鑫大酒店	5	套间	6	6	1088	300	山西省运城市槐东南路88号	0359－2259999/2258190	
			单间	18	18	788	180			
			标准间	110	110	688	240			
运城市宾馆	运城市宾馆	3	套间	11	11	1288	600	运城市盐湖区红旗东街84号	0359－2291688	
			单间	3	3	158	90			
			标准间	94	94	258	100			
运城空港度假村	运城经济技术开发区空港度假村	4	套间	30	30	1280	400	运城市空港新区东街9号	0359－6301118	
			单间	100	100	680	180			
			标准间	240	240	680	180			
运城市大酒店	运城市大酒店	4	单间	3	3	388	180	运城市红旗东街376号	0359－2020508	
			标准间	71	71	388	180			
吕梁市										
吕梁国际宾馆	吕梁国际宾馆	4	套间	10	10	948	474	离石区滨河南东路	0358－8221666	含早餐
			标准间	85	85	480	280			
吕梁国贸大酒店	吕梁国贸大酒店	4	套间	14	14	998	499	离石区新建沟口43号	0358－8232999	含早餐
			单间	96	96	458	300			
			标准间	90	90	438	280			

内蒙古自治区

- 财政部委托内蒙古自治区财政厅负责在内蒙古地级以上城市招标采购出差定点饭店并负责日常监督管理工作。
- 本次政府采购，确定内蒙古自治区出差定点饭店 148 家。
- 出差定点饭店按照与财政部门签订《协议书》的价格向中央和地方各级党政机关和事业单位提供相应的接待服务。
- 如果对协议价格产生疑义，可以要求定点饭店出示《协议书》。
- 如有出差定点饭店变更或协议价格变化，应以“党政机关出差会议定点饭店查询网”的信息为准。
- 本目录中的内蒙古出差定点饭店的详细信息，可在“党政机关出差会议定点饭店查询网”查阅。
- 内蒙古自治区的呼和浩特市、通辽市、海拉尔市、满洲里、锡林浩特出差定点饭店包括了季节性价格差，其中旺季为每年 6 - 9 月，其余为淡季，请在使用查阅时注意。
- 内蒙古自治区各地区长途电话区号：

呼和浩特市　0471　　包头市　0472

呼伦贝尔市　0470　　乌海市　0473

鄂尔多斯市　0477　　赤峰市　0476

乌兰察布市　0474　　通辽市　0475

巴彦淖尔市　0478　　兴安盟　0482

锡林郭勒盟　0479　　阿拉善盟　0483

内蒙古自治区出差定点饭店

饭店名称	发票开具单位名称	星级	客房（数量：间；价格：元/天）					地址	前台订房电话	备注
			房型	总间数	协议间数	门市价	协议价			
包头市										
海德酒店	包头海德酒店有限公司	5	套间	52	37	1388	500	包头市钢铁大街56号	0472－5365558	含早餐
			单间	82	60	888	300			
			标准间	71	50	888	300			
海德包头宾馆	包头宾馆有限责任公司	3	套间	10	10	498	200	包头市市府西路19号	0472－5155555	含早餐
			单间	12	12	298	180			
			标准间	140	140	298	180			
万號国际酒店	包头市万號酒店有限责任公司	5	套间	18	18	1688	600	包头市钢铁大街33号	0472－5369988	
			单间	54	54	988	300			
			标准间	163	163	988	300			
包头神华国际大酒店	包头神华国际城（大酒店）有限公司酒店管理分公司	5	套间	9	4	1298	519	包头市阿尔丁大街1号	0472－5368866	含早餐
			单间	68	45	998	300			
			标准间	192	135	998	300			
稀土国际大酒店	包头稀土国际大酒店有限责任公司	4	套间	21	21	1488	600	包头市阿尔丁大街89号	0472－5358856	含早餐
			单间	15	15	818	300			
			标准间	128	128	818	300			
青山国宾馆	包头青山国宾馆有限公司	4	套间	30	30	1880	600	包头市青山区迎宾道1号	0472－3316200	含早餐
			单间	4	4	780	300			
			标准间	20	20	780	300			
兰亭酒店	包头市兰亭酒店有限责任公司	3	套间	3	3	1180	580	包头市稀土高新区创业园内稀土大厦东50米	0472－6961888	含早餐
			单间	13	13	498	249			
			标准间	70	70	498	200			
金顶酒店	包头市金顶酒店有限责任公司	3	套间	14	14	688	290	包头市青山区少先路45号	0472－5909999	含早餐
			单间	2	2	358	190			
			标准间	72	72	318	160			
北方宾馆	内蒙古北方装备有限公司宾馆	3	套间	9	9	1190	600	包头市青山区青山路123号	0472－6951800	含早餐
			单间	8	8	500	300			
			标准间	60	60	300	180			
明皓商务酒店	包头市明皓商务酒店有限责任公司		套间	12	12	496	298	包头市昆区民族东路华丽家族32号楼	0472－5336600	含早餐
			单间	22	22	278	188			
			标准间	66	66	278	188			

饭店名称	发票开具单位名称	星级	客房（数量：间；价格：元/天）					地址	前台订房电话	备注
			房型	总间数	协议间数	门市价	协议价			
铁道大厦	包头市华通物流（集团）有限公司	2	套间	4	4	918	600	包头市东河区公园路28号	0472－4173222	含早餐
			单间	30	30	110	85			
			标准间	27	27	188	140			
乌海市										
乌海市星云大酒店	乌海市星云大酒店有限责任公司	3	套间	16	16	668	468	海勃湾区狮城东街2号	0473－2050111	
			单间	1	1	138	97			
			标准间	60	60	298	208			
乌海市飞云酒店	乌海市飞云房地产开发有限责任公司飞云酒店		套间	9	9	588	488	海勃湾区海拉北路23号	0473－6968799	
			单间	16	16	488	298			
			标准间	30	30	488	258			
乌海市世纪元大酒店	乌海市世纪元大酒店有限责任公司	4	套间	15	15	880	440	海勃湾区海北大街2号	0473－6991132	
			单间	5	5	630	315			
			标准间	103	103	560	280			
阳光万豪酒店	阳光万豪酒店有限责任公司	4	套间	24	24	1018	558	海勃湾区狮城西街（文体中心西侧）	0473－2057777	
			单间	31	31	528	288			
			标准间	112	112	528	288			
赤峰市										
赤峰九天国际酒店	赤峰九天国际酒店有限责任公司	4	套间A	6	6	699	559	赤峰市新城区兴安街	0476－8831977/8831988	
			套间B	39	39	599	489			
			套间C	35	35	499	399			
			单间	64	64	399	299			
			标准间	175	175	399	299			
赤峰市昭乌达宾馆	赤峰市昭乌达宾馆		套间A	1	1	888	600	赤峰市新城区全宁街西段	0476－8822055	
			套间B	3	3	688	580			
			单间	3	3	368	300			
			标准间	33	33	300	300			
赤峰宾馆有限公司	赤峰宾馆有限公司	4	套间	29	20	880	580	赤峰市昭乌达路11号	0476－8750688/8750021	
			单间	62	43	460	298			
			标准间	64	45	480	298			
鄂尔多斯市										
滕图国际大酒店	鄂尔多斯市滕图国际大酒店有限责任公司	4	套间	30	20	999	480	东胜区天骄北路18号（东方路桥十字路口）	0477－3877699	
			单间	42	30	598	299			
			标准间	70	60	598	299			

饭店名称	发票开具单位名称	星级	客房（数量：间；价格：元/天）					地址	前台订房电话	备注
			房型	总间数	协议间数	门市价	协议价			
宏业宾馆	鄂尔多斯市宏业生态产业发展有限公司宏业宾馆	3	套间	12	12	888	398	东胜区杭锦北路6路	0477－8341515	
			单间	80	80	568	218			
			标准间	91	91	488	258			
东胜大酒店	内蒙古东胜大酒店有限公司	3	套间	10	10	1880	600	东胜区杭锦北路1号	0477－3996688	
			单间	30	30	580	280			
			标准间	200	200	680	280			
鄂尔多斯饭店	鄂尔多斯饭店有限责任公司	4	套间	10	10	1088	500	东胜伊金霍洛西街1号	0477－8385558	
			单间	13	10	680	260			
			标准间	67	65	600	298			
恒信大酒店	内蒙古恒信实业集团有限公司恒信大酒店	4	套间	14	10	1688	538	康巴什新区西纬7路北	0477－3873222	
			单间	27	15	880	298			
			标准间	113	90	880	298			
谊丰大酒店	鄂尔多斯市东胜区谊丰大酒店有限责公司	3	套间	5	5	680	480	东胜区铁西新区团结5路	0477－2219666	
			单间	23	23	428	238			
			标准间	108	108	398	218			
国豪大酒店	鄂尔多斯市东胜区国豪大酒店	3	套间	20	20	528	388	原武警支队	0477－2267777	
			单间	10	10	278	258			
			标准间	60	60	278	238			
苏力德大酒店	苏力德大酒店	3	套间	5	5	880	480	东胜区杭锦北路15号街坊3号楼	0477－3985922	
			单间	30	30	328	180			
			标准间	60	60	368	200			
万兴隆大酒店	鄂尔多斯市万兴隆商贸有限公司	4	套间	7	4	1888	600	东胜区伊煤路北交警大队西100米	0477－8355222	
			单间	28	28	608	298			
			标准间	96	96	588	298			
金财大酒店	鄂尔多斯市金财大酒店有限责任公司	4	套间	8	6	1980	600	康巴什新区金财大厦金财大酒店	0477－8581500	
			单间	22	14	418	288			
			标准间	61	61	148	288			
鄂尔多斯假日酒店	鄂尔多斯假日酒店	5	D区套间	50	50	1888	600	东胜区迎宾路1号	0477－8380888	
			D区单间							
			D区标准间	5	5	1088	300			

饭店名称	发票开具单位名称	星级	客房（数量：间；价格：元/天）房型	总间数	协议间数	门市价	协议价	地址	前台订房电话	备注
乌兰察布市										
映山饭店	映山饭店	3	套间A	4	4	398	340	乌兰察布市集宁区解放路203号	0474－8228866/8245001	
			套间B	4	4	368	318			
			单间A	9	9	318	278			
			单间B	22	22	238	208			
			单间C	29	29	188	158			
			标间A	26	26	308	268			
			标间B	38	38	238	208			
			标间C	11	11	188	158			
洲际大酒店	洲际大酒店	3	套间	11	11	460	368	乌兰察布市集宁区恩和路57号	0474－8291155/8290055	
			单间	9	9	225	178			
			标间A	54	54	225	178			
			标间B	52	52	200	158			
乌兰察布宾馆	乌兰察布宾馆	4	套间	15	15	388	318	乌兰察布市集宁区恩和路185号	0474－8226688	
			单间	3	3	288	248			
			标间B	35	35	228	180			
			标间A	125	125	208	160			
计委宾馆	计委宾馆	2	套间	8	8	298	200	乌兰察布市集宁区恩和路14号	0474－8223388/8261188	
			单间	16	16	188	110			
			标间	63	63	188	110			
登喜路商务宾馆	登喜路商务宾馆	3	套间	1	1	388	288	乌兰察布市集宁区怀远南大街60号	0474－8259999	
			套间	6	6	188	148			
			单间A	16	16	208	158			
			单间B	6	6	188	148			
			标间A	42	42	208	158			
			标间B	22	22	188	138			
			标间C	4	4	138	108			
			标间	7	7	118	88			
集宁宾馆	集宁宾馆	2	套间	18	18	260	220	乌兰察布市集宁区怀远路南大街91号	0474－8255555/8256666	
			单间	11	11	160	140			
			标间	104	104	166	146			
惠丰大酒店	惠丰大酒店	2	套间	2	2	288	248	乌兰察布市集宁区怀远路南大街36号	0474－8239966	
			单间	3	3	188	148			
			标间	43	43	128	100			

饭店名称	发票开具单位名称	星级	客房（数量：间；价格：元/天）					地址	前台订房电话	备注
			房型	总间数	协议间数	门市价	协议价			
巴彦淖尔市										
蓝宇饭店	蓝宇饭店	4	套间	13	13	1368	500	巴彦淖尔市临河区胜利北路	0478－2259888	
			单间	25	25	598	258			
			标准间	50	50	598	258			
巴彦淖尔市国际饭店	巴彦淖尔市国际饭店	4	套间	10	10	828	498	巴彦淖尔市胜利南路57号	0478－8281010	
			单间	8	8	498	260			
			标准间	50	50	398	258			
凯悦饭店	凯悦饭店	3	套间	4	4	888	488	巴彦淖尔市临河区胜利北路	0478－7956888	
			单间	8	8	368	205			
			标准间	59	59	318	170			
巴彦淖尔市财苑宾馆	巴彦淖尔市财苑宾馆	2	套间	7	7	388	263	巴彦淖尔市临河区新华东街22号	0478－8234700	
			单间							
			标准间	38	38	248	168			
巴彦淖尔市临河宾馆	巴彦淖尔市临河宾馆有限责任公司		套间	5	5	580	435	巴彦淖尔市临河区育红东街2号	0478－8650000	
			单间	11	11	348	261			
			标准间	51	51	328	246			
兴安盟										
凯槟美丽城酒店	凯槟美丽城酒店		套间	1	1	1180	500	乌兰浩特市罕山东街盟林业局对过	0482－8233555	
				3	3	680	300			
			单间							
			标准间	20	20	288	150			
科右前旗金帝大酒店	科右前旗金帝大酒店		套间	3	3	598	510	乌兰浩特市兴安北大路五一广场南	0482－8825555	
			单间	3	3	278	235			
			标准间	20	20	248	216			
乌兰浩特市金润大酒店	乌兰浩特市金润大酒店		套间	1	1	448	378	乌兰浩特市联通公司南侧	0482－3986666	
			单间							
			标准间	21	21	218	188			
				7	7	248	216			
红城万豪酒店	红城万豪酒店	3	套间	3	3	688	560	乌兰浩特市南大路1号	0482－8244666	
			单间	5	5	348	260			
			标准间	43	43	328	220			
兴安宾馆贵宾楼	兴安宾馆贵宾楼	2	套间	3	3	1280	600	乌兰浩特市北山公园下	0482－8418432	
			单间	3	3	480	280			
			标准间	10	10	360	200			

饭店名称	发票开具单位名称	星级	客房（数量：间；价格：元/天）					地址	前台订房电话	备注
			房型	总间数	协议间数	门市价	协议价			
兴安财政干部培训中心	兴安财政干部培训中心		套间	2	2	580	380	兴安街盟财政局后院	0482－8247222	
			单间	6	6	300	200			
			标准间	9	9	280	180			
万佳商务会馆	万佳商务会馆	4	套间	3	3	480	460	乌兰浩特市原教育学院	0482－8208888	
			单间	29	20	360	280			
			标准间	31	20	400	300			
			商务套房	3	3	1180	600			
长丰国际大酒店	长丰国际大酒店	3	套间	2	2	1080	600	乌兰浩特市南滨河	0482－8209477	
			单间	5	5	540	300			
			标准间	79	79	540	300			
			商务套房	6	6	1134	600			
二连浩特市										
华蒙大酒店	华蒙大酒店		套间	2	2	418	248	二连浩特市贝加尔街	0479－7515666	
			单间	3	3	138	80			
			标准间	32	32	218	100			
宇迪大酒店	宇迪大酒店		套间	8	8	868	438	二连浩特市团结路0208号	0479－7537500	
			单间	12	12	368	188			
			标准间	20	20	338	168			
胜能大酒店	胜能大酒店		套间	3	3	1888	600	二连浩特市锡林街0629号	0479－7537618	
			单间	10	10	288	168			
			标准间	26	26	268	188			
阿拉善盟										
阿拉善盟宾馆	阿拉善盟宾馆	3	套间	17	17	880	580	巴彦浩特和硕特路42号	0483－8356114	
			单间	16	16	380	280			
			标准间	63	63	380	280			
阿拉善盟龙信大酒店	阿拉善盟龙信大酒店	3	套间	9	9	688	550	巴彦浩特西花园街3号	0483－8180198	
			单间	12	12	188	150			
			标准间	72	72	328	280			
阿拉善盟浦京大酒店	阿拉善盟浦京大酒店		套间	8	8	688	580	巴彦浩特雅布赖路	0483－8333777	
			单间	28	28	338	220			
			标准间	78	78	368	260			
阿拉善盟军旅宾馆	阿拉善盟军旅宾馆		套间	4	4	488	320	巴彦浩特额鲁特路21号	0483－8750075	
			单间	4	4	188	120			
			标准间	17	17	158	120			

饭店名称	发票开具单位名称	星级	客房（数量：间；价格：元/天）					地址	前台订房电话	备注
			房型	总间数	协议间数	门市价	协议价			
阿拉善盟新春宾馆	阿拉善盟新春宾馆		套间	4	4	288	200	巴彦浩特南大街64号	0483－8225815	
			单间	5	5	138	90			
			标准间	31	31	188	120			
阿拉善盟公路管理局沙漠王酒店	阿拉善盟公路管理局沙漠王酒店		套间	2	2	688	300	巴彦浩特土尔扈特南路	0483－8332869	
			单间	2	2	158	120			
			标准间	24	24	288	120			
阿拉善盟曼德拉商务酒店	阿拉善盟曼德拉商务酒店		套间	4	4	288	200	巴彦浩特和硕特路25号	0483－3998885	
			单间							
			标准间	19	19	188	120			
阿拉善盟阳光生态园酒店	阿拉善盟阳光生态园酒店	2	套间					巴彦浩特雅布赖路17号	0483－3993666	
			单间	4	4	138	90			
			标准间	36	36	198	120			
阿拉善盟开元酒店	阿拉善盟开元酒店		套间	5	5	328	298	巴彦浩特和硕特路44号	0483－8343380	
			单间							
			标准间	39	39	188	120			

内蒙古自治区出差淡旺季定点饭店

<table>
<tr><th rowspan="3">饭店名称</th><th rowspan="3">发票开具单位名称</th><th rowspan="3">星级</th><th colspan="6">客房（数量：间；价格：元/天）</th><th rowspan="3">地址</th><th rowspan="3">前台订房电话</th><th rowspan="3">备注</th></tr>
<tr><th rowspan="2">房型</th><th rowspan="2">总间数</th><th rowspan="2">协议间数</th><th rowspan="2">门市价</th><th colspan="2">协议价</th></tr>
<tr><th>旺季</th><th>淡季</th></tr>
<tr><td colspan="12">呼和浩特市</td></tr>
<tr><td rowspan="3">呼和浩特假日酒店</td><td rowspan="3">黄河万家寨水利枢纽有限公司呼和浩特假日酒店</td><td rowspan="3">4</td><td>套间</td><td>6</td><td>5</td><td>1700</td><td>900</td><td>600</td><td rowspan="3">呼和浩特市中山西路33号</td><td rowspan="3">0471－6351888</td><td rowspan="3"></td></tr>
<tr><td>单人间</td><td>90</td><td>70</td><td>900</td><td>450</td><td>300</td></tr>
<tr><td>标准间</td><td>101</td><td>80</td><td>900</td><td>450</td><td>300</td></tr>
<tr><td rowspan="3">呼和浩特市骏凯世纪酒店管理有限责任公司</td><td rowspan="3">呼和浩特市骏凯世纪酒店管理有限责任公司</td><td rowspan="3">4</td><td>套间</td><td>18</td><td>18</td><td>1400</td><td>560</td><td>420</td><td rowspan="3">呼和浩特金桥开发区世纪五路</td><td rowspan="3">0471－3339998</td><td rowspan="3"></td></tr>
<tr><td>单人间</td><td>9</td><td>9</td><td>800</td><td>320</td><td>280</td></tr>
<tr><td>标准间</td><td>108</td><td>108</td><td>700</td><td>280</td><td>266</td></tr>
<tr><td rowspan="3">呼和浩特市赛罕区佰加力大酒店</td><td rowspan="3">呼和浩特市赛罕区佰加力大酒店</td><td rowspan="3">4</td><td>套间</td><td>11</td><td>11</td><td>880</td><td>538</td><td>460</td><td rowspan="3">呼和浩特赛罕区大学东街106号</td><td rowspan="3">0471－6612666</td><td rowspan="3"></td></tr>
<tr><td>单人间</td><td>12</td><td>12</td><td>480</td><td>240</td><td>220</td></tr>
<tr><td>标准间</td><td>95</td><td>95</td><td>480</td><td>240</td><td>220</td></tr>
<tr><td rowspan="3">内蒙古天润大酒店有限公司</td><td rowspan="3">内蒙古天润大酒店有限公司</td><td rowspan="3">4</td><td>套间</td><td>4</td><td>4</td><td>1280</td><td>598</td><td>458</td><td rowspan="3">赛罕区呼伦南路</td><td rowspan="3">0471－5971222</td><td rowspan="3"></td></tr>
<tr><td>单人间</td><td>25</td><td>25</td><td>580</td><td>348</td><td>248</td></tr>
<tr><td>标准间</td><td>93</td><td>93</td><td>580</td><td>348</td><td>248</td></tr>
<tr><td rowspan="3">内蒙古金岁实业有限责任公司大酒店</td><td rowspan="3">内蒙古金岁实业有限责任公司大酒店</td><td rowspan="3">4</td><td>套间</td><td>28</td><td>28</td><td>1080</td><td>540</td><td>480</td><td rowspan="3">赛罕区兴安南路60号</td><td rowspan="3">0471－6606518</td><td rowspan="3"></td></tr>
<tr><td>单人间</td><td>4</td><td>4</td><td>500</td><td>300</td><td>260</td></tr>
<tr><td>标准间</td><td>69</td><td>69</td><td>600</td><td>300</td><td>260</td></tr>
<tr><td rowspan="3">内蒙古饭店有限责任公司</td><td rowspan="3">内蒙古饭店有限责任公司</td><td rowspan="3">5</td><td>套间</td><td>46</td><td>32</td><td>2280</td><td>900</td><td>600</td><td rowspan="3">乌兰察布西街31号</td><td rowspan="3">0471－6398880</td><td rowspan="3"></td></tr>
<tr><td>单人间</td><td>122</td><td>86</td><td>1080</td><td>450</td><td>300</td></tr>
<tr><td>标准间</td><td>175</td><td>123</td><td>1080</td><td>450</td><td>300</td></tr>
<tr><td rowspan="3">内蒙古新城宾馆旅游业集团有限责任公司</td><td rowspan="3">内蒙古新城宾馆旅游业集团有限责任公司</td><td rowspan="3">5</td><td>套间</td><td>20</td><td>20</td><td>1280</td><td>900</td><td>600</td><td rowspan="3">赛罕区呼伦南路41号</td><td rowspan="3">0471－6660888</td><td rowspan="3"></td></tr>
<tr><td>单人间</td><td>20</td><td>20</td><td>780</td><td>450</td><td>300</td></tr>
<tr><td>标准间</td><td>150</td><td>150</td><td>680</td><td>450</td><td>300</td></tr>
<tr><td rowspan="3">内蒙古北方酒店投资管理有限责任公司</td><td rowspan="3">内蒙古北方酒店投资管理有限责任公司</td><td rowspan="3"></td><td>套间</td><td></td><td></td><td></td><td></td><td></td><td rowspan="3">新华大街61号</td><td rowspan="3">0471－6635499</td><td rowspan="3"></td></tr>
<tr><td>单人间</td><td></td><td></td><td></td><td></td><td></td></tr>
<tr><td>标准间</td><td>171</td><td>171</td><td>259</td><td>340</td><td>230</td></tr>
<tr><td rowspan="3">内蒙古天泽培训大厦</td><td rowspan="3">内蒙古天泽培训大厦</td><td rowspan="3"></td><td>套间</td><td>10</td><td>10</td><td>588</td><td>380</td><td>330</td><td rowspan="3">大学西街116号</td><td rowspan="3">0471－6634858</td><td rowspan="3"></td></tr>
<tr><td>单人间</td><td>6</td><td>6</td><td>338</td><td>248</td><td>218</td></tr>
<tr><td>标准间</td><td>104</td><td>104</td><td>388</td><td>248</td><td>218</td></tr>
<tr><td rowspan="3">内蒙古东达丰泽园假日酒店有限公司</td><td rowspan="3">内蒙古东达丰泽园假日酒店有限公司</td><td rowspan="3">4</td><td>套间</td><td>13</td><td>13</td><td>1680</td><td>680</td><td>540</td><td rowspan="3">赛罕区呼伦南路119号</td><td rowspan="3">0471－5259998</td><td rowspan="3"></td></tr>
<tr><td>单人间</td><td>20</td><td>20</td><td>718</td><td>368</td><td>268</td></tr>
<tr><td>标准间</td><td>119</td><td>119</td><td>688</td><td>360</td><td>260</td></tr>
</table>

饭店名称	发票开具单位名称	星级	客房（数量：间；价格：元/天）房型	总间数	协议间数	门市价	协议价 旺季	协议价 淡季	地址	前台订房电话	备注
呼和浩特市赛罕区王莉贵宾楼酒店	呼和浩特市赛罕区王莉贵宾楼酒店	3	套间	4	4	888	488	408	南二环11号	0471－4215402	
			单人间	4	4	588	308	240			
			标准间	42	42	540	288	220			
呼和浩特市名岳岛假日酒店有限责任公司	呼和浩特市名岳岛假日酒店有限责任公司		套间	2	2	320	360	320	海拉尔大街18号	0471－6517700	
			单人间	10	10	620	180	140			
			标准间	28	28	380	190	160			
内蒙古金仕顿大酒店	内蒙古金仕顿大酒店	4	套间	14	14	1480	800	590	海拉尔东街15号	0471－6629800	
			单人间	76	76	780	450	300			
			标准间	170	170	780	450	300			
内蒙古和林格尔国际酒店有限责任公司	内蒙古和林格尔国际酒店有限责任公司	4	套间	5	5	1088	500	400	和林格尔盛乐园区	0471－7393300	
			单人间	30	30	560	260	200			
			标准间	90	90	560	260	200			
内蒙古海亮广场大酒店	内蒙古海亮广场大酒店	5	套间	37	37	1980	800	600	中山西路1号	0471－5278888	
			单人间	37	37	780	400	300			
			标准间	402	402	780	400	300			
呼和浩特市金叶阳光经纬大酒店	呼和浩特市金叶阳光经纬大酒店		套间	16	16	560	338	298	锡林北路50号	0471－3379800	
			单人间	15	15	380	190	170			
			标准间	119	119	380	190	170			
内蒙古呼市锦颐酒店管理公司新华西街店	内蒙古呼市锦颐酒店管理公司新华西街店	4	套间	1	1	1180	680	480	新华西街	0471－6602211	
			单人间	24	24	428	228	178			
			标准间	93	93	428	228	178			
内蒙古电力满都拉宾馆	内蒙古电力满都拉宾馆	3	套间	5	5	680	560	524	锡林南路13号	0471－6226699	
			单人间	16	16	220	198	180			
			标准间	70	70	318	266	236			
内蒙古水木年华阳光大酒店	内蒙古水木年华阳光大酒店		套间	25	25	1288	490	590	呼伦南路9号	0471－5259000	
			单人间	46	46	788	380	280			
			标准间	199	199	788	380	280			
内蒙古华天大厦有限责任公司	内蒙古华天大厦有限责任公司	3	套间	11	11	980	686	490	呼伦北路22号	0471－6639669	
			单人间	9	9	496	348	248			
			标准间	85	85	496	348	248			
内蒙古草原明珠大酒店	内蒙古草原明珠大酒店	3	套间	8	8	1280	800	600	哲里木路108号	0471－3399201	
			单人间	8	8	680	195	170			
			标准间	72	72	580	370	278			

饭店名称	发票开具单位名称	星级	客房（数量：间；价格：元/天）						地址	前台订房电话	备注
			房型	总间数	协议间数	门市价	协议价				
							旺季	淡季			
内蒙古宾悦大酒店有限责任公司	内蒙古宾悦大酒店有限责任公司	4	套间	23	23	1180	900	600	昭乌达路52号	0471－6605842	
			单人间	38	38	780	450	300			
			标准间	94	94	760	450	300			
内蒙古退伍军人培训中心	内蒙古退伍军人培训中心		套间	2	2	480	380	300	大学西街108号	0471－3384466	
			单人间								
			标准间	77	77	188	240	200			
内蒙古小南国酒店管理有限责任公司	内蒙古小南国酒店管理有限责任公司	4	套间	10	10	969	350	350	金桥开发区世纪五路南1号	0471－4502666	
			单人间	36	36	759	280	260			
			标准间	80	80	699	260	240			
内蒙古金蓝港餐饮有限责任公司	内蒙古金蓝港餐饮有限责任公司	3	套间	4	4	1180	698	538	光明路136号	0471－2352277	
			单人间	20	20	218	168	138			
			标准间	58	58	398	238	188			
内蒙古维力斯教育出版发行有限责任公司维力斯大酒店	内蒙古维力斯教育出版发行有限责任公司维力斯大酒店	4	套间	24	24	1198	900	600	新华东街89号	0471－6607788	
			单人间	31	31	698	450	300			
			标准间	123	123	798	450	300			
中国人民解放军内蒙古军区招待所	中国人民解放军内蒙古军区招待所	4	套间	35	35	1800	700	500	呼伦北路43号	0471－6544444	
			单人间	46	46	880	420	280			
			标准间	203	203	880	420	290			
内蒙古子钰大酒店有限公司	内蒙古子钰大酒店有限公司	3	套间	4	4	588	400	360	哲里木路192号	0471－2395800	
			单人间	2	2		150	130			
			标准间	57	57	296	200	180			
内蒙古华辰大酒店有限公司	内蒙古华辰大酒店有限公司	4	套间	25	25	1518	720	480	海拉尔东街43号	0471－6622601	
			单人间	26	26	718	450	300			
			标准间	98	98	718	450	300			
内蒙古香江大酒店有限责任公司	内蒙古香江大酒店有限责任公司		套间	6	6	580	320	280	昭乌达路30号	0471－6629111	
			单人间	19	19	280	160	140			
			标准间	109	109	288	180	160			
中国人民保险内蒙古公司培训中心	中国人民保险内蒙古公司培训中心		套间	8	8	358	200	180	新城北街49号	0471－6639000	
			单人间	5	5	260	150	120			
			标准间	37	37	260	160	140			
呼市蒙之旅新乌兰饭店有限责任公司	呼市蒙之旅新乌兰饭店有限责任公司		套间	4	4	399	280	280	乌兰察布西街33号	0471－6602118	
			单人间	52	52	259	140	140			
			标准间	68	68	239	140	140			

饭店名称	发票开具单位名称	星级	客房（数量：间；价格：元/天）						地址	前台订房电话	备注
			房型	总间数	协议间数	门市价	协议价				
							旺季	淡季			
内蒙古岱海保护发展有限公司岱海宾馆	内蒙古岱海保护发展有限公司岱海宾馆	4	套间	18	18	2668	900	600	凉城县岱海度假区	0471－5295336	
			单人间	13	13	688	450	300			
			标准间	91	91	688	450	300			
内蒙古大唐国际托克托发电有限责任公司喜来登呼和浩特酒店	内蒙古大唐国际托克托发电有限责任公司喜来登呼和浩特酒店	5	套间	17	17	2300	900	600	迎宾北路5号	0471－6988888	
			单人间	48	48	1500	450	300			
			标准间	37	37	1500	450	300			
内蒙古奈伦大酒店有限责任公司	内蒙古奈伦大酒店有限责任公司	3	套间	17	17	880	440	396	昭乌达路11号	0471－2348000	
			单人间	25	25	480	240	216			
			标准间	70	70	480	240	216			
内蒙古大学桃李湖宾馆	内蒙古大学桃李湖宾馆		套间	5	5	998	660	498	大学西路235号	0471－6621100	
			单人间	10	10	360	220	180			
			标准间	68	68	360	220	180			
内蒙古东达酒店有限公司锦江国际大酒店	内蒙古东达酒店有限公司锦江国际大酒店	5	套间	78	78	2980	900	600	呼伦贝尔南路119号	0471－5666888	
			单人间	282	282	1680	450	300			
			标准间	454	454	1680	450	300			
内蒙古天和国际大酒店	内蒙古天和国际大酒店	4	套间	9	9	1198	680	550	乌兰察布西街27号	0471－3307771	
			单人间	20	20	698	330	260			
			标准间	80	80	598	330	260			
内蒙古昭君大酒店有限责任公司	内蒙古昭君大酒店有限责任公司	3	套间	22	22	490	630	490	新华大街69号	0471－6668808	
			单人间	79	79	300	360	300			
			标准间	134	134	240	280	240			
内蒙古国航大厦	内蒙古国航大厦	4	套间	31	31	1598	750	500	哲里木路96号	0471－6608888	
			单人间	138	138	898	450	300			
			标准间	111	111	898	450	300			
内蒙古师范大学教育宾馆	内蒙古师范大学教育宾馆		标准间	4	4	400	240	200	新建西街1号	0471－4392818	
			套间	3	3	280	200	160			
			单人间	68	68	280	160	120			
内蒙古林业培训中心	内蒙古林业培训中心		套间	5	5	700	630	480	新建东街23号	0471－2883311	
			单人间	4	4	370	330	260			
			标准间	43	43	370	330	260			
内蒙古碧俪宫酒店管理有限责任公司	内蒙古碧俪宫酒店管理有限责任公司		套间	7	7	688	380	260	海拉尔大街甲30号	0471－3334766	
			单人间	17	17	596	260	180			
			标准间	61	61	496	248	180			

饭店名称	发票开具单位名称	星级	客房（数量：间；价格：元/天）						地址	前台订房电话	备注
			房型	总间数	协议间数	门市价	协议价				
							旺季	淡季			
内蒙古蒙达宾馆	内蒙古蒙达宾馆	3	套间	3	3	800	600	480	中山东路1号	0471－6600490	
			单人间	10	10	350	280	240			
			标准间	90	90	400	140	120			
内蒙古裕丰餐饮娱乐有限公司	内蒙古裕丰餐饮娱乐有限公司	3	套间	8	8	798	330	220	新华东街45号	0471－6632211	
			单人间								
			标准间	88	88	598	180	140			
内蒙古东方甘迪尔蒙古风情园有限责任公司	内蒙古东方甘迪尔蒙古风情园有限责任公司		套间	10	10	1080	820	550	昭君路	0471－6604446	
			单人间	14	14	880	320	280			
			标准间	110	110	880	320	280			
内蒙古空港服务有限责任公司	内蒙古空港服务有限责任公司		套间	7	7	880	528	528	白塔机场	0471－4942777	
			单人间								
			标准间	65	65	360	252	252			
呼和浩特市紫云金碧大酒店	呼和浩特市紫云金碧大酒店		套间	3	3	800	480	358	胜利路甲1号	0471－6543888	
			单人间	6	6	500	280	240			
			标准间	62	62	420	300	200			
内蒙古自治区转业军官培训中心	内蒙古自治区转业军官培训中心		套间	6	6	680	460	360	中山东路团结巷2号	0471－6601332	
			单人间	15	15	300	220	180			
			标准间	74	74	300	220	180			
万通驿馆（北京）酒店管理有限公司呼和浩特市中山店	万通驿馆（北京）酒店管理有限公司呼和浩特市中山店		套间	4	4	418	400	360	文化宫街6号	0471－3317777	
			单人间	54	54	288	138	118			
			标准间	71	71	328	158	138			
内蒙古水月城温泉宾馆	内蒙古水月城温泉宾馆		套间	7	7	980	580	460	呼伦贝尔南路147号	0471－6624780	
			单人间	14	14	580	400	280			
			标准间	70	70	580	400	280			
北京中铁信达经贸有限公司呼和浩特市铁道饭店	北京中铁信达经贸有限公司呼和浩特市铁道饭店		套间	2	2	499	399	299	车站西街13号	0471－2353111	
			单人间	31	31	219	179	159			
			标准间	62	62	219	200	179			
呼和浩特市宜居酒店有限责任公司	呼和浩特市宜居酒店有限责任公司	4	套间	12	12	1680	590	590	呼伦贝尔北路52号	0471－2698001	
			单人间	46	46	688	300	280			
			标准间	60	60	688	300	280			

饭店名称	发票开具单位名称	星级	客房（数量：间；价格：元/天）						地址	前台订房电话	备注
			房型	总间数	协议间数	门市价	协议价 旺季	协议价 淡季			
内蒙古巴彦塔拉饭店有限责任公司	内蒙古巴彦塔拉饭店有限责任公司	3	套间	5	5	520	560	480	锡林北路46号	0471－6663003	
			单人间	17	17	800	300	268			
			标准间	108	108	480	300	260			
通辽市											
通辽市科尔沁迎宾馆	通辽市科尔沁迎宾馆有限公司		双人标间	63	63	398	300	300	通辽市科尔沁区滨河大街1510号	0475－6389999	不含早餐
			单人标间	9	9	398	300	300			
新世纪大酒店	通辽市新世纪大酒店有限责任公司	4	小套	9	9	396	620	520	通辽市和平路中段20号	0475－8281234	含早餐
通辽市天泽大酒店	通辽市天泽餐饮有限责任公司	3	大套	2	2	1680	700	588	通辽市科尔沁大街西段	0475－8320000	含早餐
			中套	4	4	1080	688	588			
			单间	17	17	428	318	298			
			标准间	90	90	388	268	248			
			三人间	6	6	428	368	348			
通辽市宾馆	通辽市宾馆有限责任公司	3	中套	10	10	792	660	528	通辽市科尔沁区西拉木伦大街西30号	0475－8280002/8280003	含早餐
			单间	18	18	368	320	280			
			标准间	66	66	368	320	280			
			商务标准间	40	40	198	198	180			
			商务单人间	24	24	168	168	148			
			商务双人间	18	18	148	148	128			
通辽市威士大酒店	通辽市威士大酒店有限责任公司	3	商务套房	8	8	880	680	580	通辽市科尔沁大街661号	0475－8216600/8519500	不含早餐
			豪华标准间	42	42	388	298	278			
			单间（大床）	13	13	388	298	258			
			标准间	83	83	388	298	258			
农牧人禾大酒店	通辽市农牧人禾餐饮有限责任公司	3	大套	3	3	888	620	480	通辽市科尔沁区建国路2349号	0475－8588888/8236988	含早餐
			小套	4	4	588	410	410			
			单间	9	9	288	200	200			
			标准间	56	56	328	230	230			
天元大酒店	通辽经济技术开发区天元大酒店	3	套间	4	4	900	600	600	通辽市新建路军分区北侧	0475－8620222	含早餐
			单间	10	10	228	130	130			
			标准间	29	29	228	130	130			
通辽市财政干部培训中心	通辽市财政干部培训中心		中套	5	5	468	360	300	霍林河大街169号	0475－8249911/8259922	含早餐
			单间	17	17	218	160	140			
			豪华标准间	20	20	288	205	185			
			普通标准间	15	15	248	180	160			

饭店名称	发票开具单位名称	星级	客房（数量：间；价格：元/天）						地址	前台订房电话	备注
			房型	总间数	协议间数	门市价	协议价				
							旺季	淡季			
通辽国税局培训中心	通辽国税局培训中心	2	套间	2	2	880	616	580	通辽市向阳大街53号	0475－8217868/8217888	含早餐
			单间	1	1	380	300	280			
			标准间	26	26	240	160	140			
			豪华标准间	3	3	380	300	280			
通辽市康健人力培训服务基地	通辽市康健人力培训服务基地		套间	2	2	350	320	280	通辽市和平路1390号	0475－8235739	含早餐
			标准间	35	35	180	160	140			
通辽市党校服务中心	通辽市党校服务中心		套间	2	2	480	350	300	通辽市霍林河大街198号	0475－8251314/8251300	含早餐
			标准间	100	100	160	140	120			
通辽市科尔沁区民兵训练基地（生态园）	通辽市科尔沁区民兵训练基地		套间	2	2	360	360	320	通辽市科尔沁大街30号	0475－8210681	含早餐
			单间	4	4	200	200	160			
			标准间	36	36	140	140	120			
通辽市33号宾馆	通辽市33号宾馆		套间	2	2	488	388	300	通辽市和平路33号	0475－8217769	含早餐
			单间	5	5	218	148	120			
			标准间	23	23	258	168	150			
通辽市沈军宾馆	通辽市沈军宾馆		套间	4	4	598	300	280	通辽市永清大街哲理木广场西侧	0475－8219966	含早餐
			单间	5	5	188	120	120			
			标准间	26	26	198	120	120			
通辽市好旺角宾馆	通辽市科尔沁区建国路好望角宾馆		套间	3	3	588	388	388	通辽市科尔沁区建国路与霍林河大街交汇处	0475－2879888	含早餐
			单间	25	25	228	160	160			
			标准间	71	71	228	160	160			
呼伦贝尔市											
呼伦贝尔宾馆有限责任公司	呼伦贝尔宾馆有限责任公司	4	套间	42	29	1880	750	500	呼伦贝尔市海拉尔区胜利大街32号	0470－8211357	
			单间	46	32	1180	450	300			
			标准间	123	86	1080	450	300			
呼伦贝尔市海拉尔宾馆	呼伦贝尔市海拉尔宾馆		套间	30	30	1888	800	600	呼伦贝尔市海拉尔区兴安东路	0470－8353288	
			单间	10	10	788	450	300			
			标准间	233	233	688	300	200			
呼伦贝尔市国府商务酒店	呼伦贝尔市国府商务酒店	3	套间	8	8	1680	600	400	呼伦贝尔市海拉尔区中央大街35号	0470－8359999	
			单间	7	7	980	300	200			
			标准间	88	88	880	270	180			

饭店名称	发票开具单位名称	星级	客房（数量：间；价格：元/天）						地址	前台订房电话	备注
			房型	总间数	协议间数	门市价	协议价				
							旺季	淡季			
呼伦贝尔市金融大酒店	呼伦贝尔市金融大酒店	3	套间	6	6	2880	750	500	呼伦贝尔市海拉尔区阿里河路32号	0470－8291080	
			单间	5	5	1680	450	300			
			标准间	61	61	980	450	300			
呼伦贝尔市友谊有限责任公司友谊大酒店	呼伦贝尔市友谊有限责任公司友谊大酒店		套间	5	5	2980	750	500	呼伦贝尔市海拉尔区桥头街10号	0470－3908111	
			单间	30	30	1280	450	300			
			标准间	50	50	1080	450	300			
贝尔大酒店	贝尔大酒店	3	套间	10	10	2580	750	500	呼伦贝尔市海拉尔区中央大街36号	0470－8358168	
			单间	4	4	1080	300	200			
			标准间	180	180	1080	300	200			
山水商务酒店	山水商务酒店		套间	9	9	2880	670	450	呼伦贝尔市海拉尔区学府路1号	0470－8579888	
			单间	8	8	1680	400	270			
			标准间	73	73	1280	400	270			
满洲里市											
江南大酒店	满洲里江南投资发展有限公司	3	套间	15	15	1688	900	600	内蒙古满洲里市海关路8号	0470－6247888	
			单间	30	30	580	225	150			
			标准间	85	85	880	450	300			
明珠饭店	明珠饭店有限责任公司	3	套间	28	28	1880	840	600	内蒙古满洲里市兴华街4号	0470－6248988	
			单间	2	2	980	450	300			
			标准间	145	145	980	450	300			
维多利亚酒店	满洲里维多利亚商贸有限责任公司	3	套间	29	29	1580	900	600	内蒙古满洲里市二道街116号	0470－3919999	
			单间	40	40	780	450	300			
			标准间	240	240	580	450	300			
锡林浩特市											
生力商务酒店	生力商务酒店	3	套间	15	15	1280	800	550	锡林浩特市团结大街西段	0479－8818970	
			单间	13	13	478	350	238			
			标准间	87	87	468	338	238			
锡林郭勒交通大厦酒店有限责任公司	锡林郭勒交通大厦酒店有限责任公司	2	套间	7	7	450	400	300	锡林浩特市察哈尔大街40号	0479－8223888/8240588/8240560	
			单间	5	5	268	260	180			
			标准间	70	70	230	220	150			
锡林郭勒盟白马旅游服务限责任公司	锡林郭勒盟白马旅游服务限责任公司	3	套间	16	16	1688	900	600	锡林浩特市振兴大街1号	0479－8241156/8281800	
			单间								
			标准间	82	82	688	445	298			
		3	套间	5	5	568	550	368			
			单间	1	1	488	450	300			
			标准间	58	58	288	207	138			

饭店名称	发票开具单位名称	星级	客房（数量：间；价格：元/天）						地址	前台订房电话	备注
			房型	总间数	协议间数	门市价	协议价				
							旺季	淡季			
亿嘉名仕假日酒店	锡林浩特市亿嘉名仕假日酒店	4	套间	6	6	998	582	388	锡林浩特市锡林大街中段	0479－8299999	
			单间	6	6	498	318	238			
			标准间	75	75	498	318	198			
仁达宾馆	锡林郭勒盟仁达宾馆有限公司	3	套间	10	10	360	368	268	锡林浩特市华油大街中段	0479－8247777	
			单间	8	8	268	180	120			
			标准间	65	65	168	150	100			
上都苑	锡林郭勒盟接待中心	5	套间	11	11	1088	550	544	盟党政办公楼东侧	0479－8285252	
			单间	13	13	550	280	275			
			标准间	33	33	540	280	270			
内蒙古玖苑国际饭店	内蒙古玖苑国际饭店有限公司	5	套间	28	25	1799	810	540	锡林浩特市锡林大街 88 号	0479－6938888	
			单间	104	100	899	385	270			
			标准间	72	70	899	385	270			
锡林浩特大酒店	锡林浩特大酒店有限公司	4	套间	27	27	1880	825	550	锡林浩特市开发区党政大楼东	0479－8816975	
			单间	46	46	628	410	275			
			标准间	186	186	588	380	255			
锡林浩特元和建国饭店	锡林浩特元和大酒店有限责任公司	5	套间	14	14	2668	900	600	锡林浩特市南京路 6 号	0479－8299299	
			单间	75	75	1138	450	300			
			标准间	151	151	1138	450	300			
东方大酒店	锡盟敏达工贸公司东方大酒店		套间	4	4	688	560	410	锡林浩特市察哈尔大街东段	0479－8818816	
			单间	4	4	356	270	180			
			标准间	50	50	312	240	160			

辽 宁 省

- 财政部委托辽宁省财政厅负责在辽宁省地级以上城市招标采购出差定点饭店并负责日常监督管理工作。
- 本次政府采购，确定辽宁省出差定点饭店200家。
- 出差定点饭店按照与财政部门签订《协议书》的价格向中央和地方各级党政机关和事业单位提供相应的接待服务。
- 如果对协议价格产生疑义，可以要求定点饭店出示《协议书》。
- 如有出差定点饭店变更或协议价格变化，应以“党政机关出差会议定点饭店查询网”的信息为准。
- 本目录中的辽宁省出差定点饭店的详细信息，可在“党政机关出差会议定点饭店查询网”查阅。
- 辽宁省大连市的出差定点饭店包括了季节性价格差，其中旺季为每年的7－10月，其余为淡季，请在使用查阅时注意。
- 辽宁省各地区长途电话区号：

沈阳市	024	朝阳市	0421
阜新市	0418	铁岭市	0410
抚顺市	0413	本溪市	0414
辽阳市	0419	鞍山市	0412
丹东市	0415	大连市	0411
营口市	0417	盘锦市	0427
锦州市	0416	葫芦岛市	0429

辽宁省出差定点饭店

饭店名称	发票开具单位名称	星级	客房（数量：间；价格：元/天）					地址	前台订房电话	备注
			房型	总间数	协议间数	门市价	协议价			
沈阳市										
辽宁省人大干部培训中心（人民大厦）	辽宁省人大干部培训中心（人民大厦）	3	套间	9	9	1388	588	辽宁省沈阳市皇姑区崇山东路41号	024－86866580	
			单间	8	8	588	300			
			标准间	102	102	388	288			
辽宁熙宁苑酒店	辽宁熙宁苑酒店		套间	4	4	380	260	沈阳市苏家屯区佟沟乡胜利村樱花街8号	024－89592396	
			标准间	80	80	320	180			
沈阳格林大饭店	沈阳格林大饭店有限公司	4	套间1	81	81	1588	380	沈阳市沈河区北站路72号	024－22576688－5070	
			套间2	16	16	1288	330			
			标准间	157	157	988	280			
辽宁荣富饭店	辽宁荣富饭店有限公司	4	套间	23	18	638	420	沈阳市铁西区北二东路17号	024－25117777－8800	
			单间	46	32	438	280			
			标准间	126	90	438	280			
辽宁天都饭店	辽宁天都饭店	4	套间1	3	3	1580	600	沈阳市和平区南五马路238号	024－23296168	
			套间2	6	6	880	600			
			套间3	3	3	680	500			
			单间	5	4	780	278			
			标准间1	20	20	780	300			
			标准间2	70	70	780	278			
			标准间3	51	51	480	238			
辽宁宁山大厦	辽宁宁山大厦	4	套间1	11	11	1080	400	沈阳市皇姑区宁山东路36号	024－26205760	
			套间2	8	8	1280	600			
			标准间1	34	34	480	270			
			标准间2	101	101	858	290			
辽宁万和阁国际酒店	辽宁万和阁国际酒店有限公司	4	套间1	2	2	780	328	沈阳市皇姑区昆山中路35号	024－86285555	
			套间2	2	2	680	328			
			套间3	2	2	580	328			
			套间4	11	11	580	328			
			单间1	8	6	480	258			
			单间2	8	6	480	258			
			单间3	8	6	480	258			
			单间4	54	50	480	258			
			标准间1	20	18	480	258			
			标准间2	20	18	480	258			
			标准间3	20	18	480	258			
			标准间4	100	90	480	258			

饭店名称	发票开具单位名称	星级	客房（数量：间；价格：元/天）					地址	前台订房电话	备注
			房型	总间数	协议间数	门市价	协议价			
沈阳玫瑰大酒店	沈阳玫瑰大酒店有限公司	4	套间 1	1	1	1580	600	沈阳市沈河区中街路 201 号	024－24898188	
			套间 2	5	5	980	550			
			套间 3	11	11	980	450			
			单间	62	62	780	298			
			标准间	91	91	780	298			
沈阳鸿宇山庄	沈阳鸿宇山庄	3	套间 1	4	4	1280	400	沈阳市棋盘山风景区秀湖北岸	024－88055000	
			套间 2	16	16	1280	400			
			单间	4	4	528	240			
			标准间	126	126	528	240			
沈阳凯莱酒店	沈阳凯莱大厦有限公司	4	套间 1	4	3	1400	600	沈阳市沈河区北站迎宾街 32 号	024－22528855	
			套间 2	14	10	1600	600			
			套间 3	3	3	1800	600			
			单间 1	77	54	1090	300			
			单间 2	48	34	1190	300			
			单间 3	24	17	1290	300			
			标准间 1	67	47	1090	300			
			标准间 2	28	20	1190	300			
			标准间 3	15	11	1290	300			
沈阳军区联勤部金辉招待所二部	沈阳军区联勤部金辉招待所二部	3	套间 1	20	20	528	320	沈阳市和平区南八马路 21 号	024－62256603	
			套间 2	7	7	528	320			
			套间 3	6	6	528	320			
			单间 1	20	20	428	220			
			单间 2	6	6	458	258			
			标准间 1	119	119	398	180			
			标准间 2	30	30	428	210			
沈阳华盛饮食文化养生园	沈阳华盛饮食文化养生园		套间 1	2	2	388	291	沈阳市棋盘山观音阁村	024－63910972	
			套间 2	7	7	488	366			
			单间	6	6	150	113			
			标准间 1	58	58	268	201			
			标准间 2	28	28	268	201			
辽宁凤凰饭店	辽宁凤凰饭店	4	套间 1	6	6	980	518	沈阳市皇姑区黄河南大街 109 号	024－86105333	
			套间 2	10	10	1280	568			
			单间	33	33	758	298			
			标准间	94	94	758	298			

饭店名称	发票开具单位名称	星级	客房（数量：间；价格：元/天）					地址	前台订房电话	备注
			房型	总间数	协议间数	门市价	协议价			
辽宁政协会馆（辽宁八方大厦）	辽宁政协会馆	4	套间	5	3	1588	600	沈阳市皇姑区崇山东路73号	024－86293888－3001	
			单间	29	10	688	300			
			标准间	89	80	688	300			
盛京富丽华商务酒店	沈阳盛京富丽华酒店管理有限公司	4	套间1	4	4	1888	600	沈阳市皇姑区辽河街5号	024－86225889	
			套间2	4	4	1588	450			
			套间3	2	2	688	400			
			单间1	24	24	328	260			
			单间2	24	24	368	280			
			标准间1	4	4	298	200			
			标准间2	64	64	328	240			
			标准间3	10	10	368	280			
辽宁北陵饭店	辽宁北陵饭店	4	套间1	5	5	880	458	沈阳市皇姑区北陵大街66号	024－86903433	
			套间2	5	5	880	458			
			单间	14	14	468	288			
			标准间1	45	45	380	238			
			标准间2	31	31	380	238			
沈阳军区司令部金星招待所	沈阳军区司令部金星招待所	3	套间1	15	15	458	350	沈阳市和平区太原北街9号	024－62101100	
			套间2	13	13	358	280			
			标准间1	107	107	228	180			
			标准间2	83	83	200	160			
沈阳商贸饭店	沈阳商贸饭店有限公司	4	套间	25	18	1458	600	沈阳市和平区中华路68号	024－23412288	
			单间	72	51	883	300			
			标准间	91	64	940	300			
沈阳富丽华大酒店	沈阳富丽华大酒店有限公司	4	套间1	26	20	2171	600	沈阳市和平区中华路65－1－69号	024－31319999	
			套间2	54	40	2631	600			
			单间1	60	45	1481	300			
			单间2	121	85	1481	300			
			标准间1	17	12	1481	300			
			标准间2	102	72	1481	300			
乐农庄园	沈阳农乐现代农业开发有限责任公司	2	套间	48	48	580	285	沈阳市和平区浑河西街满融街满融村800号	024－23711488	
			标准间	62	62	240	135			

饭店名称	发票开具单位名称	星级	客房（数量：间；价格：元/天）					地址	前台订房电话	备注
			房型	总间数	协议间数	门市价	协议价			
辽宁省军区后勤部招待所（老道口大厦）	辽宁省军区后勤部招待所	3	套间1	2	2	1880	600	沈阳市和平区胜利北街1号	024－62100399－6001/6002/6003	
			套间2	8	8	888	488			
			单间1	2	2	520	288			
			单间2	8	8	388	218			
			标准间1	56	56	388	218			
			标准间2	14	14	520	288			
沈阳军区金城宾馆	沈阳军区金城宾馆	3	套间	21	21	980	580	沈阳市和平区太原北街1号	024－23168001	
			单间	31	31	480	290			
			标准间	230	230	480	290			
辽宁怡华宾馆	辽宁怡华宾馆		套间	2	2	380	300	沈阳市和平区南八马路14号	024－23508433	
			单间	4	4	280	150			
			标准间	37	37	280	150			
瑞心城市国际酒店	辽宁瑞心酒店集团有限责任公司瑞心城市国际酒店	4	套间1	10	10	828	400	沈阳市沈河区敬宾街3－3号	024－88598299	
			套间2	7	7	980	500			
			单间1	4	4	568	220			
			单间2	5	5	668	240			
			单间3	20	20	768	260			
			标准间1	51	51	668	240			
			标准间2	51	51	568	220			
瑞心商旅东方酒店	辽宁瑞心酒店集团有限责任公司瑞心商旅东方酒店		套间1	3	3	898	598	沈阳市沈河区北站路112号	024－22583888	
			套间2	9	9	680	398			
			套间3	2	2	880	425			
			套间4	24	24	680	300			
			套间5	17	17	348	240			
			单间	19	19	368	180			
			标准间1	120	120	368	180			
			标准间2	75	75	368	180			
辽宁宾馆	辽宁宾馆	3	套间1	2	2	1088	550	沈阳市和平区中山路97号	024－23839104	
			套间2	9	9	888	450			
			单间	4	4	358	220			
			标准间	64	64	588	280			
沈阳金都饭店	沈阳金都饭店有限公司	4	套间1	13	13	788	600	沈阳市和平区太原南街189号	024－23510888－5	
			套间2	14	14	688	550			
			单间1	28	28	438	300			
			单间2	43	43	418	280			
			标准间	83	83	498	300			

饭店名称	发票开具单位名称	星级	客房（数量：间；价格：元/天）					地址	前台订房电话	备注
			房型	总间数	协议间数	门市价	协议价			
辽宁大厦	辽宁大厦	4	套间	28	28	1260	600	沈阳市皇姑区黄河南大街108号	024－86081844	
			标准间	194	194	660	300			
沈阳市人大常委会干部活动中心	沈阳市人大常委会干部活动中心		套间	10	10	340	380	沈阳市东陵区祝家镇下高士320号	024－24762586	
			标准间1	3	3	400	240			
			标准间2	36	36	370	210			
			标准间3	38	38	340	180			
沈阳宾馆	沈阳宾馆	4	套间	8	6	1642	600	沈阳市皇姑区泰山路2路	024－86688666	
			标准间	120	84	688	300			
沈阳迎宾馆	沈阳迎宾馆	3	套间	14	14	1080	600	沈阳市沈河区北三经街9号	024－22805611	
			单间	16	16	480	300			
			标准间	80	80	480	300			
辽宁绿洲宾馆	辽宁绿洲宾馆有限公司		套间1	3	3	1600	500	沈阳市皇姑区崇山中路33号	024－86981122	
			套间2	3	3	1200	500			
			标准间1	36	36	360	200			
			标准间2	18	18	320	200			
			标准间3	27	27	420	300			
沈阳民航宾馆	沈阳民航宾馆	4	套间	7	5	980	588	沈阳市大东区小河沿路3号民航城	024－88291444	
			单间	43	31	530	280			
			标准间1	95	67	380	228			
			标准间2	27	19	530	280			
沈阳市华人大酒店	沈阳市华人大酒店	4	套间	6	6	600	338	沈阳市和平区青年大街314号	024－23900000	
			单间	28	28	520	288			
			标准间1	32	32	520	278			
			标准间2	34	34	580	298			
沈阳军区幼儿教师培训中心（毓英楼）	沈阳军区幼儿教师培训中心	3	套间1	2	2	516	398	沈阳市沈河区六纬路23号	024－28865503	
			套间2	2	2	358	280			
			单间	4	4	268	180			
			标准间1	2	2	268	180			
			标准间2	48	48	218	180			
沈阳市兰亭宾馆	沈阳市兰亭宾馆	3	套间1	2	2	562	360	沈阳市皇姑区北陵大街37号	024－86395858	
			套间2	4	4	562	360			
			单间	6	6	362	200			
			标准间1	38	38	249	140			
			标准间2	26	26	312	160			
			标准间3	34	34	362	200			

饭店名称	发票开具单位名称	星级	客房（数量：间；价格：元/天）					地址	前台订房电话	备注
			房型	总间数	协议间数	门市价	协议价			
辽宁丽阳国际饭店	辽宁丽阳国际饭店有限责任公司	4	套间	4	4	1280	580	沈阳市皇姑区黄河南大街108号	024－86113333	
			单间	20	20	588	260			
			标准间1	59	59	568	260			
			标准间2	29	29	618	280			
中国人民解放军62401部队东盛大厦	中国人民解放军62401部队东盛大厦	3	套间1	3	3	888	450	沈阳市沈河区北京街9号	024－62236556	
			套间2	2	2	1888	550			
			单间1	15	15	368	190			
			单间2	5	5	398	230			
			标准间1	60	60	368	190			
			标准间2	52	52	398	230			
辽宁国大酒店	辽宁国大酒店有限公司	3	套间	2	2	888	488	沈阳市皇姑区昆山东路28号	024－86399000	
			单间	8	8	476	238			
			标准间1	35	35	376	188			
			标准间2	60	60	376	188			
			标准间3	5	5	468	300			
时代广场（沈阳）有限公司	时代广场（沈阳）有限公司	4	套间	15	15	1900	588	沈阳市沈河区北站路99号	024－22532828	
			单间	112	112	1100	300			
			标准间	143	143	1100	300			
沈阳军区空军第一招待所	沈阳军区空军第一招待所	3	套间1	2	2	980	398	沈阳市和平区南八马路46号	024－23519666－8188	
			套间2	6	6	660	298			
			单间	13	13	318	200			
			标准间	87	87	298	180			
辽宁交专培训中心	辽宁交专培训中心		套间1	3	3	1280	398	沈阳市沈北新区沈北路102号	024－89712139	
			套间2	6	6	980	368			
			单间1	12	12	380	200			
			单间2	4	4	280	180			
			标准间1	91	91	380	200			
			标准间2	92	92	280	180			
辽宁阳光宾馆	辽宁阳光宾馆	3	套间1	7	7	1780	598	沈阳市于洪区长江北街56号	024－86198888	
			套间2	7	7	1180	488			
			单间	19	19	588	218			
			标准间	79	79	588	218			
沈阳空军第三招待所	沈阳空军第三招待所	3	套间	8	8	680	480	沈阳市沈河区万柳塘路53号	024－24018888	
			单间	12	12	280	200			
			标准间	108	108	280	200			

辽宁

饭店名称	发票开具单位名称	星级	客房（数量：间；价格：元/天）					地址	前台订房电话	备注
			房型	总间数	协议间数	门市价	协议价			
中国人民解放军沈阳军区金华园宾馆	中国人民解放军沈阳军区金华园宾馆		套间1	34	34	680	520	沈阳市和平区太原街北七马路5号	024－23167716	
			套间2	32	32	600	420			
			标准间1	18	18	380	270			
			标准间2	51	51	280	230			
辽宁会馆	辽宁会馆		套间	3	3	560	450	沈阳市和平区吉林路5号	024－23295111	
			单间	8	8	300	220			
			标准间1	43	43	300	220			
			标准间2	23	23	320	240			
辽宁东湖度假村	辽宁东湖度假村	3	套间	2	2	500	400	沈阳市棋盘山国际旅游风景区	024－88050209	
			单间	17	17	360	288			
			标准间1	60	60	285	228			
			标准间2	12	12	360	288			
			标准间3	8	8	438	300			
辽宁金秋宾馆	辽宁金秋宾馆	3	套间	12	12	516	408	沈阳市和平区新华路2号	024－23863162	
			单间	27	27	218	190			
			标准间	69	69	238	200			
辽宁丽尊大饭店	辽宁丽尊大饭店		套间	6	6	880	500	沈阳市皇姑区昆山东路26号	024－31535555	
			单间	10	10	388	208			
			标准间	95	95	328	188			
沈阳悦客来酒店	沈阳悦客来酒店有限责任公司		套间	6	6	970	448	沈阳市皇姑区华山路93号	024－31515888	
			单间	49	49	720	298			
			标准间	35	35	680	298			
沈阳里仁宾馆	沈阳里仁宾馆有限公司		套间	3	3	588	480	沈阳市皇姑区崇山东路38－1号	024－62255666	
			单间	5	5	280	220			
			标准间	82	82	280	220			
沈阳皇城商务酒店	沈阳皇城商务酒店有限公司	4	套间	13	13	1180	438	沈阳市和平区十一纬路82号	024－22853838－21	
			单间	102	102	498	200			
			标准间	86	79	498	220			
辽宁友谊宾馆	辽宁友谊宾馆	4	套间	34	34	1920	600	沈阳市皇姑区黄河北大街1号	024－86151599	
			单间	10	10	660	300			
			标准间	86	86	660	300			

饭店名称	发票开具单位名称	星级	客房（数量：间；价格：元/天）					地址	前台订房电话	备注
			房型	总间数	协议间数	门市价	协议价			
辽宁省军转干部培训接待中心（柳湖宾馆）	辽宁省军转干部培训接待中心（柳湖宾馆）	3	套间1	1	1	888	588	沈阳市于洪区崇山东路30号	024－31015566	
			套间2	1	1	688	488			
			单间	3	3	228	180			
			标准间1	72	72	358	200			
			标准间2	12	12	328	200			
沈阳军区金山招待所二部	沈阳军区金山招待所二部		套间	4	4	1180	480	沈阳市沈河区二维路23号	024－22829988	
			单间	12	12	450	200			
			标准间	22	22	460	200			
沈阳德郡豪生大酒店	沈阳德郡豪生大酒店		套间1	5	5	1980	450	沈阳市惠工街217号	024－31979777	
			套间2	6	6	2280	500			
			单间1	24	24	1380	300			
			单间2	24	24	1480	300			
			单间3	27	27	1880	300			
			标准间1	36	36	1380	300			
			标准间2	36	36	1380	300			
辽宁工会大厦	辽宁工会大厦	3	套间	8	8	1180	600	沈阳市皇姑区崇山东路40号	024－62234933	
			单间	20	20	628	280			
			标准间1	34	34	598	260			
			标准间2	107	107	628	280			
辽宁金剑宾馆	辽宁金剑宾馆	3	套间	16	16	1428	520	沈阳市于洪区崇山东路8号	024－86686666	
			单间	7	7	738	280			
			标准间	103	103	598	240			
沈阳沈飞宾馆	沈阳沈飞宾馆有限公司	4	套间1	2	2	5888	550	沈阳市皇姑区陵北街1号	024－86598999	
			套间2	4	4	3888	500			
			单间1	11	11	680	280			
			单间2	11	11	780	290			
			标准间	77	77	680	280			
辽宁（沈阳）地税培训中心	辽宁（沈阳）地税培训中心		套间	10	10	680	280	沈阳市东陵区棋盘山345号（棋盘山风景区内秀湖北岸）	024－88055024	
			单间	10	10	280	180			
			标准间	140	140	280	180			
沈阳新世界酒店	沈阳新世界酒店有限公司经营分公司	4	套间	34	25	1725	500	沈阳市和平区南京南街2号	024－23869888	
			单间	126	94	1150	300			
			标准间	69	51	1150	300			

辽宁

饭店名称	发票开具单位名称	星级	客房（数量：间；价格：元/天）					地址	前台订房电话	备注
			房型	总间数	协议间数	门市价	协议价			
沈阳健晖房屋开发有限公司君悦精品酒店	沈阳健晖房屋开发有限公司君悦精品酒店	4	套间1	33	33	988	500	沈阳市沈河区北站路77号	024－31289999	
			套间2	11	11	1288	600			
			单间	68	68	688	300			
			标准间	118	118	458	280			
辽宁省民兵预备役后勤干部训练基地	辽宁省民兵预备役后勤干部训练基地		套间	5	5	360	300	沈阳市皇姑区鸭绿江街16号	024－86896848	
			标准间	73	73	160	120			
沈阳军区现代管理学院	中国人民解放军沈阳军区现代管理学院		套间1	21	21	600	500	沈阳市皇姑区文官屯	024－28858505	
			套间2	35	35	500	400			
			单间	8	8	240	220			
			标准间1	186	186	240	220			
			标准间2	85	85	210	180			
中国人民解放军辽宁省军区司令部招待所	中国人民解放军辽宁省军区司令部招待所		套间1	4	4	560	400	沈阳市皇姑区北陵大街49号	024－86894649	
			套间2	5	5	800	600			
			单间	10	10	180	140			
			标准间1	33	33	180	140			
			标准间2	14	14	240	160			
			标准间3	42	42	380	180			
沈阳市棋盘山国际会议中心	沈阳市棋盘山国际会议中心		套间1	4	4	680	580	沈阳市棋盘山风景区秀湖东岸	024－88051000	
			套间2	7	7	500	360			
			标准间	93	93	420	240			
辽宁省道路运输职工培训中心	辽宁省道路运输职工培训中心	4	套间	7	7	1580	380	沈阳市棋盘山国际风景旅游开发区秀湖北岸8号	024－88058000	
			单间	5	5	560	260			
			标准间	92	92	380	200			
朝阳市										
朝阳燕都国际酒店有限责任公司	朝阳燕都国际酒店有限责任公司	4	套间1	14	14	800	600	朝阳市新华路二段77号	0421－6689955	
			套间2	20	20	600	360			
			单间	111	111	400	240			
			标准间	120	120	400	240			
朝阳市阳光餐饮有限公司	朝阳市阳光餐饮有限公司	3	套间	14	14	280	180	朝阳市文化路三段9号	0421－2619999	
			单间	13	13	200	150			
			标准间1	10	10	200	150			
			标准间2	40	40	200	120			

饭店名称	发票开具单位名称	星级	客房（数量：间；价格：元/天）					地址	前台订房电话	备注
			房型	总间数	协议间数	门市价	协议价			
朝阳大厦有限责任公司	朝阳大厦有限责任公司	3	套间1	2	2	480	240	朝阳市新华路三段27号	0421－2811601	
			套间2	7	7	380	200			
			单间	14	14	188	118			
			标准间	24	24	238	138			
阜新市										
阜新迎宾馆	阜新迎宾馆	4	套间1	6	6	1680	538	阜新市中华路16号	0418－3890303	
			套间2	15	15	980	480			
			标准间1	107	107	428	248			
			标准间2	15	15	320	180			
阜新西山宾馆	阜新西山宾馆	2	套间1	2	2	980	350	阜新市西山路11号	0418－2821912	
			套间2	4	4	350	200			
			标准间1	75	75	420	180			
			标准间2	20	20	290	100			
阜新银通皇冠假日酒店	阜新银通皇冠假日酒店	4	套间1	3	3	830	480	阜新市西山路4号	0418－3388888	
			套间2	6	6	630	320			
			标准间	16	16	498	248			
			单间	22	22	280	140			
阜新市财会人员继续教育中心	阜新市财政局会计之家		套间	3	3	400	380	阜新市中华路140号	0418－2283249	
			标准间	30	30	160	140			
阜新星光大酒店	阜新星光莹聖酒店	3	套间1	2	2	1980	520	阜新市红树路73号	0418－5592719	
			套间2	6	6	1680	420			
			标准间1	74	74	260	160			
			标准间2	12	12	240	140			
铁岭市										
如意湖金融会馆有限责任公司	如意湖金融会馆有限责任公司	5	套间	6	6	1680	550	铁岭市新城区昆仑山路42号	0410－2869000	
			单间	25	25	680	290			
			标准间	13	13	680	290			
如意湖酒店有限责任公司	如意湖酒店有限责任公司	3	套间	18	18	1280	500	铁岭市新城区昆仑山路40号	0410－2689200	
			单间	50	50	680	290			
			标准间	80	80	680	290			
开原市三元世纪大酒店有限公司	开原市三元世纪大酒店有限公司	3	套间	2	2	1680	500	铁岭市清河区尚阳湖风景区	0410－2118888	
			单间	9	9	240	180			
			标准间	72	72	360	230			

辽宁

饭店名称	发票开具单位名称	星级	客房（数量：间；价格：元/天）					地址	前台订房电话	备注
			房型	总间数	协议间数	门市价	协议价			
铁岭市银州区香林阁酒店	铁岭市银州区香林阁酒店	3	套间1	3	3	518	424	铁岭市银州区光荣街客运中心对面	0410－2853333	
			套间2	1	1	588	470			
			单间1	6	6	218	180			
			单间2	13	13	298	200			
			标准间1	6	6	178	138			
			标准间2	16	16	238	178			
铁岭市一景餐饮有限责任公司	铁岭市一景餐饮有限责任公司		套间	9	9	348	240	铁岭市工人街体育场东区11—12号	0410－2668456	
			单间	12	12	178	120			
			标准间	50	50	188	120			
			三人间	4	4	288	180			
铁岭银轩宾馆	铁岭银轩宾馆		套间	10	10	258	168	铁岭市银州区铁西街	0410－4501999	
			单间	26	26	168	110			
			标准间	24	24	198	125			
抚顺市										
抚顺市罗台山庄疗养院	抚顺市罗台山庄疗养院	3	套间	12	12	598	358	抚顺市东洲区萨尔浒南路2号	0413－4460111/4460333	
			标准间	162	162	300	150			
抚顺矿业集团有限责任公司煤都宾馆	抚顺矿业集团有限责任公司煤都宾馆	3	套间	7	7	580	329	抚顺市新抚区迎宾街1号	0413－2595666	
			单间	3	3	380	269			
			标准间	38	38	380	229			
抚顺矿业集团有限责任公司天宝大厦	抚顺矿业集团有限责任公司天宝大厦	3	套间	12	12	348	290	抚顺市新抚区西一路2号	0413－253777	
			单间	17	17	266	247			
			标准间	25	25	228	190			
抚顺友谊宾馆	抚顺友谊宾馆	4	套间	7	7	960	600	抚顺市新抚区永宁街4号	0413－2810304/2810066	
			单间	20	20	680	300			
			标准间	60	60	680	300			
本溪市										
本溪明珠大酒店有限责任公司	本溪明珠大酒店有限责任公司	4	套间	33	28	758	298	本溪市平山区胜利路4号	0414－7100666	
			标准间	123	100	388	228			
桓仁隆兴国际大酒店有限公司	桓仁隆兴国际大酒店有限公司	4	套间	17	6	980	300	本溪市桓仁县滨江大街1号	0414－8877888	
			单间	24	15	520	300			
			标准间	132	105	480	230			

饭店名称	发票开具单位名称	星级	客房（数量：间；价格：元/天）					地址	前台订房电话	备注
			房型	总间数	协议间数	门市价	协议价			
富佳大酒店	本溪富佳大酒店	3	标准套间	14	14	518	300	本溪市明山区地工路43号	0414－4835888－8888	
			豪华套间	13	13	558	300			
			标准间	54	54	368	150			
			单间	25	25	368	150			
金山宾馆	本溪新事业发展有限责任公司金山宾馆	3	套间	16	16	688	300	本溪市明山区北光路65号	0414－3282288/3282388	
			单间	3	3	368	150			
			标准间	47	47	368	150			
本溪迎宾馆	本溪迎宾馆	2	套间1	6	6	388	218	本溪市平山区市府南街1号	0414－3225555	
			套间2	5	5	318	220			
			单间	10	10	298	168			
			标准间	71	71	168	120			
本溪新事业发展有限责任公司宾馆	本溪新事业发展有限责任公司宾馆		套间1	20	20	618	280	本溪市平山区东明路25－4号	0414－2213333/2213888	
			套间2	1	1	688	300			
			标准间	20	20	398	150			
仙榆湾辽宁药业基地会议服务有限公司	仙榆湾辽宁药业基地会议服务有限公司		套间1	6	6	888	300	溪市经济开发区石桥子镇西高堡村二组	0414－5857111	
			套间2	12	12	588	258			
			套间3	3	3	388	158			
			标准间1	22	22	268	150			
			标准间2	13	13	188	118			
辽阳市										
辽阳宾馆有限责任公司	辽阳宾馆有限责任公司	3	套间1	3	3	488	386	辽宁省辽阳市中华大街一段61号	0419－2288166	
			套间2	8	8	588	486			
			套间3	3	3	688	586			
			单间1	10	10	218	196			
			单间2	18	18	258	236			
			单间3	18	18	288	256			
			标准间1	48	48	218	196			
			标准间2	49	49	258	236			
			标准间3	16	16	288	256			
中国石油辽阳石油化纤公司辽化宾馆	中国石油辽阳石油化纤公司辽化宾馆	3	套间1	19	19	480	258	辽宁省辽阳市青年大街40号	0419－4229888	
			套间2	39	39	180	158			
			单间1	16	16	220	158			
			标准间1	42	42	220	158			
			标准间2	78	78	160	120			

饭店名称	发票开具单位名称	星级	客房（数量：间；价格：元/天）					地址	前台订房电话	备注
			房型	总间数	协议间数	门市价	协议价			
辽阳新世纪酒店有限公司	辽阳新世纪酒店有限公司	4	套间1	20	20	600	230	辽阳市白塔区新运大街54号	0419－2128888	
			套间2	80	80	400	200			
			单间1	26	26	340	180			
			单间2	10	10	400	200			
			标准间	50	50	340	180			
辽阳嘉濠国际大酒店有限公司	辽阳嘉濠国际大酒店有限公司	3	套间1	4	4	888	498	辽阳市白塔区民主路86号	0419－2298888	
			套间2	6	6	688	498			
			单间1	20	20	398	288			
			单间2	120	120	238	178			
			单间3	15	15	298	248			
			单间4	20	20	348	288			
			标准间1	20	20	278	248			
			标准间2	60	60	248	188			
辽阳市汀洲大酒店有限公司	辽阳市汀洲大酒店有限公司	3	套间	20	20	350	270	辽阳市白塔区熊家街2号	0419－2258999	
			单间	36	36	228	178			
			标准间	100	100	210	158			
辽阳汤河疗养培训中心	辽阳汤河疗养培训中心		套间	21	21	680	340	辽阳市弓长岭区柳河镇	0419－5109999	
			标准间	81	81	260	120			
辽阳市王宫温泉水城有限公司	辽阳市王宫温泉水城有限公司		套间1	2	2	698	598	辽阳市弓长岭区汤河镇柳河村汤河谷	0419－3653333	
			套间2	1	1	598	538			
			套间3	4	4	698	598			
			套间4	1	1	598	538			
			单间	4	4	398	298			
			标准间1	11	11	398	298			
			标准间2	15	15	298	258			
辽阳市汤河温泉职工疗养院	辽阳市汤河温泉职工疗养院		套间	8	8	588	520	辽阳市弓长岭区汤河镇柳河村汤河谷	0419－3651111	
			单间	6	6	298	260			
			标准间1	54	54	298	260			
			标准间2	13	13	278	250			
			标准间3	20	20	268	240			
辽阳银梦大酒店有限公司	辽阳银梦大酒店有限公司	3	套间1	6	6	290	230	辽阳市白塔区民主路49号	0419－2288888	
			套间2	3	3	290	230			
			标准间1	62	62	188	150			
			标准间2	39	39	259	200			

饭店名称	发票开具单位名称	星级	客房（数量：间；价格：元/天）					地址	前台订房电话	备注
			房型	总间数	协议间数	门市价	协议价			
鞍山市										
寰球大酒店	辽宁阳光实业集团有限公司寰球大酒店	4	套间	23	23	1388	398	鞍山市铁东区文化街2号	0412－2216488	
			单间	51	51	428	188			
			标准间	152	152	406	158			
五环大酒店	鞍山五环大酒店有限公司	5	套间	68	68	1608	588	鞍山市铁东区南胜利路43号	0412－5520888	
			单间	60	60	1038	298			
			标准间	180	180	918	288			
辽宁省地方税务局培训中心	辽宁省地方税务局培训中心	3	套间1	6	6	518	300	鞍山市千山风景区丁香峪积翠山庄	0412－5412233	
			套间2	4	4	598	350			
			标间1	95	95	358	160			
			标间2	60	60	398	180			
汤岗子理疗医院疗养部（龙宫温泉）	鞍山市汤岗子理疗医院疗养部	3	套间	6	6	598	400	鞍山市汤岗子疗养院院内	0412－2415666	
			三人间	3	3	548	350			
			标准间	33	33	498	260			
鞍山市铁东区五三州酒店	鞍山市铁东区五三州酒店		套间1	3	3	598	348	鞍山市铁东区民生路22号	0412－6635555	
			套间2	5	5	598	348			
			套间3	4	4	1668	588			
			单间1	23	23	318	188			
			单间2	5	5	380	228			
			标准间1	79	79	288	158			
			标准间2	5	5	328	188			
			标准间3	4	4	438	248			
铁东区粮食大厦酒店	铁东区粮食大厦酒店	3	套间	15	15	298	258	鞍山市铁东区南建国路43号	0412－2987777	
			单间	7	7	118	98			
			标准间	74	74	198	140			
胜利宾馆	鞍山胜利宾馆		套间	13	13	980	598	鞍山市铁东区胜利南路47号	0412－5591555	
			单间	33	33	580	298			
			标准间	76	76	480	298			
鞍钢集团接待服务公司东山宾馆	鞍钢集团接待服务公司	4	套间1	9	9	756	590	鞍山市铁东区东风街108号	0412－5592101/5592189	
			套间2	8	8	596	418			
			套间3	4	4	468	326			
			单间1	22	22	386	300			
			单间2	21	21	258	206			
			标准间1	10	10	386	300			
			标准间2	91	91	236	188			

辽宁

饭店名称	发票开具单位名称	星级	客房（数量：间；价格：元/天）					地址	前台订房电话	备注
			房型	总间数	协议间数	门市价	协议价			
丹东市										
鸭绿江大厦	鸭绿江大厦	4	套间	17	12	958	540	丹东市九纬路87号	0415－2125901－1101	
			标准间	113	80	488	270			
假日阳光酒店	丹东假日阳光酒店有限公司	4	套间	12	12	1288	540	丹东市元宝区县前街1号	0415－2883333	
			标准间1	31	31	458	180			
			标准间2	16	16	498	240			
			标准间3	87	87	698	270			
丹东宾馆	丹东宾馆	4	套间	14	14	1280	480	丹东市振兴区山上街69号	0415－2101518	
			标准间	81	81	438	240			
辽东宾馆	辽东宾馆	3	套间	7	7	380	320	丹东市振兴区九纬路85号	0415－2174194	
			单间							
			标准间	96	96	220	168			
邮电大厦（鑫鸿大酒店）	丹东邮电大厦	3	豪华套间	2	2	1188	520	丹东市振兴区七纬路78号	0415－2166888	
			普通套间	2	2	788	360			
			单间	15	15	438	168			
			标准间	78	78	418	150			
			标准间	16	16	468	168			
珍珠岛高尔夫会所	丹东鸭绿江休闲运动有限公司		套间	10	10	1180	500	丹东市振安区滨江东路	0415－2357888	
			单间	50	50	980	260			
			标准间	75	75	780	200			
丹东五龙国际高尔夫俱乐部	丹东五龙国际高尔夫有限公司	3	套间	11	11	1280	500	丹东市振安区楼房镇梨树沟村	0415－2357888	
			单间	2	2	880	200			
			标准间	98	98	880	200			
龙元宾馆	丹东市五龙背土木建筑工程有限公司	3	套间	3	3	458	280	丹东市五龙背镇站前西街	0415－4100888	
			单间	9	9	258	160			
			标准间	90	90	258	160			
丹东国际酒店有限公司	丹东国际酒店有限公司	3	套间1	11	11	1040	420	丹东市元宝区新安街88号	0415－2817788	
			套间2	12	12	1580	480			
			单间	34	34	688	240			
			标准间	80	80	398	200			
			标准间	50	50	688	240			

饭店名称	发票开具单位名称	星级	客房（数量：间；价格：元/天）					地址	前台订房电话	备注
			房型	总间数	协议间数	门市价	协议价			
丹东嘉豪酒店	丹东嘉豪酒店服务有限公司	3	套间1	1	1	1880	540	丹东市锦山大街87－2号	0415－2878888	
			套间2	1	1	1280	480			
			单间1	17	17	398	220			
			单间2	4	4	580	270			
			标准间1	30	30	380	200			
			标准间2	17	17	420	240			
丹东市温泉宾馆	丹东市温泉宾馆		套间	7	7	580	360	丹东市五龙背温泉路181号	0415－4108888	
			单间	5	5	240	140			
			标准间1	30	30	380	260			
			标准间2	138	138	220	120			
东港市沈达江海大酒店	东港市沈达江海大酒店	4	套间	19	19	1588	540	丹东东港市东港南路198号	0415－7112110	
			单间	78	78	798	258			
			标准间	80	80	798	258			
良茂商务酒店	丹东市良茂商务酒店有限公司	3	套间	5	5	880	335	丹东市振兴区沿江街81号	0415－2146888	
			单间	5	5	698	220			
			标准间1	35	35	420	160			
			标准间2	35	35	598	220			
营口市										
营口京华国际酒店	营口京华国际酒店有限公司	5	套间	7	5	880	600	营口市站前区市府路互助里1号	0417－2652777	
			单间	79	56	460	300			
			标准间	53	37	460	300			
营口中天万豪国际酒店	营口中天万豪国际酒店有限公司	4	套间1	1	1	1188	600	营口市站前区市府路北路13号	0417－3288821	
			套间2	1	1	888	600			
			套间3	5	5	558	418			
			套间4	11	11	548	411			
			套间5	6	6	488	366			
			套间6	17	17	458	343			
			单间1	3	3	388	150			
			单间2	30	30	288	150			
			标准间1	34	34	398	298			
			标准间2	3	3	388	291			
营口华夏大酒店	营口华夏大酒店有限公司	3	套间	4	4	318	258	营口市西市区新兴大街西58号	0417－4892111	
			单间	15	15	228	150			
			标准间	70	70	198	148			

饭店名称	发票开具单位名称	星级	客房（数量：间；价格：元/天）					地址	前台订房电话	备注
			房型	总间数	协议间数	门市价	协议价			
营口市万都大酒店	营口万都房地产综合开发有限公司万都大酒店	4	套间	43	43	598	498	营口市金牛山大街西段30号	0417－4826888	
			单间	62	62	348	258			
			标准间	183	183	348	258			
营口天辅兴酒店	营口天辅兴酒店有限公司	3	套间	2	2	288	228	营口市站前区少年宫里51号	0417－2999999	
			标准间	24	24	233	193			
营口红运酒店管理有限公司红运大饭店	营口红运酒店管理有限公司红运大饭店	5	套间1	11	8	899	588	营口市站前区青花大街东39号	0417－2988888	
			套间2	5	4	1180	600			
			标准间1	178	138	699	298			
			标准间2	55	38	699	288			
盘锦市										
华锦宾馆	辽宁华锦化工（集团）有限公司	3	套间1	5	5	838	438	盘锦市双台子区红旗大街258号	0427－3956789	
			套间2	3	3	798	438			
			单间1	3	3	298	220			
			单间2	3	3	258	198			
			标准间1	45	45	298	220			
			标准间2	30	30	258	198			
紫澜门国际酒店	辽宁紫澜门国际酒店有限公司	4	套间	12	12	318	280	盘锦市兴隆台区兴隆大街124号	0427－32088886	
			单间	50	50	298	240			
			标准间	45	45	298	240			
盘锦国际酒店	盘锦国际酒店有限公司	4	套间	17	17	799	499	盘锦市兴隆台区泰山路116号	0427－7268888	
			单间	38	38	499	240			
			标准间	84	84	499	240			
盘锦国贸饭店	盘锦国贸饭店有限公司	4	套间	11	11	880	468	盘锦市兴隆台区中兴路7号	0427－2681008	
			单间	30	30	480	230			
			标准间1	20	20	680	298			
			标准间2	82	82	480	230			
武星宾馆	盘锦武星宾馆有限公司		单间	70	70	269	200	盘锦市兴隆台区泰山路10号	0427－6655222	
			标准间	42	42	198	160			
大众花园宾馆	盘锦大众花园宾馆（集团）有限公司	3	套间	6	6	888	500	盘锦市兴隆台区泰山路6号	0427－2839345	
			单间	70	70	368	220			
			标准间	60	60	368	220			
昆仑大酒店	大洼昆仑大酒店有限公司		单间	38	38	338	268	盘锦市大洼县田家镇双兴南	0427－2935510	
			标准间	40	40	338	268			

辽宁

饭店名称	发票开具单位名称	星级	客房（数量：间；价格：元/天）					地址	前台订房电话	备注
			房型	总间数	协议间数	门市价	协议价			
新宇大酒店	盘锦新宇大酒店有限公司		套间	3	3	588	228	盘锦市兴隆台区双兴路77号	0427－6686666	
			单间	4	4	518	198			
			标准间	55	55	468	188			
生态酒店	盘锦生态园区有限公司生态酒店	4	套间	6	6	1100	450	盘锦市兴隆台区双兴路生态园区	0427－2950000	
			单间	15	15	496	228			
			标准间	58	58	528	228			
锦州市										
锦州大厦宾馆有限责任公司	锦州大厦宾馆有限责任公司	3	套间	13	13	948	470	锦州市古塔区中央大街3段58号	0416－2160000	
			单间	77	77	400	240			
			标准间	170	170	498	268			
锦州笔架山庄	锦州笔架山庄	4	套间	8	8	688	480	锦州市经济技术开发区滨海路1号	0416－3584580	
			标准间	94	94	488	280			
锦州城市名人酒店	城市名人酒店管理（中国）有限公司锦州分公司	4	套间	10	10	1680	558	锦州市滨海新区天王路一号	0416－7909999	
			单间	30	30	588	238			
			标准间	85	85	588	238			
天港宾馆	锦州经济技术开发区天港宾馆	3	套间	2	2	888	480	锦州市经济技术开发区锦港大街一段	0416－3585333	
			单间	10	10	388	200			
			标准间	50	50	388	200			
锦州石油宾馆	中国石油锦州石油化工公司石油宾馆	4	套间	11	8	1080	568	锦州市古塔区敬业北里64号	0416－4109999	
			单间	22	15	588	258			
			标准间	70	56	688	258			
精英国际商务酒店	锦州精英商务酒店有限公司		套间	6	6	456	316	锦州市古塔区解放路三段11号	0416－4983333	
			商务房	8	8	436	296			
			4人连通房	8	8	356	256			
			标准间1	25	25	286	198			
			标准间2	15	15	236	168			
			单间1	18	18	286	198			
			单间2	6	6	216	150			
			单间3	3	3	108	86			
锦州三维大酒店	中国人民解放军65631部队招待所三部	2	套间	3	3	400	280	锦州市云飞街三段二号甲	0416－2604688	
			单间	23	23	240	150			
			标准间	27	27	200	130			

辽宁

饭店名称	发票开具单位名称	星级	客房（数量：间；价格：元/天）					地址	前台订房电话	备注
			房型	总间数	协议间数	门市价	协议价			
葫芦岛市										
兴城市财政干部培训中心	兴城市财政干部培训中心		套间	4	4	680	480	兴城市海滨新东路1号	0429－5410509	
			单间	4	4	380	240			
			标准间	45	45	380	240			
葫芦岛葫芦山庄有限责任公司酒店	葫芦岛葫芦山庄有限责任公司酒店		套间1	50	50	880	400	葫芦岛市龙港区锦笊路中段	0429－2070888	
			套间2	30	30	460	200			
			标准间	41	41	240	100			
葫芦岛凌河酒店有限公司	葫芦岛凌河酒店有限公司	3	套间	4	4	1780	580	葫芦岛市龙港区海辰路5号	0429－3088888	
			单间	10	10	480	160			
			标准间1	35	35	640	180			
			标准间2	35	35	560	160			
葫芦岛华鑫商务酒店	葫芦岛华鑫商务酒店	3	套间	3	3	698	380	葫芦岛市龙湾新区海星路3号A座	0429－3781111	
			单间	3	3	298	160			
			标准间	30	30	298	160			
葫芦岛市富都服务有限责任公司	葫芦岛市富都服务有限责任公司	4	套间	12	12	1980	540	葫芦岛市龙湾新区海辰路8－11号	0429－3152222	
			单间	39	39	520	240			
			标准间	49	49	520	240			
葫芦岛万得宝商务酒店管理有限公司	葫芦岛万得宝商务酒店管理有限公司	3	套间	27	27	888	588	葫芦岛市连山区	0429－3328222	
			单间	62	62	428	218			
			标准间	53	53	428	218			
兴城市海得隆大酒店	兴城市海得隆大酒店	3	套间	7	7	680	280	兴城市新东路5号	0429－5413000	
			单间	6	6	380	160			
			标准间	263	263	380	150			
东方星雨宾馆	东方星雨宾馆	3	套间	4	4	488	280	葫芦岛市建昌县光明街10号	0429－7122909	
			单间	32	32	288	150			
			标准间	25	25	198	150			
兴城市鑫海假日酒店	兴城市鑫海假日酒店	3	套间	2	2	588	280	葫芦岛市兴城海滨北门里走300米	0429－5333222	
			单间	20	20	168	80			
			标准间	50	50	388	160			

饭店名称	发票开具单位名称	星级	客房（数量：间；价格：元/天）					地址	前台订房电话	备注
			房型	总间数	协议间数	门市价	协议价			
中国兵器工业集团公司兴城疗养院望海楼	中国兵器工业集团公司兴城疗养院望海楼	3	套间1	3	3	980	380	兴城市海滨新东路4号	0429－5410443	
			套间2	4	4	580	180			
			标准间	140	140	380	150			
兴城市菊花女渔村餐饮服务有限公司	兴城市菊花女渔村餐饮服务有限公司	2	套间	7	7	580	300	兴城市钓鱼台办事处海滨	0429－5888888	
			标准间	73	73	380	150			

辽宁

大连市出差淡旺季定点饭店

饭店名称	发票开具单位名称	星级	客房（数量：间；价格：元/天）							地址	前台订房电话	备注
			房型	总间数	协议间数	门市价		协议价				
						淡季	旺季	淡季	旺季			
大连嘉信（国际）酒店	大连嘉信大酒店有限公司	4	套间	22	22	1380	1380	528	728	大连市中山区五五路53号	0411－62277999－02或预定处	
			单间	137	100	880	880	288	398			
			标准间	111	80	880	880	288	398			
大连香洲大饭店	大连香洲大饭店有限公司	4	套间	62	41	1288	1288	500	600	大连市西岗区中山路145号	0411－83699988－6002/6005	
			单间	168	118	988	988	260	360			
			标准间	152	108	988	988	260	360			
大连心族大酒店	大连心族大酒店有限公司	4	套间	11	9	1980	1980	588	788	大连市西岗区长江路586号	0411－83799999	
			单间	121	85	780	780	300	398			
			标准间	160	160	780	780	300	398			
大连良运大酒店	大连良运大酒店有限公司	4	套间	18	18	1190	1190	598	880	大连市中山区五五路12号	0411－82589188－01	
			单间	60	60	790	790	300	438			
			标准间	115	115	790	790	300	438			
大连昱圣苑国际酒店	大连昱圣苑国际酒店有限公司	4	套间	36	36	2188	2188	458	568	大连市沙河口区太原街6号	0411－39888888	
			单间	71	71	1188	1188	288	388			
			标准间	170	170	1188	1188	288	388			
大连文园大厦有限公司	大连文园大厦有限公司	4	套间	35	25	1189	1189	380	460	大连市中山区职工街58号	0411－3991888	
			单间	40	28	789	789	280	330			
			标准间	76	52	789	789	280	330			
大连船舶丽湾大酒店	大连船舶丽湾大酒店有限公司	4	套间	24	18	1080	1080	488	548	大连市中山区民主广场8号	0411－82123888－预定部	
			单间	84	64	880	880	298	398			
			标准间	119	90	880	880	298	398			
大连渤海明珠酒店	大连渤海明珠酒店	4	套间	17	12	1980	1980	600	900	大连市中山区胜利广场8号	0411－88128888－前台	
			单间	82	60	787	787	300	450			
			标准间	276	210	787	787	300	450			
大连仲夏花园酒店	大连仲夏花园酒店	4	套间	10	7	1580	1580	600	900	大连市西岗区八一路222号	0411－82492222－1133/1135/1335	
			单间	20	14	818	818/688	300	450			
			标准间	174	122	818	818/688	300	450			
大连心悦大酒店	大连心悦大酒店有限公司	4	套间	31	31	1280	1680	600	900	大连市中山区人民路81号	0411－82809000－01	
			单间	101	101	858	958	300	450			
			标准间	114	114	858	958	300	450			

饭店名称	发票开具单位名称	星级	客房（数量：间；价格：元/天）							地址	前台订房电话	备注
			房型	总间数	协议间数	门市价淡季	门市价旺季	协议价淡季	协议价旺季			
大连万达国际饭店	大连万达国际饭店有限公司	4	套间	14	10	698		598		大连市西岗区长江路539号	0411－83628888－3103	
			单间	125	91	408		298				
			标准间	202	187	408		298				
辽宁集贝港湾大酒店	辽宁集贝港湾大酒店	3	套间	8	8	980	980	600	900	大连市中山区八一路266号	0411－82406898	
			单间	8	8	480	480	300	400			
			标准间	81	81	480	480	300	400			
大连海尊快捷假日酒店	大连海尊大饭店有限公司	3	套间	26	26	1388	1388		638	大连市中山区天津街189号	0411－88138888	
			单间	110	110	888	888		438			
			标准间	120	120	888	888		438			
大连友谊宾馆	大连友谊（集团）股份有限公司友谊宾馆	3	套间	4	4	880	1280	480	580	大连市中山区人民路91号	0411－82634121－666	
			单间	43	43	580	880	298	380			
			标准间	40	40	480	680	260	320			
大连星程豫园酒店	大连豫园实业有限公司	3	套间	3	3	1088		368		大连市西岗区新开路78号	0411－8886555－8101	
			单间	25	25	688		198				
			标准间	150	150	688		198				
大连北方大酒店	大连北方大酒店有限公司	3	套间	26	26	1150	1150	450	550	大连市中山区人民路19号	0411－82818388－0101/0108	
			单间	12	12	650	650	240	300			
			标准间	79	79	650	650	240	300			
大连丽月湾商务酒店	大连丽月湾商务酒店有限公司	3	套间	5	5	980	980	368	498	大连市中山区致富街26－28号	0411－39859666－6321	
			单间	31	31	780	780	238	338			
			标准间	44	44	780	780	238	338			
大连日月潭大酒店	中铁铁龙集装箱物流股份有限公司大连日月潭大酒店	3	套间	20	20	600	800	480	600	大连市中山区新安街1号	0411－82810988	
			单间	50	50	198	320	180	268			
			标准间	120	120	280	480	200	298			
大连嘉源商旅酒店	大连嘉源商旅酒店	3	套间	5	5	1168	1168	580	680	大连市西岗区胜利街37号	0411－82549999	
			单间	12	12	768	768	300	380			
			标准间	72	72	698	698	300	380			
大连农垦宾馆	大连农垦宾馆	3	套间	1	1	580	780	378	558	大连市西岗区中山路141－3号	0411－88867888－30005	
			单间	3	3	280	398	220	328			
			标准间	100	100	280	428	238	348			
大连园酒店	大连园酒店	3	套间	6	6	598	598	340	460	大连市中山区五五路14号	0411－82128333	
			单间	21	21	358	180	180	240			
			标准间	104	104	388	220	220	280			

饭店名称	发票开具单位名称	星级	客房（数量：间；价格：元/天）							地址	前台订房电话	备注
			房型	总间数	协议间数	门市价		协议价				
						淡季	旺季	淡季	旺季			
大连理工大学国际会议中心	大连理工大学学术交流公寓	3	套间	9	9	888	988	468	528	大连市高新园区凌工路2号	0411－84708888－03	
			单间	15	15	558	668	248	328			
			标准间	117	117	558	668	248	328			
大连南山花园酒店	大连南山花园酒店有限公司	3	套间	4	4	960	960＋15%	600	900	大连市中山区枫林街56号	0411－82715555－1819	
			单间	52	52	458	458＋15%	280	300			
			标准间	100	100	458	458＋15%	300	350			
大连金运大酒店	大连金运大酒店有限公司	3	套间	7	7	1080	1080	390	580	大连市中山区丹东街135号	0411－39817666	
			单间	24	24	580	580	190	280			
			标准间	99	99	580	580	190	280			
大连万恒假日酒店	大连万恒假日酒店有限公司	3	套间	2	2	580	880	320	480	大连市中山区八一路260号	0411－82400295	
			单间	8	8	320	480	190	280			
			标准间	72	72	320	480	190	280			
大连盛世年华大酒店	大连盛世年华大酒店	3	套间	5	5	398	588	318	418	大连市西岗区宏济街57号	0411－83699888	
			单间	15	15	288	388	159	238			
			标准间	60	60	288	388	159	238			
大连邮政宾馆	大连邮政宾馆	3	套间	3	3	580	680	480	580	大连市中山区长江路271号	0411－83661488/83661388	
			单间	36	36	238	380	200	300			
			标准间	114	114	238	380	200	300			
大连五一国际酒店	大连五一国际酒店	3	套间	9	9	780	780	550	600	大连市中山区解放街2号	0411－82825151－前台	
			单间	10	10	480	480	280	340			
			标准间	100	100	480	480	280	340			
大连博览大酒店	大连国际博览中心	3	套间	10	10	1250	1250	580	800	大连市中山区解放街1号	0411－82806161－4118	
			单间	57	57	739	739	280	400			
			标准间	113	113	739	739	280	400			
大连三寰大酒店	大连三寰大酒店有限公司	3	套间	15	15	580	880	388	580	大连市西岗区仲夏路159号	0411－82400488－8101	
			单间	5	5	380	680	180	270			
			标准间	105	105	380	680	180	270			
大连春天酒店	大连春天酒店有限公司	2	套间	12	12	568	568	288	388	大连市西岗区五四路28号	0411－83699666	
			单间	1	1	438	438	168	248			
			标准间	22	22	438	438	168	248			

饭店名称	发票开具单位名称	星级	客房（数量：间；价格：元/天）							地址	前台订房电话	备注
			房型	总间数	协议间数	门市价		协议价				
						淡季	旺季	淡季	旺季			
大连日月明宾馆	大连日月明宾馆有限公司松云分公司	2	套间	5	5	599		399		大连市中山区松云街24号	0411－39801999	
			单间	60	60	219		169				
			标准间	90	90	299		199				
大连中山大酒店	大连中山大酒店有限公司		套间	104	104	645	725	499	549	大连市中山区青泥洼街40号	0411－82812888	
			单间	115	115	565	609	300	400			
			标准间	168	168	565	609	300	400			
大连长城饭店	大连长城饭店有限公司		套间	8	8	1080	1080	398	498	大连市沙河口区黄河路600号	0411－88897777	
			单间	16	16	750	750	278	318			
			标准间	96	96	750	750	278	318			
大连泰达美爵酒店	大连泰达投资有限公司泰达美爵酒店		套间	72	72	659	749	588	688	大连市中山区中南路205号	0411－82881999－8111	
			单间	22	22	429	519	300	398			
			标准间	133	133	429	519	300	398			
大连棒棰岛宾馆	大连棒棰岛宾馆		套间	31	31	1280		600		大连市中山区迎宾路1号	0411－82893888－1043	仅九号楼对外营业并提供所有房间共174间
			单间	7	7	880		300				
			标准间	136	136	880		300				
大连香洲花园酒店	大连香洲房地产开发有限公司香洲花园酒店		套间	4	4	2058	2058	600	900	大连市西岗区长春路171号	0411－88856688－预定部	
			单间	154	154	1158	1158	300	450			
			标准间	264	264	1158	1158	300	450			
海关总署大连教育培训基地	海关总署大连教育培训基地		套间	6	6	3800		600		大连市中山区迎宾路1号	0411－82515810/82515888	
			单间	12	12	1380		300				
			标准间	82	82	1380		300				
大连白山宾馆	中国人民解放军沈阳军区大连白山路招待所		套间	8	8	1080	1080	398	598	大连市沙河口区同泰街93号	0411－84324888	
			单间	9	9	660	660	248	368			
			标准间	64	64	660	660	248	368			
大连留连宾馆	大连市中山房地产经营有限公司留连宾馆		套间	38	38	660	660	338	438	大连市中山区解放路301号	0411－82310099－0001/0100	
			单间	29	29	560	560	198	198			
			标准间	51	51	560	560	198	198			
大连成园山庄	大连成园温泉山庄有限公司		套间	2	2	1069	1069	600	900	大连市甘井子区红旗镇柳树村66号	0411－39723077/39723088	
			单间	7	7	599	599	300	450			
			标准间	138	138	599	599	300	450			

饭店名称	发票开具单位名称	星级	客房（数量：间；价格：元/天）							地址	前台订房电话	备注
			房型	总间数	协议间数	门市价		协议价				
						淡季	旺季	淡季	旺季			
中国人民解放军沈阳军区空军大连办事处	中国人民解放军沈阳军区空军大连办事处		套间	12	12	688	988	498	598	大连市沙河口区中山路596号	0411－85850907	
			单间	11	11	458	708	288	398			
			标准间	91	91	458	708	288	398			
大连市干部疗养院培训中心	大连市干部疗养院		套间	3	3	1880	1880	480	680	大连市中山区解放路结好巷1号	0411－82663677	
			单间	19	19	480	480	280	380			
			标准间	60	60	480	480	280	380			
大连郁香宾馆	大连郁香宾馆		套间	3	3	378	448	321	381	大连市西岗区育仁巷5号	0411－83889188/83889199	
			单间	9	9	198	228	168	194			
			标准间	69	69	228	288	194	245			
中国煤矿工人大连疗养院	中国煤矿工人大连疗养院，国家安全生产监督管理总局大连培训中心		套间	12	12	960	1080	480	680	大连市西岗区滨海西路20号	0411－82406188/82406288	
			单间	10	10	360	640	180	270			
			标准间	296	296	480	760	240	360			

辽宁

吉 林 省

- 财政部委托吉林省财政厅负责在吉林省地级以上城市招标采购出差定点饭店并负责日常监督管理工作。
- 本次政府采购，确定吉林省出差定点饭店 57 家。
- 出差定点饭店按照与财政部门签订《协议书》的价格向中央和地方各级党政机关和事业单位提供相应的接待服务。
- 如果对协议价格产生疑义，可以要求定点饭店出示《协议书》。
- 如有出差定点饭店变更或协议价格变化，应以“党政机关出差会议定点饭店查询网”的信息为准。
- 本目录中的吉林省出差定点饭店的详细信息，可在“党政机关出差会议定点饭店查询网”查阅。
- 吉林省延边州的出差定点饭店包括了季节价格差，其中旺季为每年的 5 月至 9 月，其余为淡季，请在使用查阅时注意。
- 吉林省各地区长途电话区号：

长春市　0431	白城市　0436
松原市　0438	吉林市　0432
四平市　0434	辽源市　0437
通化市　0435	白山市　0439
延边朝鲜族自治州　0433	

吉林省出差定点饭店

饭店名称	发票开具单位名称	星级	客房（数量：间；价格：元/天）					地址	前台订房电话	备注
			房型	总间数	协议间数	门市价	协议价			
长春市										
新吉粮大酒店	吉林粮食集团新吉粮大酒店有限公司	4	套间	17	12	1388	480	长春市人民大街7008号	0431－85598888	
			单间	31	20	580	240			
			标准间	65	65	580	240			
长春市百菊大厦	长春市百菊大厦		普通标准间	70	70	220	120	长春市建设街65号	0431－86138888－8000/8111	
			豪华标准间	7	7	280	150			
			三人标准间	5	5	298	150			
			普通套间	2	2	380	198			
			豪华套间A	2	2	888	360			
			豪华套间B	1	1	788	260			
长春诺亚明珠酒店	长春诺亚明珠酒店	3	套间	31	31	268	210	长春市南关区南环城路1988号	0431－85851888	
			单间	61	61	188	160			
			标准间	51	51	188	160			
新碧丽湖酒店	长春新碧丽湖酒店管理有限公司	3	套间	2	2	468	398	长春市绿园区普阳街1869号	0431－87690777－8155/8166	
			单间	12	12	228	194			
			标准间	32	32	228	194			
			三人间	6	6	268	228			
			超标	4	4	268	228			
彩宇宾馆有限责任公司	彩宇宾馆有限责任公司	3	套间	3	3	888	480	长春市彩宇大街1363号	0431－87063222	三人间没有卫生间
			标准间	51	51	398	238			
			三人间	3	3	398	238			
长春豪龙饭店有限公司	长春豪龙饭店有限公司		套间	2	2	368	221	长春市宽城区铁北二路1088号	0431－85829888	
			单间	14	14	338	203			
			标准间	120	120	288	174			
吉林省同馨宾馆	吉林省同馨宾馆	4	套间	4	4	1980	480	长春市上海路656号	0431－82953399	
			单间	20	20	480	240			
			标准间	69	69	480	240			
吉林省林业宾馆	吉林省林业宾馆	3	套间	28	28	658	328	长春市人民大街5046号	0431－85890222	
			标准单间	3	3	398	220			
			标准双间	51	51	398	220			

饭店名称	发票开具单位名称	星级	客房（数量：间；价格：元/天）					地址	前台订房电话	备注
			房型	总间数	协议间数	门市价	协议价			
乐府大酒店	吉林省乐府大酒店	4	套间	8	8	5880	480	长春市人民大街1078号	0431－82090111	
			单间	71	71	680	300			
			标准间	19	19	860	300			
长春诺亚商务酒店	长春诺亚商务酒店		单间	15	15	188	160	长春市汽开区春城大街3231号	0431－85877888	
			标准间	29	29	188	160			
			豪华标准间	2	2	248	210			
			豪华单间	2	2	248	210			
			三人间	2	2	238	200			
吉林省中澳大都会有限责任公司	吉林省中澳大都会有限责任公司		套间	2	2	380	150	长春市南关区长春大街719号	0431－86819999	
			单间	13	13	200	80			
			标准间	38	38	240	100			
月潭宾馆	长春月潭宾馆有限公司		套间	3	3	588	480	长春市净月潭国家森林公园门前区	0431－84534077/84534088	
			标准间	50	50	388	240			
天翼宾馆	沈阳军区空军长春办事处	3	套间	2	2	988	398	长春市宽城区西三条街449号	0431－82784888－8005	
			单间	12	12	460	240			
			标准间	100	100	220	198			
吉林省大新饭店	吉林省大新饭店	3	套间	27	27	516	258	长春市北京大街411号	0431－82091000	客房免费早餐
			单间	30	30	420	180			
			标准间	150	150	420	180			
			商务间	86	86	476	228			
吉林信达金都实业有限公司金都饭店	吉林信达金都实业有限公司金都饭店	4	套间	18	18	1080	480	长春市西安大路1077号	0431－88482828/88482838/88482700	
			单间	72	72	680	240			
			标准间	46	46	680	240			
吉林省丽庭宾馆有限公司（吉林省高级检察官研修中心）	吉林省丽庭宾馆有限公司	4	套间	7	7	1000	480	长春市净月经济开发区金城街599号	0431－87081999	
			单间	8	8	460	238			
			普通标准间	50	50	460	238			
			商务标间	22	22	460	238			
吉林省新民宾馆	吉林省老干部生活服务馆	4	套间	5	5	1280	480	长春市新民大街626号	0431－85593800/85593880	客房协议价不含早餐，以上价格不含服务费
			单间	3	3	480	240			
			标准间	81	81	480	240			
			四人间	4	4	660	480			

饭店名称	发票开具单位名称	星级	客房（数量：间；价格：元/天）					地址	前台订房电话	备注
			房型	总间数	协议间数	门市价	协议价			
吉林省春谊宾馆	吉林省春谊宾馆	3	套间	8	8	680	500	长春市人民大街80号	0431－82096399/82096101/82096106	
			单间	20	20	480	300			
			标准间	160	160	420	260			
吉林省新发宾馆	吉林省新发宾馆	3	套间	2	2	938	468	长春市文化街99号	0431－86827888/86827999/86827555	
			单间	4	4	598	298			
			标准间	72	72	398	198			
吉林省西中华宾馆	吉林省西中华宾馆		套间	3	3	180	138	长春市西中华路160号	0431－88505069	
			标准间	53	53	200	148			
君怡酒店	长春君怡酒店有限公司	4	套间	4	4	688	318	长春市修正路811号	0431－85070622	
			单间	70	70	358	180			
			标准间	120	120	418	218			
长春国际会展中心大饭店	长春国际会展中心大饭店有限公司	4	套间	30	24	880	480	长春市经济技术开发区会展大街100号	0431－84606411	
			单间	15	12	650	240			
			标准间	180	150	580	240			
吉林大学北苑宾馆	吉林大学北苑宾馆	3	套间	6	6	688	480	长春市人民大街4059号	0431－88499100/88499200	
			单间	40	40	368	240			
			标准间	123	123	368	240			
光彩大厦	吉林光彩大厦酒店有限公司	3	套间	7	7	798	480	长春市净月大街紫杉路388号	0431－85869088	房价含次日早餐
			单间	2	2	598	240			
			标准间	49	49	498	240			
吉林省气象培训中心星际大酒店	吉林省气象培训中心星际大酒店	3	套间	4	4	528	260	长春市西安大路6236号	0431－87969101/87969150	此价位为最高上限，可打折
			标准间	50	50	336	168			
长白山宾馆	吉林省旅游集团有限责任公司长白山宾馆	4	套间	42	30	880	520	长春市新民大街1448号	0431－85588888/85588777	
			单间	60	60	580	298			
			标准间	169	150	580	298			
长春龙达宾馆有限责任公司	长春龙达宾馆有限责任公司	3	套间	5	5	980	468	长春市吉林大路1881号	0431－84966201/84966202	
			单间	6	6	480	298			
			标准间	100	100	376	188			
			三人间	6	6	640	380			

饭店名称	发票开具单位名称	星级	客房（数量：间；价格：元/天）					地址	前台订房电话	备注
			房型	总间数	协议间数	门市价	协议价			
吉林省劳动保障培训鉴定基地	吉林省劳动保障培训鉴定基地		套间	5	5	1180	480	长春市亚泰大街3336号	0431－88690888	
			单间	5	5	360	230			
			标准间	40	40	360	230			
			三人间	5	5	360	300			
吉林省人大清华宾馆	吉林省清华宾馆		套间	3	3	880	480	长春市清华路95号	0431－85596668	
			单间	16	16	360	240			
			标准间	77	77	360	240			
长春华天大酒店	长春华天酒店管理有限公司		套间	20	20	2288	480	长春市景阳大路2288号	0431－87809999	
			单间	10	10	988	240			
			标准间	40	40	988	240			
吉林亚泰国际俱乐部	吉林亚泰国际俱乐部	4	套间	2	2	688	480	长春市新城大街9公里处	0431－84528294	
			标准间	90	90	488	240			
长春市华苑宾馆	长春市华苑宾馆有限公司	4	豪华套间	12	12	988	598	长春市卫星路7000号	0431－85582222	早餐20元/人
			商务套间	11	11	688	466			
			单间	40	40	398	218			
			标准间	146	146	398	218			
长春东师会馆	长春东师会馆	3	套间	8	8	680	408	长春市自由大路1596号	0431－85260618	
			单间	24	24	328	208			
			标准间	100	100	328	208			
泰湖宾馆	长春市泰湖宾馆有限公司		套间	3	3	528	318	长春市亚泰大街6788号	0431－85225677	
			单间	3	3	326	180			
			标准间	69	69	336	180			
吉林物贸大酒店	吉林物贸大酒店有限责任公司	3	套间	7	7	968	450	长春市人民大街6969号	0431－85599200	
			商务标准间	50	50	599	220			
			标准间	100	100	499	200			
吉林省松苑宾馆	吉林省松苑宾馆	4	套间	6	6	1280	600	长春市新发路1169号	0431－82753188	
			单间	20	20	980	300			
			标准间	96	96	880	300			
长春宾馆	长春宾馆	4	套间	8	8	700	480	长春市新华路458号	0431－88793155	此价位为最高上限，可打折
			单间	85	85	498	240			
			标准间	151	151	498	240			
长春开元名都大酒店	长春开元名都大酒店有限公司	5	套间	10	10	4140	480	长春市绿园区景阳大路2299号	0431－87068888	
			标准间	140	140	1495	240			

饭店名称	发票开具单位名称	星级	客房（数量：间；价格：元/天）					地址	前台订房电话	备注
			房型	总间数	协议间数	门市价	协议价			
白城市										
白城市宾馆	白城市宾馆	3	套间	12	12	560	370	白城市爱国街2号	0436－3268555	
			单间	10	10	390	220			
			标准间	96	96	338	180			
白城市吉鹤宾馆	白城市吉鹤宾馆	4	套间	10	10	558	350	白城市光明南街500号	0436－3677601	
			单间	9	9	428	240			
			标准间	29	29	368	200			
			三人间	12	12	388	210			
			六人间	1	1	480	360			
松原市										
松原市宾馆	松原市宾馆	4	套间	15	15	1080	600	松原市宁江区临江西路388号	0438－3178000	
			标准间	85	85	380	180			
吉林市										
吉林雾凇宾馆	吉林雾凇宾馆	4	套间	30	30	1320	598	吉林省吉林市龙潭大街29号	0432－3919666	
			单间	28	28	800	298			
			标准间	124	124	850	298			
四平市										
四平市财苑招待所	四平市财苑招待所	3	标准间	16	16	210	120	四平市铁西区市府路1号	0434－3268889	
四平市红嘴宾馆	四平市红嘴宾馆		标准间	30	30	182	120	四平市红嘴路2号	0434－3610010	
四平市金汇宾馆	四平市金汇宾馆		标准间	30	30	280	120	四平市铁西区市府路2号	0434－3261708	
四平市吉平宾馆	四平市吉平宾馆	3	单间	9	9	330	220	四平市铁西区南新华大街1101号	0434－3277519	
			标准间A	16	16	210	120			
			标准间B	100	100	182	120			
四平市四平宾馆	四平市四平宾馆	3	单间	22	22	220	180	四平市铁西区南迎宾街18号	0434－3624045	
			标准间	41	41	210	120			
辽源市										
辽源市宾馆	辽源市宾馆	3	套间	4	4	880	480	辽源市龙山北路六号	0437－3227446	
			单间	28	28	320	180			
			标准间	82	82	320	180			

饭店名称	发票开具单位名称	星级	客房（数量：间；价格：元/天）					地址	前台订房电话	备注
			房型	总间数	协议间数	门市价	协议价			
辽源升华宾馆	辽源升华宾馆	2	套间	3	3	613	218	辽源市西宁大路63号	0437－3245461	
			单间	5	5	259	118			
			标准间	41	41	259	118			
			豪华套间	2	2	1025	468			
			豪华标间	11	11	366	168			
			豪华单间	8	8	366	168			
			豪华高标间	2	2	445	188			
			普通高标间	3	3	305	138			
辽源市北方宾馆	北方宾馆有限责任公司	2	套间	6	6	426	200	辽源市西宁大路516号	0437－3206400	
			单间	12	12	168	100			
			标准间	24	24	168	100			
通化市										
通化金桥酒店	通化市金桥大酒店		套间	2	2	239	200	通化市新站路28号	0435－3611501	
			单间	20	20	119	100			
			标准间	27	27	169	145			
通化万通大酒店	通化万通大酒店	3	套间	24	24	498	380	通化市建设大街1022号	0435－3537977	
			单间	10	10	280	200			
			标准间	82	82	280	200			
通化市东山宾馆	通化市东山宾馆	3	套间	4	4	580	400	通化市靖宇路846号	0435－3618101	
			单间	10	10	240	160			
			标准间	84	84	280	180			
白山市										
白山市宾馆	白山市宾馆	3	套间	17	17	568	368	白山市浑江大街102号	0439－3294900/3291900	
			单间	30	30	398	238			
			标准间	47	47	180	130			
			标准间	103	103	368	240			
亿佳合大饭店	亿佳合大饭店有限公司	4	套间	17	12	1880	480	白山市浑江大街170号	0439－3288577	
			单间	30	21	598	240			
			标准间	51	36	598	240			
白山市博雅大酒店	白山市博雅大酒店有限公司		单间	4	4	398	240	白山市长白山大街888号	0439－3381111	
			标准间	19	19	368	240			
			标准三人间	2	2	468	380			
			残疾人房	1	1	398	240			

饭店名称	发票开具单位名称	星级	客房（数量：间；价格：元/天）					地址	前台订房电话	备注
			房型	总间数	协议间数	门市价	协议价			
延边朝鲜族自治州										
民航翔宇大酒店	延边民航翔宇大酒店	4	普通套间	6	6	980	500	延吉市公园路62号	0433－2907070	
						900	450			
			单间	16	16	380	240			
						300	160			
			标准间	123	123	688	260			
						588	180			

吉林

黑龙江省

- 财政部委托黑龙江省财政厅负责在黑龙江省地级以上城市招标采购出差定点饭店并负责日常监督管理工作。
- 本次政府采购，确定黑龙江省出差定点饭店202家。
- 出差定点饭店按照与财政部门签订《协议书》的价格向中央和地方各级党政机关和事业单位提供相应的接待服务。
- 如果对协议价格产生疑义，可以要求定点饭店出示《协议书》。
- 如有出差定点饭店变更或协议价格变化，应以“党政机关出差会议定点饭店查询网”的信息为准。
- 本目录中的黑龙江省出差定点饭店的详细信息，可在“党政机关出差会议定点饭店查询网”查阅。
- 黑龙江省各地区长途电话区号：

哈尔滨市　0451	齐齐哈尔市　0452
黑河市　0456	大庆市　0459
伊春市　0458	鹤岗市　0468
佳木斯市　0454	双鸭山市　0469
七台河市　0464	鸡西市　0467
绥芬河市　0453	牡丹江市　0453
绥化市　0455	大兴安岭地区　0457

黑龙江省出差定点饭店

饭店名称	发票开具单位名称	星级	客房（数量：间；价格：元/天）					地址	前台订房电话	备注
			房型	总间数	协议间数	门市价	协议价			
哈尔滨市										
哈尔滨阳光望江大酒店	阳光酒店管理集团有限公司哈尔滨阳光望江大酒店	4	套间	13	13	868	500	哈尔滨市道里区哈药路509号	0451－84880039	
			单间	10	10	668	230			
			标准间	128	100	668	230			
黑龙江昆仑酒店集团有限公司	黑龙江昆仑酒店集团有限公司	4	套间	25	12	1188	580	哈尔滨市南岗区铁路街8号	0451－53616191	
			单间	37	31	640	280			
			标准间	257	191	640	280			
哈尔滨市鑫鑫宾馆	哈尔滨市鑫鑫宾馆	3	套间	22	22	680	600	哈市南岗区东大直街131号	0451－85943101	
			单间	26	26	380	300			
			标准间	74	74	380	300			
哈尔滨友谊宫	哈尔滨友谊宫	4	套间	4	4	1588	600	哈尔滨市道里区友谊路263号	0451－88295915	
			单间	4	4	388	300			
			标准间	119	119	588	300			
龙海世纪大酒店	哈尔滨市隆兴仓储服务有限公司龙海世纪大酒店		套间	9	9	1288	600	哈尔滨市南岗区嵩山路88号	0451－85975588	
			单间	11	11	628	300			
			标准间	79	79	628	300			
黑龙江省哈尔滨花园邨宾馆	黑龙江省哈尔滨花园邨宾馆		套间	29	29	2680	600	哈尔滨市南岗区海关街2号	0451－53637076	
			单间	8	8	798	300			
			标准间	110	110	658	300			
哈尔滨岁宝天鹅饭店有限公司	哈尔滨岁宝天鹅饭店有限公司	4	套间	30	30	1280	600	哈尔滨市香坊区中山路95号	0451－55600388	
			单间	11	11	880	300			
			标准间	108	108	880	300			
哈尔滨和平邨宾馆	哈尔滨和平邨宾馆		套间	40	30	1200	580	哈尔滨市南岗区中山路171号	0451－87918141	
			单间	10	10	640	300			
			标准间	172	132	640	290			
哈尔滨梦溪宾馆	哈尔滨梦溪宾馆	3	套间	12	12	1280	550	哈尔滨利民开发区哈师大院内	0451－88060831	
			单间	12	12	768	300			
			标准间	110	110	518	230			
黑龙江聚贤堂宾馆有限公司	黑龙江聚贤堂宾馆有限公司		套间	12	12	1188	588	哈尔滨市香坊区中山路99号	0451－87094188	
			单间	31	31	488	248			
			标准间	24	24	468	238			

饭店名称	发票开具单位名称	星级	客房（数量：间；价格：元/天）					地址	前台订房电话	备注
			房型	总间数	协议间数	门市价	协议价			
黑龙江经纬大酒店有限责任公司	黑龙江经纬大酒店有限责任公司	3	套间	15	15	1980	600	哈尔滨市道里区工厂街69号	0451－84883600	
			单人间	71	71	688	288			
			双人间	75	75	980	300			
哈尔滨云马勃莱梅客栈有限公司	哈尔滨云马勃莱梅客栈有限公司		套间					哈尔滨市道里区红霞街38号	0451－84879999	
			单人间	35	35	338	179			
			双人间	32	32	388	228			
哈尔滨天植大酒店	哈尔滨天植大酒店	3	套间	16	16	888	388	哈尔滨市中央大街160号	0451－86778369	
			单间	13	13	588	298			
			标准间	61	61	588	298			
哈尔滨龙运宾馆	哈尔滨龙运宾馆	3	套间	6	6	588	400	哈尔滨市春申街28号	0451－82830102	
			单间	21	21	358	300			
			标准间	97	97	358	300			
哈尔滨翰林凯悦大酒店	哈尔滨翰林凯悦大酒店有限公司	4	套间	19	18	1160	448	哈尔滨市南岗区学府路56号	0451－83109829	
			单间	25	21	656	248			
			标准间	151	151	656	248			
黑龙江金谷大厦	黑龙江金谷大厦	4	套间	28	21	1408	600	哈尔滨市道里区中央大街185号	0451－86777282	
			单间	36	25	1078	280			
			标准间	146	103	1078	280			
黑龙江蕾博尔酒店有限公司	黑龙江蕾博尔酒店有限公司	3	套间	5	5	998	600	香坊区珠江路31号	0451－57839999	
			豪华单间	15	15	698	298			
			标准间	36	36	598	298			
哈尔滨商大酒店有限公司	哈尔滨商大酒店有限公司	3	套间	8	8	680	500	哈市道里区通达街138号	0451－86771188	
			单间	10	10	388	220			
			标准间	82	82	368	220			
福顺天天大酒店	黑龙江福顺天天大酒店有限公司	5	套间	44	36	2028	600	香坊区赣水路20－22号	0451－82879106	
			单间	32	23	1328	300			
			标准间	84	59	1328	300			
马迭尔宾馆	哈尔滨马迭尔集团股份有限公司	4	套间	32	20	1480	600	哈尔滨市道里区中央大街89号	0451－84884099	
			单间	32	32	980	300			
			标准间	77	77	980	300			
黑龙江省军区天龙大酒店（八一招待所二部）	黑龙江省军区八一招待所二部		套间	13	13	1200	500	哈尔滨市南岗区文庙街6号	0451－86105555	
			单间	5	5	428	240			
			标准间	133	133	428	240			

饭店名称	发票开具单位名称	星级	客房（数量：间；价格：元/天）					地址	前台订房电话	备注
			房型	总间数	协议间数	门市价	协议价			
黑龙江中国福利彩票培训基地	黑龙江中国福利彩票培训基地		套间	10	10	680	450	哈尔滨市松北区松北一路57号	0451－88103300－168	
			单间							
			标准间	51	51	380	200			
中共黑龙江省委党校（学员公寓）	中共黑龙江省委党校		套间	4	4	988	600	哈尔滨市南岗区清滨路74号	0451－85951577	
			单间	290	290	328	300			
			标准间	180	180	368	300			
哈尔滨龙达假日酒店有限公司	哈尔滨龙达假日酒店有限公司		套间	10	10	948	358	哈尔滨市道里区西三道街9号	0451－83177500	
			单间	5	5	698	238			
			标准间	106	106	698	238			
哈尔滨龙达时代酒店有限公司	哈尔滨龙达时代酒店有限公司	4	套间	8	8	1198	498	哈尔滨市道里区西三道街9号	0451－83101288	
			单间	11	11	798	260			
			标准间	106	106	798	260			
黑龙江华源电力开发公司帕弗尔饭店	黑龙江华源电力开发公司帕弗尔饭店	4	套间	5	5	1680	598	哈尔滨市南岗区邮政街79号	0451－87756698	
			单间	36	30	780	298			
			标准间	82	75	780	298			
黑龙江银河大酒店有限公司	黑龙江银河大酒店有限公司	4	套间	33	23	1568	600	哈尔滨市南岗区中山路252号	0451－86797000	
			单间	24	20	788	300			
			标准间	107	90	688	300			
空军哈尔滨蓝天招待所	空军哈尔滨蓝天招待所	3	套间	21	21	680	430	哈尔滨市南岗区中山路169号	0451－82573130	
			单间	20	20	380	220			
			标准间A	44	44	380	220			
			标准间B	138	138	280	190			
黑龙江省龙运大厦有限责任公司	黑龙江省龙运大厦有限责任公司	3	套间	26	26	999	580	哈尔滨市南岗区宣化街200号	0451－87150111	
			单间	1	1	799	280			
			标准间	101	101	569	280			
波斯特酒店	黑龙江省波斯特酒店集团有限公司	4	套间	9	7	1948	600	哈尔滨市南岗区邮政街147号	0451－53626888	
			单间	75	60	918	300			
			标准间	101	71	998	300			
黑龙江工程学院科技交流培训中心	黑龙江工程学院科技交流培训中心		套间	12	12	300	260	哈尔滨市道外区东直路234号	0451－88028311	
			单间							
			标准间	94	94	300	260			
最佳西方财富酒店（农科院专家公寓）	哈尔滨财富酒店有限公司		套间	6	6	1528	600	哈尔滨南岗区学府路368号	0451－83176893	
			单间	35	35	798	300			
			标准间	105	105	798	300			

饭店名称	发票开具单位名称	星级	客房（数量：间；价格：元/天）					地址	前台订房电话	备注
			房型	总间数	协议间数	门市价	协议价			
黑龙江省凤凰大酒店有限公司	黑龙江省凤凰大酒店有限公司	4	套间	10	10	2680	600	哈尔滨市南岗区大成街116号	0451－86795555	
			单间	20	20	880	300			
			标准间	73	73	880	300			
黑龙江民航大厦	黑龙江民航大厦		套间	20	20	2380	580	哈尔滨市香坊区中山路101号	0451－82871131	
			单间	36	36	648	280			
			标准间	167	167	648	280			
哈尔滨龙门贵宾楼酒店有限公司	哈尔滨龙门贵宾楼酒店有限公司	3	套间	7	7	1100	500	哈尔滨市南岗区红军街85号（与银行街交叉口）	0451－83117777	
			单间	2	2	480	220			
			标准间	25	25	680	300			
黑龙江省财税干部培训中心	黑龙江省财税干部培训中心		套间	15	12	760	588	哈尔滨市果戈理大街303号	0451－82833003	
			单间	29	15	230	188			
			标准间	105	60	320	258			
龙唐大厦	大唐黑龙江电力技术开发有限公司龙唐大厦经营管理分公司	4	套间	17	16	888	558	哈尔滨市松北区龙唐街99号	0451－85557416	
			单间	20	17	688	288			
			标准间	97	90	688	288			
鸿翔宾馆	沈阳军区空军哈尔滨办事处	3	套间	5	5	1080	600	哈尔滨市南岗区鸿翔路18号	0451－82608888－8100	
			单间	16	16	338	298			
			标准间	53	53	310	260			
哈尔滨飞泷国际商务酒店	飞泷国际商务酒店	4	套间	37	37	1388	500	哈尔滨市南岗区西大直街308号	0451－87128777	
			单间	56	56	788	298			
			标准间	128	128	788	298			
黑龙江省农垦干部培训中心	黑龙江省农垦干部培训中心		套间	16	16	1298	600	哈尔滨市香坊区红旗大街175号	0451－55198565	
			单间	33	33	898	300			
			标准间	63	63	898	300			
哈尔滨市呼兰区政府招待所	哈尔滨市呼兰区政府招待所		套间	12	12	280	260	利民开发区南京路8号	0451－57355350	
			单间	23	23	220	200			
			标准间	30	30	110	100			
尚志宾馆	尚志宾馆	3	套间	17	17	380	280	尚志市新闻街9号	0451－56768666	
			单间	47	47	260	180			
			标准间	36	36	240	160			
尚志市亚布力信通山庄有限公司	尚志市亚布力信通山庄有限公司	3	套间	7	7	3800	500	黑龙江亚布力旅游度假区	0451－5355398	
			单间							
			标准间	66	66	480	240			

饭店名称	发票开具单位名称	星级	客房（数量：间；价格：元/天）					地址	前台订房电话	备注
			房型	总间数	协议间数	门市价	协议价			
尚志市帽儿山汇峰大酒店	尚志市帽儿山镇吕家围子	3	套间	20	20	480	360	尚志市帽儿山镇	0451－53307888	
			单间							
			标准间	90	90	320	240			
双城市金街商务酒店	双城市金街商务酒店	3	套间	2	2	480	380	双城镇先进街9号	0451－53130999	
			单间	1	1	380	260			
			标准间	7	7	218	180			
双城市新兴宾馆	双城市新兴宾馆	3	套间	6	6	398	270	双城市新兴路333号	0451－53165201	
			单间	6	6	198	130			
			标准间	32	32	188	128			
双城市新兴宾馆	双城市新兴宾馆	3	套间	2	2	380	230	双城市新兴路1号	0451－53169771	
			单间	14	14	300	150			
			标准间	40	40	200	120			
五常市政府招待所	五常市政府招待所		套间	6	6	280	240	五常镇广场路市政府后院	0451－59031977	
			单间							
			标准间	33	33	160	140			
宾县宾州金叶宾州宾馆	宾县宾州金叶宾州宾馆	3	套间	5	5	350	260	宾县宾州镇	0451－57982564	
			单间	2	2	260	180			
			标准间	46	46	260	160			
宾县湖滨山庄	宾县湖滨山庄	3	套间	12	12	680	500	宾县宾州镇	0451－57908362	
			单间							
			标准间	33	33	380	260			
方正县财税干部培训中心	方正县财政招待所		套间	3	3	366	280	方正镇团结路48号	0451－57112848	
			单人间	3	3	268	120			
			双人间	24	24	238	168			
方正宾馆	方正宾馆	1	套间	4	4	160	140	方正镇中央大街259号	0451－57122629	
			单人间	18	18	100	80			
			双人间	18	18	100	80			
延寿县延寿大酒店	延寿县延寿大酒店		套间	5	5	398	288	延寿县西公安街8号	0451－53066666	
			单间							
			标准间	39	39	260	238			
延寿县老延寿饭店	延寿县老延寿饭店		套间	3	3	328	288	延寿县东同庆街19号	0451－53063000	
			单间	5	5	280	258			
			标准间	8	8	260	238			

饭店名称	发票开具单位名称	星级	客房（数量：间；价格：元/天）					地址	前台订房电话	备注
			房型	总间数	协议间数	门市价	协议价			
新天地酒店	延寿县新天地饮食服务有限公司		套间	4	4	398	298	延寿县西同庆街152号	0451－53043888	
			单间							
			标准间	16	16	260	238			
环保宾馆	巴彦县环保宾馆		套间	5	5	288	220	巴彦县人民大街西牌楼西50米	0451－56056000	
			单间	6	6	168	140			
			标准间	20	20	128	110			
龙福成大酒店	巴彦县龙福成大酒店		套间	5	5	398	368	巴彦县农业发展银行北侧	0451－56052000	
			豪华单间	5	5	288	260			
			标准间	20	20	168	138			
福宾楼饭店	福宾楼饭店		套间	4	4	358	300	通河县沿江街	0451－57426999	
			单间							
			标准间	40	40	258	180			
依兰县锦江大酒店	依兰县锦江大酒店		套间	4	4	328	200	依兰县通江路中段	0451－57223599	
			单间	6	6	218	140			
			标准间	40	40	198	120			
依兰县五国城宾馆	依兰县五国城宾馆		套间	7	7	360	280	依兰镇宾馆路	0451－57288099	
			单间	6	6	298	220			
			标准间	24	24	238	160			
齐齐哈尔市										
嫩江宾馆	齐齐哈尔市嫩江宾馆有限公司	3	套间	8	8	580	500	齐齐哈尔市龙沙区丰恒路29号	0452－2472828	
			单间	22	22	320	260			
			标准间	108	108	280	240			
白云大厦	齐齐哈尔市自来水集团白云大厦有限公司	3	套间	8	8	580	360	齐齐哈尔市建华区龙沙路65号	0452－2386112	
			单间	38	17	480	220			
					21	268	170			
			标准间	82	18	480	200			
					29	320	160			
					35	280	140			
农垦大厦	齐齐哈尔市农垦大厦		套间	2	2	800	380	齐齐哈尔市龙沙区龙华路73号	0452－6165000	
			单间	4	4	480	240			
			标准间	85	85	276	120			
元亨商务酒店	齐齐哈尔元亨商务酒店有限责任公司	3	套间	27	27	780	500	齐齐哈尔市建华区卜奎大街87号	0452－2396666	
			单间	7	7	340	220			
			标准间	57	57	280	180			

饭店名称	发票开具单位名称	星级	客房（数量：间；价格：元/天）					地址	前台订房电话	备注
			房型	总间数	协议间数	门市价	协议价			
金盾商务大厦	齐齐哈尔市金盾建筑工程有限责任公司金盾商务大厦		套间	11	11	580	460	齐齐哈尔市龙沙区龙华路43号	0452－2487988	
			单间	13	13	280	220			
			标准间	78	78	280	220			
贵宾楼酒店	龙沙区中环广场贵宾楼酒店		套间	12	12	780	550	齐齐哈尔市龙沙区永安大街89号	0452－2456200	
			单间	25	25	480	260			
			标准间	75	75	460	260			
侨眷侨属服务中心	齐齐哈尔市侨眷侨属服务中心		套间	18	18	1800	480	齐齐哈尔市龙沙区文化大街8号	0452－2737888	
			单间	10	10	800	240			
			标准间	20	20	500	240			
检察院招待所	齐齐哈尔市检察院招待所		套间	4	4	588	488	齐齐哈尔市龙沙区永安大街190号	0452－6169888	
			单间							
			标准间	26	26	288	238			
明月岛宾馆	齐齐哈尔市明月山庄宾馆		套间	10	10	1000	460	齐齐哈尔市建华区新江路168号	0452－2711611	
			单间	12	12	500	220			
			标准间	78	78	300	220			
审计干部培训中心	齐齐哈尔市审计干部培训中心		套间	10	10	550	300	齐齐哈尔市龙沙区中环路42号	0452－6100966	
			单间							
			标准间	66	66	198	140			
金源宾馆	齐齐哈尔市金源商务酒店有限责任公司		套间	8	8	880	550	齐齐哈尔市建华区中华西路192号	0452－6057000	
			单间	16	16	480	220			
			标准间	75	75	320	188			
新喜龙酒店	齐齐哈尔市新喜龙餐饮有限责任公司		套间	6	6	720	300	齐齐哈尔市建华区林艺街18号	0452－2788889	
			单间	11	11	360	150			
			标准间	23	23	396	140			
讷河市盛腾宾馆有限公司	讷河市盛腾宾馆有限公司	3	套间	2	2	480	380	讷河市城南新区	0452－3322121－8888	
			单间	2	2	580	260			
			标准间	43	43	298	238			
铭家商务酒店	铭家商务酒店		套间	2	2	388	310	讷河市通江路79号	0452－3334999	
			单间	3	3	268	210			
			标准间	45	45	136	136			

饭店名称	发票开具单位名称	星级	客房（数量：间；价格：元/天）					地址	前台订房电话	备注
			房型	总间数	协议间数	门市价	协议价			
龙江宾馆	龙江宾馆		套间	3	3	1000	550	龙江县龙江镇长横街2号	0452－5823898	
			单间	6	6	180	140			
			标准间	20	20	180	140			
黑龙江富华宾馆有限公司	黑龙江富华宾馆有限公司	3	套间	12	12	460	400	甘南县音河镇兴十四村	0452－5759299	
			单间							
			标准间	108	108	280	200			
甘南宾馆	甘南宾馆		套间	40	40	500	400	甘南县文明大街175号	0452－5631953	
			单间	32	32	300	240			
			标准间	29	29	150	120			
富裕宾馆	富裕宾馆	3	套间	4	4	488	450	富裕县新华路	0452－3120740	
			单间	6	6	258	220			
			标准间	24	24	160	140			
克山宾馆	克山县克山宾馆		套间	6	6	480	288	克山县北大街一段	0452－4524888	
			单间	2	2	288	180			
			标准间	44	44	188	120			
顺达商务酒店	克东县顺达商务酒店	3	套间	15	15	660	380	克东县保安街	0452－4324888	
			单间	15	15	198	140			
			标准间	60	60	220	120			
阳光商务酒店	拜泉县阳光商务酒店		套间	3	3	550	280	拜泉县东三路北	0452－7325555	
			单间	24	24	260	180			
			标准间							
鹤泉酒店	拜泉县鹤泉酒店		套间	5	5	480	280	拜泉县南三路东	0452－7323583	
			单间	18	18	180	120			
			标准间							
鸿福年年宾馆	泰来县鸿福年年宾馆有限责任公司		套间	8	8	380	266	泰来县中央街49号	0452－8222110	
			单间	20	20	180	126			
			标准间	22	22	160	100			
兴达宾馆	泰来县兴达宾馆		套间	8	8	200	160	泰来县建设路中段	0452－8230555	
			单间	2	2	160	130			
			标准间	22	22	120	100			
依安县宾馆有限责任公司	依安县宾馆		套间	6	6	380	360	依安县政府后身	0452－7023300	
			单间	2	2	160	140			
			标准间	13	13	80	60			

饭店名称	发票开具单位名称	星级	客房（数量：间；价格：元/天）					地址	前台订房电话	备注
			房型	总间数	协议间数	门市价	协议价			
齐齐哈尔商都经贸有限公司	齐齐哈尔商都经贸有限公司		套间	2	2	280	260	依安镇明安路113号	0452－70230377	
			单间	3	3	120	100			
			标准间	9	9	100	80			
依安县香怡阁酒店	依安县香怡阁酒店		套间	2	2	160	120	依安镇泰安大街424号	0452－7011333	
			单间	3	3	140	100			
			标准间	22	22	80	60			
黑河市										
东方夏威夷商务会馆	东方夏威夷商务会馆	3	套间	16	16	258	198	黑河市公园路60号	0456－6760021	
			单间	2	2	188	128			
			标准间	83	83	188	128			
黑河国际饭店有限责任公司	黑河国际饭店有限责任公司	4	套间	8	6	1000	480	黑河市王肃街13号	0456－8276001	
			单间	20	14	480	240			
			标准间	50	35	480	240			
黑河市关鸟河商贸旅游大酒店有限责任公司	黑河市关鸟河商贸旅游大酒店有限责任公司	4	套间	16	12	638	538	黑河市合作区商贸大酒店	0456－6766500	
			单间	35	25	288	228			
			标准间	143	100	228	228			
黑河市易达酒店	黑河市易达酒店	2	套间	6	6	268	228	黑河市中央东大街51号	0456－6100118	
			单间	51	51	168	120			
			标准间	57	57	198	138			
北安市财政干部培训中心	北安市财政干部培训中心		套间	6	6	480	350	北安市交通路六道街	0456－6691009	
			单间							
			标准间	8	8	160	120			
北安市政府接待中心	北安市政府接待中心		套间	10	10	480	350	北安市交通路65号	0456－6699700	
			单间	4	4	200	160			
			标准间	36	36	160	120			
大庆市										
浩天鑫月饭店	大庆市萨尔图区浩天鑫月饭店	3	套间	2	2	258	198	大庆市东风新村纬二路1号	0459－4669666	
			单间	24	24	128	108			
			标准间	77	77	168	128			
大庆高新区新百汇宾馆有限公司	旅店业发票		套间	10	10	328	328	开发区兴化街14号	0459－6040888	
			单间	30	30	165	165			
			标准间	30	30	160	160			
鼎麒大酒店	大庆市大同区鼎麒大酒店		套间	7	7	368	248	大庆市大同区同城路40号	0459－8199999	
			单间	34	34	188	128			
			标准间	64	64	188	128			

饭店名称	发票开具单位名称	星级	客房（数量：间；价格：元/天）					地址	前台订房电话	备注
			房型	总间数	协议间数	门市价	协议价			
大庆市东方铭悦商务大酒店	大庆市高新区东方铭悦商务大酒店	3	套间	20	20	820	528	大庆市高新技术开发区火炬大街 S－01 号	0459－8998567	
			单间	50	50	438	260			
			标准间	36	36	438	260			
大庆昆仑商务酒店有限责任公司	大庆昆仑商务酒店有限责任公司	4	普通套间	12	12	488	398	大庆市让胡路区中央大街南段 2 号	0459－5080001	
			商务套间	7	7	588	498			
			单人间	18	18	318	238			
			普通标准间	47	47	218	198			
			商务标准间	82	82	348	260			
绿阳春酒店	大庆市新绿阳春餐饮有限公司		套间	22	22	648	350	大庆市高新区世纪大道建设大厦	0459－4300005	
			单间	16	16	368	200			
			标准间	72	72	368	200			
大庆市西苑酒店	大庆市西苑酒店	3	套间	22	22	516－876	258－438	大庆市萨尔图区东风新村纬二路南	0459－4609555	
			单间	6	6	196	118			
			标准间	55	55	296	238			
大庆市兴荣商务酒店有限公司	大庆市兴荣商务酒店有限公司	3	套间	4	4	558	508	大庆市萨尔图区会战西街	0459－6657288	
			单间	48	48	208	158			
			标准间	52	52	396	158			
林甸宾馆	林甸宾馆		套间	16	16	380	240	林甸县花园街	0159 3323498	
			单间	20	20	180	120			
			标准间							
肇源宾馆	肇源宾馆	2	套间	8	8	880	550	肇源镇兴源路	0459－8237096	
			单间	10	10	360	260			
			标准间	80	80	240	120			
龙鸣宾馆	肇源县龙鸣宾馆		套间	7	7	480	300	肇源镇松花江大街 3 号	0459－8237002	
			单间	11	11	148	90			
			标准间	46	46	148	80			
伊春市										
伊春泓江商务酒店有限责任公司	伊春泓江商务酒店有限责任公司	3	套间	17	17	498	320	伊春市伊春区新兴西路 88 号	0458－3608988	
			单间	6	6	298	150			
			标准间	26	26	298	220			
伊春市惠群酒店有限责任公司	伊春市惠群酒店有限责任公司		套间	6	6	680	320	伊春市伊春区新兴西路 248 号	0458－6139999	
			单间	12	12	260	150			
			标准间	86	86	380	220			

黑龙江

饭店名称	发票开具单位名称	星级	客房（数量：间；价格：元/天）					地址	前台订房电话	备注
			房型	总间数	协议间数	门市价	协议价			
林都宾馆	林都宾馆	4	套间	24	24	1800	320	伊春市伊春区宾园路8号	0458－3086666	
			单间	13	13	680	150			
			标准间	91	91	680	220			
伊春市新昊实业有限责任公司新昊商务酒店	伊春市新昊实业有限责任公司新昊商务酒店	2	套间	10	10	588	320	伊春市伊春区青山路131号	0458－3625184	
			单间	10	10	248	150			
			标准间	74	74	298	220			
伊春天华宏都宾馆有限责任公司	伊春天华宏都宾馆有限责任公司	4	套间	20	20	1800	320	伊春市伊春区新兴中路70号	0458－3020000	
			单间	38	38	480	150			
			标准间	49	49	480	220			
伊春银座酒店有限责任公司	伊春银座酒店有限责任公司	3	套间	10	10	580	320	伊春市伊春区新兴中路72号	0458－3610000	
			单间	26	26	200	150			
			标准间	69	69	300	220			
伊春市三亚生态旅游有限公司	伊春市三亚生态旅游有限公司	2	套间	10	10	580	320	伊春市中心区透龙山大街	0458－3877777	
			单间	15	15	688	150			
			标准间	71	71	298	220			
金骊都宾馆	铁力市金骊都宾馆	3	套间	5	5	580	395	中心路51号	0458－2230288	
			单间	6	6	320	195			
			标准间	42	42	260	190			
鹤岗市										
天水湖宾馆	鹤岗市永丰房地产开发有限责任公司天水湖宾馆		套间	9	9	688	428	鹤岗市工农区湖滨路天水湖公园正门	0468－3453666	
			单间	20	20	218	178			
			标准间	47	47	218	178			
东方宾馆	鹤岗市永丰房地产开发有限责任公司东方宾馆	3	套间	2	2	658	398	鹤岗市工农区湖滨路南	0468－3430088	
			单间	30	30	188	148			
			标准间	64	64	188	148			
九州大酒店	九州大酒店	4	套间	21	21	860	450	鹤岗市南山区红旗路166号	0468－3380888	
			单间	18	18	468	240			
			标准间	117	117	468	240			
飞鹤商务大厦	鹤岗市飞鹤商务有限责任公司	4	套间	30	30	298	258	鹤岗市工农区红旗路中段	0468－3348488	
			单间	40	40	158	138			
			标准间	69	69	198	168			

饭店名称	发票开具单位名称	星级	客房（数量：间；价格：元/天）					地址	前台订房电话	备注
			房型	总间数	协议间数	门市价	协议价			
界江国际大酒店	界江国际大酒店	4	套间	2		1388		萝北县凤翔镇景观路1号	0468－6836672	
			单间	6		518				
			标准间	81	81	498	258			
佳木斯市										
佳木斯市八一宾馆	佳木斯市八一宾馆	3	套间	4	4	688	400	佳木斯市杏林路310号	0454－8608717	
			单间	13	13	260	150			
			标准间	83	83	288	150			
佳木斯大学国际文化交流有限责任公司国际饭店	佳木斯大学国际文化交流有限责任公司国际饭店	4	套间	8	6	688	458	佳木斯向阳区学府街188号	0454－8603000	
			单间	17	17	358	248			
			标准间	80	80	288	198			
佳木斯市华侨饭店	佳木斯市华侨饭店	3	套间	10	10	608	400	佳木斯市红旗路288号	0454－8554888	
			单间	12	12	238	120			
			标准间	29	29	268	120			
佳木斯宾馆	佳木斯宾馆	4	套间	12	10	2288	560	佳木斯市光复路1078号	0454－6066789	
			单间	32	32	360	260			
			标准间	96	96	380	260			
佳木斯锦江宾馆有限责任公司	佳木斯锦江宾馆有限责任公司	1	套间	3	3	1888	550	佳木斯光复路1492号	0454－8802777	
			单间	17	17	248	160			
			标准间	44	44	248	160			
佳木斯如意大厦有限公司	佳木斯如意大厦有限公司	4	套间	12	12	1280	480	佳木斯市和平路86号	0454－8635600	
			单间	16	16	388	240			
			标准间	184	184	368	240			
佳木斯盛世百年国际大酒店	佳木斯盛世百年国际大酒店	4	套间	31	30	1988	550	佳木斯市长安路739号	0454－6040777	
			单间	71	71	628	260			
			标准间	100	94	538	260			
同江市双龙宾馆	同江市双龙酒店		套间	2	2	688	450	通江街	0454－2938777	
			单间							
			标准间	19	19	198	120			
同江市同鑫宾馆	同江市同鑫经贸有限公司	3	套间	2	2	550	360	通江路西段	0454－2926160	
			单间							
			标准间	112	112	260	140			

黑龙江

饭店名称	发票开具单位名称	星级	客房（数量：间；价格：元/天）					地址	前台订房电话	备注
			房型	总间数	协议间数	门市价	协议价			
同江市宾馆	同江市宾馆	2	套间	4	4	328	280	同江市大直路49号	0454－2923429	
			单间	2	2	168	140			
			标准间	13	13	168	140			
盛达商务宾馆	富锦市盛达商务宾馆		套间	4	4	188	168	中央大街东段	0454－2661111	
			单间	4	4	128	108			
			标准间	24	24	148	128			
桦川县晨怡宾馆有限公司	桦川县晨怡宾馆有限公司		套间	2	2	200	150	桦川县悦来南大街	0454－3832558	
			单间	8	8	150	100			
			标准间	15	15	150	100			
桦川县富桦物业有限公司新海宾馆	桦川县富桦物业有限公司新海宾馆		套间	14	14	288	220	桦川县悦来大街北段	0454－3938888	
			单间	31	31	198	150			
			标准间	49	49	168	120			
桦南保利宾馆有限公司	桦南保利宾馆有限公司		套间	8	8	680	500	桦南县新兴路146号	0454－6130555	
			单间	9	9	160	160			
			标准间	62	62	120－160	120－160			
双鸭山市										
天力大酒店	北京天力兴业投资有限公司天力大酒店分公司	4	套间	17	15	688	528	尖山区双福路中段	0469－4337888	
			单间	23	19	288	198			
			标准间	113	108	278	188			
五环大酒店	双鸭山市尖山区五环大酒店	4	套间	19	19	788	318	尖山区新兴大街185号	0469－4377777	
			单间	33	33	398	168			
			标准间	78	78	398	168			
饶河县宝岛宾馆（北楼）	饶河县宝岛宾馆		套间	3	3	480	260	通江街中段	0469－5676999	
			单间							
			标准间	23	23	228	140			
饶河县宝岛宾馆（南楼）	饶河县宝岛宾馆		套间	5	5	380	180	通江街中段	0469－5676888	
			单间							
			标准间	11	11	180	120			
饶河县荣泰来经贸有限责任公司	饶河县荣泰来经贸有限责任公司		套间	3	3	380	220	新阳路物流中心	0469－5575888	
			单间							
			标准间	28	28	228	140			
七台河市										
七台河市专家接待中心	七台河市专家接待中心	无	套间	19	19	980	480	七台河市桃山区阿尔乔姆路1号	0464－8304333	
			单间							
			标准间	30	30	480	240			

饭店名称	发票开具单位名称	星级	客房（数量：间；价格：元/天）					地址	前台订房电话	备注
			房型	总间数	协议间数	门市价	协议价			
金融大厦	七台河市金融大厦酒店	3	套间	6	6	780	390	七台河市桃山区景丰路38号	0464－8258899	
			单间	4	4	436	218			
			标准间	61	61	436	218			
昆仑酒店	七台河市昆仑大酒店有限责任公司	4	套间	6	6	588	458	七台河市桃山区山湖路2号	0464－8269999	
			单间	10	10	300	238			
			标准间	91	91	300	238			
鸡西市										
鸡西饭店	鸡西市瑞德饮食服务有限公司	2	套间	6	6	338	280	鸡西市鸡冠区新华街58号	0467－6180888	
			单间	13	13	188	120			
			标准间	49	49	188	120			
鸡西市国土资源大厦	鸡西市国土资源大厦	3	套间	3	3	688	413	鸡西市鸡冠区中心大街13号	0467－6162888	
			单间	14	14	328	197			
			标准间	82	82	268/328	160/197			
市委机关招待所	市委机关招待所		套间	3	3	468	328	鸡西市鸡冠区红旗路15号	0467－6105888	
			单间	15	15	228	128			
			标准间	40	40	128	128			
鸡西市政府机关接待服务中心	鸡西市政府机关接待服务中心		套间	1	1	960	480	鸡西市红旗路18号	0467－2364391	
			单间	2	2	260	240			
			标准间	20	20	200	120			
鸡西市专家接待服务中心	鸡西市专家接待服务中心		套间	16	16	800	550	鸡西市鸡冠区201国道1公里南侧	0467－2881111	
			单间	17	17	400	240			
			标准间	70	70	400	240			
德林商务酒店	德林商务股份有限公司		套间	5	5	598	299	密山市铁西开发区	0467－5297000	
			单间	2	2		158			
			标准间	2	2	298	146			
密山宾馆	密山宾馆服务有限公司		套间	9	9	588	358	密山镇东安街	0467－5226666	
			单间	27	27	238	138			
			标准间	48	48	268	158			
虎林市好时光商务酒店	虎林市好时光商务酒店		套间	13	13	1178	550	虎林镇晨光路	0467－5888777	
			单间	12	12	378	260			
			标准间	93	93	378	260			
虎林市金源商务酒店	虎林市金源商务酒店	3	套间	2	2	1888	550	虎林镇解放路站前广场	0467－6159999	
			单间	8	8	316	150			
			标准间	63	63	456	228			

饭店名称	发票开具单位名称	星级	客房（数量：间；价格：元/天）					地址	前台订房电话	备注
			房型	总间数	协议间数	门市价	协议价			
虎林市福莱德酒店	虎林市福莱德酒店		套间	1	1	450	360	虎林市解放西路17号	0467－615777	
			单间	14	14	170	136			
			标准间	26	26	200	168			
鸡东县鸡东宾馆	鸡东县鸡东宾馆	3	套间	7	7	460	380	鸡东县鸡东镇南华大街	0467－5582451	
			单间							
			标准间	27	27	230	198			
绥芬河市										
绥芬河世茂假日酒店	黑龙江茂能实业有限公司世茂假日酒店	5	套间	5	4	1688	550	绥芬河友谊大道2号	0453－5829999	
			单间	76	54	1088	260			
			标准间	95	67	1088	260			
绥芬河市澳兴实业开发有限公司旭升国际大酒店	绥芬河市澳兴实业开发有限公司旭升国际大酒店	3	套间	5	5	688	340	绥芬河市文化街132号	0453－3999999	
			单间	20	20	358	170			
			标准间	153	153	358	170			
绥芬河市澳普尔国际大酒店有限公司	绥芬河市澳普尔国际大酒店有限公司	4	套间	9	9	696	300	绥芬河市光华街18号	0453－3951111	
			单间	14	14	308	160			
			标准间	72	72	298	150			
绥芬河市顺峰大酒店	绥芬河市顺峰大酒店		套间	3	3	460	228	绥芬河市电力街68号	0453－8191288	
			单间	5	5	220	138			
			标准间	20	20	220	138			
绥芬河吉利商贸有限公司吉利大厦	绥芬河吉利商贸有限公司吉利大厦	2	套间	5	5	480	320	绥芬河市新安街22号	0453－3986377	
			单间	10	10	200	150			
			标准间	80	80	200	150			
天湖宾馆	杜尔伯特蒙古族自治县天湖宾馆	4	套间	15	10	950	550	杜尔伯特蒙古族自治县呼格吉乐街	0453－3422510	
			单间	10	10	560	260			
			标准间	115	100	380	260			
牡丹江市										
牡丹江金鼎国际大酒店	牡丹江金鼎国际大酒店	4	套间	22	18	1100	550	牡丹江太平路28号	0453－8939099	
			单间	63	63	578	230			
			标准间	150	150	578	260			
牡丹江新东方宾馆	牡丹江新东方宾馆有限公司	3	套间	5	5	558	350	牡丹江市光华街123号	0453－6836666	
			单间	10	10	300	180			
			标准间	100	100	300	180			

<table>
<tr><th rowspan="2">饭店名称</th><th rowspan="2">发票开具单位名称</th><th rowspan="2">星级</th><th colspan="5">客房（数量：间；价格：元/天）</th><th rowspan="2">地址</th><th rowspan="2">前台订房电话</th><th rowspan="2">备注</th></tr>
<tr><th>房型</th><th>总间数</th><th>协议间数</th><th>门市价</th><th>协议价</th></tr>
<tr><td rowspan="3">牡丹江夏威夷国际大酒店有限公司</td><td rowspan="3">牡丹江夏威夷国际大酒店有限公司</td><td rowspan="3">5</td><td>套间</td><td>27</td><td>6</td><td>1188</td><td>550</td><td rowspan="3">牡丹江市七星街95号</td><td rowspan="3">0453－6957599</td><td rowspan="3"></td></tr>
<tr><td>单间</td><td>101</td><td>70</td><td>498</td><td>260</td></tr>
<tr><td>标准间</td><td>109</td><td>90</td><td>498</td><td>260</td></tr>
<tr><td rowspan="3">牡丹江饭店</td><td rowspan="3">牡丹江饭店有限责任公司</td><td rowspan="3"></td><td>套间</td><td>12</td><td>12</td><td>580</td><td>200</td><td rowspan="3">牡丹江光华街128号</td><td rowspan="3">0453－6925833</td><td rowspan="3"></td></tr>
<tr><td>单间</td><td>40</td><td>40</td><td>280</td><td>140</td></tr>
<tr><td>标准间</td><td>55</td><td>55</td><td>280</td><td>140</td></tr>
<tr><td rowspan="3">牡丹江京江商务酒店</td><td rowspan="3">牡丹江京江商务酒店管理有限公司</td><td rowspan="3">3</td><td>套间</td><td>15</td><td>15</td><td>500</td><td>400</td><td rowspan="3">牡丹江东安区永安路18号</td><td rowspan="3">0453－6930022</td><td rowspan="3"></td></tr>
<tr><td>单间</td><td>30</td><td>30</td><td>358</td><td>232</td></tr>
<tr><td>标准间</td><td>100</td><td>100</td><td>358</td><td>232</td></tr>
<tr><td rowspan="3">牡丹江房产公寓</td><td rowspan="3">牡丹江星元房产有限公司</td><td rowspan="3">3</td><td>套间</td><td>4</td><td>4</td><td>720</td><td>400</td><td rowspan="3">牡丹江东一条路75号</td><td rowspan="3">0453－6990100</td><td rowspan="3"></td></tr>
<tr><td>单间</td><td>10</td><td>10</td><td>300</td><td>150</td></tr>
<tr><td>标准间</td><td>90</td><td>90</td><td>300</td><td>150</td></tr>
<tr><td rowspan="3">牡丹江军供大厦</td><td rowspan="3">牡丹江市军供大厦</td><td rowspan="3">3</td><td>套间</td><td>5</td><td>5</td><td>1180</td><td>480</td><td rowspan="3">牡丹江市太平路120号</td><td rowspan="3">0453－6990099</td><td rowspan="3"></td></tr>
<tr><td>单间</td><td>9</td><td>9</td><td>298</td><td>218</td></tr>
<tr><td>标准间</td><td>102</td><td>102</td><td>298</td><td>238</td></tr>
<tr><td rowspan="3">牡丹江大福源酒店有限责任公司</td><td rowspan="3">牡丹江大福源酒店有限责任公司</td><td rowspan="3">3</td><td>套间</td><td>10</td><td>10</td><td>550</td><td>275</td><td rowspan="3">牡丹江市东一条路55号</td><td rowspan="3">0453－6948880</td><td rowspan="3"></td></tr>
<tr><td>单间</td><td>26</td><td>26</td><td>330</td><td>165</td></tr>
<tr><td>标准间</td><td>131</td><td>131</td><td>360</td><td>180</td></tr>
<tr><td rowspan="3">东锐酒店</td><td rowspan="3">海林东锐商务酒店</td><td rowspan="3">2</td><td>套间</td><td>3</td><td>3</td><td>368</td><td>308</td><td rowspan="3">海林市林海路65号</td><td rowspan="3">0453－886666</td><td rowspan="3"></td></tr>
<tr><td>单间</td><td>8</td><td>8</td><td>248</td><td>188</td></tr>
<tr><td>标准间</td><td>22</td><td>22</td><td>198</td><td>138</td></tr>
<tr><td rowspan="3">海林市林海大厦</td><td rowspan="3">海林市林海大厦有限责任公司</td><td rowspan="3">2</td><td>套间</td><td>5</td><td>5</td><td>388</td><td>270</td><td rowspan="3">海林市林海路72号</td><td rowspan="3">0453－7222953</td><td rowspan="3"></td></tr>
<tr><td>单间</td><td>2</td><td>2</td><td>268</td><td>188</td></tr>
<tr><td>标准间</td><td>43</td><td>43</td><td>244</td><td>180</td></tr>
<tr><td rowspan="3">俪涞国际酒店</td><td rowspan="3">海林金茂房地产开发有限公司</td><td rowspan="3"></td><td>套间</td><td>2</td><td>1</td><td>1888</td><td>550</td><td rowspan="3">海林市经济技术开发区</td><td rowspan="3">0453－7331888</td><td rowspan="3"></td></tr>
<tr><td>单间</td><td>10</td><td>9</td><td>688</td><td>260</td></tr>
<tr><td>标准间</td><td>100</td><td>82</td><td>688</td><td>260</td></tr>
<tr><td rowspan="3">穆棱市财政干部培训中心</td><td rowspan="3">穆棱市财政干部培训中心</td><td rowspan="3">3</td><td>套间</td><td>1</td><td>1</td><td>1660</td><td>550</td><td rowspan="3">穆棱市农拥街</td><td rowspan="3">0453－3122291</td><td rowspan="3"></td></tr>
<tr><td>单间</td><td>15</td><td>15</td><td>260</td><td>180</td></tr>
<tr><td>标准间</td><td>3</td><td>3</td><td>160</td><td>120</td></tr>
<tr><td rowspan="3">东宁县普利斯宾馆</td><td rowspan="3">东宁县普利斯宾馆</td><td rowspan="3">3</td><td>套间</td><td>3</td><td>3</td><td>600</td><td>340</td><td rowspan="3">东宁县健康街1号</td><td rowspan="3">0453－3668188</td><td rowspan="3"></td></tr>
<tr><td>单间</td><td></td><td></td><td></td><td></td></tr>
<tr><td>标准间</td><td>30</td><td>30</td><td>260</td><td>140</td></tr>
</table>

黑龙江

饭店名称	发票开具单位名称	星级	客房（数量：间；价格：元/天）					地址	前台订房电话	备注
			房型	总间数	协议间数	门市价	协议价			
金沙湾宾馆	金沙湾宾馆		套间	4	4	550	460	东宁镇林业小区	0453－3620673	
			单间	10	10	240	160			
			标准间	34	34	240	160			
财政干部培训中心	东宁县财政干部培训中心		套间	6	6	480	360	东宁县健康街4号	0453－3621571	
			单间							
			标准间	13	13	180	150			
东宁才源大酒店	东宁才源大酒店		套间	3	3	260	200	东宁县东宁镇宏源街128号	0453－5859678	
			单间	20	20	118	100			
			标准间	12	12	158	120			
林口县财政局公寓	林口县财政局公寓		套间	2	2	260	200	林口县文政大街	0453－3526157	
			单间	1	1	200	100			
			标准间	3	3	200	100			
绥化市										
北林区宾馆	绥化市北林区宾馆	2	套间	15	15	888	550	北二西路人和街98号	0455－8222772	
			单间	10	10	688	260			
			标准间	77	77	168	120			
荟华楼商务宾馆	荟华楼商务宾馆	3	套间	3	3	268	208	中兴东大街286号	0455－8761988	
			单间	21	21	148	108			
			标准间	42	42	148	108			
金长城酒店	绥化市金长城酒店有限公司	4	套间	20	15	980	398	黄河北路1号	0455－8281888	
			单间	39	30	740	228			
			标准间	82	70	580	198			
绥化农垦金斗湾酒店	绥化农垦金斗湾酒店	2	套间	7	7	680	380	北辰路100号	0455－8762017	
			单间	12	12	218	120			
			标准间	80	80	218	120			
圣龙大酒店有限公司	绥化圣龙大酒店有限责任公司	3	套间	8	8	198	168	黄河南路1号	0455－8285555	
			单间	13	13	168	120			
			标准间	70	70	168	120			
黑龙江鑫威酒店有限公司	黑龙江鑫威酒店有限公司	3	套间	15	15	680	360	中兴东大街359号	0455－8266666	
			单间	15	15	380	168			
			标准间	61	61	380	200			
肇东市天赋大饭店	肇东市天赋大饭店		套间	10	10	180	120	正阳街西郊51号	0455－7796333－8111	
			单间	30	30	120	80			
			标准间	40	40	160	110			

饭店名称	发票开具单位名称	星级	客房（数量：间；价格：元/天）					地址	前台订房电话	备注
			房型	总间数	协议间数	门市价	协议价			
福和酒店	黑龙江福和实业有限公司	3	套间	21	21	480	276	肇东市正阳九道街95号	0455－7711111－8100/8101	
			单间	7	7	320	200			
			标准间	103	103	460	200			
农机招待所	肇东市农机招待所		套间	14	14	248	140	肇东市南直路四道街117号	0455－7713033	
			单间	10	10	150	90			
			标准间	9	9	200	120			
海伦金豆大厦	海伦金豆大厦		套间	8	8	398	320	海伦市雷炎大街622号	0455－5753333	
			单间	6	6	198	180			
			标准间	52	52	198	120			
海伦市明珠宾馆	海伦市明珠宾馆		套间	2	2	398	298	海伦市雷炎大街595号	0455－5799222	
			单间							
			标准间	22	22	248	198			
海伦市东亨海鲜大酒店	海伦市东亨海鲜大酒店		套间	4	4	240	200	海伦市雷炎大街1号	0455－5036666	
			单间	16	16	150	120			
			标准间	18	18	150	120			
望奎同源花园餐饮服务有限公司	望奎同源花园餐饮服务有限公司		套间	5	5	888	388	望奎县政府街48号	0455－6473999	
			单间							
			标准间	90	90	198	168			
望奎县金都宾馆	望奎县金都宾馆		套间	2	2	688	380	望奎县中央大街2号	0455－6818888	
			单间	3	3	300	180			
			标准间	21	21	180	140			
青冈县财政干部培训中心	青冈县财政干部培训中心	3	套间	4	4	420	400	青冈县政府路财政家属楼	0455－3220434	
			单间	2	2	280	260			
			标准间	6	6	280	260			
庆安县商务会馆	庆安县商务会馆		套间	8	8	320	240	文卫路104号	0455－4418666	
			单间	47	47	150	110			
			标准间	32	32	140	110			
庆安县米都大厦	庆安县米都大厦		套间	2	2	588	240	解放路北段	0455－4428888	
			单间	3	3	180	168			
			标准间	50	50	128	120			
庆安县万豪酒店	庆安县万豪酒店		套间	5	5	288	220	中央大街	0455－4347777	
			单间	25	25	128	100			
			标准间	25	25	128	100			
明水县政府宾馆	明水县政府宾馆		套间	7	7	288	200	明水县政府大楼南	0455－6221583	
			单间							
			标准间	17	17	188	120			

饭店名称	发票开具单位名称	星级	客房（数量：间；价格：元/天）					地址	前台订房电话	备注
			房型	总间数	协议间数	门市价	协议价			
金都宾馆	金都宾馆		套间	16	16	288	198	繁华大街 130 号	0455－4658555	
			单间	13	13	188	138			
			标准间	48	48	168	128			
大兴安岭地区										
北山宾馆	北山宾馆	4	套间	21	15	1688	550	朝阳路	0457－2145888	
			单间	8	5	388	260			
			标准间	93	65	688	260			
大兴安岭金马饭店有限责任公司	大兴安岭金马饭店有限责任公司		套间	26	26	1880	550	大兴安岭地区加格达奇区人民路 168 号	0457－2758888	
			单间	132	132	880	260			
			标准间	168	168	880	260			
呼玛县成云大酒店	呼玛县成云大酒店	2	套间	4	4	280	200	呼玛镇长虹路	0457－3517588	
			单间	3	3	100	60			
			标准间	10	10	160	120			
呼玛县知青宾馆	呼玛县知青宾馆	3	套间	4	4	698	400	呼玛县龙江街北侧	0457－3519100	
			单间	13	13	318	190			
			标准间	24	24	268	120			
塔河县北极星宾馆	塔河县北极星宾馆	3	套间	7	7	888	550	塔河县建设大街 4 号	0457－3630001	
			单间	8	8	380	260			
			标准间	59	59	360	260			
塔河县鑫利宾馆	塔河县鑫利宾馆		套间	4	4	380	280	塔河县中央大街	0457－3638858	
			单间	2	2	280	160			
			标准间	25	25	240	120			
漠河金马饭店	漠河北极宾馆有限公司	4	套间	15	11	1188	550	漠河县西林吉镇 14 区	0457－2828888	
			单间	40	28	868	260			
			标准间	128	90	668	260			
绅恒宾馆	漠河绅恒宾馆有限公司		套间	8	8	980	550	漠河县西林吉镇 14 区	0457－2815555	
			单间	6	6	580	260			
			标准间	80	80	580	260			
圣源宾馆	漠河圣源电力宾馆有限公司		套间	14	14	1280	550	漠河县西林吉镇 25 区	0457－2847000	
			单间	24	24	658	260			
			标准间	59	59	658	260			

上海市

- 财政部委托上海市财政局负责在上海市的出差定点饭店招标采购和日常监督管理。
- 本次政府采购方式，确定上海市出差定点饭店 47 家。
- 出差定点饭店按照与财政部门签订《协议书》的价格向中央和地方各级党政机关和事业单位提供相应的接待服务。
- 如果对协议价格产生疑义，可以要求定点饭店出示《协议书》。
- 如有出差定点饭店变更或协议价格变化，应以“党政机关出差会议定点饭店查询网”的信息为准。
- 本目录中的上海市出差定点饭店的详细信息，可在“党政机关出差会议定点饭店查询网”查阅。
- 上海市长途电话区号　021

上海市出差定点饭店

饭店名称	发票开具单位名称	星级	客房（数量：间；价格：元/天）					地址	前台订房电话	备注
			房型	总间数	协议间数	门市价	协议价			
黄浦区										
上海珍贝饭店	上海珍贝饭店		套间	10	10	980	600	上海市九江路47号	400－6281999	
			单间	7	7	480	280			
			标准间	18	18	510	280			
上海大沪饭店	上海大沪饭店	无	套间	4	4	1200	588	延安东路343号	021－63284020－8888	不含早餐
			单间	30	30	328	228			
			标准间	84	84	328	228			
上海铁道宾馆	上海铁道宾馆有限公司	2	套间	2	2	800	600	贵州路160号	021－51518777	标准房为两种，协议价格分别为300元和260元
			单间	24	24	480	300			
			标准间（双人房）	67	67	480 360	300 260			
卢湾区										
上海明珠大饭店	上海明珠大饭店	3	套间	3	3	1396	600	上海市卢湾区肇嘉浜路212号	021－64310880－11	不含早餐
			单间	20	20	568	300			
			标准间	80	80	568	300			
徐汇区										
上海华夏宾馆	上海华夏宾馆	3	套间	88	88	880	600	上海市漕宝路38号	021－64350100	
			单间	55	55	710	290			
			标准间	217	217	660	290			
上海建工锦江大酒店	上海建工锦江大酒店有限公司	3	套间	60	60	1600	588	建国西路691号	021－64155688－订房	
			单间	70	70	1200	300			
			标准间	90	90	1200	300			
上海凯博佳捷酒店斜土路店	上海凯博佳捷斜土路酒店有限公司		套间	1	1	600	450	上海市徐汇区斜土路1227号	021－64708888	
			单间	35	35	360	238			
			标准间	63	63	380	248			
大众大厦	上海大众大厦有限责任公司		套间	10	10	1280	600	上海市徐汇区中山西路1515号	021－64288888－5118/38	
			单间	26	26	660	300			
			标准间	64	64	580	300			
中国科学院上海学术活动中心	中国科学院上海学术活动中心		套间	2	2	1898	600	肇嘉浜路500号	021－64716060－4046/4049	
			单间	108	108	528	290			
			标准间	54	54	648	300			

饭店名称	发票开具单位名称	星级	客房（数量：间；价格：元/天）					地址	前台订房电话	备注
			房型	总间数	协议间数	门市价	协议价			
田林宾馆	上海锦勤田林宾馆管理有限公司	3	套间	14	14	1600	600	上海市田林路1号	021－51877888	
			单间	53	53	700	300			
			标准间	221	221	800	300			
上海光大会展中心国际大酒店	上海光大会展中心有限公司	4	套间	37	37	2300	600	漕宝路66号	021－64842500－销售部	不含早餐
			单间	261	261	1000	300			
			标准间（双人房）	335	335	1000	300			
上海技贸宾馆	上海技贸宾馆	3	套间	5	5	1298	580	中山西路1525号	021－24197777	
			单间	14	14	698	300			
			标准间（双人房）	46	46	598	300			
上海航空酒店	上海上航市南酒店管理有限公司		套间	6	6	1530	600	石龙路951号	021－51533000－预定部	不含早餐
			单间	53	53	830	300			
			标准间	212	212	830	300			
长宁区										
新东纺大酒店	上海新东纺大酒店有限公司	3	套间	15	15	920	600	上海市镇宁路525号	021－62266800－52	
			单间	13	13	720	300			
			标准间	50	50	620	300			
上海三湘大厦	上海三湘大厦	3	套间	19	19	908	600	中山西路1243号	021－62752468－30100	
			单间	16	16	578	300			
			标准间	97	97	608	300			
上海航友宾馆	上海航友宾馆	3	套间	2	2	1650	600	上海虹桥机场迎宾一路425号	021－62689372/62689999－1136/1124	
			单间	4	4	495	300			
			标准间	87	87	495	300			
上海虹桥宾馆有限公司	上海虹桥宾馆有限公司	4	套间	12	12	3500	600	上海市延安西路2000号	021－62753388－预定部	
			单间	205	205	1500	300			
			标准间（双人房）	215	215	1500	300			
静安区										
上海文艺活动中心文艺宾馆	上海文艺活动中心文艺宾馆	无	套间					静安区延安西路200号	021－62470000	
			单间	4	4	520	300			
			标准间	24	24	520	300			
襄阳饭店	上海盛勤襄阳酒店管理有限公司	2	套间	6	6	568	500	上海市襄阳北路1号	021－54037658－198	不含早餐
			单间	3	3	448	300			
			标准间	44	44	358	260			
上海棠柏宾馆	上海棠柏宾馆	无	套间	6	6	680	498	上海陕西北路128号	021－62675090	
			单间	6	6	420	288			
			标准间	29	29	420	288			

饭店名称	发票开具单位名称	星级	客房（数量：间；价格：元/天）					地址	前台订房电话	备注
			房型	总间数	协议间数	门市价	协议价			
赣园宾馆	上海赣园宾馆有限公司	3	套间	6	6	670	600	上海市静安区余姚路417号	021－62727258－2111	
			单间	24	24	430	300			
			标准间	76	76	420	300			
普陀区										
金沙江大酒店	上海金沙江大酒店有限公司	3	套间	13	13	980	600	上海市怒江路257号	021－62578888－3206	
			单间	37	37	548	300			
			标准间	238	238	498	300			
上海凯博佳豪大渡河路酒店	上海凯博佳豪大渡河路酒店有限公司		套间	10	10	1316	400	上海市普陀区大渡河路658号	021－61671818	
			单间	45	45	716	240			
			标准间	90	90	744	240			
闸北区										
上海华美达中土酒店	上海华美达中土酒店有限责任公司	3	套间	13	13	1980	600	上海市共和新路666号	021－56721188－8118（夜8101）	不含早餐
			单间	67	67	980	300			
			标准间	135	135	980	300			
新梅华东大酒店	上海华东大酒店有限公司	3	套间	10	10	680	600	天目西路111号	021－63178000	不含早餐
			单间	37	37	380	300			
			标准间	270	270	330	300			
良安大饭店	上海良安酒店管理有限公司	3	套间	26	26	908	500	上海市长安路920号	021－63532222	
			单间	50	50	618	298			
			标准间（双人房）	227	227	588	298			
上海锦荣国际大酒店	上海锦荣国际大酒店有限公司	4	套间	16	16	978	600	闸北区共和新路2750号	021－56651888－68000	
			单间	48	48	548	300			
			标准间（双人房）	94	94	548	300			
上海广场长城假日酒店	上海新亚广场长城酒店有限公司广场长城假日酒店	4	套间	20	20	1006	600	闸北区恒丰路585号	021－63538008	
			单间	114	114	656	300			
			标准间	127	127	656	300			
杨浦区										
锦江白玉兰宾馆	上海白玉兰宾馆有限公司	3	套间	3	3	1608	600	四平路1251号	021－65986888	
			单间	49	49	930	300			
			标准间	206	206	678	299			
上海甸园宾馆	上海甸园宾馆有限公司	4	套间	27	27	1588	600	上海市长阳路2558号	021－35129898	不含早餐
			单间	87	87	788	300			
			标准间	110	110	788	300			

饭店名称	发票开具单位名称	星级	客房（数量：间；价格：元/天）					地址	前台订房电话	备注
			房型	总间数	协议间数	门市价	协议价			
宝山区										
上海北翼大酒店	上海北翼大酒店	3	套间	16	16	800	600	上海市宝山区淞滨路600号	021－56676868－8101	
			单间	6	6	408	250			
			标准间	130	130	428	270			
闵行区										
上海莘城宾馆	上海莘城宾馆		套间	2	2	550	550	上海市闵行区莘庄镇凯城路199号	021－54151500/54150181	
			单间	2	2	260	260			
			标准间	64	64	310	280			
金燕大厦	上海烟草集团闵行烟草糖酒有限公司	3	套间	7	7	720	600	闵行区春申路3800号	021－54150000	
			单间	10	10	458	300			
			标准间（双人房）	120	120	388	300			
嘉定区										
上海通欣大酒店	上海通欣大酒店	3	套间	3	3	888	500	上海市嘉定区叶城路618号	021－59166777	
			单间	10	10	588	300			
			标准间	44	44	528	280			
浦东新区										
江天宾馆	上海江天实业有限公司江天宾馆	3	套间	12	12	1110	500	上海市浦东新区浦东南路3156号	021－58705870－12/11	
			单间	38	38	810	300			
			标准间	46	46	810	300			
仁和宾馆	上海仁和大厦有限公司	3	套间	13	13	1080	580	浦东大道2056号	021－58601688－13	
			单间	51	51	580	280			
			标准间	175	175	580	290			
上海航空酒店浦东机场店	上海上航航站酒店管理有限公司		套间	5	5	2298	600	江镇路1909号	021－38489888	
			单间	91	91	1308	300			
			标准间（双人房）	300	300	1308	300			
上海双拥大厦	上海市双拥活动中心	3	套间	13	13	988	550	上海市浦东大道2601号	021－58718898－82000	不含早餐
			单间	27	27	660	295			
			标准间	176	176	660	295			
上海名人苑宾馆	上海名人苑酒店经营管理有限公司	3	套间	11	11	1608	598	上海市浦东新区张杨路2988号	021－58852988－8800	
			单间	13	13	708	298			
			标准间（双人房）	93	93	736	298			
景缘国际酒店	上海焜缘酒店管理有限公司		套间	18	18	1280	598	上海浦东大道2333号	021－51302333－8212/8206	
			单间	28	28	680	298			
			标准间	160	160	680	298			

饭店名称	发票开具单位名称	星级	客房（数量：间；价格：元/天）					地址	前台订房电话	备注
			房型	总间数	协议间数	门市价	协议价			
上海汇苑宾馆	上海汇苑宾馆	3	套间	3	3	680	580	上海市南汇区惠南镇城南路398号	021－58020000	
			单间	14	14	340	280			
			标准间（双人房）	42	42	340	280			
青浦区										
上海华医淀山湖疗养院有限公司	上海华医淀山湖疗养院有限公司	3	套间	10	10	1688	580	上海市青浦区金商公路2199号	021－59280000－3308	
			单间	10	10	688	228			
			标准间	75	75	788	258			
中国石化集团资产经营管理有限公司上海会议中心	中国石化集团资产经营管理有限公司上海会议中心	3	套间	8	8	1800	600	上海市青浦区沪青平公路8700号	021－59262980	
			单间							
			标准间	130	130	680	280			
上海景苑水庄酒店	上海景苑宾馆有限公司		套间	9	9	1664	600	上海市青浦区朱家角镇西井街300号	021－59248888/59249477	
			单间	12	12	964	300			
			标准间	125	125	764	280			
上海东方绿舟度假村有限公司	上海东方绿舟度假村有限公司		套间	2	2	880	600	沪青平公路6888号	021－59233168－12/18	
			单间	8	8	380	300			
			标准间	99	99	480	300			
奉贤区										
上海新发展圣淘沙大酒店	上海新发展圣淘沙大酒店有限公司	4	套间	5	5	1280	600	上海奉贤区南桥镇南桥路1号	021－57429999	不含早餐
			单间	49	49	528	300			
			标准间（双人房）	77	77	508	300			
崇明区										
上海天使海滩度假村	上海天使海滩度假村		套间	6	6	850	570	横沙岛东滨路2579号	021－62832494/56895858	不含早餐
			单间	10	10	410	300			
			标准间（双人房）	67	67	410	300			

江苏省

- 财政部委托江苏省财政厅负责在江苏省地级以上城市招标采购出差定点饭店并负责日常监督管理工作。
- 本次政府采购，确定江苏省出差定点饭店 90 家。
- 出差定点饭店按照与财政部门签订《协议书》的价格向中央和地方各级党政机关和事业单位提供相应的接待服务。
- 如果对协议价格产生疑义，可以要求定点饭店出示《协议书》。
- 如有出差定点饭店变更或协议价格变化，应以“党政机关出差会议定点饭店查询网”的信息为准。
- 本目录中的江苏省出差定点饭店的详细信息，可在“党政机关出差会议定点饭店查询网”查阅。
- 江苏省各地区长途电话区号：

南京市	025	徐州市	0516
连云港市	0518	宿迁市	0527
淮安市	0517	盐城市	0515
扬州市	0514	泰州市	0523
南通市	0513	镇江市	0511
常州市	0519	无锡市	0510
苏州市	0512		

江苏省出差定点饭店

饭店名称	发票开具单位名称	星级	客房（数量：间；价格：元/天）					地址	前台订房电话	备注
			房型	总间数	协议间数	门市价	协议价			
南京市										
中国人民解放军江苏省军区第一招待所	中国人民解放军江苏省军区第一招待所	4	套间	4	4	2080	598	南京市高楼门62号	025－86823333	
			单间	14	10	680	300			
			标准间	96	80	580	298			
江苏国瑞大酒店	江苏国瑞大酒店	3	套间	4	4	1280	480	南京市中山北路55号	025－83303888	
			单间	14	14	580	258			
			标准间	98	98	680	258			
南京中心大酒店有限公司	南京中心大酒店有限公司	4	套间	40	40	2580	600	南京市中山路75号	025－83155888	
			单间	10	10	880	300			
			标准间	8	8	880	300			
南京中山大厦	南京中山大厦	4	套间	19	19	1483.5	588	南京市中山路200号	025－83361888	
			单间	16	16	793.5	300			
			标准间	74	74	793.5	300			
南京汉府饭店	南京汉府饭店	3	套间	3	3	980	540	南京市长江路264号	025－84400400	
			单间	10	10	390	228			
			标准间	80	80	490	260			
南京双门楼宾馆	南京友好大厦		套间	9	9	1330	600	南京市虎踞北路185号	025－58800888	
			单间	30	30	620	300			
			标准间	228	228	580	300			
江苏金源置业有限公司方源金陵国际酒店分公司	江苏金源置业有限公司方源金陵国际酒店分公司		套间	12	12	1480	600	南京市虎踞北路181号	025－83129888	
			单间	68	68	980	298			
			标准间	81	81	980	298			
中国人民解放军南京军区华山饭店	南京军区华山饭店	3	华山套间	4	4	980	580	南京市龙蟠中路81号	025－80886573	
			华山楼单间	22	22	480	250			
			标准间	166	166	360	230			
			南苑楼套间	4	4	680	480			
			南苑楼单间	24	24	400	240			
			标准间	110	110	300	220			
江苏省京华大酒店	江苏省京华大酒店	3	套间	6	6	588	360	南京市山西路51号	025－83128888	
			单间	50	50	288	180			
			标准间	72	72	348	218			

饭店名称	发票开具单位名称	星级	客房（数量：间；价格：元/天）					地址	前台订房电话	备注
			房型	总间数	协议间数	门市价	协议价			
江苏大酒店有限责任公司	江苏大酒店有限责任公司	3	套间	8	8	780	390	南京市中山北路28号	025－83329888	
			单间	20	20	520	280			
			标准间	44	44	420	260			
			商务间	48	48	520	300			
			商务套间	2	2	1580	600			
江苏保险大厦	江苏保险大厦		套间	6	6	1080	480	南京市长江路69号	025－84715888	
			单间	17	17	580	200			
			标准间	98	98	580	200			
江苏翠屏山宾馆	江苏翠屏山宾馆	3	套间	4	4	1100	520	南京市江宁经济开发区天元西路168号	025－52427896	
			单间	13	13	600	290			
			标准间	108	108	520	240			
南京大吉温泉度假有限责任公司	南京大吉温泉度假有限责任公司	4	套间	9	9	1588	580	南京市浦口区汤泉镇	025－58166666	
			单间	2	2	888	300			
			标准间	45	45	888	300			
中共江苏省委办公厅西康宾馆	江苏省委西康路招待所		商务套间	1	1	990	600	南京市鼓楼区西康路33号	025－86639690	
			标准间	30	21	560	280			
徐州市										
海天假日酒店	徐州海天假日酒店有限公司	4	套间	29	29	2180	600	徐州市淮海西路252－1号	0516－85398185 85398186	
			单间	78	78	980	300			
			标准间	163	163	980	300			
云泉山庄	徐州云泉山庄	4	套间	8	8	698	600	徐州金山东路18号	0516－87789999	
			单间	13	13	698	300			
			标准间	73	73	1280	300			
中山饭店	徐州中山饭店	3	套间	6	6	880	398	徐州中山南路80号	0516－85639665	
			单间	10	10	468	230			
			标准间	100	100	468	230			
连云港市										
九龙国际	连云港九龙国际大酒店有限公司	4	套间	3	3	3958	598	连云港市解放中路11号	0518－85686666	
			单间	75	75	798	268			
			标准间	133	133	1098	298			
天然居大酒店	连云港新天然酒店管理有限公司	3	套间	4	4	1288	480	连云港市海昌南路293号	0518－85411688	
			单间	4	4	588	218			
			标准间	70	70	488	188			

饭店名称	发票开具单位名称	星级	客房（数量：间；价格：元/天）					地址	前台订房电话	备注
			房型	总间数	协议间数	门市价	协议价			
东方大酒店	连云港市东方龙大酒店	3	套间	2	2	699	340	连云港市海昌北路 146 号	0518－85466666	
			单间	11	11	388	190			
			标准间	51	51	398	188			
宿迁市										
宿迁国际饭店	宿迁国际饭店	4	套间	5	5	1280	600	宿迁市发展大道西侧	0527－84358688	
			单间	10	10	680	300			
			标准间	58	58	680	300			
宿迁市万源宾馆	宿迁市万源宾馆	4	套间	6	6	988	588	宿迁市洪泽湖路 57 号	0527－84359588/84359717	涉外宾馆
			单间	14	14	288	180			
			标准间	88	88	388	210			
宿迁江山大酒店有限公司	宿迁江山大酒店有限公司	4	套间	6	6	980	378	宿迁市宿豫区江山大道 88 号	0527－84480888	
			单间	26	26	680	260			
			标准间	60	60	580	220			
宿迁中山水天大酒店	宿迁中山水天大酒店有限责任公司	4	套间	4	4	1280	598	宿迁市发展大道 70 号	0527－84399999	
			单间	/	/	/	/			
			标准间	78	78	780	298			
淮安市										
江苏淮安宾馆	江苏淮安宾馆有限公司	4	套间	3	2	720	450	淮安市楚州区友谊路 2 号	0517－85940189	
			单间	15	11	480－280	300－260			
			标准间	148	110	480－300	300－190			
淮安市交通宾馆	淮安市交通宾馆有限公司	3	套间	4	4	1460	480	淮安市大治路 12 号	0517－83669202	
			单间	2	2	280	90			
			标准间	63	63	415	135			
淮安梅园宾馆	淮安梅园宾馆	3	套间	3	3	850	550	淮安市健康西路 37 号	0517－83592666	
			单间	5	5	360	234			
			标准间	44	44	320	208			
盐城市										
盐城迎宾馆	盐城迎宾馆	4	套间	22	22	1898	600	盐城经济开发区天山路 1 号	0515－6866998	
			单间	74	74	998	300			
			标准间	158	158	998	300			
盐城宾馆	盐城宾馆	2	亮月楼套间	7	7	1298	600	市纯化路 84 号	0515－88880888/88880887	
			景阳楼单间	20	20	448	240			
			亮月楼单间	18	18	648	260			
			景阳楼标准间	25	25	448	240			
			亮月楼标准间	63	63	648	260			

饭店名称	发票开具单位名称	星级	客房（数量：间；价格：元/天）					地址	前台订房电话	备注
			房型	总间数	协议间数	门市价	协议价			
盐城饭店有限公司	盐城饭店有限公司	3	套间	6	6	880	350	市建军中路82号	0515－88880666/88880599	
			单间	28	28	360	180			
			标准间	116	116	360	180			
盐城市人民政府第一招待所温泉宾馆	盐城市人民政府第一招待所温泉宾馆	2	豪华套间	1	1	1760	398	市解放南路178号	0515－88882777/88882777	
			商务套间	2	2	800	300			
			豪华单间	3	3	760	200			
			普通单间	1	1	350	180			
			豪华标准间	7	7	560	200			
			商务标准间	32	32	320	150			
			普通标准间	40	40	240	120			
南苑宾馆	盐城南苑宾馆有限公司	2	套间	5	5	560	280	市青年中路28号	0515－8411888/88887070	
			一号楼单间	4	4	280	180			
			二号楼单间	2	2	280	150			
			标准间	71	71	260	110			
维海大酒店	盐城望海新时代酒店管理服务有限公司维海大酒店	3	套间	2	2	760	380	市解放南路241号	0515－88887788/88887955	
			单间	20	20	440	200			
			标准间	66	66	360	150			
尚城国际酒店	盐城市尚城国际酒店有限公司	3	豪华套间	2	2	1998	600	市青年中路16号	0515－83088886/83088886	
			套间	11	11	558	350			
			商务单间	8	8	458	195			
			单间	27	27	358	175			
			标准间	98	98	318	175			
驿都金陵大酒店	江苏驿都国际大酒店有限公司	5	套间	26	26	1598	600	市世纪大道603号	0515－88888918/88888630	
			单间	53	53	998	300			
			标准间	165	165	998	300			
扬州市										
扬州石塔宾馆有限公司	扬州石塔宾馆有限公司	3	套间	7	7	780	410	扬州市文昌中路590号	0514－87801550/87801028	
			单间	6	6	580	300			
			标准间	191	191	460	240			
扬州红杉树酒店	扬州红杉树酒店股份有限公司	3	套间	3	3	780	380	扬州市文昌中路499号	0514－87801888	
			单间	13	13	480	210			
			标准间	50	50	480	210			

饭店名称	发票开具单位名称	星级	客房（数量：间；价格：元/天）					地址	前台订房电话	备注
			房型	总间数	协议间数	门市价	协议价			
扬州市萃园城市酒店	扬州市萃园城市酒店	3	套间（A）	2	2	1480	460	扬州市文昌中路459号	0514－87800878	
			单间（A）	16	16	588	218			
			标准间（A）	26	26	588	208			
			套间（A）	5	5	1680	598			
			单间（A）	20	20	880	298			
			标准间（B）	20	20	688	258			
二十四桥宾馆	扬州二十四桥宾馆	3	套间	3	3	1180	600	扬州市扬子江北路486号	0514－87808999	
			单间	6	6	800	300			
			标准间（A）	68	68	480	220			
			标准间（B）	24	24	580	240			
蓝天大厦	扬州市矿务局蓝天大厦	3	套间	8	8	1888	480	扬州市汶河北路42号	0514－87360000	
			单间	32	32	598	240			
			标准间	80	80	480	190			
新世纪大酒店	扬州新世纪大酒店有限责任公司	4	套间	21	21	980	520	扬州市维扬路101号	0514－87878888	
			单间	74	74	718	300			
			标准间	242	242	680	280			
花园国际大酒店	扬州花园国际大酒店有限公司	4	套间	11	11	1288	598	扬州市江阳中路236号	0514－87803110	
			单间	45	45	888	298			
			标准间	110	110	888	298			
扬州会议中心	扬州会议	4	套间	15	15	1188	600	扬州新城西区七里甸路1号	0514－87802588	
			单间	30	30	588	280			
			标准间	258	258	558	260			
泰州市										
泰州开泰宾馆有限公司	泰州开泰宾馆有限公司	3	套间	4	4	3000	600	泰州市青年南路19号	0523－86895599	
			单间	12	12	500	260			
			标准间	50	50	360	160			
泰州市锦泰宾馆有限公司	泰州市锦泰宾馆有限公司	3	套间	6	6	880	510	泰州市海陵南路302号	0523－86888188	
			单间	11	11	480	180			
			标准间	47	47	480	180			
江苏润华水利开发有限公司沃特龙大酒店	江苏润华水利开发有限公司沃特龙大酒店	3	套间	2	2	1080	600	泰州市高港区杨湾村	0523－86988666	
			单间	9	9	480	180			
			标准间	41	41	480	180			
扬子江药业集团有限公司海燕大酒店	扬子江药业集团有限公司海燕大酒店	4	套间	15	15	1280	600	泰州市高港区扬子江南路1号	0523－86978585	
			单间	44	44	680	280			
			标准间	145	145	680	280			

江苏

饭店名称	发票开具单位名称	星级	客房（数量：间；价格：元/天）					地址	前台订房电话	备注
			房型	总间数	协议间数	门市价	协议价			
南通市										
南通金陵华侨饭店有限公司	南通金陵华侨饭店有限公司	4	套间	5	5	889	600	南通市濠西路39号	0513－85068888	
			单间	70	70	459	300			
			标准间	93	93	459	300			
南通经济技术开发区国都大酒店	南通经济技术开发区国都大酒店	3	套间	8	8	388	388	南通市经济技术开发区上海路18号	0513－95921888	
			单间	16	16	268	228			
			标准间	48	48	228	138			
南通市金桥大酒店有限公司	南通市金桥大酒店有限公司	3	套间	3	3	1180/880	598	南通市青年西路71号	0513－83558600	套间有两种
			单间	10	10	418	298			
			标准间	59	59	418	298			
南通市崇川区星海天大酒店	南通市崇川区星海天大酒店	3	套间	9	9	598/398	340	南通市工农路217号	0513－85828810	
			单间	14	14	398	226			
			标准间	41	41	358	216			
碧霞如东大饭店有限公司	碧霞如东大饭店有限公司	3	套间	8	8	560	380	如东县掘港镇人民北路29号	0513－84877777	
			单间	37	37	360	260			
			标准间	106	106	360	228			
如东中天黄海大酒店有限公司	如东中天黄海大酒店有限公司	4	套间	4	4	1380	558	如东县掘港镇日晖西路8号	0513－84195888	
			单间	37	37	498	298			
			标准间	107	107	468	278			
南通金蛤岛温泉度假村有限公司	南通金蛤岛温泉度假村有限公司	4	套间	5	5	1280	580	如东县沿海经济开发区	0513－84800888	
			单间	4	4	480	288			
			标准间	47	47	480	288			
如皋光华国际大酒店有限公司	如皋光华国际大酒店有限公司	4	套间	41	41	1880/1180	598	如皋市如城镇宁海西路199号	0513－81788888	
			单间	42	42	780/880	298			
			标准间	92	92	680/580	298			
南通泰华大酒店有限公司	南通泰华大酒店有限公司	3	套间	3	3	680	280	如皋市如城镇安宁街156号	0153－87529888	
			单间	3	3	360	100			
			标准间	57	57	150 200 280	130			

江苏

饭店名称	发票开具单位名称	星级	客房（数量：间；价格：元/天）					地址	前台订房电话	备注
			房型	总间数	协议间数	门市价	协议价			
启东宾馆有限公司	启东宾馆有限公司	4	套间	8	8	1288/988	500	启东市民乐中路490号	0513－83800000	
			单间	8	8	558	220			
			标准间	70	70	538	220			
通州市北山饭店有限公司	通州市北山饭店有限公司	3	套间	33	33	1280/980	580/350	通州市金沙镇北山路20号	0153－86513035	套间有两种/涉外饭店待评四星
			单间	24	24	528	268			
			标准间	34	34	528	268			
通州亚细亚大酒店有限公司	通州亚细亚大酒店有限公司	3	套间	4	4	888	518	通州市开发区银河路66号	0513－86517999	
			单间	25	25	288	248			
			标准间	27	27	198	198			
南通光华国际大酒店有限公司	南通光华国际大酒店有限公司	4	套间	5	5	1880/1180	598	海门市南海东路999号	0513－82188888	套间/标间/单间有两种
			单间	41	41	780/880	298			
			标准间	103	103	680/580	298			
南通宏海实业有限公司金海安大酒店分公司	南通宏海实业有限公司金海安大酒店分公司	4	套间	16	16	1088/1288	528	海安县长江东路2号	0513－88966666	套间有两种
			单间	40	40	538	198			
			标准间	88	88	488	198			
镇江市										
碧榆园	镇江市碧榆园	4	套间	8	6	1800	600	镇江市竹林路88号	0511－84430888－8837	含免费早餐
			单间	2	2	880	300			
			标准间	99	79	800	300			
镇江竹轩宾馆	镇江竹轩宾馆	3	套间	12	12	980	580	一泉路8号	0511－85322888	含免费早餐15元/人
			单间	4	4	320	220			
			标准间	118	118	320	220			
镇江新华电宾馆	镇江新华电宾馆有限公司	2	套间	3	3	400	400	丁卯桥路138号	0511－85582888	含免费自助早餐
			单间	14	14	188	188			
			普通标准间	15	15	168	168			
			家居标准间	15	15	188	188			
			大床标准间	8	8	198	198			
			标准三人间	3	3	240	240			

<table>
<tr><th rowspan="2">饭店名称</th><th rowspan="2">发票开具单位名称</th><th rowspan="2">星级</th><th colspan="5">客房（数量：间；价格：元/天）</th><th rowspan="2">地址</th><th rowspan="2">前台订房电话</th><th rowspan="2">备注</th></tr>
<tr><th>房型</th><th>总间数</th><th>协议间数</th><th>门市价</th><th>协议价</th></tr>
<tr><td colspan="11">常州市</td></tr>
<tr><td rowspan="3">常州粤海之星酒店</td><td rowspan="3">常州粤海之星酒店有限公司</td><td rowspan="3">4</td><td>套间</td><td>4</td><td>4</td><td>798</td><td>298</td><td rowspan="3">常州市关河中路 38 号</td><td rowspan="3">0519－85086666</td><td rowspan="3"></td></tr>
<tr><td>单间</td><td>51</td><td>51</td><td>598</td><td>198</td></tr>
<tr><td>标准间</td><td>114</td><td>114</td><td>498</td><td>178</td></tr>
<tr><td rowspan="3">常州宾馆</td><td rowspan="3">常州宾馆有限公司</td><td rowspan="3">3</td><td>套间</td><td>12</td><td>12</td><td>880</td><td>520</td><td rowspan="3">常州市化龙巷 18 号</td><td rowspan="3">0519－86188888</td><td rowspan="3"></td></tr>
<tr><td>单间</td><td>30</td><td>30</td><td>520</td><td>238</td></tr>
<tr><td>标准间</td><td>93</td><td>93</td><td>520</td><td>238</td></tr>
<tr><td rowspan="3">常州阳光国际大酒店</td><td rowspan="3">常州阳光国际大酒店有限公司</td><td rowspan="3">4</td><td>套间</td><td>22</td><td>22</td><td>1988</td><td>600</td><td rowspan="3">常州市怀德北路 35 号</td><td rowspan="3">0519－86606888</td><td rowspan="3"></td></tr>
<tr><td>单间</td><td>132</td><td>132</td><td>1188</td><td>300</td></tr>
<tr><td>标准间</td><td>178</td><td>178</td><td>780</td><td>300</td></tr>
<tr><td rowspan="3">中天凤凰大酒店</td><td rowspan="3">江苏中天凤凰集团有限公司中天凤凰大酒店</td><td rowspan="3">4</td><td>套间</td><td>57</td><td>57</td><td>780</td><td>390</td><td rowspan="3">常州市通江中路 555 号</td><td rowspan="3">0519－86182509</td><td rowspan="3"></td></tr>
<tr><td>单间</td><td>28</td><td>28</td><td>580</td><td>270</td></tr>
<tr><td>标准间</td><td>91</td><td>91</td><td>580</td><td>270</td></tr>
<tr><td rowspan="3">香树湾花园酒店</td><td rowspan="3">常州香树湾花园酒店有限公司</td><td rowspan="3">4</td><td>套间</td><td>4</td><td>4</td><td>1588</td><td>588</td><td rowspan="3">常州市新北区汉江路 2 号</td><td rowspan="3">0519－85118988</td><td rowspan="3"></td></tr>
<tr><td>单间</td><td>28</td><td>28</td><td>888</td><td>300</td></tr>
<tr><td>标准间</td><td>50</td><td>50</td><td>888</td><td>300</td></tr>
<tr><td rowspan="3">常州明都大饭店</td><td rowspan="3">常州市明都大饭店管理有限公司</td><td rowspan="3">4</td><td>套间</td><td>24</td><td>17</td><td>1380</td><td>600</td><td rowspan="3">常州市和平北路 258 号</td><td rowspan="3">0519－88118888</td><td rowspan="3"></td></tr>
<tr><td>单间</td><td>120</td><td>84</td><td>680</td><td>300</td></tr>
<tr><td>标准间</td><td>92</td><td>65</td><td>680</td><td>300</td></tr>
<tr><td rowspan="3">金坛樱花大酒店</td><td rowspan="3">金坛樱花大酒店有限公司</td><td rowspan="3">4</td><td>套间</td><td>6</td><td>5</td><td>1498</td><td>600</td><td rowspan="3">金坛市西门大街 88 号</td><td rowspan="3">0519－82398008</td><td rowspan="3"></td></tr>
<tr><td>单间</td><td>25</td><td>20</td><td>498</td><td>268</td></tr>
<tr><td>标准间</td><td>55</td><td>45</td><td>498</td><td>268</td></tr>
<tr><td colspan="11">无锡市</td></tr>
<tr><td rowspan="3">山明水秀大饭店</td><td rowspan="3">山明水秀大饭店有限公司</td><td rowspan="3">4</td><td>套间</td><td>7</td><td>7</td><td>1200</td><td>600</td><td rowspan="3">无锡市蠡溪路 999 号</td><td rowspan="3">0510－886818888</td><td rowspan="3"></td></tr>
<tr><td>单间</td><td></td><td></td><td></td><td></td></tr>
<tr><td>标准间</td><td>207</td><td>190</td><td>600</td><td>300</td></tr>
<tr><td rowspan="3">无锡君来湖滨饭店</td><td rowspan="3">无锡湖滨饭店有限公司</td><td rowspan="3">5</td><td>套间（水秀园）</td><td>4</td><td>4</td><td>818</td><td>450</td><td rowspan="3">无锡市环湖路 1 号</td><td rowspan="3">0510－85101888</td><td rowspan="3"></td></tr>
<tr><td>单间（水秀园）</td><td>9</td><td>9</td><td>488</td><td>280</td></tr>
<tr><td>标准间（水秀园）</td><td>91</td><td>91</td><td>418</td><td>250</td></tr>
<tr><td rowspan="4">无锡市运河大酒店</td><td rowspan="4">无锡市运河大酒店有限公司</td><td rowspan="4">3</td><td>套间（一号楼）</td><td>3</td><td>3</td><td>760</td><td>420</td><td rowspan="4">无锡市湖滨路 7 号</td><td rowspan="4">0510－85806909</td><td rowspan="4"></td></tr>
<tr><td>套间（二号楼）</td><td>2</td><td>2</td><td>700</td><td>400</td></tr>
<tr><td>单间</td><td>126</td><td>126</td><td>560</td><td>300</td></tr>
<tr><td>标准间</td><td>51</td><td>51</td><td>350</td><td>220</td></tr>
<tr><td rowspan="3">无锡市西郊宾馆</td><td rowspan="3">无锡市西郊宾馆</td><td rowspan="3">3</td><td>套间</td><td>3</td><td>3</td><td>1800</td><td>590</td><td rowspan="3">无锡市梁清路 599 号</td><td rowspan="3">0510－85883588</td><td rowspan="3"></td></tr>
<tr><td>单间</td><td>19</td><td>19</td><td>580</td><td>260</td></tr>
<tr><td>标准间</td><td>134</td><td>134</td><td>500</td><td>260</td></tr>
</table>

饭店名称	发票开具单位名称	星级	客房（数量：间；价格：元/天）					地址	前台订房电话	备注
			房型	总间数	协议间数	门市价	协议价			
太湖能源度假村	太湖能源度假村	3	套间	7	7	880	480	无锡市环湖路蠡园宝界桥	0510 – 85118888	
			标准双人间	51	51	580	300			
			普通标间	22	22	418	240			
古罗马大酒店	无锡古罗马大酒店有限公司	3	套间	5	5	980	510	无锡市中南路1号	0510 – 85418989	
			单间	27	27	560	280			
			标准间	116	116	460	230			
君来梁溪饭店	无锡梁溪饭店	3	套间	4	4	920	500	无锡市中山路177号	0510 – 88683888	
			单间	20	20	520	300			
			标准间	56	56	480	300			
无锡山水锦辉大酒店	无锡山水锦辉大酒店有限公司	4	套间	3	3	1258	580	无锡市西新街（棉花巷）9号	0510 – 82766688	
			单间	9	9	780	280			
			标准间	99	99	480	260			
无锡太湖饭店	无锡太湖饭店有限公司	5	套间	10	10	3280	600	无锡市梅园环湖路	0510 – 85517888	
			单间	20	20	1380	300			
			标准间（A楼1–3层）	90	90	860	300			
苏州市										
苏州市会议中心	苏州中心大酒店	4	套间	23	16	1680	600	苏州市道前街100号	0512 – 65226691 – 1079	
			单间	66	50	880	250			
			标准间	280	200	980	300			
苏州宜家开元酒店有限公司	苏州宜家开元酒店有限公司	3	套间	2	2	1280	497	苏州市金门路485号	0512 – 65831888	
			单间	77	77	580	197			
			标准间	69	69	580	197			
苏州市新金都饭店有限公司	苏州市新金都饭店有限公司	无	套间	10	10	1280	600	苏州市吴中西路39弄4号	0512 – 65252810	
			单间	3	3	680	300			
			标准间	66	66	580	280			
苏州市工商会议中心（吴门大酒店）	苏州市工商会议中心（吴门大酒店）	3	套间	10	10	800	500	苏州市人民路149号	0512 – 65251879	
			单间	7	7	480	250			
			标准间	73	73	480	250			
苏州阊门饭店有限公司	苏州阊门饭店有限公司	3	套间	10	10	1588	500	苏州市西中市139号	0512 – 67273208 – 5001	
			单间	15	15	718	220			
			标准间	161	161	680	220			

饭店名称	发票开具单位名称	星级	客房（数量：间；价格：元/天）					地址	前台订房电话	备注
			房型	总间数	协议间数	门市价	协议价			
昆山宾馆	昆山宾馆	4	豪华套房	8	8	3220	600	昆山市人民北路 99 号	0512－57888188	
			普通套房	8	8	1587	600			
			豪华单人间	50	50	1357	300			
			普通单人间	40	40	1012	300			
			标准间	90	90	1012	300			
苏州新世纪大酒店有限责任公司	苏州新世纪大酒店有限责任公司	4	套间	5	5	1080	400	苏州金阊区广济路 23 号	0512－68015888	
			单间	30	30	880	260			
			标准间	100	100	880	260			
苏州胥城大厦有限公司	苏州胥城大厦有限公司	4	套间	22	22	1999	600	苏州市三香路 333 号	0512－68286688－6466	
			单间	174	174	999	300			
			标准间	200	200	799	300			
海关总署苏州外事教育培训基地上海海关高等专科学校苏州分校	海关总署苏州外事教育培训基地	无	套间	10	10	1080	380	苏州太湖国家旅游度假区舟山路 58 号	0512－66083005	
			单间	52	52	580	200			
			标准间	108	108	580	220			
苏州香雪海饭店有限公司	苏州香雪海饭店有限公司	无	套间	20	20	1280	450	苏州市沧浪区胥江路 271 号	0512－68228888	
			单间	30	30	580	220			
			标准间	100	100	580	220			

浙 江 省

- 财政部委托浙江省财政厅负责在浙江省地级以上城市招标采购出差定点饭店并负责日常监督管理工作。
- 本次政府采购，确定浙江省出差定点饭店 337 家。
- 出差定点饭店按照与财政部门签订《协议书》的价格向中央和地方各级党政机关和事业单位提供相应的接待服务。
- 如果对协议价格产生疑义，可以要求定点饭店出示《协议书》。
- 如有出差定点饭店变更或协议价格变化，应以“党政机关出差会议定点饭店查询网”的信息为准。
- 本目录中的浙江省出差定点饭店的详细信息，可在“党政机关出差会议定点饭店查询网”查阅。
- 浙江省各地区长途电话区号：

杭州市	0571	湖州市	0572
嘉兴市	0573	舟山市	0580
宁波市	0574	绍兴市	0575
衢州市	0570	金华市	0579
台州市	0576	温州市	0577
丽水市	0578		

浙江省出差定点饭店

饭店名称	发票开具单位名称	星级	客房（数量：间；价格：元/天）					地址	前台订房电话	备注
			房型	总间数	协议间数	门市价	协议价			
杭州市										
浙江翔园宾馆	浙江翔园宾馆	3	豪华套间	5	5	1288	450	杭州市德胜路235号	0571－88323258/88323278	
			豪华标准双人间 A	60	42	688	250			
			豪华标准双人间 B	44	40	668	240			
			标准双人间 A	43	43	488	180			
杭州爱丁堡假日酒店	杭州爱丁堡假日酒店有限公司		豪华单间	28	28	1088	300	杭州市上城区秋涛路26号	0571－86829999	
			高级单间	14	14	888	280			
			豪华标准间	67	67	988	280			
			标准间	123	123	788	280			
浙江嘉海大酒店	浙江嘉海大酒店		套间	2	2	1588	400	杭州市黄龙路9号	0571－86666888	
			单间	6	6	1288－1088	300			
			标准间	64	54	1288－1088	300			
浙江省工商行政管理干部培训中心（又名浙江金汇大厦）	浙江省工商行政管理干部培训中心		单人间 B	4	4	580	220	杭州市莫干山路73号	0571－88389898－2688、88385431	
			单人间 A	8	8	680	260			
			豪华单间	8	8	780	290			
			标准间 C	4	4	580	220			
			标准间 B	44	44	680	260			
			标准间 A	15	15	780	290			
浙江天都城酒店有限公司	浙江天都城酒店有限公司	5	标准双人间	70	70	1000	300	浙江省杭州市余杭区临平星桥街道	0571－89179699	
			标准单人间	7	7	1000	300			
			豪华双人间	66	66	1200	300			
			豪华单人间	5	5	1200	300			
杭州华辰假日宾馆	杭州华辰假日宾馆有限公司		套间	9	9	980	430	杭州上城区凤山路155号	0571－86086666	
			单间	5	5	520	228			
			标准间 A	28	28	580	248			
			标准间 B	49	49	520	228			
中国人民解放军海军东海舰队司令部杭州招待所	海军东海舰队司令部杭州招待所		单人间	6	6	480	228	西湖区天目山路7号	0571－85111946	
			豪华标准间	44	44	520	246			
			标准间	87	87	440	210			

饭店名称	发票开具单位名称	星级	客房（数量：间；价格：元/天）					地址	前台订房电话	备注
			房型	总间数	协议间数	门市价	协议价			
杭州东方假日酒店	杭州东方假日宾馆有限公司		套间	20	20	1288	300	浙江省杭州市德胜路2号	0571－85080571	
			单间	10	10	688	260			
			标准间	120	120	688	260			
杭州多瑙河假日酒店	杭州多瑙河假日酒店有限公司		套间	7	4	980	300	杭州市上城区中河南路45号	0571－86856558	
			单间	14	7	580	178			
			标准间	190	100	580	148			
浙江高速石油发展有限公司	浙江高速石油发展有限公司虎跑山庄分公司		套间	15	6	1280	388	杭州市虎跑路34号马儿山1号	0571－86788899	
			单间	26	26	658	200			
			标准间	49	49	658	200			
			三人间	2	2	658	200			
杭州第一世界大酒店有限公司	杭州第一世界大酒店有限公司		豪华单人间	63	63	1680	400	杭州市萧山区湘湖路92号	0571－83866666	
			标准双人间	164	164	880	298			
			高级双人间	124	124	1480	400			
			豪华双人间	84	84	1680	430			
杭州富邦装潢有限公司国际大酒店	杭州富邦装潢有限公司国际大酒店		豪华单间	7	7	858	300	杭州市余杭区南苑街道世纪大道128号	0571－89285226	
			高级单间	30	25	718	260			
			标准间	108	80	718	260			
杭州龙禧大酒店有限公司	杭州龙禧大酒店有限公司		套间	18	13	1480	440	杭州市高新（滨江）区江南大道3788号	0571－86697888/58109999－4993/6	
			单间	32	23	1280	380			
			标准间	100	70	980	300			
海外海国际酒店	杭州汽车城有限公司海外海国际酒店		单间A	6	6	788	252	杭州石祥路579号	0571－88176666－8168	
			豪华单间A	19	19	828	258			
			标准间A	102	102	688	220			
			豪华标准间A	27	27	828	258			
杭州世纪瑞城酒店	杭州世纪瑞城大酒店有限公司		单间	16	12	560	218	杭州市余杭区五常街道五常大道137－139号	0571－88735599	
			豪华单间	8	6	760	288			
			标准间	100	80	560	218			
			豪华标准间	25	20	760	288			
杭州众安华纳假日大酒店	杭州众安华纳假日大酒店有限公司		豪华套间	4	4	1388	450	香积寺路21号	0571－85266666	
			单间	19	19	528	180			
			标准间	40	40	668	230			
			套间	2	2	1188	400			
			豪华单间	16	16	628	215			
			豪华标准间	25	25	728	248			

饭店名称	发票开具单位名称	星级	客房（数量：间；价格：元/天）					地址	前台订房电话	备注
			房型	总间数	协议间数	门市价	协议价			
杭州花家山庄	杭州花家山庄	4	标准双人间 A	71	71	880	300	杭州西湖区三台山路 25 号	0571 – 87973166 87973167	
杭州华辰旅业	杭州华辰旅业集团有限公司华辰银座酒店	4	标准双人间	83	83	780	280	杭州市江干区新塘路 342 号	0571 – 86478888	
			标准单人间	7	7	780	280			
			豪华双人间	52	52	980	300			
			豪华单人间	31	31	980	300			
杭州华清饭店	杭州华清饭店		A 双标	24	24	398	200	保俶路 221 号	0571 – 87057766	
			B 双标	23	23	348	175			
			C 双标	29	29	298	150			
			三人房	8	8	498	250			
杭州环岛宾馆有限公司	杭州环岛宾馆有限公司		标准双人间	63	63	690	228	杭州市下城区环城西路 92 号	0571 – 85068666	
			标准单人间	6	6	690	228			
			豪华双人间	34	34	788	260			
			豪华单人间	6	6	788	260			
浙江省住房和城乡建设厅招待所（建设饭店）	浙江省住房和城乡建设厅招待所		套间	2	2	720	300	杭州市保俶路 222 号	0571 – 28035188	
			单间	6	6	620	200			
			标准间	45	36	620	200			
杭州金海宾馆	杭州金海宾馆	2	标准间 A	34	34	420	176	杭州莫干山路 76 号	0571 – 88277288	
			标准间 B	24	24	360	150			
			单人间	14	14	380	159			
			豪华单间	6	6	380	159			
			豪华标间 A	22	22	460	192			
			豪华标间 B	6	6	380	159			
浙江金马饭店有限公司	浙江金马饭店有限公司	5	标准双人间	227	220	880	298	杭州萧山区通惠中路 218 号	0571 – 82885633	
			单人间	122	118	880	298			
杭州灵隐宾馆有限公司	杭州灵隐宾馆有限公司		单间	4	4	480	180	杭州市灵隐天竺路 15 号	0571 – 87986688	
			标准间	75	75	528	198			
杭州市职工休养院（杭州六通宾馆）	杭州市职工休养院（杭州六通宾馆）		豪华单间	17	17	1280	380	杭州市三台山路 149 号	0571 – 87960606	
			豪华标房	50	50	1280	380			
			标准间	75	75	780	260			

饭店名称	发票开具单位名称	星级	客房（数量：间；价格：元/天）					地址	前台订房电话	备注
			房型	总间数	协议间数	门市价	协议价			
杭州陆羽山庄度假酒店	杭州陆羽山庄有限公司	5	标准双人间	64	50	1088	300	杭州市余杭区径山镇双溪漂流景区内	0571－88502888－8002	
			单人间	20	10	1488	380			
			豪华标准双人间	34	34	1688	450			
			豪华单人间	9	9	1688	450			
杭州梅苑股份有限公司	杭州梅苑股份有限公司梅苑宾馆	4	单间	20	20	980	300	杭州市莫干山路511号	0571－88051000－29	
			标准间	74	74	980	300			
杭州梅竺度假村有限公司	杭州梅竺度假村有限公司	3	套间	12	12	1080	420	杭州市西湖区梅家坞3号	0571－86778688－总台	
			单间	17	17	550	230			
			标准间A	42	42	600	240			
			标准间B	85	85	550	230			
杭州山水宾馆	杭州山水宾馆	3	套间	2	2	928	320	杭州市西湖区教工路187号	0571－88004386	
			单间A	5	5	688	240			
			单间B	14	14	438	150			
			标准间A	62	56	688	240			
			标准间B	65	65	573	200			
浙江田园宾馆	浙江田园宾馆有限公司		单间	12	9	478	190	杭州市凯旋路206号	0571－86713001－8168	
			标准间	72	60	478	190			
浙江文源宾馆有限公司	浙江文源宾馆有限公司	3	豪华套间	4	4	1080	438	杭州市文晖路108号	0571－88300107/88300108	
			套房	4	4	880	358			
			标准双人间	32	32	560	228			
			标准单人间	14	14	560	228			
			豪华双人间	32	32	600	244			
			豪华单人间	24	24	600	244			
			家庭房	4	4	600	244			
杭州西溪598宾馆	杭州西溪五九八宾馆有限公司		单间	27	27	780	288	杭州古墩路1号	0571－86660598－8200	
			标准间	36	36	680	288			
杭州海外海西溪宾馆	杭州海外海西溪宾馆有限公司	3	标准双人间	90	90	580	220	杭州市天目山路329号	0571－85226888－8178	
			豪华标准 双人间	44	44	680	248			
			豪华单人间	2	2	680	248			
浙江萧山宾馆股份有限公司	浙江萧山宾馆股份有限公司	4	标准双人间A	115	81	850	280	萧山区人民路77号	0571－82881888－2868	
			单人间A	57	40	850	280			

饭店名称	发票开具单位名称	星级	客房（数量：间；价格：元/天）					地址	前台订房电话	备注
			房型	总间数	协议间数	门市价	协议价			
杭州新开元大酒店有限公司	杭州新开元大酒店有限公司		单间	42	42	1180	300	杭州市解放路142号	0571－870898888 7022222－6687/6686	
			标准间	53	53	980	300			
浙江冶金银星实业公司银星饭店	浙江冶金银星实业公司银星饭店	2	普通套间	2	1	688	288	杭州市莫干山路54号	0571－88268066	
			豪华套房	1	1	888	388			
			标准双人间	46	46	388	178			
			单 间	7	7	358	158			
			豪华双人间	35	35	488	218			
			豪华单人间	8	8	488	218			
杭州玉皇山庄	杭州玉皇山庄	3	单间 A	6	6	698	280	皇山路74号	0571－87794527	1. 订房由营销部负责；2. 会场按上、下午两场为一天计费
			标准间 A	64	50	698	280			
浙江东方豪生大酒店	浙江东方豪生大酒店有限公司		单间 A（高级单人间）	11	8	960	280	杭州市艮山西路288号	0571－86767811	
			单间 B（学士单人间）	20	14	850	240			
			单间 C（无障碍客房）	1	1	960	280			
			标准双人间	131	100	960	280			
			套房 A（高级套房）	21	15	2100	450			
浙江国际大酒店有限公司	浙江国际大酒店有限公司	5	标准间	50	35	1266	300	杭州市体育场路221号	0571－85770088	
浙江金川宾馆	浙江金川宾馆	3	普通单间	20	20	580	240	杭州市凤起东路58号	0571－86996999	
			普通标准间	90	90	580	240			
			豪华单间	10	10	780	280			
			豪华标准间	40	40	780	280			
浙江庆华饭店	浙江省人民警察培训中心		套间					杭州清泰街民生路58号	0571－87286515	
			单间	19	19	1068	298			
			标准间 A	87	87	1028	288			
			标准间 B	30	30	718	200			
浙江新世纪大酒店	浙江新世纪大酒店有限公司	3	套间					杭州市文三路18号	0571－88391111	龚维权
			单间							
			标准间	206	170	720	300			

浙江

饭店名称	发票开具单位名称	星级	客房（数量：间；价格：元/天）					地址	前台订房电话	备注
			房型	总间数	协议间数	门市价	协议价			
杭州中北大酒店有限责任公司	杭州中北大酒店有限责任公司	3	套间					杭州市中山北路500号（武林广场东面、杭州百货大楼斜对面）	0571－85060988－6688/6788	
			标准单间	11	8	350	150			
			豪华单间	14	10	600	260			
			标准间B型	96	96	500	220			
			标准间A型	73	73	550	240			
			豪华标准间	46	46	600	260			
杭州中山国际大酒店	杭州中山国际大酒店有限公司		标准双人间	57	46	1280	230	杭州市上城区平海路15号	0571－87068899－8808	
			标准单人间	18	14	1280	230			
			豪华双人间A	50	40	1680	300			
			豪华单人间	10	8	1580	280			
杭州紫金港大酒店	杭州紫金港大酒店有限公司		套间	5	5	1088	360	杭州市西湖区申花路798号	0571－89977088	
			单间	12	12	788	280			
			普通标准间	66	66	668	240			
			豪华标准间	65	65	788	280			
杭州海外海纳川大酒店	杭州海外海汽车贸易有限公司纳川大酒店		套间					浙江省杭州市石祥路575号	0571－88173333	
			单间	53	53	888	284			
			标准间	335	267	788	220			
杭州清水湾假日酒店有限公司	杭州清水湾假日酒店有限公司		豪华套房	2	2	1680	450	潮王路177号	88169996	
			豪华双人间	20	20	680	248			
			标准双人间	84	84	580	218			
			豪华单人间	24	24	680	248			
杭州天马酒店管理有限公司	杭州天马酒店管理有限公司		套间					杭州市江干区秋涛北路326号	0571－86066666－51	
			单间	33	33	1180	378			
			标准间	117	110	880	288			
杭州宏大宾馆有限公司	杭州宏大宾馆有限公司		标准双人间	48	48	498	170	杭州市武林路戒坛寺巷25号	0571－85868888	
			标准单人间	9	9	498	170			
			豪华双人间	18	18	648	220			
			豪华单人间	8	8	648	220			
			套房	1	1	1100	350			
			豪华套房	1	1	1500	450			
杭州花港海航度假酒店有限公司	杭州花港海航度假酒店有限公司		标准间	106	75	980	300	杭州市西湖区杨公堤1号	0571－87998899	
			单间	24	17	980	300			
			豪华标准间	68	48	1180	350			
			豪华单间	10	7	1180	350			

饭店名称	发票开具单位名称	星级	客房（数量：间；价格：元/天）					地址	前台订房电话	备注
			房型	总间数	协议间数	门市价	协议价			
纳德酒店股份有限公司	纳德酒店股份有限公司	4	标准双人间 A	83	83	1296	290	杭州市湖墅南路 2 号	13588373064	
			单人间 A	36	36	1296	290			
杭州华玫达酒店有限公司	杭州华玫达酒店有限公司	4	标准双人间 A	166	120	880	264	杭州滨江区环兴路 352 号	13606715371	
			单人间 A	57	40	880	264			
			豪华标准双人间 A	52	37	980	294			
			豪华单人间 A	38	27	980	294			
			套房	19	14	1280	384			
杭州临平宾馆有限公司	杭州临平宾馆有限公司	3	普通单间	25	25	380	180	余杭区临平东湖中路 170 号	0571－86223511	
			豪华单间	13	13	600	200			
			普通标间	83	83	380	140			
			豪华标间	20	20	600	200			
杭州天鸿饭店有限公司	杭州天鸿饭店有限公司	3	套间	13	13	1280	398	杭州市莫干山路 333 号	0571－88268888	
			单人间 A	10	10	688	240			
			单人间 B	14	14	818	288			
			标准双人间 A	83	83	728	260			
			标准双人间 B	58	58	818	288			
杭州新西莱大酒店有限公司	杭州新西莱大酒店有限公司		套间	5	4	988	280	杭州市下城区东新路 690 号	0571－28031231	
			单间	17	12	798	220			
			标准间 A	29	21	698	198			
			标准间 B	72	60	698	198			
			豪华标准间 A	5	4	858	240			
			豪华单人间 A	5	4	858	240			
			商务套房	4	3	1288	365			
浙江国力大酒店有限公司	浙江国力大酒店有限公司	3	套间	3	3	1028	412	浙江省杭州市天目山路 388 号	0571－85021188	
			单间	18	14	498	200			
			标准间	98	75	498	200			
			豪华单间	18	14	580	232			
			豪华标间	48	40	580	232			
杭州新座丽豪酒店管理有限公司	杭州新座丽豪酒店管理有限公司		套间	1	1	1080	250	杭州市双菱路 102－104 号	0571－86959999	
			单间	11	11	688	220			
			标准间	60	60	580	200			

饭店名称	发票开具单位名称	星级	客房（数量：间；价格：元/天）					地址	前台订房电话	备注
			房型	总间数	协议间数	门市价	协议价			
杭州仁和饭店	杭州仁和饭店		套间					杭州邮电路86号	0571－87183566	
			单间	29	23	880	298			
			标准间	52	42	880	298			
杭州凯豪大酒店	杭州凯豪大酒店有限公司	4	行政间	9	9	858	236	杭州市萧山区体育路268号	0571－82667888	
			单人间	43	36	638/748	236			
			标准间	46	40	638/748	236			
杭州红星文化大厦有限公司	杭州红星文化大厦有限公司	4	标准间 A	97	68	1200	288	杭州市建国南路280号	0571－87703888	
			标准间 B	40	28	1800	430			
			单人间 A	6	5	1400	308			
			单人间 B	28	20	1500	360			
			单人间 C	22	16	1800	430			
杭州现代汽车销售有限公司	杭州现代汽车销售有限公司海外海百纳大酒店		套间	21	21	1588	448	杭州沈半路456号	88175555	
			单间	95	95	788	248			
			标准间	183	183	688	220			
杭州百瑞四季酒店有限公司	杭州百瑞四季酒店有限公司		高级标准间	134	134	880	300	杭州市中河中路166号	0571－28021032	
浙江传媒学院国际交流中心	浙江广艺后勤服务有限公司		豪单间	8	8	360	192	杭州市经济技术开发区德胜东路1101号	86029599	
			豪标间	30	30	360	192			
			单标间	20	20	280	150			
			双标间	73	73	280	150			
芳草苑宾馆	浙江春声教育后勤服务有限公司		套间	4	4	688	308	文三路140号	0571－88218168/88218188	
			单间	1	1	418	200			
			标准双人间	79	79	368	180			
			标准三人间	52	52	468	228			
杭州莲花宾馆	杭州莲花宾馆		套间					杭州市环城西路72号	85060888	
			单人间 A	8	8	868	258			
			标准双人间 A	59	59	868	258			
			豪华单人间 A	5	5	958	280			
杭州湖光饭店	杭州湖光饭店	3	套间					杭州市天目山路106号	88075598	
			标准单人间	8	8	600	240			
			标准双人间	40	40	600	240			
			豪华单人间	12	12	680	270			
			豪华双人间	26	26	680	270			

饭店名称	发票开具单位名称	星级	客房（数量：间；价格：元/天）					地址	前台订房电话	备注
			房型	总间数	协议间数	门市价	协议价			
杭州之江饭店	杭州之江饭店	4	标准双人间 B	245	245	780	300	州市莫干山路188－200 号	0571－88066888－3000	
			单人间 A	29	29	760	292			
浙江梅地亚新闻交流中心	浙江梅地亚新闻交流中心	4	标准双人间 A	62	50	980	298	杭州市长生路18 号	13588889600	
			标准双人间 B	8	8	980	298			
			单人间 A	8	8	900	270			
杭州萧山宝盛宾馆有限公司	杭州萧山宝盛宾馆有限公司	4	标准双人间 A	85	65	600	260	杭州市萧山区市心中路 618 号	13758127779	
			单人间 A	6	5	600	260			
			套房	11	8	820	310			
杭州香溢大酒店股份有限公司	杭州香溢大酒店股份有限公司	4	标准双人间 A	95	95	1078	300	杭州市上城区解放路 108 号	0571－87218899	
			标准双人间 B	1	1	1078	300			
			单人间 A	51	51	1078	300			
浙江圆正宾馆管理有限公司	浙江圆正宾馆管理有限公司	2	套间	4	3	678	318	杭州市凯旋路266 号	0571－86026088	
			豪华套房	2	2	798	378			
			普通单人间	11	8	318	148			
			豪华单人间	9	7	438	208			
			标准间	68	50	438	208			
浙江铁道大厦有限公司	浙江铁道大厦有限公司	3	套间	12	12	1000	450	杭州城站广场8 号	0571－56066888	
			单人间 A	11	11	480	220			
			豪华单人间 A	14	14	600	268			
			豪华标准双人间 A	64	64	520	238			
			豪华标准双人间 B	59	59	600	268			
			标准双人间 A	100	100	480	220			
杭州美居商务酒店有限公司	杭州美居商务酒店有限公司		套间					杭州市下城区石桥路 279 号	0571－88151588	
			单间	17	17	290	148			
			标准间	70	70	290	148			
杭州华庭云栖度假酒店有限公司	杭州华庭云栖度假酒店有限公司		单间	28	28	1500	300	杭州梅灵南路1 号	0571－28888888	
			标准间	48	48	1500	300			
杭州伊美大酒店	杭州伊美大酒店有限公司		标准双人间	62	48	820	260	杭州市文三路8 号	0571－87353013	
			标准单人间	10	7	820	260			
			豪华双人间	43	35	880	279			
			豪华单人间	47	35	880	279			

饭店名称	发票开具单位名称	星级	客房（数量：间；价格：元/天）					地址	前台订房电话	备注
			房型	总间数	协议间数	门市价	协议价			
社苑宾馆	浙江社苑教育后勤服务有限公司		套间					杭州市余杭塘路56－1社苑宾馆	0571－88266838	
			单间	11	11	380	180			
			标准间	160	160	380	180			
杭州致远酒店管理有限公司	杭州致远酒店管理有限公司		标准双人间	24	24	450	150	杭州市文晖路321号	0571－88008166	
浙江旅院后勤服务有限公司	浙江旅院后勤服务有限公司		标准双人间A	29	29	380	150	杭州市萧山高教园区	0571－82834252	
			标准双人间B	38	38	380	150			
			标准单人间A	2	2	428	150			
			标准单人间B	10	10	380	150			
			豪华单人间	4	4	468	170			
			套房	1	1	1118	400			
			豪华双人间	2	2	428	170			
全国劳教干警杭州培训中心	全国劳教干警杭州培训中心		标准双人间A	213	213	180	150	杭州下沙高教园区2号大街	0571－86918653	
			标准双人间B	73	73	200	150			
			单人间	5	5	200	150			
浙江交通职业技术学院招待所	浙江交通职业技术学院招待所		标准双人间	70	70	350	140	杭州莫干山路金家渡	13355718555	
			豪华双人间	4	4	450	180			
杭州悦隽怡莱酒店有限公司	杭州悦隽怡莱酒店有限公司		标准两人间	35	35	268	148	杭州市江干区秋涛北路313号2幢	0571－86592999	
			标准单人间	35	35	208	104			
浙江公路技师学院	浙江公路技师学院		标准两人间	68	68	300	120	杭州市西湖区西溪路681号	0571－81900256	
			豪华单人间	2	2	400	200			
杭州渲辉大酒店有限公司	杭州渲辉大酒店有限公司		标准双人间	50	50	380	150	杭州市文一路139号	13857130125	
浙江省军区第二招待所	浙江省军区第二招待所		标准双人间	89	89	400	150	杭州市劳动路127号	13588186718	
			标准单人间	10	10	400	150			
			豪华单人间	3	3	600	225			
浙江金塍饭店	浙江金塍饭店		标准双人间	50	50	298	150	杭州市马塍路31号	0571－88072037	
			标准单人间	5	5	188	90			
			套房	4	4	480	240			
			豪华套房	1	1	680	340			

浙江

饭店名称	发票开具单位名称	星级	客房（数量：间；价格：元/天）					地址	前台订房电话	备注
			房型	总间数	协议间数	门市价	协议价			
杭州临平大酒店	杭州临平大酒店		豪华单人间 A	20	20	500	200	杭州临平大街 81 号	13968070969	
			标准双人间 A	80	80	350	140			
			豪华标准双人间	60	60	500	200			
浙江省林业厅招待所	浙江省林业厅招待所		标准双人间	50	50	268	150	杭州市江干区凯旋路 226 号	13958012698	
杭州法苑招待所	杭州法苑招待所		标准双人间	59	59	398	150	西湖区马塍路 5 号	13082859393	
浙江中瑞大厦	浙江中瑞大厦		标准双人间 A	28	28	388	220	杭州解放路 68－70 号	13705813368	
			标准双人间 B	83	83	388	220			
			单间	3	3	388	220			
			商务房	3	3	688	390			
			套房	3	3	1080	450			
浙江华业锦诚旅业有限公司	浙江华业锦诚旅业有限公司		标准双人间 A	26	26	380	200	杭州市江干区庆春东路 79－83 号	13606619116	
			标准双人间 B	39	39	380	200			
			单人间 A	23	23	380	200			
			单人间 B	3	3	380	200			
浙江省水利水电干部学校	浙江省水利水电干部学校		标准双人间 A	91	89	360	180	杭州市萧山区钱江科教园区规划二路 8 号	13516812971	
			单人间 A	36	35	320	160			
			三人间	17	17	420	210			
			套房	4	4	540	270			
浙江省军用饮食供应站	浙江省军用饮食供应站		标准双人间 A	88	88	498	199	杭州市上城区解放路七号	0571－87072343	
			豪华标准双人间 A	12	12	598	238			
			豪华单人间 A	7	7	598	238			
浙江省委党校招待所	浙江省委党校招待所		标准双人间 A	304	272	488	200	杭州市西湖区文一路 80 号	13605809906	
			单人间 A	18	18	488	200			
			套房	16	16	978	400			
杭州香园饭店	杭州香园饭店		标准双人间 A	64	45	980	280	杭州市莫干山路 491 号	13857158550	
			标准双人间 B	58	41	1188	330			
			单人间 A	11	8	980	280			
			单人间 B	50	35	1188	330			
			豪华标准双人间 A	53	38	1388	380			
			豪华标准双人间 B	21	15	1688	400			
			豪华单人间 A	6	5	1388	380			
			豪华单人间 B	16	12	1688	400			

饭店名称	发票开具单位名称	星级	客房（数量：间；价格：元/天）					地址	前台订房电话	备注
			房型	总间数	协议间数	门市价	协议价			
杭州朗诗假日酒店管理有限公司	杭州朗诗假日酒店管理有限公司		标准双人间 A	81	60	680	280	玉皇山路 76 号（海勤疗养院内）	13575774997	
			单人间 A	5	5	1080	360			
			豪华标准双人间 B	59	45	880	320			
			豪华单人间 B	10	10	1280	420			
浙江蓝天清水湾国际大酒店	浙江蓝天清水湾国际大酒店		套间					杭州玉皇山莲花峰路 37 号	0571－87379933	
			单间	35	35	1380	300			
杭州海华满陇度假酒店	杭州海华满陇度假酒店有限公司	4	套间	15	15	1280	398	杭州市西湖区满觉陇路 2 号	0571－28978899	
			标准间	42	42	980	300			
杭州海外海宾馆	杭州海外海宾馆	4	套间					上塘路 329 号	0571－88318888	
			单间	48	48	758	268			
			标准间	129	129	758	268			
浙江戴斯大酒店有限公司	浙江戴斯大酒店有限公司		单间	11	11	660	260	浙江杭州江干区凯旋路 451 号	0571－86028700	双人早餐价格：40 元
			单间	29	29	760	280			
			标准间	148	148	660	260			
			标准间	27	27	760	280			
杭州海景大酒店	杭州海景大酒店	3	套间					杭州市江干区天城路 191 号	0571－86452888	
			单间（普）	10	10	728	300			
			标准间（普）	78	78	488	210			
			标准间（普）	50	50	588	210			
中国人民解放军浙江省军区第一招待所	中国人民解放军浙江省军区第一招待所	无星	套间					杭州市北山路栖霞岭 18 号	0571－87980486－3802	
			标准间	103	103	680	280			
杭州宏都宾馆有限公司	杭州宏都宾馆有限公司	挂三	套间					杭州市体育场路 407 号	0571－85261197	
			标准单人间 A	17	17	520	225			
			标准单人间 B	13	13	580	248			
			豪华单人间	9	9	630	268			
			标准双人间 A	63	63	520	225			
			标准双人间 B	22	22	580	248			
			豪华双人间	24	24	630	268			

饭店名称	发票开具单位名称	星级	客房（数量：间；价格：元/天）					地址	前台订房电话	备注
			房型	总间数	协议间数	门市价	协议价			
浙江赞成宾馆有限公司	浙江赞成宾馆有限公司	3	标准双人间 A	165	165	640	280	杭州市梅花碑8号	13336030560	
			单人间 A	11	11	640	280			
			其他套型房间	73	73	600	220			
			其他套型房间	22	22	840	318			
			其他套型房间	7	7	600	220			
			套房	22	22	1240	388			
杭州江景戴斯大酒店	杭州江景戴斯大酒店有限公司		豪华双间	63	63	680	270	杭州市滨江区东信大道688号	0571－86689888	
			豪华单间	6	6	680	270			
			标准双间	37	37	580	260			
			标准单间	19	19	580	260			
杭州华洋宾馆	杭州华洋宾馆	3	套间	1	1	1500	450	浙江省杭州市天目山路古荡湾塘苗路1号	0571－85121968－1828	
			单间	12	10	700	220			
			标准间	144	116	600	210			
杭州三台山庄	杭州三台山庄	3	标准双人间 A	52	52	718	300	杭州市西湖区三台山路200号	13605718715	
临安市新五洲大酒店有限公司	临安市新五洲大酒店有限公司	3	单人间 A	7	7	580	180	临安市石镜街468号	0571－63700888	
			豪华单人间 A	5	5	780	230			
			标准双人间 A	93	93	580	180			
			豪华标准双人间 A	32	32	780	200			
			三人间	7	7	1080	300			
			豪华套房	1	1	1280	390			
临安市钱王大酒店有限公司	临安市钱王大酒店有限公司	3	标准二人间	219	219	480	220	临安市锦城街道城中街518号	0571－63923158	
			标准单人间	6	6	520	220			
临安东方假日酒店有限公司	临安东方假日酒店有限公司	3	标准双人间 A	118	118	480	180	临安市锦城街道钱王大街1315号	0571－63968888	
			豪华标准双人间 A	33	33	520	195			
			单人间 A	18	18	480	180			
			豪华单人间 A	6	6	800	300			
临安浙地山庄	临安浙地山庄	2	标准二人间	92	92	300	170	临安市青山湖泥山湾	0571－63747188	
			标准单人间	2	2	300	170			
临安阿里山大酒店有限公司	临安阿里山大酒店有限公司	2	标准二人间 B	88	88	420	140	临安市锦城街道钱王大街268号	0571－63710333	
			标准单人间	6	6	460	150			
			标准二人间 A	28	28	460	150			

饭店名称	发票开具单位名称	星级	客房（数量：间；价格：元/天）					地址	前台订房电话	备注
			房型	总间数	协议间数	门市价	协议价			
天目山财政休养所	天目山财政休养所	2	标准二人间	33	33	360	180	临安市西天目山	0571 – 63857958	
临安市天目玖号餐饮娱乐有限公司	临安市天目玖号餐饮娱乐有限公司		标准二人间	31	31		170	临安市西天目山天目村9号	0571 – 63879999	
			标准单人间	3	3		170			
临安市青山水库碧海宾馆	临安市青山水库碧海宾馆		标准二人间	58	58	380	160	青山水库大坝南站	0571 – 63783168	
杭州神龙川旅游文化发展有限公司	杭州神龙川旅游文化发展有限公司		标准二人间	35	35	480	150	临安市天湖源镇临目村	0571 – 63790999	
			标准单人间	4	4	480	150			
杭州千岛湖海外海假日酒店	杭州海外海置业有限公司千岛湖海外海假日酒店		豪华套房	17	17	1980	600	浙江省杭州市淳安县千岛湖镇南山开发路1号	0571 – 64880888	房价均含早餐，淡季与旺季或周末与非周末价格不变
			标准单人间 B	40	40	1180	300			
			标准双人间 B	60	60	1180	300			
			标准单人间 A	34	34	980	300			
			标准双人间 A	71	71	980	300			
杭州千岛龙庭开元大酒店	千岛湖龙庭大酒店（杭州）有限公司		标准单人间	43	43	780	280	杭州市淳安县千岛湖镇环湖南路1号	0571 – 65068888	房价均含早餐，淡季与旺季或周末与非周末价格不变 –0.9987175
			标准双人间	105	105	820	300			
杭州千岛湖温馨岛浙旅度假酒店有限公司	杭州千岛湖温馨岛浙旅度假酒店有限公司		标准单人间	2	2	1080	300	州千岛湖温馨岛	0571 – 65012007	房价均含早餐，淡季与旺季或周末与非周末价格不变
			标准双人间	38	38	1080	300			
千岛湖新凤凰休闲度假村	淳安千岛湖新凤凰休闲度假村有限公司		豪华套间	2	2	1680	410	杭州千岛湖凤凰岛	0571 – 65016888	房价均含早餐，淡季与旺季或周末与非周末价格不变
			标准双人间	81	81	980	240			
			标准单人间	7	7	980	240			
			豪华双人间	84	84	1180	280			
浙江千岛湖税务培训中心（浙江淳安西园山庄）	浙江千岛湖税务培训中心		标准单人间	3	3	580	160	淳安县千岛湖镇新安南路12号	64882011	房价均含早餐，淡季与旺季或周末与非周末价格不变
			标准双人间	54	54	580	160			
			豪华单人间	10	10	780	220			
			豪华双人间	60	60	780	220			

饭店名称	发票开具单位名称	星级	客房（数量：间；价格：元/天）					地址	前台订房电话	备注
			房型	总间数	协议间数	门市价	协议价			
阳光大酒店	浙江省电力局千岛湖电力培训中心		标准单人间	6	6	760	294	浙江省淳安县千岛湖镇阳光路289号（阳光岛）	0571－64816045	房价均含早餐，淡季与旺季或周末与非周末价格不变
			标准双人间	90	40	720	280			
杭州千岛湖松城饭店有限公司	杭州千岛湖松城饭店有限公司		豪华双人间	2	2	1180	270	千岛湖镇新安大街11号	0571－64813888	房价均含早餐，淡季与旺季或周末与非周末价格不变
			豪华单人间	7	5	980	225			
			标准双人间A	68	48	680	155			
			标准双人间B	81	58	650	150			
			标准三人间	6	5	880	200			
杭州千岛湖天清岛度假酒店有限公司	杭州千岛湖天清岛度假酒店有限公司		标准单人间	24	20	1188	300	浙江省淳安县千岛湖镇天清岛	0571－6501888	房价均含早餐，淡季与旺季或周末与非周末价格不变
			标准双人间	232	200	1088	280			
千岛湖新玉丽商务酒店	淳安千岛湖新玉丽商务大酒店有限公司		豪华套间	1	1	1580	360	淳安县千岛湖镇睦州大道558号	0571－65015000/65058888	房价均含早餐，淡季与旺季或周末与非周末价格不变
			标准单人间	15	15	880	200			
			标准双人间	52	52	780	180			
			商务房标间	15	15	1080	248			
淳安千岛湖大厦酒店有限公司	淳安千岛湖大厦酒店有限公司		豪华套间	13	13	1380	318	千岛湖镇新安大街81号	0571－24816666	房价均含早餐，淡季与旺季或周末与非周末价格不变
			标准单人间	11	11	768	176			
			标准双人间	90	90	768	180			
千岛湖秀水舫酒店	淳安千岛湖秀水舫酒店有限公司		豪华单人间	10	10	980	260	千岛湖阳光路469号	64899999	房价均含早餐，淡季与旺季或周末与非周末价格不变
			豪华双人间	100	100	980	260			
			标准双人间	40	40	880	230			
钱塘星岛度假村	浙江钱塘旅业资产经营管理有限公司钱塘星岛度假村		豪华双人间	27	27	1080	270	淳安县千岛湖镇梦菇岛	0571－64823456	房价均含早餐，淡季与旺季或周末与非周末价格不变
			豪华单人间	8	8	1080	270			
			标准双人间	92	65	880	220			
桐庐金鑫宾馆有限公司	桐庐金鑫宾馆有限公司	3	套间					富春路528号	0571－64637788	
			单间	22	15	450	225			
			标准间	111	80	420	210			

浙江

饭店名称	发票开具单位名称	星级	客房（数量：间；价格：元/天）					地址	前台订房电话	备注
			房型	总间数	协议间数	门市价	协议价			
浙江红楼国际饭店有限公司	浙江红楼国际饭店有限公司		套间					富春路158号	0571－69878858	
			单间	6	5	780	298			
			标准间	100	80	780	298			
桐庐新恒基旅游开发有限公司（巴比松）	桐庐新恒基旅游开发有限公司		套间					大奇山路1088号	0571－64608886/64608670	
			单间	11	8	680	280			
			标准间 A	235	160	680	280			
			标准间 B	31	22	580	238			
杭州女儿村旅游开发有限公司（桐庐岚庭度假酒店）	杭州女儿村旅游开发有限公司		套间					大奇山路899号	0571－69916666	
			单间	10	7	1080	300			
			标准间	22	18	1080	300			
桐庐大奇山景苑度假村有限公司	桐庐大奇山景苑度假村有限公司		套间					奇山路828号	0571－64399088	
			单间							
			标准间	67	50	580	260			
桐庐风凰宾馆有限公司	桐庐风凰宾馆有限公司	2	单间					桥北区石屋坞	0571－64623030	
			标准间	132	95	360	130			
建德市新安江望江宾馆	建德市新安江望江宾馆有限公司	3	套间					新安路281号	0571－64781125	
			单间							
			标准间	127	127	400	200			
千岛宾馆	浙江省建德市千岛宾馆	3	套间					新安路283号	0571－64790918	
			单间							
			标准间	118	118	660	220			
新桥宾馆	建德市新桥宾馆	2	套间					新安路199号	0571－64750888	
			单间							
			标准间	101	101	450	140			
建德瑞天商务酒店	建德瑞天商务酒店有限公司	2	套间					新安东路583号	0571－64001880	
			单间							
			标准间	66	66	160	140			
建德市新安江宾馆	建德市新安江宾馆有限公司	2	套间					菜市路3号	0571－64790281	
			单间							
			标准间	64	64	300	150			
建德市金辉大酒店有限公司	建德市金辉大酒店有限公司	2	套间					桔园巷3号	0571－64719777	
			单间							
			标准间	77	77	350	140			

饭店名称	发票开具单位名称	星级	客房（数量：间；价格：元/天）					地址	前台订房电话	备注
			房型	总间数	协议间数	门市价	协议价			
黄龙月亮湾大酒店	杭州黄龙月亮湾大酒店有限公司	4	套间					艾溪路1号	0571－64000818	
			单间							
			标准间	161	161	880	300			
建德半岛凯豪大酒店有限公司	建德半岛凯豪大酒店有限公司	4	套间					新安东路188号	0571－64168877	
			单间							
			标准间	67	67	980	300			
浙江省城建培训中心有限公司千岛湖假日酒店	浙江省城建培训中心有限公司千岛湖假日酒店	4	套间					电路61号	0571－64790239	
			单间							
			标准间	108	108	880	288			
罗桐花园大酒店	建德市罗桐花园大酒店有限公司	3	套间					新安路188号	0571－64001008	
			单间							
			标准间	44	44	580	200			
紫金宾馆	新安江水电厂旅游公司紫金宾馆	3	套间					紫金滩	0571－64542522	
			单间							
			标准间	56	56	480	182			
金茂宾馆	浙江省经贸培训中心建德金茂宾馆	3	套间					新电路37号	0571－64016166	
			单间							
			标准间	48	48	528	200			
湖州市										
国际大酒店	浙江省湖州丝绸大厦有限公司	4	套间	14	3	1180	520	浙江省湖州市红旗路117号	0572－2057788	
			单间	33	19	680	298			
			标准间	145	79	680	298			
湖州宾馆	湖州市人民政府第一招待所	3	套间	8	8	1280	600	浙江省湖州市人民路338号	0572－2022081	
			单间	31	31	360	238			
			标准间	59	59	380	260			
湖州大厦	湖州大厦商贸有限公司	3	套间	10	6	880	528	浙江省湖州市红旗路1号	0572－2035888	
			单间	35	29	480	288			
			标准间	115	100	480	288			
天煌大酒店	湖州天煌大酒店有限公司	3	套间	11	11	980	480	浙江省湖州市龙溪北路168号	0572－2117777	
			单间	20	20	660	290			
			标准间	81	81	420	220			
太湖山庄	湖州太湖山庄有限公司	3	套间	2	2	1200	560	浙江省湖州市太湖旅游度假区	0572－7299999	
			单间	15	15	580	280			
			标准间	118	118	480	200			

饭店名称	发票开具单位名称	星级	客房（数量：间；价格：元/天）					地址	前台订房电话	备注
			房型	总间数	协议间数	门市价	协议价			
白鹭迎宾馆	湖州市白鹭迎宾馆	2	套间	6	3	680	480	浙江省湖州市龙溪路95号	0572－2022151	
			单间	8	4	360	200			
			标准间	82	20	320	180			
德清县莫干山大酒店有限公司	德清县莫干山大酒店有限公司	3	套间	13	13	860	516	德清县武康镇永安街25号	0572－8280666	
			单间	26	26	388	232			
			标准间	76	76	388	232			
德清中大莫干山置业有限公司德清雅兰维景国际大酒店	德清中大莫干山置业有限公司德清雅兰维景国际大酒店	4	套间	48	48	880	420	武康镇武源街659号	0572－8288888	
			单间	11	11	580	280			
			标准间	222	222	580	280			
浙江莫干山庄	浙江莫干山庄		套间	16	16	淡1280 旺1800	600	德清县莫干山风景区武陵村7号楼	0572－8033777/8033888、13905828143	
			单间	80	80	淡680 旺900	300			
			双标准间	120	120	淡480 旺680	300			
嘉兴市										
浙江东菱股份有限公司阳光大酒店	浙江东菱股份有限公司阳光大酒店	4	套间			1880	600	嘉兴市中山东路1628号	0573－82082088	
			单间	203	203	980	300			
			标准间			980	300			
浙江允升投资集团有限公司戴梦得大酒店	浙江允升投资集团有限公司戴梦得大酒店	4	套间			980	490	嘉兴市禾兴路520号	0573－82095888	
			单间	288	288	560	280			
			标准间			560	280			
嘉兴奥林匹克大酒店有限公司	嘉兴奥林匹克大酒店有限公司	4	套间			1880	600	嘉兴市秀洲区油车港奥星路287号	0573－82237988	
			单间	224	224	760	300			
			标准间			760	300			
嘉兴市东升宾馆有限责任公司	嘉兴市东升宾馆有限责任公司	3	套间			696	280	嘉兴市东升中路1226号	0573－82161789	
			单间	59	59	416	180			
			标准间			416	180			
嘉兴市沙龙国际宾馆有限公司	嘉兴市沙龙国际宾馆有限公司	3	套间			1192	596	嘉兴市环城南路393号	0573－83986556	
			单间	150	150	596	298			
			标准间			596	298			
嘉兴市君特酒店有限公司	嘉兴市君特酒店有限公司		套间			698	298	嘉兴市中山西路1388号	0573－82778020	
			单间	173	173	428	180			
			标准间			428	180			

饭店名称	发票开具单位名称	星级	客房（数量：间；价格：元/天）					地址	前台订房电话	备注
			房型	总间数	协议间数	门市价	协议价			
嘉兴市文华园宾馆	嘉兴市文华园宾馆	3	套间	156	156	970	436	嘉兴市环城南路415号	0573－82094639	
			单间			555	250			
			标准间			555	250			
海宁龙祥大酒店有限公司	海宁龙祥大酒店有限公司	3	套间	165	165	1280	400	海宁市西山路610号	0573－87282802	
			单间			580	260			
			标准间			390	180			
桐乡梧桐大酒店有限责任公司	桐乡梧桐大酒店有限责任公司	3	套间	88	88	1000	500	桐乡市振兴中路42号	0573－88023177	
			单间			480	200			
			标准间			480	180			
桐乡市钱塘新世纪大酒店有限公司	桐乡市钱塘新世纪大酒店有限公司	4	套间	248	248	1980	990	桐乡市庆丰南路6号	0573－88109999	
			单间			660	300			
			标准间			660	300			
桐乡市东方大酒店有限公司	桐乡市东方大酒店有限公司	4	套间	120	120	2050	600	桐乡市振兴中路23号	0573－88880883	
			单间			1080	290			
			标准间			980	290			
嘉善宾馆	嘉善宾馆	4	套间	176	176	1088	458	嘉善县魏塘街道谈公北路1号	0573－84272888	
			单间			780	268			
			标准间			780	268			
嘉善梅园大酒店有限公司	嘉善梅园大酒店有限公司	4	套间	112	112	2288	580	嘉善县解放西路1号	0573－84037666	
			单间			988	290			
			标准间			988	290			
嘉善县罗星阁宾馆有限公司	嘉善县罗星阁宾馆有限公司	5	套间	246	246	1560	560	嘉善县车站南路333号	0573－84279686	
			单间			860	298			
			标准间			860	298			
海盐南北湖金牛山大酒店	海盐南北湖金牛山大酒店	3	套间	96	96	980	500	海盐县南北湖风景区内	0573－86566777	
			单间			580	250			
			标准间			380	180			
海盐国际大厦有限公司	海盐国际大厦有限公司	3	套间	101	101	1588	600	海盐县武原镇新桥南路101号	0573－86051886	
			单间			628	300			
			标准间			588	280			
海盐南北湖湾景宾馆	海盐南北湖湾景宾馆	2	套间	100	100	1580	585	海盐县南北湖风景区南湖东岸	0573－86516222	
			单间			550	195			
			标准间			450	185			

浙江

饭店名称	发票开具单位名称	星级	客房（数量：间；价格：元/天）					地址	前台订房电话	备注
			房型	总间数	协议间数	门市价	协议价			
舟山市										
新华侨饭店	新华侨饭店	4	套间	8	8	1800	600	定海区环城东路12号	0580－2918808	
			单间	45						
			标准间	95	95	560	300			
新钻石楼大酒店有限公司	新钻石楼大酒店有限公司	4	套间	4	4	1800	600	定海区人民南路176号	0580－2067666	
			单间	38	38	580	300			
			标准间	83	56	580	300			
凯尔登大酒店有限公司	凯尔登大酒店有限公司		套间	15	15	1338	536	定海区人民南路111号	0580－2065888	
			单间	34	34	658	298			
			标准间	59	59	618	298			
博雁城市假日酒店	博雁城市假日酒店	3	套间	3	3	1088	588	定海区气象台路228号	0580－2557888	
			单间	6	6	588	258			
			标准间	67	67	588	258			
息耒海景酒店	息耒海景酒店		套间	19	19	1580	500	定海卫海路75—79号	0580－2066666	
			单间	30	30	558	300			
			标准间	120	120	588	300			
香溢普陀度假酒店有限公司	香溢普陀度假酒店有限公司	2	套间	2	2	2880	400	朱家尖南沙度假村11号	0580－6631668	
			单间	10	10	880	180			
			标准间	67	67	880	180			
海中洲饭店	海中洲饭店	3	套间	2	2	1100	600	普陀区东海东路112号	0580－3012522	
			单间	45	45	598	300			
			标准间	76	76	598	300			
普陀金沙度假村	普陀金沙度假村	3	套间	5	5	1888	500	普陀区朱家尖南沙	400－6620260	
			单间	7	7	688	240			
			标准间	131	131	888	260			
普陀海天台宾馆	普陀海天台宾馆	4	套间	5	3	1880	600	朱家尖南沙度假村	400－7059935	
			单间	9	9	880	300			
			标准间	79	79	780	300			
绍兴市										
秦望大酒店	绍兴秦望大酒店有限公司	4	套间	3	3	1836	600	绍兴市城南大道515号	0575－88056789	
			单间	27	27	682	250			
			标准间	93	93	682	250			
稽山宾馆	绍兴市稽山宾馆	3	套间	4	4	1288	476	绍兴市钱王祠前16号	0575－88063838	
			单间	22	22	488	180			
			标准间	116	116	488	180			

浙江

饭店名称	发票开具单位名称	星级	客房（数量：间；价格：元/天）					地址	前台订房电话	备注
			房型	总间数	协议间数	门市价	协议价			
鑫洲海湾大酒店	绍兴市鑫洲海湾大酒店有限公司	4	套间	6	6	1380	600	绍兴市二环北路50号	0575-88208777	
			单间	54	54	600	260			
			标准间	151	151	520	260			
玛格丽特酒店	绍兴市泰地玛格丽特商业有限公司玛格丽特酒店	3	套间	39	39	880	380	越城区解放北路玛格丽特商业中心西区2幢	0575-88223888	
			单间	70	70	580	200			
			标准间	170	170	580	200			
绍兴大酒店	绍兴市饮食服务有限责任公司绍兴大酒店	3	套间	2	2	980	450	绍兴市解放北路469号	0575-85139666	
			单间	28	28	460	210			
			标准间	96	96	460	210			
永和庄园	绍兴市永和庄园度假酒店有限公司		套间	9	9	1280	498	绍兴市二环南路小亭山旁	0575-88587888	
			单间	29	29	760	230			
			标准间	70	70	620	230			
银泰大酒店	绍兴银泰大酒店有限公司	4	套间	7	7	880	370	绍兴市人民西路255号	0575-85117788	
			单间	20	20	680	270			
			标准间	82	82	680	270			
浙纸宾馆	绍兴浙纸建国宾馆有限责任公司	3	套间	1	1	888	428	人民中路471号	0575-85206988	
			单间	16	16	516	238			
			标准间	42	42	376	188			
益泉大酒店	绍兴益泉大酒店有限公司		套间	25	25	1238	480	绍兴市袍江工业区世纪街	0575-88138888	
			单间	52	52	838	260			
			标准间	150	150	638	260			
舜杰大酒店	上虞市舜杰大酒店有限公司	3	套间	11	11	1688	508	上虞市经济开发区舜杰路468号	0575-82211222	
			单间	51	51	788	258			
			标准间	41	41	868	258			
钱塘曹娥江大酒店	上虞钱塘曹娥江大酒店有限公司	3	套间	8	8	880	400	上虞市百官街道江扬路2号	0575-82178888	
			单间	37	37	428	180			
			标准间	80	80	468	180			
上虞宾馆	上虞宾馆有限公司	4	套间	17	17	1280	512	上虞市百官街道新河路2号	0575-82179888	
			单间	77	77	720	252			
			标准间	115	115	720	252			
白云大酒店	新昌县白云大酒店有限公司	3	套间	3	3	680	408	新昌县七星街道沿江中路8号	0575-86228866	
			单间	18	18	480	288			
			标准间	75	75	380	228			

浙江

饭店名称	发票开具单位名称	星级	客房（数量：间；价格：元/天）					地址	前台订房电话	备注
			房型	总间数	协议间数	门市价	协议价			
白云山庄	浙江新昌白云山庄有限公司	4	套间	13	13	880	600	新昌县人民西路115号	0575－86226688	
			单间	48	48	580	300			
			标准间	162	162	580	300			
西子宾馆	浙江诸暨西子宾馆有限公司	4	套间	13	13	1800	580	诸暨市南屏路28号	0575－87179888	
			单间	34	34	635	285			
			标准间	163	163	635	285			
衢州市										
衢州饭店	衢州饭店有限公司	4	套间1	2	2	1780	534	衢州市三衢路189号	0570－3081818	
			套间2	3	3	1880	564			
			单间1	9	9	700	240			
			标准间1	57	57	700	240			
			标准间2	33	33	580	210			
衢州国际大酒店	衢州国际大酒店有限责任公司	4	套间1	8	8	1680	600	衢州市三衢路127号	0570－8889888	
			单间	12	12	680	240			
			标准间1	75	75	780	298			
			标准间2	20	20	680	240			
衢州东方大酒店	浙江衢州东方集团股份有限公司	4	套间1	14	14	1680	598	衢州市上街96号	0570－3058118	
			标准间1	25	25	618	238			
			标准间2	67	67	758	298			
			单间1	5	5	618	238			
			单间2	15	15	758	298			
衢州冠发君悦大酒店	衢州冠发君悦大酒店有限责任公司	4	单间1	9	9	620	268	衢州市九华北大道185号	0570－8871777	
			单间2	6	6	760	298			
			单间3	72	72	920	295			
			标准间1	41	41	920	295			
衢州铭豪大酒店	衢州铭豪大酒店有限公司		套间1	4	4	958	358	衢州市三衢路108号	0570－8268888	
			套间2	4	4	1588	558			
			单间	16	16	628	228			
			单间	24	24	788	268			
			标准间1	41	41	628	228			
			标准间2	59	59	788	268			
衢州市帝京大酒店	衢州市帝京大酒店	3	套间1	6	6	1588	498	衢州市柯城区通荷路168号	0570－8890888	
			套间2	10	10	1288	406			
			标准间	131	131	748	236			

饭店名称	发票开具单位名称	星级	客房（数量：间；价格：元/天）					地址	前台订房电话	备注
			房型	总间数	协议间数	门市价	协议价			
衢州市万豪大酒店	衢州市柯城万豪大酒店	3	套间 1	2	2	688	288	衢州市荷四路395 号	0570－8282888	
			套间 2	1	1	1088	488			
			单间	9	9	398	178			
			单间	2	2	488	218			
			标准间 1	10	10	308	138			
			标准间 2	36	36	398	178			
			标准间 3	6	6	488	218			
衢州市东方假日酒店	浙江衢州市东方假日酒店有限公司	3	套间 1	6	6	698	244	衢州市上街193 号	0570－3058118	
			套间 2	1	1	858	300			
			单间 1	22	22	508	178			
			标准间 1	30	30	398	138			
			标准间 2	6	6	508	178			
			标准间 2	28	28	458	160			
			标准间 3							
衢州市京汉国际大酒店	衢州市柯城京汉国际大酒店	3	套间 1	5	5	900	360	衢州市三衢路495 号	0570－8766066	
			套间 2	4	4	980	408			
			单间 1	6	6	430	170			
			单间 2	12	12	518	208			
			标准间 1	56	56	430	170			
			标准间 2	28	28	458	180			
			标准间 3	15	15	325	130			
衢州大酒店	衢州大酒店有限公司		单间 1	3	3	298	120	蝴蝶路 132 号	0570－8519888	
			单间 6	9	9	378	148			
			标准间	75	75	298	120			
			套间 1	2	2	598	288			
			套间 2	1	1	888	355			
衢州七里龙潭山庄	衢州七里龙潭山庄休闲度假有限公司		套间 1	3	3	688	308	衢州市柯城区七里乡黄土岭66 号	0570－2985800	
			套间 2	3	3	688	308			
			单间 1	13	13	388	176			
			标准间 1	43	43	388	176			
衢州圣效大酒店	衢州圣效大酒店有限公司	4	套间	2	2	1308	588	衢州市衢江区大桥路 38 号	0570－2831188	
			单间	6	6	588	268			
			标准间	80	80	458	208			

饭店名称	发票开具单位名称	星级	客房（数量：间；价格：元/天）					地址	前台订房电话	备注
			房型	总间数	协议间数	门市价	协议价			
衢州市新天地大酒店	衢州市衢江区新天地大酒店有限公司	3	套间1	2	2	548	248	衢州市衢江区樟潭路90号	0570－3679666	
			套间2	3	3	528	238			
			单间1	4	4	248	118			
			单间2	2	2	208	98			
			标准间1	7	7	348	158			
			标准间2	52	52	278	128			
			三人间	2	2	298	138			
龙游国际饭店	龙游国际饭店有限公司	4	单间2	16	16	480	240	龙游县荣昌路188号	0570－7219999	
			标准间1	44	44	580	290			
			标准间2	38	38	520	260			
			标准间3	22	22	480	240			
			套间1	10	10	1118	559			
			套间2	6	6	980	490			
龙游金峰国贸大酒店	龙游金峰国贸大酒店有限公司		单间	9	9	396	180	游县龙洲街道太平西路34号	0570－7221566	
			标准间1	32	32	396	180			
			标准间2	31	31	456	200			
			套间1	2	2	790	360			
			套间2	2	2	1198	545			
龙游广银大酒店	龙游广银大酒店		套间1	3	3	998	400	龙游县兴龙路16号	0570－7018888	
			套间2	3	3	798	320			
			单间1	12	12	496	200			
			单间2	11	11	396	160			
			标准间1	44	44	496	200			
			标准间2	10	10	456	180			
江山国际大酒店	江山国际大酒店有限责任公司	4	单间1	9	9	598	269	江山市江东一区15号	0570－4051888	
			标准间1	29	29	398	179			
			标准间2	40	40	518	233			
			标准间3	45	45	598	269			
江山宾馆	江山市华厦商贸有限公司江山宾馆	3	套间	2	2	798	338	江山市解放路140号	0570－4032118	
			单间1	13	13	485	198			
			单间2	4	4	528	218			
			标准间1	26	26	440	178			
			标准间2	22	22	485	198			
			家庭间	3	3	640	268			
			棋牌间	3	3	528	218			

饭店名称	发票开具单位名称	星级	客房（数量：间；价格：元/天）					地址	前台订房电话	备注
			房型	总间数	协议间数	门市价	协议价			
江山市万隆度假村	江山市万隆度假村		单间	3	3	538	158	江山市经济开发区通达路1号	0570－4891111	
			标准间1	23	23	538	158			
			标准间2	13	13	598	178			
			标准间3	20	20	468	138			
			标准间4	8	8	828	248			
			套间1	4	4	848	258			
			套间2	2	2	1628	488			
			套间3	1	1	1328	398			
常山国际大酒店	常山菲达交通实业有限公司国际大酒店	3	套间	11	11	768	407	常山县天马镇白马路168号	0570－5017777	
			单间1	2	2	468	237			
			单间2	2	2	398	210			
			普通标准间	75	75	398	210			
			商务标准间	15	15	448	237			
常山华府大酒店	常山县三衢后勤服务管理有限公司华府大酒店		套间	8	8	880	396	常山县天马镇定阳南路169号	0570－5665566	
			小单间	8	8	380	168			
			商务单间	17	17	480	216			
			豪华单间	6	6	580	258			
			商务标间	45	45	480	216			
			豪华标准间	7	7	580	258			
常山天地金佰汇柏丽酒店	常山天地金佰汇柏丽酒店管理有限公司		套间	5	5	1288	558	常山县天马镇人民路200号	0570－5066666	
			单间1	5	5	558	228			
			单间2	13	13	588	248			
			标准间1	35	35	528	228			
			标准间2	27	27	558	238			
			标准间3	13	13	658	278			
常山县京源酒店	常山县京源酒店		套间	2	2	888	399	常山县城南袁家弄	0570－5038888	
			单间	5	5	498	225			
			标准间	22	22	478	215			
常山太平洋大酒店	常山县太平洋大酒店有限公司	2	套间	6	6	618	319	常山县天马镇文峰西路1号	0570－5016726	
			单间	12	12	378	189			
			标准间1	18	18	358	179			
			标准间	36	36	318	159			
开化大酒店	开化大酒店		套间1	3	3	1330	600	开化县城关镇花山路17号	0570－6022888	
			套间2	2	2	598	280			
			单间1	10	10	510	230			
			单间2	10	10	260	120			
			标准间1	100	100	510	230			
			标准间2	37	37	260	120			

饭店名称	发票开具单位名称	星级	客房（数量：间；价格：元/天）					地址	前台订房电话	备注
			房型	总间数	协议间数	门市价	协议价			
衢州东方大酒店开化分店	衢州东方大酒店股份有限公司开化分店	3	套间	4	4	1418	588	开化县城关镇江滨南路3号	0570－6918207	
			单间2	4	4	688	258			
			标间1	16	16	448	188			
			标间2	17	17	568	218			
			标间3	19	19	618	238			
开化县古田山庄	开化县古田山庄		套间	3	3	680	340	开化县苏庄镇古田山庄	0570－6829999	
			单间1	7	7	460	230			
			标间1	49	49	460	230			
			标间2	4	4	520	260			
金华市										
金华国贸大厦有限公司国贸景澜大饭店	金华国贸大厦有限公司国贸景澜大饭店	4	豪华套间	5	5	2000	600	金华市双溪西路369号	0579－82056000	
			豪华标准间	28	28	720	298			
			豪华单间	54	54	720	298			
			单间	6	6	620	298			
			标准间	103	103	620	298			
金华市世贸大饭店有限公司	金华市世贸大饭店有限公司		套间	41	41	1120	560	金华市八一北街737号	0579－82588998	
			单间	35	35	600	300			
			标准间	97	97	600	300			
金华市今日大酒店有限公司	金华市今日大酒店有限公司		A区标准间	25	25	580	268	金华市双溪西路420号	0579－81231309	
			B区标准间	25	25	560	268			
			景观单间	5	5	580	278			
			商务单间	4	4	760	278			
			豪华标准间	10	10	1188	480			
金华市五星大酒店有限公司	金华市五星大酒店有限公司	4	单人间	6	6	498	220	金华市人民西路701号	0579－82426666	
			豪华单间	6	6	598	220			
			标准间	76	76	498	220			
			豪华标准间	42	42	598	220			
			商务间	2	2	698	220			
			豪华套房	20	20	1298	580			
			复式套房	10	10	1598	580			
浙江东方国际发展有限公司国际大酒店	浙江东方国际发展有限公司国际大酒店	3	单人间	26	26	480	216	金华市中山路261号	0579－52336888	
			豪华单间	16	16	560	216			
			标准间	140	140	480	216			
			豪华标准间	40	40	560	216			
			商务间	8	8	600	216			
			套房	8	8	1080	486			

浙江

饭店名称	发票开具单位名称	星级	客房（数量：间；价格：元/天）					地址	前台订房电话	备注
			房型	总间数	协议间数	门市价	协议价			
浙江金华望江饭店有限公司	浙江金华望江饭店有限公司	3	单人间	12	12	560	224	金华市中山路112号	0579－82336681	
			标准间	70	70	360	180			
			豪华标准间	58	58	480	180			
			商务间	11	11	560	180			
			套房	5	5	988	494			
浙江金华宾馆有限公司	浙江金华宾馆有限公司	3	豪华单人间	14	14	480	170	金华市双溪西路101号	0579－82063388	
			标准间	30	30	480	170			
			豪华标准间	76	76	480	170			
			商务间	9	9	480	170			
			套房	2	2	1288	450			
			豪华套房	4	4	1288	450			
金华市申华商务酒店有限公司	金华市申华商务酒店有限公司	无	行政大床房	28	28	458	229	金华市丹溪路1113号	0579－82451478	
			高级双床房	50	50	488	240			
			豪华双床房	48	48	600	240			
			豪华套房	5	5	788	394			
金华市嘉恒宾馆	金华市嘉恒宾馆	3	单人间	8	8	480	148	金华市人民西路898号	0579－82076888	
			豪华单人间	4	4	480	148			
			标准间	37	37	480	148			
			豪华标准间	24	24	480	148			
			商务间	22	22	528	148			
			套房	1	1	1288	368			
			豪华套房	2	2	1288	368			
			其他房型	8	8	528	148			
金华市锦华园度假村有限公司	金华市锦华园度假村有限公司	无	单人间	31	31	420	168	金华市北山路1377号	0579－82590588	
			商务标准间	98	98	420	168			
			家庭标准间	8	8	520	168			
			商务套房	8	8	1280	512			
浙江明招温泉国际大酒店	浙江明招温泉国际大酒店有限公司	4	套间	11	11	1280	432	武义明招路8号	0579－87638800	
			单间	28	28	780	265			
			标准间	111	111	680	230			
清水湾沁温泉度假山庄	浙江骏达联酒店有限公司	3	别墅行政房（标房）					武义县温泉南路1689号	0579－87739288	
			商务套房（单间）							
			乡村套房（单间）							
			湖景标A（标房）	40	40	580	232			
			山景标B（标房）	96	96	520	208			

饭店名称	发票开具单位名称	星级	客房（数量：间；价格：元/天）					地址	前台订房电话	备注
			房型	总间数	协议间数	门市价	协议价			
永康明珠大酒店	永康明珠大酒店	4	套间					永康市紫微北路9号	0579－87269168	单间和标准间均为酒店标准客房A
			单间	16	16	628	296			
			标准间	59	59	628	296			
义乌大酒店	义乌大酒店有限公司	4	套间					乌市宾王路103号	0579－85559999－6181	标准间按门市价40%，其余房型按45%折扣
			单间	30	26	748	300			
			标准间	58	57	748	300			
颐和大酒店	义乌市颐和大酒店有限公司	4	套间					义乌市工人北路2号	0579－83818895/83818910/83818888－86	所有房型按门市价39.57%折扣
			豪华单间	111	80	758	300			
			标准间	122	100	758	300			
义乌钱塘凯信大酒店	义乌钱塘凯信大酒店有限公司	4	单人间	25	20	748	268	乌市宾王路217号	0579－85566518	所有房型按门市价36.3%折扣
			标准间	12	10	828	300			
海洋酒店	浙江中国小商品城集团股份有限公司海洋酒店		标准间	100	100	358	196	义乌市黎明湖路999号	0579－85205888	义乌市党校（分部党校迎宾馆，所有房型按门市价55%折扣迎宾馆）
			单人间	2	2	358	196			
			套房	14	14	880	488			
			豪单	12	12	428	236			
浙江迪元仪表有限公司迪元酒店	浙江迪元仪表有限公司迪元酒店	3	套间	6	6	1188	546	义乌市西城路696号	0579－85566999－61/63	所有房型按门市价46%折扣
			单间	36	36	448	228			
			标准间	46	46	448	228			
			豪华标间	16	16	488	238			
			豪华单间	16	16	488	238			
义乌雪峰大酒店	义乌雪峰大酒店有限公司	3	套间	13	5	888	358	义乌稠州北路1688号	0579－85160566	所有房型按门市价40%折扣
			单间	35	35	598	238			
			标准间	66	66	618	248			
义乌市香港大酒店	义乌市香港大酒店有限公司	3	套间	10	10	880	440	义乌市工人西路18号	0579－85265888	套房型按门市价50%，其余房型55%折扣
			单间	18	18	438	238			
			标准间	90	90	528	268			

饭店名称	发票开具单位名称	星级	客房（数量：间；价格：元/天）					地址	前台订房电话	备注
			房型	总间数	协议间数	门市价	协议价			
兰溪市国际大酒店	兰溪市亿丰国际大酒店有限公司		标准间	31	31	420	176	兰溪市振兴路333号	0579－88966668/88966670	会议室半天为一场
			休闲间	82	82	480	200			
			行政间	6	6	580	230			
			普通套间	4	4	598	240			
			休闲套间	42	42	680	270			
			行政套间	4	4	780	310			
			豪华套间	4	4	1580	600			
兰江大厦	兰溪兰江大厦有限公司	3	套间	23	23	580	348	兰溪市人民南路6号	0579－88866818	
			单间	30	30	380	228			
			标准间	76	76	380	228			
华厦大酒店	东阳市名人名家酒店管理有限公司	4	套间	3	3	700	400	东阳市南市路359号	0579－86689999	
			单间							
			标准间	66	50	330	200			
东阳市海天大酒店	东阳市海天大酒店有限公司		高级单间	27	18	888	300	东阳市江滨北街22号	0579－86652078	
			高级标准间	28	19	888	300			
			豪华单间	16	11	988	300			
			豪华标准间	62	45	988	300			
			套间	9	6	1588	588			
台州市										
台州丽廷凤凰山庄	台州丽廷凤凰山庄有限公司	4	标准客房	68间	68间	1080	260	台州市椒江区解放南路77－1号	0576－88228888	提供免费自助早餐；退房延迟次日14:00；预订保留19：00
			园景套房	3间	3间	2880	560			
			豪华套房	6间	6间	3880	600			
台州开元大酒店	台州开元大酒店有限公司	4	标准间	189	189	880	258	台州经济开发区东环大道458号	0576－88586888－2888	提供免费自助早餐；退房延迟次日14:00；预订保留19：00
			单间	39	39	880	258			
			套间	7	7	2280	500			
			套间	7	7	2880	580			
花园山庄	台州花园山庄有限公司	4	标准双人间	73	73	568	260	台州经济开发区康平路赤龙山脚	0576－88583888/88583500	提供免费自助早餐；退房延迟次日14:00；承诺预订保留19：00
			单人间	44	44	596	298			
			套房	3	3	1760	580			

饭店名称	发票开具单位名称	星级	客房（数量：间；价格：元/天）					地址	前台订房电话	备注
			房型	总间数	协议间数	门市价	协议价			
台州方远国际大酒店	方远建设集团股份有限公司台州方远国际大酒店		标准双人房	77	77	680	270	台州市市府大道298号	0576－88529999	提供免费自助早餐；退房延迟次日14:00；承诺预订保留19：00
			豪华单人房	37	37	780	300			
			豪华双人房	52	52	880	300			
			套房	13	13	1280	510			
时间商务酒店	台州市时间商务酒店	3	商务标间	79	79	568	200	椒江区中山西路219号	0576－88851888	提供免费自助早餐；退房延迟次日14:00；承诺预订保留19：00
			商务单间	53	53	498	200			
			豪华套房	14	14	1388	358			
台州新港国际大酒店	台州新港国际大酒店有限公司		商务单间	4	4	638	228	台州经济开发区中心大道191号	0576－81837777	提供免费自助早餐；退房延迟次日14:00；承诺预订保留19：00
			行政单间	4	4	658	248			
			商务标间	41	41	628	218			
			行政标间	13	13	648	238			
			高级套房	11	11	998	368			
			行政高级套房	3	3	1038	388			
爱华国际俱乐部	浙江爱华新台州大厦有限公司国际俱乐部分公司		标准间	25	25	980	280	台州经济开发区爱华路18号新台州大厦	0576－88601882/88601883	提供免费自助早餐；退房延迟次日14:00；承诺预订保留19：00
			单间	9	9	1080	300			
			套间	13	13	1980	480			
台州一鼎大酒店	台州一鼎大酒店有限公司		标准间	132	132	580	218	椒江区解放南路30号	0576－88838053	提供免费自助早餐；退房延迟次日14:00；承诺预订保留19：00
			单间	33	33	560	218			
			套间	45	45	1080	298			
台州香溢大酒店	台州香溢大酒店有限公司		标准双人间	120	120	680	270	台州市市府大道258号	0576－885599905	提供免费自助早餐；退房延迟次日14:00；承诺预订保留19：00
			标准单人间	92	92	660	260			
			商务单人间	22	22	780	300			
			套房	13	13	1080	430			
台州海洋国际酒店	台州中泰海洋广场有限公司		普通标间	47	47	398	180	台州经济开发区广场中路38号	0576－88818688	提供免费自助早餐；退房延迟次日14:00；承诺预订保留19：00
			普通单间	26	26	418	190			
			行政标间	44	44	438	200			
			行政单间	39	39	468	210			
			套房	10	10	818	368			

饭店名称	发票开具单位名称	星级	客房（数量：间；价格：元/天）					地址	前台订房电话	备注
			房型	总间数	协议间数	门市价	协议价			
椒江宾馆	台州市椒江宾馆	3	西楼普通标准间	60	60	350	178	椒江区中山东路388－3号	0576－88823802	提供免费自助早餐；退房延迟次日14:00；承诺预订保留19：00
			北楼普通标准间	65	65	380	218			
			东楼豪华单人间	20	20	580	248			
台州大陈岛海琴度假村	台州大陈岛海琴度假村有限公司	2	标准房	64	64	480	300	大陈镇下大陈大小浦别墅区	0576－88900978	提供免费自助早餐；退房延迟次日14:00；承诺预订保留19：00
			套房	11	11	780	580			
橘都大酒店	黄岩桔都大酒店有限公司	3	普通标准间	68	68	480	200	黄岩区天长南路27号	0576－84281188	提供免费自助早餐；退房延迟次日14:00；承诺预订保留19：00
			高级标准间	32	32	560	252			
			豪华标准间	16	16	780	300			
			普通单人间	18	18	480	200			
			高级单人间	15	15	560	252			
			套间	4	4	1180	472			
罗曼国际大酒店	浙江罗曼进出口有限公司黄岩罗曼国际大酒店		高级标准双人房	83	83	680	268	黄岩劳动南路358号	0576－84239999	提供免费自助早餐；退房延迟次日14:00；承诺预订保留19：00
			高级单人房	13	13	680	298			
			特色单人房	45	45	738	298			
			特色套房	2	2	1280	568			
			行政套房	2	2	1580	598			
黄岩国际大酒店	黄岩国际大酒店有限公司	3	标准双人房A	35	35	596	268	黄岩九峰路1号	0576－84280888	提供免费自助早餐；退房延迟次日14:00；承诺预订保留19：00
			标准双人房B	43	43	576	259			
			豪华单人间	6	6	586	293			
			普通单人间	7	7	526	263			
			豪华套房	3	3	1280	600			
台州三友国际饭店	台州三友国际饭店	4	标准双人房	55	55	480	288	路桥区泰隆街998号	0576－82933333	提供免费自助早餐；退房延迟次日14:00；承诺预订保留19：00
			标准单人间	33	33	480	288			
			普通套房	10	10	980	588			
台州和平国际饭店	台州和平国际饭店		普通标准房	32	32	596	238	路桥区腾达路99号	0576－80299999	提供免费自助早餐；退房延迟次日14:00；承诺预订保留19：00
			商务标准房	10	10	658	268			
			普通单标房A	51	51	596	238			
			商务单标房B	17	17	658	268			
			套房A	18	18	1576	498			
			套房B	10	10	1196	458			

浙江

饭店名称	发票开具单位名称	星级	客房（数量：间；价格：元/天）					地址	前台订房电话	备注
			房型	总间数	协议间数	门市价	协议价			
太平洋王子国际饭店	台州太平洋王子国际饭店		单间	34	34	550	298	路桥西路桥大道2号	0576－82785555	提供免费自助早餐；退房延迟次日14:00；承诺预订保留19：00
			标准间	43	43	550	298			
			套间	5	5	1580	598			
鑫都国际大酒店	台州市路桥鑫都国际大酒店有限公司	4	标准双人房	37	37	480	298	路桥区路桥大道东1号	0576－82538888	提供免费自助早餐；退房延迟次日14:00；承诺预订保留19：00
			单人间	7	7	380	300			
			普通套房	8	8	540	432			
			商务套房	28	28	600	480			
			普通豪华套房	6	6	700	560			
临海华侨大酒店	临海华侨大酒店有限公司		标准房A	29	29	798	268	临海大道（中）1号	0576－85386666	提供免费自助早餐；退房延迟次日14:00；承诺预订保留19：00
			标准房B	69	69	898	288			
			普通单人房	11	11	898	288			
			标准套房	7	7	1198	458			
			湖景套房	6	6	1598	558			
双鸽和平国际酒店	临海双鸽和平国际酒店有限公司		标准双人间	15	15	819	268	临海市靖江中路178号	0576－85111111－88133	提供免费自助早餐；退房延迟次日14:00；承诺预订保留19：00
			标准单人间	12	12	839	268			
			高级双人间	25	25	969	268			
			高级单人间	20	20	969	268			
			豪华双人间	40	40	1099	280			
			豪华单人间	32	32	1099	280			
			普通套房	16	16	1739	518			
			豪华套房	16	16	2099	588			
远洲集团股份有限公司国际大酒店	远洲集团股份有限公司国际大酒店	4	豪华标准双人房	43	43	588	258	临海市崇和路238号	0576－85228888－7882	提供免费自助早餐；退房延迟次日14:00；承诺预订保留19：00
			豪华标准单人房	8	8	588	258			
			其他标准房	50	50	438	208			
			商务标准房	41	41	688	288			
			商务单人房	15	15	688	288			
			套房	5	5	1258	600			
君泰大酒店	临海市君泰大酒店有限公司		标准间A	50	50	588	288	临海市巾山东路137号	0576－85172609/85180597	提供免费自助早餐；退房延迟次日14:00；承诺预订保留19：00
			标准间B	20	20	558	268			
			标准单间A	44	44	588	288			
			标准单间B	8	8	558	268			
			套间	2	1	1180	588			

饭店名称	发票开具单位名称	星级	客房（数量：间；价格：元/天）					地址	前台订房电话	备注
			房型	总间数	协议间数	门市价	协议价			
台州国贸大饭店	台州国贸大厦有限公司国贸大饭店	4	标准间	109	109	A型：598 B型：548	238	临海市巾山中路101号	0576－85118829	提供免费自助早餐；退房延迟次日14:00；承诺预订保留19：00
			标准单间	55	55	A型：658 B型：598	278			
			行政套房	12	12	858	378			
			商务套间	14	14	988	488			
牛头山休闲会馆	远洲集团股份有限公司国际大酒店		标准间	23	23	288	168	临海市牛头山水库管理局内	0576－85630688	提供免费自助早餐；退房延迟次日14:00；承诺预订保留19：00
			标准间	33	33	368	208			
			单人间	5	5	398	238			
			套房	2	2	988	568			
临海华侨宾馆	浙江省临海华侨宾馆有限公司	3	1号楼标准房	19	19	450	160	临海市回浦路32号	0576－85118286	提供免费自助早餐；退房延迟次日14:00；承诺预订保留19：00
			2号楼标准房	30	30	480	198			
			豪华标准房	18	18	560	238			
			单人房	8	8	480	198			
			商务房	8	8	560	238			
			套房	1	1	980	488			
台州宾馆（台州市人民政府招待所）	台州宾馆	3	标准双人房1	33	33	398	150	临海市回浦路92号	0576－85758888	提供免费自助早餐；退房延迟次日14:00；承诺预订保留19：00
			标准双人房2	32	32	358	140			
			普通单人房	32	32	318	120			
			豪华标准房	11	11	518	200			
			普通套房	15	15	598	240			
临海市惠风大酒店	临海市惠风大酒店		普通标准双人房	34	34	428	178	临海市回浦路47号	0576－85320888	提供免费自助早餐；退房延迟次日14:00；承诺预订保留19：00
			豪华标准双人房	39	39	458	188			
			单人房	38	38	428	178			
			跃层豪华套房	2	2	888	428			
临海市江南长城宾馆	临海市江南长城宾馆	2	标准双人间1	21	21	218	100	临海市东门后街12号	0576－85117701	提供免费自助早餐；退房延迟次日14:00；承诺预订保留19：00
			标准双人间2	8	8	258	130			
			标准单人间	4	4	198	100			
			三人间	6	6	258	130			

浙江

饭店名称	发票开具单位名称	星级	客房（数量：间；价格：元/天）					地址	前台订房电话	备注
			房型	总间数	协议间数	门市价	协议价			
临海市人民政府招待所	临海市人民政府招待所		标准双人房	62	62	228	99	临海市回浦路49号	0576－85115001	提供免费自助早餐；退房延迟次日14:00；承诺预订保留19：00
			标准单人房	7	7	228	90			
			套房	3	3	268	120			
临海久天商旅酒店	临海久天商旅酒店		普通标房（单/双）	36	36	358	160	临海市东方大道28号	0576－85159999	提供免费自助早餐；退房延迟次日14:00；承诺预订保留19：00
			豪华标房（单/双）	31	31	398	180			
			商务单人房	30	30	438	198			
			商务标准房1	12	12	438	198			
			商务标准房2	9	9	508	228			
			套房1	5	5	538	260			
			套房2	4	4	888	399			
温岭国际大酒店	温岭国际大酒店	3	标准双人房	71	71	398	280	温岭市三星大道158号	0576－86208888	提供免费自助早餐；退房延迟次日14:00；承诺预订保留19：00
			单人房	25	25	398	280			
			套房	8	8	688	480			
温岭市雷达森大酒店	温岭市雷达森大酒店有限公司		套间	19	19	988	398	城东街道九龙汇商业街	0576－86128888	提供免费自助早餐；退房延迟次日14:00；承诺预订保留19：00
			单间	27	27	638	258			
			标准间	64	64	688	288			
温岭新世界国际大酒店	温岭市新世界国际大酒店有限公司	4	高级标准间	70	70	460	298	温岭市大溪镇方山大道	0576－86328888	提供免费自助早餐；退房延迟次日14:00；承诺预订保留19：00
			行政单间	18	18	598	298			
			高级单间	10	10	520	298			
			行政标准间	46	46	598	298			
			行政套间	3	3	1380	588			
海天假日酒店	温岭市海天假日酒店有限公司	3	标准间	33	33	428	256	温岭市中华路385号	0576－86108888－总台	提供免费自助早餐；退房延迟次日14:00；承诺预订保留19：00
			单人房	28	28	358	215			
			非标准房	33	33	368	221			
			套房	4	4	998	548			

饭店名称	发票开具单位名称	星级	客房（数量：间；价格：元/天）					地址	前台订房电话	备注
			房型	总间数	协议间数	门市价	协议价			
温岭汇其乐大厦	温岭市汇其乐实业有限公司	3	双标客房	67	67	358	220	温岭市太平街道万寿路88号	0576－86213668	提供免费自助早餐；退房延迟次日14:00；承诺预订保留19：00
			普通单人房	4	4	258	168			
			行政商务房	16	16	458	248			
			标准套房A	3	3	458	275			
			标准套房B	5	5	580	348			
			行政商务套房	4	4	680	408			
温岭饭店	温岭饭店（温岭市人民政府招待所）	2	标准双人房B	40	40	318	160	温岭市北门街151号	0576－86106677	提供免费自助早餐；退房延迟次日14:00；承诺预订保留19：00
			单人房	20	20	438	220			
			普通套房	3	3	598	300			
			其他标准房	40	40	398	200			
台州高速玉环大酒店	台州高速玉环大酒店有限公司	4	标准间	102	80	670	288	玉环县玉城街道玉兴东路	0576－87277888	提供免费自助早餐；退房延迟次日14:00；承诺预订保留19：00
			单间	31	24	750	360			
			套间	10	8	1228	588			
玉环长城宾馆有限公司	玉环长城宾馆有限公司	3	标准间	94	90	420	210	玉环县楚门镇南兴西路275号	0576－87420888	提供免费自助早餐；退房延迟次日14:00；承诺预订保留19：00
			单间	16	16	420	210			
			三人间	4	4	420	210			
			套间	4	4	798	398			
玉环国际大酒店有限公司	玉环国际大酒店有限公司	3	标准间A	90	90	480	228	玉环县城关玉潭路34号	0576－87257788	提供免费自助早餐；退房延迟次日14:00；承诺预订保留19：00
			标准间B	25	25	380	180			
			标准间C	19	19	280	128			
			单间	28	28	480	228			
			套间	20	20	680	288			
天台宾馆	台州市天台宾馆有限公司	4	普通房	30	30	460	230	天台县国清寺旁	0576－83988912	提供免费自助早餐；退房延迟次日14:00；承诺预订保留19：00
			豪华单人房	8	8	600	300			
			豪华标准房	30	30	600	300			
			高级房	34	34	560	280			
			普通套房	1	1	1800	590			

浙江

饭店名称	发票开具单位名称	星级	客房（数量：间；价格：元/天）					地址	前台订房电话	备注
			房型	总间数	协议间数	门市价	协议价			
天台石梁宾馆	天台石梁宾馆有限公司	3	标准双人房	86	86	388	200	天台石梁镇龙皇堂	0576－83091888	提供免费自助早餐；退房延迟次日 14:00；承诺预订保留 19：00
			单人房	4	4	598	280			
			商务标准房	26	26	598	280			
天台卧龙山庄	天台县卧龙山庄有限公司	3	普通标准房	16	16	368	150	天台县国清景区	0576－83958999/83958358	提供免费自助早餐；退房延迟次日 14:00；承诺预订保留 19：00
			标准双人间	36	36	488	220			
			单人间	4	4	488	220			
			商务房	14	14	668	280			
			商务单人房	3	3	668	280			
			套房	3	3	888	510			
天台东方国际大酒店	天台东方国际大酒店有限公司	3	双人标准间	53	53	618	220	天台县赤城街道飞鹤路 358 号	0576－83920888/83920789	提供免费自助早餐；退房延迟次日 14:00；承诺预订保留 19：00
			单人标准间	11	11	588	220			
			套房	3	3	2988	600			
			其他商务房	53	53	658	260			
天台金凤凰大酒店	天台金凤凰大酒店有限公司		标准双人房	125	125	260	130	天台县始丰街道天台山西路 6 号	0576－83171188/83171158	提供免费自助早餐；退房延迟次日 14:00；承诺预订保留 19：00
			单人房	8	8	260	130			
			套房	4	4	550	280			
天台山大酒店	台州天台山大酒店有限公司		标准间	46	46	398	160	天台县赤城街道劳动路 30 号	0576－83989777	提供免费自助早餐；退房延迟次日 14:00；承诺预订保留 19：00
			单间	6	6	498	180			
			豪单	4	4	780	280			
			商务房	16	16	498	180			
			三人房	2	2	598	240			
			套房	2	2	1280	500			
风雅兰庄旅游度假酒店	天台风雅兰庄旅游度假酒店有限公司		标准双人房	60	60	488	120	天台县天桐路琼台仙谷景区	0576－83993333	提供免费自助早餐；退房延迟次日 14:00；承诺预订保留 19：00
			标准单人房	6	6	558	180			
			套房	2	2	888	380			

饭店名称	发票开具单位名称	星级	客房（数量：间；价格：元/天）					地址	前台订房电话	备注
			房型	总间数	协议间数	门市价	协议价			
中核海逸大酒店	三门核电有限公司海逸大酒店		商务标准间	74	74	578	288	三门县六敖镇三门县核电厂区域内	0576－81328888/81328666	提供免费自助早餐；退房延迟次日 14:00；承诺预订保留 19：00
			海景标准单间	50	50	658	300			
			商务套房	10	10	1280	600			
琴江山庄	三门琴江山庄有限公司		标准间	136	110	480	220	三门县海游镇平海路 80 号	0576－83379696	提供免费自助早餐；退房延迟次日 14:00；承诺预订保留 19：00
			单人间	23	18	480	238			
			套间	5	3	880	438			
三门大酒店	三门大酒店有限公司	3	标准双人房	72	72	468	218	三门县海游镇民丰路 8 号	0576－83358888	提供免费自助早餐；退房延迟次日 14:00；承诺预订保留 19：00
			单人房	20	20	408	180			
			套房	16	16	658	300			
仙居县假日大酒店	仙居县假日大酒店	3	套间	2	2	1288	390	仙居县穿城中路 16 号	0576－87712888	
			单间	11	11	618	210			
			标准间	63	63	618	210			
			其他标准房型	28	28	568	190			
仙居县月塘大酒店	仙居县月塘大酒店	3	套间	9	9	468	228	台州市仙居县城关镇花园路 108 号	0576－87839888	
			单间	3	3	418	208			
			标准间	45	45	368	155			
			其他标准房型	14	14	418	208			
台州东方大酒店	台州东方大酒店有限公司	4	套间	18	18	988	420	台州市仙居县城北东路 179 号	0576－87818686	
			单间	36	36	628	295			
			标准间	135	135	628	295			
台州神仙居山庄	台州神仙居山庄有限公司		套间	3	3	998	498	仙居县白塔镇神仙居景区入口处	0576－87018795	
			单间	8	8	558	268			
			标准间	53	53	498	238			
			其他标准房型	13	13	558	268			
仙居竺梅度假村	仙居竺梅度假村有限公司	3	套间	3	3	1280	580	仙居县南峰街道浮石园	0576－87736888	
			单间	5	5	498	238			
			标准间	32	32	418	198			
			其他标准房型	18	18	498	238			

饭店名称	发票开具单位名称	星级	客房（数量：间；价格：元/天）					地址	前台订房电话	备注
			房型	总间数	协议间数	门市价	协议价			
温州市										
温州国际大酒店	温州国际大酒店有限公司	4	套间	20	14	1320	600	温州市人民中路1号	0577－88251111	
			单间	30	21	858	300			
			标准间	130	91	858	300			
温州顺生大酒店	温州顺生大酒店有限公司	4	套间	15	15	1088	545	温州市鹿城路36号	0577－88270000	
			单间	45	45	638	290			
			标准间	117	117	638	290			
温州奥林匹克假日大酒店	温州奥林匹克假日大酒店有限公司	4	套间	6	5	1375	600	温州市民航路8号	0577－88050328	
			单间	10	7	757	298			
			标准间	70	49	757	298			
温州金鹏宾馆	温州金鹏宾馆有限公司	3	套间	6	6	958	565	温州市勤奋路58号	0577－88518899	
			单间	19	19	498	288			
			标准间	84	84	498	288			
温州瑞兴大酒店	温州瑞兴大酒店有限公司	3	套间	8	8	998	499	温州市鹿城路271号	0577－88099999	
			单间	52	52	480	240			
			标准间	91	91	480	220			
温州红太阳宾馆	温州红太阳宾馆	3	套间	6	6	1088	558	温州市温州大道88号	0577－86788888－31	
			单间	43	43	588	258			
			标准间	149	149	588	258			
温州天都大酒店	温州天都大酒店	3	商务套间	8	8	780	390	温州市兴海路99号	0577－88501888－875	
			普通套间	17	17	620	310			
			商务单间	13	13	560	268			
			普通单间	10	10	420	210			
			商务标准间	30	30	560	268			
			普通标准间	85	85	420	210			
温州瓯昌饭店	温州瓯昌饭店有限公司	3	套间	6	6	1180	410	温州市雪山路71号	0577－88528888	
			标A单间	8	8	618	253			
			标B单间	22	22	648	296			
			标AB间	44	44	498	239			
			标C间	27	27	618	296			

饭店名称	发票开具单位名称	星级	客房（数量：间；价格：元/天）					地址	前台订房电话	备注
			房型	总间数	协议间数	门市价	协议价			
丽水市										
丽水香溢紫荆花大酒店	丽水香溢紫荆花大酒店有限公司	3	普通套间	5	5	738	328	丽水市丽阳街438号	0578－2111888/2298866	
			高级单间	7	7	598	268			
			普通单间	8	8	418	180			
			商务标准间	12	12	538	218			
			标准间	45	45	498	198			
			豪华套间	4	3	1188	600			
			豪华商务单间（带电脑）	6	6	628	258			
			豪华商务标间（带电脑）	18	18	628	258			
			豪华标准间	18	18	628	238			
			商务单间	23	23	568	218			
			商务标准间	14	14	568	218			
遂昌元立国际饭店有限公司	遂昌元立国际饭店有限公司		商务套房	4	4	750	628	浙江省遂昌县东街95号	0578－8190777	
			普通套房	14	14	508	428			
			普通单间	8	8	368	300			
			豪华标准间	36	36	368	300			
			普通标准间	40	40	348	288			
遂昌凯恩大酒店有限公司	遂昌凯恩大酒店有限公司		商务套房	4	4	680	500	浙江省遂昌县北街1号	0578－8188888	商务套房为内外套间，二卫，配电脑
			商务单间（配电脑）	31	31	398	298			
			商务标准间（配电脑）	22	22	358	288			
			豪华单间	9	9	288	228			
			豪华标准间	74	74	298	238			
遂昌宾馆	遂昌宾馆		套房	1	1	600	350	浙江省丽水市遂昌县东街40号	0578－8128888	
			普通单间	4	4	330	180			
			普通标准间	28	28	330	180			
			商务单间	10	10	360	198			
			商务标准间	16	16	360	198			

饭店名称	发票开具单位名称	星级	客房（数量：间；价格：元/天）					地址	前台订房电话	备注
			房型	总间数	协议间数	门市价	协议价			
南尖岩山庄	遂昌县旅游发展有限公司		套房	4	4	688	418	遂昌县王村口镇石笋头村	0578－8555666	
			单间	3	3	428	248			
			商务间	25	25	428	248			
			标A	11	11	388	198			
			标B	23	23	358	168			
			三人间	3	3	438	258			
			经济房	15	15	168	128			
遂昌炭缘宾馆	遂昌炭缘宾馆		套房	1	1	518	408	遂昌县上江飞龙路58号	0578－8185218/8185518	
			单间A	2	2	208	168			
			单间B	9	9	188	148			
			标准间A	26	26	198	158			
			标准间B	25	25	178	138			
神龙山庄	浙江遂昌绿客旅游开发有限公司		套房	4	4	388	328	丽水市遂昌县神龙谷景区	0578－8366888	
			单间	7	7	188	148			
			标准间	34	34	228	148			
白马山庄	遂昌县白马山森林公园	1	套房	20	20	660	560	遂昌县白马山	0578－8200200	套房内含两个标准间（小木屋）
			单间	1	1	168	150			
			标准间	18	18	168	150			
遂昌县鞍山书院宾馆	遂昌长濂旅游开发有限公司		套房	4	4	588	368	遂昌县长濂村	0578－8195728	
			单间	7	7	288	148			
			标准间	30	30	388	148			
凯恩飞石岭酒店	浙江凯恩飞石岭酒店有限公司		套房	3	3	688	428	遂昌县石练镇	0578－8266666	酒店扩建中，新房间预计春节对外开放32间
			单间	5	5	428	228			
			标准间	69	69	368	198			

浙江

宁波市出差定点饭店

饭店名称	发票开具单位名称	星级	客房（数量：间；价格：元/天）					地址	前台订房电话	备注
			房型	总间数	协议间数	门市价	协议价			
宁波市										
宁波大榭国际大酒店	宁波大榭国际大酒店有限公司	5	高级房双床	135	135	980	300	宁波大榭开发区信开路111号	0574－86985813	
			高级房大床	43	43	980	300			
			高级套房	11	11	1480	600			
宁波文昌大酒店	宁波文昌大酒店有限公司	4	普通标准间	39	39	688	298	宁波市中山西路文昌街2号	0574－87985178	
			普通单人间	19	19	688	298			
			普通套房	8	8	1688	598			
宁波老板娘新光大酒店	浙江老板娘食品集团有限公司老板娘新光大酒店	4	豪华套房	8	8	3000	600	宁波市北仑区明州路789号	0574－86857422	
			套间	42	42	1700	500			
			单间	181	181	750	300			
			标准间	79	79	750	300			
宁波嘉和大酒店	宁波嘉和大酒店有限公司	4	高级套间	16	16	1560	600	宁波市海曙区新典路108号	0574－83876666	
			标准单人房	45	45	760	300			
			标准双人房	52	52	760	300			
			女士单人房	9	9	760	300			
			女士双人房	5	5	760	300			
宁波戚家山宾馆	宁波联合集团有限公司戚家山宾馆	4	普通标房	49	49	720	280	浙江省宁波市北仑区小港东海路20号	0574－86183388	
			普通单人房	27	27	720	280			
			豪华套房	17	17	1200	580			
宁波中山饭店	宁波中山饭店	3	普通套间	5	5	628	318	宁波市海曙区孝闻街100号	400－7115222、0574－56126888－5128/5118	
			豪华套间	2	2	1688	598			
			标准双人房	66	66	488	248			
			高级双人房	12	12	688	298			
			经济双人房	12	12	288	198			
			标准单人房	28	28	488	248			
			高级单人房	8	8	688	298			
			商务房	2	2	1228	518			
宁波联谊宾馆	宁波联谊宾馆	3	套 间	4	4	520	420	宁波市海曙区国医街85号	0574－87287888－2106/2108	
			单人间A	3	3	388	248			
			单人间B	3	3	428	280			
			标准间A	34	34	388	248			
			标准间B	42	42	428	280			

饭店名称	发票开具单位名称	星级	客房（数量：间；价格：元/天）					地址	前台订房电话	备注
			房型	总间数	协议间数	门市价	协议价			
宁波云海宾馆	宁波云海宾馆有限公司	3	套间	12	12	698	400	宁波市长春路2号	0574－87098888	
			单间	26	26	498	240			
			标准间	70	70	428	240			
			豪华大床房	19	19	528	280			
			豪华标准间	28	28	528	280			
宁波日月宾馆	宁波市日月宾馆有限公司	3	套间	14	14	620	372	宁波市兴宁路46号	0574－87066666－50101	
			单间	40	40	450	245			
			标准间	117	117	450	245			
宁波饭店	宁波饭店有限公司	3	套间	11	11	618	338	宁波市海曙区马园路251号	0574－87097800	
			豪华套间	3	3	968	598			
			单间	9	9	338	220			
			豪华单间	18	18	498	280			
			标准间	70	70	498	260			
宁波甬港饭店	宁波甬港饭店	3	套间	4	4	880	500	宁波市江东区甬港北路8号	0574－87060505	
			单间	64	64	400	270			
			标准间	82	82	360	238			
宁波春天宾馆	宁波春天宾馆有限公司	3	套间	5	5	888	348	宁波市江东区兴宁路37号	0574－87877888－1030	
			单间	60	60	338	178			
			标准间	128	128	380	198			
宁波新兴大酒店	宁波市新兴大酒店有限责任公司	3	套间	6	6	880	580	宁波市海曙区中山西路226号	0574－87072683	
			单间	32	32	488	248			
			标准间	82	82	488	248			
宁波新芝宾馆	宁波新芝宾馆		联谊中心单人间	7	7	428	300	宁波市翠柏路396号	0574－87098288－5121/5131	
			标准间	21	21	428	300			
			普通套间	7	7	888	600			
			综合楼单人间	20	20	358	250			
			标准间	69	69	358	250			
			普通套间	4	4	888	600			
宁波南都宾馆	宁波南都宾馆	3	套间	7	7	698	328	宁波市海曙区恒春街75号	0574－87086699	
			单间	38	38	398	200			
			标准间	260	260	398	200			
宁波平安宾馆	宁波市平安宾馆	3	标准房A单人房A	42	42	388	268	宁波市江东区姚隘路350号	0574－56156666－1666/1888	
			标准房B单人房B	73	73	358	218			
			普通套房	3	3	580	398			
			豪华套房	1	1	680	520			

饭店名称	发票开具单位名称	星级	客房（数量：间；价格：元/天）					地址	前台订房电话	备注
			房型	总间数	协议间数	门市价	协议价			
宁波新金星宾馆	宁波军用饮食供应站新金星宾馆		行政标准房	60	60	548	268	宁波市海曙区柳汀街555号	0574－87087888	
			商务标准房			598				
			行政单人房	32	32	628	288			
			商务单人房			668				
			豪华大床房	22	22	768	298			
			阳光套房	2	2	1288	568			
宁波富邦大酒店	宁波富邦大酒店有限责任公司	4	商务套房	14	14	1580	600	宁波市海曙区马园路455号	0574－87088828	
			标准单间	20	20	820	300			
			标准双人间	80	80	820	300			
			商务单、双间	10	10	880	300			

安徽省

- 财政部委托安徽省财政厅负责在安徽省地级以上城市招标采购出差定点饭店并负责日常监督管理工作。
- 本次政府采购，确定安徽省出差定点饭店116家。
- 出差定点饭店按照与财政部门签订《协议书》的价格向中央和地方各级党政机关和事业单位提供相应的接待服务。
- 如果对协议价格产生疑义，可以要求定点饭店出示《协议书》。
- 如有出差定点饭店变更或协议价格变化，应以“党政机关出差会议定点饭店查询网”的信息为准。
- 本目录中的安徽省出差定点饭店的详细信息，可在“党政机关出差会议定点饭店查询网”查阅。
- 安徽省各地区长途电话区号：

合肥市　0551　　宿州市　0557
淮北市　0561　　阜阳市　0558
亳州市　0558　　蚌埠市　0552
淮南市　0554　　滁州市　0550
芜湖市　0553　　铜陵市　0562
安庆市　0556　　黄山市　0559
六安市　0564　　巢湖市　0565
池州市　0566　　宣城市　0563
马鞍山市　0555

安徽省出差定点饭店

饭店名称	发票开具单位名称	星级	客房（数量：间；价格：元/天）					地址	前台订房电话	备注
			房型	总间数	协议间数	门市价	协议价			
合肥市										
安徽省人大常委会会议中心	安徽省人大常委会会议中心	3	标准间	104	104	328	220	合肥市屯溪路427号	0551－3609999	
			商务单间	6	6	398	280			
			商务套间	3	3	680	520			
安徽省百花宾馆	安徽省百花宾馆	3	标准间	50	50	368	220	安徽省合肥市寿春路191号	0551－2226999/2226998	
			套间	16	16	588	350			
			豪华单人间	14	14	338	220			
望江宾馆	合肥新望江酒店管理有限责任公司	3	标准间	2	2	680	480	合肥市金寨路1号	0551－3695060/3695061	免费宽带上网/豪华单间、商务标间房内配有液晶电脑
			豪华标间	92	92	328	228			
			商务标间	9	9	388	278			
			普通单间	34	34	169	118			
安徽省稻香楼宾馆	安徽省稻香楼宾馆	国宾馆	标准间	180	180	680	300	合肥市金寨路311号	0551－228600/2228602	
			单人间	2	2	680	300			
			普通套间	10	10	1180	600			
合肥市梅山饭店有限公司	合肥市梅山饭店有限公司	4	标准间	10	10	1280	600	梅山路125号	0551－2291808	
			商务标间	108	108	668	300			
			商务单间	37	37	658	300			
塞纳河畔·蜀山国际大酒店	安徽塞纳河畔蜀山国际大酒店有限公司		商务标准间	58	58	488	238	合肥市高新区天柱路19号	0551－2251188	
			豪华标准间	26	26	588	300			
			高级套间	6	6	988	418			
华都宾馆	安徽华都实业有限公司合肥华都宾馆	3	标间	64	64	368	295	合肥市长江中路158号	0551－2622988/2621616	
			单间	22	22	428	300			
			套间	8	8	688	516			
安徽省新世纪大厦	安徽省新世纪商务酒店	3	商务标间	97	97	428	200	合肥市庐江路111号	0551－2280155/2280165	
			商务单人间	5	5	428	200			
			普通套间	2	2	568	300			
			豪华套间	5	5	688	488			
中国人民解放军炮兵学院招待所	中国人民解放军炮兵学院招待所		标准间	108	108	580	280	合肥市东至路5号	0551－5740000	
			单人间	18	18	480	280			
			套间	14	14	1680	580			

安徽

饭店名称	发票开具单位名称	星级	客房（数量：间；价格：元/天）					地址	前台订房电话	备注
			房型	总间数	协议间数	门市价	协议价			
安徽澳瑞特酒店有限公司	安徽澳瑞特酒店有限公司		标准间	46	40	280	220	安庆路 241 号	0551－2211888	
			单人间	18	15	280	220			
			普通套间	4	4	480	210			
良苑商务会馆	安徽良苑商务会馆有限责任公司	4	单大间	16	11	560	300	芜湖路 319 号	0551－2288801	
			普通标准间	60	42	560	300			
			套房	9	6	960	600			
安徽银瑞林国际大酒店有限责任公司	安徽银瑞林国际大酒店有限责任公司	4	套间	10	10	888	358	合肥市阜阳北路 14 号	0551－5669086/5669999	
			单间	20	20	568	210			
			标准间	296	296	598	238			
安徽省国税干部培训中心（国瑞宾馆）	安徽省国税干部培训中心		套间	6	6	888	550	合肥市蒙城北路 21 号	0551－5698800	按三星标准建设
			单间	3	3	258	250			
			标准间	65	65	318	250			
安徽省地方税务干部培训中心（广玉兰宾馆）	安徽省地方税务干部培训中心—广玉兰宾馆	2	标准间	61	61	248	228	合肥市阜南西路 230 号	0551－2250288/2250289	
			单人间	5	5	308	278			
			普通套间	5	5	388	368			
宿州市										
安徽金满楼汇源国际大酒店有限公司	安徽金满楼汇源国际大酒店有限公司	4	套间	5	5	788	528	安徽省宿州市汇源大道南路 1 号	0557－3628881	
			单间	24	24	588	228			
			标准间	86	86	388	198			
宿州市南苑宾馆	宿州市南苑宾馆	3	套间	2	2	788	500	安徽省宿州市宿怀南路 138 号	0557－3919999	
			单间	25	25	488	200			
			标准间	24	24	388	180			
淮北市										
相王府宾馆	淮北矿业（集团）公司相王府宾馆	3	套间	8	8	888	600	淮北市花园路 8 号	0561－3808666	
			单间	32	32	328	270			
			标准间	230	230	328	270			
香舍黎饭店	濉溪县香舍黎饭店	2	套间	5	5	688	388	濉溪县香舍黎饭店	0561－6885555/6886222	
			单间	15	15	226	180			
			标准间	59	59	226	180			

饭店名称	发票开具单位名称	星级	客房（数量：间；价格：元/天）					地址	前台订房电话	备注
			房型	总间数	协议间数	门市价	协议价			
阜阳市										
阜阳市国贸大酒店	阜阳市国贸大酒店投资管理有限公司	4	套间	10	10	518	400	阜阳市人民东路1号	0558－2258888	
			单间	112	112	280	230			
			单间	112	112	280	230			
中京大酒店	阜阳市中京房地产开发有限责任公司中京大酒店	3	套间	6	6	680	320	阜阳市人民中路52号	0558－2230000	
			单间	23	23	488	180			
			标准间	86	86	488	180			
阜阳市文峰宾馆	阜阳市文峰宾馆	2	套间	6	6	598	328	颍州中路158号	0558－2263751	
			单间	10	10	298	160			
			标准间	72	72	298	160			
阜阳市国际大酒店有限公司	阜阳市国际大酒店有限公司		套间	13	13	680	480	阜阳市颍州区清河东路599号	0558－2198999	
			单间	17	17	298	240			
			标准间	151	151	298	240			
南山宾馆餐饮部	阜南县南山宾馆	3	套间	10	10	468	268	安徽省阜南县地城南路1号	0558－6752222/6753333	
			单间	10	10	298	160			
			标准间	70	70	298	160			
亳州市										
新贵都城市酒店	亳州市新贵都城市酒店有限责任公司	4	套间	15	15	498	438	亳州市芍花路路友阳步行街388号	0558－5555555/5122666	
			单间	8	8	128	128			
			标准间	56	56	308	258			
亳州市龙华迎宾馆有限责任公司	亳州市龙华迎宾馆有限责任公司	3	套间	40	40	368	230	亳州市谯城区古泉路陵西湖	0558－5210222/5210333	
			单间	10	10	180	108			
			标准间	68	68	260	148			
蚌埠市										
蚌埠市锦江大酒店	蚌埠市锦江大酒店有限公司	5	套间	17	17	1300	600	蚌埠市东海大道5183号	0552－2088511	
			单间	35	35	650	300			
			普通标准间	96	96	650	300			
蚌埠市怀洪宾馆	蚌埠市怀洪宾馆	3	套间	3	3	818	428	蚌埠市沿淮路780号（四路车终点站）	0552－3086666	
			商务单间	8	8	398	208			
			商务标间	14	14	358	188			

安徽

饭店名称	发票开具单位名称	星级	客房（数量：间；价格：元/天）					地址	前台订房电话	备注
			房型	总间数	协议间数	门市价	协议价			
蚌埠市怀洪宾馆	蚌埠市怀洪宾馆	3	单间	3	3	358	188	蚌埠市沿淮路780号（四路车终点站）	0552－3086666	
			标准间	51	51	318	168			
			三人间	2	2	458	248			
蚌埠市淮河会务有限责任公司商务酒店	蚌埠市淮河会务有限责任公司	3	套间	2	2	800	428	蚌埠市东海大道3055号	0552－3093666/3093699	
			单间	7	7	380	198			
			标准间	37	37	420	218			
安徽煤田光大彩印有限责任公司美丽园大酒店	美丽园大酒店	3	套间	6	6	298	240	蚌埠市华光大道525号	0552－4092158	
			单间	2	2	80	70			
			标准间	34	34	128	100			
			三人间	3	3	198	180			
			商务标准间	17	17	198	130			
安徽提香格调酒店有限公司	安徽提香格调酒店有限公司		商务单间	20	20	298	149	蚌埠市文化广场南侧	0552－3721777	
			商务标准间	56	56	298	149			
			豪华单间	14	14	398	199			
			豪华标准间	10	10	398	199			
			特色复式套房	6	6	498	249			
玉金香国际大酒店	蚌埠玉金香国际大酒店有限公司	4	套间	7	5	560	336	蚌埠市治淮路205号	0552－3033333/3040888	
			单间	15	11	368	220			
			标准间	53	40	398	238			
			豪华套间	8	5	638	382			
			豪华单间	8	5	468	280			
			豪华标准间	11	8	536	300			
禾泉酒店	怀远县禾泉农庄乡村酒店有限公司	3	套间	5	5	498	268	蚌埠市怀远县涂山风景区禾泉农庄院内	0552－2870721	
			单间	2	2	298	168			
			标准间	32	32	298	168			
淮南市										
新锦江大酒店	淮南市新锦江大酒店有限公司		套间	60	60	980	600	皖淮南市洞山中路12号	0554－6679103	
			单间	60	60	680	300			
			标准间	166	166	680	300			
古阳酒店	淮南市古阳大酒店有限责任公司	4	套间	5	5	1980	600	淮南市国庆中路281号	0554－2528808	
			标准间	48	48	480	300			

饭店名称	发票开具单位名称	星级	客房（数量：间；价格：元/天）					地址	前台订房电话	备注
			房型	总间数	协议间数	门市价	协议价			
金满楼骏发国际大酒店	淮南金虹电力股份合作总部金满楼骏发国际大酒店	4	套间	1	1	2880	600	安徽省淮南市朝阳中路18号	0554－2913333－8000	
			单间	4	3	580	248			
			标准间	30	25	580	248			
金茂国际酒店有限责任公司	淮南市金茂国际酒店有限责任公司	4	套间	15	15	480	430	田家庵区国庆西路8号	0554－6806666	
			单间	42	42	520	230			
			标准间	84	84	520	230			
东方名人国际大酒店	淮南市星明房地产开发有限公司宾馆	3	套间	3	3	568	298	淮南市田家庵区广场路1号	0554－6888820	
			单间	32	32	368	188			
			标准间	54	54	368	188			
安徽信谊宾馆	信谊宾馆	3	套间	2	2	800	415	淮南市田家庵区广场中路2号	0554－6887888	
			单间	17	17	320	175			
			标准间	36	36	320	175			
淮南金地海顿酒店有限公司	淮南金地海顿酒店有限公司	3	套间	1	1	688	388	淮南市田家庵区人民南路19号	0554－2670888	
			单间	12	12	288	158			
			标准间	5	5	288	158			
天河大厦	淮南天河实业总公司电力培训中心	3	套间	2	2	480	240	经济开发区洛河电厂	0554－3612888	
			标准间	85	85	160	120			
淮南润丰格美商务酒店	淮南润丰格美商务酒店管理有限公司	3	套间	1	1	238	198	淮南市朝阳中路	0554－6663888	
			单间	35	35	168	128			
			标准间	68	68	168	128			
安徽淮化集团有限公司宾馆	安徽淮化集团有限公司宾馆		套间	7	7	888	480	泉山路284号	0554－6412901	
			单间	15	15	200	140			
			标准间	38	38	200	140			
滁州市										
红三环大酒店	滁州红三环大酒店有限责任公司	3	套间	4	4	888	480	滁州市紫微北路1329号	0550－3316800	
			单间	12	12	488	300			
			标准间	97	97	488	200			
桂苑度假山庄	滁州市安顺实业桂苑度假山庄	3	套间	4	4	880	310	滁州市丰乐大道1599号	0550－3216666	
			单间	2	2	320	260			
			标准间	105	105	320	160			
君家酒店	滁州君家酒店有限责任公司	4	套间	3	3	960	600	滁州市全椒路148号	0550－3519811	
			单间	22	22	580	290			
			标准间	57	57	580	290			

饭店名称	发票开具单位名称	星级	客房（数量：间；价格：元/天）					地址	前台订房电话	备注
			房型	总间数	协议间数	门市价	协议价			
马鞍山市										
马钢宾馆	马钢集团力生有限责任公司	3	套间	9	9	680	398	安徽省马鞍山市西苑路2号	0555－2883789	
			单间	10	10	458	258			
			标准间	25	25	398	228			
海兴国际酒店	马鞍山海田实业有限公司	3	套间	12	12	680	368	马鞍山市花山区重阳路	0555－8219757	
			单间	10	10	458	218			
			标准间	12	12	398	178			
鸿泰国际酒店	马鞍山市鸿泰国际酒店有限公司	4	套间	6	6	980	400	马鞍山市太白大道1号	0555－8350166	
			单间	20	20	688	298			
			标准间	12	12	588	119			
梦都雨山湖饭店	安徽省梦都餐饮发展有限责任公司	4	套间	22	22	960	480	马鞍山市湖南西路79号	0555－8321277	
			单间	25	25	698	298			
			标准间	54	54	698	298			
盛德轩国际会议中心	马鞍山市盛德轩国际会议中心有限公司	4	套间	3	3	798	500	马鞍山市雨山区马向路大学城向东600米	0555－752000	
			单间	10	10	588	258			
			标准间	60	60	488	228			
芜湖市										
芜湖市铁山宾馆	芜湖市铁山宾馆	4	套间	15	15	980	588	芜湖市镜湖区更兴路6号	0553－3718800	
			单间	8	8	488	293			
			标准间	16	16	488	293			
龙云新世纪大酒店	龙云新世纪大酒店	4	普套间	13	13	1080	538	南陵县籍山大道1号	0553－7659999	
			单人间	16	16	516	220			
			标准间	78	78	456	220			
新物资大厦宾馆有限责任公司	新物资大厦宾馆有限责任公司	3	套间	2	2	688	330	芜湖市镜湖区九华中路244号	0553－3838121/3838120	
			单间	51	51	230	190			
			标准间	56	56	288	200			
芜湖国信大酒店	芜湖国信大酒店	4	套间	9	9	1088	600	安徽芜湖经济技术开发区浦江路5号	0553－5844888	
			单间	40	40	620	300			
			标准间	94	94	620	300			
芜湖东湖国际大酒店有限公司	芜湖东湖国际大酒店有限公司		套间	2	2	1788	600	芜湖市芜湖县东湖公园内	0553－8917655	
			单间	30	30	458	238			
			标准间	112	112	438	228			
芜湖明远宾馆	芜湖明远宾馆有限公司	3	普通套间	2	2	508	350	中山北路36号	0553－3807900	
			豪华套间	3	3	588	400			
			豪华标间	24	24	298	200			
			豪华单间	12	12	318	220			

饭店名称	发票开具单位名称	星级	客房（数量：间；价格：元/天）					地址	前台订房电话	备注
			房型	总间数	协议间数	门市价	协议价			
马仁山庄	马仁山庄	3	套间	7	7	680	460	芜湖市繁昌县孙村镇	0553－7217888	
			标准间	68	68	388	200			
芜湖海螺国际大酒店	芜湖海螺国际大酒店有限公司	4	单间	20	20	700	300	芜湖市文化路39号	0553－3118188－54	
			标准间	100	100	600	300			
芜湖方特假日酒店	芜湖方特假日酒店管理有限公司	3	普通套间	3	3	888	398	芜湖银湖北路华强城	0553－5988588	
			单间	54	54	558	220			
			标准间	130	130	488	198			
			快捷型客房	96	96	168	138			
芜湖碧桂园凤凰酒店	芜湖碧桂园凤凰酒店有限公司	5	套间	25	25	1288	480	芜湖市三山区龙湖	0553－5818888	
			单间	83	83	888	240			
			标准间	230	230	888	240			
铜陵市										
五松山宾馆	安徽五松山国际旅业有限责任公司五松山宾馆	4	套间	4	4	780	312	铜陵市铜官山区义安大道北段327号	0562－2668866	
			豪华套间	6	6	1180	472			
			单间（A）	18	18	488	188			
			单间（B）	59	59	428	168			
			标准间（A）	47	47	488	188			
			标准间（B）	36	36	428	168			
育和大酒店	铜陵市育和大酒店有限责任公司	4	普标（单）	47	47	455	275	铜陵市长江中路728号	0562－2838888	
			休闲标（单）	18	18	468	280			
			数码标（单）	52	52	498	295			
			商务单间	14	14	528	300			
			套间	6	6	800	480			
华亭四季大酒店	铜陵市华亭四季大酒店有限公司	4	单间（A）	13	13	378	168	安徽省铜陵市淮河中路铜陵商城A座	0562－2662345	
			单间（B）	10	10	448	188			
			商务标间	21	21	508	228			
			豪华标间（A）	39	39	558	248			
			豪华标间（B）	26	26	618	278			
			特色房	10	10	688	298			
			商务套间	3	3	928	418			
			豪华套间	5	5	1128	508			
铜陵永泉农庄度假村	铜陵永泉农庄有限责任公司		标准间	73	73	388	233	铜陵县钟鸣镇叶山林场	0562－8297888	
			套间1	6	6	558	335			
			套间2	5	5	588	353			

<table>
<tr><th rowspan="2">饭店名称</th><th rowspan="2">发票开具单位名称</th><th rowspan="2">星级</th><th colspan="5">客房（数量：间；价格：元/天）</th><th rowspan="2">地址</th><th rowspan="2">前台订房电话</th><th rowspan="2">备注</th></tr>
<tr><th>房型</th><th>总间数</th><th>协议间数</th><th>门市价</th><th>协议价</th></tr>
<tr><td rowspan="4">澜溪山庄</td><td rowspan="4">铜陵澜溪工贸有限公司</td><td rowspan="4"></td><td>套间</td><td>2</td><td>2</td><td>998</td><td>490</td><td rowspan="4">安徽省铜陵市大通澜溪山庄</td><td rowspan="4">0562－8862333</td><td rowspan="4"></td></tr>
<tr><td>单间</td><td>3</td><td>3</td><td>398</td><td>160</td></tr>
<tr><td>标准间</td><td>84</td><td>84</td><td>398</td><td>160</td></tr>
<tr><td>休闲间</td><td>15</td><td>15</td><td>248</td><td>220</td></tr>
<tr><td rowspan="6">美华大酒店</td><td rowspan="6">铜陵美华大酒店</td><td rowspan="6">3</td><td>豪华套间</td><td>2</td><td>2</td><td>588</td><td>410</td><td rowspan="6">铜陵市义安大道北段330号</td><td rowspan="6">0562－2872888</td><td rowspan="6"></td></tr>
<tr><td>套间</td><td>12</td><td>12</td><td>388</td><td>260</td></tr>
<tr><td>标准单间</td><td>11</td><td>11</td><td>328</td><td>210</td></tr>
<tr><td>标准间</td><td>37</td><td>37</td><td>328</td><td>210</td></tr>
<tr><td>其他（A）</td><td>17</td><td>17</td><td>358</td><td>240</td></tr>
<tr><td>其他（B）</td><td>4</td><td>4</td><td>418</td><td>290</td></tr>
<tr><td rowspan="6">科发大酒店</td><td rowspan="6">铜陵市科发大酒店</td><td rowspan="6">2</td><td>豪华套间</td><td>2</td><td>2</td><td>576</td><td>288</td><td rowspan="6">铜陵市义安大道北段1338号</td><td rowspan="6">0562－2805588</td><td rowspan="6"></td></tr>
<tr><td>套间</td><td>1</td><td>1</td><td>336</td><td>168</td></tr>
<tr><td>标准单间</td><td>6</td><td>6</td><td>256</td><td>128</td></tr>
<tr><td>标准间</td><td>18</td><td>18</td><td>256</td><td>128</td></tr>
<tr><td>其他（大标间）</td><td>18</td><td>18</td><td>296</td><td>148</td></tr>
<tr><td>其他（三人间）</td><td>4</td><td>4</td><td>336</td><td>168</td></tr>
<tr><td rowspan="5">逸扬大酒店</td><td rowspan="5">铜陵市逸扬大酒店</td><td rowspan="5">2</td><td>豪华套间</td><td>1</td><td>1</td><td>588</td><td>220</td><td rowspan="5">铜陵市义安大道北段555号</td><td rowspan="5">0562－2855999</td><td rowspan="5"></td></tr>
<tr><td>套间</td><td>2</td><td>2</td><td>318</td><td>180</td></tr>
<tr><td>标准单间</td><td>18</td><td>18</td><td>278</td><td>150</td></tr>
<tr><td>标准间</td><td>38</td><td>38</td><td>278</td><td>150</td></tr>
<tr><td>其他</td><td>3</td><td>3</td><td>120</td><td>80</td></tr>
<tr><td colspan="11">安庆市</td></tr>
<tr><td rowspan="3">安庆大酒店有限责任公司</td><td rowspan="3">安庆大酒店有限责任公司</td><td rowspan="3">4</td><td>套间</td><td>21</td><td>21</td><td>680</td><td>560</td><td rowspan="3">安庆市湖心中路66号</td><td rowspan="3">0556－5399000</td><td rowspan="3"></td></tr>
<tr><td>单间</td><td>29</td><td>29</td><td>330</td><td>260</td></tr>
<tr><td>标准间</td><td>86</td><td>86</td><td>330</td><td>260</td></tr>
<tr><td rowspan="3">安庆碧桂园凤凰酒店有限公司</td><td rowspan="3">安庆碧桂园凤凰酒店有限公司</td><td rowspan="3"></td><td>套间</td><td>15</td><td>15</td><td>2888</td><td>600</td><td rowspan="3">安庆市迎江区港口路88号</td><td rowspan="3">0556－5888888</td><td rowspan="3"></td></tr>
<tr><td>单间</td><td>51</td><td>51</td><td>1088</td><td>300</td></tr>
<tr><td>标准间</td><td>248</td><td>248</td><td>1088</td><td>300</td></tr>
<tr><td rowspan="4">安庆皖源国际大酒店</td><td rowspan="4">安徽皖源宾馆有限责任公司安庆皖源国际大酒店</td><td rowspan="4">4</td><td>普通单间</td><td>35</td><td>35</td><td>420</td><td>180</td><td rowspan="4">安庆市菱湖南路118号</td><td rowspan="4">0556－5502980</td><td rowspan="4"></td></tr>
<tr><td>标准客房</td><td>137</td><td>137</td><td>600</td><td>240</td></tr>
<tr><td>数码商务单（标间）</td><td>55</td><td>55</td><td>600</td><td>280</td></tr>
<tr><td>普通套间</td><td>10</td><td>10</td><td>780</td><td>380</td></tr>
<tr><td rowspan="4">安庆迎宾馆</td><td rowspan="4">安徽省安庆市安庆迎宾馆</td><td rowspan="4">4</td><td>标准间</td><td>15</td><td>10</td><td>888</td><td>380</td><td rowspan="4">安庆市开发区同安路2号</td><td rowspan="4">0556－5398999/5398211/5398210</td><td rowspan="4"></td></tr>
<tr><td>商务标单间</td><td>94</td><td>86</td><td>658</td><td>240</td></tr>
<tr><td>豪华标单间</td><td>15</td><td>10</td><td>758</td><td>278</td></tr>
<tr><td>展鸿楼单间</td><td>85</td><td>75</td><td>568</td><td>168</td></tr>
</table>

饭店名称	发票开具单位名称	星级	客房（数量：间；价格：元/天）					地址	前台订房电话	备注
			房型	总间数	协议间数	门市价	协议价			
宿松县孚玉山宾馆	宿松县孚玉山宾馆	2	标准间	30	30	200	130	安徽省安庆市宿松县人民路102号	0556－7821392	
			标准间（豪华）	55	55	260	180			
			标准间	13	13	300	200			
			单人间	9	9	330	200			
			豪华套间	4	4	480	360			
			单人间（普通）	22	22	200	130			
华玲宾馆	华玲宾馆有限公司	3	套间	4	4	598	300	宿松县孚玉中路	0556－7819888	
			单间	10	10	218	138			
			标准间	87	87	228	118			
雷池迎宾馆	雷池迎宾馆	2	套间	3	3	360	268	望江县华阳镇南门街3号	0556－7171193	
			单间	23	23	240	140			
			标准间	45	45	248	140			
			套房	4	4	880	450			
桐城市国际大酒店	桐城市国际大酒店	4	套间	24	24	1108	368	桐城市龙眠东路	0556－6199222/6199111	
			单间	30	30	468	228			
			标准间	64	64	468	228			
安徽省天际大酒店	安徽省生态旅游发展有限公司	4	套间	11	9	1118	588	安徽省岳西县天堂镇南园大道18号	0556－2199999	
			单间	21	21	498	248			
			标准间	130	130	458	228			
潜山县皖城假日酒店有限责任公司	潜山县皖城假日酒店有限公司	2	套间	4	4	688	380	潜山县舒州大道861号	0556－8920299	
			单间	12	12	380	200			
			商务标间	36	36	380	200			
			标准间	32	32	368	180			
安徽恒华大酒店	安徽恒华大酒店有限公司	3	套间	3	3	680	480	安徽省潜山县城舒州大道990号	0556－8979653	
			豪华套间	1	1	1180	600			
			商务标间	24	24	400	210			
			标准间	42	42	380	190			
黄山市										
金溪饭店	屯溪金溪饭店	2	套 间	3	3	480	200	黄山市前园南路27号	0559－2312968/2351234	
			标准间	62	62	240	100			
华山宾馆	黄山旅游发展股份有限公司华山宾馆	4	套间	10	10	980	360	黄山市屯溪区延安路3号	0559－2328696	
			单间	22	22	780	280			
			标准间	67	67	780	280			

饭店名称	发票开具单位名称	星级	客房（数量：间；价格：元/天）					地址	前台订房电话	备注
			房型	总间数	协议间数	门市价	协议价			
黄山国脉大酒店	黄山国脉大酒店有限责任公司	4	套间	4	2	1280	600	黄山市屯溪区前园南路25号	0559－2352158	
			标间	96	96	680	258			
梅地亚酒店	梅地亚酒店	4	套间	6	6	1380	480	西海路3号	0559－2577788/2578360	
			标间	118	80	780	260			
黄山高尔夫酒店	黄山松柏高尔夫乡村俱乐部有限公司	5	商务标准房（双床）	131	131	980	300	黄山市屯溪区迎宾大道78号（黄山雨润度假区内）	0559－2568234	客房为2号楼
黄山馨园国际大酒店	黄山中铁旅游有限公司黄山馨园国际大酒店	4	行政套房	12	12	1080	380	安徽省黄山市屯溪区稽灵山路32号	0559－2572108	
			标准间	66	66	680	240			
天都国际饭店	黄山天都国际饭店有限公司	4	套间	3	3	1880	600	黄山市天都大道5号	0559－2582000	
			单间	7	7	680	260			
			标准间	220	220	680	260			
歙县披云山庄	歙县披云山庄有限公司	3	套间	2	2	1180	600	黄山市歙县披云路5号	0559－6530000	
			单间	6	6	540	300			
			标准间	66	66	540	300			
黄山市黄山饭店	黄山市黄山饭店有限公司	3	套间	5	5	880	380	黄山市黄山区平湖东路1号	0559－8510188	
			单间	10	10	480	140			
			标准间	133	133	480	140			
黄山太平国际大酒店	黄山太平国际大酒店有限公司	4	套间	14	14	2880	480	黄山市黄山区平湖路17号	0559－8513999	
			单间	24	24	780	180			
			标准间	191	191	780	180			
黄山轩辕国际大酒店	黄山旅游发展股份有限公司轩辕国际大酒店	5	套间	2		2008	600	黄山市黄山区金鼎大道1号	0559－8508960	
			标准间	189	184	880	280			
黄山学而会议中心酒店	黄山市学而会议中心酒店有限公司	4	套间	4	4	2680	580	安徽省黄山市休宁县黄山北路1号	0559－7508888	
			单间	13	13	880	200			
			标准间	75	75	880	200			
凤湖烟柳度假酒店	黄山景和酒店管理有限公司		套间	4	4	2580	600	黄山市休宁县齐云西大道	0559－7520088	
			单间	16	16	980	280			
			标准间	112	112	980	280			

饭店名称	发票开具单位名称	星级	客房（数量：间；价格：元/天）					地址	前台订房电话	备注
			房型	总间数	协议间数	门市价	协议价			
黄山华商山庄	黄山华商山庄酒店管理有限公司	4	套间	27	27	1280	480	黄山市徽州区永佳大道徽州文化园	0559－2132888	
			单间	18	18	780	240			
			标准间	483	483	780	240			
黄山云海山庄有限公司	黄山云海山庄有限公司		套间	3	3	988	300	徽州区文峰路45号	0559－3583888	
			标准间	53	53	368	130			
六安市										
皖西宾馆	安徽皖西宾馆有限公司		套间	10	10	1280	600	六安市皖西西路108号	0564－3687080	
			单间	20	20	680	300			
			标准间	140	140	680	300			
白天鹅大酒店	六安市白天鹅大酒店有限公司	3	套间	3	3	858	386	六安市梅山南路广电中心南	0564－3378989	
			豪华标准间	4	4	476	216			
			商务标准间	15	15	436	196			
			家庭房	2	2	436	196			
			两人标准间	63	63	396	178			
			豪华单人间	4	4	456	216			
			商务单人间	2	2	436	196			
			单人间	4	4	376	169			
伯爵国际商务酒店	六安市伯爵商务酒店有限公司	4	套间	15	15	788	338	六安市解放路明珠广场A区	0564－3976666	
			豪华套间	1	1	1580	588			
			单间	60	60	680	248			
			标准间	183	183	658	238			
坤元商务大酒店	六安市坤元商务大酒店有限公司		套间	5	5	298	228	六安市龙河西路（裕安区政府后侧）	0564－3222222	
			单间	10	10	158	138			
			标准间	93	93	138	118			
巢湖市										
安徽省无为宾馆有限公司	安徽省无为宾馆有限公司	3	套间	9	9	1580	600	无城镇凤河路	0565－6555555	
			单间	36	36	598	300			
			标准间	101	101	598	300			
巢湖金泉山庄	巢湖金泉山庄	3	豪华套间	4	4	1880	600	巢湖市半汤温泉度假区银泉路5号	0565－2356118	
			套间	2	2	1080	488			
			单间	3	3	480	218			
			标准间	55	55	360	218			
汤山宾馆	巢湖市财会培训中心（汤山宾馆）	3	套间	4	4	1088	488	巢湖市半汤镇汤山路96号	0565－2357720	
			单间	5	5	328	228			
			标准间	99	99	328	228			
			豪华套间	1	1	1688	600			

饭店名称	发票开具单位名称	星级	客房（数量：间；价格：元/天）					地址	前台订房电话	备注
			房型	总间数	协议间数	门市价	协议价			
无为江心洲商务酒店有限公司	无为江心洲商务酒店有限公司	4	套间	9	9	668	338	无为县高沟镇高新大道	0565－6765999	
			单间	41	41	528	228			
			标准间	92	92	468	228			
安徽巢之旅商务发展有限公司巢湖国际饭店	安徽巢之旅商务发展有限公司巢湖国际饭店	4	套间	6	6	988	568	巢湖健康东路7号	0565－2118888/2118666	
			单间	62	50	498	298			
			标准间	50	50	418	248			
			豪华标间	38	38	498	298			
池州市										
池州市华润天成商务酒店有限公司	池州市华润天成商务酒店有限公司		套间	2	2	468	288	池州市清风路与东湖路交叉口	0566－2087799	
			单间	7	7	258	168			
			商务标准间	27	27	258	168			
			标准间	36	36	228	138			
			无窗标准间	19	19	168	108			
安徽九华山旅游发展股份有限公司大九华宾馆	安徽九华山旅游发展股份有限公司大九华宾馆	3	套间	7	7	1500	520	池州市翠柏中路218号	0566－2811288	B楼
			豪单	14	14	710	268			
			标准间	78	78	470	198			
池州宾馆	池州市齐宇实业有限责任公司	4	标准客房	55	50	508	298	池州市长江中路19号	0566－2618888	
			标准单间	14	12	508	298			
			豪华标间	55	50	578	298			
			豪华套房	3	2	1788	600			
宣城市										
世纪度假村	世纪度假村	3	套间	3	3	256	228	市经济技术开发区八里岗	0563－2615888	
			豪华套间	1	1	456	288			
			单间	4	4	168	128			
			标准间	65	65	160	120			
宣城宾馆	宣城宾馆	4	套间	3	3	880	600	宣城市状元南路88号	0563－3031388	
			单间	13	12	368	260			
			标准间1	36	30	398	280			
			标准间2	36	30	368	260			
			标准间3	16	12	328	230			
			标准间	48	40	220	150			
			单间	8	8	220	150			
			三人间	8	8	220	180			

饭店名称	发票开具单位名称	星级	客房（数量：间；价格：元/天）					地址	前台订房电话	备注
			房型	总间数	协议间数	门市价	协议价			
宣城丰谷大酒店	宣城丰谷有限责任公司	2	套间	1	1	308	258	宣城市鳌峰西路48号	0563－3030288/3030289	
			单间	17	17	168	138			
			标准间	37	37	208	158			
宣之旅快捷酒店	宣之旅快捷酒店	2	套间	4	4	188	140	宣城市梅西路252号	0563－3029788/2020377	
			单间	3	3	168	138			
			标准间	21	21	168	138			
超源酒店	宣城超源酒店管理有限公司		套间	3	3	480	380	宣城经济开发区梅溪路1号	0563－5289999	
			单间	5	5	200	120			
			标准间	84	84	200	120			
			豪华标间	20	20	380	240			
国会台客隆大酒店	安徽省国会台客隆酒店有限公司		套间	16	16	880	528	宣城市状元北路201号	0563－5222222	
			单间	43	43	368	280			
			标准间	38	38	398	288			
宁国国际大酒店	宁国国际大酒店有限公司	4	套间	7	7	1288	600	宁国市津河东路1号	0563－4012188	
			单间	27	27	688	300			
			标准间	53	53	488	300			
横山宾馆	安徽三兴商务有限公司横山宾馆	3	普通套间	6	6	1380	400	广德县桃州镇景贤街113号	0563－6040888/6039365	
			豪华套间	8	8	2580	500			
			单间	73	73	650	280			
			商务三人间	11	11	700	318			
			标准间	134	134	460	400			
			标准间	52	52	650	280			
乾坤大酒店	郎溪县乾坤商贸有限公司	3	普通套间	10	10	788	468	郎溪县开发区锦城大道2号	0563－5236999	
			豪华套间	4	4	888	488			
			单间	21	21	378	198			
			标准间	40	40	378	198			
绩溪宾馆	安徽省绩溪宾馆	3	套间	6	6	888	480	安徽省绩溪县适之街29号	0563－8162322	
			单间	8	8	388	228			
			标准间	46	46	368	228			
徽商大酒店	徽商大酒店	3	套间	4	4	2688	600	安徽省绩溪县文峰路28号	0563－8155188	
			单间	9	9	528	180			
			三人间	6	6	788	270			
			商务间	5	5	488	160			
			标准间	61	61	688	180			

福 建 省

- 财政部委托福建省财政厅负责在福建省地级以上城市招标采购出差定点饭店并负责日常监督管理工作。
- 本次政府采购，确定福建省出差定点饭店 112 家。
- 出差定点饭店按照与财政部门签订《协议书》的价格向中央和地方各级党政机关和事业单位提供相应的接待服务。
- 如果对协议价格产生疑义，可以要求定点饭店出示《协议书》。
- 如有出差定点饭店变更或协议价格变化，应以“党政机关出差会议定点饭店查询网”的信息为准。
- 本目录中的福建省出差定点饭店的详细信息，可在“党政机关出差会议定点饭店查询网”查阅。
- 福建省厦门市的出差定点饭店包括了季节价格差，请在使用查阅时注意。
- 福建省各地区长途电话区号：

福州市	0591	南平市	0599
三明市	0598	莆田市	0594
泉州市	0595	厦门市	0592
漳州市	0596	龙岩市	0597
宁德市	0593		

福建省出差定点饭店

饭店名称	发票开具单位名称	星级	客房（数量：间；价格：元/天）					地址	前台订房电话	备注
			房型	总间数	协议间数	门市价	协议价			
福州市										
福建丽景假日大酒店有限公司	福建丽景假日大酒店有限公司	3	标准间	122	122	480	180	福州市鼓楼区福飞路199号	0591－87736666－3101/3107	
			单间	98	98	480	180			
			套间	12	12	880	288			
福建省邮电公寓	福建省邮电公寓	3	标准间 a	42	42	336	158	福州市五一北路沙帽井3号	0591－87383467	
			标准间 b	69	69	396	180			
			单间 a	9	9	336	158			
			单间 b	12	12	396	180			
			单间 c	9	9	450	200			
			套间 a	4	4	960	258			
			套间 b	1	1	1600	278			
福州聚春园集团有限公司聚春园大酒店	福州聚春园集团有限公司聚春园大酒店	3	标准间	88	88	516	162	福州市东街2号	0591－87502328	
			单间	32	32	543	193			
			套间	10	10	1688	300			
中国人民解放军南京军区福州梅峰宾馆	中国人民解放军南京军区福州梅峰宾馆	4	标准间	200	200	520	200	福州市西环北路62号	0591－87887850	
			单间	12	12	680	200			
			套间	11	11	1280	300			
福建方圆大厦	福建方圆大厦		标准间	47	47	298	170	福州市琴亭路29号	0591－87737888	
			单间	43	43	258	130			
			套间	10	10	728	300			
福建山水大酒店	福建山水大酒店	4	标准间	84	84	780	200	福州市省府路13号	0591－87556888－11	
			单间	69	69	820	200			
			套间	16	16	1120	300			
福州凤凰酒家	福州凤凰酒家	3	标准间 a	72	72	288	148	福州市杨桥中路289号	0591－83778888	
			标准间 b	15	15	380	168			
			单间 a	2	2	288	148			
			单间 b	10	10	380	168			
			套间	9	9	568	288			
福州市于山宾馆	福州市于山宾馆	3	标准间	80	80	598	180	福州市鼓楼区于山路0号	0591－83351668－2/6	
			单间	17	17	638	200			
			套间	10	10	1088	300			

饭店名称	发票开具单位名称	星级	客房（数量：间；价格：元/天）					地址	前台订房电话	备注
			房型	总间数	协议间数	门市价	协议价			
福建银河花园大饭店	福建银河花园大饭店	3	标准间 a	14	14	580	180	福州市五四路243号	0591－87831888	
			标准间 b	116	116	780	180			
			单间 a	10	10	680	180			
			单间 b	11	11	780	180			
			套间 a	1	1	1380	300			
			套间 b	1	1	1980	300			
			套间 c	8	8	4800	300			
福州武夷大酒店	福州武夷大酒店	3	标准间	112	112	399	171.05	福州市华林路169号	0591－83056998	
			单间	11	11	499	179			
			套间	11	11	999	223.45			
福州三明大厦有限公司	福州三明大厦有限公司	3	标准间	145	145	580	200	福州市鼓楼区华林路65号	0591－88501602	
			单间	35	35	580	200			
			套间	8	8	980	280			
福建屏山大酒店	福建屏山大酒店	3	标准间 a	112	112	658	160	福州市华林路树兜12号	0591－87829008	
			标准间 b	52	52	768	170			
			标准间 c	19	19	898	180			
			单间 a	12	12	658	160			
			单间 b	9	9	768	170			
			单间 c	9	9	898	180			
			套间	3	3	2388	300			
福建省国家税务局干部培训中心	福建省国家税务局干部培训中心	4	标准间	131	131	718	200	福州市铜盘路36号	0591－87098888－5	
			单间	31	31	718	200			
			套间	11	11	1388	300			
福建外贸中心酒店有限公司	福建外贸中心酒店有限公司	5	标准间	43	43	1100	200	福州市五四路73号	0591－63388888－112	
			单间	47	47	1030	200			
			套间	21	21	1710	300			
福建省闽江饭店	福建省闽江饭店	3	标准间	254	254	820	198	福州市五四路130号	0591－87557895	
			单间	88	88	820	198			
			套间	11	11	1980	300			
福建天福大酒店有限责任公司	福建天福大酒店有限责任公司	3	标准间	184	184	600	165	福州市五四路138号	0591－87812328	
			单间	10	10	240	130			
			套间	10	10	1060	290			
福州金辉大酒店	福州金辉大酒店	3	标准间	156	156	451	131	福州市晋安区华林路492号	0591－87599999－2	
			单间	45	45	443	127			
			套间	13	13	740	221			

饭店名称	发票开具单位名称	星级	客房（数量：间；价格：元/天）					地址	前台订房电话	备注
			房型	总间数	协议间数	门市价	协议价			
福州闽都大酒店	福州闽都大酒店	3	标准间 a	100	100	480	143	福州市古田路117号	0591－83357720	
			标准间 b	72	72	580	143			
			单间 a	45	45	580	163			
			单间 b	46	46	780	163			
			套间 a	8	8	800	288			
			套间 b	4	4	800	288			
梅园快捷酒店	梅园快捷酒店	3	标准间	144	144	329.58	168.33	福州市鼓楼区铜盘路2号	0591－87825888	
			单间	24	24	420	185			
			套间	4	4	570	280			
福建省干部招待所	福建省干部招待所		标准间 a	21	21	298	180	福州市东大路82号	0591－87557993	
			标准间 b	61	61	238	160			
			单间	14	14	298	180			
			套间	16	16	480	300			
福建海联商务大酒店有限公司	福建海联商务大酒店有限公司	3	标准间	75	75	738	198	福州市东门塔头路1号	0591－87329763	
			单间	30	30	738	198			
			套间 a	4	4	1688	300			
			套间 b	7	7	1088	300			
福州舒馨商务酒店	福州舒馨商务酒店		标准间	75	75	588	160	福州市五四路226号	0591－88011888	
			单间 a	60	60	588	160			
			单间 b	99	99	578	160			
			套间 a	12	12	768	200			
			套间 b	10	10	758	200			
福州大饭店有限公司	福州大饭店有限公司	4	标准间	192	192	798	280	福州市斗东路1号	0591－83333333－7	
			单间	39	39	838	292			
			套间	25	25	1238	495			
福建省西湖宾馆	福建省西湖宾馆		标准间	256	256	660	298	福州市鼓楼区华林路11号	0591－87857008	
			单间	40	40	660	298			
			套间	22	22	1300	598			
福州西湖大酒店	福州西湖大酒店	5	标准间	150	150	1256	300	中国福州湖滨路158号	0591－87839888－8	
			单间	230	230	1256	300			
			套间	40	40	2296	600			
南平市										
中国人民解放军福建省南平军分区招待所	中国人民解放军福建省南平军分区招待所		豪华单间	10	10	480	258	福建省南平市金山路136号	0599－8646852	
			普通单间	2	2	380	198			
			标准间	56	56	380	198			
			三人间	4	4	430	218			

饭店名称	发票开具单位名称	星级	客房（数量：间；价格：元/天）					地址	前台订房电话	备注
			房型	总间数	协议间数	门市价	协议价			
福建省南平星光大厦有限公司	福建省南平星光大厦有限公司	3	豪华套房	9	9	768	299	福建省南平市滨江北路177号	0599－8808666	
			观景单间	5	5	394	177			
			豪华单间	14	14	427	192			
			水房单间	14	14	666	300			
			标准间	78	78	350	158			
福建闽北大饭店有限公司	福建闽北大饭店有限公司	3	D类套房	7	7	600	230	福建省南平市滨江中路31号	0599－8627666	
			A类单间	1	1	618	280			
			B类单间	1	1	628	280			
			C类单间	28	28	398	199			
			A类标间	46	46	320	160			
			B类标间	40	40	380	188			
			C类标间	52	52	398	199			
			D类标间	1	1	599	199			
福建省南平市新政大大酒店有限公司	南平市新政大大酒店有限公司		套间	1	1	668	230	福建省南平市八一路363号	0599－8878888	
			A类单间	5	5	268	158			
			B类单间	5	5	218	128			
			标准间	50	50	238	130			
福建省南平闽延电力宾馆有限公司	南平闽延电力宾馆有限公司		单间	10	10	388	200	福建省南平市八一路211号	0599－8844789	
			标准间	48	48	388	160			
福建南平兆详延城大酒店有限公司	福建南平兆详延城大酒店有限公司		A类标间	47	47	490	180	福建省南平市中山路313号	0599－8880333	
			A类单间	25	25					
			B类标间	24	24	400	160			
			B类单间	9	9					
			拼间	16	16					
南平亿发大酒店有限公司	南平亿发大酒店有限公司	3	套间	2	2	738	300	福建省南平市南福路35号	0599－8871818	
			单间	23	23	398	158			
			标间	29	29	398	158			
三明市										
三明饭店	三明饭店	3	套间	20	20	800	300	福建省三明市梅列区东新一路1号	0598－8243226/8243227	
			单间	36	36	436	200			
			标准间	111	111	436	200			
三明市千禧假日精品酒店有限公司	三明市千禧假日精品酒店有限公司	4	套间	7	7	398	288	福建省三明市梅列区列东街107号	0598－8202888	
			单间	55	55	238	188			
			标准间	49	49	238	188			

福建

饭店名称	发票开具单位名称	星级	客房（数量：间；价格：元/天）					地址	前台订房电话	备注
			房型	总间数	协议间数	门市价	协议价			
三明阳光假日酒店	三明市阳光假日酒店有限公司	3	套间	5	5	998	300	福建省三明市梅列区东安新村62幢	0598－8278888	
			单间	50	50	266	160			
			标准间	95	95	266	160			
三明梅园国际大酒店有限公司	三明梅园国际大酒店有限公司	5	套间	50	50	988	300	福建省三明市梅列区徐碧新城	0598－8961166	
			单间	105	105	866	200			
			标准间	245	245	866	200			
三明香米拉酒店	三明香米拉酒店	3	套间	9	9	888	300	福建省三明市工商培训大楼	0598－8511888	
			单间	12	12	388	168			
			标准间	102	102	388	168			
金谷宾馆	三明市梅列区阳光大酒店	2	套间	2	2	988	300	三明市江滨路33幢	0598－8514888/8243003/8981988	
			单间	6	6	368	168			
			标准间	60	60	368	168			
三明亿龙山庄国际大酒店	福建省亿龙山庄有限责任公司	4	套间	7	7	1028	300	三明市梅列区瑞云山风景区	0598－8369999	
			单间	6	6	568	200			
			标准间	66	66	568	200			
莆田市										
莆田天妃温泉大酒店	天妃饭店（莆田）有限公司	4	套间	28	28	710	418	莆田市城厢区南门西路999号	0594－2695588－总台	
			单间B	5	5	470	198			
			单间A	28	28	503	298			
			标准间B	12	12	470	198			
			标准间A	30	30	503	298			
东方国际大酒店	莆田市南门企业集团东方国际大酒店有限公司	4	标准间	5	5	836	338	莆田市城厢区南园东路1号	0594－2588999/2588888	
			公寓套间	5	5	1296	528			
			标准间	80	80	636	200			
			单间	32	32	636	200			
帝宝酒店	福建省帝宝酒店有限公司		套间	80	80	1380	538	莆田市荔城延寿南街319号	0594－7563355	
			单间	35	35	880	200			
			标准间	80	80	880	200			
台湾大酒店	莆田市台湾大酒店		套间	13	13	598	278	莆田市城厢区文献路1439号	0594－2628888/2696888	
			单间	32	32	468	198			
			标准间	64	64	468	198			
最佳西方恒丰酒店	莆田市恒丰酒店管理有限公司	4	套间a	5	5	858	488	莆田市城厢区荔城南路1428号	0594－2858888	
			套间b	5	5	1228	568			
			标准间a	35	35	698	298			
			单间	80	80	698	298			

饭店名称	发票开具单位名称	星级	客房（数量：间；价格：元/天）					地址	前台订房电话	备注
			房型	总间数	协议间数	门市价	协议价			
金海湾酒店	福建省金海湾酒店有限公司		套间	9	9	733	338	莆田市城厢区荔港大道	0594－7377777	
			单间	48	48	538	198			
			标准间	78	78	538	198			
泉州市										
泉州湖美大酒店	福建湖美集团有限公司	4	套房	13	6	865	300	泉州市丰泽区东湖街刺桐路口	0595－68531666	
			单间	50	39	480	198			
			标准间	113	113	480	198			
泉州太子酒店	泉州太子酒店	4	套房	11	11	500	300	泉州市经济技术开发区德泰路	0595－22358888	
			单间	33	33	280	168			
			标准间	156	156	280	168			
泉州酒店	泉州酒店	5	套房	3	3	1580	300	泉州市鲤城区庄府巷22号	0595－22289958	
			单间	16	16	708	200			
			标准间	68	68	608	200			
泉州华侨大厦	泉州华侨大厦	4	套房	6	6	780	300	泉州市鲤城区百源路	0595－22172000	
			标准间	102	70	556	200			
泉州刺桐饭店	泉州刺桐饭店	3	套房	4	4	759	298	泉州市丰泽区田安北路460号	0595－22158361	
			单间	38	38	385	200			
			标准间	70	70	385	200			
泉州金星大酒店	泉州金星大酒店	4	套房	4	4	880	300	泉州市鲤城区东街中段	0595－22988888	
			单间	20	20	480	200			
			标准间	70	70	400	200			
泉州湖景大酒店	泉州市湖景大酒店有限责任公司		套房	1	1	745	298	泉州市丰泽区北清东路128号	0595－26119999	
			单间	36	36	448	198			
			标准间	75	75	448	198			
泉州大华酒店	泉州大华酒店	3	套房	3	3	788	298	泉州泉秀路429号	0595－22551688	
			单间	25	25	468	180			
			标准间	74	74	468	180			
泉州八一大酒店	泉州八一大酒店	3	套房	15	15	788	258	泉州市温陵路中段	0595－22194888	
			单间	15	15	288	138			
			标准间	72	72	288	168			
泉州市鲤城大酒店	泉州市鲤城大酒店	4	套房	16	10	578	300	泉州市南俊路84号	0595－22279111	
			单间	24	15	378	200			
			标准间	70	50	378	200			
福建泉州景都大酒店	福建泉州景都大酒店	3	标准间	110	110	450	200	泉州市泉秀路768号	0595－22588832	

福建

饭店名称	发票开具单位名称	星级	客房（数量：间；价格：元/天）					地址	前台订房电话	备注
			房型	总间数	协议间数	门市价	协议价			
漳州市										
漳州宾馆	漳州宾馆	4	套间	6	6	1080	300	漳州市胜利西路4号	0596－2608020/2608017	
			单间	25	25	518	200			
			标准间	29	29	518	200			
		3	套间	6	6	428	256			
			单间	18	18	300	168			
			标准间	108	108	300	168			
漳州芗江酒店	漳州芗江酒店	4	套间	3	3	1080	300	漳州市胜利西路8号	0596－2029698	
			单间	7	7	320	150			
			单间	6	6	518	200			
			单间	35	35	618	200			
			标准间	18	18	518	200			
			标准间	74	74	618	200			
片仔癀（漳州）大酒店有限公司	片仔癀（漳州）大酒店有限公司	4	套间	11	11	1268	300	漳州市胜利西路2号	0596－2036889－6166	
			单间	39	39	468	200			
			标准间	105	105	468	200			
漳州华侨饭店	漳州华侨饭店有限公司	3	套间	7	7	568	300	漳州市新华北路33号	0596－2072681/2072696	
			套间	7	7	698	300			
			套间	5	5	998	300			
			标准间	32	32	528	200			
			标准间	18	18	298	188			
			标准间	72	72	480	200			
龙岩市										
闽西宾馆	闽西宾馆	4	套间	5	5	1000	300	龙岩市新罗区龙川东路28号	0597－2320188	
			单间	24	24	600	200			
			标准间	102	102	400	200			
			豪标与豪单	37	37	638	200			
恒宝大酒店	龙岩市恒宝大酒店有限公司	4	套间	3	3	1880	298	龙岩市西安南路121号	0597－2263888	
			单间	50	50	800	188			
			标准间	80	80	800	188			
国芳宾馆	龙岩市国芳宾馆有限公司		套间	4	4	998	288	龙岩市新罗区军民路2号	0597－2320388	
			单间	14	14	588	188			
			标准间	86	86	588	168			
龙岩市最佳西方财富酒店	龙岩市财富酒店有限公司		套间	14	14	1580	285	龙岩市龙腾中路体育公园内	0597－5399999	
			单间	50	50	888	185			
			标准间	90	90	888	185			

饭店名称	发票开具单位名称	星级	客房（数量：间；价格：元/天）					地址	前台订房电话	备注
			房型	总间数	协议间数	门市价	协议价			
金穗大酒店	龙岩市新罗区金穗大酒店（普通合伙）	3	套 间	18	18	780	231	龙岩市新罗区西安南路（交警大队正对面）	0597－2262688	
			单 间	19	19	580	133			
			标准间	61	61	580	130			
古田山庄	古田山庄	4	套 间	5	1	1000	300	龙岩市上杭县古田镇胜利大道	0597－3130333	
			单 间	5	2	600	200			
			标准间	120	120	400	200			
龙岩市长城宾馆	龙岩市长城宾馆	2	套 间	1	1	238	100	龙岩市新罗区溪畔路15号	0597－5388222	
			单 间	6	6	198	100			
			标准间	51	51	198	100			
宁德市										
宏迪大酒店	宏迪大酒店	3	套间	4	4	798	400	宁德市蕉城北路25号新佳坡步行街B幢	0593－2055555	
			单间	17	17	368	178			
			豪华标间	79	79	368	178			
			普通标间	23	23	368	158			
山水大酒店	山水大酒店	4	套间	7	7	2020	538	宁德市闽东中路18号	0593－2918888－311	
			豪华单间	5	5	1080	280			
			商务单间	27	27	980	260			
			豪华标间	13	13	980	240			
			商务标间	41	41	930	230			
			普通标间	61	61	810	200			
美伦大饭店	美伦大饭店	4	标准单间	28	28	800	200	宁德市站前路28号	0593－2929888	
			标准双间	41	41	800	200			
			商务单间	16	16	900	230			
			商务双间	32	32	900	230			
			豪华单间	16	16	1000	260			
			豪华双间	30	30	1000	260			
			标准套房	8	8	1200	480			

厦门市出差淡旺季定点饭店

饭店名称	发票开具单位名称	星级	客房（数量：间；价格：元/天）						地址	前台订房电话	备注
			房型	总间数	协议间数	门市价	淡季协议价	旺季协议价			
厦门市											
悦华酒店	厦门悦华酒店	5	商务套间	18	18	4103	600	900	厦门市湖里区悦华路 101 号	0592－6023333	
			单间	200	200	1918	300	450			
			标准间	209	209	1918	300	450			
厦门京闽中心酒店	厦门京闽中心酒店	5	套间	105	105	2480	600	900	厦门市思明区屿后南里 158 号	0592－5123333	
			单间	2	2	1810	300	450			
			标准间	238	238	1810	300	450			
厦门海上花园酒店	厦门海上花园酒店	4	商务套间	29	29	1580	500	600	厦门市鼓浪屿田尾路 27 号	0592－2062688－5688	
			单间	11	11	1080	300	400			
			标准间	56	56	1080	300	400			
福建中旅实业股份有限公司厦门华侨大厦	福建中旅实业股份有限公司厦门华侨大厦	4	商务套间	6	6	3059	600	720	厦门市新华路 70－74 号	0592－2660368	
			单间	14	14	1306	300	360			
			标准间	105	105	1119	300	360			
厦门新白鹭洲大酒店	厦门新白鹭洲大酒店有限公司	4	套间	17	17	1580	600	900	厦门市湖滨南路 95 号（白鹭洲大酒店公园内）	0592－2226888－8000	每年 3－11 月为旺季
			单间	48	48	860/960	300	450			
			标准间	194	194	860/960	300	450			
厦门宏都大饭店	厦门宏都大饭店	4	套间	60	60	1748	600	800	厦门市白鹭洲路 201 号	0592－2228888	
			单间	88	88	998	300	368			
			标准间	200	200	998	300	398			
厦门佰翔酒店集团有限公司	厦门国际航空港花园酒店有限公司	4	商务套间	8	8	2000	600	800	厦门高崎国际机场翔云一路 50 号	0592－5736688	
			单间	10	10	1500	300	450			
			标准间	90	65	1200	300	450			
	厦门佰翔软件园酒店有限公司		商务套间	33	23	2880	600	900	厦门市软件园二期观日路 1 号	0592－6307888－6302	
			单间	81	56	1080	300	450			
			标准间	242	170	1080	300	450			
厦门庐山大酒店	厦门庐山大酒店经营管理有限公司	4	行政套间	6	6	2088	600	758	厦门市嘉禾路 102 号	0592－5136888－8128	
			商务套房	7	7	1318	468	468			
			单间	120	120	658	290	328			
			标准间	128	128	758	290	368			
厦门航空金雁酒店	厦门航空金雁酒店	4	套间	10	10	2180	600	900	厦门市湖滨南路 99 号	0592－2218888－6650/51	
			单间	88	88	1320	300	450			
			标准间	150	150	1320	300	450			

饭店名称	发票开具单位名称	星级	客房（数量：间；价格：元/天）						地址	前台订房电话	备注
			房型	总间数	协议间数	门市价	淡季协议价	旺季协议价			
厦门云海度假村有限公司	厦门云海度假村有限公司	4	套间	2	2	3000	600	800	厦门市思明区云海山庄1－3号	0592－2576680	
			单间	4	4	1000	300	400			
			标准间	45	45	1000	300	400			
厦门国际会展酒店有限公司	厦门会展酒店有限公司		套间	6	5	5119	600	900	厦门市会展二路199号	0592－5959999－6008	
			单间	3	3	2003	300	450			
			标准间	74	52	1770	300	450			
厦门亚洲海湾大酒店有限公司	厦门亚洲海湾大酒店有限公司		套间	152	152	2158	550	600	厦门市环岛路黄厝98号	0592－2198888	
			单间	36	36	988	300	380			
			标准间	24	24	988	300	380			
厦门闽南大酒店	厦门闽南大酒店有限责任公司	4	商务套间	14	14	2000	598	897	厦门市湖滨南路1里36－34号闽南大厦	0592－5181188	
			单间	80	80	1080	298	447			
			标准间	96	96	1100	298	447			
厦门港湾大酒店	厦门港湾大酒店有限公司		标准间	20	20	1580	600	900	厦门市鹭江道259号	0592－2616688	每年3－11月为旺季
			单间	85	85	1080	300	450			
			标准间	80	80	1080	300	450			
中国人民解放军福建省军区厦门招待所（鸿泉宾馆）	中国人民解放军南京军区厦门招待所		豪华套间	5	5	1088	600	600	厦门市石泉路7号	0592－2105555	
			单间	7	7	588	200	200			
			标准间	155	155	588	180	180			
厦门国贸金门湾大酒店	厦门国贸金门湾大酒店	4	海景套间	4	4	4000	600	800	厦门市翔安区大嶝街道换嶝南路168号	0592－7617888	
			豪华海景房	18	18	1600	300	400			
			家居房	4	4	1600	300	400			
			海景双标	19	19	1500	300	400			
			海湾房	4	4	1200	300	350			
厦门京华大酒店	厦门京华大酒店	3	套间	30	30	980	280	280	厦门市厦禾路1130号	0592－5819898	
			单间	10	10	580	150	150			
			标准间	95	95	580	220	220			
厦门华夏大酒店	厦门华夏大酒店有限公司	3	套间	7	7	1368	500	500	厦门市厦禾路935号	0592－5888888	
			单间	27	27	768	258	258			
			标准间	106	106	768	258	258			
厦门金宝大酒店	厦门金宝大酒店	3	套间	9	9	1180	460	460	厦门市东渡路124－126号	0592－6013888	
			单间	11	11	760	260	260			
			标准间	203	203	760	260	260			

福建

饭店名称	发票开具单位名称	星级	客房（数量：间；价格：元/天）						地址	前台订房电话	备注
			房型	总间数	协议间数	门市价	淡季协议价	旺季协议价			
厦门市天海花园酒店	厦门市天海花园酒店管理有限公司	3	套间	3	3	1280	480	480	厦门市龙虎山路9号	0592－2519888	
			单间	6	6	880	300	300			
			标准间	75	75	780	270	270			
厦门航空宾馆	厦门航空宾馆	3	商务套间	35	35	979	318	318	厦门市莲花南路5号	0592－5134888	
			单间	8	8	673	268	268			
			标准间	57	57	673	268	268			
			豪华套间	2	2	1612	600	600			
厦门市故宫酒店	厦门市故宫酒店	3	套间	5	5	1288	388	388	厦门市故宫路120号	0592－2282888	
			单间	25	25	688	230	230			
			标准间	60	60	888	230	230			
鑫安宾馆	厦门鑫安宾馆	3	套间	12	12	1280	600	600	厦门市厦禾路867号	0592－5178666	
			单间	40	40	760	270	270			
			标准间	183	183	760	270	270			每年3－11月为旺季
集美大学国际学术交流中心	厦门市集美大学国际学术交流中心	3	贵宾套间	4	4	1288	520	520	厦门市银江路183号	0592－6681188	
			豪华套房	4	4	1088	450	450			
			贵宾房	24	24	788	290	290			
			单间	4	4	588	250	250			
			标准间	44	44	588	250	250			
厦门时代雅居速八酒店有限公司	厦门时代雅居速八酒店有限公司	3	套间	32	32	468	383	468	厦门市后江埭路29号	0592－8120888	
			单间	10	10	288	236	288			
			标准间	24	24	268	220	268			
厦门牡丹大酒楼有限公司万鹏宾馆	厦门牡丹大酒楼有限公司万鹏宾馆		套间	12	12	780	350	525	厦门市虎园路17－19号	0592－2662888	
			单间	28	28	648	280	420			
			标准间	50	50	618	270	405			
厦门新中林大酒店	厦门新中林大酒店	4	商务套间	13	13	1488	588	588	厦门市莲花南路18号	0592－5132828	
			单间	96	96	788	300	300			
			标准间	124	124	788	300	300			
厦门市沧海苑	厦门市沧海苑	2	商务套间	15	15	888	348	348	厦门市海沧区兴港一里199号	0592－6056699	
			标准间	48	48	368	240	240			
厦门音乐岛酒店有限公司	厦门音乐岛酒店有限公司	2	套间	8	8	590	350	350	厦门市湖滨南路19号	0592－2200469	
			单间	20	20	350	180	180			
			标准间	68	68	390	200	200			

福建

饭店名称	发票开具单位名称	星级	客房（数量：间；价格：元/天）						地址	前台订房电话	备注
			房型	总间数	协议间数	门市价	淡季协议价	旺季协议价			
厦门山水宾馆有限公司	国土资源部厦门培训中心（厦门山水宾馆有限公司）		套间	5	5	1660	600	800	厦门市集美嘉庚路61－69号	0592－6680888	
			单间	15	15	880	300	400			
			标准间	158	158	730	300	400			
厦门福佑大饭店	厦门福佑大饭店		商务套间	12	12	2580	600	750	厦门同益路48号	0592－2658888	
			单间	115	91	1328	300	386			
			标准间	151	141	1328	300	386			
南京军区厦门招待所	南京军区厦门招待所		商务套间	6	6	1200	480	680	厦门市万寿路18号	0592－3985111	
			单间	11	11	680	240	360			
			标准间	173	173	680	240	360			
厦门金沙湾宾馆	中国人民解放军南京军区厦门接待处		商务套间	9	9	1680	560	780	厦门市环岛南路3068号	0592－2096888	
			单间	21	21	1200	300	450			
			标准间	44	44	980	298	438			
厦门白鹭宾馆	中国人民解放军南京军区厦门白鹭宾馆		套间	5	5	2880	600	880	厦门市虎园路6号	0592－2025201	每年3－11月为旺季
			单间	5	5	968	300	420			
			标准间	152	152	968	300	420			
厦门金桥实业有限公司碧宫酒店	厦门金桥实业有限公司碧宫酒店		商务套间	2	2	1288	418	418	厦门湖滨中路24号	0592－5854828	
			单间	14	14	598	208	208			
			标准间A型	62	62	698	230	230			
			标准间B型	41	41	568	200	200			
厦门闽侨宾馆	厦门闽侨宾馆		标准房	130	130	698	260	260	厦门市百家村路58号之二	0592－2033088	
			商务房	32	32	788	280	280			
			标准套房	10	10	1288	400	400			
			豪华套房	4	4	1580	488	488			
			加床			120	80	80			
厦门市五缘水乡酒店有限公司	厦门市五缘水乡酒店有限公司		豪华单间	4	4	3080	300	428	厦门湖里区五缘湾湿地公园内	0592－61135522	
			豪华标间	28	28	3080	300	428			
			园景套房	4	4	4980	480	580			
			贵宾湖景套房	4	4	5880	600	900			
厦门夏商旅游集团有限公司酒店（怡庭快捷）	厦门夏商旅游集团有限公司		双人房	462	462	258	218	228	厦门市斗西路200号	0592－2698888	
			单人房	175	175	258	198	208			
			套房	22	22	328	298	308			

福建

饭店名称	发票开具单位名称	星级	客房（数量：间；价格：元/天）						地址	前台订房电话	备注
			房型	总间数	协议间数	门市价	淡季协议价	旺季协议价			
厦门夏商旅游集团有限公司酒店（怡翔华都）	厦门夏商旅游集团有限公司	4	标准房间	94	94	880	300	368	厦门市斗西路200号	0592－2698888	每年3－11月为旺季
			豪华套房间	5	5	1700	600	638			
			单间	117	117	1100	300	428			
厦门夏商旅游集团有限公司酒店（怡翔东海）	厦门夏商旅游集团有限公司	3	标准房	41	41	700	288	430	厦门市斗西路200号	0592－2698888	
			普通套房	12	12	980	328	490			
			海景套房	23	23	1200	418	627			
			单间	4	4	500	218	327			
厦门丽轩酒店	厦门丽轩酒店		商务套间	8	8	1688	580	580	厦门市湖里大道13号	0592－6031188	
			单间	20	20	780	240	240			
			标准间	87	87	780	240	240			
厦门厦宾酒店有限公司	厦门厦宾酒店有限公司		商务套间	35	35	1882	600	900	厦门市虎园路16号	0592－2053333	
			单间	86	86	1120	300	450			
			标准间	236	236	1120	300	450			

江 西 省

- 财政部委托江西省财政厅负责在江西省地级以上城市招标采购出差定点饭店并负责日常监督管理工作。
- 本次政府采购，确定江西省出差定点饭店 167 家。
- 出差定点饭店按照与财政部门签订《协议书》的价格向中央和地方各级党政机关和事业单位提供相应的接待服务。
- 如果对协议价格产生疑义，可以要求定点饭店出示《协议书》。
- 如有出差定点饭店变更或协议价格变化，应以“党政机关出差会议定点饭店查询网”的信息为准。
- 本目录中的江西省出差定点饭店的详细信息，可在“党政机关出差会议定点饭店查询网”查阅。
- 江西省的井冈山市、庐山管理区、云居山—柘林湖风景区、龙虎山风景区出差定点饭店包括了季节价格差，请在使用查阅时注意。
- 江西省各地区长途电话区号：

南昌市　0791	九江市　0792
景德镇市　0798	鹰潭市　0701
新余市　0790	萍乡市　0799
赣州市　0797	上饶市　0793
抚州市　0794	宜春市　0795
吉安市　0796	

江西省出差定点饭店

饭店名称	发票开具单位名称	星级	客房（数量：间；价格：元/天）					地址	前台订房电话	备注
			房型	总间数	协议间数	门市价	协议价			
南昌市										
江西锦峰实业有限公司锦峰大酒店	江西锦峰实业有限公司锦峰大酒店	5	套间	22	22	2800	600	站前西路281号	0791－8867777	
			单间	67	67	1280	300			
			标准间	111	111	1280	300			
江西嘉莱特和平国际酒店有限公司	江西嘉莱特和平国际酒店有限公司	5	套间	32	32	2180	598	南昌市广场南路10号	0791－6111118	
			单间	109	109	1080	298			
			标准间	40	40	1180	298			
南昌凯莱大饭店有限公司	南昌凯莱大饭店有限公司	5	标准间	158	158	980	290	南昌市沿江北大道39号	0791－6738855	
			单间	140	140	980	290			
			套间	29	29	3000	600			
江西前湖迎宾馆	江西前湖迎宾馆酒店经营管理有限公司		国宾区套间	99	99	98000/栋	600	江西省南昌市红谷滩新区红角洲学府大道888号	0791－6758888－5238	
			商务区套间	35	35	3980	600			
			商务单间	176	176	1980	300			
			商务标间	348	348	1980	300			
江西高技术产业发展有限责任公司南昌园中源大酒店	南昌园中源大酒店	5	温馨单房	18	18	688	300	南昌市火炬大街539号	0791－8867191/8118888	
			高级双标房	75	75	1088	300			
			家庭房	17	17	1088	300			
			豪华单间	28	28	1288	300			
			商务双标间	10	10	1588	300			
			商务家庭房	11	11	1588	300			
			商务豪华单间	11	11	1788	300			
			豪华套房	14	14	2888	600			
江西泰耐克国际大酒店有限公司	江西泰耐克国际大酒店有限公司	5	高级江景双床客房	88	88	1550	300	南昌市红谷滩新区新府路28号	0791－8828262	
			高级江景单床客房	22	22	1550	300			
			豪华江景客房	26	26	1730	300			
			高级套房	10	10	2170	600			
			家庭套房	5	5	2700	600			
江西宾馆	江西宾馆	5	商务大床房	62	62	1280	300	南昌市八一大道368号	0791－6216666	
			商务双床房	102	102	1280	300			
			商务套房	14	14	2080	600			
南昌市东方豪景花园酒店有限公司	南昌市东方豪景花园酒店有限公司		豪华双床客房	193	193	1188	300	南昌市民德路411号	0791－6288888	
			豪华单床客房	82	82	1188	300			
			行政豪华双床房	11	11	1888	488			
			行政豪华单床房	10	10	1888	488			
			商务套房	24	24	1488	488			
			豪华套房	6	6	2888	600			

饭店名称	发票开具单位名称	星级	客房（数量：间；价格：元/天）					地址	前台订房电话	备注
			房型	总间数	协议间数	门市价	协议价			
南昌市博维怡和酒店有限公司	南昌市博维怡和酒店有限公司		标准客房	35	35	668	288	南昌市赣江南大道999号	0791－2111111	
			高级丽景房	86	86	728	298			
			丽景标准套房	4	4	768	368			
			江景标准套房	10	10	868	408			
			行政丽景标准套房	6	6	818	398			
			行政江景标准套房	5	5	888	438			
江西省京西宾馆	江西省京西宾馆	4	豪华套房	2	2	2688	600	省政府大院南一路9号	0791－8850222	
			商务套房	8	8	1088	428			
			商务单人间	11	11	618	278			
			商务双人间	14	14	618	278			
			标间	126	126	568	228			
			单人间	11	11	468	228			
			三人间	6	6	618	278			
江西七星商务酒店有限公司	江西七星商务酒店有限公司	4	套间	13	13	1880	588	南昌市南京西路225号	0791－8866666	
			普通楼层单间	49	49	780	260			
			普通楼层豪华单间	4	4	880	260			
			商务楼层单间	28	28	880	260			
			商务楼层豪华单间	17	17	980	260			
			商务房单间	3	3	1280	260			
			普通楼层标间	45	45	780	290			
			普通楼层豪华标间	45	45	880	290			
			商务楼层标间	27	27	880	290			
			商务楼层豪华标间	6	6	980	290			
南昌皇廷大酒店有限公司	南昌皇廷大酒店有限公司	4	套间	13	13	728	354	南昌市站前路176号	0791－6208675	
			单间	77	77	488	224			
			标准间	122	122	538	254			
江西洪都宾馆有限公司	江西洪都宾馆有限公司	4	普通套房	11	11	860	390	南昌市阳明路249号	0791－8829999	
			普通标间	135	135	520	230			
			豪华标间	46	46	580	260			
			单人间	30	30	540	240			
			商务单间	6	6	580	260			
南昌市鑫峰假日酒店有限公司	南昌市鑫峰假日酒店有限公司	4	套间	9	9	888	426	南昌市红谷滩新区会展路29号	0791－8827456	
			标准间	31	31	598	268			
			豪华单间	20	20	598	268			
			江景间	34	34	638	298			
			江景豪华单间	4	4	638	298			
			商务间	43	43	698	298			

饭店名称	发票开具单位名称	星级	客房（数量：间；价格：元/天）					地址	前台订房电话	备注
			房型	总间数	协议间数	门市价	协议价			
江西锦都皇冠酒店有限公司	江西锦都皇冠酒店	4	套房	15	15	1788	560	南昌市洪城路99号	0791－6429167	
			单间	95	95	888	290			
			标间	119	119	888	290			
江西省富豪酒店实业有限公司	江西省富豪酒店实业有限公司	4	行政单床套间	1	1	1680	580	南昌市洪城路160号	0791－6408888	
			商务单床套间	17	17	1500	580			
			商务双床套间	1	1	1500	580			
			行政单床客房	3	3	1100	290			
			商务单床客房	17	17	900	290			
			标准单床客房	54	54	800	280			
			行政双床客房	6	6	1100	290			
			商务双床客房	19	19	900	290			
			标准双床客房	110	110	800	280			
南昌百瑞四季酒店有限公司	南昌百瑞四季酒店	4	标间	184	184	780	268	南昌市洪都北大道10号	0791－8688198	
			单间	40	40	780	268			
			套房	10	10	1280	388			
江西饭店	江西饭店	4	套间	12	12	1588	598	南昌市八一大道356号	0791－8858808	
			标准单人间	38	38	788	298			
			标准双人间	230	230	788	298			
			经济单人间	10	10	428	248			
			经济双人间	45	45	388	180			
江西玉泉岛大酒店	江西玉泉岛大酒店	4	湖滨套房	5	5	1780	600	江西省南昌市湖滨东路888号	0791－8111111	
			商务客房	28	28	980	300			
			湖景商务客房	25	25	1080	300			
			湖景标准客房	12	12	980	290			
			标准客房	68	68	880	290			
江西瑞都大酒店	江西省国家税务局南昌培训中心	4	标准间	89	89	800	260	南昌市广场南路399号	0791－6210578	
			商务套间	6	6	1080	468			
			套间	14	14	1580	498			
江西鄱阳湖实业有限公司鄱阳湖大酒店	江西鄱阳湖实业有限公司	4	豪华套房	1	1	1280	588	南昌市井冈山大道1428号	0791－8856666	
			高级套房	14	14	980	388			
			商务单、双人房	40	40	780	298			
			豪华单、双人房	110	110	680	268			
			高级双人房	56	56	580	238			
江西华悦国际大酒店有限公司	江西华悦国际大酒店有限公司	4	套间	7	7	1866	600	南昌市丁公路117号	0791－6282222	
			单间	20	20	820	298			
			标准间	48	48	820	298			

饭店名称	发票开具单位名称	星级	客房（数量：间；价格：元/天）					地址	前台订房电话	备注
			房型	总间数	协议间数	门市价	协议价			
江西赣江宾馆	江西赣江宾馆	4	一号楼行政套房	12	12	1480	600	南昌市八一大道138号	0791－8856888	
			三号楼行政套房	4	4	1480	600			
			一、二号楼小套房	8	8	888	480			
			一号楼高级单人房	22	22	688	260			
			二号楼高级单人房	8	8	688	270			
			三号楼豪华单人房	82	82	888	290			
			一号楼高级双人房	4	4	688	260			
			二号楼高级双人房	60	60	688	280			
			三号楼豪华双人房	107	107	888	290			
江西洪福旅业有限公司民航花园酒店	江西洪福旅业有限公司	4	标准间	2	2	1780	558	南昌市洪城路587号	0791－8898800	
			豪华套间	14	14	1680	518			
			商务单间	16	16	880	288			
			豪华单间	9	9	780	268			
			商务标间	15	15	880	288			
			豪华标间	96	96	780	268			
江西天域国际大酒店	江西天域国际大酒店		温馨单人房	27	27	680	198	南昌市洪都中大道207号	0791－8318129	
			商务双人房	42	42	880	258			
			豪华双人房	70	70	980	278			
			豪华单人间	17	17	980	258			
			普通套房	9	9	1080	348			
			豪华套房	75	75	1380	438			
			情侣套房	11	11	1780	488			
南昌百瑞丽景酒店有限公司	南昌百瑞丽景酒店有限公司		套间	28	28	1059	480	南昌市八一大道122号	0791－8801199	
			单间	91	91	659	239			
			标准间	134	134	599	239			
江西巨成实业发展有限公司（国贸酒店）	江西巨成实业发展有限公司	4	行政套房	10	10	1600	500	南昌市洪城路2号	0791－8857777	
			商务套房	10	10	1288	480			
			商务单间	29	29	780	280			
			商务标间	60	60	780	280			
			普通单间	17	17	730	260			
			普通标间	97	97	730	260			
南昌市旺辉酒店有限公司	南昌市旺辉酒店有限公司	3	标准间	69	69	458	198	南昌市建设路333号	0791－2288888	
			豪华标准间	48	48	498	208			
			SOHO标准间	40	40	528	228			
			豪华单人间	13	13	528	208			
			SOHO单人间	9	9	528	228			
			商务套房	3	3	886	498			

饭店名称	发票开具单位名称	星级	客房（数量：间；价格：元/天）房型	总间数	协议间数	门市价	协议价	地址	前台订房电话	备注
江西美程商务酒店有限公司	江西美程商务酒店有限公司		迷你单间	6	6	268	119	南昌市洛阳路143号	0791－6126900	
			标准间	106	106	388	159			
			单人间	7	7	388	159			
			商务标间	27	27	398	179			
			商务单间	6	6	398	179			
			商务套间	4	4	880	329			
江西美嘉城市精品酒店管理有限公司阳光假日酒店	江西美嘉城市精品酒店管理有限公司阳光假日酒店	3	套间	2	2	398	230	南昌市二七北路520号	0791－2108888	
			单间	42	42	268	148			
			标准间	72	72	268	148			
南昌华宇大厦实业有限公司	市工行站支南昌华宇大厦实业有限公司	3	豪华套间	4	4	408	290	南昌市井冈山大道685号	0791－8860568	
			VIP套间	5	5	338	260			
			豪华商务单间	10	10	258	200			
			商务单间	27	27	268	190			
			普通单间	13	13	228	170			
			豪华标间	12	12	258	200			
			商务标间	28	28	258	190			
			普通标间	68	68	238	170			
江西赣东实业有限公司抚州大饭店	江西赣东实业有限公司抚州大饭店	3	套间 普套	6	6	398	260	南昌市孺子路37号	0791－6232666	
			套间 豪套	1	1	698	480			
			单间 大单	8	8	268	178			
			单间 小单	10	10	198	148			
			标准间 普标	56	56	228	158			
			标准间 豪标	47	47	268	168			
江西省青山湖宾馆	青山湖宾馆有限公司	3	套间	8	8	380	280	南昌市福州路169号	0791－8863888	
			单间	22	22	268	120			
			普套标间	44	44	158	120			
			标间	74	74	380	140			
			豪华标间	44	44	418	160			
江西省新建设宾馆有限公司	江西省新建设宾馆有限公司		豪标	45	45	288	150	南昌市省政府大院北二路121号	0791－6203127	
			普标	35	35	268	140			
			单间	6	6	318	150			
			套房	3	3	688	260			

饭店名称	发票开具单位名称	星级	客房（数量：间；价格：元/天）					地址	前台订房电话	备注
			房型	总间数	协议间数	门市价	协议价			
江西绿洲假日酒店管理有限公司	江西绿洲假日酒店管理有限公司		豪华套间	5	5	498	280	南昌市上海北路608号	0791－8113388	
			商务套间	7	7	358	180			
			家庭套间	7	7	388	220			
			休闲房	20	20	318	170			
			商务单间	10	10	268	160			
			商务标间	17	17	278	160			
			单人间	14	14	258	140			
			标准间	68	68	268	140			
锦绣宾馆	江西省会计培训中心		豪华套间	1	1	2688	600	南昌市系马桩318号	0791－7287666	
			套间	8	8	448	305			
			单间	8	8	328	218			
			标准间	68	68	278	188			
江西省税务干部培训中心（金悦宾馆）	江西省税务干部培训中心	3	豪华套间	1	1	1288	588	南昌市系马桩326号	0791－6233333	
			套间	6	6	488	288			
			商务标间	11	11	398	188			
			标准间	66	66	288	148			
江西锦昌大酒店有限公司	江西锦昌大酒店有限公司	3	普通双标间	88	88	298	170	南昌市站前路107－109号	0791－6128666	
			普通单间	22	22	298	170			
			豪华单间	9	9	338	218			
			豪华标间	6	6	338	218			
			商务房	10	10	388	258			
			普通套房	8	8	488	328			
南昌东城宾馆有限责任公司	南昌东城宾馆有限责任公司	3	标间	98	98	198	108	南昌市京东大道777号	0791－8355777	
			单间	32	32	198	108			
			豪单	10	10	208	168			
			套房	1	1	388	268			
南昌环湖宾馆	南昌环湖宾馆	3	普通/豪华套间	12	12	368	298	南昌市环湖路99号	0791－8855000	
			单人间	40	40	268	188			
			豪华标准间	75	75	288	188			
			普通标准间	75	75	268	168			
南昌市海昌房地产有限公司君来大酒店	南昌市海昌房地产有限公司君来大酒店	3	标准间	79	79	198	130	南昌市北京西路259号	0791－6209111	
			豪华标间	78	78	228	150			
			普单	20	20	198	130			
			豪华单间	25	25	228	150			
			三人间	9	9	228	160			
			套房	5	5	488	260			

饭店名称	发票开具单位名称	星级	客房（数量：间；价格：元/天）					地址	前台订房电话	备注
			房型	总间数	协议间数	门市价	协议价			
江西省核工宾馆	江西省核工宾馆	3	豪华标间	30	30	280	140	南昌市北京西路152号	0791－6216388	
			商务标间	110	110	380	180			
			商务单间	12	12	380	180			
			豪华套间	2	2	580	268			
			商务套间	5	5	680	328			
江西省体育宾馆	江西省体育宾馆	3	套间	6	6	320	270	南昌市福州路26号	0791－6203288	
			标准间	83	83	188	160			
			单间	11	11	168	140			
			豪标	21	21	208	176			
南昌市财政局招待所（梅岭宾馆）	南昌市财政局招待所		标准间	94	94	228	180	南昌市湾里区梅岭镇	0791－3790698	
			套间	9	9	328	280			
江西宝联观园楼商务酒店有限责任公司	江西宝联观园楼商务酒店有限责任公司		行政套房	1	1	2800	518	南昌市二七北路258号	0791－6376677	
			商务套房	5	5	1880	380			
			豪华单人间	8	8	880	210			
			好莱坞单人间	16	16	780	200			
			精致单人间	4	4	680	188			
			商务标间	8	8	980	220			
			豪华双人间	47	47	880	200			
			标准双人间	28	28	780	190			
南昌百灵大酒店有限公司	南昌百灵大酒店有限公司		高级单人大床房	38	38	588	188	南昌市洪城路469号	0791－6562666	
			豪华单人大床房	19	19	688	228			
			高级双人房	21	21	598	188			
			豪华双人房	43	43	688	228			
			东方套	6	6	788	300			
			东方居套	12	12	788	300			
			帝皇套	3	3	1088	368			
江西南昌南郊宾馆发展有限公司（翠林高尔夫球假日酒店）	江西南昌南郊宾馆发展有限公司		2、4、5、6号楼标间	160	160	880	230	南昌市迎宾南大道158号	0791－5838137	
			2、4、5、6号楼单间	21	21	880	260			
			2、4、5、6号楼套间	7	7	1880	580			
			7、8、9号楼标间	131	131	680	180			
			7、8、9号楼套间	4	4	1280	480			
江西省地税干部南昌培训基地（银星大厦）	江西省地税干部南昌培训基地		标准间	72	72	488	208	南昌是站前西路159号	0791－8863666	
			单人间	12	12	488	218			
			套房	6	6	888	588			

江西

饭店名称	发票开具单位名称	星级	客房（数量：间；价格：元/天）房型	总间数	协议间数	门市价	协议价	地址	前台订房电话	备注
南昌春都商务酒店有限公司	南昌春都商务酒店有限公司	3	普通标间	27	27	368	168	南昌市红谷滩新区丽景路666号	0791－3729999	
			商务标间	37	37	398	168			
			套房	17	17	568	268			
南昌新地酒店有限公司	南昌新地酒店有限公司		套间	3	3	380	180	南昌市北京东路242号	0791－8339977	
			标准间	55	55	178	70			
			三人间	28	28	198	70			
			单间	3	3	178	70			
中国共产党江西省委员会滨江招待所	中国共产党江西省委员会滨江招待所		2#楼小套	4	4	550	330	南昌市爱国路216号	0791－8822168	
			2#楼单间	23	23	436	270			
			5#楼中套	2	2	980	580			
			5#楼标间	84	84	400	250			
			12#楼标间	46	46	280	166			
			4#楼标间	86	86	400	230			
			7#、8#、9#楼中套	6	6	1480	600			
			7#、8#、9#楼单间	2	2	560	300			
			7#、8#、9#楼标间	6	6	560	300			
江西核工业投资发展有限责任公司（锦江之星艾溪湖店）	江西核工业投资发展有限责任公司		标准间	162	162	169	137	江西省南昌市高新开发区金圣路2号	0791－2085999	
			商务单人房	16	16	189	153			
			精选商务单人房	16	16	219	178			
南昌帝源酒店投资管理有限公司	南昌帝源酒店投资管理有限公司		标准间	14	14	199	169	南昌市东湖区民德路255号	0791－6760076	
			商务房	10	10	179	152			
			单人间	31	31	169	143			
			标准间	71	71	169	143			
江西晶帝商务大酒店有限公司	江西晶帝商务大酒店有限公司		商务标间	137	137	368	120	南昌市高新大道2177号	0791－8130018	
			商务豪华单间	9	9	398	160			
			商务套间	5	5	498	220			
			商务三人间	5	5	398	180			
江西省惠苑宾馆	江西省职工旅行社（江西省惠苑宾馆）	2	套间	2	2	660	300	南昌市福州路4号	0791－6211846	
			标间	88	88	190	140			
			单间	27	27	198	130			
九江市										
九江远洲国际大酒店	九江远洲置业有限公司远洲国际大酒店	5	套间 商务套间	11	11	1880	600	九江市南湖路116号	0792－8888888	
			套间 豪华套间	16	16	1080	488			
			标准间 迎宾标间	145	145	828	300			

江西

饭店名称	发票开具单位名称	星级	客房（数量：间；价格：元/天）						地址	前台订房电话	备注
			房型		总间数	协议间数	门市价	协议价			
九江宾馆	九江宾馆	3	套间	豪华套间	6	6	1588	588	九江市南湖路118号	0792－8981888	
			单间	行政单间	20	20	1088	288			
			标准间	行政标间	82	82	688	228			
星河大酒店	九江星河大酒店有限公司	4	套间		14	14	1490	580	九江市滨江东路45号	0792－8532222	
			单间		12	12	498	240			
			标准间		60	60	538	240			
海关总署九江教育培训基地中海大酒店	海关总署九江教育培训基地中海大酒店		套间		10	10	680	320	九江市龙开河路9号	0792－8987999	
			标准间	商务标间	7	7	630	260			
				标准间	77	77	480	200			
九江金轩益君大酒店	九江市金轩益君大酒店管理有限公司	4	套间	豪华套间	7	7	800	358	九江市长虹大道276号	0792－8907777/8775588	
			单间	豪华单间	26	26	628	238			
			标准间	豪华标间	90	90	568	218			
				普通标间	42	42	520	168			
九江花旗假日大酒店	九江花旗旅业有限公司	4	套间	豪华套间	5	5	888	600	九江市前进东路9号	0792－2188888/2178888	
			单间		12	12	328	160			
			标准间		138	138	328	160			
			三人间		8	8	398	240			
九江市米兰花商务酒店	九江市米兰花商务酒店有限公司		套间		7	7	558	200	九江市长虹大道528号	0792－8153666/8153399	
			单间		4	4	328	158			
			标准间	电脑房	8	8	328	158			
					57	57	308	128			
九江市中景实业有限公司假期酒店	九江市中景实业有限公司假期酒店	3	套间	豪华套间	1	1	888	320	九江市长虹大道222号火车站广场两侧	0792－8982888/8982500	
				普通套间	4	4	688	210			
			单间	商务客房	20	20	488	190			
				豪华客房	10	10	418	160			
			标准间	行政、商务客房	52	52	488	200			
				豪华客房	58	58	418	160			
				普通客房	115	115	318	120			
九江财瑱宾馆	九江财瑱宾馆	3	套间		5	5	680	340	九江市甘棠南路111号	0792－8989966	
			单间		8	8	280	140			
			标准间		52	52	280	140			
				商务标间	14	14	400	180			

饭店名称	发票开具单位名称	星级	客房（数量：间；价格：元/天）						地址	前台订房电话	备注
			房型		总间数	协议间数	门市价	协议价			
九江福泰壹壹捌酒店有限公司	九江福泰壹壹捌酒店有限公司	3	套间	复式套间	2	2	688	260	九江市长虹大道70号	0792－8776118/8776999	
				豪华套间	7	7	488	190			
			单间	商务单间	13	13	388	150			
				特价单间	9	9	118	118			
			标准间	娱乐间	18	18	488	168			
				家庭房	4	4	418	160			
				商务标间	23	23	388	150			
				普通标准间	55	55	310	120			
景德镇市											
浮梁陶院别墅宾馆	陶瓷学院美术交流中心		套间		4	4	388	220	市高岭大道1号（陶瓷学院内）	0798－8466777	
			单间								
			标准间		64	64	288	120			
景德镇市良友宾馆	景德镇市良友宾馆有限公司	3	套间	豪华套间	1	1	598	328	市珠山中路42号	0798－8272288/8272236	
				普通套间	2	2	388	268			
			单间	商务单间	12	12	218	128			
			标准间	商务标间A	15	15	288	168			
				商务标间B	6	6	268	148			
				标准间A	6	6	228	148			
				豪华标间	5	5	338	228			
				标准间B	28	28	198	138			
昌南半岛酒店	景德镇市昌南半岛酒店有限公司	3	套间	普通套间	1	1	588	350	市瓷都大道597号	0798－8565633	
				豪华套间	7	7	788	385			
			单间	普通单间	9	9	388	160			
			标准间	普通标间	56	56	388	160			
				商务标间	13	13	488	200			
景德镇市财政宾馆	景德镇市财政宾馆	3	套间	豪华套房	5	5	980	588	市新村北路43号	0798－8292366/8292765	
				普通套房	5	5	588	358			
			单间	商务单间	11	11	308	180			
			标准间	商务标间	23	23	398	238			
				豪华标间	25	25	328	180			
				普通标间	24	24	228	138			
景德镇宾馆	景德镇宾馆	3	套间		5	5	1200	599	市风景路60号	0798－8271188/6226416	
			单间	普通单间	33	33	420	200			
			标准间	普通标间	101	101	360	180			

饭店名称	发票开具单位名称	星级	客房（数量：间；价格：元/天）						地址	前台订房电话	备注
			房型		总间数	协议间数	门市价	协议价			
景德镇市昌江宾馆有限责任公司	景德镇市昌江宾馆有限责任公司	3	套间		2	2	1388	550	市瓷都大道（新风路口）	0798－8576666/8568731	
			单间		21	21	320	160			
			标间		53	53	320	160			
半岛国际酒店	景德镇市半岛国际酒店有限公司		套间	豪华双套	4	4	788	390	市通站路121号	0798－8293991	
				豪华单套	3	3	788	390			
			单间	普通单间	24	24	400	180			
			标准间	普通标间	65	65	400	180			
				豪华标间	32	32	500	220			
景德镇市开门子大酒店	景德镇市开门子大酒店	4	套间		23	23	1888	588	市瓷都大道1055号	0798－8577777/8560166	
			单间		40	40	508	298			
			标准间		90	90	488	298			
朗逸酒店	景德镇朗逸酒店有限公司	4	套间	普通套房	6	6	988	486	市珠山西路5号	0798－8561789	
			单间	普通单间	19	19	668	298			
			标准间	普通标间	142	142	668	298			
紫晶宾馆	景德镇市紫晶宾馆有限责任公司	5	套间	套间（三号楼）	12	12	2288	600	市紫晶路9号	0798－8599999	
			单间	单间（三号楼）	4	4	1088	300			
			标准间	标准间（三号楼）	117	117	988	300			
鹰潭市											
江西鹰潭华侨大厦有限公司	江西鹰潭华侨大厦有限公司	4	行政套房		6	6	1188	600	鹰潭市站江路21号	0701－6696236	
			商务标间		26	26	568	300			
			商务单间		15	15	568	300			
			豪华单间		16	16	468	300			
			豪华标间		64	64	468	300			
			中标		36	36	388	260			
			普标		80	80	338	230			
鹰潭宾馆	鹰潭市委招待所	3	套间		4	4	688	418	鹰潭市林荫东路9号	0701－6692110	
			豪标		11	11	488	288			
			单间		6	6	428	258			
			标准A		25	25	428	258			
			标准B		19	19	368	218			

饭店名称	发票开具单位名称	星级	客房（数量：间；价格：元/天）						地址	前台订房电话	备注
			房型		总间数	协议间数	门市价	协议价			
江西鹰潭饭店有限公司	江西鹰潭饭店有限公司	3		套间	8	8	888	450	鹰潭市交通路24号	0701－6686858	
				单间	12	12	310	160			
				豪标	45	45	248	180			
				标A	30	30	208	160			
				标B	55	55	178	140			
江西一鼎实业发展有限公司阳光假日酒店	江西一鼎实业发展有限公司			豪标	80	80	468	220	鹰潭市南站路24号	0701－6688888	
				普标	11	11	428	190			
鹰潭市财苑宾馆	鹰潭市财苑宾馆			套间	3	3	380	150	鹰潭市交通路32号	0701－6682588	
				单间	6	6	198	100			
				标准间A	18	18	198	100			
				标准间B	30	30	150	80			
新余市											
新余市北湖宾馆	新余市北湖宾馆	4	套间	套房	15	15	758	480	新余市北湖中路508号北湖宾馆	0790－6422222	
			单间	豪单	15	15	468	288			
				普单	10	10	388	240			
			标准间	豪标	96	96	398	230			
				普标	78	78	338	188			
悦华商务酒店	新余市悦华商务有限责任公司	3	套间	豪套	4	4	698	288	新余市长青北路一号	0790－6336010	
				豪景房	3	3	598	288			
			单间	阳标	10	10	398	168			
				商单	14	14	368	148			
				普单	8	8	318	128			
			标准间	商标	43	43	368	148			
				普标	58	58	318	128			
新余市万年青商务大酒店	新余市万年青服务有限责任公司	3	套间	套间	5	5	388	200	新余市仙来中大道305号	0790－6469888	
				商务间	35	35	298	198			
			单间	单间	11	11	198	128			
			标准间	豪标	10	10	238	168			
				标间	54	54	198	128			
华瑞宾馆	新余华瑞置业有限公司华瑞宾馆	3	套间	豪华单人套房	12	12	988	280	新余市抱石大道561号	0790－6256000	
			单间	温馨单人房	12	12	486	148			
			标准间	商务双人房	36	36	596	160			
				温馨双人房	48	48	486	148			
				普通双人房	24	24	358	128			

江西

饭店名称	发票开具单位名称	星级	客房（数量：间；价格：元/天）						地址	前台订房电话	备注
			房型		总间数	协议间数	门市价	协议价			
望江国际酒店	望江国际酒店		套间	豪华套房	2	2	988	288	新余市新欣南大道1号	0790－6268888	
			单间	休闲娱乐单间	8	8	248	168			
				豪华单间	5	5	248	158			
				商务单间	8	8	238	148			
				舒适单间	14	14	198	128			
			标准间	休闲娱乐标间	16	16	258	168			
				豪华标间	10	10	248	158			
				商务标间	21	21	238	148			
				舒适标间	45	45	198	128			
萍乡市											
萍乡市七星国际商务酒店	象南实业萍乡七星国际商务酒店		套间	豪华套间	11	11	1280	588	萍乡市建设路78号	0799－6626013	
			单间	普通单间	80	80	668	288			
				行政单间	9	9	880	300			
				豪华单间	33	33	768	298			
			标准间	普通标间	52	52	668	288			
				豪华标间	64	64	768	298			
五洲花园大酒店	萍乡市五洲花园大酒店有限公司	4	套间	豪华套间	9	9	1288	298	江西省萍乡市安源东大道16号	0799－7024228	
				行政套间	3	3	1688	568			
			单间	豪华单间	12	12	688	188			
				行政单间	14	14	888	258			
			标准间	豪华标间	40	40	688	188			
				行政标间	15	15	888	258			
鑫海岸商务酒店	江西省萍乡市金海岸实业有限公司鑫海岸商务酒店	3	套间	标准间	3	3	538	328	公园南路168号	0799－6892002	
				娱乐套间	8	8	538	378			
			单间	普通单间	12	12	268	173			
				商务单间	7	7	338	198			
			标准间	普通标间	49	49	288	178			
				商务标间	24	24	388	198			
江西萍乡安源宾馆	萍乡市安源宾馆	3	套间	商务套间	11	11	558	288	萍乡市跃进南路143号	0799－6882518	
			单间	商务单间	15	15	348	188			
			标准间	普通标间	52	52	318	158			
				商务标间	22	22	348	188			

饭店名称	发票开具单位名称	星级	客房（数量：间；价格：元/天）						地址	前台订房电话	备注
			房型		总间数	协议间数	门市价	协议价			
萍乡迎宾馆	萍乡迎宾馆		套间	湖（山）景套房	8	8	868	498	江西省萍乡市经济开发区玉湖路1号	0799－678666	
			单间	2号楼豪华单间	10	10	528	298			
				3、5号楼豪华单间	6	6	438	268			
			标准间	2号楼豪华标间	6	6	468	268			
				3、5号楼豪华标间	17	17	428	238			
萍乡市昭萍宾馆	萍乡市昭萍宾馆	2	套间	普通套间	2	2	468	260	萍乡市八一西路32号	0799－6882899	
			单间	普通单间	2	2	288	140			
			标准间	普通标间	43	43	188	70			
				商务标间	12	12	288	140			
				豪华标间	24	24	258	120			
萍乡市星亮山庄	萍乡市星亮山庄		套间	普通套间	3	3	980	570	江西省上栗县长平乡狮形村	0799－3624688	
				豪华套间	2	2	1680	598			
			单间	娱乐单间	6	6	258	188			
			标准间	普通标间	32	32	198	148			
				三人间	10	10	238	178			
江西永生现代连锁宾馆有限责任公司萍乡店	江西永生现代连锁宾馆有限责任公司萍乡店		套间	普通套间	1	1	239	203	萍乡市跃进北路215号	0799－6665788	
			单间	普通单间	48	48	149	127			
			标准间	普通标间	52	52	149	127			
萍乡市金领商务酒店	萍乡市金领商务酒店有限责任公司		套间	豪华套间	17	17	228	188	萍乡市跃进北路259号	0799－7085888	
			单间	商务单间	15	15	148	118			
				豪华单间	12	12	168	138			
			标准间	三人间	4	4	218	188			
				商务标间	54	54	148	118			
				豪华标间	36	36	168	138			
赣州市											
赣南宾馆	赣南宾馆	3	套间		25	25	466	298	赣州市厚德路76号	0797－8265166/8265168	
			单间		24	24	288	168			
			标准间		150	150	268	168			

江西

饭店名称	发票开具单位名称	星级	客房（数量：间；价格：元/天）						地址	前台订房电话	备注
			房型		总间数	协议间数	门市价	协议价			
赣州宾馆	赣州宾馆	3	套间		9	9	688	380	赣州市健康路69号	0797－8266188	
			单间	豪华单间	5	5	468	218			
				商务单间	8	8	368	168			
			标准间		105	105	468	198			
聚德山庄	赣州市聚德山庄酒店有限公司		套间		2	2	998	298	赣州市水东镇123工程	0797－8161080	
			单间		4	4	798	198			
			标准间		41	41	698	158			
铁龙大酒店	赣州市铁龙工程实业有限公司铁龙大酒店	3	套间		8	8	888	268	赣州市八一四大道66号	0797－8139999	
			单间	豪华单间	11	11	518	160			
				普通单间	8	8	458	130			
			标准间	豪华标准间	50	50	518	160			
				普通标准间	15	15	458	130			
海天大酒店	赣州海天大酒店	3	套间	贵宾套间	9	9	1188	298	赣州市八一四大道31号	0797－8100266	
				商务套间	3	3	888	238			
			单间	豪华单间	19	19	328	138			
				普通单间	10	10	238	108			
			标准间	特豪华标准间	3	3	438	198			
				豪华标准间	26	26	368	158			
				普通标准间	48	48	328	138			
赣龙大酒店	赣州赣龙大酒店有限公司	3	套间		8	8	1300	548	赣州市红旗大道50号	0797－8269160/8269180	
			单间	普通单间	11	11	228	118			
				商务单间	12	12	338	198			
				行政单间	13	13	450	248			
				行政豪华单间	12	12	540	298			
			标准间	商务豪华标准间	24	24	388	198			
				行政豪华标准间	19	19	540	298			
				商务标准间	24	24	338	198			
				行政标准间	22	22	450	248			
				普通标准间	10	10	228	128			
金赣大酒店	赣州市鑫赣酒店有限公司		套间	豪华套间	1	1	888	480	赣州市八一四大道42号	0797－8130918/8161388	
				普通套间	3	3	398	220			
			单间		3	3	238	130			
			标准间		60	60	268	120			

<table>
<tr><th rowspan="2">饭店名称</th><th rowspan="2">发票开具单位名称</th><th rowspan="2">星级</th><th colspan="6">客房（数量：间；价格：元/天）</th><th rowspan="2">地址</th><th rowspan="2">前台订房电话</th><th rowspan="2">备注</th></tr>
<tr><th colspan="2">房型</th><th>总间数</th><th>协议间数</th><th>门市价</th><th>协议价</th></tr>
<tr><td colspan="12">上饶市</td></tr>
<tr><td rowspan="5">华都国际大酒店</td><td rowspan="5">上饶市华都旅业有限公司</td><td rowspan="5">4</td><td rowspan="3">套间</td><td>行政套间</td><td>15</td><td>15</td><td>988</td><td>500</td><td rowspan="5">信州区带湖路66－68号</td><td rowspan="5">0793－8258888</td><td rowspan="5"></td></tr>
<tr><td>商务休闲套间</td><td>18</td><td>18</td><td>868</td><td>268</td></tr>
<tr><td>商务套间</td><td>166</td><td>166</td><td>738</td><td>198</td></tr>
<tr><td>单间</td><td>商务单间（单套）</td><td>28</td><td>28</td><td>488</td><td>198</td></tr>
<tr><td>标准间</td><td>豪华标间</td><td>30</td><td>30</td><td>428</td><td>298</td></tr>
<tr><td rowspan="6">中山国际饭店</td><td rowspan="6">上饶市中山国际饭店有限公司</td><td rowspan="6">3</td><td colspan="2">套间</td><td>3</td><td>3</td><td>428</td><td>328</td><td rowspan="6">上饶市中山西路71号</td><td rowspan="6">0793－8222666</td><td rowspan="6"></td></tr>
<tr><td rowspan="2">单间</td><td>大单间</td><td>6</td><td>6</td><td>228</td><td>188</td></tr>
<tr><td>小单间</td><td>6</td><td>6</td><td>208</td><td>138</td></tr>
<tr><td rowspan="3">标准间</td><td>普通标间</td><td>16</td><td>16</td><td>189</td><td>128</td></tr>
<tr><td>豪华标间 A</td><td>35</td><td>35</td><td>228</td><td>158</td></tr>
<tr><td>豪华标间 B</td><td>31</td><td>31</td><td>208</td><td>138</td></tr>
<tr><td rowspan="7">上饶三清大酒店</td><td rowspan="7">上饶三清大酒店有限公司</td><td rowspan="7">3</td><td rowspan="2">套间</td><td>豪华套间</td><td>4</td><td>4</td><td>1680</td><td>418</td><td rowspan="7">上饶市信州区站前路2号</td><td rowspan="7">0793－8336888</td><td rowspan="7"></td></tr>
<tr><td>普通套间</td><td>4</td><td>4</td><td>1680</td><td>350</td></tr>
<tr><td rowspan="3">单间</td><td>单人间 A</td><td>5</td><td>5</td><td>780</td><td>138</td></tr>
<tr><td>单人间 B</td><td>4</td><td>4</td><td>380</td><td>128</td></tr>
<tr><td>豪华单人间</td><td>16</td><td>16</td><td>280</td><td>198</td></tr>
<tr><td rowspan="2">标准间</td><td>豪华标间</td><td>34</td><td>34</td><td>580</td><td>188</td></tr>
<tr><td>普通标间</td><td>56</td><td>56</td><td>480</td><td>138</td></tr>
<tr><td rowspan="3">北星大酒店</td><td rowspan="3">上饶市北星大酒店有限公司</td><td rowspan="3">3</td><td colspan="2">套间</td><td>3</td><td>3</td><td>758</td><td>350</td><td rowspan="3">上饶市信州区带湖路71号</td><td rowspan="3">0793－8257666</td><td rowspan="3"></td></tr>
<tr><td colspan="2">单间</td><td>23</td><td>23</td><td>238</td><td>138</td></tr>
<tr><td colspan="2">标准间</td><td>80</td><td>80</td><td>258</td><td>138</td></tr>
<tr><td rowspan="4">名都大酒店</td><td rowspan="4">上饶市名都大酒店有限公司</td><td rowspan="4"></td><td colspan="2">套间</td><td>3</td><td>3</td><td>588</td><td>240</td><td rowspan="4">上饶市光学路21号</td><td rowspan="4">0793－8267788</td><td rowspan="4"></td></tr>
<tr><td colspan="2">单间</td><td>5</td><td>5</td><td>288</td><td>118</td></tr>
<tr><td rowspan="2">标准间</td><td>标准间 A</td><td>25</td><td>25</td><td>288</td><td>118</td></tr>
<tr><td>标准间 B</td><td>25</td><td>25</td><td>268</td><td>138</td></tr>
<tr><td rowspan="3">世纪外滩酒店</td><td rowspan="3">上饶市世纪外滩酒店物业管理有限公司</td><td rowspan="3"></td><td colspan="2">套间</td><td>7</td><td>7</td><td>998</td><td>240</td><td rowspan="3">上饶市信州区站前路12号</td><td rowspan="3">0793－7062888</td><td rowspan="3"></td></tr>
<tr><td colspan="2">单间</td><td>16</td><td>16</td><td>388</td><td>118</td></tr>
<tr><td colspan="2">标准间</td><td>120</td><td>120</td><td>388</td><td>168</td></tr>
<tr><td rowspan="5">一佳酒店</td><td rowspan="5">上饶市一佳酒店有限公司</td><td rowspan="5"></td><td colspan="2">套间</td><td>4</td><td>4</td><td>488</td><td>240</td><td rowspan="5">上饶市民德路2号</td><td rowspan="5">0793－7901688</td><td rowspan="5"></td></tr>
<tr><td colspan="2">单间</td><td>10</td><td>10</td><td>218</td><td>118</td></tr>
<tr><td rowspan="2">标准间</td><td>普通标间</td><td>48</td><td>48</td><td>238</td><td>118</td></tr>
<tr><td>豪华标间</td><td>51</td><td>51</td><td>268</td><td>138</td></tr>
<tr><td colspan="2">三人间</td><td>2</td><td>2</td><td>288</td><td>184</td></tr>
</table>

饭店名称	发票开具单位名称	星级	客房（数量：间；价格：元/天）					地址	前台订房电话	备注
			房型	总间数	协议间数	门市价	协议价			
武夷大酒店	上饶市信州区武夷大酒店		套间	1	1	418	218	解放路229号	0793－7100288	
			单间	8	8	188	108			
			标准间 普通标间	20	20	208	118			
			标准间 豪华标间	29	29	228	138			
			三人间	2	2	258	168			
教育宾馆	上饶市教育培训中心		套间	4	4	160	120	上饶市信州区中山西路53号	0793－8236024	
			单间	20	20	120	100			
			标准间	76	76	130	100			
沁园宾馆	上饶市沁园宾馆有限公司		套间	1	1	288	218	上饶市信州区体育馆路2号	0793－8207766	
			单间	5	5	168	118			
			标准间	45	45	188	118			
润丰大酒店	上饶市润丰大酒店		套间	4	4	516	240	上饶市信州区五三大道48号	0793－8302999	
			单间 普通单间	23	23	216	118			
			单间 豪华单间	12	12	268	140			
			标准间 普通标准间	62	62	216	118			
			标准间 豪华标间	12	12	268	140			
建元大酒店	上饶市建元大酒店有限责任公司		套间	4	4	358	238	上饶市信州区带湖路16号	0793－8277732	
			单间	6	6	268	138			
			标准间	43	43	268	118			
金钰大酒店	上饶市金钰大酒店有限公司		套间	11	11	330	230	上饶市赣东北大道39号	0793－6195555	
			单间	16	16	220	118			
			标准间 普通标间	56	56	180	118			
			标准间 豪华标间	20	20	260	130			
三清山玉京宾馆	上饶市财政财务干部培训基地		套间	5	5	1280	580	上饶市三清山外双溪	0793－2180006	
			单间	10	10	980	300			
			标准间	51	51	480	280			
抚州市										
抚州汝水森林宾馆	抚州汝水森林宾馆		套间 3号楼商务三套	2	2	1238	600	抚州市文昌大道1560号	0794－8358666	
			套间 3号楼商务套房	10	10	918	498			
			套间 2号楼商务套房	15	15	858	428			
			无窗单间	5	5	518	298			
			2号楼商务单间	20	20	598	298			
			2号楼高级单间	14	14	518	258			
			2号楼商务标间	46	46	598	298			
			2号楼高级标间	31	31	518	258			

饭店名称	发票开具单位名称	星级	客房（数量：间；价格：元/天）						地址	前台订房电话	备注
			房型		总间数	协议间数	门市价	协议价			
抚州荣誉国际酒店	江西抚州荣誉置业发展有限公司		套间		24	24	1198	598	抚州市迎宾大道566号	0794－8200000	
			单间		119	119	508	248			
			标准间		153	153	508	248			
抚州市梦湖商务酒店有限公司	抚州市梦湖商务酒店有限公司	3	套间	豪华套间	2	2	1588	600	抚州市临川大道1099号	0794－8255988	
			单间	景观单间	25	25	238	148			
				湖景单间	9	9	258	178			
			标准间	湖景标间	37	37	258	178			
				景观标间	32	32	238	148			
				休闲标间	7	7	258	178			
抚州市富宇宾馆有限公司	抚州市富宇宾馆有限公司		套间	豪华套间	1	1	436	220	抚州市赣东大道449号	0794－8251688	
			单间	普通单间	15	15	198	120			
			标准间	豪华标间	6	6	288	160			
				商务标间	19	19	228	158			
				普通标间	36	36	198	120			
抚州罗马假日精品商务酒店	抚州罗马假日精品商务酒店		套间		19	19	338	158	抚州市临川大道666号	0794－2186666	
			单间		33	33	228	138			
			标准间		40	40	248	138			
江西永生现代连锁宾馆抚州店	江西永生现代连锁宾馆抚州店		单间	特价单间	6	6	119	119	抚州市赣东大道1098号	0794－8307777	
				时尚单间	37	37	149	127			
				舒适单间	5	5	159	135			
				数码E房	9	9	169	143			
				休闲单间	5	5	199	170			
			标准间	标准间	30	30	159	135			
抚州市王府城市酒店	抚州市王府城市酒店		套间	豪华套房	2	2	358	288	抚州市玉茗大道1号	0794－8253999	
				行政套房	2	2	308	238			
			单间	豪华单间	15	15	188	148			
			标准间	豪华标间	23	23	188	148			
				商务标间	16	16	208	168			
宜春市											
盛华绿茵宾馆	宜春市袁州区盛华绿茵宾馆		套间		2	2	388	238	宜春市中山中路368号	0795－2186666	
			商务单间		2	2	208	136			
			普通单间		9	9	168	98			
			商务标间		26	26	208	136			
			普通标间		34	34	188	118			

饭店名称	发票开具单位名称	星级	客房（数量：间；价格：元/天）					地址	前台订房电话	备注
			房型	总间数	协议间数	门市价	协议价			
博皓商务酒店	江西博皓商务酒店投资管理有限公司		套间	9	9	306	210	宜春市明月北路569号	0795－7086666	
			单间	17	17	206	140			
			商务标间	20	20	236	150			
			普通标间	84	84	206	130			
			三人间	6	6	266	180			
宜春财政干部培训中心	江西宜春财政干部培训中心	2	单间	13	13	218	120	宜春市温汤镇温泉路41号	0795－3518080	
			标准间	46	46	218	120			
秀江宾馆	宜春市袁州区秀江宾馆	3	豪华套间	3	3	418	300	宜春市中山中路370号	0795－7083020	
			商务单间	5	5	188	158			
			行政单间	6	6	168	138			
			普通单间	3	3	138	110			
			商务标间	24	24	188	158			
			行政标间	23	23	168	138			
			普通标间	28	28	138	110			
			行政三人间	3	3	238	208			
			普通三人间	3	3	198	160			
阳光大酒店	宜春市袁州区阳光大酒店有限责任公司	3	豪华套间	1	1	2188	288	宜春市袁山中路489号	0795－2188888	
			行政单间	4	4	400	218			
			单间	5	5	339	120			
			标准间	95	95	390	178			
青龙酒店	江西青龙集团酒店有限公司	3	单人套间	10	10	398	228	宜春市东风路283号	0795－3912111	
			行政单间	9	9	438	258			
			标准单间	12	12	358	200			
			行政双人间	8	8	438	258			
			双人套间	21	21	398	228			
			标准双人间	67	67	358	200			
			行政豪华单间	6	6	438	258			
			豪华单间	3	3	398	228			
			标准单间	42	42	358	198			
			行政标准双人间	17	17	438	258			
			标准双人间	15	15	358	200			
			标准三人间	14	14	398	228			
			单人套间	5	5	308	179			
			豪华单间	3	3	308	179			
			标准单间	5	5	258	149			
			双人套间	9	9	308	179			
			标准双人间	8	8	278	159			
			普通单间	14	14	158	109			
			普通标间	79	79	178	129			

饭店名称	发票开具单位名称	星级	客房（数量：间；价格：元/天）					地址	前台订房电话	备注
			房型	总间数	协议间数	门市价	协议价			
德和大酒店	宜春市德和大酒店有限责任公司	4	行政套间	10	10	980	380	宜春市朝阳路36号	0795－3299999	
			普通套间	6	6	880	330			
			行政单间	3	3	698	290			
			普通单间	16	16	508	240			
			行政标间	36	36	698	280			
			普通标间	100	100	488	210			
锦绣山庄酒店	江西济民可信锦绣山庄酒店有限公司	4	标准间	11	11	888	399	宜春市秀江西路210号	0795－3558888	
			豪华单间	18	18	588	259			
			商务标间	18	18	668	288			
			豪华标间	88	88	498	239			
吉安市										
吉安华拓国际大酒店	华拓企业（吉安）有限公司吉安华拓国际大酒店	4	高级家庭房	4	4	650	268	江西省吉安市青原区美陂西路18号	0796－8113333、传真8112333	
			豪华双人房	43	43	620	238			
			高级双人房	32	32	580	208			
			豪华单人房	25	25	620	238			
			高级单人房	16	16	580	208			
			高级楼中楼套房	4	4	1080	488			
			豪华套房	5	5	980	438			
吉安白鹭酒店集团有限公司白鹭宾馆	吉安白鹭酒店集团有限公司	4	标准间	74	74	320	180	江西省吉安市吉州区井冈山大道141号	0796－8287318/8287328、传真8287528	
			豪华标间	28	28	438	225			
			单人间	5	5	320	180			
			豪华单间	14	14	438	225			
			商务标间	20	20	468	240			
			商务单间	11	11	468	240			
			套房	3	3	730	438			
吉安宾馆	吉安宾馆有限公司	3	标准间A	38	38	328	180	江西省吉安市吉州区沿江路99号	0796－8263537、传真8263888	
			标准间B	68	68	220	100			
			单人间A	5	5	288	180			
			套房A	2	2	780	380			
			套房B	2	2	500	280			
江西米西宾馆有限公司	江西米西宾馆有限公司	3	普通标准间	30	30	228	140	江西省吉安市吉州区鹭洲东路16号	0796－8264118/8264138、传真8264166	
			行政标准间	20	20	278	170			
			商务标准间	40	40	328	200			
			行政单间	3	3	278	170			
			商务单间	4	4	328	200			
			普通套房	3	3	328	200			
			豪华套房	2	2	1288	600			

饭店名称	发票开具单位名称	星级	客房（数量：间；价格：元/天）					地址	前台订房电话	备注
			房型	总间数	协议间数	门市价	协议价			
华昌大酒店	江西省煤田地质局二二七地质队华昌大酒店	2	标准间	20	20	240	128	江西省吉安市青原区青原大道255号	0796－8102584、传真8103118	
			商务标间	24	24	288	138			
			大床单间	5	5	240	128			
			三人间	6	6	280	150			
			商务套房	6	6	328	188			
锦江之星旅馆吉安吉福路店	吉安市金逸酒店管理有限公司		标准间 A	37	37	149	134	江西省吉安市吉州区吉福路56号	0796－8337777、传真8333116	
			标准间 B	18	18	139	125			
			单人间 A	18	18	149	134			
			单人间 B	12	12	139	125			
			精选商务房	5	5	179	161			

江西

江西省出差淡旺季定点饭店

饭店名称	发票开具单位名称	星级	客房（数量：间；价格：元/天）						地址	前台订房电话	备注
			房型	总间数	投标间数	门市价	投标报价				
							淡季	旺季			
庐山市											
庐山良璐宾馆	庐山良璐宾馆	3	套间	2	2	1580	400	600	庐山牯岭街50号	0792－8288446	
			单间	2	2	780	180	260			
			标准间	49	49	780	180	260			
庐山体育宾馆	庐山体育宾馆	3	单间	1	1	780	180	270	庐山河西路15号	0792－8299300	
			标准间	39	39	780	180	270			
			普通标准间	18	18	680	160	240			
			三人间	3	3	880	270	405			
庐山旅游发展股份有限公司庐山宾馆	庐山旅游发展股份有限公司庐山宾馆	3	套间	6	6	1800	400	600	庐山河西路70号	0792－8282060	
			单间	6	6	780	160	240			
			标准间	55	55	780	160	240			
庐山旅游发展股份有限公司云中宾馆	庐山旅游发展股份有限公司云中宾馆		套间	4	4	2880	500	750	庐山香山路18号	0792－8295420	每年5－10月为旺季
			单间	3	3	880	180	270			
			标准间	107	107	880	180	270			
庐山鑫缔宾馆	庐山鑫缔宾馆	3	套房	1	1	1180	380	570	庐山环山公路1号	0792－8288858	
			单间	4	4	780	120	180			
			商务标间	64	64	880	260	340			
			标准间	20	20	680	120	180			
庐山饭店	庐山饭店		套间	2	2	980	348	522	庐山正街04号	0792－8285430	
			单间	5	5	580	150	225			
			标准间	43	43	680	168	252			
江西财政干部庐山培训基地	江西财政干部庐山培训基地		套间	2	2	3000	600	900	庐山鄱阳路20号	0792－8282838	
			单间	6	6	600	160	200			
			标准间	49	49	560	160	200			
全国人大机关服务中心庐山休养所	全国人大机关服务中心庐山休养所		套间	15	15	2888	580	680	庐山仰天坪路1号	0792－8281824	
			单间	6	6	880	300	450			
			标准间	81	81	760	280	380			
九江市											
江西北戴河宾馆	江西北戴河宾馆有限公司	4	套间	3	3	888	598	598	九江市永修县柘林湖南岸	0792－3068889	每年10月－次年3月为旺季
			单间	3	3	428	298	298			
			标准间	57	57	428	298	298			

饭店名称	发票开具单位名称	星级	客房（数量：间；价格：元/天）						地址	前台订房电话	备注
			房型	总间数	投标间数	门市价	投标报价				
							淡季	旺季			
港恒旅游发展（九江）有限公司西海温泉假日酒店	港恒旅游发展（九江）有限公司西海温泉假日酒店		度假套间	10	10	1280	600	800	云居山—柘林湖风景区南岸易家河村	0792－3123001	每年10月－次年3月为旺季
			酒店式公寓套间	125	125	800	300	360			
			单间	38	38	880	300	450			
			标准间	219	219	880	300	450			
江西柘林湖宾馆	江西柘林湖宾馆		套间	8	8	588	360	480	柘林湖风景区南岸码头	0792－3068001	
			单间	7	7	368	260	360			
			标准间	36	36	288	160	200			
鹰潭市											
泽方正圆度假山庄	龙虎山泽方正圆度假山庄		普标	34	34	288	110	150	鹰潭市龙虎山风景区16公里	0701－6659999	每年6－10月为旺季
			豪标	21	21	368	150	190			
			商务复式豪标	11	11	488	180	200			
家乐居酒店	鹰潭市家乐居酒店管理有限公司		豪华商务套	12	12	680	258	268	鹰潭市龙虎山16公里	0701－7170886	
			豪华复式套	9	9	580	220	230			
			标准商务套房	7	7	620	210	220			
			豪标	27	27	560	170	180			
			普标	9	9	480	140	150			
			单间	7	7	380	140	150			
井冈山市											
黄洋界宾馆	井冈山黄洋界宾馆	4	标准间	69	69	780	260	280	井冈山茨坪镇红军北路36号	0796－6553045、传真6554823	每年5－10月为旺季
			单间	6	6	980	280	300			
			三人间	16	16	680	250	260			
			套间	9	9	3280	560	600			
映山红宾馆	江西省井冈山映山红宾馆	4	标准间	114	114	698	260	280	井冈山茨坪镇长坑路5号	0796－6550888/6550666、传真6550299	
			单间	4	4	388	160	180			
			套间	11	11	1680	560	600			
井秀山庄	江西省电力职工井冈山培训中心	4	标准间	76	76	880	260	280	井冈山茨坪镇黄竹坳路28号	0796－6555888、传真6553068	
			商务单间	17	17	980	280	300			
			套间	10	10	1980	560	600			
星期酒店	井冈山市星期酒店有限公司	4	标准间	90	90	760	280	300	井冈山茨坪镇红军南路3号	0796－6555566/6555577、传真6550707	
			单间	18	18	780	280	300			
			商务套间	8	8	1680	560	600			

饭店名称	发票开具单位名称	星级	客房（数量：间；价格：元/天）						地址	前台订房电话	备注
			房型	总间数	投标间数	门市价	投标报价				
							淡季	旺季			
井冈山宾馆	井冈山旅游发展股份有限公司	3	标准间	90	90	580	160	200	井冈山市茨坪镇红军北路16号	0796－6552618/6552272、传真6552551	每年5－10月为旺季
			套间	5	5	1965	440	500			
瑞峰宾馆	江西省国家税务局井冈山培训中心	3	标准间	112	112	680	160	200	井冈山茨坪镇长坑路6号	0796－6552868、传真6567299	
			小套间	8	8	2680	400	400			
			大套间	2	2	6800	500	500			
圣地山庄	南昌铁路局井冈山圣地山庄	3	豪华标准间	50	50	580	200	200	井冈山茨坪镇红军南路28号	0796－7026288、传真7026288	
			商务标准间	44	44	680	240	240			
			单间	3	3	980	200	200			
			套间	6	6	1988	440	480			
中煤宾馆	井冈山市中煤宾馆	3	标准间	93	93	480	160	200	井冈山茨坪镇长坑路7号	0796－6560200、传真6560200	
			单间	3	3	480	160	200			
			三人间	4	4	680	176	180			
			套间	6	6	880	370	460			
井峰宾馆	江西省邮政公司吉安市邮政局井冈山井峰宾馆	3	标准间	30	30	458	160	200	井冈山市茨坪镇红军北路附1号	0796－6559999、传真6559889	
			豪华标准间	9	9	688	200	240			
			豪华单间	3	3	668	180	200			
			三人间	6	6	568	176	180			
			套间	3	3	1488	400	500			
北苑宾馆	江西省井冈山市北苑宾馆	3	标准间	55	55	480	160	200	井冈山市茨坪镇红军北路28号	0796－6560008、传真6560018	
			三人间	5	5	580	176	180			
			套间	3	3	1280	400	500			
长青宾馆	井冈山市长青宾馆有限责任公司	3	标准间	52	52	480	160	200	井冈山市茨坪镇红军北路12号	0796－6552663/6555699、传真6557257	
			单间	2	2	528	160	200			
			三人间	7	7	680	190	196			
			套间	3	3	880	440	500			
翠湖宾馆	井冈山翠湖宾馆	3	豪华标准间	81	81	480	160	200	井冈山市茨坪镇红军南路2号	0796－6557888/6557666、传真6557168	
			豪华单间	2	2	480	160	200			
			豪华小套间	2	2	880	400	460			

饭店名称	发票开具单位名称	星级	客房（数量：间；价格：元/天）						地址	前台订房电话	备注
			房型	总间数	投标间数	门市价	投标报价 淡季	投标报价 旺季			
江西井冈翠林宾馆	江西省工商干部井冈山培训中心	3	标准间	49	49	580	160	200	井冈山市茨坪镇红军北路46号	0796－6560668/6560669、传真6560609	
			单间	4	4	680	160	200			
			套间	3	3	1680	440	500			
迎宾馆	井冈山迎宾馆		标准间	43	43	720	300	300	井冈山市茨坪镇红军北路10号	0796－6555698、传真6550058	
			单间	8	8	1280	300	360			
			套间	7	7	1560	600	600			
茨坪生态苑	井冈山市茨坪生态苑		标准间	81	81	560	156	176	井冈山市茨坪镇泰井高速连接线82公里处	0796－6689266/6689288、传真6689611	每年5－10月为旺季
			套间	19	19	780	360	400			
江轩宾馆	井冈山市江轩宾馆		标准间	69	69	480	130	160	井冈山市茨坪镇红军北路1号	0796－6561288/6561330、传真6561289	
			豪华标准间	45	45	680	160	200			
			套间	7	7	1680	396	440			
统计宾馆	国家统计局井冈山全国统计干部革命传统教育基地		标准间	80	80	320	140	160	井冈山市茨坪镇兰花坪路4号	0796－6552904、传真6552921	
			套间	4	4	660	280	380			
井冈山南湖宾馆	江西省井冈山财政干部教育基地		标准间	68	68	780	300	450	井冈山市茨坪镇红军南路19号	0796－6556666	
			单间	22	22	830	300	450			
			套间	10	10	2666	600	900			

山东省

- 财政部委托山东省财政厅负责在山东省地级以上城市招标采购出差定点饭店并负责日常监督管理工作。
- 本次政府采购，确定山东省出差定点饭店 122 家。
- 出差定点饭店按照与财政部门签订《协议书》的价格向中央和地方各级党政机关和事业单位提供相应的接待服务。
- 如果对协议价格产生疑义，可以要求定点饭店出示《协议书》。
- 如有出差定点饭店变更或协议价格变化，应以“党政机关出差会议定点饭店查询网”的信息为准。
- 本目录中的山东省出差定点饭店的详细信息，可在“党政机关出差会议定点饭店查询网”查阅。
- 山东省的青岛市、烟台市、威海市、日照市的出差定点饭店包括了季节价格差，请在使用查阅时注意。
- 山东省各地区长途电话区号：

济南市	0531	聊城市	0635
德州市	0534	东营市	0546
淄博市	0533	潍坊市	0536
烟台市	0535	威海市	0631
青岛市	0532	日照市	0633
临沂市	0539	枣庄市	0632
济宁市	0537	泰安市	0538
莱芜市	0634	滨州市	0543
菏泽市	0530		

山东省出差定点饭店

饭店名称	发票开具单位名称	星级	客房（数量：间；价格：元/天）					地址	前台订房电话	备注
			房型	总间数	协议间数	门市价	协议价			
济南市										
山东东方大厦	山东东方大厦	4	套间	15	15	1188	600	济南市经七路263号	0531－86910030	
			单间	5	5	588	300			
			标准间	45	45	588	300			
济南玉泉森信大酒店有限公司	济南玉泉森信大酒店有限公司	4	单间	34	34	580	300	济南市历下区泺源大街68号	0531－85108037	
			标准间	75	75	580	300			
济南珍珠泉宾馆	济南珍珠泉宾馆		套间	8	8	1380	600	济南市院前街1号	0531－87779096	
			单间	30	30	680	290			
			标准间	50	50	650	290			
山东金都大酒店	山东金都大酒店	4	套间	13	13	980	600	济南市英雄山路155－1号	0531－86139139/86139000－5101	
			单间	25	25	780	300			
			标准间	92	92	680	300			
山东中豪大酒店	山东中豪大酒店	4	套间	76	76	1680＋10%	600	济南市解放路165号	400－6186123	
			单间	21	21	1180＋10%	300			
			标准间	77	77	1180＋10%	300			
山东丽天大酒店	山东丽天大酒店	4	套间	5	5	1680＋10%	600	济南市经一路66号	0531－82688888	
			单间	31	31	580＋10%	300			
			标准间	175	175	680＋10%	300			
山东华能大厦	山东华能大厦有限责任公司	4	套间	3	2	1280	600	济南市泉城路17号	0531－86096888	
			单间	36	28	760	300			
			标准间	104	80	760	300			
聊城市										
山东省聊城市东昌宾馆	山东省聊城市东昌宾馆	3	套间A	4	4	3600	600	聊城市东昌西路117号	0635－8421002	
			套间B	12	12	1200	400			
			单间A	10	10	480	288			
			单间B	10	10	168	100			
			标准间A	43	43	480	288			
			标准间B	45	45	330	198			
			标准间C	60	60	218	130			

饭店名称	发票开具单位名称	星级	客房（数量：间；价格：元/天）					地址	前台订房电话	备注
			房型	总间数	协议间数	门市价	协议价			
聊城市泉林中苑大酒店	聊城市泉林中苑大酒店	3	套间	11	11	888	488	聊城市东昌西路135号	0635－8426868	
			单间	18	18	388	238			
			标准间	95	95	368	218			
聊城联众置业有限公司昆仑大酒店	聊城联众置业有限公司昆仑大酒店	3	套间	11	11	798	558	聊城市东昌东路109号	0635－5088888	
			单间	34	34	598	300			
			标准间	94	94	488	228			
德州市										
德州贵都大酒店	山东中茂实业集团有限公司贵都大酒店	4	商务套间	10	10	998	598	山东省德州市解放中大道238号	0534－2659888	
			豪华单间	12	12	468	298			
			普通单间	24	24	428	278			
			豪华标准间	34	34	468	298			
			普通标准间	97	97	428	278			
凤都国际酒店	凤都国际酒店	4	套间	36	36	798	320	德州市经济开发区晶华路159号	0534－2268288	
			单间	12	12	498	228			
			标准间	58	58	498	228			
凯元温泉度假村	德州凯元温泉度假村有限公司	4	套间	5	5	1880	590	德州市经济开发区晶华大道	0534－2566567/2566529	
			商务标准间	80	70	560	290			
德州大酒店	德州大酒店有限责任公司	3	套间	5	5	880	440	德州市东方红路968号	0534－2650118	
			单间	10	10	456	228			
			标准间	80	80	456	228			
市委招待所（州都宾馆）	市委招待所（州都宾馆）	3	套间	3	3	500	380	德州市东方红路1536号	0534－2694118/2694101	
			三人套间	8	8	300	220			
			标准间	71	71	280	150			
广川宾馆	广川宾馆		单间	7	7	260	180	德州市湖滨中大道1258号	0534－2260888	
			标准间	70	70	260	150			
东营市										
东营宾馆	东营宾馆	4	套间	51	20	688/888	598	东营市东城东三路180号	0546－8062288	1. 早餐免费。2. 协议价格不分淡旺季
			单间	44	40	358/388	298			
			标准间	122	100	368/388	298			

山东

饭店名称	发票开具单位名称	星级	客房（数量：间；价格：元/天）					地址	前台订房电话	备注
			房型	总间数	协议间数	门市价	协议价			
东营蓝海大饭店（东城）	山东蓝海股份有限公司蓝海大酒店		套间	5	5	628	565	东营市东城府前街158号	0546－8085918	1. 早餐免费。2. 协议价格不分淡旺季
			单间（高级）	7	7	398	298			
			单间（经济A）	7	7	228	228			
			单间（经济B）	7	7	198	198			
			标准间	32	32	398	298			
源通宾馆	东营市齐鲁人家餐饮有限责任公司	3	套间（豪华）	2	2	698	578	东营市东城东三路153号	0546－8921800	1. 早餐免费。2. 协议价格不分淡旺季
			套间（高级）	4	4	518	428			
			套间（普通）	3	3	480	338			
			单间（高级）	5	5	288	188			
			单间（普通）	5	5	228	238			
			标准间（高级）	45	45	248	208			
			标准间（普通）	12	12	188	158			
东方俱乐部	胜利油田奥凯龙石油工程有限公司东方俱乐部	3	套间	5	5	680	480	东营市东城府前街120号	0546－8835239	1. 早餐免费。2. 协议价格不分淡旺季
			单间	4	4	328	180			
			标准间	37	37	288	160			
新悦大酒店	东营蓝海新悦大酒店有限责任公司	4	套间（高级）	10	8	693	519	东营市西城西二路181号	0546－8200088	1. 早餐免费。2. 协议价格不分淡旺季
			套间（商务）	11	8	784	588			
			单间（高级）	45	30	327	298			
			标准间	78	59	327	298			
西城宾馆	东营市东营区西城宾馆	3	套间	2	2	666	476	东营市西城淄博路200号	0546－7669816	1. 早餐免费。2. 协议价格不分淡旺季
			单间（普通）	11	11	280	218			
			标准间（高级）	34	34	380	298			
			标准间（普通）	30	30	350	278			
淄博市										
山东齐盛国际宾馆	山东齐盛国际宾馆		套间	20	20	1080	598	山东省淄博市张店区北京路17号	0533－2808777	迎宾楼
			单间	69	69	680	299			
			标准间	172	172	680	299			
淄博宾馆	淄博宾馆	4	套间	12	12	1688	380	山东省淄博市张店区金晶大道189号	0533－2288288	
			单间	35	35	788	260			
			标准间	107	107	788	260			
淄博憩园宾馆	淄博憩园宾馆		套间	8	8	1800	598	淄博市淄川区商家镇	0533－5432666	
			单间							
			标准间	39	39	380	298			
山东省淄博颜山宾馆	山东省淄博颜山宾馆		套间	9	9	560	320	一号院：博山新建一路3号，二号院：博山青年路6号	0533－4180117/4180774	
			单间	40	40	360	248			
			标准间	102	102	280	180			

饭店名称	发票开具单位名称	星级	客房（数量：间；价格：元/天）					地址	前台订房电话	备注
			房型	总间数	协议间数	门市价	协议价			
山东理工大学国际学术交流中心	山东理工大学国际学术交流中心	3	套间	4	4	980	580	淄博市张店区新世界商业街中段2号	0533－2305077/2305111	
			单间	10	10	360	180			
			标准间	74	74	360	220			
淄博饭店	山东淄博饭店集团股份有限公司	4	豪华套间	20	20	1080	580	淄博市张店区金晶大道177号	0533－2180888－6305	
			豪华单间	131	131	680	300			
			豪华标准间	168	168	680	300			
潍坊市										
齐鲁饭店	潍坊齐鲁会计大厦有限公司	4	套间	14	12	780	520	潍坊市东风东街343号	0536－8219988－1	
			单间	14	12	580	280			
			标准间	76	76	580	180			
富华大酒店（B座）	潍坊雅悦富华酒店管理有限公司	4	套间	11	8	1318	590	潍坊市福寿东街168号	0536－8881988－2166	
			单间	32	23	515	280			
			标准间	280	196	515	220			
潍坊东方大酒店	潍坊东方大酒店有限公司		套间	20	20	1180	598	潍坊市东风东街181号	0536－8881111	
			单间	9	9	580	298			
			标准间	100	100	580	298			
帝豪大酒店	潍坊市帝豪大酒店有限公司	3	套间	7	7	318	303	潍坊市向阳路398号	0536－8187666	标间、单间：电脑房上浮20元；早餐15元/位
			单间	25	25	158	153			
			标准间	66	66	158	153			
青州海龙大酒店	青州市海龙大酒店有限公司	3	套间	6	6	538	533	潍坊青州市火车站西街368号	0536－3281753	
			单间	5	5	298	233			
			标准间	141	141	238	165			
寿光温泉大酒店	寿光阳光温泉大酒店有限公司	4	套间	14	14	1078	480	潍坊寿光市迎宾街99号	0536－5107888	
			单间	44	44	748	258			
			标准间	151	151	748	130			
烟台市										
泓腾大酒店	烟台泓腾大酒店有限公司	3	标准间	8	8	488	淡季200 旺季240	烟台市莱山区滨海中路143号	0535－7356099/7356088	每年9月为旺季
			套房	10	10	888	淡季380 旺季480			
			单间	122	122	488	淡季200 旺季240			

饭店名称	发票开具单位名称	星级	客房（数量：间；价格：元/天）					地址	前台订房电话	备注
			房型	总间数	协议间数	门市价	协议价			
东方海洋大酒店	烟台东方海洋大酒店有限公司	3	标准间	129	129	480	淡季 220 旺季 240	烟台市芝罘区滨海西路 1 号	0535－6583580/6583581	
			套房	10	10	1280	淡季 580 旺季 680			
			单间	17	17	480	淡季 220 旺季 240			
烟台毓璜顶宾馆	烟台毓璜顶宾馆	4	套间	12	7	1180	淡季 480 旺季 600	芝罘区毓璜顶西路 17－2 号	0535－6585887/6585696	
			单间	28	28	880	淡季 280 旺季 300			
			标准间	85	85	780	淡季 260 旺季 300			
烟台中心大酒店	烟台中心大酒店	4	标准间	50	50	680	淡季 300 旺季 420	烟台市南大街 81 号	0535－6589666	
			单人间	20	20	780	淡季 300 旺季 420			
			套房	15	3	1580	淡季 600 旺季 840			每年 7－9 月为旺季
烟台新闻中心	烟台新闻中心	3	套房	9	9	680	淡季 408 旺季 544	烟台市环山路 76 号	0535－6589123	
			单间	14	14	420	淡季 189 旺季 252			
			标间	148	148	360	淡季 162 旺季 216			
烟台虹口大酒店有限公司	烟台虹口大酒店有限公司	4	套间	20	14	2640	淡季 600 旺季 900	烟台市大马路 118 号	0535－6585395/6585396	
			单间	28	20	800	淡季 300 旺季 450			
			标间	41	29	740	淡季 300 旺季 450			
烟台亚细亚大酒店有限公司	烟台亚细亚大酒店有限公司	4	套间	36	26	980	淡季 398 旺季 450	烟台市南大街 116 号	0535－6588888	
			单间	45	32	600	淡季 268 旺季 288			
			标间	60	42	520	淡季 258 旺季 278			

饭店名称	发票开具单位名称	星级	客房（数量：间；价格：元/天）					地址	前台订房电话	备注
			房型	总间数	协议间数	门市价	协议价			
烟台民航大厦有限责任公司	烟台民航大厦有限责任公司	4	标间	73	73	680	淡季 280 旺季 360	烟台市芝罘区大海阳路 78 号	0535－6583311/6583322	
			单人间	20	20	880	淡季 280 旺季 360			
			套房	7	7	880	淡季 380 旺季 460			
烟台华侨宾馆有限公司	烟台华侨宾馆有限公司	4	套房	11	11	1080	淡季 540 旺季 600	烟台市芝罘区环山路 30 号	0535－6588288/6588289	
			单人间	20	20	580	淡季 280 旺季 330			
			标准间	84	75	580	淡季 290 旺季 330			
烟台财会培训中心	烟台财会培训中心		标准间	229	229	980	淡季 300 旺季 450	烟台莱山区海韵路 12 号	0535－68881996－1106	
			单间	62	62	1080	淡季 300 旺季 450			
			套间	39	39	1880	淡季 600 旺季 900			每年 7－9 月为旺季
烟台东海宾馆	烟台市军队转业干部培训中心	3	套房	9	9	1980	淡季 390 旺季 490	烟台市莱山区观海路 38 号	0535－6888460	
			单人间	6	6	680	淡季 200 旺季 260			
			标准间	142	142	480	淡季 170 旺季 200			
烟台凤凰山宾馆	烟台凤凰山宾馆	4	套房	11	11	1280	淡季 500 旺季 500	烟台市莱山区桐林路 19 号	0535－6716199	
			单人间	8	8	780	淡季 300 旺季 300			
			标准间	65	65	780	淡季 300 旺季 300			
烟台东山宾馆	烟台东山宾馆		套间	14	14	2600	淡季 600 旺季 900	烟台市芝罘区环山路 207 号	0535－6589566	
			单间	20	20	1080	淡季 300 旺季 450			
			标准间	136	136	1080	淡季 300 旺季 450			

饭店名称	发票开具单位名称	星级	客房（数量：间；价格：元/天）					地址	前台订房电话	备注
			房型	总间数	协议间数	门市价	协议价			
烟台市中献养马岛天马宾馆有限责任公司	烟台市中献养马岛天马宾馆有限责任公司	3	套间	6	6	1280	淡季 380 旺季 480	烟台市牟平区环岛路 503 号	0535－4769100/4769200	每年 7－9 月为旺季
			单间	4	4	680	淡季 200 旺季 260			
			标准间	95	95	680	淡季 200 旺季 260			
烟台颐正苑大酒店有限公司	烟台颐正苑大酒店有限公司	4	套间	4	3	1500	淡季 560 旺季 590	烟台市莱山区港城东大街 1103 号	0535－6719988	
			单间	16	12	800	淡季 290 旺季 290			
			标准间	60	42	400	淡季 240 旺季 290			
龙口煤电有限公司海湾大酒店	龙口煤电有限公司海湾大酒店	4	套间	18	6	798	淡季 400 旺季 460	山东省龙口市经济开发区振兴南路 369 号	0535－8958666	
			单间	40	40	638	淡季 260 旺季 280			
			标准间	50	50	598	淡季 260 旺季 280			
蓬莱财会之家	蓬莱财会之家	3	套间	15	15	2180	淡季 580 旺季 870	蓬莱市海滨路 3 号	0535－5878888	
			标准间	108	108	680	淡季 280 旺季 420			
			单间	10	10	680	淡季 280 旺季 420			
威海市										
威海蓝天宾馆	威海蓝天宾馆	4	套间	14	14	1780	淡季 600 旺季 900	威海市环海路 1 号	0631－5231670－2100	每年 7－9 月为旺季
			单间	20	20	1080	淡季 300 旺季 450			
			标准间	121	121	980	淡季 300 旺季 450			
威海市东山宾馆	威海市东山宾馆	3	套间	48	48	2200	淡季 600 旺季 900	威海市东山路 26 号	0631－5269888	
			单间	18	18	880	淡季 300 旺季 450			
			标准间	198	198	880	淡季 300 旺季 450			

山东

饭店名称	发票开具单位名称	星级	客房（数量：间；价格：元/天）					地址	前台订房电话	备注
			房型	总间数	协议间数	门市价	协议价			
威海金猴集团商务会馆有限公司	威海金猴集团商务会馆有限公司	3	套间	3	3	1280	淡季 560 旺季 728	威海市高技区丹东路 88 号	0631－5666218	
			单间	5	5	560	淡季 260 旺季 338			
			标准间	65	65	560	淡季 260 旺季 338			
威海电子疗养院	威海电子疗养院	3	套间	7	7	1088	淡季 560 旺季 700	威海市环海路 15 号	0631－5261201	
			单间	11	11	488	淡季 280 旺季 350			
			标准间	133	133	488	淡季 280 旺季 350			
威海新闻大厦	威海新闻大厦	3	套间	6	6	720	淡季 360 旺季 468	威海市文化中路 68 号	0631－5817818	
			单间	2	2	360	淡季 180 旺季 234			
			标准间	52	52	360	淡季 180 旺季 234			每年 7－9 月为旺季
荣成石岛宾馆有限公司	荣成石岛宾馆有限公司	4	套间	38	38	1280	淡季 598 旺季 807	石岛管理区迎宾路 1 号	0631－7287777	
			单间	29	29	780	淡季 298 旺季 402			
			标准间	293	293	690	淡季 298 旺季 402			
文登市昆嵛酒店有限公司	文登市昆嵛酒店有限公司	4	套间	15	7	1196	淡季 600 旺季 720	文登市香山路 8－1 路	0631－8932227/8932132	
			单间	50	50	726	淡季 300 旺季 420			
			标准间	123	85	666	淡季 300 旺季 420			
乳山国际大酒店	乳山国际大酒店	4	套间	10	10	888	淡季 600 旺季 780	乳山市胜利街 71 号	0631－6878888	
			单间	45	45	488	淡季 300 旺季 390			
			标准间	36	36	488	淡季 300 旺季 390			

饭店名称	发票开具单位名称	星级	客房（数量：间；价格：元/天）					地址	前台订房电话	备注
			房型	总间数	协议间数	门市价	协议价			
日照市										
日照广电大酒店有限公司	日照广电大酒店有限公司	3	套间	8	8	1280	淡季 480 旺季 700	日照市烟台路中段 179 号	0633－8803666/2295777	
			单间	12	12	668	淡季 260 旺季 380			
			标准间	82	82	586	淡季 200 旺季 290			
日照东海饭店有限公司	日照东海饭店有限公司		套间	4	4	1398	淡季 500 旺季 700	日照市黄海二路 59 号	0633－2201888/2201999	
			单间	12	12	568	淡季 180 旺季 260			
			标准间	63	63	528	淡季 180 旺季 260			
日照嘉豪商务酒店	日照嘉豪商务酒店	3	套间	4	4	888	淡季 488 旺季 700	日照市北京路 128 号	0633－8866888/8866666	
			单间	9	9	598	淡季 238 旺季 350			
			标准间	81	81	588	淡季 238 旺季 350			
日照市食为天餐饮服务有限公司	日照市食为天餐饮服务有限公司		套间	2	2	688	淡季 380 旺季 480	日照市山东路中段 491 号	0633－3997555	
			单间	4	4	428	淡季 220 旺季 320			
			标准间	40	40	348	淡季 200 旺季 300			
日照市山海天大酒店	日照市山海天大酒店		套间	4	4	988	淡季 400 旺季 600	日照市碧海路 9 号（日照市第三海水浴场）	0633－8311788/8311798	
			单间							
			标准间	80	80	588	淡季 180 旺季 270			
日照魏园度假山庄有限公司	日照魏园度假山庄有限公司	3	套间	9	9	980	淡季 490 旺季 680	日照市太公岛一路 13 号	0633－2286666	
			单间	11	11	598	淡季 220 旺季 280			
			标准间	73	73	498	淡季 220 旺季 280			

饭店名称	发票开具单位名称	星级	客房（数量：间；价格：元/天）					地址	前台订房电话	备注
			房型	总间数	协议间数	门市价	协议价			
日照市日发人才科技服务有限公司太公宾馆	日照市日发人才科技服务有限公司太公宾馆		套间	12	12	1988	淡季596 旺季894	山海天旅游度假区（碧海路65号）	0633－3711366	
			单间	12	12	698	淡季180 旺季270			
			标准间	78	78	598	淡季180 旺季270			
临沂市										
临沂鲁班沂州宾馆	临沂市沂州宾馆鲁班店	4	套间	24	24	1160	586	山东临沂市通达路307号	0539－3109266	
			单间	7	7	660	296			
			标准间	50	50	660	296			
荣华大酒店	山东临沂荣华大酒店	4	套间	6	5	1188	520	山东临沂兰山区新华路121号	0539－8329888	
			单间	75	53	506	280			
			标准间	88	62	506	280			
临沂宾馆	临沂宾馆有限责任公司	3	套间	4	4	999	590	山东临沂市沂蒙路322号	0539－8968088	
			单间	45	45	260	186			
			标准间	64	64	360	257			
临沂陶然居大酒店	临沂陶然居旅游有限公司	4	套间	8	6	1078	598	山东省临沂市海关路163号	0539－8316888	
			单间	21	15	528	290			
			标准间	109	77	528	290			
枣庄市										
枣庄大酒店	枣庄大酒店有限责任公司	4	豪华套间	3	3	980	588	枣庄市市中区解放北路139号	0632－3399888	
			高级套间	4	4	780	468			
			普通套间	5	5	580	348			
			豪华标准间	70	70	460	276			
			普通标准间	20	20	280	168			
			单人普通间	6	6	420	252			
盈泰生态园	山东盈泰生态温泉度假村有限公司	4	套间	6		760	600	山东省滕州市市区南三公里104国道路西	0632－5996777	
			单间	12	12	388	288			
			标准间	42	42	388	288			
滕州宾馆	滕州宾馆有限公司		套间	16	16	797	339	山东省滕州市学院路东首	0632－5828888	
			单间	36	36	437	199			
			标准间	96	96	437	199			

饭店名称	发票开具单位名称	星级	客房（数量：间；价格：元/天）					地址	前台订房电话	备注
			房型	总间数	协议间数	门市价	协议价			
香江信雅大饭店	滕州市至尊邮电饮食服务有限公司	3	标准套间	20	20	588	470	滕州市荆河中路60号	0632－5659000	
			普通套间	3	3	380	300			
			豪华单间	7	7	388	200			
			行政单间	5	5	189	152			
			普通单间	16	16	178	142			
			豪华标准间	22	22	388	266			
			行政标准间	53	53	388	200			
			普通标准间	16	16	189	152			
			一般标准间	25	25	178	142			
济宁市										
济宁天德酒店	济宁天德酒店有限公司	3	套间	9	9	398	298	济宁市火炬北路30号	0537－2077758	
			单间	8	8	298	168			
			标准间	87	87	298	168			
济宁香港大厦	济宁高新区香港大厦	4	套间	11	8	2076	600	济宁市高新区火炬路19号	0537－2969777	
			单间	52	37	726	300			
			标准间	71	50	628	298			
济宁圣地酒店有限公司	济宁圣地酒店有限公司	4	套间	35	25	628	480	济宁市吴泰闸路73号	0537－2935666	
			单间	46	35	526	300			
			标准间	33	25	526	300			
济宁名雅经纬大饭店有限公司	济宁名雅经纬大饭店有限公司	3	套间	7	7	888	378	济宁市环城北路1号	0537－3160888	
			单间	46	46	488	258			
			标准间	102	102	288	178			
泰安市										
泰安市御座宾馆	泰安市御座宾馆	3	套间	17	17	1180	600	泰安市岱北街50号（岱庙东邻）	0538－8269999－2008	
			单间	19	19	580	280			
			标准间	58	58	580	280			
泰安泉盛大酒店	山东泉茂经贸有限公司泰安泉盛大酒店		套间	27	27	1260	560	泰安市环山路139号	0538－6225678－6666	
			单间	5	5	760	270			
			标准间	108	108	760	270			
泰安市金山度假村	泰安市金山度假村	3	套间	12	12	680	380	泰安市环山路137号	0538－8299791	
			单间	4	4	580	200			
			标准间	60	60	480	210			
泰山尊皇大酒店	泰安泰山尊皇酒店管理有限公司	3	套间	5	5	1200	500	泰安市岱宗大街210号	0538－6056688/6056687	
			单间	8	8	580	220			
			标准间	150	150	580	200			

饭店名称	发票开具单位名称	星级	客房（数量：间；价格：元/天）					地址	前台订房电话	备注
			房型	总间数	协议间数	门市价	协议价			
泰安东岳山庄	泰安东岳山庄有限公司		套间	21	21	1080	500	泰安市环山东路2号	0538－6212888	
			单间	6	6	560	230			
			标准间	126	126	560	230			
肥城泰西宾馆	肥城泰西宾馆	3	套间	15	15	598	400	肥城市龙山路20号	0538－3231166	
			单间	10	10	288	150			
			标准间	125	125	288	150			
新泰市青云山庄	新泰市青云山庄	2	套间	28	28	520	300	新泰市明珠路59号	0538－7057888	
			单间	16	16	380	180			
			标准间	77	77	380	140			
宁阳宾馆	宁阳宾馆		套间	16	16	688	480	宁阳县长寿路469号	0538－5611111	
			单间	5	5	418	200			
			标准间	103	103	368	200			
东平迎宾馆	东平迎宾馆	3	套间	4	4	568	380	东平县城龙山大街015号	0538－2820002/2820003	
			单间	10	10	360	216			
			标准间	46	46	360	178			
莱芜市										
莱芜宾馆	莱芜宾馆	4	套间	45	45	1080	600	莱芜市汶阳大街1号	0634－6231188/6259999	
			单间	43	43	460	300			
			标准间	133	133	400	260			
龙园宾馆	莱芜龙园宾馆有限公司	4	套间	11	11	1080	600	高新区凤凰路18号	0634－8812888/8812999	
			单间	12	12	390	240			
			标准间	89	89	390	240			
泰山饭店	莱芜泰山饭店有限公司	3	套间	8	8	580	380	莱芜市文化北路19号	0634－8896888	
			单间	15	15	280	240			
			标准间	40	40	260	170			
莱芜翰林酒店	莱芜翰林酒店有限公司	3	套间	4	4	588	350	莱芜市文化北路88号	0634－5628888	
			单间	21	21	298	180			
			标准间	59	59	288	170			
新兴大厦	莱芜金鼎房地产开发有限公司	3	套间	11	11	1408	600	莱芜市钢城区新兴路南首	0634－6820315	
			单间	37	37	360	260			
			标准间	96	96	330	260			
滨州市										
滨州贵苑大酒店	滨州贵苑大酒店有限责任公司	4	套间	14	14	1596	600	滨州市渤海九路522号	0543－3188888	
			单间	27	27	716	300			
			标准间（豪华）	44	44	716	300			
			标准间（普通）	86	86	716	150			

饭店名称	发票开具单位名称	星级	客房（数量：间；价格：元/天）					地址	前台订房电话	备注
			房型	总间数	协议间数	门市价	协议价			
中海酒店	滨州中海酒店有限公司		套间	12	12	1566	600	滨州市黄河八路西首中海西岸	0543－3281888	
			单间	6	6	866	300			
			标准间	18	18	766	300			
银茂大酒店	滨州市银茂饮食服务有限公司银茂大酒店	4	套间	9	7	768	576	滨州市黄河五路513号	0543－3198888	
			套间（普通）	4	3	618	495			
			标准间（豪华）	7	4	368	295			
			标准间（普通）	55	40	328	246			
胜利油田华滨实业有限公司华滨大酒店	胜利油田华滨实业有限公司华滨大酒店	3	豪华套间	1	1	1188	600	山东省滨州市黄河六路531号	0543－3478888	
			普通小套间	2	2	688	388			
			豪华单人间	7	7	328	262			
			高级单人间	7	7	268	220			
			普通单人间	4	4	198	158			
			商务标准间	18	18	368	294			
			豪华标准间	37	37	328	262			
			高级标准间	28	28	268	220			
			普通标准间	12	12	198	158			
菏泽市										
菏泽南华牡丹大酒店	菏泽南华牡丹大酒店	3	套间	6	6	580	380	菏泽市中华路501号	0530－5292000	
			单间	7	7	260	170			
			标准间	60	60	260	170			
菏泽花都大厦有限公司	菏泽花都大厦有限公司	3	套间	8	8	788	440	菏泽市中华东路466号	0530－5138186	
			单间	23	23	260	168			
			标准间	35	35	260	168			
菏泽恒通置业发展有限公司天宏大酒店	菏泽恒通置业发展有限公司天宏大酒店	3	套间	8	8	888	530	菏泽市牡丹路667号	0530－5139723	
			单间	16	16	488	200			
			标准间	84	84	388	170			
菏泽南华大酒店有限公司	菏泽南华大酒店有限公司	3	套间	2	2	980	480	菏泽市人民路1388号	0530－5599888	
			单间	6	6	380	160			
			标准间	44	44	380	160			
菏泽市牡丹区鑫利华实业有限公司水邑皇家大酒店	菏泽市牡丹区鑫利华实业有限公司水邑皇家大酒店	3	套间	2	2	988	380	菏泽市广福街202号	0530－5276668	
			单间	13	13	358	170			
			标准间	57	57	288	148			

山东

饭店名称	发票开具单位名称	星级	客房（数量：间；价格：元/天）					地址	前台订房电话	备注
			房型	总间数	协议间数	门市价	协议价			
菏泽市柏青大厦有限公司	菏泽市柏青大厦有限公司		套间	3	3	1000	480	菏泽市中华路2278号	0530－5621111	
			单间	17	17	398	170			
			标准间	64	64	280	138			
菏泽月明珠大酒店有限公司	菏泽月明珠大酒店有限公司	3	套间	12	12	588	260	菏泽市中华西路239号	0530－5950111	
			单间	12	12	298	120			
			标准间	94	94	298	120			
菏泽市日月百川大酒店	菏泽市日月百川大酒店		套间					菏泽市广福街693号	0530－5020588	
			单间	10	10	90	60			
			标准间	50	50	168	90			
菏泽市佳合花苑商务酒店	菏泽市佳合花苑商务酒店	3	套间	5	5	480	220	菏泽市牡丹路1200号	0530－5954567	
			单间	35	35	280	120			
			标准间	75	75	280	120			
菏泽市汇溪宾馆有限公司	菏泽市汇溪宾馆有限公司		套间	3	3	198	100	菏泽市中华东路30号	0530－5333420	
			单间	12	12	158	80			
			标准间	35	35	158	80			
菏泽市七天酒店	菏泽市七天酒店		单间	68	68	158	100	菏泽市牡丹南路689号	0530－5297777	
			标准间	12	12	188	110			

青岛市淡旺季出差定点饭店

饭店名称	发票开具单位名称	星级	客房（数量：间；价格：元/天）						地址	前台订房电话	备注
			房型	总间数	投标间数	门市价	投标报价				
							淡季	旺季			
青岛市											
青岛致远楼宾馆（中国科学院青岛疗养院）	青岛致远楼宾馆	3	套间	6	6	2188	600	900	青岛市市南区珠海路1号	0532－85967888	每年7－10月为旺季
			单间	40	40	788	300	450			
			标准间	221	221	728	300	450			
青岛花园大酒店	国务院国有资产监督管理委员会青岛培训中心	4	套间	6	6	1580	600	900	青岛市市南区彰化路6号	0532－83990888	
			单间	40	40	798	300	450			
			标准间	170	170	798	300	450			
青岛财政干部培训中心（樱海花园酒店）	青岛樱海花园酒店		套间	3	3	1280	600	900	青岛市湛山二路3号	0532－83867188	
			单间	5	5	780	300	450			
			标准间	38	38	680	300	450			
中国气象局青岛气象职工度假村	中国气象局青岛气象职工度假村	3	套间	8	8	1980	600	900	青岛市东海东路87号	0532－88011231－5555/8888	
			单间	34	34	798	300	450			
			标准间	90	90	798	300	450			
青岛大学国际学术交流中心有限公司	青岛大学国际学术交流中心有限公司		套间	6	6	1280	600	900	青岛市宁夏路308号	0532－85952042	
			单间	3	3	560	300	450			
			标准间	111	111	560	300	450			
青岛惠国宾馆	青岛惠国宾馆	3	套间	12	12	1888	600	900	青岛市巫峡路29号	0532－82660266	
			单间	19	19	688	300	450			
			标准间	82	82	688	300	450			
青岛望海轩酒店有限公司	青岛望海轩酒店有限公司		套间	16	16	1888	600	900	青岛市崂山区同安路189号	0532－66710888	
			单间	34	34	1088	300	450			
			标准间	10	10	1088	300	450			
青岛黄海饭店	青岛黄海饭店	4	套间	14	10	1980	600	900	青岛市延安一路75号	0532－82870215	
			单间	31	21	1080	300	450			
			标准间	264	185	880	300	450			
青岛建银物业管理有限公司建银大酒店	青岛建银物业管理有限公司建银大酒店	3	套间	10	10	1180	600	900	青岛市市南区贵州路71号	0532－82651777	
			单间	10	10	860	240	360			
			标准间	95	95	860	240	360			
青岛八大关宾馆	青岛八大关宾馆		套间	13	13	2200	600	900	青岛市山海关路19号	0532－82039666	
			单间	15	15	1320	300	450			
			标准间	102	102	720/1320	300	450			

饭店名称	发票开具单位名称	星级	客房（数量：间；价格：元/天）						地址	前台订房电话	备注
			房型	总间数	投标间数	门市价	投标报价				
							淡季	旺季			
青岛府新大厦	青岛府新大厦	4	套间	5	5	2880	600	900	青岛市闽江路5号	0532－85915868	每年7－10月为旺季
			单间	10	10	1280	300	450			
			标准间	190	190	1280	300	450			
青岛东方航空大厦有限责任公司	青岛东方航空大厦有限责任公司	3	套间	15	15	1280/5880	600	900	青岛市燕儿岛路16号	0532－85737888－8266	
			单间	32	32	660	300	450			
			标准间	63	63	780/880	300	450			
海关总署青岛教育培训基地	海关总署青岛教育培训基地		套间	8	8	1288	600	900	青岛市市南区宁夏路319号	0532－85870016－6666	
			单间	20	20	688	300	450			
			标准间	65	65	888/688	300	450			
青岛邮电疗养院（青岛海滨花园大酒店有限公司）	青岛邮电疗养院	3	套间	6	6	1680	528	792	青岛市市南区彰化路4号	0532－85939577	
			单间	15	15	780	288	388			
			标准间	181	181	680	288	388			
青岛东海国际大厦有限公司	青岛东海国际大厦有限公司		套间	60	60	2088	550	800	青岛市汇泉路17号	0532－83887070	
			单间	15	15	880	280	420			
			标准间	50	50	780	280	420			

河 南 省

- 财政部委托河南省财政厅负责在河南省地级以上城市招标采购出差定点饭店并负责日常监督管理工作。
- 本次政府采购，确定河南省出差定点饭店98家。
- 出差定点饭店按照与财政部门签订《协议书》的价格向中央和地方各级党政机关和事业单位提供相应的接待服务。
- 如果对协议价格产生疑义，可以要求定点饭店出示《协议书》。
- 如有出差定点饭店变更或协议价格变化，应以“党政机关出差会议定点饭店查询网”的信息为准。
- 本目录中的河南省出差定点饭店的详细信息，可在“党政机关出差会议定点饭店查询网”查阅。
- 河南省各地区电话长途区号：

郑州市　0371
洛阳市　0379
新乡市　0373
安阳市　0372
开封市　0378
许昌市　0374
平顶山市　0375
信阳市　0376
驻马店市　0396
三门峡市　0398
焦作市　0391
鹤壁市　0392
濮阳市　0393
商丘市　0370
漯河市　0395
南阳市　0377
周口市　0394
济源市　0391

河南省出差定点饭店

饭店名称	发票开具单位名称	星级	客房（数量：间；价格：元/天）					地址	前台订房电话	备注
			房型	总间数	协议间数	门市价	协议价			
郑州市										
郑州丰乐园大酒店	郑州丰乐园置业有限公司丰乐园大酒店	4	套间	8	6	1360	580	郑州市南阳路北段	0371－66771066	
			单间	28	28	1060－960	300			
			标准间	202	202	720－600	260－300			
长城饭店	河南新长城实业有限公司长城饭店	4	套间	8	8	1180	580	郑州市经3路14号	0371－65797557/65797559	
			标准间	144	144	680	300			
物华大酒店	河南环球之旅酒店管理有限公司	3	套间	8	8	986	300	郑州市纬五路38号	0371－69516196	
			单间	4	4	556	220			
			标准间	112	112	570－398	238－180			
河南金审宾馆	河南金审宾馆	3	套间	6	6	1280－568	600－398	郑州市政七街27号	0371－65510247	
			标准间	103	103	398－368	236－218			
郑州豫棉宾馆	河南豫棉宾馆有限公司	3	套间	6	6	668	360	郑州市红专路66号	0371－65352888	
			单间	13	13	368－488	186			
			标准间	144	144	368－488	186			
河南豫财宾馆	河南豫财宾馆	3	套间	7	7	698	419	郑州市政七街10号	0371－65717270	
			单间	20	20	398	259			
			标准间	109	109	398	239－219			
天中大酒店	河南天中大酒店有限公司	3	套间	4	4	1080－888	500－450	郑州市顺河路31号	0371－66346888－681/682	
			单间	27	27	418	200			
			标准间	38	38	518	238			
			标准间	123	123	418	200			
杜康大酒店	郑州杜康大酒店有限责任公司	3	套间	2	2	898	450	郑州市桐柏路178号	0371－67676233	
			单间	6	6	498	249			
			标准间	150	150	498－398	249－200			
郑州市黄河饭店	郑州市黄河饭店	3	套间	15	15	1080	498	郑州市中原路106号	0371－67809991	
			单间	42	42	423	258			
			标准间	152	152	336	276			

饭店名称	发票开具单位名称	星级	客房（数量：间；价格：元/天）					地址	前台订房电话	备注
			房型	总间数	协议间数	门市价	协议价			
郑州市嵩山饭店	郑州市嵩山饭店	3	套间	45	45	730	560－480	郑州市伊河路156号	0371－67176699	
			单间	6	6	730	280			
			标准间	424	424	520－410	260－230			
山河宾馆	河南省山河宾馆有限责任公司	3	套间	4	4	980	468－399	郑州市纬五路中段11号	0371－65956647	
			标准间（含单间）	212	212	468－368	235－160			
天河大酒店	郑州天河服务有限公司天河大酒店	3	套间	40	40	688－368	340－180	郑州市二七路110号	0371－66269005	
			单间	25	25	498－368	249－180			
			标准间	138	138	598－298	299－199			
金质大酒店	河南金质酒店服务有限公司	3	套间	10	10	1088－658	480－360	郑州市花园路21号	0371－65655999	
			单间	8	8	518	280			
			标准间	110	110	488－438	270－260			
河南省龙祥宾馆	河南省龙祥宾馆	3	套间	13	13	980－680	518－380	郑州市金水路16号	0371－65920395	
			单间	43	43	380－428	228			
			标准间	79	79	428－380	248－228			
河南新世纪大厦	河南新世纪大厦	3	套间	5	5	990	594	郑州市花园路50号	0371－65516100	
			单间	16	16	460	238			
			标准间	131	131	480－280	238			

饭店名称	发票开具单位名称	星级	客房（数量：间；价格：元/天）					地址	前台订房电话	备注
			房型	总间数	协议间数	门市价	协议价			
河南龙门大酒店	河南龙门大酒店	3	套间	14	14	1188－688	594－413	郑州市郑花路20号	0371－66770062	
			单间	12	12	358	215			
			标准间	146	146	338	186－170			
河南友谊旅业股份有限公司郑州市华联广州大酒店	河南友谊旅业股份有限公司郑州市华联广州大酒店	3	套间	5	5	598－498	388－325	郑州市北二七路95号	0371－66232608/66223317	
			单间	14	14	368	240			
			标准间	131	131	368－308	240－200			
河南民航大酒店	河南民航大酒店	3	套间	6	6	1288	500	郑州市金水路3号	0371－65781022/65781111	
			单间	26	26	598	240			
			标准间	174	174	598	240			
华龙宾馆	河南省华龙宾馆有限公司	2	套间	5	5	298	240	郑州市经五路23号	0371－65782555	
			单间	12	12	238	168			
			标准间	125	125	238	128－168			
兴源宾馆	河南兴源宾馆有限公司	2	套间	3	3	428	300	郑州市红专路117号	0371－65947295	
			标准间	100	100	198－168	158－128			
河南省祥源宾馆	河南省祥源宾馆	2	套间	4	4	488	380	郑州市经五路20号	0371－65867333	
			单间	4	4	188	120			
			标准间	88	88	198	130			
郑州欧亚大酒店	郑州欧亚大酒店	2	套间	17	17	368	220	郑州市大学路3号	0371－66776688	
			单间	4	4	268	160			
			标准间	65	65	476－238	280－140			
河南饭店	河南省河南饭店	3	套间	2	2	1000－460	600－410	郑州市花园路88号	0371－66763388	
			单间	32	32	280	230			
			标准间	230	230	280	230			

饭店名称	发票开具单位名称	星级	客房（数量：间；价格：元/天）					地址	前台订房电话	备注
			房型	总间数	协议间数	门市价	协议价			
河南省黄河迎宾馆	河南省黄河迎宾馆		套间	18	18	1380－1680	600	郑州市迎宾路1号	0371－（9号楼）66778988（10号楼）66778088	
			单间	40	40	780	300			
			标准间	370	370	780－580	300			
河南省军区第一招待所	中国人民解放军河南省军区第一招待所		套间	15	15	800－680	510－480	金水路8号	0371－63074388	
			单间	4	4	480	280			
			标准间	254	254	560－480	290－280			
郑州市地税宾馆	郑州市地税宾馆		套间	4	4	580	380	郑州市兴华南街15号	0371－68987766	
			单间	5	5	198	130			
			标准间	70	70	368－236	180－60			
郑州御花园酒店	郑州御花园酒店有限公司	4	套间	30	25	1688－918	560－320	郑州市黄河北街9号	0371－63872222	
			单间	9	9	588	220			
			标准间	97	75	758－588	280－220			
河南纪检监察宣教基地	河南纪检监察宣教基地	4	套间	4	4	1000	480	郑州新郑龙湖	0371－69951111	
			标准间	200	200	700	200			
河南宾馆酒店管理有限公司	河南宾馆酒店管理有限公司	3	豪华套间	4	4	2280	600	郑州市金水区金水路26号	0371－63529816	
			普通套间	13	13	680	340			
			豪华单间	10	10	360	260			
			普通单间	10	10	320	180			
			豪华标准间	5	5	480	300			
			标准间	46	46	360	260			
			标准间	134	134	320	180			
			3人间	13	13	198	180			
河南省江河宾馆管理有限责任公司	河南省江河宾馆管理有限责任公司	3	套间	2	2	980	468	郑州市金水区郑花路20号	0371－65702345	
			单间	12	12	388	188			
			标准间	46	46	388	188			
			标准间	41	41	368	178			
郑州光华大酒店有限公司	郑州光华大酒店有限公司	4	套间	7	7	966	498	郑州高新开发区瑞达路68号	0371－67995607	
			单间	42	42	656	298			
			标准间	120	100	736	298			

饭店名称	发票开具单位名称	星级	客房（数量：间；价格：元/天）					地址	前台订房电话	备注
			房型	总间数	协议间数	门市价	协议价			
桃李园大酒店	河南农大桃李园大酒店有限公司	3	套间	3	3	888	528	郑州市东3街与丰产路交叉口	0371－63555700/63555711	
			单间	9	9	358	198			
			豪华标准间	7	7	368	208			
			标准间	79	79	328	180			
郑州丰乐农庄有限公司	郑州丰乐农庄有限公司		套间	10	10	1600	580	郑州市江山路北段	0371－63773863	
			单间	30	30	660	300			
			标准间	396	396	560	260			
三门峡市										
金泉大酒店	三门峡金泉大酒店	3	小套间	2	2	888	328	河南三门峡西温塘	0398－3803333	
			大套间	6	6	1999	600			
			单间	20	20	688	300			
			标准间	80	80	488	198			
三门峡大鹏酒店	三门峡大鹏酒店有限公司	4	套间					三门峡市陕州公园内	0398－2966007	
			单间	12	12	480	288			
			标准间	26	26	430	228			
			豪华标准间	52	52	480	288			
			经济单间	13	13	228	138			
			经济标准间	20	20	228	138			
洛阳市										
洛阳东山宾馆	洛阳东山宾馆	5	套间	17	17	1580	600	洛阳市洛龙区龙门东山	0379－64686000/64686007	
			单间	30	30	880	300			
			标准间	106	106	880	300			
洛阳润峰友谊宾馆有限公司	洛阳润峰友谊宾馆有限公司	4	套间	19	19	1600	600	洛阳市涧西区西苑路6号	0379－64685678	
			单间	109	109	900	300			
			标准间	219	219	900	300			
洛阳大酒店	洛阳大酒店	4	套间	28	28	1180	580	洛阳市涧西区周山路1号	0379－64363888	
			单间	19	19	760	300			
			标准间	164	164	660	300			
河南京安牡丹城酒店有限公司	河南京安牡丹城酒店有限公司	4	套间	14	14	2162	580	洛阳市涧西区南昌路2号	0379－64681365	
			单间	60	60	680	280			
			标准间	120	120	680	280			
洛阳雅香金陵大饭店有限公司	洛阳雅香金陵大饭店有限公司	4	套间	23	23	1280	580	洛阳市洛南新区王城大道与太康路交叉口	0379－65922222	
			单间	76	76	720	298			
			标准间	259	259	710	298			

饭店名称	发票开具单位名称	星级	客房（数量：间；价格：元/天）					地址	前台订房电话	备注
			房型	总间数	协议间数	门市价	协议价			
洛阳航空城商务酒店	洛阳市航空城旅游集团有限公司	3	套间	31	31	718	344	洛阳市西工区体育场路1号	0379－63399666	
			单间	24	24	553	220			
			标准间	144	144	553	220			
洛阳拙耕园宾馆	洛阳师范学院劳动服务公司拙耕园宾馆	3	套间	10	10	1288	360	洛阳市洛龙区龙门大道71号	0379－65526688	
			单间	11	11	378	180			
			标准间	111	111	368	180			
洛阳迎宾馆	洛阳市洛阳迎宾馆	3	套间	16	16	980	480	洛阳市西工区人民西路6号	0379－63308788	
			单间	3	3	300	150			
			标准间	139	139	300	150			
洛阳航空大厦有限公司	洛阳航空大厦有限公司	2	套间	9	9	1180	330	洛阳市凯旋西路25号	0379－63325128	
			单间	11	11	320	170			
			标准间	77	77	320	170			
洛阳市九州宾馆	洛阳市九州宾馆		套间	6	6	880	430	河南省洛阳市西工区凯旋东路53号	0379－63227745	
			单间	4	4	246	140			
			标准间	108	108	246	140			
焦作市										
焦作迎宾馆	焦作迎宾馆有限责任公司		套间	12	12	1108	430	河南省焦作市民主南路899号	0391－8861912	
			单间	42	42	560	188			
			标准间	132	132	660	188			
山阳建国饭店	焦作市山阳建国饭店有限公司		套间	32	32	1588	598	河南省焦作市解放中路299号	0391－3929999－6068	
			单间							
			标准间	142	142	688	298			
凯莱大酒店	焦作凯莱大酒店有限公司	4	套间	16	16	888	400	河南省焦作市建设中路19号	0391－2039333/2039444	
			单间	49	49	420	180			
			标准间	110	110	420	180			
万方金莎	焦作万方金莎酒店有限公司	4	套间	30	30	880	396	河南省焦作市塔南路160号	0391－2285555	
			单间	50	50	518	180			
			标准间	70	70	518	180			
碧海云天大酒店	焦作市碧海云天大酒店有限公司	3	套间	14	14	890	268	河南省焦作市解放中路1838号	0391－3286666/3286688	
			单间	21	21	439	168			
			标准间	89	89	398	168			
建港大酒店	焦作市建港大酒店有限公司	3	套间	10	10	888	338	河南省焦作市果园路19号	0391－2682288	
			单间	12	12	338	148			
			标准间	127	127	298	138			

饭店名称	发票开具单位名称	星级	客房（数量：间；价格：元/天）					地址	前台订房电话	备注
			房型	总间数	协议间数	门市价	协议价			
新乡市										
新乡宾馆	河南省新乡宾馆	4	套间 A	1	1	3180	600	新乡市平原路33号	0373－2088588	
			套间 B	8	8	980	400			
			套间 C	12	12	1380	540			
			单间 A	34	34	580	300			
			单间 B	14	14	520	260			
			标准间 A	85	85	520	300			
			标准间 B	100	67	420	260			
			标准间 C	57	57	420	240			
国际饭店	新乡国际饭店有限公司	4	套间	10	5	1200	600	新乡市金穗大道中段461号	0373－5077288	
			单间 A	21	21	880	300			
			单间 B	9	9	780	260			
			标准间 A	60	60	780	300			
			标准间 B	65	65	680	260			
温泉会议中心	新乡市温泉会议中心		套间	4	4	1088	360	新乡市新长北线京珠高速下口东 5KM 路北	0373－3678999	
			单间	10	10	868	200			
			标准间 A	105	105	888	220			
			标准间 B	40	40	468	150			
黄河宾馆	河南省新乡市黄河宾馆有限责任公司	3	套间	13	13	600	360	新乡市荣校路22号	0373－3788888	
			单间							
			标间	116	116	380	160			
长城宾馆	新乡长城宾馆	2	套间 A	1	1	1180	560	新乡市自由路15号	0373－2021108－2031	
			套间 B	1	1	560	480			
			套间 C	11	11	560	420			
			单间 A	16	16	380	230			
			单间 B	9	9	300	180			
			标准间 A	13	13	380	230			
			标准间 B	33	33	300	180			
九州宾馆	新乡市九州宾馆	3	套间 A	1	1	1180	480	新乡市平原路12号	0373－2482022	
			套间 B	6	6	680	380			
			单间	26	26	320	140			
			标准间 A	56	56	380	170			
			标准间 B	74	74	320	150			

饭店名称	发票开具单位名称	星级	客房（数量：间；价格：元/天）					地址	前台订房电话	备注
			房型	总间数	协议间数	门市价	协议价			
鹤壁市										
鹤壁市福田国际俱乐部有限公司鹤壁迎宾馆	鹤壁市福田国际俱乐部有限公司鹤壁迎宾馆	5	套间	14	14	1788	600	河南省鹤壁市淇滨区鹤煤大道中段	0392－3371288	
			单间	41	41	868	300			
			标准间	130	130	768	300			
鹤壁市淇河宾馆	鹤壁市淇河宾馆	3	套间	20	20	1200	540	河南省鹤壁市淇滨区兴鹤大街237号	0392－3307888	
			单间	16	16	500	220			
			标准间	93	93	398	200			
安阳市										
安阳宾馆	安阳宾馆	4	套间	7	5	1128	478	河南省安阳市友谊路1号	0372－5922219	
			单间	23	16	528	278			
			标准间	117	82	528	278			
中原宾馆	中原宾馆	4	套间	6	4	1128	478	河南省安阳市北门东街20号	0372－5923235	
			单间							
			标准间	100	70	488	278			
濮阳市										
濮阳宾馆	濮阳宾馆		套间	12	12	980	600	濮阳市华龙区建设路14号	0393－6666988－82666	
			单间	15	15	280	260			
			标准间	120	120	280	260			
泽世源大酒店	濮阳市泽世源大酒店服务有限公司	3	套间	9	9	380	300	濮阳市京开道304号	0393－4886788	
			单间	4	4	260	160			
			标准间	88	88	260	160			
开封市										
开封开来大酒店	开封开来大酒店	3	套间	5	5	588	294	开封市金明大道中段	0378－3856666	
			单间	5	5	398	180			
			标准间	79	79	398	180			
开封宾馆	开封宾馆	3	高档标间	7	7	438	260	开封市自由路中段66号	0378－5666266	
			中档标间单间	9	9	398	220			
			低档标间	67	67	260	150			
玉祥大酒店	开封国有资产管理有限公司玉祥大酒店	3	套间	20	20	418	260	开封市鼓楼街68号	0378－5995588	
			单间	7	7	458	300			
			标准间	94	94	318	200			
开封阳光酒店	阳光酒店管理集团有限公司开封阳光酒店	3	套间	3	3	1888	400	河南开封鼓楼街41号	0378－5958888－109（营销部）	预订传真：0378－5988568
			大床间	6	6	338	180			
			标准间	37	37	428	230			
				67	67	368	200			

饭店名称	发票开具单位名称	星级	客房（数量：间；价格：元/天）					地址	前台订房电话	备注
			房型	总间数	协议间数	门市价	协议价			
汴京饭店	开封市汴京饭店	3	套间高档	9	9	888	400	开封市东大街109号	0378－2882222	
			套间中档	8	8	688	350			
			高档标间	53	53	468	260			
			中档标间	100	100	360	180			
			3人间	2	2	690	360			
商丘市										
商丘市翔宇大酒店有限公司	商丘市翔宇大酒店有限公司	3	套间	6	6	568	288	商丘市神火大道65号	0370－3280768	
			单间	20	20	288	150			
			标准间	80	80	288	150			
商丘市王朝国际大酒店有限公司	商丘市王朝国际大酒店有限公司	3	套间	6	6	718	298	商丘市神火大道51号	0370－2395555	
			单间	7	7	458	228			
			标准间	86	86	438	180			
商丘天宇大酒店有限公司	商丘天宇大酒店有限公司	4	8号套间	17	17	888	328	商丘市神火大道111号	0370－2206188－185	
			8号单间							
			8号标准间	80	80	488	218			
			9号套间	17	17	888	568			
			9号单间							
			9号豪华标准间	58	58	488	268			
			套间	11	6	888	188			
			单间	8	8	488	138			
			标准间	130	130	488	138			
许昌市										
许昌瑞贝卡大酒店	许昌瑞贝卡大酒店有限公司	4	套间A	9	7	798	400	许昌市建设路1202号	0374－2991888	
			套间B	10	7	998	500			
			单间A	30	21	468	230			
			单间B	20	15	598	300			
			标准间A	52	40	358	190			
			标准间B	21	15	468	230			
			标准间C	28	20	598	300			
许昌迎宾馆	许昌迎宾馆有限责任公司	4	套间A	3	2	1260	400	许昌市八一东路6666号	0374－5077288	
			单间A	18	15	316	220			
			单间B	17	12	459	240			
			标准间A	40	35	316	170			
			标准间B	47	40	459	200			
			标准间C	4	4	599	280			

饭店名称	发票开具单位名称	星级	客房（数量：间；价格：元/天）					地址	前台订房电话	备注
			房型	总间数	协议间数	门市价	协议价			
福港大酒店	许昌中原福港大酒店有限公司	4	套间 A	9	7	700	350	许昌市八一路东段	0374－2677666	
			套间 B	9	7	600	300			
			单间 A	39	28	368	190			
			标准间 A	25	18	368	190			
			标准间 B	77	54	338	160			
许昌大酒店	许昌大酒店有限责任公司	3	套间 A	13	13	388	180	许昌市七一路888 号	0374－2216199	
			套间 B	13	13	698	290			
			套间 C	9	9	2180	600			
			单间 A	40	40	368	160			
			标准间 A	37	37	268	130			
			标准间 B	127	127	368	160			
漯河市										
漯河市长城花园酒店	漯河市长城花园酒店有限公司		套间	2	2	688	480	漯河市嵩山路500 号	0395－3178366	
			豪华单间	7	7	328	190			
			单间	5	5	268	170			
			标准间	38	38	288	170			
漯河金都大酒店	漯河市金都大酒店有限公司	4	套间	8	8	1196	360	漯河市长江路49 号	0395－3399908/3399909	
			单间	20	20	536	180			
			标准间	120	120	536	180			
漯河双汇商务酒店	漯河市双汇地产有限公司商务酒店		行政套房	1	1	1280	460	漯河市火车站对面	0395－2117555	
			商务套房	2	2	1080	360			
			普通套房	9	9	580	260			
			豪华单间	11	11	480	210			
			豪华标间	11	11	440	220			
			标准间	50	50	360	180			
平顶山市										
佳田国际大酒店	河南佳田国际大酒店有限公司		套间	25	25	1580	498	平顶山市建设路与中兴路交汇处	0375－2698100/2698200/2698300	
			单间	50	50	628	280			
			标准间	126	126	628	280			
龙源大酒店	平顶山市龙源大酒店有限公司	3	豪套	5	5	888	568	新华路南段6号	0375－3963999/3963889	
			普套	6	6	560	368			
			标准间	70	70	360	216			

河南

饭店名称	发票开具单位名称	星级	客房（数量：间；价格：元/天）					地址	前台订房电话	备注
			房型	总间数	协议间数	门市价	协议价			
平安大厦	中国平煤神马能源化工集团有限责任公司平安大厦	4	套间	10	10	880	556	平顶山市民主路2号	0375－2788818	
			单间	92	92	480	296			
			标准间	97	97	480	296			
南阳市										
南阳市金凯悦东方酒店	南阳市金凯悦东方酒店	4	套间	40	30	1280	600	南阳市张衡路6号	0377－63591666	
			单间	60	45	480	260			
			标准间	80	56	480	260			
南阳宾馆	河南省南阳宾馆	3	A套间	3	3	880	600	南阳市七一路183号	0377－63322288	
			A单间	10	10	380	230			
			A标准间	40	40	380	220			
			B套间	2	2	880	600			
			B单间	6	6	280	180			
			B标准间	80	80	280	180			
梅溪宾馆	南阳梅溪宾馆有限责任公司	3	套间	12	12	1180	600	南阳市中州路109号	0377－63171290/63137925	
			单间	20	20	380	220			
			标准间	68	68	298	180			
			豪华单间	20	20	480	300			
			豪华标准间	24	24	480	300			
豫宛宾馆	南阳市豫宛宾馆	3	2联套	4	4	868	600	南阳市中州路25号	0377－60155777	
			单间	5	5	258	160			
			标准间	30	30	258	160			
			豪华单间	13	13	328	220			
			豪华标准间	100	100	328	220			
信阳市										
豫花园大酒店	信阳豫花园大酒店有限公司		套间	10	10	688	488	信阳市京深路271号	0376－6188888－1001/1002	
			单间	10	10	298	268			
			标准间	100	100	288	258			
浉河宾馆	河南信阳浉河宾馆	3	套间	12	12	980	598	信阳市解放路137号	0376－6221171－3666	
			单间	6	6	363	300			
			标准间	77	77	286	186			
信阳阳光宾馆	信阳阳光宾馆	4	套间	10	10	688	468	信阳市新华东路60号	0376－6208666－6168	
			单间	30	30	498	258			
			标准间	55	55	488	248			
信阳宾馆	信阳宾馆		套间	14	14	888	550	信阳市礼节路16号	0376－6216802	
			单间	13	13	326	290			
			标准间	83	83	268	210			

饭店名称	发票开具单位名称	星级	客房（数量：间；价格：元/天）					地址	前台订房电话	备注
			房型	总间数	协议间数	门市价	协议价			
龙潭大酒店	信阳龙潭大酒店	3	套间	10	10	588	366	信阳市北京大街245号	0376－6298199	
			单间	8	8	268	150			
			标准间	114	114	268	150			
周口市										
周口饭店	周口饭店	4	套间	21	21	800	360	周口市五一路12号	0394－8223766	
			单间	25	25	530	260			
			标准间	105	105	530	260			
周口迎宾馆	周口迎宾馆	3	套间	4	4	1200	500	周口市六一路北段8号	0394－8922222	
			单间	6	6	390	260			
			标准间	60	60	390	260			
驻马店市										
建苑大厦	驻马店市建苑大厦有限公司	3	套间	2	2	660	280	驻马店市解放路中段	0396－2956666	
			单间	10	10	360	150			
			标准间	80	80	320	130			
西园宾馆	驻马店西园宾馆有限公司	3	套间	3	3	896	300	驻马店市解放路中段	0396－2912800	
			单间	2	2	318	160			
			标准间	30	30	318	160			
天龙大酒店	河南省大龙酒店管理有限公司	4	套间	16	14	800	498	驻马店市文明路中段	0396－2859999	
			单间	16	14	600	298			
			标准间	110	100	600	208			
济源市										
王屋山大酒店	济源王屋山大酒店有限公司	3	套间	6	6	598	400	济源市天坛中路1118号	0391－6915555	
			单间	20	20	468	260			
			其中：普通单间	11	11	360	150			
			标准间	132	132	360	160			
			其中：普通标准间	65	65	360	130			
济源宾馆	济源宾馆有限公司	3	套间	10	10	398	288	济源市宣化中街38号	0391－6631318	
			单间	16	16	268	188			
			标准间	90	90	238	188			
雅士达酒店	济源市雅士达酒店有限公司	4	套间	6	4	1000－1200	500－600	济源市沁园中路555号	0391－6635166	
			单间	20	8	516－576	220－240			
			标准间	66	64	516－576	220－240			

湖 北 省

- 财政部委托湖北省财政厅负责在湖北省地级以上城市招标采购出差定点饭店并负责日常监督管理工作。
- 本次政府采购，确定湖北省出差定点饭店 245 家。
- 出差定点饭店按照与财政部门签订《协议书》的价格向中央和地方各级党政机关和事业单位提供相应的接待服务。
- 如果对协议价格产生疑义，可以要求定点饭店出示《协议书》。
- 如有出差定点饭店变更或协议价格变化，应以“党政机关出差会议定点饭店查询网”的信息为准。
- 本目录中的湖北省出差定点饭店的详细信息，可在“党政机关出差会议定点饭店查询网”查阅。
- 湖北省各地区长途电话区号：

武汉市　027　　十堰市　0719
襄樊市　0710　　荆门市　0724
孝感市　0712　　黄冈市　0713
鄂州市　0711　　黄石市　0714
咸宁市　0715　　荆州市　0716
宜昌市　0717　　随州市　0722
恩施州　0718

省直辖县级行政单位：

仙桃市　天门市　潜江市　0728

神农架林区　0719

湖北省出差定点饭店

饭店名称	发票开具单位名称	星级	客房（数量：间；价格：元/天）					地址	前台订房电话	备注
			房型	总间数	协议间数	门市价	协议价			
武汉市										
湖北洪山宾馆	湖北洪山宾馆	5	套间	5	5	1596	600	武汉市武昌中北路1号	027－87311888－8107	协议价均含双早
			单间	58	58	1021	300			
			标准间	72	72	1021	300			
海怡锦江大酒店	海怡锦江大酒店	4	套间	16	16	2388	600	武汉市武昌洪山路特1号	027－87126666－8166	协议价均含双早
			单间	16	16	1468	300			
			标准间	39	39	1418	300			
武汉弘毅大酒店	武汉弘毅酒店管理有限公司	4	套间	13	13	1357	600	武昌东湖路136号	027－67819888－8140	协议价均含双早
			单间							
			标准间	97	97	1035	300			
绣林小镇酒店	武汉市洪山区绣林小镇酒店		套间	5	5	308	200	洪山区路狮南路320号	027－87228791	协议价均含双早
			单间	10	10	208	140			
			标准间	51	51	208	140			
梦天湖山庄	武汉市梦天湖娱乐有限公司	3	套间	5	5	528	360	江夏区庙山开发区向阳村	027－81800199	协议价均含双早
			单间	4	4	238	178			
			标准间	108	108	238	178			
财苑大厦	湖北省财政厅招待所	3	套间	5	5	868	388	武汉市武昌民主路406号	027－68886889	协议价均含双早
			单间	13	13	318	190			
			标准间	86	86	398	198			
湖北饭店	湖北饭店	3	套间	6	6	588	470	武汉市洪山路10号	027－87811311－20945	协议价均含双早
			单间	12	12	168	148			
			标准间	241	241	380	220			
湖北新大地酒店	新大地酒店	4	套间	5	5	1388	598	武汉市武路路330号	027－87812788－8188	协议价均含双早
			单间	24	14	780	300			
			标准间	140	140	598	288			

湖北

饭店名称	发票开具单位名称	星级	客房（数量：间；价格：元/天）					地址	前台订房电话	备注
			房型	总间数	协议间数	门市价	协议价			
湖北丽江饭店	湖北丽江饭店有限公司	3	套间	2	2	1280	500	武昌体育馆路5号	027－87136866	协议价均含双早
			单间	21	21	398	200			
			标准间	43	43	468	220			
湖北卓刀泉大厦	湖北省三峡工程及部管水库移民工作培训中心	3	套间	16	16	888	398	武汉卓刀泉北路东湖桥1号	027－87881888	协议价均含双早
			单间							
			标准间	54	54	588	258			
楚园饭店	中国建筑材料中南公司楚园饭店		套间	1	1	698	350	武昌中南二路10号	027－87821672	协议价均含双早
			单间	5	5	368	160			
			标准间	82	82	368	160			
省委党校接待中心	湖北省委党校接待中心		套间	15	15	398	280	汉口万松园路18号	027－85269099	协议价均含双早
			单间	48	48	258	160			
			标准间	156	156	318	180			
翠柳村客舍	湖北省人大办公厅翠柳村客舍		套间	2	2	698	458	武汉东湖路105号	027－6790001	协议价均含双早
			单间	6	6	280	180			
			标准间	45	45	408	220			
瑞安王朝酒店	湖北瑞安酒店管理有限公司瑞安王朝酒店		套间	9	9	688	268	武汉市洪山区书城路18号	027－50160555	协议价均含双早
			单间	16	16	388	178			
			标准间	110	110	388	178			
纺织中心招待所	湖北省纺织行业投资促进中心招待所		套间	3	3	358	220	武昌区东亭路23号	027－86774652	协议价均含双早
			单间	5	5	198	110			
			标准间	55	55	208	120			
锦江之星	锦江之星旅馆有限公司武汉水果湖分公司		套间					武昌区洪山路62号附2号（省委对面）	027－87810088	协议价均含双早
			单间	18	18	179	152			
			标准间	97	97	189	160			
小洪山花园	省军区小洪山花园		套间	10	10	380	280	武昌八一路	027－87863721	协议价均含双早
			单间	5	5	280	180			
			标准间	110	110	198	138			
中南花园饭店	广州军区中南花园招待所		套间	8	8	1680	600	武珞路558号	027－67817698	协议价均含双早
			单间	54	54	880	240			
			标准间	162	162	880	240			

饭店名称	发票开具单位名称	星级	客房（数量：间；价格：元/天）					地址	前台订房电话	备注
			房型	总间数	协议间数	门市价	协议价			
丰颐大酒店	湖北吉丰实业有限责任公司丰颐大酒店		套间	6	6	948	568	武昌八一路	027－67811440	协议价均含双早
			单间	4	4	328	216			
			标准间	101	101	498	268			
楚源大厦	中共湖北省纪委检查委员会培训中心（楚源大厦）		套间	5	5	918	588	武汉市卓刀泉北路	027－6788666	协议价均含双早
			单间	8	8	718	300			
			标准间	52	52	488	268			
九龙大酒店（武泰闸）店	武汉东海九龙大酒店管理有限公司		套间	28	28	688	338	武昌武泰闸38－40号	027－59808688	协议价均含双早
			单间	16	16	318	158			
			标准间	60	60	318	158			
珞珈山国际酒店	武汉珞珈山酒店管理有限公司		套间	12	8	1999	600	武昌武珞路723号	027－87166666－预定部	协议价均含双早
			单间	149	104	1199	300			
			标准间	57	40	1199	300			
浦项皇冠大酒店	武汉浦项皇冠大酒店有限公司		套间	6	4	1888	428	武昌紫阳路28号	027－68883888	协议价均含双早
			单间	19	15	888	238			
			标准间	154	140	888	238			
南湖大厦	湖北省检察官培训中心		套间	6	6	1880	580	武汉市雄楚大街365号附1号	027－67887888	协议价均含双早
			单间	3	3	680	260			
			标准间	95	95	480	200			
楚民大酒店	湖北省楚民福得彩票福彩中心		套间					武昌首义路115号	027－88069368	协议价均含双早
			单间							
			标准间	77	70	588	280			
圣宝龙大酒店	湖北圣宝龙酒店管理有限公司		套间	5	5	628	300	武昌洪山雄楚大街297号	027－87229001	协议价均含双早
			单间	20	20	438	200			
			标准间	146	146	458	220			
省发改委培训大厦	国家经济信息系统武汉培训中心		套间	6	6	668	468	武昌水果湖东一路21号	027－87137888	协议价均含双早
			单间	8	8	308	216			
			标准间	135	135	328	230			

饭店名称	发票开具单位名称	星级	客房（数量：间；价格：元/天）					地址	前台订房电话	备注
			房型	总间数	协议间数	门市价	协议价			
湖北紫阳湖宾馆	湖北省军区紫阳湖招待所		套间	13	13	1288	488	武昌紫阳湖204号	027－68885958	协议价均含双早
			单间	18	18	688	238			
			标准间	112	112	588	238			
金轮宾馆	湖北省道路运输管理局金轮宾馆		套间	2	2	400	300	武汉市新华路36号	027－85807060	协议价均含双早
			单间	7	7	200	150			
			标准间	69	69	210	158			
省卫生厅外语培训基地	湖北省卫生厅外语培训基地接待室		套间	2	2	588	308	武昌东湖路141号	027－86798009	协议价均含双早
			单间	3	3	288	168			
			标准间	70	70	288	150			
就业大厦	湖北同力酒店管理有限责任公司就业大厦酒店		套间	4	4	458	238	武昌水果湖东一路38号	027－87230688	协议价均含双早
			单间	6	6	298	168			
			标准间	42	42	298	168			
瑞丰大酒店	武汉市瑞丰大酒店有限责任公司		套间	4	4	480	380	武昌区武珞路519号	027－87667726	协议价均含双早
			单间	12	12	308	208			
			标准间	125	125	298	180			
武汉洪广大酒店	武汉洪广大酒店有限公司		套间	16	16	1711	600	武昌民主路782号	027－87131519	协议价均含双早
			单间	75	75	1021	300			
			标准间	68	68	1021	300			
纽宾凯酒店	武汉纽宾凯国际酒店管理有限公司新时代国际酒店		套间	19	19	1788	598	武昌武珞路456号	027－59606006	协议价均含双早
			单间	166	166	998	298			
			标准间	112	112	998	298			
湖北东湖大厦	湖北东湖大厦	5	套间	20	16	1600	600	武汉市武昌姚家岭231号	027－67813999－1030	协议价均含双早
			单间	25	20	980	300			
			标准间	123	100	880	300			
梨园大酒店	武汉梨园大酒店		套间	5	3	1518	600	武汉市武昌洪山区徐东大街199号	027－86772021	协议价均含双早
			单间	7	5	968	300			
			标准间	115	80	704	300			
武汉中油酒店	武汉中油酒店有限公司		套间	2	2	1008	488	武汉市武昌区中北路219	027－51878888	协议价均含双早
			单间	14	10	588	268			
			标准间	25	20	558	248			

饭店名称	发票开具单位名称	星级	客房（数量：间；价格：元/天）					地址	前台订房电话	备注
			房型	总间数	协议间数	门市价	协议价			
白玫瑰大酒店	湖北保利白玫瑰大酒店	5	套间	29	25	2000	600	武汉武昌区民主路788号	027－68876888	协议价均含双早
			单间	80	60	1200	300			
			标准间	178	150	1200	300			
武汉诺威香卡酒店	武汉诺威香卡酒店管理有限公司		套间	6	6	1788	538	东湖新技术开发区关山大道华师园北路1号	027－87520788	协议价均含双早
			单间	50	50	988	260			
			标准间	80	80	988	260			
润丰大酒店	湖北当代实业发展有限公司润丰大酒店		套间	6	6	1688	598	洪山区民族大道118号	027－87746858	协议价均含双早
			单间	60	60	788	300			
			标准间	12	12	688	288			
华天大酒店	湖北华天大酒店有限责任公司		套间	34	30	1950	598	湖北省武汉市洪山区徐东路7号	027－8672888	协议价均含双早
			单间	65	60	1200	298			
			标准间	144	130	1200	298			
雄楚国际酒店	武汉雄楚国际酒店管理有限公司		套间	20	14	1888	598	武汉市洪山区雄楚大道335号	027－87388888－6619	协议价均含双早
			单间	61	43	1188	298			
			标准间	54	38	1288	298			
质量监督培训中心	湖北质量技术监督培训中心客房部		套间	4	4	398	238	武汉市武昌区中北路20号	027－87136599	协议价均含双早
			单间	4	4	178	130			
			标准间	26	26	178	130			
阳光壹贰捌大酒店	武汉市阳光壹贰捌大酒店		套间	10	10	568	398	洪山区雄楚大街232号	027－88417588	协议价均含双早
			单间	159	159	198	168			
			标准间	96	96	198	158			
瑞安之星酒店	武汉瑞安之星酒店有限公司		套间	2	2	488	218	武汉市洪山区雄楚大道特1号	027－87671818	协议价均含双早
			单间	16	16	321	148			
			标准间	75	75	328	148			
胜家玫瑰酒店	武汉胜家酒店管理有限公司武昌分公司		套间	3	3	999	588	武汉市武昌区水果湖白鹭街96号	027－59002777	协议价均含双早
			单间	55	55	498	238			
			标准间	76	76	498	238			
蓝天花园酒店	空军东湖疗养院（蓝天花园酒店）		套间	2	2	888	498	洪山区广路19号	027－87860888	协议价均含双早
			单间	8	8	588	298			
			标准间	110	110	388	198			

饭店名称	发票开具单位名称	星级	客房（数量：间；价格：元/天） 房型	总间数	协议间数	门市价	协议价	地址	前台订房电话	备注
瑞安城市酒店	湖北瑞安酒店管理有限公司瑞安城市酒店		套间	10	10	498	268	洪山区珞南街小洪山东区34号	027－87889977	协议价均含双早
			单间	18	18	368	168			
			标准间	90	90	398	180			
华电培训中心	华中电网有限公司培训中心		套间	6	6	388	228	武昌徐东大街355号	027－86762801	协议价均含双早
			单间	25	25	298	178			
			标准间	83	83	298	178			
清江饭店	湖北清江饭店有限公司	3	套间	10	10	1588	428	武昌区中华路57号	027－88726700	协议价均含双早
			单间	8	8	688	218			
			标准间	55	55	588	208			
银丰宾馆	湖北银丰宾馆有限责任公司	3	套间	6	6	576	328	武汉市汉口中心大道400号	027－85330188	协议价均含双早
			单间	16	16	396	228			
			标准间	92	92	326	180			
光明万丽	武汉光明万丽酒店	5	套间	18	18	3427	600	武汉市徐东大街160号	027－86621388	协议价均含双早
			单间	186	186	1357	300			
			标准间	92	92	1357	300			
安华大厦	湖北安华大厦有限公司	4	套间	12	12	2888	600	武汉市武昌紫阳路281号	027－88308888－3000	协议价均含双早
			单间	43	43	988	280			
			标准间	147	147	830	260			
金盾大酒店	武汉光谷金盾大酒店有限公司		套间	24	16	1940	600	武汉市洪山区吴家湾特1号	027－87887788	协议价均含双早
			单间	94	65	1350	300			
			标准间	220	154	1350	300			
巴山夜雨	湖北巴山夜雨大酒店有限公司		套间	4	4	1688	590	武昌民主路786号	027－87735709	协议价均含双早
			单间	30	21	1088	300			
			标准间	24	16	1088	300			
卓悦假日酒店	武汉卓悦假日酒店		套间	42	42	715	460	武汉市洪山区卓刀泉南路45号	027－87051890	协议价均含双早
			单间	109	109	398	280			
			标准间	120	120	398	280			
三环大酒店	湖北三环大酒店有限公司		套间	3	3	498	249	武昌区武珞路356号	027－87833333	协议价均含双早
			单间	21	21	276	138			
			标准间	88	88	276	138			

饭店名称	发票开具单位名称	星级	客房（数量：间；价格：元/天）					地址	前台订房电话	备注
			房型	总间数	协议间数	门市价	协议价			
武汉云都大酒店	95028 部队招待所		套间	3	3	580	388	建设大道宝丰路105号	027－83669567	协议价均含双早
			单间	4	4	288	188			
			标准间	91	91	268	158			
军区后勤部队招待所	湖北省军区后勤部机关招待所		套间	2	2	588	320	武汉市武昌区武珞路711号	027－67882400	协议价均含双早
			单间	21	21	288	148			
			标准间	118	118	268	148			
湖北省检察官培训中心（南湖大厦）	湖北省检察官培训中心	4	套间	6	6	1880	580	洪山区雄楚大街356号附1号	027－67887888	含早
			单间	3	3	680	260			
			标准间	95	95	480	200			
武汉从文酒店	武汉从文酒店管理有限公司	4	套间	10	10	698	348	洪山区雄楚大街268号	027－87399188	含早
			单间	35	35	398	198			
			标准间	70	70	418	208			
瑞雅莲花湖酒店	武汉市新大陆莲花湖酒店有限公司	4	套间	13	13	1798	388－480	蔡甸区文正街172号	027－84780666	含早
			单间	21	21	818－1138	210－320			
			标准间	106	106	818－1138	210－320			
武汉斯博兰花园酒店	武汉斯博兰花园酒店管理有限公司	4	套间	10	10	1688	588－458	江岸区幸福大道8－1（全民健身中心旁）	027－85578111	含早，房间带电脑，可加床
			单间	10	10	788	260			
			标准间	100	100	788	240			
武汉中原国际大酒店	武汉市中原国际大酒店有限公司	4	套间	15	15	1513	598	汉口黄浦大街27号	027－68829999	含早
			单间	24	24	984	298			
			标准间	75	75	984	298			
武汉亚洲大酒店	武汉国际会议中心有限公司	4	套间	33	23	1288	600	解放大道616号	027－83807777	含早
			单间	98	68	638	300			
			标准间	132	92	488	300			
帅府饭店	帅府饭店	4	套间	5	5	880	400	武昌八一路98号	027－87169872	含早
			单间	24	24	660	300			
			标准间	63	63	720	300			
武汉圣淘沙酒店公寓	武汉圣淘沙酒店公寓有限公司	4	套间	71	71	1300	460	江汉区万松园路199号	027－85265800	含早
			单间	76	76	938	288			
			标准间	189	189	1000	300			

湖北

饭店名称	发票开具单位名称	星级	客房（数量：间；价格：元/天）					地址	前台订房电话	备注
			房型	总间数	协议间数	门市价	协议价			
公民花园酒店	武汉公民花园酒店有限公司		套间	32	32	559	359	东西湖区田园大道1198号	027－83211011	含早
			单间	5	5	228	150			
			标准间	75	75	228	150			
武汉三角湖度假村	武汉三角湖度假康乐有限公司		套间	5	5	628	380	武汉经济技术开发区东风大道82号	027－84891888	含早
			单间	12	12	428	160			
			标准间	184	184	428	160			
凤翔岛会展中心	武汉市凤翔岛园林绿化工程有限公司会展中心		套间	42	42	488	380	蔡甸区大集凤凰村	027－69543491	含早
			单间	33	33	228	158			
			标准间	207	207	288	198			
武汉临江饭店	广州军区空军第四招待所分所武汉临江饭店		套间	4	4	588	350	汉口天津路1号	027－68826188	含早
			单间	25	25	286	150			
			标准间	84	84	286	150			
清凉寨宾馆	武汉市木兰清凉寨旅游发展有限公司		套间	4	4	988	450	黄陂区蔡店乡	027－61539008	含早，节假日和旺季有5%－10%的浮动
			单间	4	4	398	160			
			标准间	64	64	398	160			
武汉铁路江城大酒店	武汉铁路江城大酒店		套间	15	15	668－918	400－550	武汉市江汉区金家墩特1号	027－85876508	含早
			单间	25	25	398	238			
			标准间	250	250	398	238			
武汉市东湖碧波宾馆	武汉市东湖碧波宾馆		套间	8	8	688－1088	348－548	东湖磨山特2号	027－87510721	含早
			单间	9	9	488	298			
			标准间	103	103	388－488	218－298			
武汉铁路九州饭店	武汉铁路九州饭店		套间	18	18	568	388	武昌区中山路439号	027－51167172	含早
			单间	33	33	228	178			
			标准间	120	120	248	190			
惠苑酒店	武汉惠苑大厦酒店管理有限公司		套间	5	5	618	360	武昌区紫阳路207号	027－50708332	含早
			单间	37	37	258	180			
			标准间	98	98	258	180			
银湖宾馆	武汉亚洲划船培训中心银湖宾馆		套间	2	2	688	580	武汉市洪山区珞瑜路459号	027－87495288－999	含早
			单间	13	13	298	200			
			标准间	86	86	258－328	180－240			

<table>
<tr><th rowspan="2">饭店名称</th><th rowspan="2">发票开具单位名称</th><th rowspan="2">星级</th><th colspan="5">客房（数量：间；价格：元/天）</th><th rowspan="2">地址</th><th rowspan="2">前台订房电话</th><th rowspan="2">备注</th></tr>
<tr><th>房型</th><th>总间数</th><th>协议间数</th><th>门市价</th><th>协议价</th></tr>
<tr><td rowspan="3">空军武汉蓝天招待所（蓝天宾馆）</td><td rowspan="3">空军武汉蓝天招待所</td><td rowspan="3"></td><td>套间</td><td>12</td><td>12</td><td>688</td><td>580</td><td rowspan="3">解放大道1049号</td><td rowspan="3">027－83697000</td><td rowspan="3">含早</td></tr>
<tr><td>单间</td><td>22</td><td>22</td><td>338</td><td>275</td></tr>
<tr><td>标准间</td><td>216</td><td>216</td><td>338</td><td>290</td></tr>
<tr><td rowspan="3">武汉梅园宾馆</td><td rowspan="3">空军后勤部驻武汉办事处梅园招待所</td><td rowspan="3"></td><td>套间</td><td>18</td><td>18</td><td>588－688</td><td>468－568</td><td rowspan="3">解放大道1091号</td><td rowspan="3">027－83639699</td><td rowspan="3">含早</td></tr>
<tr><td>单间</td><td>46</td><td>46</td><td>398</td><td>298</td></tr>
<tr><td>标准间</td><td>136</td><td>136</td><td>328</td><td>268</td></tr>
<tr><td rowspan="3">湖北民航酒店</td><td rowspan="3">湖北（金海）酒店有限公司</td><td rowspan="3"></td><td>套间</td><td>6</td><td>6</td><td>1148</td><td>480</td><td rowspan="3">江汉北路109号</td><td rowspan="3">027－68852002</td><td rowspan="3">含早</td></tr>
<tr><td>单间</td><td>21</td><td>21</td><td>830</td><td>248</td></tr>
<tr><td>标准间</td><td>90</td><td>90</td><td>830</td><td>228</td></tr>
<tr><td rowspan="3">武汉军安宾馆</td><td rowspan="3">武汉军安宾馆</td><td rowspan="3"></td><td>套间</td><td>6</td><td>6</td><td>588</td><td>388</td><td rowspan="3">汉口火车站金家墩54号（现为4号）</td><td rowspan="3">027－50539088</td><td rowspan="3">含早</td></tr>
<tr><td>单间</td><td>11</td><td>11</td><td>288</td><td>218</td></tr>
<tr><td>标准间</td><td>68</td><td>68</td><td>288</td><td>218</td></tr>
<tr><td colspan="11">十堰市</td></tr>
<tr><td rowspan="3">车城宾馆</td><td rowspan="3">十堰市车城宾馆有限责任公司</td><td rowspan="3">4</td><td>套间</td><td>23</td><td>23</td><td>888</td><td>420</td><td rowspan="3">十堰市青年广场巷4号</td><td rowspan="3">0719－8224939</td><td rowspan="3">协议价均含双早</td></tr>
<tr><td>单间</td><td>27</td><td>27</td><td>488</td><td>220</td></tr>
<tr><td>标准间</td><td>69</td><td>69</td><td>488</td><td>220</td></tr>
<tr><td rowspan="3">太和饭庄</td><td rowspan="3">十堰市太和饭庄</td><td rowspan="3">3</td><td>套间</td><td>2</td><td>2</td><td>798</td><td>468</td><td rowspan="3">十堰市人民北路17号</td><td rowspan="3">0719－8663116</td><td rowspan="3">协议价均含双早</td></tr>
<tr><td>单间</td><td>20</td><td>20</td><td>318</td><td>188</td></tr>
<tr><td>标准间</td><td>114</td><td>114</td><td>328</td><td>198</td></tr>
<tr><td rowspan="2">燕良大酒店</td><td rowspan="2">十堰市燕良大酒店</td><td rowspan="2">3</td><td>套间</td><td>16</td><td>16</td><td>660</td><td>366</td><td rowspan="2">十堰市人民北路43号</td><td rowspan="2">0719－8113759</td><td rowspan="2">协议价均含双早</td></tr>
<tr><td>标准间</td><td>60</td><td>60</td><td>396</td><td>198</td></tr>
<tr><td rowspan="3">宏正大酒店</td><td rowspan="3">十堰市紫荆花美食有限公司宏正大酒店</td><td rowspan="3"></td><td>套间</td><td>4</td><td>4</td><td>588</td><td>398</td><td rowspan="3">十堰市江苏路18号</td><td rowspan="3">0719－8117766</td><td rowspan="3">协议价均含双早</td></tr>
<tr><td>豪华标间</td><td>14</td><td>14</td><td>258</td><td>178</td></tr>
<tr><td>普通标间</td><td>44</td><td>44</td><td>198</td><td>138</td></tr>
<tr><td rowspan="3">茅箭宾馆</td><td rowspan="3">十堰市茅箭宾馆</td><td rowspan="3">2</td><td>套间</td><td>10</td><td>10</td><td>368</td><td>200</td><td rowspan="3">十堰市人民南路83号</td><td rowspan="3">0719－8881808</td><td rowspan="3">协议价均含双早</td></tr>
<tr><td>单间</td><td>36</td><td>36</td><td>158</td><td>110</td></tr>
<tr><td>标准间</td><td>76</td><td>76</td><td>218</td><td>100</td></tr>
<tr><td rowspan="3">神龙宾馆</td><td rowspan="3">十堰东风神龙宾馆有限公司</td><td rowspan="3">3</td><td>套间</td><td>6</td><td>6</td><td>258</td><td>200</td><td rowspan="3">十堰市公园路91号</td><td rowspan="3">0719－8221156</td><td rowspan="3">协议价均含双早</td></tr>
<tr><td>单间</td><td>50</td><td>50</td><td>138</td><td>118</td></tr>
<tr><td>标准间</td><td>67</td><td>67</td><td>158</td><td>138</td></tr>
<tr><td rowspan="3">汉江国际大酒店</td><td rowspan="3">十堰汉江国际大酒店有限公司</td><td rowspan="3">3</td><td>套间</td><td>25</td><td>25</td><td>388</td><td>168</td><td rowspan="3">十堰市北京北路15号</td><td rowspan="3">0719－8618666</td><td rowspan="3">协议价均含双早</td></tr>
<tr><td>单间</td><td>2</td><td>2</td><td>318</td><td>138</td></tr>
<tr><td>标准间</td><td>22</td><td>22</td><td>318</td><td>138</td></tr>
</table>

饭店名称	发票开具单位名称	星级	客房（数量：间；价格：元/天）					地址	前台订房电话	备注
			房型	总间数	协议间数	门市价	协议价			
堰丰宾馆	十堰市堰丰酒店管理有限公司	3	套间	2	2	698	400	十堰市人民北路42号	0719－8100008	协议价均含双早
			单间	4	4	238	155			
			标准间	40	40	238	155			
惠泽宾馆	十堰市惠泽宾馆	3	套间	2	2	398	268	十堰市公园路8号	0719－8671841	协议价均含双早
			单间	7	7	238	138			
			标准间	43	43	228	138			
美乐大酒店	十堰市美乐宾馆股份有限公司	3	套间	5	5	888	400	十堰市人民北路53号	0719－8662116－8000	协议价均含双早
			单间	9	9	328	180			
			商前标	12	12	298	175			
			商后标	18	18	328	180			
			豪前标	30	30	218	150			
			豪后标	18	18	228	160			
龙安酒店	十堰市龙安酒店	3	套间	3	3	548	428	十堰市山西路1号	0719－8692288	协议价均含双早
			单间	14	14	308	228			
			标准间	81	81	258	188			
消防宾馆	十堰市消防培训中心		套间	6	6	588	288	十堰市人民南路81号	0719－8875555	协议价均含双早
			单间	2	2	228	138			
			标准间	54	54	198	148			
雅阁大酒店	十堰市世纪百强雅阁大酒店	5	套间	6	6	3398	600	十堰市北京北路78号	0719－8608888－总台	协议价均含双早
			单间	75	75	1258	300			
			标准间	220	220	1058	300			
君悦大酒店	十堰市紫荆花君悦大酒店		套间	2	2	698	398	十堰市人民南路116号	0719－8876555	协议价均含双早
			单间	11	11	398	178			
			标准间	71	71	398	178			
襄樊市										
南湖宾馆	襄樊市南湖宾馆		套间	8	8	988	498	襄城区胜利街2号	0710－3600088	协议价送免费早餐
			单间	15	15	428	248			
			标准间	85	85	428	248			
南山宾馆	襄樊市南山宾馆	3	套间	9	9	580	280	襄城区檀溪路152号	0710－3552089/3552554	协议价送免费早餐
			单间	4	4	280	120			
			标准间	158	158	218	120			
汉江国际大酒店	襄樊汉江国际大酒店	4	套间	8	7	1307	498	襄樊市建华路9号	0710－3276666－3	协议价送免费早餐
			单间	24	20	680	248			
			标准间	93	88	680	248			

饭店名称	发票开具单位名称	星级	客房（数量：间；价格：元/天）					地址	前台订房电话	备注
			房型	总间数	协议间数	门市价	协议价			
襄樊城市名人酒店	城市名人酒店管理（中国）有限公司襄樊第一分公司		套间	24	24	2388	498	襄樊市解放路炮铺街特一号	0710－3488888	协议价送免费早餐
			单间	36	36	1388	248			
			标准间	89	89	1388	248			
荣华国际大酒店	襄樊市襄阳区荣华国际大酒店有限公司	4	套间	6	6	1398	498	襄樊荣华路2号	0710－2839867	协议价送免费早餐
			单间	45	35	628	248			
			标准间	82	65	528	248			
川惠大酒店	襄樊市川惠大酒店有限公司	4	套间	10	9	1480	288	襄城宜宾路15号	0710－3528888－6688/6699	协议价送免费早餐
			单间	44	36	960	220			
			标准间	199	160	980	225			
襄樊名人酒店	城市名人酒店管理有限公司襄樊分公司	3	套间	5	5	1880	488	襄城区檀溪路111号	0710－3518862	协议价送免费早餐
			单间	58	58	680	240			
			标准间	83	83	680	240			
襄阳名人酒店	城市名人酒店管理（中心）有限公司襄樊第二分公司	3	套间	14	14	1288	498	襄阳区航空路98号	0710－2869250	协议价送免费早餐
			单间	62	62	880	248			
			标准间	49	49	588	248			
金城大酒店	襄樊市金城大酒店	3	套间	11	11	1588	498	樊城区前进路19号	0710－3220031－888	协议价送免费早餐
			单间	29	29	888	248			
			标准间	104	104	528	248			
襄城真武大酒店	襄樊市襄城真武大酒店	2	套间	6	6	1200	480	襄城东街27号	0710－3518977	协议价送免费早餐
			单间	11	11	420	188			
			标准间	71	71	360	188			
铁路大酒店	襄樊铁路大酒店有限公司	涉外三	套间	5	5	1188	499	襄樊市前进路46号	0710－3220043－9	协议价送免费早餐
			单间	8	8	398	240			
			标准间	41	41	398	240			
耀阳大酒店	襄樊市耀阳酒店管理有限公司	3	套间	8	8	480	240	市虎头山路9号	0710－3089999	协议价送免费早餐
			单间	29	29	200	70			
			标准间	67	67	240	120			
维多666大酒店	襄樊维多酒店管理有限公司	2	套间	5	5	716	320	襄城运动路17号	0710－3537776	协议价送免费早餐
			单间	9	9	396	180			
			标准间	36	36	316	140			

饭店名称	发票开具单位名称	星级	客房（数量：间；价格：元/天）					地址	前台订房电话	备注
			房型	总间数	协议间数	门市价	协议价			
襄阳人家	襄阳人家大酒店		套间	9	9	588	388	襄城区	0710－3555555	协议价送免费早餐
			单间	22	22	218	178			
			标准间	19	19	218	178			
万达皇冠假日酒店	万达广场皇冠假日酒店		套间	15	11	2171	598	长虹北路	0710－3288666	协议价送免费早餐
			单间	80	56	1688	298			
			标准间	90	65	1688	298			
美格丽芬大酒店	美格丽芬酒店管理有限公司	3	套间	5	5	788	350	襄城区檀溪路61号	0710－3613333	协议价送免费早餐
			单间	30	30	300	145			
			标准间	45	45	360	160			
荆门市										
帝豪酒店	荆门市帝豪酒店	4	套间	5	5	1600	500	长宁大道21号	0724－2222999	协议价送免费早餐
			单间	133	133	720	299			
			标准间	136	136	720	299			
避暑山庄	荆门市避暑山庄	4	套间	11	11	1498	488	漳河镇迎接村5组	0724－2383910	协议价送免费早餐
			单间	48	48	798	248			
			标准间	100	100	798	248			
碧桂园凤凰酒店	荆门市碧桂园凤凰酒店	4	套间	4	4	1160	488	掇刀区凤袁路8号	0724－2499999	协议价送免费早餐
			单间	21	21	798	210			
			标准间	81	81	698	200			
荆门宾馆	荆门宾馆	3	套间	5	5	980	500	海慧路9号	0724－2364558	协议价送免费早餐
			单间	9	9	358	250			
			标准间	73	73	240	192			
东方宾馆	荆门市东方大酒店	3	套间	5	5	668	500	长宁大道28号	0724－2382800	协议价送免费早餐
			单间	47	47	268	248			
			标准间	71	71	258	238			
漳河半岛酒店	荆门漳河半岛酒店	3	套间	1	1	588	350	漳河镇文口路24号	0724－6042768	协议价送免费早餐
			单间	3	3	388	230			
			标准间	19	19	258	150			
华地宾馆	荆门市华地宾馆	3	套间	2	2	318	222	象山二路9号	0724－2364300	协议价送免费早餐
			单间	14	14	178	120			
			标准间	10	10	188	152			
香格里拉	荆门市香格里拉盈丰酒店有限公司	3	套间	5	5	528	348	海慧路2号	0724－2331888	协议价送免费早餐
			单间	12	12	248	188			
			标准间	35	35	228	168			

湖北

饭店名称	发票开具单位名称	星级	客房（数量：间；价格：元/天）					地址	前台订房电话	备注
			房型	总间数	协议间数	门市价	协议价			
城市海逸	荆门市海逸大酒店有限公司	3	套间	4	4	288	258	象山一路22号	0724－2300000	协议价送免费早餐
			单间	18	18	188	150			
			标准间	68	68	258	160			
新南方	荆门新南方酒店有限责任公司	3	套间	4	4	480	268	虎牙关大道15号	0724－2486888	协议价送免费早餐
			单间	4	4	228	138			
			标准间	33	33	208	128			
东泰酒店	东泰酒店管理有限公司	3	套间	2	2	688	448	泉口路丁香园	0724－26368888	协议价送免费早餐
			单间	6	6	128	128			
			标准间	91	91	180	150			
孝感市										
乾坤商务酒店	乾坤商务酒店		套间	10	4	1080－1580	600－980	乾坤大道8号	0712－2464288	套房为4－6人；住宿房卡含早餐（特价房除外）；会议室含横副一条、POP牌两块、主席台座次牌、照明、空调、音响、提供主席台茶水服务，走道备开水桶客人自倒
			单间	107	90	138－230	90－178			
			标准间	144	100	180－278	128－180			
融兴大酒店	融兴大酒店		套间	11	11	588	300	孝感市溳川路特1号	0712－2590189	住宿房卡含早餐；会议室含会标、鲜花、横副、欢迎牌
			单间	72	72	268	150			
			标准间	93	93	268	150			
锦怡大酒店	锦怡大酒店	4	套间	16	16	608－788	280－298	城站路227号	0712－2885548	住宿房卡含早餐；会议室含鲜花、横副、投影仪费用
			单间	54	54	358－448	160－178			
			标准间	81	81	358－448	160－178			
全洲商务酒店	全洲商务酒店	2	套间	18	18	488－618	268－368	长征路12号	0712－2826666	套房为4－6人套；住宿房卡含早餐；会议室含会标、鲜花、横副、欢迎牌
			单间	5	5	188	120			
			标准间	29	29	188	120			

湖北

饭店名称	发票开具单位名称	星级	客房（数量：间；价格：元/天）					地址	前台订房电话	备注
			房型	总间数	协议间数	门市价	协议价			
市人民政府双峰山接待处	市人民政府双峰山接待处		套间	1	1	300	200	双峰山旅游度假区	0712－4928000	住宿房卡含早餐；会议室含会标、鲜花、横副、欢迎牌
			单间	14	14	180	100			
			标准间	15	15	180	100			
孝感宾馆	孝感宾馆	3	套间	16	16	588	300	城站路93号	0712－2333000	住宿房卡含早餐；日间房或午休房为协议价的半价；会议室含会标、席位牌、鲜花、欢迎牌，含贵宾室费用
			单间	10	10	488	180			
			标准间	115	115	358	180			
乾坤大酒店	乾坤大酒店	3	套间	4	4	555－1268	398－1000	交通西路口号	0712－2324919	住宿房卡含早餐；会议室含会标、席位牌、横副、欢迎牌
			单间	38	38	228－555	138－180			
			标准间	55	55	258－358	138－180			
天紫湖大酒店	天紫湖大酒店	3	套间	5	5	768	480	孝南区孝岗镇	0712－269999	套房为多人套；住宿房卡含早餐；日间房或午间房委协议价的半价；会议室含会标、横副、绿色植物、欢迎牌
			单间	16	16	680	180			
			标准间	56	56	338	180			
			三人间	10	10	448	270			
云都大酒店	云都大酒店		套间	16	16	588	258	城站路110号	0712－2325779	住宿房卡含早餐；标准间房、单间钟点房4小时60元、8点至18点100元；会议室含会标、席位牌、鲜花、横副、欢迎牌
			单间	22	22	288	120			
			标准间	57	57	288	120			

饭店名称	发票开具单位名称	星级	客房（数量：间；价格：元/天）					地址	前台订房电话	备注
			房型	总间数	协议间数	门市价	协议价			
孝感人家	孝感人家		套间	12	12	328－580	198－460	长征路26号	0712－2325555	套房为多人套；住宿房卡含早餐，特价房除外；会议室含会标、席位牌、鲜花、横副、欢迎牌
			单间	10	10	488	118			
			标准间	30	30	258－358	138			
万事达国际大酒店	万事达国际大酒店		套间	6	6	1980	300	黄陂大道17号	0712－2881166	住宿房卡含早餐；会议室含会标、席位牌、鲜花、横副、欢迎牌
			单间	49	49	498	178			
			标准间	111	111	498	178			
合一湖	合一湖		套间	4	4	999	259－300	孝汉大道京珠高速路口	0712－2458888	住宿房卡含早餐；会议室含会标、席位牌、鲜花、横副、欢迎牌
			单间	19	19	459	139－180			
			标准间	21	21	499	180			
黄冈市										
东源大酒店	黄冈东源大酒店有限公司	四	普通套间	2	2	888	590	黄冈市黄州区新港路2号	0713－8688888	协议价格均含早餐
			单间	3	3	438	280			
			标准间	83	83	428	260			
黄冈宾馆	黄冈宾馆有限公司		普套	6	6	598	418	黄冈市东坡大道68号	0713－8673000	
			豪套	20	20	698	488			
			单间	30	30	398	278			
			普标	89	89	368	258			
			高标	26	26	398	278			
黄冈军分区招待所	黄冈军分区招待所		普套	2	2	360	260	黄冈市阮家凉亭9号	0713－8352034/8366977	
			豪套	3	3	500	350			
			单间	3	3	280	200			
			普标	50	50	160	100			
			高标	24	24	206	130			
			三人间	13	13	160	120			
鄂州市										
鄂州市星都商务大酒店	鄂州市星都商务大酒店	2	套间	1	1	488	260	明塘路61号	0711－3226829	协议价送免费早餐
			单间	8	8	209	130			
			标准间	51	51	168	120			

湖北

饭店名称	发票开具单位名称	星级	客房（数量：间；价格：元/天）					地址	前台订房电话	备注
			房型	总间数	协议间数	门市价	协议价			
湖北凤凰山庄旅游度假有限公司	湖北凤凰山庄旅游度假有限公司	4	套间	3	3	1580	500	凤凰路56号	0711－3850988	协议价送免费早餐
			单间	4	4	569	250			
			标准间	86	86	569	250			
湖北红莲湖旅游度假开发有限公司高尔夫乡村俱乐部	湖北红莲湖旅游度假开发有限公司高尔夫乡村俱乐部	4	套间	9	9	1680	500	华容区庙岭镇	0711－3625888	协议价送免费早餐
			单间	68	68	680	250			
			标准间	68	68	680	250			
鄂州市玉龙锦大酒店	鄂州市玉龙锦大酒店	3	套间	2	2	999	500	古城南路82号	0711－3838515	协议价送免费早餐
			单间	2	2	289	200			
			标准间	38	38	289	200			
鄂州电力有限责任公司光明大酒店	鄂州电力有限责任公司光明大酒店	2	套间	3	3	888	380	滨湖北路17号	0711－3832666	协议价送免费早餐
			单间	5	5	258	160			
			标准间	31	31	258	160			
黄石市										
金花大酒店	黄石金花酒店管理有限公司	3	豪套	5	5	798	559	黄石市颐阳路248号	0714－6320016	房间协议价均含双早
			套间	8	8	598	419			
			标间A	73	73	508	300			
			标间B	40	40	398	220			
			标间C	46	46	298	200			
			单间A	21	21	508	300			
			单间B	15	15	398	220			
			单间C	9	9	298	200			
聚宾大酒店	电能集团有限公司聚宾大酒店	3	套间	5	5	680	340	黄石大道106号	0714－6220051	协议价均含双早
			单间	3	3	238	150			
			标间A	16	16	218	150			
			标间B	45	45	288	180			
国乒基地	中国乒乓球队黄石训练基地	2	套间	2	2	360	280	广场路56号	0714－6207766	协议价均含双早
			单间	3	3	160	120			
			标间	35	35	180	120			
正圆大酒店	黄石市电力集团正圆大酒店有限公司	3	套间	3	3	318	256	黄石市黄石大道159号	0714－6298313	协议价均含双早
			单间	12	12	218	168			
			标准间	34	34	218	168			
			电脑标间	19	19	238	188			
			娱乐标间	3	3	238	188			

饭店名称	发票开具单位名称	星级	客房（数量：间；价格：元/天）					地址	前台订房电话	备注
			房型	总间数	协议间数	门市价	协议价			
海观山宾馆名人楼	黄石市海观山宾馆有限责任公司	3	大单间	16	16	428	260	黄石市天津路23号	0714－6321798	协议价均含双早
			小单间	1	1	288	170			
			标准间	17	17	428	260			
			双人套间（一）	2	2	458	280			
			双人套间（二）	1	1	488	300			
			商务套间	2	2	988	600			
锦轮大酒店	武汉瑞嘉酒店管理有限公司黄石锦轮大酒店	3	套间	4	4	888	450	黄石市颐阳路239号	0714－6320288	协议价均含双早
			单间	10	10	488	244			
			标间	55	55	348	180			
石榴园宾馆	黄石市石榴园宾馆有限公司	3	豪华套房	1	1	888	388	黄石市杭州西路163号	0714－6392222	协议价均含双早
			套间	6	6	360	208			
			商务单间	19	19	338	188			
			商务标间	20	20	338	188			
			标准间	30	30	288	168			
磁湖山庄	黄石市磁湖山庄酒店管理有限公司	4	套间	15	15	2266	600	黄石市湖锦路1号	0714－6353333－2108	协议价均含双早
			标间	127	127	1099	300			
黄石饭店	黄石市乾泰商贸服务有限责任公司	2	套间	8	8	280	158	黄石市交通路2号	0714－6321520	协议价均含双早
			单间	27	27	198	130			
			标间	66	66	198	110			
咸宁市										
咸宁碧桂园凤凰温泉酒店	咸宁碧桂园凤凰温泉酒店有限公司		套间	6	6	1880	599	湖北咸宁市咸安区龙潭大道一号	0715－8819999	含早餐
			单间	10	10	980	299			
			标准间	57	57	980	299			
万豪温泉谷度假区	咸宁温泉谷酒店经营管理有限公司		套间	10	10	1688	518	咸宁市温泉月亮湾路一号	0715－8199999	含早餐
			单间	36	36	888	298			
			标准间	136	136	818	288			
湖北咸宁楚天瑶池温泉度假酒店	湖北咸宁楚天瑶池温泉景区开发有限公司		套间	11	11	1080	538	咸宁市温泉路3号	0715－8900666/8900999	含早餐
			单间	24	24	580	278			
			标准间	73	73	560	268			
咸宁温泉国际酒店	咸宁市温泉国际酒店有限责任公司		套间	23	23	788	380	咸宁市温泉南昌路1号	0715－8218888	含早餐
			单间	34	34	658	278			
			标准间	112	112	618	268			

饭店名称	发票开具单位名称	星级	客房（数量：间；价格：元/天）					地址	前台订房电话	备注
			房型	总间数	协议间数	门市价	协议价			
咸宁市凯悦大酒店	咸宁市凯悦大酒店有限公司	4	套间	12	12	1116	498	咸宁大道86号	0715－8266888	含早餐
			单间	18	18	636	298			
			标准间	80	80	516	218			
捷臣汇东酒店	湖北捷臣汇东酒店管理有限责任公司		套间	11	11	838	488	咸宁温泉银泉大道交通路口	0715－8138888	含早餐
			单间	21	21	478	248			
			标准间	83	83	438	248			
咸宁市阳光酒店	咸宁市阳光酒店有限责任公司	3	套间	5	5	988	498	咸宁市淦河大道25号	0715－8156988	含早餐
			单间	24	24	438	248			
			标准间	45	45	438	248			
咸宁市禄神大酒店	咸宁市禄神大酒店有限责任公司	3	套间	13	13	788	498	咸宁温泉长安大道298号	0715－8131580	含早餐
			单间	11	11	399	238			
			标准间	24	24	399	238			
长印温泉酒店	咸宁市长印温泉酒店有限公司	2	套间	8	8	398	260	咸宁市温泉月亮湾路一号	0715－8259319	含早餐
			单间	10	10	268	180			
			标准间	40	40	268	180			
荆州市										
荆州饭店	荆州市荆州饭店有限责任公司	3	套间	8	8	568	258	荆州市荆南路32号	0716－8422666	协议价含早餐
			单间	17	17	328	158			
			标准间	78	78	328	158			
金九龙大酒店	荆州市金九龙酒店管理有限公司	4	套间	6	6	1999	498	荆州市南环路18号	0716－8478888	协议价含早餐
			单间	30	30	699	248			
			标准间	90	80	699	248			
山水酒店	荆州市山水酒店管理有限公司	3	普通单间	9	9	488	220	荆州市塔桥北路66号	0716－4109999	协议价含早餐
			普通标间A	11	11	488	220			
			普通标间B	10	10	528	238			
			商务单间	5	5	528	238			
			商务标间A	8	8	528	238			
			商务标间B	18	18	598	248			
			商务套房	7	7	598	248			
晶葳国际大酒店	荆州晶葳国际大酒店投资有限公司	5	套间	4	4	1888	600	荆州市公园路12号	0716－8222222	协议价含早餐
			单间	118	80	798	300			
			标准间	161	120	798	300			
景泰怡商务酒店	荆州鸿驿交通实业有限公司景泰怡商务酒店	3	套间	2	2	680	320	荆州市太岳路23号	0716－8258777	协议价含早餐
			商务单间	5	5	480	220			
			普通单间	11	11	380	150			
			标准间	31	31	380	150			

饭店名称	发票开具单位名称	星级	客房（数量：间；价格：元/天）					地址	前台订房电话	备注
			房型	总间数	协议间数	门市价	协议价			
华瑞丰大酒店	荆州市华瑞丰大酒店有限公司		套间	3	3	528	352	荆州市东环路68号	0716－8191888	协议价含早餐
			单间	14	14	288	192			
			标准间	22	22	252	168			
			公务套间	9	9	408	272			
			公务标准间	36	36	203	135			
荆州市君越大酒店	荆州市君越大酒店有限公司		套间	13	13	666	158	荆州市文化宫路	0716－8124333	协议价含早餐
			单间	34	34	398	118			
			标准间	40	40	398	118			
荆州市三峡宾馆	荆州市三峡宾馆		套间	3	3	588	280	荆州市荆北路9号	0716－8458800	协议价含早餐
			豪华单间	2	2	316	140			
			普通单间	4	4	288	120			
			豪华标准间	13	13	316	140			
			普通标准间	46	46	288	120			
荆州宾馆	荆州宾馆有限公司	4	套间	24	24	880	200	荆州市迎宾路8号	0716－8430302	协议价含早餐
			单间	49	49	580	200			
			标准间	107	107	580	200			
鑫国际大酒店	荆州市鑫泰国际大酒店有限公司		豪华套间	2	2	2388	500	荆州市金龙路49号	0716－8185555	协议价含早餐
			豪华单间	15	15	798	220			
			豪华标准间	21	21	798	220			
			普通套间	2	2	698	300			
			普通单间	15	15	518	200			
			普通标准间	20	20	518	200			
荆东大酒店	荆东大酒店有限公司	3	套间	5	5	1098	298	荆州市荆沙路106号	0716－8468888	协议价含早餐
			单间	18	18	558	208			
			标准间	34	34	558	208			
宜昌市										
宜昌大桥宾馆	宜昌大桥工程建设有限责任公司	3	套间	8	8	889	320	宜昌市猇亭大道12号	0717－6530099	均含免费早餐
			单间	2	2	328	150			
			标准间	61	61	398	170			
传家商旅金利源酒店	宜昌利源大厦有限责公司	3	公务套间	12	12	428	188	宜昌市东山大道11号	0717－8867799	均含免费早餐
			公务单间	19	19	258	110			
			公务标准间	68	68	358	130			
			商务套间	12	12	528	218			
			商务单间	21	21	388	158			
			商务标准间	57	57	488	188			

湖北

饭店名称	发票开具单位名称	星级	客房（数量：间；价格：元/天）					地址	前台订房电话	备注
			房型	总间数	协议间数	门市价	协议价			
宜昌饭店	宜昌饭店	3	套间	25	25	188	178	宜昌市东山大道113号	0717－6441616	均含免费早餐
			单间	15	15	168	158			
			标准间	43	43	168	158			
宜昌市检察官培训中心	宜昌市检察官培训中心	3	豪华套房	1	1	900	400	宜昌市胜利四路42号	0717－6470918	均含免费早餐
			单 间	35	35	300	110			
			标准间	64	64	360	140			
			三人间	5	5	450	180			
三峡东山酒店	长江三峡旅游发展有限责任公司三峡东山酒店	3	套间	3	3	968	500	宜昌市东山开发区城东大道26号	0717－6956999	均含免费早餐
			单 间	35	35	438	248			
			标准间	112	112	438	248			
三峡西坝酒店	长江三峡旅游发展有限责任公司宜昌三峡西坝酒店	3	套间	10	10	702	498	宜昌市西坝建设路一号	0717－6276688－68801	均含免费早餐
			单 间	9	9	480	248			
			标准间	56	56	394	220			
平湖大酒店	宜昌平湖大酒店有限责任公司	3	套间	4	4	760	480	宜昌市东山大道53号	0717－8867788	均含免费早餐
			贵宾标准间	12	12	618	240			
			贵宾单间	12	12	618	240			
			普通单间	20	20	328	180			
			普通标准间	50	50	328	180			
			豪华标准间	70	70	418	220			
宜昌楚江大酒店有限公司	宜昌楚江大酒店有限公司	3	套间	5	5	588	300	宜昌市陶珠路31号	0717－6743686	均含免费早餐
			单间	7	7	388	170			
			标准间	118	118	388	170			
宜昌康福山庄	宜昌国际大酒店有限公司康福山庄	3	套间	6	6	1088	500	宜昌市南津关路38号	0717－8861566	均含免费早餐
			标准间	67	67	388	210			
骏王大酒店	宜昌骏王大酒店有限责任公司	3	豪华套房	8	8	999	460	宜昌市城东大道15号	0717－6342588	均含免费早餐
			温馨家庭间	8	8	419	210			
			豪华标准间	119	119	369	180			
			公务标准间	11	11	309	160			
			公务单人间	23	23	309	160			
南湖宾馆	峡州酒店集团南湖宾馆分公司	3	套间	8	8	818	500	宜昌市福绥路45号	0717－8866381	均含免费早餐
			单间	14	14	398	230			
			标准间	49	49	318	180			
				46	46	368	220			
				34	34	418	250			

饭店名称	发票开具单位名称	星级	客房（数量：间；价格：元/天）					地址	前台订房电话	备注
			房型	总间数	协议间数	门市价	协议价			
宜昌金狮宾馆有限责任公司	宜昌金狮宾馆有限责任公司	4	套间	14	14	1680	598	宜昌市夷陵区夷兴大道 71 号	0717－8855678	均含免费早餐
			单间	42	42	598	288			
			标准间	186	186	568	248			
武汉大学三峡学术交流中心	宜昌武大科技园有限公司	4	套间	18	18	1580	598	宜昌开发区发展大道 56 号	0717－6269999	均含免费早餐
			单间	82	82	890	299			
			标准间	100	100	820	299			
半岛酒店	宜昌半岛酒店	4	豪华家庭套间	5	5	1880	598	宜昌城东大道 25－1 号	0717－6345666	均含免费早餐
			豪华单人间	30	30	688	298			
			贵族标准间	58	58	688	298			
			豪华标准间	43	43	588	298			
三峡工程大酒店	长江三峡旅游发展有限责任公司宜昌三峡工程大酒店	4	套间	20	20	988	598	宜昌市三峡坝区八河口	0717－6765500	均含免费早餐
			单 间	30	30	538	298			
			标准间	200	200	518	298			
湖北省交通职工教育培训中心（龙泉山庄）	湖北省交通职工教育培训中心	4	套间	8	8	988	580	宜昌市峡口风景区南津关路 1 号	0717－8861818	均含免费早餐
			单间	15	15	628	280			
			标准间	131	131	588	280			
宜昌国际大酒店	宜昌国际大酒店有限公司	4	套间	24	24	1198	600	宜昌市沿江大道 121 号	800－8803168	均含免费早餐
			单间	76	76	598	300			
			标准间	232	232	490	300			
宜昌市葛洲坝宾馆	宜昌市葛洲坝宾馆	4	高级标准间	54	54	688	300	宜昌市夷陵路 3 号	0717－8866666	均含免费早餐
			商务套房	3	3	3888	600			
			商级标准间（嘉宾楼）	43	43	298	100			
			豪华标准间（嘉宾楼）	74	74	358	120			
峡州宾馆	峡州酒店集团峡州宾馆分公司	4	套间	2	2	999	530	宜昌市夷陵大道 78 号	0717－8861332	均含免费早餐
				4	4	888	510			
			标准间	29	29	588	290			
			套间	12	12	600	490			
			单间	15	15	418	210			
			豪华标间	66	66	418	210			
			商务标间	45	45	468	240			
			套间	2	2	698	510			
			单间	16	16	398	230			
			标准间	98	98	298	190			

饭店名称	发票开具单位名称	星级	客房（数量：间；价格：元/天）					地址	前台订房电话	备注
			房型	总间数	协议间数	门市价	协议价			
彝陵饭店	峡州酒店集团彝陵饭店分公司	4	套间	6	6	1080	590	宜昌市云集路41号	0717－6223611	均含免费早餐
			单间	28	28	568	290			
				10	10	528	260			
			标准间	77	77	548	290			
				6	6	548	298			
盈嘉酒店	盈嘉酒店有限公司	4	套间	21	11	1299	599	宜昌市西陵区珍珠路69号	0717－6736666－8158、6758888	均含免费早餐
			单间	65	52	599	299			
			标准间	87	75	579	299			
桃花岭饭店	宜昌桃花岭饭店股份有限公司	4	普通标准间	9	9	480	299	宜昌市云集路29号	0717－6236666－7	均含免费早餐
			普通单人间	12	12	480	299			
			标准间	60	60	680	299			
			单人间	4	4	680	299			
			豪华标准间	46	36	880	299			
			豪华单人间	60	50	880	299			
			普通套间	11	11	2280	599			
宜昌电力宾馆	国宾花园酒店		套间	4	4	666	460	宜昌市东山大道132号	0717－6268000	均含免费早餐酒店按三星级标准建造、装饰
			单间	30	30	256	220			
			标准间 A	24	24	326	230			
			标准间 B	30	30	256	220			
			标准间 C	74	74	206	200			
宜昌国宾花园酒店	湖北省电力公司宜昌供电公司东山管理培训中心		套间	3	3	1280	590	宜昌市城东大道40号	0717－6331111－8024	均含免费早餐酒店按四星级标准建造、装饰
			单间	3	3	558	290			
			标准间	28	28	558	290			
长城宾馆	湖北省宜昌军分区招待所		套间	2	2	888	590	宜昌市珍珠路91号	0717－6745000	均含免费早餐酒店按四星级标准建造、装饰
			单间	19	19	368	290			
			标准间	87	87	418	290			
长城北山大酒店	宜昌长城北山大酒店有限责任公司		套间	6	6	1666	500	宜昌市东山大道151号	0717－8869266	均含免费早餐酒店按四星级标准建造、装饰
			单间	30	30	516	248			
			标准间	70	70	466	240			
随州市										
随州宾馆	随州宾馆	4	豪华套间	20	12	660	280	随州市沿河大道	0722－3330888	协议价格含早餐
			豪华单间	40	40	560	200			
			豪华标准间	50	50	570	220			

饭店名称	发票开具单位名称	星级	客房（数量：间；价格：元/天）					地址	前台订房电话	备注
			房型	总间数	协议间数	门市价	协议价			
随州市齐星湖休闲村	随州市齐星湖休闲村	4	套间	12	10	1680	598	随州市沿河大道3号	0722－3263137/3263800	协议价格含早餐
			单 间	19	19	380	150			
			标准间	55	55	458	180			
随州市曾都宾馆	随州市曾都宾馆	2	豪华套间	5	5	988	380	随州市玉石街6号	0722－3222085－总机	协议价格含早餐
			普通单间	6	6	298	140			
			普通标准间	103	103	268	150			
随州市乐都大酒店	随州市乐都大酒店	3	套 间	5	5	588	230	随州市交通大道177号	0722－3280888	协议价格含早餐
			单 间	6	6	328	130			
			标准间	60	60	328	130			
随州市亚华大酒店	随州市亚华大酒店	3	商务套房	30	30	588	290	随州市烈山大道236号	0722－3312222	协议价格含早餐
			商务标单间	5	5	538	270			
			普通标单间	43	43	328	150			
随州炎帝大酒店	随州炎帝大酒店	4	豪华标间	35	35	468	190	随州市烈山大道217号	0722－3310777	协议价格含早餐
			行政套房	2	2	2688	598			
随州白云山国宾酒店	随州白云山国宾酒店	4	豪华套房	2	2	988	598	随州市迎宾大道	0722－7507999	协议价格含早餐
			豪华单间	1	1	668	280			
			豪华标间	15	15	668	298			
随州凤凰酒店	随州凤凰酒店	5	豪华客房	118	118	880	300	随州市曾都区白云大道28号	0722－3829888	协议价格含早餐
			高级客房	99	99	780	298			
			豪华套房	19	19	1380	598			
湖北玉龙温泉欢乐谷	湖北玉龙大洪山生态旅游开发有限公司	4	云中阁标准单间	12	12	318	150	湖北随州市洪山镇温泉村	0722－4828888	协议价格含早餐
			云中阁普通标间	148	148	318	150			
			神农居普通单间	12	12	488	300			
			神农居普通标间	56	56	488	300			
			神农居豪华套房	57	57	888	598			
大洪山林泉生态园	大洪山林泉生态园	3	普通标间	25	25	228	120	湖北随州市洪山镇大洪山生态园	0722－3667777	协议价格含早餐
			三人间	14	14	388	228			
			别墅套间	8	8	438	228			
随州格林豪威大酒店	随州格林豪威大酒店	2	行政标间/单间	32	32	388	168	解放路182号	0722－3230333	协议价格含早餐
			行政套房	4	4	688	296			
恩施土家族苗族自治区										
恩施富源国宾酒店	恩施富源国宾酒店有限责任公司	4	套间	5	5	888	498	恩施市航空大道96号	0718－8224483/8439999	含早餐
			单间	25	25	588	246			
			标准间	89	89	588	246			

饭店名称	发票开具单位名称	星级	客房（数量：间；价格：元/天）					地址	前台订房电话	备注
			房型	总间数	协议间数	门市价	协议价			
恩施亚洲大酒店	恩施亚洲大酒店	4	套间	4	4	988	480	恩施市舞阳大街一巷122号	0718－8279888	含早餐
			单间	20	20	680	248			
			标准间	52	52	596	248			
怡和国际大酒店	恩施州怡和国际大酒店管理有限责任公司	4	套间	5	5	1588	498	恩施市施州大道30号	0718－8246666	含早餐
			单间	23	23	568	238			
			标准间	102	102	568	238			
民航大酒店	恩施民航大酒店	3	套间	4	4	860	380	恩施市航空大道61号	0718－8307088/8307066	含早餐
			单间	17	17	280	160			
			标准间	52	52	180	160			
恩施市华龙村大酒店	恩施市华龙村大酒店		套间	24	24	688	468	恩施市东风大道351号	0718－8236999	含早餐
			单间	40	40	268	198			
			标准间	86	86	268	218			
恩施市龙家公园有限公司	恩施市龙家公园有限公司		套间	12	12	888	498	恩施市东风大道351号	0718－83080000	含早餐
			单间	48	48	398	208			
			标准间	112	112	398	228			
恩施国际大酒店	恩施国际大酒店有限公司		套间	6	6	999	458	恩施市东风大道264号	0718－8229999	含早餐
			单间	30	30	689	248			
			标准间	100	100	669	248			
武陵都宾馆	恩施武陵都宾馆		套间	10	10	1180	498	恩施市土司路138号	0718－8459666/8459111	含早餐
			单间	13	13	498	238			
			标准间	25	25	398	238			
朗曼国际大酒店	恩施市朗曼国际大酒店		套间	11	11	1988	458	恩施市土桥大道10号	0718－8266666/8277777	含早餐
			单间	51	51	538	208			
			标准间	68	68	538	208			
恩施上官酒店	恩施州上官酒店有限公司		套间	4	4	688	276	恩施市施州大道314号	0718－8026666/8029298	含早餐
			单间	23	23	328	146			
			标准间	45	45	368	176			
仙桃市										
仙桃天成国际大酒店	仙桃天成国际大酒店有限公司	5	高级套间	9	9	1398	500	仙桃市黄金大道中段88号	0728－3329888－总台	含双早
			商务套间	2	2	1118	500			
			高级单间	9	9	428	218			
			豪华单间	21	21	558	238			
			商务单间	15	15	718	248			
			普通标间	62	62	428	218			
			高级标间	64	64	558	228			
			豪华标间	40	40	798	238			
			商务标间	39	39	718	248			

饭店名称	发票开具单位名称	星级	客房（数量：间；价格：元/天）					地址	前台订房电话	备注
			房型	总间数	协议间数	门市价	协议价			
仙桃市天怡大酒店	仙桃市天怡大酒店有限公司	4	高级单间	20	14	248	228	仙桃市沔阳大道37号	0728－3266888－2	含双早
			豪华单间	18	12	280	248			
			普通标间	20	14	260	238			
			高级标间	30	21	280	248			
			高级套间	6	4	869	500			
仙桃市金港湾大酒店	仙桃市金港湾大酒店有限公司	3	套间	6	6	408	258	仙桃市杜柳收费站口	0728－3333888	含双早
			单间	24	24	248	148			
			标准间	70	70	338	158			
仙桃市兰馨酒店	仙桃市兰馨酒店	3	套间	8	8	488	320	仙桃市汉江路18号	0728－3266999－8888	含双早
			普通单间	11	11	258	180			
			豪华单间	9	9	298	200			
			普通标间	51	51	258	180			
			豪华标间	33	33	298	200			
仙桃市汉江酒店	仙桃市汉江酒店有限公司	3	（中心）套房	7	7	568	340	仙桃市汪洲河路1号	0728－3226388	含双早
			豪华标间	68	68	368	170			
			单间	25	25	258	170			
			（北楼）普通套房	5	5	368	200			
			普通标准间	24	24	238	100			
			单间	50	50	155	100			
仙桃市纽芬兰酒店	仙桃纽芬兰酒店管理有限公司	4	套间	15	10	888	468	仙桃市复州坝16号	0728－3319694	以上协议价各类房型含双早
			单间	48	40	498	218			
			标准间	152	148	478	188			
湖北天马实业有限责任公司	湖北天马实业有限责任公司	2	套间	3	3	298	158	仙桃市仙桃大道15号	0728－3601888	含双早
			单间	9	9	198	120			
			标准间	40	40	158	120			
仙桃市仙桃宾馆	仙桃市仙桃宾馆有限公司	2	豪华套间	3	3	380	260	仙桃市大新路46号	0728－3266184	含双早
			豪华单间	9	9	280	160			
			豪华标间	29	29	280	160			
			高级单间	8	8	230	150			
			高级标间	20	20	230	150			
			普通标间	22	22	200	130			
仙桃市宏达酒店	仙桃市宏达酒店	2	套间	1	1	688	388	仙桃市宏达路25号	0728－3321888－总机	含双早
			豪华单间	2	2	258	188			
			单间	14	14	188	168			
			标准间	20	20	238	178			

饭店名称	发票开具单位名称	星级	客房（数量：间；价格：元/天）					地址	前台订房电话	备注
			房型	总间数	协议间数	门市价	协议价			
天门市										
天门市君佳酒店	天门市君佳酒店有限公司	3	商务套间	4	4	428	328	天门市竟陵镇东湖路12号	0728－5245888	含双早
			单 间	16	16	228	178			
			标准间	33	33	228	178			
天门市帝苑酒店	天门市帝苑酒店有限公司	3	套间	8	8	338	260	天门市竟陵镇陆羽大道36号	0728－5228268	含双早
			单 间	14	14	218	168			
			标准间	48	48	308	230			
天门市金穗宾馆	天门市金穗宾馆有限公司	2	套间	6	6	200	150	天门市竟陵镇陆羽大道25号	0728－5222749	含双早
			单 间	8	8	135	100			
			标准间	46	46	135	100			
天门市华侨大酒店	天门市华侨大酒店有限公司	3	套间	5	5	688	360	天门市竟陵镇元春街5号	0728－5222399	含双早
			单 间	18	18	360	188			
			标准间	28	28	360	188			
天门市陆羽酒店	天门市陆羽酒店	3	套间	3	3	589	380	天门市竟陵镇状元街中端	0728－5366666	含双早
			单 间	21	21	229	169			
			标准间	73	73	269	189			
潜江市										
华康大酒店	潜江市华康国际大酒店有限责任公司	3	套间 A	4	4	1036	498	潜阳中路3号	0728－6296888	含双早
			单间 A	19	19	496	228			
			标准间 A	66	66	496	228			
			商务套间 A	1	1	1436	600			
			商务单间 A	20	20	496	298			
			商务标准间 A	24	24	596	298			
			套间 B	1	1	500	280			
			单间 B	28	28	300	160			
			标准间 B	6	6	300	160			
			商务套间 B	1	1	800	500			
			商务单间 B	6	6	450	220			
			商务标准间 B	18	18	450	220			
潜江宾馆	潜江吉鹏实业有限公司潜江宾馆	2	套间	5	5	338	168	湖滨路11号	0728－6293801	含双早
			单间	15	15	338	168			
			标准间	20	20	298	150			
			商务套间	3	3	558	280			
			商务单间	7	7	558	280			
			商务标准间	48	48	398	200			

饭店名称	发票开具单位名称	星级	客房（数量：间；价格：元/天）					地址	前台订房电话	备注
			房型	总间数	协议间数	门市价	协议价			
章华酒店	潜江市章华花苑酒店有限责任公司		标准间	61	61	258	130	红梅路18号	0728－6291371	含双早
			商务套间	8	8	428	260			
			商务单间	2	2	488	260			
			商务标准间	20	20	298	160			
财政宾馆	潜江市财政局机关后勤服务中心		套间	1	1	698	329	章华南路34号	0728－6493719	含双早
			标准间	6	6	398	180			
			商务套间	3	3	998	460			
			商务标准间	18	18	498	229			
七喜商务酒店	潜江七喜商务酒店		套间	18	18	457	319	章华中路8号	0728－6987777	含双早
			单间	18	18	197	138			
			商务套间	3	3	777	545			
			商务单间	31	31	257	179			
			商务标准间	40	40	257	179			
			豪华单间	21	21	357	249			
嘉裕酒店	潜江市嘉裕酒店有限责任公司		套间	1	1	518	200	章华南路37号	0728－6955910	含双早
			单间	7	7	268	120			
			标准间	23	23	288	120			
纽宾凯大酒店	潜江市纽宾凯大酒店		套间	1	1	438	298	章华南路33号	0728 6955566	含双早
			标准间	8	8	138	100			
			商务套间	1	1	688	400			
			商务单间	18	18	188	138			
			商务标准间	18	18	208	148			
神农架林区										
张公宾馆	神农架林区张公宾馆	2	套间					松柏常青路	0719－3332824	含双早
			单间	2	2	260	200			
			标准间							
神农大酒店	神农架林区神农大酒店	3	豪华套间	1	1	380	280	松柏中心街5号	0719－3333974	含双早
			商务套间	2	2	320	200			
			标准间	24	24	240	140			
			套间	2	2	320	200			
			单间	1	1	280	180			
			标准间	22	22	240	140			
电力宾馆	鸿远电力开发有限公司旅游分公司	3	套间	1	1	580	400	松柏常青路	0719－3333419	含双早
			单间							
			标准间	20	20	200	140			

饭店名称	发票开具单位名称	星级	客房（数量：间；价格：元/天）					地址	前台订房电话	备注
			房型	总间数	协议间数	门市价	协议价			
电力培训中心	鸿远电力开发有限公司木鱼分公司	3	豪华套间	4	4	880	480	木鱼镇木鱼路83号	0719－3452222	含双早
			商务套间	6	6	680	380			
			标准间	42	42	280	180			
国源宾馆	神农架林区国源宾馆	3	套间	8	8	858	380	木鱼镇木鱼路83号	0719－3454666	含双早
			单间	20	20	368	180			
			标准间	40	40	338	160			
神农架宾馆	神农架宾馆有限责任公司	4	豪华套间	1	1	8888	600	松柏沿河路	0719－3339777	含双早
			商务套间	6	6	2888	600			
			标准间	26	26	388	120			
			套间	10	10	588	280			
			单间	20	20	688	300			
			标准间	64	64	488	160			

湖北

湖 南 省

- 财政部委托湖南省财政厅负责在湖南省地级以上城市招标采购出差定点饭店并负责日常监督管理工作。
- 本次政府采购，确定湖南省出差定点饭店 446 家。
- 出差定点饭店按照与财政部门签订《协议书》的价格向中央和地方各级党政机关和事业单位提供相应的接待服务。
- 如果对协议价格产生疑义，可以要求定点饭店出示《协议书》。
- 如有出差定点饭店变更或协议价格变化，应以“党政机关出差会议定点饭店查询网”的信息为准。
- 本目录中的湖南省出差定点饭店的详细信息，可在“党政机关出差会议定点饭店查询网”查阅。
- 湖南省各地区长途电话区号：

长沙市　0731　　张家界市　0744
常德市　0736　　益阳市　0737
岳阳市　0730　　株洲市　0731
湘潭市　0731　　衡阳市　0734
郴州市　0735　　永州市　0746
邵阳市　0739　　怀化市　0745
娄底市　0738　　湘西州　0743

湖南省出差定点饭店

饭店名称	发票开具单位名称	星级	客房（数量：间；价格：元/天）					地址	前台订房电话	备注
			房型	总间数	协议间数	门市价	协议价			
长沙市										
湖南海联贵宾楼大酒店	湖南海联贵宾楼大酒店		豪华套间	6	6	1280	408	长沙市迎宾路183号	0731－82689888/82689889/82689890	
			标准套间	5	5	1080	388			
			标准单人间	6	6	428	228			
			标准双人间	55	55	398	198			
潇湘华天大酒店	湖南国际金融大厦有限公司潇湘华天大酒店	5	豪华套间	48	34	2788	600	湖南省长沙市芙蓉中路593号潇湘华天大酒店	0731－84660888－20	
			标准套间	16	12	1798	500			
			标准单人间	282	198	1088	300			
			标准双人间	217	152	1088	300			
湖南省大华宾馆	湖南省大华宾馆	4	豪华套间	1	1	2289	600	长沙市劳动西路528号	0731－85509888	
			标准套间	7	7	1589	600			
			标准单人间	110	110	689	300			
			标准双人间	141	141	709	300			
喜迎宾大酒店	湖南省政协委员活动中心招待所		豪华套间	2	2	1688	600	长沙市迎宾路189号	0731－82831888	
			标准套间	6	6	1288	500			
			标准单人间	23	23	368	260			
			标准双人间	110	110	368	260			
			标准三人间	4	4	368	260			
湖南金源大酒店	湖南湘投金源大酒店	4	豪华套间	25	18	1488	598	长沙市芙蓉中路二段279号	0731－85558888－4234	
			标准套间	10	7	1388	458			
			标准单人间	147	103	780	300			
			标准双人间	172	121	780	300			
湖南宾馆	湖南宾馆	4	豪华套间	20	20	1388	600	长沙市营盘东路193号	0731－84404250	
			标准套间	8	8	1088	600			
			标准单人间	32	32	328	228			
			标准双人间	295	295	568	280			
枫林宾馆	枫林宾馆	4	豪华套间	6	6	1438	600	长沙市枫林一路43号	0731－88798888	
			标准单人间	16	16	598	300			
			标准双人间	252	252	598	300			
湖南芙蓉华天大酒店	湖南芙蓉华天大酒店	4	豪华套房	21	15	1288	588	长沙市五一大道176号	0731－84401888－20	
			标准套房	75	56	988	488			
			标准单人间	86	62	518	210			
			标准双人间	127	91	518	210			

饭店名称	发票开具单位名称	星级	客房（数量：间；价格：元/天）					地址	前台订房电话	备注
			房型	总间数	协议间数	门市价	协议价			
中共湖南省委招待所	中共湖南省委接待工作办公室		标准套间	4	4	600	400	长沙市韶山北路20号	0731－82263998	
			标准单人间	14	14	298	228			
			标准双人间	133	133	268	228			
			标准三人间	6	6	268	228			
长沙神农大酒店	长沙神农大酒店有限公司长沙神农大酒店	5	豪华套间	5	5	1980	600	芙蓉中路三段269号	0731－85218888	
			标准套间	22	22	1680	600			
			标准单人间	80	80	880	300			
			标准双人间	120	12	880	300			
湖南省纪检监察干部培训中心（荷花园大厦）	湖南省纪检监察干部培训中心		豪华套间	10	10	888	588	湖南长沙市芙蓉区东二环一段1050号	0731－84740783	
			标准单人间	45	45	598	268			
			标准双人间	181	181	588	268			
湖南中天大酒店	湖南省军区中天招待所		豪华套间	4	4	1980	598	长沙市迎宾路82号	0731－84570777－101/102	
			标准单人间	30	30	488	238			
			标准双人间	179	179	488	238			
			标准三人间	10	10	558	268			
蓉园宾馆	中共湖南省委接待工作办公室		豪华套间	16	16	1780	600	长沙市车站北路225号	0731－82270188/82270181	
			标准单人间	12	12	598	300			
			标准双人间	182	182	598	300			
九所宾馆	长沙九所宾馆		标准套间	4	4	1280	600	长沙韶山北路16号	0731－82263988/82263288	
			标准单人间	20	20	598	300			
			标准双人间	135	135	598	300			
湖南天龙大酒店	湖南天龙经贸服务有限责任公司天龙大酒店	3	豪华套间	3	3	1488	600	湖南长沙韶山北路299号	0731－84188818/84188808	
			标准套间	5	5	1018	450			
			标准单人间	7	7	458	218			
			标准双人间	101	101	428	218			
今朝大酒店	今朝实业有限责任公司今朝大酒店	3	豪华套间	6	6	880	528	车站北路138号	0731－82289999－3、82995660/82995602/82995600	
			标准套间	14	14	680	508			
			标准单人间	8	8	528	200			
			标准双人间	142	142	428	200			
			标准三人间	20	20	488	180			
五华酒店	湖南五华酒店有限公司	4	豪华套间	7	7	1588	588	长沙市芙蓉中路三段255号	0731－85388358	
			标准套间	17	17	1488	458			
			标准单人间	24	24	788	278			
			标准双人间	126	126	728	268			

饭店名称	发票开具单位名称	星级	客房（数量：间；价格：元/天）					地址	前台订房电话	备注
			房型	总间数	协议间数	门市价	协议价			
和一国际大酒店	湖南和一国际大酒店有限公司	4	豪华套间	13	13	1188	458	湖南长沙市劳动西路256号	0731－82828111	
			标准套间	7	7	718	368			
			标准单人间	91	91	498	228			
			标准双人间	217	217	368	208			
长沙新东方酒店	长沙新东方大酒店有限责任公司		豪华套间	2	2	1280	600	长沙市韶山中路87号	0731－85391688	
			标准套间	12	12	598	400			
			标准单人间	15	15	248	188			
			标准双人间	200	200	248	288			
			标准三人间	30	30	288	188			
湖南神禹大酒店	湖南神禹大酒店	3	豪华套间	6	6	1380	548	长沙市劳动西路529号	0731－82776888/82915678/82915759	
			标准套间	9	9	988	428			
			标准单人间	39	39	328	228			
			标准双人间	147	147	328	228			
			标准三人间	4	4	738	228			
湖南留芳宾馆	湖南留芳酒店管理有限公司	3	豪华套间	5	5	1688	580	长沙市开福区留芳岭14号	0731－85775018	
			标准套间	3	3	1288	450			
			标准单人间	54	54	298	188			
			标准双人间	154	154	298	188			
			标准三人间	45	45	328	188			
三和大酒店	湖南三和大酒店有限公司		豪华套间	6	6	1888	568	长沙市营盘东路19号	0731－82862222－8888/8889/9999/9998	
			标准单人间	30	30	588	208			
			标准双人间	192	192	588	208			
			标准三人间	10	10	628	208			
通程国际大酒店	长沙通程国际广场置业发展有限公司通程国际大酒店	5	豪华套间	92	65	1688	600	长沙市韶山北路159号	0731－84168888－20308	
			标准套间	78	55	1380	600			
			标准单人间	58	41	918	300			
			标准双人间	220	155	918	300			
长沙通程山庄酒店	长沙通程控股股份有限公司通程山庄酒店	5	豪华套间	8	8	1680	600	长沙市两花区同升湖	0731－85168888	
				11	11	1480	600			
			标准单人间	20	20	898	300			
			标准双人间	182	182	758	300			
长沙世纪金源大饭店	长沙世纪金源大饭店有限公司	5	豪华套间	69	69	3080	600	长沙市开福区金泰路199号	0731－85958888	
			标准套间	67	67	2580	600			
			标准单人间	171	171	1680	300			
			标准双人间	232	232	1680	300			

饭店名称	发票开具单位名称	星级	客房（数量：间；价格：元/天）					地址	前台订房电话	备注
			房型	总间数	协议间数	门市价	协议价			
湖南富丽华大酒店	湖南富丽华大酒店	4	豪华套间	19	19	2300	588	湖南省长沙市八一路88号	0731－82298888	
			标准单人间	108	86	688	288			
			标准双人间	111	88	688	288			
东海楼宾馆	湖南省老干部活动中心		豪华套间	2	2	680	380	长沙市蓉园路6号	0731－82296888/82209889	
			标准套间	5	5	480	248			
			标准单人间	7	7	288	170			
			标准双人间	57	57	260	138			
			标准三人间	29	29	268	150			
湖南天怡大酒店有限公司	湖南天怡大酒店有限公司		豪华套间	1	1	2888	598	长沙市天心区湘府中路298号	0731－85090888	
			标准套间	6	6	518	228			
			标准单人间	24	24	388	178			
			标准双人间	61	61	388	178			
湖南佳程酒店	湖南佳程酒店有限公司	5	豪华套间	14	14	1709	600	长沙市劳动西路215号	0731－85118888	
			标准套间	12	12	1359	600			
			标准单人间	107	107	849	300			
			标准双人间	102	102	849	300			
金赋大酒店	湖南金赋大酒店	3	豪华套间	2	2	898	528	长沙市芙蓉中路3段5号	0731－85545888	
			标准套间	4	4	498	368			
			标准单人间	12	12	428	218			
			标准双人间	62	62	428	208			
长沙长信大酒店	长沙长信大酒店	3	豪华套间	6	6	688	368	长沙市芙蓉中路二段193号	0731－85166800	
			标准套间	11	11	528	318			
			标准单人间	38	38	398	188			
			标准双人间	66	66	388	188			
长沙金汇国际大酒店	长沙金汇国际大酒店有限公司		豪华套间	14	14	1180	408	长沙市三一大道332号	0731－84528888/84528851/84528857	
			标准套间	5	5	1080	358			
			标准单人间	30	30	838	180			
			标准双人间	73	73	838	180			
			标准三人间	3	3	888	180			
新闻大酒店	湖南日报新闻培训中心新闻大酒店	3	豪华套间	8	8	1188	528	长沙市芙蓉中路一段469号	0731－82321888－9888	
			标准套间	8	8	876	375			
			标准单人间	20	20	408	180			
			标准双人间	108	108	458	180			
湖南天玺大酒店	湖南天玺大酒店有限公司	4	豪华套间	22	22	1738	588	长沙市芙蓉中路二段168号	0731－85169918	
			标准套间	40	40	1616	528			
			标准单人间	22	22	936	300			
			标准双人间	132	132	876	288			

饭店名称	发票开具单位名称	星级	客房（数量：间；价格：元/天）					地址	前台订房电话	备注
			房型	总间数	协议间数	门市价	协议价			
湖南华悦大酒店	湖南华悦酒店有限公司	4	豪华套间	6	5	2688	580	长沙市芙蓉中路一段2号	0731－84815888	
			标准套间	10	10	1188	448			
			标准单人间	21	15	618	228			
			标准双人间	165	120	538	228			
紫东阁华天大酒店	紫东阁华天大酒店（湖南）有限公司	4	豪华套间	35	25	1760	598	长沙市芙蓉区远大一路88号	0731－82288888－80789	
			标准套间	17	12	1516	598			
			标准单人间	111	78	716	258			
			标准双人间	222	160	760	288			
			标准三人间	6	5	960	300			
湖南金辉大酒店	湖南金辉大酒店	4	豪华套间	19	19	1880	588	长沙市雨花路181号	0731－85608008	
			标准单人间	72	72	780	288			
			标准双人间	122	122	780	288			
湖南湘泉大酒店有限公司	湖南湘泉大酒店有限公司		豪华套间	22	15	1688	508	长沙市韶山北路168号	0731－84439999－11/12	
			标准套间	22	15	1288	488			
			标准单人间	56	40	718	230			
			标准双人间	180	126	718	230			
同发大酒店	湖南同发大酒店有限公司		豪华套间	4	4	998	418	长沙市芙蓉中路二段116号（识字岭）	0731－82805188	
			标准套间	10	10	898	298			
			标准单人间	75	75	468	228			
			标准双人间	88	88	468	228			
湖南茉莉花国际酒店	湖南茉莉花国际酒店投资管理有限公司		豪华套间	4	3	898	548	长沙市岳麓区金星中路528号	0731－88229999	
			标准套间	4	3	858	508			
			标准单人间	171	125	398	268			
			标准双人间	123	100	398	268			
湖南南方明珠国际大酒店	湖南南方明珠国际大酒店	4	豪华套间	29	29	1688	308	长沙芙蓉中路一段489号	0731－84449998	
			标准套间	19	19	1188	288			
			标准单人间	72	72	688	180			
			标准双人间	100	100	688	180			
国龙大酒店	长沙国龙大酒店有限公司		豪华套间	9	9	1088	328	长沙市雨花区树木岭路57号	0731－85091888/85091880/85091881	
			标准套间	1	1	988	310			
			标准单人间	21	21	588	188			
			标准双人间	119	119	588	188			
湖南陋园宾馆	湖南陋园宾馆	3	豪华套间	4	4	1288	600	长沙市湘春路111号	0731－84841888/84840888	
			标准单人间	6	6	580	200			
			标准双人间	154	154	308	160			

饭店名称	发票开具单位名称	星级	客房（数量：间；价格：元/天）					地址	前台订房电话	备注
			房型	总间数	协议间数	门市价	协议价			
军转大酒店	湖南省复员退伍军人接待转运站	3	豪华套间	4	4	588	358	长沙市又一村巷42号	0731－84444188	
			标准套间	6	6	528	328			
			标准单人间	55	55	328	198			
			标准双人间	68	68	328	198			
新天宾馆	长沙新天宾馆	3	豪华套间	8	8	978	488	长沙市远大一路11号	0731－82299661－2112	
			标准套间	6	6	818	378			
			标准单人间	42	42	476	208			
			标准双人间	146	146	468	198			
福润三湘酒店	湖南泽通实业有限公司福润三湘酒店		标准套间	9	9	788	368	长沙市香樟路518号	0731－82817888	
			标准单人间	1	1	348	190			
			标准双人间	60	60	348	190			
华达宾馆	湖南华达宾馆		豪华套间	2	2	880	368	长沙市车站北路116号	0731－82275188	
			标准套间	4	4	460	188			
			标准单人间	18	18	280	138			
			标准双人间	56	56	280	138			
			标准三人间	8	8	460	188			
亚华大酒店	湖南亚华大酒店有限责任公司		豪华套间	14	14	888	388	长沙市八一路539号	0731 84411888	
			标准套间	18	18	828	328			
			标准单人间	30	30	718	200			
			标准双人间	132	132	718	200			
			标准三人间	6	6	728	220			
金枫大酒店	长沙市岳麓区金枫大酒店	3	豪华套间	1	1	880	558	长沙市枫林二路139号	0731－88811888	
			标准套间	2	2	680	480			
			标准单人间	53	53	298	208			
			标准双人间	89	89	298	208			
湖南水电宾馆	湖南水电宾馆		标准单人间	12	12	256	150	长沙市韶山北路495号	0731－82817266/82817288	
			标准双人间	88	88	258	160			
			标准三人间	3	3	240	160			
新农大酒店	长沙新农大酒店管理有限公司	3	豪华套间	2	2	438	388	湖南农业大学内	0731－82909988	
			标准套间	2	2	438	388			
			标准单人间	5	5	288	148			
			标准双人间	24	24	298	168			
			标准三人间	30	30	348	188			

饭店名称	发票开具单位名称	星级	客房（数量：间；价格：元/天）					地址	前台订房电话	备注
			房型	总间数	协议间数	门市价	协议价			
日晟酒店有限公司	长沙市日晟酒店有限公司	3	豪华套间	2	2	1288	428	长沙市芙蓉中路一段459号	0731－84903568	
			标准套间	5	5	1088	368			
			标准单人间	32	32	268	168			
			标准双人间	79	79	468	198			
			标准三人间	10	10	528	198			
雅凯四季商务酒店	长沙高新开发区雅凯四季酒店管理有限公司		豪华套间	8	8	868	428	长沙市韶山北路178号	0731－85301333/85301288	
			标准套间	50	50	688	348			
			标准单人间	16	16	328	218			
			标准双人间	64	64	368	228			
迎宾楼大酒店	中南大学科技服务中心迎宾楼大酒店		豪华套间	2	2	868	368	长沙市韶山南路58号	0731－82655070	
			标准套间	20	20	328	280			
			标准单人间	40	40	268	188			
			标准双人间	80	80	268	188			
西野酒店青园分店	湖南西野酒店管理有限公司青园分店	3	豪华套间	3	3	827	496	长沙市天心区五凌路168号（新省政府往东300米）	0731－85893099/85893077	
			标准套间	2	2	539	323			
			标准单人间	42	42	398	178			
			标准双人间	45	45	398	198			
长沙铁路明月酒店	长沙铁路明月酒店	2	豪华套间	1	1	368	268	长沙市芙蓉区解放东路向韶街34号	0731－84138899	
			标准套间	4	4	368	248			
			标准双人间	22	22	268	140			
			标准三人间	42	42	288	150			
金卫大酒店	长沙金卫大酒店		豪华套间	1	1	888	488	长沙市湘雅路30号	0731－84822188	
			标准套间	8	8	328	248			
			标准单人间	7	7	208	180			
			标准双人间	77	77	228	180			
金叶大酒店	湖南金叶大酒店		豪华套间	18	18	718	408	曙光中路249号	0731－85488288	
			标准套间	2	2	458	248			
			标准单人间	20	20	288	178			
			标准双人间	64	64	328	198			
			标准三人间	11	11	398	258			
鑫都大酒店	湖南鑫都大酒店有限公司		豪华套间	16	16	988	448	长沙市东二环一段684号	0731－84788888	
			标准套间	6	6	618	328			
			标准单人间	40	40	368	168			
			标准双人间	156	156	368	168			

饭店名称	发票开具单位名称	星级	客房（数量：间；价格：元/天）					地址	前台订房电话	备注
			房型	总间数	协议间数	门市价	协议价			
高原红大酒店	长沙市高原红管理责任有限公司		豪华套间	4	4	1218	598	长沙芙蓉区八一中路383号	0731－82766513	
			标准套间	32	32	1060	498			
			标准单人间	60	60	680	288			
			标准双人间	89	89	680	288			
怡海酒店	湖南怡海酒店有限公司		豪华套间	1	1	1288	588	长沙市八一路90号	0731－84469848	
			标准套间	7	7	588	268			
			标准单人间	12	12	238	158			
			标准双人间	23	23	258	178			
			标准三人间	8	8	328	200			
万代大酒店	长沙万代广场物业公司长江万代大酒店		豪华套间	5	5	1888	480	长沙黄兴中路87号（五一广场）	0731－84882333－89	
			标准套间	8	8	988	400			
			标准单人间	132	132	478	220			
			标准双人间	135	135	498	228			
			标准三人间	8	8	588	248			
长沙翔天酒店（翔天林子酒店）	长沙翔天酒店有限公司		豪华套间	6	6	398	328	长沙市远大二路1069号司法警官学院东门	0731－88217188	
			标准套间	6	6	338	218			
			标准单人间	2	2	268	188			
			标准双人间	166	166	288	128			
			标准三人间	76	76	318	158			
海程大酒店	长沙海程大酒店有限公司	4	豪华套间	12	12	1198	548	长沙市八一路58号	0731－82296789	
			标准套间	10	10	978	388			
			标准单人间	13	13	688	268			
			标准双人间	95	95	538	248			
			标准三人间	3	3	738	288			
宇庭商务酒店	长沙市宇庭酒店管理有限公司		豪华套间	4	4	688	308	长沙市麓山南路999号	0731－82123288	
			标准单人间	35	35	388	158			
			标准双人间	96	96	388	158			
			标准三人间	9	9	388	180			
长沙新时空康年大酒店	长沙新时空康年大酒店有限公司		豪华套间	29	29	1680	500	长沙市芙蓉中路三段398号	0731－85012100/85012022/85012108	
			标准套间	6	6	1380	388			
			标准单人间	84	84	880	258			
			标准双人间	61	61	980	258			
大成国际大酒店	湖南大成国际大酒店有限公司		豪华套间	17	16	1488	598	长沙市五一大道838号	0731－84779988	
			标准单人间	203	145	788	280			
			标准双人间	144	110	788	280			

饭店名称	发票开具单位名称	星级	客房（数量：间；价格：元/天）					地址	前台订房电话	备注
			房型	总间数	协议间数	门市价	协议价			
景天大酒店	长沙景天大酒店有限公司		豪华套间	3	3	428	348	长沙市芙蓉区荷花路416号	0731－84725777	
			标准套间	2	2	328	248			
			标准单人间	5	5	228	160			
			标准双人间	90	90	228	160			
			标准三人间	5	5	208	150			
湖南华信宾馆	湖南华信宾馆	3	豪华套间	3	3	558	360	长沙市车站北路126号	0731－82276000	
			标准单人间	40	40	358	180			
			标准双人间	50	50	358	180			
			标准三人间	5	5	378	200			
湖南大学集贤宾馆	湖南湖大集贤宾馆有限公司		豪华套房	3	3	788	478	长沙市岳麓区岳麓书院旁	0731－8821888－8000	
			标准套间	8	8	688	378			
			标准单人间	17	17	198	178			
			标准双人间	96	96	368	218			
			标准三人间	4	4	258	210			
同天大酒店	湖南同天大酒店有限公司		豪华套间	2	2	988	500	长沙市八一路166号	0731－82912888/82730597/84598888	
			标准套间	18	18	598	388			
			标准双人间	38	38	368	228			
				59	59	358	218			
凯瑞大酒店	湖南瑞地投资置业有限责任公司凯瑞大酒店	3	豪华套间	4	4	588	288	长沙市解放东路227号	0731－84191688	
			标准套间	9	9	338	228			
			标准单人间	66	66	238	160			
			标准双人间	68	68	268	160			
安华宾馆	长沙安华宾馆		标准单人间	9	9	198	100	长沙市天心区友谊路22号	0731－85583479－8000	
			标准双人间	78	78	188	100			
			标准三人间	25	25	168	105			
芭堤雅大酒店	湖南芭堤雅大酒店有限公司	4	豪华套间	2	2	668	358	长沙市岳麓区枫林一路9号	0731－88866222	
			标准单人间	30	30	368	238			
			标准双人间	52	52	328	198			
西野酒店	湖南西野酒店管理有限公司	3	豪华套间	4	4	698	398	长沙市岳麓区高新开发区麓天路2号	0731－88991688/88991689	
			标准套间	2	2	548	298			
			标准双人间	87	87	288	168			
				42	42	368	198			
			标准三人间	21	21	318	198			

饭店名称	发票开具单位名称	星级	客房（数量：间；价格：元/天）					地址	前台订房电话	备注
			房型	总间数	协议间数	门市价	协议价			
社院和一宾馆	湖南社院和一宾馆有限公司		豪华套间	6	6	1888	368	湖南长沙市马王堆嘉雨路187号	0731－88222111	
			标准单人间	5	5	718	198			
			标准双人间	166	166	688	168			
			标准三人间	5	5	458	120			
君逸康年大酒店	湖南投资集团股份有限公司君逸康年大酒店	4	豪华套间	2	2	2880	550	湖南长沙芙蓉中路508号之三	0731－82327111/82327222	
			标准套间	13	13	988	550			
			标准单人间	40	40	418	288			
			标准双人间	32	32	458	292			
通程麓山酒店	长沙通程麓山大酒店有限公司	3	豪华套间	8	8	818	378	长沙市岳麓区枫林一路19号	0731－85863888－1188、88883321	
			标准套间	9	9	618	288			
			标准单人间	49	49	418	228			
			标准双人间	258	258	398	198			
			标准三人间	5	5	518	258			
长沙三九楚云大酒店	长沙三九楚云大酒店有限公司	3	标准套间	2	2	998	380	长沙市车站中路239号	0731－84391588	
			标准单人间	30	30	428	198			
			标准双人间	235	235	428	198			
			标准三人间	9	9	328	258			
和一大酒店	长沙和一大酒店有限公司	4	豪华套间	8	8	1588	358	长沙市韶山南路133号（铁道学院对面）	0731－82811111－2	
			标准套间	50	50	988	270			
			标准单人间	39	39	628	198			
			标准双人间	138	138	628	198			
			标准三人间	23	23	1888	198			
景江东方大酒店	景江东方大酒店		豪华套间	2	2	468	328	长沙市五一大道701号	0731－82685888	
			标准套间	10	10	348	228			
			标准单人间	21	21	198	160			
			标准双人间	57	57	228	168			
新时空华程大酒店	新时空华程大酒店有限公司		豪华套间	3	3	1880	568	长沙市韶山北路258号	0731－84182522	
			标准套间	4	4	1680	538			
			标准单人间	85	85	880	258			
			标准双人间	82	82	880	258			
湖南国际影视会展中心酒店	湖南国际影视会展中心有限公司	5	豪华套间	29	29	1888	600	长沙市开福区浏阳河大桥东金鹰影视文化城	0731－84252333－57	
			标准套间	39	39	1288	558			
			标准单人间	38	38	888	280			
			标准双人间	180	180	888	280			

饭店名称	发票开具单位名称	星级	客房（数量：间；价格：元/天）					地址	前台订房电话	备注
			房型	总间数	协议间数	门市价	协议价			
石燕湖融景宾馆	湖南省广通石燕湖生态旅游公园开发有限公司		豪华套间	12	12	1480	570	长沙县跳马乡石燕湖公园	0731－6968999	
			标准套间	10	10	980	270			
			豪华单间	20	20	468	270			
			标准单人间	30	30	428	170			
			标准双人间	129	129	428	170			
			标准三人间	15	15	428	170			
开元大酒店	湖南开源鑫城酒店管理有限公司开元大酒店	3	豪华套间	6	6	1280	388	长沙经济技术开发区开元路17号	0731－84650004	
			豪华单间	9	9	328	248			
			标准双人间	45	45	218	190			
紫鑫大酒店	长沙紫鑫大酒店有限公司	4	豪华套间	4	4	1088	588	长沙经济技术开发区板仓中路1号	0731－82797008	
			标准套间	15	10	678	300			
			豪华单间	99	20	548	288			
			标准单人间	5	5	500	200			
			标准双人间	5	5	500	200			
开源九道湾生态农庄	湖南浏阳河生态农业科技开发有限公司		豪华套间	10	10	228	194	长沙县黄兴镇蓝田新村	0731－86865788	
			标准套间	5	5	100	85			
			豪华单间	10	10	100	85			
			标准单人间	5	5	100	85			
			标准双人间	30	30	100	85			
开源鑫城大酒店	湖南开源鑫城酒店管理有限公司	5	豪华套间	17	17	1480	468	长沙经济技术开发区开元路17号	0731－84650009	
			豪华单间	72	72	768	298			
			标准单人间	11	11	658	200			
			标准双人间	293	293	868	190			
长沙广圣大酒店	长沙市广圣酒店有限公司	4	豪华套间	6	6	1288	600	长沙经开区开元路	0731－84939888	
			标准套间	4	4	988	300			
			豪华单间	70	70	558	228			
			标准单人间	5	5	538	200			
			标准双人间	10	10	538	200			
			标准三人间	6	6	688	200			
湖南新江生态农业产业园有限公司	新江美渡酒店		豪华套间	5	5	1028	600	长沙县黄花镇新江村	0731－86368886	
			标准套间	17	17	488	300			
			豪华单间	5	5	488	300			
			标准单人间	12	12	368	200			
			标准双人间	17	17	368	200			
			标准三人间	10	10	388	200			

饭店名称	发票开具单位名称	星级	客房（数量：间；价格：元/天）					地址	前台订房电话	备注
			房型	总间数	协议间数	门市价	协议价			
锦璨大酒店	长沙县星沙锦璨大酒店	4	豪华套间	4	3	988	508	长沙经济技术开发区开元东路旁	0731－84931888	
			标准套间	7	5	688	300			
			豪华单间	13	10	568	248			
			标准单人间	17	12	468	200			
			标准双人间	21	15	468	200			
长沙明城国际大酒店有限责任公司	长沙明城国际大酒店有限责任公司	5	豪华套间	10	8	1988	600	长沙经济技术开发区（星沙）漓湘西路19号	0731－84651188	
			标准套间	35	28	2288	300			
			豪华单间	100	80	1138	298			
			标准单人间	19	15	988	190			
			标准双人间	190	155	988	190			
碧桂园凤凰酒店	长沙经济技术开发区威尼斯酒店有限公司	5	豪华套间	20	20	1980	600	长沙经济技术开发区星沙大道325号	0731－88288888	
			标准套间	24	24	1680	300			
			豪华单间	28	28	1480	300			
			标准单人间	11	11	1080	200			
			标准双人间	74	74	1080	200			
鑫元大酒店	长沙县星沙鑫元大酒店		豪华套间	6	6	500	358	长沙开元西路	0731－83928888	
			标准套间	4	4	488	298			
			豪华单间	6	6	368	288			
			标准单人间	15	15	328	188			
			标准双人间	45	45	368	188			
			标准三人间	5	5	388	198			
天成大酒店	长沙天成大酒店有限公司	4	豪华套间	4	4	1088	488	长沙经济技术开发区星沙镇板仓路123号	0731－84939888	
			标准套间	18	18	888	300			
			豪华单间	6	6	698	228			
			标准单人间	6	6	598	188			
			标准双人间	46	46	598	188			
			标准三人间	6	6	698	200			
普瑞温泉酒店	普瑞温泉酒店有限责任公司	5	豪华套间	10	10	1688	600	望城普瑞大道8号	0731－88388888－8858	
			豪华单间	49	49	1288	300			
			标准双人间	160	160	1288	200			
				70	70	588	200			
黑麋峰假日宾馆	黑麋峰假日宾馆有限公司		豪华套间	2	2	428	328	望城县桥驿镇五一村	0731－8430078	
			豪华单间	2	2	288	240			
			标准双人间	44	44	198	148			

饭店名称	发票开具单位名称	星级	客房（数量：间；价格：元/天）					地址	前台订房电话	备注
			房型	总间数	协议间数	门市价	协议价			
望城县社区大酒店	望城县社区大酒店		豪华套间	6	4	480	288	望城县郭亮中路62号	0731－88080777	
			标准套间	6	4	330	198			
			标准双人间	20	20	280	168			
望城县高塘岭镇职中御樽酒店	望城县高塘岭镇职中御樽酒店	3	豪华套间	3	3	718	455	长沙市望城县高塘岭镇高裕中路92号	0731－83919999	
			标准套间	2	2	378	238			
			豪华单间	5	5	378	298			
			标准单人间	20	20	238	150			
			标准双人间	28	28	278	175			
望城县高塘岭镇双湖大酒店	望城县高塘岭镇双湖大酒店	3	豪华套间	2	2	480	288	望城县斑马湖东侧	0731－88055777	
			标准套间	2	2	330	198			
			豪华单间	4	4	298	188			
			标准双人间	5	5	198	158			
望城县高塘岭镇红星大酒店	望城县高塘岭镇红星大酒店	3	豪华套间	18	18	428	328	望城县高塘岭镇莲湖路46号	0731－88065577/88062899	
			豪华单间	48	48	288	228			
			标准双人间	56	56	198	138			
银花宾馆	浏阳市银花宾馆	3	豪华套间	2	2	528	498	新文路13号	0731－83682688	
			标准套间	3	3	398	280			
			豪华单间	3	3	298	268			
			标准单人间	16	16	228	168			
			标准双人间	76	76	228	168			
			标准三人间	5	5	248	198			
华尔宫宾馆	浏阳市华尔宫大酒店	3	豪华套间	3	3	618	338	金沙北路	0731－83682888	
			标准套间	12	12	518	238			
			标准单人间	9	9	218	158			
			标准双人间	25	25	298	158			
玉泉山庄	浏阳市玉泉山庄有限公司	4	豪华套间	10	10	568	300	大围山森林公园	0731－83488888	
			豪华单间	46	46	568	300			
华天大酒店	浏阳市华天酒店	5	豪华套间	14	14	2388	600	人民路18号	0731－83699999	
			豪华单间	43	43	1488	300			
			标准双人间	143	143	1288	200			
神农山庄	神农山庄酒店管理有限公司	4	豪华套间	10	10	998	468	天马路8号	0731－83610888	
			豪华单间	19	19	558	238			
			豪华双人间	43	43	538	208			
			标准双人间	27	27	468	178			

饭店名称	发票开具单位名称	星级	客房（数量：间；价格：元/天）					地址	前台订房电话	备注
			房型	总间数	协议间数	门市价	协议价			
银天大酒店	浏阳市银天大酒店有限公司	5	豪华套间	5	5	2188	600	将军路1号	0731－83688888	
			豪华单间	63	63	1288	300			
			标准双人间	116	116	1208	200			
丰竹园山庄（七三一）	湖南省丰竹园山庄		豪华套间	4	4	1888	598	湖南省永安镇	0731－83261818	
			标准套间	18	18	1280	298			
			豪华单间	16	16	680	298			
			标准单人间	30	30	480	198			
			标准双人间	48	48	288	198			
			标准三人间	20	20	880	200			
长沙通程温泉大酒店	长沙龙腾投资发展有限公司通程温泉大酒店		豪华套间	12	12	1998	600	长沙宁乡县城宁乡大道路与金洲大道交叉处	0731－87108888	
			豪华单间	60	60	1158	300			
			标准单人间	14	14	998	200			
			标准双人间	161	161	998	200			
宁乡县金都海鲜城	宁乡县金都海鲜城		豪华套间	6	6	388	298	宁乡县玉潭镇二环路59号	0731－87851222	
			标准单人间	4	4	168	128			
			标准双人间	35	35	168	128			
天元大酒店	湖南天元酒店投资管理中心	3	豪华套间	4	4	688	588	宁乡县玉潭镇花明北路行政中心后勤服务大楼	0731－87809779/87809778	
			豪华单间	12	12	328	238			
			标准单人间	15	15	288	198			
			标准双人间	31	31	288	198			
张家界市										
张家界万泰国际酒店	湖南张家界万泰国际酒店	4	豪华套间	7	7	2680	600	张家界市南庄坪	0744－8386666	
			标准套间	7	7	1980	300			
			豪华单间	7	7	1180	300			
			标准双人间	116	116	1080	200			
金都大酒店	中国人民银行长沙中心支行张家界干部培训中心	3	豪华套间	2	2	3888	400	张家界市紫舞东路	0744－8236688	
			标准套间	6	6	888	240			
			豪华单间	20	20	288	140			
			标准双人间	60	60	388	160			
海天大酒店	张家界市消防培训中心	3	豪华套间	2	2	1588	300	张家界市大庸西路	0744－8279888	
			标准套间	1	1	1088	280			
			标准双人间	16	16	588	180			
				16	16	528	160			

饭店名称	发票开具单位名称	星级	客房（数量：间；价格：元/天）					地址	前台订房电话	备注
			房型	总间数	协议间数	门市价	协议价			
景豪大酒店	张家界景豪大酒店有限公司	3	豪华套间	2	2	1588	500	张家界市南庄坪	0744－8273388	
			豪华单间	10	10	480	260			
			标准单人间	11	11	380	190			
			标准双人间	60	60	480	260			
				20	20	380	190			
晶悦大酒店	张家界晶悦大酒店管理有限责任公司	3	豪华套间	2	2	1688	588	张家界市子午路392号	0744－2816188	
			标准套间	7	7	788	268			
			标准单人间	13	13	488	148			
			标准双人间	56	56	588	168			
				65	65	488	148			
南航富利来大酒店	南航富利来大酒店有限公司	3	豪华套间	1	1	1888	400	张家界市子午路382号	0744－2128888	
			标准套间	2	2	1688	280			
			豪华单间	9	9	588	180			
			标准双人间	92	92	588	180			
锦江之星	湖南鑫成酒店有限责任公司	3	标准套间	5	5	489	196	张家界市子午西路51号	0744－8398777	
			标准单人间	10	10	359	155			
			标准双人间	175	175	359	155			
			标准三人间	2	2	359	190			
北斗星大酒店	张家界北斗星酒店有限责任公司	3	豪华套间	3	3	1688	480	张家界市永定区教场路142号	0744－2118118	
			豪华单间	3	3	458	120			
			标准单人间	7	7	338	100			
			标准双人间	92	92	458	120			
				8	8	338	100			
纬地酒店	张家界纬地酒店有限公司	3	豪华套间	6	6	1680	480	张家界市永定区大庸中路	0744－8868888	
			豪华单间	8	8	958	220			
			标准单人间	12	12	658	188			
			标准双人间	134	134	658	188			
			标准三人间	2	2	658	188			
张家界京溪国际酒店	张家界京溪国际酒店	4	标准套间	5	5	2888	300	张家界市武陵源区武陵大道91号	0744－5625818	
			豪华单间	8	8	1288	300			
			标准双人间	340	340	988	200			
			标准三人间	8	8	1288	200			
古都大酒店	桑植县徐氏发展有限公司古都大酒店		豪华套间	4	4	488	200	桑植县澧源镇和平西路北三巷	0744－6245088/6245038	
			标准双人间	32	32	200	160			
				31	31	180	140			

湖南

饭店名称	发票开具单位名称	星级	客房（数量：间；价格：元/天）					地址	前台订房电话	备注
			房型	总间数	协议间数	门市价	协议价			
新天大酒店	张家界新天大酒店有限公司	2	豪华套间	7	7	400	200	湖南省张家界市桑植县和平西路	0744－6246778/6237888	
			豪华单间	16	16	188	160			
			标准双人间	62	62	188	140			
江垭温泉渡假村	张家界江垭温泉渡假村有限公司	3	豪华套间	9	9	880	358	慈利县江垭镇	0744－3355888	
			豪华单间	4	4	438	258			
			标准双人间	58	58	388	188			
建新宾馆	慈利县建新宾馆	2	豪华套间	4	4	428	260	慈利县零阳中路 43 号	0744－3265999	
			标准套间	7	7	388	220			
			标准单人间	11	11	268	180			
			标准双人间	39	39	268	180			
常德市										
常德市华天大酒店	常德市华天大酒店	4	豪华套间	7	5	1280	600	常德市武陵大道南段	0736－7258888	
			标准套间	3	3	798	300			
			豪华单间	29	20	588	300			
			标准单人间	25	18	388	200			
			标准双人间	98	90	388	200			
常德市芷园宾馆	常德市芷园宾馆	3	豪华套间	5	5	1200	600	常德市人民东路芷园路 92 号	0736－7955188/7955288	
			标准套间	3	3	800	280			
			豪华单间	3	3	330	280			
			标准单人间	15	15	320	190			
			标准双人间	80	80	300	190			
			标准三人间	14	14	320	190			
常德市凯悦大酒店有限公司	常德市凯悦大酒店有限公司	3	豪华套间	2	2	728	398	常德市武陵大道 467 号	0736－7699666	
			标准套间	2	2	598	300			
			豪华单间	8	8	388	198			
			标准单人间	22	22	338	168			
			标准双人间	64	64	338	168			
德华宾馆	常德德华宾馆	3	豪华套间	3	3	598	498	常德市洞庭大道中段 117 号	0736－7766588	
			标准套间	6	6	328	218			
			豪华单间	24	24	298	218			
			标准单人间	20	20	258	178			
			标准双人间	52	52	248	178			
金悦国际大酒店有限公司	常德金悦国际大酒店有限公司	4	豪华套间	7	7	1398	528	常德市沅安东路 433 号	0736－2911881	
			标准套间	9	9	1108	300			
			豪华单间	5	5	888	300			
			标准单人间	95	75	638	200			
			标准双人间	90	80	638	200			

<table>
<tr><th rowspan="2">饭店名称</th><th rowspan="2">发票开具单位名称</th><th rowspan="2">星级</th><th colspan="5">客房（数量：间；价格：元/天）</th><th rowspan="2">地址</th><th rowspan="2">前台订房电话</th><th rowspan="2">备注</th></tr>
<tr><th>房型</th><th>总间数</th><th>协议间数</th><th>门市价</th><th>协议价</th></tr>
<tr><td rowspan="6">常德市金钻新天地大酒店</td><td rowspan="6">常德市金钻新天地大酒店</td><td rowspan="6">3</td><td>豪华套间</td><td>4</td><td>4</td><td>688</td><td>408</td><td rowspan="6">常德市金钻广场A座裙楼</td><td rowspan="6">0736－7214666/7216777</td><td rowspan="6"></td></tr>
<tr><td>标准套间</td><td>5</td><td>5</td><td>628</td><td>268</td></tr>
<tr><td>豪华单间</td><td>33</td><td>33</td><td>358</td><td>208</td></tr>
<tr><td>标准单人间</td><td>47</td><td>47</td><td>358</td><td>198</td></tr>
<tr><td>标准双人间</td><td>16</td><td>16</td><td>268</td><td>178</td></tr>
<tr><td>标准三人间</td><td>32</td><td>32</td><td>318</td><td>178</td></tr>
<tr><td rowspan="6">雅康大酒店</td><td rowspan="6">武陵区雅康大酒店</td><td rowspan="6">3</td><td>豪华套间</td><td>2</td><td>2</td><td>698</td><td>458</td><td rowspan="6">常德市洞庭大道西段3550号</td><td rowspan="6">0736－7195868</td><td rowspan="6"></td></tr>
<tr><td>标准套间</td><td>2</td><td>2</td><td>678</td><td>300</td></tr>
<tr><td>豪华单间</td><td>15</td><td>15</td><td>388</td><td>200</td></tr>
<tr><td>标准单人间</td><td>16</td><td>16</td><td>338</td><td>178</td></tr>
<tr><td rowspan="2">标准双人间</td><td>77</td><td>77</td><td>338</td><td>178</td></tr>
<tr><td>13</td><td>13</td><td>388</td><td>200</td></tr>
<tr><td rowspan="6">常德市紫东大酒店有限责任公司</td><td rowspan="6">常德市紫东大酒店有限责任公司</td><td rowspan="6">4</td><td>豪华套间</td><td>4</td><td>4</td><td>1288</td><td>498</td><td rowspan="6">常德市火车站广场东侧207国道</td><td rowspan="6">0736－7808002</td><td rowspan="6"></td></tr>
<tr><td>标准套间</td><td>1</td><td>1</td><td>998</td><td>268</td></tr>
<tr><td>豪华单间</td><td>7</td><td>7</td><td>998</td><td>268</td></tr>
<tr><td>标准单人间</td><td>29</td><td>29</td><td>358</td><td>178</td></tr>
<tr><td>标准双人间</td><td>120</td><td>120</td><td>358</td><td>178</td></tr>
<tr><td>标准三人间</td><td>4</td><td>4</td><td>458</td><td>178</td></tr>
<tr><td rowspan="4">常德顶贯天逸大酒店有限公司</td><td rowspan="4">常德顶贯天逸大酒店有限公司</td><td rowspan="4"></td><td>豪华套间</td><td>4</td><td>4</td><td>558</td><td>318</td><td rowspan="4">柳叶大道消防指挥大楼</td><td rowspan="4">0736－7618686</td><td rowspan="4"></td></tr>
<tr><td>豪华单间</td><td>9</td><td>9</td><td>378</td><td>228</td></tr>
<tr><td>标准单人间</td><td>21</td><td>21</td><td>338</td><td>188</td></tr>
<tr><td>标准双人间</td><td>78</td><td>78</td><td>338</td><td>188</td></tr>
<tr><td rowspan="5">长鹰国际大酒店</td><td rowspan="5">长鹰国际大酒店</td><td rowspan="5">3</td><td>豪华套间</td><td>1</td><td>1</td><td>800</td><td>588</td><td rowspan="5">安乡县香港路商业步行街29号</td><td rowspan="5">0736－4338888</td><td rowspan="5"></td></tr>
<tr><td>标准套间</td><td>6</td><td>6</td><td>360</td><td>300</td></tr>
<tr><td>豪华单间</td><td>1</td><td>1</td><td>500</td><td>298</td></tr>
<tr><td>标准单人间</td><td>42</td><td>42</td><td>200</td><td>180</td></tr>
<tr><td>标准双人间</td><td>70</td><td>70</td><td>200</td><td>180</td></tr>
<tr><td rowspan="6">兰苑宾馆</td><td rowspan="6">津市市兰苑宾馆实业有限公司</td><td rowspan="6">3</td><td>豪华套间</td><td>2</td><td>2</td><td>680</td><td>480</td><td rowspan="6">车胤大道402号</td><td rowspan="6">0736－4248888</td><td rowspan="6"></td></tr>
<tr><td>标准套间</td><td>27</td><td>27</td><td>388</td><td>270</td></tr>
<tr><td>豪华单间</td><td>19</td><td>19</td><td>388</td><td>270</td></tr>
<tr><td>标准单人间</td><td>7</td><td>7</td><td>198</td><td>140</td></tr>
<tr><td>标准双人间</td><td>29</td><td>29</td><td>198</td><td>140</td></tr>
<tr><td>标准三人间</td><td>2</td><td>2</td><td>248</td><td>180</td></tr>
</table>

饭店名称	发票开具单位名称	星级	客房（数量：间；价格：元/天）					地址	前台订房电话	备注
			房型	总间数	协议间数	门市价	协议价			
澧县桃花滩宾馆	澧县桃花滩宾馆有限公司	3	豪华套间	9	5	1088	600	湖南省澧县澧阳镇澧洲大道中段	0736－3220099	
			标准套间	4	4	588	300			
			豪华单间	68	50	498	300			
			标准单人间	16	10	328	200			
			标准双人间	40	30	328	200			
			标准三人间	1	1	398	200			
澧县星香源国际大酒店有限公司	澧县星香源国际大酒店有限责任公司	3	豪华套间	5	5	588	388	湖南省澧县澧阳镇	0736－3266999/3578999	
			标准套间	22	22	268	268			
			豪华单间	2	2	288	268			
			标准单人间	3	3	188	168			
			标准双人间	38	38	188	168			
			标准三人间	3	3	188	168			
临澧县金穗宾馆有限责任公司	临澧县金穗宾馆	3	豪华套间	3	3	1088	500	临澧县朝阳西街	0736－5828588	
			豪华单间	6	6	388	200			
			标准单人间	2	2	328	180			
			标准双人间	58	58	298	160			
			标准三人间	6	6	298	160			
青山宾馆	青山宾馆		豪华套间	2	2	588	298	临澧县朝阳东街007号	0736－5829288/5829298	
			标准套间	3	2	388	200			
			豪华单间	4	3	388	150			
			标准单人间	2	2	188	130			
			标准双人间	34	32	188	130			
			标准三人间	3	3	188	130			
临澧县金帝国际大酒店	临澧县金帝国际大酒店	3	豪华套间	9	9	388	350	临澧县安福镇迎宾路	0736－5777779	
			标准套间	27	27	328	300			
			标准单人间	8	8	228	198			
			标准双人间	57	57	228	198			
			标准三人间	4	4	238	200			
天鹅湖国际大酒店	天鹅湖国际大酒店	3	豪华套间	3	3	888	418	安福镇临烽路	0736－5809999/5807877	
			标准套间	3	3	398	298			
			豪华单间	4	4	398	298			
			标准单人间	2	2	298	198			
			标准双人间	53	53	298	198			

饭店名称	发票开具单位名称	星级	客房（数量：间；价格：元/天）					地址	前台订房电话	备注
			房型	总间数	协议间数	门市价	协议价			
兰园宾馆	石门县兰园宾馆	2	豪华套间	2	2	880	500	石门县楚江镇文庙路009号	0736－5339888	
			标准套间	8	8	398	240			
			标准单人间	13	13	268	150			
			标准双人间	65	65	288	160			
			标准三人间	18	18	298	160			
金源大酒店	金源大酒店	3	豪华套间	21	21	218	178	漳江中路48号	0736－6629888	
			豪华单间	6	6	218	178			
			标准单人间	9	9	168	138			
			标准双人间	82	82	168	138			
花源大酒店	花源大酒店	3	豪华套间	4	4	988	588	漳江中路31号	0736－6634352	
			标准套间	28	28	428	278			
			豪华单间	2	2	468	278			
			标准单人间	11	11	368	190			
			标准双人间	134	134	358	190			
清水湖国际会议中心	湖南猎鹰教育投资公司清水湖国际会议中心		豪华套间	14	14	1498	600	湖南省常德市汉寿县太子庙	0736－2098188	
			标准套间	9	9	1498	600			
			豪华单间	5	5	828	300			
			标准单人间	3	3	828	300			
			标准双人间	33	33	668	200			
			标准三人间	121	121	628	200			
京天大酒店	汉寿京天大酒店有限公司		豪华套间	5	5	268	218	汉寿县龙阳镇南岳路001号	0736－2868888/2856059	
			豪华单间	16	16	178	158			
			标准单人间	12	12	158	138			
			标准双人间	23	23	188	158			
			标准三人间	1	1	198	168			
汉寿县春华轩酒店	汉寿县春华轩餐饮服务有限责任公司		标准套间	2	2	328	300	汉寿县龙阳镇辰阳中路	0736－2862370	
			标准单人间	4	4	218	190			
			标准双人间	4	4	218	190			
			标准三人间	2	2	218	190			
益阳市										
益阳华天大酒店	益阳华天置业有限公司华天大酒店	4	豪华套间	6	6	688	488	湖南省益阳市康富北路2号	0737－4228888－80105	
			标准套间	11	11	498	278			
			豪华单间	21	21	498	278			
			标准单人间	30	30	368	200			
			标准双人间	80	80	368	200			

湖南

饭店名称	发票开具单位名称	星级	客房（数量：间；价格：元/天）					地址	前台订房电话	备注
			房型	总间数	协议间数	门市价	协议价			
益阳市朝阳羽星大酒店	益阳市朝阳羽星大酒店		豪华套间	6	6	538	308	益阳市康富南路30号（奥林匹克公园内）	0737－4168888	
			豪华单间	4	4	358	238			
			标准单人间	11	11	268	168			
				4	4	268	148			
			标准双人间	19	19	268	168			
				31	31	268	148			
桃花宾馆	益阳桃花宾馆	2	豪华套间	1	1	628	480	益阳市赫山区长坡路126号	0737－4204298	
			标准套间	2	2	268	198			
			豪华单间	4	4	248	188			
			标准单人间	10	10	168	128			
			标准双人间	86	86	168	128			
			标准三人间	6	6	148	110			
华信大酒店	益阳华信房地产开发有限公司华信大酒店	3	豪华套间	6	6	288	278	资阳区马良北路1号	0737－2808888	
			豪华单间	8	8	188	178			
			标准单人间	16	16	168	148			
			标准双人间	44	44	168	148			
			标准三人间	3	3	188	178			
旺府商务酒店	长沙旺府酒店策划管理有限公司		豪华套间	2	2	888	428	益阳市益阳大道号	0737－2268888	
			标准套间	5	5	688	300			
			豪华单间	7	7	418	218			
			标准单人间	47	47	368	178			
			标准双人间	77	77	368	178			
加州酒店	益阳市加州酒店		豪华套间	4	4	318	218	资阳区马良北路	0737－3331888	
			标准套间	20	20	268	168			
			豪华单间	11	11	198	168			
			标准单人间	16	16	148	138			
			标准双人间	10	10	148	138			
浏阳河大酒店	益阳市资阳区浏阳河大酒店		豪华套间	2	2	288	228	资阳区五一西路	0737－3338898	
			标准套间	2	2	218	168			
			豪华单间	12	12	218	168			
			标准单人间	18	18	148	118			
			标准双人间	20	20	148	118			
东方红宾馆	东方红宾馆	2	豪华套间	1	1	688	488	湖南省益阳市桃花仑西路970号（秀峰公园正对面）	0737－4247298/4247268	
			标准套间	1	1	328	248			
			豪华单间	2	2	238	140			
			标准单人间	18	18	218	120			
			标准双人间	30	30	218	120			
			标准三人间	4	4	238	140			

饭店名称	发票开具单位名称	星级	客房（数量：间；价格：元/天）					地址	前台订房电话	备注
			房型	总间数	协议间数	门市价	协议价			
康年华银莲大酒店	康年华银莲大酒店	4	豪华套间	11	11	1288	488	安化县南区莲城路	0737－2791566	
			豪华单间	31	31	688	228			
			标准单人间	23	23	588	180			
			标准双人间	46	46	588	190			
凯旋安化大酒店	凯旋安化大酒店	3	豪华套间	2	2	688	420	安化县东坪镇沿江路15号	0737－7298888	
			豪华单间	2	2	258	158			
			标准单人间	38	38	198	138			
			标准双人间	26	26	198	178			
安化宾馆	安化县招待所	2	豪华套间	4	4	328	220	安化县东坪镇柏杨路	0737－7224944	
			标准单人间	16	16	188	100			
			标准双人间	35	35	198	100			
			标准三人间	6	6	208	120			
安化总督大酒店	安化总督大酒店	3	豪华套间	2	2	268	238	安化县东坪镇望江路8号	0737－7236888	
			豪华单间	3	3	168	158			
			标准单人间	13	13	138	128			
			标准双人间	10	10	148	138			
			标准三人间	7	7	158	138			
燕山宾馆	南县燕山宾馆		豪华套间	1	1	888	600	益阳南县南洲镇	0737－5248000/5248001	
			标准套间	2	2	288	168			
			豪华单间	3	3	168	128			
			标准单人间	4	4	148	118			
			标准双人间	36	36	138	108			
南县大世界宾馆	南县南洲大世界宾馆	2	豪华套间	5	5	368	240	南县南洲镇南洲东路	0737－5232110/3290888	
			标准套间	7	7	328	180			
			豪华单间	7	7	228	138			
			标准单人间	7	7	168	120			
			标准双人间	17	17	188	120			
鑫泰酒店	鑫泰酒店	3	豪华套间	2	2	888	598	南县南洲路	0737－5226888	
			标准单人间	4	4	298	178			
			标准双人间	16	16	288	168			
中海城大酒店	桃江县中海城大酒店有限公司		豪华套间	2	2	1888	600	桃江县芙蓉路78号	0737－8222222－2222	
			标准套间	16	16	888	298			
			豪华单间	14	14	538	198			
			标准单人间	21	21	388	168			
			标准双人间	46	46	398	178			

湖南

饭店名称	发票开具单位名称	星级	客房（数量：间；价格：元/天）					地址	前台订房电话	备注
			房型	总间数	协议间数	门市价	协议价			
锦龙大酒店	桃江县锦龙大酒店	2	豪华套间	3	3	368	288	芙蓉路2号	0737－8881888	
			标准套间	3	3	268	228			
			豪华单间	10	10	198	158			
			标准单人间	17	17	198	148			
			标准双人间	25	25	198	148			
广通大酒店	广通大酒店有限责任公司	3	豪华套间	4	4	528	368	芙蓉路（电力局）旁	0737－8820188/8820198	
			标准套间	13	13	268	198			
			豪华单间	8	8	268	198			
			标准单人间	6	6	228	178			
			标准双人间	13	13	228	178			
锦大渔村	湖南大通湖锦大特种水产有限公司		豪华套间	6	6	888	388	益阳市大通湖区沙堡洲沙原路263号	0737－5668688	
			标准单人间	17	17	198	128			
			标准双人间	12	12	238	128			
			标准三人间	2	2	288	168			
通盛花园酒店	湖南通盛花园酒店有限公司	3	豪华套间	8	8	888	488	益阳市南县大通湖区五一东路通盛花园酒店	0737－5660888	
			标准套间	1	1	688	300			
			豪华单间	9	9	488	298			
			标准单人间	4	4	268	138			
			标准双人间	16	16	288	120			
岳阳市										
南湖宾馆	岳阳市南湖宾馆	4	豪华套间	23	23	1280	600	湖南省岳阳市南湖宾馆	0730－8841808	
			标准单人间	23	23	368	188			
			标准双人间	74	74	368	188			
晓朝宾馆	岳阳市晓朝宾馆	3	豪华套间	1	1	1000	580	岳阳市炮台山路88号	0730－8211788	
			标准套间	2	2	800	268			
			豪华单间	6	6	298	168			
			标准单人间	6	6	298	168			
			标准双人间	81	81	298	168			
			标准三人间	6	6	298	168			
中银大酒店	岳阳市中银大酒店有限公司	3	豪华套间	3	3	328	238	岳阳市站前西路1号	0730－8280805	
			标准套间	1	1	328	218			
			豪华单间	8	8	228	170			
			标准单人间	6	6	185	150			
			标准双人间	105	105	178	130			

饭店名称	发票开具单位名称	星级	客房（数量：间；价格：元/天）					地址	前台订房电话	备注
			房型	总间数	协议间数	门市价	协议价			
泰和大酒店	岳阳泰和大酒店有限公司		豪华套间	63	63	480	350	岳阳市巴陵中路	0730－8278888	
			标准套间	22	22	320	260			
			豪华单间	61	61	280	240			
			标准单人间	140	140	248	200			
			标准双人间	292	292	248	200			
岳阳云梦宾馆	岳阳云梦宾馆有限公司	3	豪华套间	14	14	488	400	岳阳市云梦路121号	0730－8330888	
			标准套间	4	4	298	208			
			豪华单间	28	28	368	180			
			标准单人间	21	21	188	130			
			标准双人间	59	59	188	130			
			标准三人间	6	6	238	140			
岳阳华天大酒店有限公司	岳阳华天大酒店有限公司	4	豪华套间	10	7	988	598	岳阳市南湖大道587号	0730－8885888	
			标准套间	31	22	538	298			
			豪华单间	18	13	458	298			
			标准单人间	9	7	388	198			
			标准双人间	74	52	388	198			
岳阳华瑞丹枫酒店	岳阳华瑞丹枫酒店有限公司		豪华套间	8	6	1288	568	湖南省岳阳市金鹗东路190号	0730－8096888	
			标准套间	10	8	1088	298			
			豪华单间	97	70	880	288			
			标准双人间	110	80	880	198			
岳阳天安建筑工程有限公司兴天大酒店	岳阳天安建筑工程有限公司兴天大酒店	3	豪华套间	2	2	558	278	岳阳市巴陵中路648号	0730－8288666	
			标准套间	4	4	378	228			
			豪华单间	5	5	298	138			
			标准单人间	5	5	258	118			
			标准双人间	51	51	298	138			
			标准三人间	4	4	358	188			
阿波罗御庭酒店	岳阳阿波罗御庭酒店有限公司		豪华套间	10	10	1188	600	岳阳市邕园路23号	0730－8667918	
			豪华单间	96	96	436	300			
			标准单人间	11	11	388	200			
			标准双人间	47	47	388	200			
华容宾馆有限责任公司	华容宾馆有限责任公司	3	豪华套间	3	1	888	600	华容县迎宾中路1号	0730－4252888/4222277	
			标准套间	8	6	388	298			
			豪华单间	24	20	388	298			
			标准单人间	26	21	188	150			
			标准双人间	61	45	248	198			
			标准三人间	5	3	288	190			

<table>
<tr><th rowspan="2">饭店名称</th><th rowspan="2">发票开具单位名称</th><th rowspan="2">星级</th><th colspan="5">客房（数量：间；价格：元/天）</th><th rowspan="2">地址</th><th rowspan="2">前台订房电话</th><th rowspan="2">备注</th></tr>
<tr><th>房型</th><th>总间数</th><th>协议间数</th><th>门市价</th><th>协议价</th></tr>
<tr><td rowspan="5">华容县银河大酒店有限责任公司</td><td rowspan="5">华容县银河大酒店有限责任公司</td><td rowspan="5">3</td><td>豪华套间</td><td>2</td><td>2</td><td>888</td><td>588</td><td rowspan="5">华容县城关镇东正街</td><td rowspan="5">0730－4285888</td><td rowspan="5"></td></tr>
<tr><td>标准套间</td><td>22</td><td>22</td><td>278</td><td>228</td></tr>
<tr><td>豪华单间</td><td>25</td><td>25</td><td>278</td><td>228</td></tr>
<tr><td>标准单人间</td><td>10</td><td>10</td><td>208</td><td>168</td></tr>
<tr><td>标准双人间</td><td>16</td><td>16</td><td>228</td><td>188</td></tr>
<tr><td rowspan="3">华容县神禹宾馆</td><td rowspan="3">华容县神禹宾馆</td><td rowspan="3"></td><td>豪华套间</td><td>3</td><td>3</td><td>468</td><td>368</td><td rowspan="3">华容县马鞍山新区杏花桥</td><td rowspan="3">0730－3207588/3207688</td><td rowspan="3"></td></tr>
<tr><td>豪华单间</td><td>21</td><td>21</td><td>138</td><td>110</td></tr>
<tr><td>标准双人间</td><td>23</td><td>23</td><td>158</td><td>120</td></tr>
<tr><td rowspan="4">岳阳县锦绣阳光大酒店</td><td rowspan="4">岳阳县锦绣阳光大酒店有限公司</td><td rowspan="4">2</td><td>豪华套间</td><td>2</td><td>2</td><td>680</td><td>368</td><td rowspan="4">岳阳县东方路52号</td><td rowspan="4">0730－7659888</td><td rowspan="4"></td></tr>
<tr><td>豪华单间</td><td>6</td><td>6</td><td>228</td><td>168</td></tr>
<tr><td>标准双人间</td><td>18</td><td>18</td><td>228</td><td>158</td></tr>
<tr><td>标准三人间</td><td>1</td><td>1</td><td>238</td><td>168</td></tr>
<tr><td rowspan="6">万福来宾馆</td><td rowspan="6">岳阳县万福来实业有限公司</td><td rowspan="6">3</td><td>豪华套间</td><td>2</td><td>2</td><td>518</td><td>368</td><td rowspan="6">岳阳县城关镇天鹅中路51号</td><td rowspan="6">0730－7623333</td><td rowspan="6"></td></tr>
<tr><td>标准套间</td><td>2</td><td>2</td><td>368</td><td>258</td></tr>
<tr><td>豪华单间</td><td>6</td><td>6</td><td>228</td><td>168</td></tr>
<tr><td>标准单人间</td><td>6</td><td>6</td><td>218</td><td>158</td></tr>
<tr><td>标准双人间</td><td>38</td><td>38</td><td>238</td><td>168</td></tr>
<tr><td>标准三人间</td><td>2</td><td>2</td><td>238</td><td>168</td></tr>
<tr><td rowspan="4">君山宾馆</td><td rowspan="4">岳阳市君山宾馆有限责任公司</td><td rowspan="4">2</td><td>豪华套间</td><td>2</td><td>2</td><td>380</td><td>260</td><td rowspan="4">君山大道38号</td><td rowspan="4">0730－8173566</td><td rowspan="4"></td></tr>
<tr><td>标准套间</td><td>4</td><td>4</td><td>320</td><td>200</td></tr>
<tr><td>标准单人间</td><td>17</td><td>17</td><td>148</td><td>120</td></tr>
<tr><td>标准双人间</td><td>20</td><td>20</td><td>138</td><td>120</td></tr>
<tr><td rowspan="3">汨罗江大酒店</td><td rowspan="3">汨罗江大酒店</td><td rowspan="3">3</td><td>标准套间</td><td>12</td><td>12</td><td>438</td><td>280</td><td rowspan="3">汨罗市迎宾路9号</td><td rowspan="3">0730－5222256</td><td rowspan="3"></td></tr>
<tr><td>标准单人间</td><td>5</td><td>5</td><td>228</td><td>178</td></tr>
<tr><td>标准双人间</td><td>53</td><td>53</td><td>228</td><td>178</td></tr>
<tr><td rowspan="6">新世源宾馆</td><td rowspan="6">汨罗市新世源宾馆有限公司</td><td rowspan="6">3</td><td>豪华套间</td><td>4</td><td>4</td><td>268</td><td>188</td><td rowspan="6">汨新路24号</td><td rowspan="6">0730－5232688</td><td rowspan="6"></td></tr>
<tr><td>标准套间</td><td>1</td><td>1</td><td>238</td><td>168</td></tr>
<tr><td>豪华单间</td><td>4</td><td>4</td><td>238</td><td>168</td></tr>
<tr><td>标准单人间</td><td>8</td><td>8</td><td>218</td><td>148</td></tr>
<tr><td>标准双人间</td><td>36</td><td>36</td><td>218</td><td>148</td></tr>
<tr><td>标准三人间</td><td>6</td><td>6</td><td>218</td><td>148</td></tr>
<tr><td rowspan="6">临湘大酒店</td><td rowspan="6">临湘大酒店</td><td rowspan="6">3</td><td>豪华套间</td><td>1</td><td>1</td><td>738</td><td>368</td><td rowspan="6">临湘大酒店清水塘转盘</td><td rowspan="6">0730－3753888</td><td rowspan="6"></td></tr>
<tr><td>标准套间</td><td>5</td><td>5</td><td>518</td><td>300</td></tr>
<tr><td>豪华单间</td><td>5</td><td>5</td><td>298</td><td>208</td></tr>
<tr><td>标准单人间</td><td>5</td><td>5</td><td>188</td><td>168</td></tr>
<tr><td>标准双人间</td><td>53</td><td>53</td><td>238</td><td>178</td></tr>
<tr><td>标准三人间</td><td>16</td><td>16</td><td>278</td><td>188</td></tr>
</table>

<table>
<tr><th rowspan="2">饭店名称</th><th rowspan="2">发票开具单位名称</th><th rowspan="2">星级</th><th colspan="5">客房（数量：间；价格：元/天）</th><th rowspan="2">地址</th><th rowspan="2">前台订房电话</th><th rowspan="2">备注</th></tr>
<tr><th>房型</th><th>总间数</th><th>协议间数</th><th>门市价</th><th>协议价</th></tr>
<tr><td rowspan="5">富临大酒店</td><td rowspan="5">富临大酒店</td><td rowspan="5">3</td><td>豪华套间</td><td>3</td><td>3</td><td>688</td><td>480</td><td rowspan="5">临湘市城西中路9号</td><td rowspan="5">0730－3730555</td><td rowspan="5"></td></tr>
<tr><td>豪华单间</td><td>7</td><td>7</td><td>188</td><td>150</td></tr>
<tr><td>标准单人间</td><td>9</td><td>9</td><td>178</td><td>130</td></tr>
<tr><td>标准双人间</td><td>35</td><td>35</td><td>178</td><td>140</td></tr>
<tr><td>标准三人间</td><td>2</td><td>2</td><td>240</td><td>190</td></tr>
<tr><td rowspan="6">华天宾馆</td><td rowspan="6">华天宾馆</td><td rowspan="6">3</td><td>豪华套间</td><td>12</td><td>12</td><td>228</td><td>188</td><td rowspan="6">临湘市南正街</td><td rowspan="6">0730－3729933/3720917</td><td rowspan="6"></td></tr>
<tr><td>标准套间</td><td>13</td><td>13</td><td>168</td><td>150</td></tr>
<tr><td>豪华单间</td><td>7</td><td>7</td><td>168</td><td>150</td></tr>
<tr><td>标准单人间</td><td>5</td><td>5</td><td>128</td><td>120</td></tr>
<tr><td>标准双人间</td><td>20</td><td>20</td><td>128</td><td>120</td></tr>
<tr><td>标准三人间</td><td>3</td><td>3</td><td>228</td><td>188</td></tr>
<tr><td rowspan="5">湖南天一启明宾馆有限责任公司</td><td rowspan="5">平江县政府招待所</td><td rowspan="5"></td><td>豪华套间</td><td>6</td><td>6</td><td>980</td><td>600</td><td rowspan="5">平江县城关镇西街328号</td><td rowspan="5">0730－6223885</td><td rowspan="5"></td></tr>
<tr><td>标准套间</td><td>4</td><td>4</td><td>480</td><td>300</td></tr>
<tr><td>标准单人间</td><td>3</td><td>3</td><td>240</td><td>168</td></tr>
<tr><td>标准双人间</td><td>12</td><td>12</td><td>258</td><td>178</td></tr>
<tr><td>标准三人间</td><td>13</td><td>13</td><td>298</td><td>198</td></tr>
<tr><td rowspan="4">平江县电力大厦宾馆</td><td rowspan="4">平江县电力大厦宾馆</td><td rowspan="4">3</td><td>豪华套间</td><td>6</td><td>6</td><td>728</td><td>388</td><td rowspan="4">平江县开发区电力大厦</td><td rowspan="4">0730－6265070</td><td rowspan="4"></td></tr>
<tr><td>豪华单间</td><td>5</td><td>5</td><td>288</td><td>218</td></tr>
<tr><td>标准单人间</td><td>19</td><td>19</td><td>268</td><td>198</td></tr>
<tr><td>标准双人间</td><td>10</td><td>10</td><td>268</td><td>198</td></tr>
<tr><td rowspan="4">华雅盘石山庄</td><td rowspan="4">平江县盘石洲生态园有限公司</td><td rowspan="4"></td><td rowspan="2">豪华套间</td><td>3</td><td>3</td><td>580</td><td>400</td><td rowspan="4">平江县瓮江镇盘石洲村</td><td rowspan="4">0730－6955555</td><td rowspan="4"></td></tr>
<tr><td>5</td><td>5</td><td>480</td><td>300</td></tr>
<tr><td>标准单人间</td><td>8</td><td>8</td><td>280</td><td>180</td></tr>
<tr><td>标准双人间</td><td>40</td><td>40</td><td>320</td><td>180</td></tr>
<tr><td rowspan="4">平江县和天大酒店</td><td rowspan="4">平江县和天大酒店</td><td rowspan="4"></td><td>标准套间</td><td>8</td><td>8</td><td>308</td><td>258</td><td rowspan="4">平江县三阳街百花台转盘处</td><td rowspan="4">0730－6269999/6269555</td><td rowspan="4"></td></tr>
<tr><td>标准单人间</td><td>4</td><td>4</td><td>228</td><td>178</td></tr>
<tr><td rowspan="2">标准双人间</td><td>18</td><td>18</td><td>268</td><td>198</td></tr>
<tr><td>26</td><td>26</td><td>248</td><td>178</td></tr>
<tr><td rowspan="5">平江新宇宾馆</td><td rowspan="5">平江县新宇宾馆有限公司</td><td rowspan="5"></td><td>豪华套间</td><td>2</td><td>2</td><td>368</td><td>298</td><td rowspan="5">开发区天岳车站综合大楼</td><td rowspan="5">0730 6666996</td><td rowspan="5"></td></tr>
<tr><td>豪华单间</td><td>7</td><td>7</td><td>218</td><td>170</td></tr>
<tr><td>标准单人间</td><td>8</td><td>8</td><td>198</td><td>150</td></tr>
<tr><td>标准双人间</td><td>40</td><td>40</td><td>208</td><td>160</td></tr>
<tr><td>标准三人间</td><td>5</td><td>5</td><td>228</td><td>180</td></tr>
</table>

饭店名称	发票开具单位名称	星级	客房（数量：间；价格：元/天）					地址	前台订房电话	备注
			房型	总间数	协议间数	门市价	协议价			
湘阴县湘阴宾馆	中共湘阴县委湘阴县人民政府招待所	4	标准套间	5	5	598	298	湘阴新世纪大道	0730－2668888	
			豪华单间	22	22	298	238			
			标准单人间	15	14	218	178			
			标准双人间	95	84	218	178			
岳阳市屈原管理区小招待所	岳阳市屈原管理区小招待所		豪华套间	2	2	350	208	区办公楼西侧	0730－5720568	
			标准套间	8	8	250	148			
			标准单人间	7	7	240	128			
			标准双人间	8	8	200	118			
			标准三人间	4	4	260	148			
中朝宾馆	湖南省朝辉建设开发有限公司岳阳云溪中朝宾馆	3	豪华套间	6	6	428	318	湖南省岳阳市云溪区新埠西路108号	0730－8418188	
			标准套间	6	6	298	218			
			豪华单间	6	6	298	218			
			标准单人间	10	10	258	160			
			标准双人间	51	51	218	148			
株洲市										
株洲天台山庄	株洲天台山庄	4	豪华套间	10	10	758	600	株洲市天元区天台路68号	0731－22733589/22733888	
			标准套间	8	8	608	300			
			豪华单间	23	23	428	300			
			标准单人间	32	32	278	190			
			标准双人间	179	179	278	190			
九方大酒店	株洲九方大酒店有限责任公司	4	豪华套间	1	1	1588	600	株洲石峰区小东门1号	0731－28441111－前台	
			标准套间	13	10	1180	300			
			豪华单间	40	32	498	300			
			标准双人间	63	55	418	200			
株洲银城大酒店	株洲银城大酒店有限责任公司	3	豪华套间	1	1	668	418	株洲市天元区泰山路80号	0731－28896261	
			标准套间	6	6	448	300			
			豪华单间	5	5	318	208			
			标准单人间	12	12	268	178			
			标准双人间	34	34	238	168			
				39	39	268	198			
新天大酒店	株洲市新天大酒店有限公司	3	豪华套间	2	2	758	568	株洲市天元区长江广场	0731－22872999	
			豪华单间	15	15	358	246			
			标准双人间	80	80	268	180			
西苑宾馆	株洲新西苑发展有限公司	3	豪华套间	25	25	688	600	株洲市西苑路39号	0731－28890616	
			豪华单间	18	18	428	300			
			标准双人间	42	42	338	200			

饭店名称	发票开具单位名称	星级	客房（数量：间；价格：元/天）					地址	前台订房电话	备注
			房型	总间数	协议间数	门市价	协议价			
金龙大酒店	金龙大酒店	3	豪华套间	1	1	885	600	株洲市芦淞区建设南路255号	0731－28271001/28271002	
			标准套间	1	1	385	280			
			豪华单间	24	24	295	236			
			标准单人间	9	9	225	180			
			标准双人间	37	37	195	156			
金锦海悦酒店	株洲市金锦海悦酒店有限公司	3	豪华套间	4	4	778	418	株洲市河西－黄河南路339号	0731－28571111	
			豪华单间	8	8	478	215			
			标准单人间	8	8	398	185			
			标准双人间	36	36	358	178			
株洲银河大酒店	株洲银河大酒店有限公司	2	豪华套间	3	3	568	398	黄河北路88号	0731－22826888	
			标准套间	5	5	480	258			
			豪华单间	2	2	328	198			
			标准单人间	9	9	258	168			
			标准双人间	65	65	258	168			
			标准三人间	4	4	288	188			
株洲县接待中心	株洲县接待中心	2	标准套间	3	3	300	180	湖南省株洲县学堂路6号	0731－27611534	
			标准单人间	2	2	200	120			
			标准双人间	65	65	168	100			
株洲县金丰商夏有限责任公司	株洲县金丰商夏有限责任公司	2	豪华套间	4	4	300	240	株洲县向阳北路1号	0731－27688299/27688250	
			豪华单间	6	6	220	180			
			标准单人间	5	5	180	140			
			标准双人间	26	26	180	140			
			标准三人间	5	5	220	180			
株洲县思源大酒店有限责任公司	株洲县思源大酒店有限责任公司		豪华套间	2	2	1260	600	株洲县渌口镇漉浦东路	0731－27299999	
			标准套间	12	12	396	228			
			豪华单间	18	18	376	208			
			标准单人间	27	27	356	168			
			标准双人间	18	18	376	188			
东风大酒店	醴陵东风大酒店		豪华套间	12	12	1459	600	湖南省醴陵市滨河路新街口55号	0731－23211111	
			豪华单间	12	12	909	300			
			标准单人间	21	21	509	200			
			标准双人间	42	42	509	200			
攸县东风大酒店	攸县东风投资有限公司东风大酒店	3	豪华套间	3	3	999	569	攸县城关镇中心大道中心汽车站旁	0731－24319168	
			标准套间	8	8	529	300			
			豪华单间	20	20	359	289			
			标准单人间	20	20	259	189			
			标准双人间	115	115	259	189			

饭店名称	发票开具单位名称	星级	客房（数量：间；价格：元/天）					地址	前台订房电话	备注
			房型	总间数	协议间数	门市价	协议价			
海悦国际大酒店	攸县海悦国际有限责任公司	3	豪华套间	3	3	628	538	攸县城关镇文化路35号	0731－24216888	
			标准套间	6	6	388	298			
			豪华单间	10	10	328	262			
			标准单人间	6	6	228	182			
			标准双人间	86	86	258	196			
攸县坤龙大酒店	攸县坤龙大酒店	3	豪华套间	27	27	558	328	攸县中心大道	0731－24326666	
			标准套间	9	9	458	268			
			豪华单间	6	6	518	258			
			标准单人间	25	25	368	188			
			标准双人间	90	90	388	198			
攸县西苑宾馆	攸县攸洲西苑宾馆	2	标准套间	5	5	388	268	攸县城关镇攸衡北路2号	0731－24229399	
			标准单人间	6	6	228	148			
			标准双人间	37	37	228	148			
攸县接待中心	攸县县委机关招待所		豪华套间	1	1	888	600	攸县县委机关大院	0731－24215618	
			标准套间	2	2	388	300			
			豪华单间	4	4	288	188			
			标准单人间	5	5	198	148			
			标准双人间	22	22	188	138			
			标准三人间	2	2	218	168			
龙井大酒店	炎陵县龙井大酒店	3	标准套间	3	3	880	300	炎陵县解放路4号	0731－26239990	
			豪华单间	5	5	388	258			
			标准双人间	30	30	288	188			
			标准三人间	3	3	238	200			
酃峰宾馆	炎陵县酃峰宾馆	2	标准套间	5	5	728	300	霞阳镇县府路3号	0731－26222494	
			豪华单间	3	3	480	300			
			标准单人间	9	9	288	190			
			标准双人间	77	77	238	190			
			标准三人间	10	10	198	168			
大华宾馆	炎陵县大华宾馆	2	豪华套间	1	1	368	268	霞阳镇坎坪路2号	0731－26228888	
			豪华单间	1	1	218	168			
			标准单人间	3	3	238	128			
				4	4	368	168			
			标准双人间	16	16	208	100			
				4	4	248	138			
			标准三人间	3	3	248	128			

饭店名称	发票开具单位名称	星级	客房（数量：间；价格：元/天）					地址	前台订房电话	备注
			房型	总间数	协议间数	门市价	协议价			
湘潭市										
湖南华宇国际大酒店	湖南华宇国际大酒店股份有限公司	4	豪华套间	16	12	1988	600	湘潭市建设南路68号	0731－52888888	
			标准套间	40	30	898	300			
			豪华单间	52	37	808	300			
			标准双人间	80	75	778	200			
				28	20	668	200			
湘潭华都国际大酒店	湘潭华都国际大酒店有限公司	4	豪华套间	1	1	1388	600	湖南省湘潭市建设南路328号	0731－58558888	
			标准套间	1	1	688	300			
			豪华单间	78	78	568	258			
			标准单人间	25	25	458	200			
			标准双人间	40	40	458	200			
湘潭市龙腾大酒店	湘潭市龙腾大酒店有限公司	3	豪华套间	3	3	1888	600	湘潭市建设北路260号	0731－58259999	
			标准套间	3	3	300	280			
			豪华单间	6	6	288	238			
			标准单人间	5	5	258	168			
			标准双人间	43	43	268	168			
			标准三人间	8	8	288	178			
湘潭高新区上和酒店	湘潭高新区上和酒店		豪华套间	10	10	998	398	湘潭市芙蓉中路58号	0731－58622222	
			豪华单间	22	22	688	288			
			标准单人间	6	6	488	168			
			标准双人间	21	21	588	200			
湘潭市金鑫大酒店	湘潭市金鑫大酒店有限公司	2	豪华套间	19	19	148	110	湘潭市解放北路20号	0731－58287308	
			标准套间	21	21	108	88			
			豪华单间	10	10	138	110			
			标准单人间	20	20	108	88			
			标准双人间	20	20	98	80			
			标准三人间	3	3	148	120			
湘潭大润华酒店	湘潭大润华酒店投资管理有限公司	2	豪华套间	6	6	238	198	湘潭市汽车站	0731－52865988	
			豪华单间	14	14	178	148			
			标准单人间	8	8	168	138			
			标准双人间	34	34	168	138			
			标准三人间	4	4	188	158			
湘潭市嘉园大酒店	湘潭市嘉园大酒店有限公司	3	豪华套间	4	4	688	480	湘潭市韶山东路18号	0731－52877777	
			豪华单间	10	10	368	258			
			标准单人间	12	12	288	200			
			标准双人间	66	66	288	200			

湖南

饭店名称	发票开具单位名称	星级	客房（数量：间；价格：元/天）					地址	前台订房电话	备注
			房型	总间数	协议间数	门市价	协议价			
湖南华天之星酒店管理有限公司湘潭基建营店	湖南华天之星酒店管理有限公司湘潭基建营店		豪华单间	8	8	308	198	湘潭市韶山中路6号	0731－58282188	
			标准单人间	59	59	228	148			
			标准双人间	109	109	238	158			
			标准三人间	2	2	298	188			
湘潭鑫田国际大酒店	湘潭鑫田国际大酒店		豪华套间	2	2	1380	578	湘潭县天易大道1号	0731－55559999	
			标准套间	2	2	1580	300			
			豪华单间	40	40	688	280			
			标准单人间	12	12	488	200			
			标准双人间	72	72	488	200			
裕丰大酒店	裕丰大酒店		豪华套间	5	5	468	388	湘潭县凤凰路88号	0731－57799999	
			标准套间	17	17	368	268			
			豪华单间	18	18	318	268			
			标准单人间	25	25	218	168			
			标准双人间	69	69	198	168			
湘潭县金叶宾馆	湘潭县金叶宾馆		豪华套间	5	5	388	298	湘潭县易俗河瑞莲路	0731－52521222	
			标准套间	10	10	188	160			
			标准单人间	6	6	128	90			
			标准双人间	6	6	128	90			
			标准三人间	2	2	158	100			
湘潭县易俗河阳光彼岸商务酒店	湘潭县易俗河阳光彼岸商务酒店		豪华套间	3	3	428	268	湘潭县金桂南路1号	0731－57808868	
			豪华单间	24	24	248	148			
			标准单人间	19	19	138	88			
			标准双人间	14	14	268	168			
			标准三人间	2	2	278	188			
长江宾馆	长江宾馆		豪华套间	5	5	408	238	湘潭县易俗河大鹏东路雪松园	0731－57999111	
			标准单人间	17	17	218	128			
			标准双人间	30	30	218	128			
			标准三人间	8	8	288	168			
湘乡宾馆	湖南东方天隆投资置业有限公司湘乡宾馆	4	豪华套间	13	13	898	588	湖南省湘乡市东风路20号	0731－56901888	
			标准套间	12	12	588	298			
			豪华单间	18	18	588	298			
			标准单人间	19	19	488	200			
			标准双人间	38	38	488	200			

饭店名称	发票开具单位名称	星级	客房（数量：间；价格：元/天）					地址	前台订房电话	备注
			房型	总间数	协议间数	门市价	协议价			
湘乡市华泰大酒店	湘乡华泰大酒店	3	豪华套间	15	15	688	398	湖南省湘乡市汽车站广场	0731－56792583	
			豪华单间	27	27	378	200			
			标准单人间	21	21	368	200			
			标准双人间	81	81	368	200			
			标准三人间	1	1	368	200			
湘乡市茅浒水乡	湘乡市三力物业有限责任公司		豪华套间	6	6	1280	580	湖南省湘乡市东郊乡	0731－56208666/56208999	
			标准套间	5	5	288	230			
			豪华单间	5	5	288	230			
			标准单人间	6	6	168	135			
			标准双人间	6	6	168	135			
			标准三人间	6	6	168	135			
韶山宾馆	韶山宾馆		豪华套间	10	10	1280	600	韶山冲故园路16号	0731－55685127	
			豪华单间	16	16	498	300			
			标准单人间	6	6	368	200			
			标准双人间	100	100	380	200			
天骄大酒店	韶山市天骄大酒店有限公司	2	豪华套间	3	3	588	300	韶山市迎宾路18号	0731－55680900	
			豪华单间	26	26	368	180			
			标准双人间	57	57	368	150			
				64	64	268	120			
港越集团湖南酒店投资管理有限公司	港越集团湖南酒店投资管理有限公司	3	豪华套间	3	3	1288	488	韶山市银河路18号	0731－55671008	
			标准套间	15	15	888	300			
			豪华单间	6	6	468	200			
			标准双人间	127	127	498	200			
				57	57	298	128			
韶山德盛宾馆有限责任公司	韶山德盛宾馆有限责任公司	4	豪华套间	2	2	1288	600	韶山市车站路1号	0731－55680088	
				3	3	988	480			
			豪华单间	116	116	698	260			
				36	36	588	280			
			标准双人间	52	52	588	190			
衡阳市										
衡阳市雁城宾馆	衡阳市雁城宾馆	4	豪华套间	15	15	1200	600	衡阳市解放大道91号	0734－8211288－1808	
			标准套间	3	3	698	300			
			豪华单间	120	120	598	299			
			标准单人间	6	6	378	185			
			标准双人间	66	66	378	185			

饭店名称	发票开具单位名称	星级	客房（数量：间；价格：元/天）					地址	前台订房电话	备注
			房型	总间数	协议间数	门市价	协议价			
湖南四海神龙实业集团有限公司神龙大酒店	湖南四海神龙实业集团有限公司神龙大酒店	4	豪华套间	10	10	1048	458	衡阳市蒸湘北路3号	0734－8988888	
			豪华单间	27	27	648	258			
			标准双人间	35	35	588	199			
衡阳市华天大酒店	衡阳市御都华天国际大酒店	4	豪华套间	30	30	1288	588	衡阳市解放路55号	0731－8188888	
			标准套间	45	45	688	298			
			豪华单间	35	35	588	300			
			标准单人间	32	32	388	188			
			标准双人间	32	32	388	188			
			标准三人间	8	8	428	188			
衡阳市枫树林宾馆有限公司	衡阳市枫树林宾馆有限公司	2	豪华套间	3	3	588	238	衡阳市莲湖路12号	0734－2883666	
			标准套间	27	27	398	198			
			豪华单间	3	3	388	168			
			标准单人间	4	4	328	158			
			标准双人间	24	24	368	158			
			标准三人间	5	5	328	188			
衡阳市文正大酒店有限公司	衡阳市文正大酒店有限公司		豪华套间	3	3	538	298	衡阳市华新开学光辉街25号	0734－8895888	
			标准套间	3	3	448	238			
			豪华单间	31	31	328	178			
			标准单人间	11	11	278	138			
			标准双人间	12	12	248	128			
			标准三人间	1	1	388	198			
衡阳康年国际酒店有限公司	衡阳康年国际酒店有限公司	3	豪华套间	58	58	788	238	衡阳市人民路8号	0734－8288888－6888	
			标准套间	8	8	888	300			
				48	48	568	198			
			豪华单间	29	29	588	198			
			标准单人间	9	9	488	168			
			标准双人间	15	15	488	168			
衡阳市财富山庄	衡阳市南岳财富山庄		豪华套间	13	13	3988	600	衡阳市南岳区南岳山半山亭	0734－5662628	
			标准双人间	20	20	668	300			
衡阳市南岳电信宾馆	衡阳市南岳电信宾馆	3	豪华套间	7	7	1188	588	衡阳市南岳祝融路173号	0734－5678126	
			豪华单间	7	7	438	188			
			标准双人间	12	12	498	198			
				24	24	478	198			
				55	55	438	188			
			标准三人间	12	12	488	198			

饭店名称	发票开具单位名称	星级	客房（数量：间；价格：元/天）					地址	前台订房电话	备注
			房型	总间数	协议间数	门市价	协议价			
南岳华天假日大酒店	南岳华天假日大酒店		豪华套间	4	4	2288	598	衡阳市南岳祝融路195号	0734－5689999	
			豪华单间	4	4	478	298			
			标准双人间	80	80	388	198			
壹龍大酒店	衡南县壹龍大酒店		豪华套间	6	6	488	428	衡南县云集镇新塘路	0734－8551188/8551419	
			豪华单间	4	4	218	160			
			标准双人间	56	56	170	128			
神龙·蒸阳大酒店	神龙·蒸阳大酒店		豪华套间	5	5	668	408	衡阳县西渡镇新正街61号	0734－6888888	
			标准套间	4	4	488	268			
			豪华单间	6	6	458	268			
			标准单人间	15	15	398	200			
			标准双人间	72	72	398	200			
东方宾馆	东方旅游实业有限公司		豪华套间	1	1	1188	500	衡阳县西渡镇蒸阳大道	0734－6816969	
			标准套间	4	4	628	228			
			标准单人间	5	5	368	128			
			标准双人间	60	60	298	128			
供大宾馆	供大宾馆		豪华套间	3	3	380	288	衡阳县西渡镇新正街22号	0734－6813389	
			标准套间	3	3	268	168			
			豪华单间	4	4	268	168			
			标准双人间	65	65	180	148			
衡山宾馆	湖南衡山宾馆有限责任公司	2	豪华套间	2	2	1908	600	开云镇人民东路60号	0734－5889888	
			标准套间	2	2	1208	300			
			豪华单间	22	22	388	300			
			标准单人间	6	6	248	200			
			标准双人间	59	59	298	200			
			标准三人间	2	2	298	200			
衡东宾馆	衡东宾馆	2	豪华套间	6	6	698	360	东正街路16号	0734－5231079	
				4	4	698	350			
			豪华单间	3	3	498	260			
				64	64	198	130			
			标准双人间	32	32	160	110			
				20	20	248	150			

饭店名称	发票开具单位名称	星级	客房（数量：间；价格：元/天）					地址	前台订房电话	备注
			房型	总间数	协议间数	门市价	协议价			
恒瑞国际大酒店	恒瑞国际大酒店		豪华套间	2	2	818	346	创大西路	0734－2862888	
				16	16	788	346			
				6	6	718	310			
			标准套间	8	8	618	260			
			标准单人间	8	8	518	190			
				19	19	488	190			
				23	23	458	190			
			标准双人间	13	13	518	190			
				24	24	488	190			
				48	48	458	190			
衡东县苗圃武家山休闲农庄	衡东县武家山森林公园综合开发有限公司		豪华套间	8	8	778	350	武家山	0734－5214999	
				4	4	738	330			
			标准双人间	67	67	698	190			
				49	49	338	160			
民鑫大酒店	周民大酒店有限公司民鑫大酒店	2	豪华套间	8	8	418	300	祁东县洪桥镇迎宾路73号	0734－6318666/6319999	
			标准套间	8	8	368	280			
			豪华单间	8	8	318	158			
			标准单人间	2	2	268	138			
			标准双人间	61	61	268	128			
			标准三人间	9	9	188	88			
玉合大酒店	玉合大酒店	3	豪华套间	8	8	628	328	祁东县祁丰开发区县政府广场前	0734－6268888/6277999	
			豪华单间	31	31	288	128			
			标准双人间	4	4	298	158			
				33	33	298	138			
湘江大酒店	衡阳市祁东湘江大酒店有限公司	3	豪华套间	8	8	888	358	祁东县祁丰新区永安路	0734－6386588/6386688	
			标准套间	9	9	588	258			
			豪华单间	8	8	428	238			
			标准单人间	24	24	328	188			
			标准双人间	46	46	288	188			
				21	21	288	168			
神洲明珠大酒店	神洲明珠大酒店	4	豪华套间	5	4	1689	600	耒阳市神农路499号	0734－4399999	
			标准套间	4	3	589	300			
			豪华单间	6	5	589	300			
			标准单人间	15	12	369	199			
			标准双人间	73	68	369	199			
			标准三人间	16	14	369	199			

饭店名称	发票开具单位名称	星级	客房（数量：间；价格：元/天）					地址	前台订房电话	备注
			房型	总间数	协议间数	门市价	协议价			
新都康年大酒店	新都康年大酒店	4	豪华套间	7	4	758	398	耒阳市蔡伦中路299号	0734－2871889	
			标准套间	4	3	668	300			
			豪华单间	4	3	668	300			
			标准单人间	67	60	448	198			
			标准双人间	78	70	448	198			
			标准三人间	3	3	448	200			
新华大酒店	新华大酒店	3	豪华套间	3	3	438	307	耒阳市五一东路88号	0734－4349999	
			标准套间	4	4	368	258			
			豪华单间	4	4	268	168			
			标准单人间	15	15	258	168			
			标准双人间	78	78	238	168			
			标准三人间	5	5	288	200			
蔡伦国际大酒店	蔡伦国际大酒店	3	豪华套间	5	5	698	307	耒阳市金华北路	0734－4354888	
			标准套间	22	22	366	300			
			豪华单间	7	7	328	258			
			标准单人间	10	10	268	196			
			标准双人间	80	80	268	198			
			标准三人间	12	12	268	198			
王朝商务酒店	常宁市王朝商务酒店有限公司		豪华套间	8	8	488	258	常宁市群英西路	0734－7508888	
			豪华单间	9	9	258	168			
			标准单人间	17	17	188	158			
				12	12	268	168			
			标准双人间	18	18	208	158			
				24	24	238	158			
常宁市印山国际大酒店	常宁市印山国际大酒店有限公司		豪华套间	4	4	888	398	常宁市青阳南路一号	0734－7265888	
			标准单人间	7	7	228	148			
			标准双人间	75	75	268	158			
青阳大酒店	常宁市青阳大酒店有限责任公司		豪华套间	14	14	468	280	常宁市青阳大酒店东正	0734－7653333/7682222/7727777	
			标准单人间	27	27	238	158			
			标准双人间	90	90	268	158			
常宁和一宾馆	常宁市和一宾馆有限公司		豪华套间	3	3	398	258	常宁市解放南路63号	0734－2866111	
			豪华单间	2	2	198	158			
			标准单人间	8	8	168	148			
			标准双人间	4	4	368	158			
				51	51	188	148			

饭店名称	发票开具单位名称	星级	客房（数量：间；价格：元/天）					地址	前台订房电话	备注
			房型	总间数	协议间数	门市价	协议价			
郴州市										
竹园宾馆	郴州竹园华天酒店管理有限公司		豪华套间	10	10	1188	582	郴州苏仙北路18号	0735－2876199	
			标准套间	6	6	698	282			
			豪华单间	3	3	888	282			
			标准单人间	4	4	468	192			
			标准双人间	114	114	468	192			
五连冠酒店	郴州五连冠酒店有限公司	3	豪华套间	3	3	998	398	郴州市人民西路12号	0735－2230226	
			标准套间	7	7	698	238			
			豪华单间	48	48	368	168			
			标准单人间	9	9	308	168			
			标准双人间	107	107	338	168			
郴州国际大酒店	湖南郴州建设工程集团有限公司国际大酒店	4	豪华套间	8	6	1680	600	湖南省郴州市人民西路17号	0735－2320042	
			豪华单间	15	12	768	300			
			标准单人间	16	12	518	200			
			标准双人间	113	90	518	200			
苏仙宾馆	郴州得月酒店管理有限公司苏仙宾馆	3	豪华套间	1	1	999	460	郴州市苏仙南路38号	0735－2852886/2852668	
			标准套间	2	2	888	300			
			豪华单间	13	13	398	229			
			标准双人间	59	59	328	180			
			标准三人间	2	2	398	200			
郴州宾馆有限公司	郴州宾馆有限公司	3	豪华套间	1	1	1178	598	郴州市人民东路7号	0735－2361388	
			标准套间	1	1	718	298			
			豪华单间	7	7	378	200			
			标准单人间	4	4	338	180			
			标准双人间	117	117	420	200			
郴州壹陆伍大酒店	郴州市壹陆伍大酒店		豪华套间	2	2	1888	488	郴州市人民东路18号	0735－5555165/8885588	
			标准套间	14	14	688	268			
			豪华单间	27	27	428	218			
			标准单人间	26	26	368	188			
			标准双人间	93	93	398	188			
			标准三人间	3	3	548	188			
财政培训中心	郴州市财政干部和会计人员培训中心		豪华套间	2	2	1528	588	七里大道136号	0735－2298579/2298588	
			标准套间	1	1	418	188			
			豪华单间	2	2	418	188			
			标准双人间	29	29	288	128			

饭店名称	发票开具单位名称	星级	客房（数量：间；价格：元/天）					地址	前台订房电话	备注
			房型	总间数	协议间数	门市价	协议价			
天湖大酒店	湖南郴州汽车运输集团有限责任公司天湖大酒店		豪华套间	7	7	568	300	郴州市同心路1号	0735－2290398	
			标准套间	8	8	528	260			
			豪华单间	7	7	388	180			
			标准单人间	16	16	368	168			
			标准双人间	81	81	368	168			
苏园宾馆	苏园宾馆	2	豪华套间	3	3	558	388	苏园西路17号	0735－2332618/2332619	
			标准套间	5	5	388	280			
			豪华单间	6	6	280	158			
			豪华双人间	47	47	288	158			
			标准双人间	53	53	188	120			
			标准三人间	5	5	188	120			
鼎和大酒店	鼎和大酒店管理有限公司		豪华套间	4	4	1388	468	郴州市五岭大道36号	0735－2623599	
			豪华单间	46	46	468	198			
			标准单人间	8	8	428	180			
			标准双人间	44	44	428	180			
璟江花园大酒店	璟江花园大酒店		豪华套间	1	1	668	378	资兴市阳安中路	0735－3229158	
			标准套间	8	8	448	258			
			豪华单间	12	12	448	178			
			标准单人间	20	20	288	128			
			标准双人间	35	35	288	128			
			标准三人间	2	2	328	158			
资兴宾馆	资兴宾馆	3	豪华套间	5	5	1000	520	资兴市晋宁路87号	0735－3322591/3330102	
			标准套间	6	6	880	300			
			豪华单间	10	10	580	300			
			标准双人间	93	93	380	180			
			标准三人间	109	109	380	200			
桂阳县新东方大酒店有限公司	桂阳县新东方大酒店有限公司	3	豪华套间	4	4	1268	600	桂阳县迎宾路83号	0735－4498918/4498888	
			豪华单间	11	11	508	300			
			标准双人间	45	45	368	200			
金都大酒店	桂阳县金都大酒店有限责任公司	3	豪华套间	3	3	428	298	桂阳县城关镇向阳路30号	0735－4498788/4498789/4499038	
			标准套间	7	7	408	278			
			豪华单间	6	6	248	178			
			标准单人间	8	8	238	158			
			标准双人间	18	18	238	158			
			标准三人间	12	12	238	158			

饭店名称	发票开具单位名称	星级	客房（数量：间；价格：元/天）					地址	前台订房电话	备注
			房型	总间数	协议间数	门市价	协议价			
宜章大酒店	宜章大酒店	4	豪华套间	1	1	1088	498	宜章城关南京洞开发区南京路5号	0735－3760888	
			标准套间	6	6	1080	300			
			豪华单间	6	6	640	280			
			标准单人间	6	6	480	180			
			标准双人间	70	70	440	180			
君泰大酒店	君泰大酒店		豪华套间	4	4	888	460	宜章城关镇宜兴路	0735－3760999	
			标准套间	13	13	568	300			
			豪华单间	16	16	418	230			
			标准双人间	40	40	418	200			
山水银都度假村	永兴山水银都度假村有限公司	3	豪华套间	6	6	1580	600	永兴县城关镇水南村塞上组	0735－5569999/5569987	
			豪华单间	6	6	568	258			
			标准单人间	2	2	528	200			
			标准双人间	12	12	628	200			
				33	33	508	200			
银都大酒店	郴州永兴银都大酒店有限公司	3	豪华套间	2	2	1228	500	永兴县三胞经济技术开发区	0735－5535888	
			标准套间	3	3	436	218			
			豪华单间	5	5	336	168			
			标准单人间	8	8	300	150			
			标准双人间	26	26	300	150			
			标准三人间	3	3	256	128			
永兴宾馆	永兴宾馆		豪华套间	2	2	1088	580	永兴县城关镇沿江北路127号	0735－5566661	
			豪华单间	6	6	288	160			
			标准双人间	74	74	238	120			
天禧大酒店	嘉禾县天禧大酒店	3	豪华套间	4	4	498	328	嘉禾县城晋屏北路98号	0735－6893822	
			豪华单间	59	59	288	188			
			标准单人间	13	13	238	168			
			标准双人间	23	23	238	168			
嘉禾宾馆	嘉禾宾馆客服部、餐厅部		豪华套间	2	2	888	328	嘉禾县金田路县委大院内	0735－6622416/6632898	
			标准套间	1	1	688	268			
			豪华单间	9	9	298	148			
			标准单人间	1	1	298	148			
			标准双人间	23	23	298	148			
			标准三人间	3	3	298	148			

饭店名称	发票开具单位名称	星级	客房（数量：间；价格：元/天）					地址	前台订房电话	备注
			房型	总间数	协议间数	门市价	协议价			
临武县招待所（迎宾馆）	临武县招待所		豪华套间	2	2	688	400	临武县韩山路39号	0735－6336998/6338708	
			标准套间	3	3	488	280			
			豪华单间	30	30	268	158			
			标准单人间	3	3	248	168			
			标准双人间	40	40	208	128			
			标准三人间	18	18	288	188			
宏宛宾馆	宏宛宾馆		豪华套间	3	3	338	188	临武县晴岚路交警大队院内	0735－6327888	
			标准套间	18	18	248	128			
			豪华单间	2	2	248	128			
			标准双人间	5	5	218	108			
			标准三人间	3	3	198	168			
郴州市福泉度假有限公司	郴州市福泉度假有限公司		豪华套间	2	2	880	528	汝城县热水镇	0735－8471070	
			豪华单间	4	4	480	288			
			标准双人间	44	44	480	200			
				32	32	360	200			
汝城县庐阳宾馆	汝城县庐阳宾馆		标准套间	4	4	468	200	汝城县东正街9号	0735－8231148	
			标准单人间	4	4	228	130			
			标准双人间	26	26	228	130			
			标准三人间	3	3	198	130			
联达大酒店	桂东县联达实业有限公司	3	豪华套间	2	2	1026	458	桂东县维夏路15号	0735－8666666	
			标准套间	29	29	326	168			
			豪华单间	24	24	468	251			
			标准单人间	11	11	326	168			
			标准双人间	12	12	288	130			
			标准三人间	3	3	286	198			
桂东宾馆	桂东县人民政府招待所	3	豪华套间	2	2	688	528	桂东县城关镇维夏路10号	0735－8625038	
			标准套间	3	3	428	298			
			豪华单间	2	2	388	218			
			标准双人间	35	35	288	168			
			标准三人间	3	3	368	198			
桂东天湖大酒店	桂东天湖大酒店		标准套间	4	4	268	228	桂东县城关镇迎宾路一号	0735－8627698	
			标准单人间	4	4	148	100			
			标准双人间	30	30	148	100			
			标准三人间	3	3	188	128			

饭店名称	发票开具单位名称	星级	客房（数量：间；价格：元/天）					地址	前台订房电话	备注
			房型	总间数	协议间数	门市价	协议价			
永乐大酒店	永乐大酒店	3	豪华套间	2	2	368	348	安仁县五一南路	0735－5228788	
			标准套间	4	4	268	248			
			标准单人间	3	3	158	138			
			标准双人间	40	40	168	138			
			标准三人间	4	4	178	148			
和美国际酒店	和美国际酒店	3	豪华套间	4	2	588	498	安仁县五一南路	0735－5218888	
			标准套间	6	4	388	298			
			豪华单间	9	9	308	278			
			标准单人间	6	4	288	200			
			标准双人间	40	40	288	200			
永州市										
永州国际酒店有限责任公司	永州国际酒店有限责任公司		标准套间	24	24	559	160	永州市冷水滩区凤凰园中心花坛	0746－8222222/8222062	
			豪华单间	6	6	379	150			
			标准单人间	13	13	359	130			
			标准双人间	30	30	379	140			
永州市潇湘威尼斯国际大酒店	永州市云湖实业有限公司潇湘威尼斯国际大酒店		标准单人间	3	3	468	160	永州市冷水滩区湘永路32号	0746－8336666	
			标准双人间	31	31	468	160			
永州市海天大酒店有限公司	永州市海天大酒店有限公司		标准单人间	6	6	188	110	永州市冷水滩区育才路	0746－8356888	
			标准双人间	66	66	288	130			
				29	29	188	110			
长城酒店有限公司	长城酒店有限公司		豪华套间	3	3	936	468	永州市冷水滩区湘永路156号	0746－8357000	
			标准双人间	32	32	396	198			
				30	30	396	188			
				23	23	336	160			
			标准单人间	11	11	336	160			
永州柳子大酒店有限责任公司	永州柳子大酒店有限责任公司		标准单人间	5	5	218	110	永州市零陵区潇水中路113号	0746－6245988	
			标准双人间	110	110	145	145			
			标准三人间	20	20	160	160			
永州市红太阳大酒店有限公司	永州市红太阳大酒店有限公司	4	豪华单间	50	50	688	268	永州市零陵区南津中路一号	0746－6688888－8081/8088	
			标准双人间	60	60	498	180			

湖南

饭店名称	发票开具单位名称	星级	客房（数量：间；价格：元/天）					地址	前台订房电话	备注
			房型	总间数	协议间数	门市价	协议价			
绿都大酒店	双牌县绿都娱乐有限公司		豪华套间	2	2	158	100	双牌县阳明路58号	0746－7721370	
			标准套间	6	6	138	98			
			豪华单间	6	6	138	98			
			标准单人间	7	7	158	100			
			标准双人间	1	1	138	98			
天龙宾馆	双牌天龙旅游实业投资有限公司		豪华套间	2	2	668	480	紫金北路1号	0746－7792999	
			标准套间	1	1	338	120			
			豪华单间	4	4	268	120			
			标准双人间	21	21	248	100			
			标准三人间	16	16	268	120			
阳光大酒店	双牌县阳光大酒店		豪华套间	2	2	268	180	双牌县紫金中路26号	0746－7728111	
			标准套间	7	7	168	128			
			标准单人间	2	2	168	100			
			标准双人间	10	10	158	100			
			标准三人间	3	3	188	100			
祁阳县华信国际大酒店	祁阳县华信国际大酒店		豪华套间	3	3	1118	480	祁阳县浯溪镇金盆路	0746－3258888	
			豪华单间	23	23	458	198			
			标准单人间	11	11	388	160			
			标准双人间	18	18	458	198			
				16	16	388	160			
湖南鑫利大酒店	湖南鑫利大酒店有限公司	4	豪华套间	20	14	818	498	祁阳县浯溪镇中兴路8号	0746－3222222	
			豪华单间	33	24	448	228			
				100	70	448	200			
			标准双人间	6	5	278	168			
				8	6	278	168			
故乡缘贵宾楼	故乡缘贵宾楼		豪华套间	1	1	1080	488	祁阳县复兴路（县行政中心机关食堂）	0746－3259099	
			标准套间	1	1	488	258			
			标准单人间	8	8	288	128			
			标准双人间	7	7	318	148			
道县广业大酒店	广业大酒店	3	豪华套间	4	4	588	350	湖南省永州市道县潇水中路	0746－5223189	
			标准双人间	85	85	268	160			
琅东大酒店	道县琅东大酒店	3	豪华单间	38	38	468	238	湖南省永州市道县道州北路中段	0746－5238888	
			标准双人间	36	36	268	160			

饭店名称	发票开具单位名称	星级	客房（数量：间；价格：元/天）					地址	前台订房电话	备注
			房型	总间数	协议间数	门市价	协议价			
爱塞丽雅大酒店	永州爱塞丽雅大酒店有限公司	3	豪华套间	6	6	688	329	江华县中心花园	0746－2331998/2339011	
			豪华单间	35	35	458	238			
			标准双人间	41	41	458	200			
				56	56	298	159			
江华维多利亚大酒店	永州维多利亚大酒店有限公司		豪华套间	4	4	298	278	江华县沱江镇萌渚路43号	0746－2333999/2333933	
			标准套间	17	17	278	240			
			豪华单间	5	5	278	240			
			标准单人间	4	4	218	158			
			标准双人间	40	40	198	148			
鼎丰大酒店	新田鼎丰置业开发有限公司		豪华套间	4	4	688	480	湖南省新田县龙泉镇商业路18号	0746－4726888	
			豪华单间	43	43	398	240			
			标准单人间	9	9	268	160			
			标准双人间	14	14	268	160			
			标准三人间	2	2	288	160			
鸿旺大酒店	新田县鸿旺大酒店		豪华套间	5	5	110	100	新田县新华东路县武装部内	0746－4977111	
			豪华单间	7	7	80	70			
			标准单人间	5	5	70	60			
			标准双人间	4	4	80	70			
			标准三人间	1	1	80	70			
雅园宾馆	雅园宾馆		标准单人间	7	7	60	50	新田县龙泉镇烟霞路66号	0746－4762908	
			标准双人间	11	11	70	60			
			标准三人间	2	2	80	70			
富煌大酒店	富煌大酒店		豪华套间	4	4	268	240	蓝山县塔峰镇湘粤路165号	0746－2218888	
			标准套间	7	7	258	230			
			豪华单间	6	6	188	168			
			标准双人间	33	33	178	148			
南海国际大酒店	蓝山县南海国际大酒店有限责任公司		豪华套间	9	9	788	448	蓝山县市政广场旁	0746－8808100/8808001/8808002	
			豪华单间	33	33	388	208			
			标准单人间	17	17	298	158			
			标准双人间	65	65	328	160			
帝皇商务酒店	帝皇商务酒店		豪华套间	3	3	268	238	宁远县泠江中路136号	0746－7223031/7224788	
			豪华单间	3	3	180	168			
			标准单人间	6	6	158	138			
			标准双人间	12	12	168	150			
				19	19	158	138			
			标准三人间	3	3	268	190			

饭店名称	发票开具单位名称	星级	客房（数量：间；价格：元/天）					地址	前台订房电话	备注
			房型	总间数	协议间数	门市价	协议价			
宁远县永舜假日酒店	永舜假日酒店	3	豪华套间	1	1	288	220	宁远县舜陵镇泠江中路39号	0746-7233333	
			标准套间	15	15	198	168			
			豪华单间	15	15	168	150			
			标准单人间	4	4	158	138			
			标准双人间	52	52	158	138			
			标准三人间	3	3	198	168			
莲花大酒店	湖南宁远嶷山实业有限责任公司	3	豪华套间	6	6	588	368	宁远县泠江路88号	0746-7236666	
			豪华单间	14	14	238	158			
			标准单人间	10	10	198	138			
			标准双人间	46	46	198	138			
宁远国际大酒店	宁远国际大酒店	3	豪华套间	5	5	618	360	宁远县舜陵镇泠江路138号	0746-7237333/7237666	
			标准单人间	2	2	398	150			
			标准双人间	72	72	328	150			
			标准三人间	4	4	386	150			
香穗大酒店	江永县香穗大酒店	2	豪华套间	4	4	698	480	江永永明中路212号	0746-5751212	
			标准套间	8	8	308	188			
			豪华单间	6	6	258	158			
			标准双人间	27	27	268	158			
金龙湾宾馆	金龙湾永地税328		豪华套间	3	3	488	388	永明中路103号	0746-5752333	
			标准套间	4	4	388	250			
			标准单人间	12	12	188	148			
			标准双人间	28	28	188	148			
			标准三人间	4	4	188	158			
江永县瑶家饭店	江永县瑶家饭店	2	豪华套间	1	1	688	368	江永县永明东路386号	0746-5811777	
			标准套间	11	11	318	168			
			豪华单间	3	3	288	168			
			标准双人间	14	14	288	148			
江永大酒店	江永大酒店		豪华套间	2	2	240	220	江永县永明北路	0746-5755999	
			标准套间	2	2	220	200			
			豪华单间	6	6	140	120			
			标准单人间	4	4	120	100			
			标准双人间	36	36	120	100			
			标准三人间	2	2	120	100			
紫苑和一生态酒店	东安县紫苑和一生态酒店有限公司	3	豪华套间	2	2	999	480	东安县经济开发区缤江路1号	0746-4211111-8881	
			豪华单间	7	7	259	228			
			标准单人间	14	14	199	160			
			标准双人间	42	42	199	160			

湖南

饭店名称	发票开具单位名称	星级	客房（数量：间；价格：元/天）					地址	前台订房电话	备注
			房型	总间数	协议间数	门市价	协议价			
东安县景源大酒店有限公司	景源大酒店有限公司		豪华单间	4	4	218	128	白牙市镇舜皇路八角街88号	0746－4226968	
			标准单人间	4	4	168	118			
			标准双人间	20	20	138	98			
邵阳市										
中恒大酒店	中恒大酒店	2	豪华套间	2	2	328	318	邵阳市双清区东大路229号	0739－5228188	
			标准套间	3	3	288	278			
			标准单人间	9	9	158	148			
			标准双人间	31	31	168	158			
			标准三人间	41	41	188	178			
和一宝庆山庄	湖南和一宝庆山庄有限公司	4	豪华套间	1	1	1329	600	邵阳市宝庆中路437号	0739－5111111－7	
			标准套间	6	5	1119	300			
			豪华单间	17	15	669	300			
			标准单人间	7	6	489	200			
			标准双人间	100	100	489	200			
锦绣天源大酒店	华龙贸易有限公司锦绣天源大酒店	2	豪华套间	2	2	978	600	邵阳市火车站魏源广场东座	0739－5368688/5258888	
			豪华单间	40	40	316	132			
			标准单人间	8	8	356	142			
			标准双人间	10	10	296	118			
			标准三人间	2	2	396	160			
邵阳市魏源国际大酒店	邵阳市魏源国际大酒店有限公司		豪华套间	11	11	698	399	邵阳市火车站魏源广场西侧	0739－5366666/5377777	
			豪华单间	29	29	568	269			
			标准单人间	32	32	418	200			
			标准双人间	32	32	418	200			
城步大酒店	城步大酒店	3	豪华套间	3	3	368	320	城步县人武部院内	0739－7362222/7363333	
			标准套间	38	38	168	150			
			标准单人间	3	3	168	150			
凌云大饭店	武冈市凌云宾馆有限公司		豪华套间	5	5	428	298	湖南武冈迎春亭（武冈师范旁）	0739－4288888	
			标准套间	8	8	368	208			
			豪华单间	9	9	228	198			
			标准单人间	16	16	188	158			
			标准双人间	76	76	188	158			
武冈市鑫源大酒店有限公司	武冈市鑫源大酒店有限公司	2	豪华套间	2	2	458	298	乐洋西路	0739－4228888	
			标准套间	3	3	358	208			
			标准单人间	5	5	158	128			
			标准双人间	71	71	198	128			

饭店名称	发票开具单位名称	星级	客房（数量：间；价格：元/天）					地址	前台订房电话	备注
			房型	总间数	协议间数	门市价	协议价			
武冈正一大酒店	湖南省武冈市正一商贸有限责任公司		豪华套间	6	6	668	298	湖南武冈市武强路1号	0739－4256888	
			标准套间	4	4	598	208			
			豪华单间	7	7	568	198			
			标准单人间	22	22	398	158			
			标准双人间	68	68	398	158			
新宁县新丹霞宾馆	新宁县新丹霞宾馆	3	豪华套间	2	2	588	299	新宁县大兴路汽车西站	0739－4922888/4922666	
			标准套间	2	2	428	219			
			豪华单间	4	4	388	189			
			标准单人间	9	9	188	119			
			标准双人间	68	68	188	119			
小百花宾馆	小百花宾馆		豪华套间	1	1	688	328	新宁县金石镇	0739－4827838	
			豪华单间	5	5	288	148			
			标准双人间	30	30	288	138			
			标准三人间	4	4	328	168			
新宁县崀泉宾馆	新宁县崀泉宾馆	3	豪华套间	5	5	888	418	新宁县崀山镇	0739－4705888	
			标准套间	6	6	298	198			
			豪华单间	6	6	298	198			
			标准单人间	6	6	268	138			
			标准双人间	40	40	268	138			
			标准三人间	10	10	308	148			
崀山宏基大酒店	湖南崀山宏基旅游发展有限公司	4	豪华单间	10	8	588	239	新宁县春风路98号	0739－4928888－21	
			标准单人间	11	9	468	179			
			标准双人间	75	60	468	179			
新华宾馆	新华宾馆		豪华套间	4	4	488	270	洞口县城	0739－7235888	
			豪华单间	6	6	188	148			
			标准双人间	72	72	168	128			
洞口宾馆	洞口县洞口宾馆		豪华套间	3	3	658	478	洞口县城	0739－7238888	
			豪华单间	16	16	288	158			
			标准双人间	108	108	288	158			
邵阳县和怡源大酒店	邵阳县和怡源大酒店		豪华套间	5	5	428	328	邵阳县塘渡口镇振羽大道	0739－6816888/6816889	
			标准单人间	9	9	168	148			
				6	6	138	110			
			标准双人间	25	25	198	178			
				30	30	168	148			

饭店名称	发票开具单位名称	星级	客房（数量：间；价格：元/天）					地址	前台订房电话	备注
			房型	总间数	协议间数	门市价	协议价			
邵阳县天和大酒店	邵阳县天和大酒店		豪华套间	8	8	268	188	邵阳县塘渡口镇振羽大道	0739－6811266	
			标准套间	12	12	178	125			
			豪华单间	6	6	158	110			
			标准双人间	12	12	148	103			
邵阳县资汇宾馆	邵阳县资汇宾馆		豪华套间	2	2	888	444	邵阳县塘渡口镇油铺桥	0739－6834666	
			标准套间	2	2	558	279			
			豪华单间	3	3	288	202			
			标准双人间	12	12	180	126			
				34	34	160	112			
			标准三人间	18	18	160	112			
邵阳县振羽华天商务宾馆	邵阳县振羽华天商务宾馆		豪华套间	2	2	298	238	邵阳县塘渡口镇振羽大道	0739－6811111/6811222	
			标准套间	8	8	198	138			
			豪华单间	4	4	198	138			
			标准单人间	6	6	148	118			
			标准双人间	16	16	168	108			
天宏宾馆	天宏宾馆	3	豪华套间	8	8	428	368	邵东县城荷花路1号	0739－2208888/2209888	
			标准套间	8	8	288	168			
			豪华单间	10	10	288	168			
			标准单人间	6	6	208	148			
			标准双人间	66	66	228	148			
金利华大酒店	金利华实业有限公司	4	豪华套间	5	5	688	378	金龙大道	0739－2866666	
			标准套间	48	48	528	298			
			豪华单间	3	3	408	238			
			标准单人间	7	7	388	198			
			标准双人间	84	84	388	198			
武兴宾馆	武兴宾馆	3	豪华套间	2	2	388	280	新邵县酿溪镇	0739－3661258	
			标准套间	3	3	228	218			
			豪华单间	2	2	188	168			
			标准单人间	3	3	198	168			
			标准双人间	16	16	188	140			
			标准三人间	8	8	188	128			
宏天宾馆	宏天宾馆	3	豪华套间	2	2	388	308	新邵县酿溪镇	0739－3600288	
			标准套间	2	2	258	218			
			豪华单间	6	6	188	168			
			标准单人间	8	8	188	168			
			标准双人间	20	20	188	168			
			标准三人间	6	6	198	178			

饭店名称	发票开具单位名称	星级	客房（数量：间；价格：元/天）					地址	前台订房电话	备注
			房型	总间数	协议间数	门市价	协议价			
新邵宾馆	新邵宾馆	3	豪华套间	2	2	388	318	新邵县酿溪镇	0739－3608487	
			标准套间	3	3	228	218			
			豪华单间	8	8	188	168			
			标准单人间	8	8	188	178			
			标准双人间	24	24	188	178			
			标准三人间	8	8	188	178			
恒丰假日酒店	隆回县恒丰实业有限公司	4	豪华套间	21	21	1288	600	隆回县城桃花路	0739－8188888/8188005/8188777	
			标准单人间	29	29	338	200			
			标准双人间	116	116	338	200			
隆回县花瑶·印象概念休闲山庄	隆回县花瑶·印象概念休闲山庄	3	豪华套间	3	3	536	268	隆回县城西猫头岩	0739－8160888/8163008	
			标准套间	7	7	456	228			
			豪华单间	12	12	296	148			
			标准单人间	21	21	216	128			
			标准双人间	23	23	256	128			
隆回县友谊宾馆	隆回县友谊宾馆	2	豪华单间	1	1	209	168	隆回县桃洪西路23号	0739－8240888/8241318/8240118	
			标准单人间	3	3	199	148			
			标准双人间	16	16	199	148			
			标准三人间	3	3	219	165			
阳光大酒店	阳光大酒店	3	豪华套间	2	2	498	398	桃洪中路	0739－8185559/8185888	
			豪华单间	12	12	198	158			
			标准双人间	8	8	228	180			
				32	32	198	158			
				61	61	168	135			
林海大酒店	林海大酒店		豪华套间	1	1	300	240	绥宁县东正街8号	0739－7612050/7612153	
			标准套间	4	4	180	140			
			豪华单间	4	4	180	140			
			标准单人间	20	20	80	70			
			标准双人间	42	42	160	130			
			标准三人间	6	6	160	140			
绥宁县锦绣长城大酒店	绥宁县锦绣长城大酒店		豪华套间	2	2	888	538	绥宁县人民武装部内	0739－7628888/7628666	
			标准套间	2	2	588	300			
			豪华单间	1	1	328	198			
			标准单人间	16	16	288	168			
			标准双人间	50	50	368	200			
			标准三人间	22	22	388	200			

饭店名称	发票开具单位名称	星级	客房（数量：间；价格：元/天）					地址	前台订房电话	备注
			房型	总间数	协议间数	门市价	协议价			
东兴大酒店	东兴大酒店		豪华套间	1	1	598	308	绥宁县城沿河街7号	0739－7608888	
			标准套间	1	1	518	268			
			豪华单间	8	8	198	110			
			标准双人间	33	33	198	128			
			标准三人间	3	3	288	168			
怀化市										
怀化迎宾馆	怀化迎宾馆	3	豪华套间	1	1	6888	540	怀化市迎丰中路665号	0745－2718888/2730001	
				7	7	3888	540			
			豪华单间	17	17	488	270			
			标准单人间	4	4	288	150			
			标准双人间	43	43	488	180			
				17	17	288	150			
				27	27	388	200			
			标准三人间	3	3	488	180			
				10	10	288	150			
怀化武陵城大酒店	湖南武陵城（集团）房地产开发有限公司怀化武陵城大酒店	3	豪华套间	6	6	779	309	湖天开发区世纪花园	0745－2397888/2397802/2397807	
			标准套间	10	10	699	269			
			豪华单间	8	8	409	179			
			标准单人间	12	12	329	139			
				13	13	329	129			
			标准双人间	39	39	329	139			
				65	65	329	119			
			标准三人间	3	3	469	180			
				2	2	229	150			
怀化市鹤城区园中园大酒店	怀化市鹤城区园中园大酒店	3	豪华套间	4	4	918	458	怀化顺天南路教师新苑内	0745－2731222/2731250	
			标准套间	9	9	298	168			
			豪华单间	12	12	298	168			
			标准单人间	15	15	288	158			
			标准双人间	106	106	258	138			
湖南怀化金苑宾馆	湖南怀化金苑宾馆	3	豪华套间	2	2	1888	528	怀化市迎丰中路99号	0745－2290888/2292168/2292019	
			标准套间	2	2	688	268			
			豪华单间	44	44	338	188			
			标准单人间	7	7	238	128			
			标准双人间	39	39	218	120			
			标准三人间	8	8	238	128			

湖南

饭店名称	发票开具单位名称	星级	客房（数量：间；价格：元/天）					地址	前台订房电话	备注
			房型	总间数	协议间数	门市价	协议价			
明珠大酒店	湖南怀化明珠大酒店	3	豪华套间	1	1	1028	518	怀化市河西新区舞阳大道	0745－2318888	
				1	1	588	308			
			标准套间	4	4	800	270			
				2	2	418	218			
			豪华单间	6	6	568	248			
				2	2	338	178			
			标准单人间	9	9	328	168			
				5	5	298	158			
			标准双人间	80	80	328	168			
				70	70	298	158			
西南宾馆	怀化西南宾馆	3	豪华套间	4	4	980	460	怀化市迎丰中路 328 号	0745－2730888	
			豪华单间	5	5	468	220			
			标准双人间	92	92	310	150			
			标准三人间	10	10	310	150			
沅陵宾馆	沅陵县长青矿业有限责任公司沅陵宾馆	3	豪华套间	14	14	588	410	沅陵县迎宾北路 71 号	0745－4210858	
			标准单人间	16	16	218	168			
			标准双人间	100	100	208	168			
沅陵县汇源大酒店	沅陵县汇源大酒店		标准套间	6	6	228	198	沅陵县迎宾北路 26 号	0745－2518989	
			豪华单间	1	1	168	138			
			标准双人间	30	30	168	138			
沅陵县三龙大酒店	沅陵县三龙大酒店	2	标准套间	6	6	228	160	沅陵县辰州东街 12 号	0745－4210368	
			豪华单间	4	4	288	220			
			标准单人间	4	4	168	120			
			标准双人间	27	27	168	120			
			标准三人间	1	1	168	130			
沅陵县佳程商务宾馆	沅陵县佳程商务宾馆		标准套间	4	4	208	160	沅陵县天宁南路	0745－4227189	
			豪华单间	9	9	168	140			
			标准单人间	10	10	148	100			
			标准双人间	38	38	148	100			
蓝溪生态休闲农庄	沅陵县蓝溪生态综合开发有限责任公司		标准套间	8	8	268	168	沅陵县凉水井镇刘家坝村	0745－4518518	
			标准单人间	2	2	168	108			
			标准双人间	18	18	168	108			

饭店名称	发票开具单位名称	星级	客房（数量：间；价格：元/天）					地址	前台订房电话	备注
			房型	总间数	协议间数	门市价	协议价			
辰溪武陵城酒店	辰溪武陵城酒店有限公司	3	豪华套间	1	1	888	599	辰溪县东风路	0745－5221888	
			标准套间	2	2	388	298			
			豪华单间	1	1	268	228			
			标准单人间	7	7	208	188			
			标准双人间	56	56	228	178			
億源大酒店	辰溪县億源商贸有限责任公司	3	豪华套间	3	3	488	388	辰溪县东风路	0745－5259088	
			标准套间	3	3	388	298			
			豪华单间	2	2	218	178			
			标准单人间	3	3	158	128			
			标准双人间	46	46	168	138			
			标准三人间	4	4	218	178			
辰溪县八一宾馆	辰溪县八一宾馆	2	豪华套间	3	3	328	268	辰阳镇先锋路	0745－5258118	
			标准套间	3	3	188	158			
			豪华单间	1	1	128	98			
			标准单人间	1	1	108	90			
			标准双人间	12	12	138	118			
			标准三人间	1	1	168	138			
湖南省溆浦县维多利亚大酒店	湖南省溆浦县维多利亚大酒店		豪华套间	4	4	268	210	溆浦县汽车站	0745－3326888	
			豪华单间	8	8	168	128			
			标准单人间	12	12	158	118			
			标准双人间	49	49	168	138			
			标准三人间	3	3	178	158			
贵宾楼	溆浦县人民武装部贵宾楼		豪华套间	4	4	268	210	溆浦县人民武装部院内	0745－3328088	
			标准单人间	12	12	158	118			
			标准双人间	49	49	158	138			
			标准三人间	3	3	188	158			
溆浦县人民政府招待所	溆浦县人民政府招待所		豪华套间	3	3	988	590	溆浦县卢峰镇东风街608号	0745－3324061	
			标准套间	3	3	380	300			
			豪华单间	30	30	278	248			
			标准单人间	30	30	248	160			
			标准双人间	100	100	248	170			
			标准三人间	20	20	268	170			
琼楼	麻阳苗族自治县人民政府招待所	3	豪华套间	2	2	888	580	麻阳苗族自治县富州路上街23号	0745－5850518	
			标准双人间	51	51	238	180			

饭店名称	发票开具单位名称	星级	客房（数量：间；价格：元/天）					地址	前台订房电话	备注
			房型	总间数	协议间数	门市价	协议价			
毛家大酒店	毛家大酒店		标准套间	2	2	288	168	新晃县新晃镇人民路26号	0745－6268588	
			标准单人间	11	11	128	70			
			标准双人间	17	17	168	90			
			标准三人间	4	4	188	110			
新晃宾馆	新晃县饮食服务公司		豪华套间	1	1	158	120	新晃县新晃镇解放路28号	0745－6223888	
			豪华单间	4	4	118	90			
			标准单人间	5	5	88	70			
			标准双人间	10	10	128	90			
			标准三人间	2	2	138	100			
丰园路大酒店	丰园路大酒店		标准套间	1	1	198	168	新晃镇晃山路	0745－6232188	
			豪华单间	4	4	188	158			
			标准单人间	12	12	168	100			
			标准双人间	28	28	158	90			
			标准三人间	3	3	198	140			
佳城假日大酒店	佳城假日大酒店		豪华套间	2	2	288	268	新晃镇解放路	0745－6266188	
			标准套间	7	7	228	208			
			豪华单间	23	23	168	148			
			标准单人间	8	8	138	128			
			标准双人间	19	19	168	148			
芷江宾馆	芷江宾馆	3	豪华套间	4	4	888	578	芷江北街209号	0745－6829452	
				8	8	688	448			
			标准套间	7	7	468	300			
			豪华单间	5	5	468	300			
				19	19	428	278			
			标准单人间	6	6	278	180			
			标准双人间	24	24	248	158			
				41	41	298	198			
			标准三人间	1	1	318	198			
芷江侗族自治县汇丰宾馆	芷江侗族自治县汇丰宾馆	3	豪华套房	2	2	528	318	芷江西街29号	0745－6826556/6828530	
				4	4	618	370			
			标准单人间	4	4	308	180			
				11	11	278	168			
			标准双人间	31	31	278	168			
			豪华双人间	19	19	308	180			

饭店名称	发票开具单位名称	星级	客房（数量：间；价格：元/天）					地址	前台订房电话	备注
			房型	总间数	协议间数	门市价	协议价			
芷江侗族自治善水大酒店	芷江侗族自治县善水大酒店		豪华套间	6	6	888	568	芷江镇沿河路	0745－6778888	
				9	9	688	378			
			标准套间	24	24	498	248			
			豪华单间	20	20	518	280			
			标准双人间	18	18	488	178			
会同县长城宾馆	会同武装部民兵训练基地		标准单人间	9	9	168	148	会同武装部院内	0745－8853140	
			标准双人间	26	26	148	128			
湖南武陵城（集团）房地产开发有限公司会同武陵城酒店	湖南武陵城（集团）房地产开发有限公司会同武陵城酒店		豪华单间	3	3	558	228	会同县武陵城商业广场	0745－8856988	
			标准单人间	10	10	238	198			
			标准双人间	70	70	158	138			
鸿运梅林宾馆	靖州县鸿运梅林宾馆	2	豪华套间	2	2	518	460	靖州县新建中路123号	0745－8259918	
			标准单人间	20	20	158	140			
			标准双人间	30	30	168	150			
			标准三人间	6	6	198	180			
怀荣名楼宾馆	怀荣名楼宾馆	2	豪华套间	1	1	208	180	靖州县梅林路移动公司对面	0745－2573218/2573333	
			标准套间	7	7	168	150			
			豪华单间	11	11	148	130			
			标准单人间	2	2	128	110			
			标准双人间	25	25	128	110			
			标准三人间	1	1	168	150			
凯程大酒店	凯程大酒店		标准套间	2	2	288	240	梅林路	0745－8258298	
			标准单人间	4	4	138	110			
			标准双人间	18	18	148	118			
通道宾馆	通道侗族自治县通道宾馆	2	豪华套间	2	2	398	368	通道侗族自治县长征中路	0745－8623002	
			豪华单间	20	20	228	188			
			标准双人间	80	80	198	168			
人武宾馆	通道侗族自治县人武宾馆		豪华套间	1	1	428	368	通道侗族自治县双江镇平安路20号	0745－8622446	
			标准套间	2	2	368	298			
			豪华单间	4	4	298	238			
			标准双人间	20	20	288	200			
				25	25	258	198			

饭店名称	发票开具单位名称	星级	客房（数量：间；价格：元/天）					地址	前台订房电话	备注
			房型	总间数	协议间数	门市价	协议价			
东鑫大酒店	通道县东鑫大酒店		豪华套间	3	3	268	208	通道侗族自治县休闲大市场对面	0745－8647168	
			标准单人间	3	3	158	138			
			标准双人间	18	18	178	158			
				18	18	158	138			
铜锣湾大酒店	铜锣湾大酒店		豪华套间	6	6	328	218	中方县生态城怀黔路旁	0745－2813888	
			标准套间	4	4	308	188			
			豪华单间	8	8	228	148			
			标准双人间	42	42	208	138			
			标准三人间	3	3	278	168			
芙蓉大酒店	芙蓉大酒店		标准单人间	24	24	168	100	黔城镇芙蓉中路	0745－2401999	
			标准双人间	30	30	168	100			
洪江大酒店	洪江大酒店		豪华套间	4	4	318	120	黔城镇开元大道	0745－2583777	
			豪华单间	5	5	218	120			
			标准双人间	67	67	148	120			
金洲大酒店	金洲大酒店		豪华套间	12	12	328	120	黔城镇雪峰大道	0745－7738888	
			标准套间	28	28	248	120			
			豪华单间	3	3	148	120			
			标准双人间	61	61	148	120			
洪江梅生酒店	洪江区梅生酒店有限公司	3	豪华套间	1	1	1288	600	怀化市洪江区新民路4号	0745－7666666	
			豪华单间	6	6	688	298			
			标准单人间	6	6	428	198			
			标准双人间	93	93	388	198			
古商城洪江大酒店	洪江区古商城洪江大酒店有限公司	2	豪华套间	4	4	328	248	怀化市洪江区新民路50号	0745－7632888	
			标准套间	1	1	298	198			
			豪华单间	2	2	218	168			
			标准单人间	9	9	188	138			
			标准双人间	19	19	218	158			
洪江宾馆	怀化市洪江宾馆有限公司	2	豪华套间	2	2	980	498	怀化市洪江区幸福西路17号	0745－7661999	
			标准套间	2	2	288	198			
			豪华单间	7	7	468	288			
			标准单人间	13	13	198	130			
			标准双人间	76	76	198	138			
			标准三人间	2	2	208	178			

饭店名称	发票开具单位名称	星级	客房（数量：间；价格：元/天）					地址	前台订房电话	备注
			房型	总间数	协议间数	门市价	协议价			
娄底市										
华洋大酒店	华洋大酒店		豪华套间	1	1	888	600	娄底市娄星区扶青南路	0738－6680888	
			标准套间	7	7	328	280			
			标准单人间	45	45	188	168			
			标准双人间	46	46	188	168			
湖南娄底宾馆	湖南娄底宾馆	3	豪华套间	1	1	888	532	娄底市娄星区乐坪东街9号	0738－8312189/8259888	
				1	1	688	412			
			标准单人间	23	23	248	198			
			标准双人间	69	69	248	198			
			标准三人间	6	6	258	198			
娄底迎宾馆（娄星区委接待处）	娄底迎宾馆	3	豪华套间	3	3	480	368	娄底市娄星区长青中街12号	0738－8271898/8312119/8271899	
			标准套间	3	3	368	288			
			标准单人间	6	6	248	178			
			标准双人间	38	38	248	178			
			标准三人间	6	6	248	188			
金香大酒店	娄底金香大酒店有限公司	3	豪华套间	1	1	980	600	娄底市娄星区乐坪东街3号	0738－8211688	
			标准套间	2	2	488	278			
			豪华单间	9	9	488	280			
			标准单人间	18	18	248	188			
			标准双人间	69	69	248	188			
恒丰大酒店	恒丰大酒店	3	豪华套间	2	2	688	598	娄底市娄星区乐坪东街22号	0738－8316188	
			标准套间	6	6	378	298			
			豪华单间	10	10	278	238			
			标准单人间	32	32	218	198			
			标准双人间	28	28	218	198			
清泉大酒店	湖南省清泉商贸实业集团清泉大酒店有限公司	3	豪华套间	4	4	1988	600	娄底市娄星区氐星路22号	0738－8312888－8061/8062	
			豪华单间	17	17	598	300			
			标准单人间	19	19	538	200			
			标准双人间	49	49	538	200			
双峰宾馆	双峰宾馆	2	豪华套间	1	1	1680	600	双峰县永丰镇书院路218号	0738－6837168	
			标准套间	1	1	588	300			
			豪华单间	21	21	278	178			
			标准单人间	3	3	248	168			
			标准双人间	40	40	248	168			
			标准三人间	4	4	268	168			

饭店名称	发票开具单位名称	星级	客房（数量：间；价格：元/天）					地址	前台订房电话	备注
			房型	总间数	协议间数	门市价	协议价			
双峰富厚大酒店	双峰富厚大酒店	2	豪华套间	1	1	688	468	双峰县复兴西路168号	0738－6884888	
			标准套间	14	14	488	198			
			豪华单间	34	34	288	168			
			标准单人间	12	12	228	138			
			标准双人间	20	20	228	138			
馨德宾馆	馨德宾馆		豪华套间	2	2	258	200	双峰县永丰镇天青街59号	0738－6820888	
			标准套间	6	6	198	160			
			豪华单间	22	22	168	130			
			标准单人间	6	6	138	100			
			标准双人间	16	16	138	100			
			标准三人间	4	4	178	140			
新化宾馆	中共新化县委县人民政府接待处	3	豪华套间	1	1	888	538	新化县上梅镇迎宾路39号	0738－3548888/3548000/3548555/3548333	
			标准套间	4	4	588	280			
			豪华单间	5	5	468	268			
			标准双人间	165	165	278	178			
新化海天大酒店	新化县海天餐饮娱乐有限公司		豪华套间	6	6	868	468	新化县上梅镇天华中路10号	0738－3330999	
			标准套间	6	6	688	300			
			豪华单间	9	9	558	288			
			标准单人间	18	18	428	198			
			标准双人间	68	68	418	188			
新化和一大酒店	新化和一大酒店		豪华套间	1	1	899	599	新化县梅苑开发区梅苑北路	0738－3561111	
			标准套间	4	4	699	280			
			豪华单间	30	30	499	199			
			标准单人间	13	13	399	189			
			标准双人间	80	80	399	189			
涟源宾馆	涟源市委接待处和涟源宾馆	3	豪华套间	4	4	798	598	涟源市人民中路67号	0738－6548888/4459999	
			标准套间	16	16	366	300			
			豪华单人间	28	28	318	300			
			标准单人间	12	12	228	180			
			标准双人间	72	72	308	200			
				12	12	248	190			
				14	14	188	150			
				16	16	151	113			
				19	19	116	87			
				33	33	72	54			
			标准三人间	12	12	198	150			
				2	2	198	149			

湖南

饭店名称	发票开具单位名称	星级	客房（数量：间；价格：元/天）房型	总间数	协议间数	门市价	协议价	地址	前台订房电话	备注
湘中宾馆	湘中宾馆		标准单人间	10	10	108	100	涟源市人民中路	0738－4452111	
			标准双人间	28	28	128	120			
			标准三人间	4	4	148	128			
冷江宾馆	冷江宾馆	2	豪华套间	2	2	1280	600	冷水江市锑都中路29号	0738－5212316/5213316	
				1	1	378	255			
			标准套间	4	4	338	230			
			豪华单间	3	3	368	256			
				8	8	208	145			
			标准单人间	5	5	268	186			
				41	41	208	145			
				11	11	188	130			
				6	6	128	90			
			标准双人间	15	15	268	186			
				37	37	188	130			
			标准三人间	9	9	188	130			
博尼尔国际大酒店	冷水江市博尼尔国际大酒店有限公司		豪华套间	10	10	988	448	冷水江市江北路1号	0738－5258888/5251688	
			标准套间	13	13	788	298			
			豪华单间	12	12	688	268			
				6	6	668	258			
				56	56	488	218			
			标准单人间	10	10	468	198			
			标准双人间	47	47	488	200			
				47	47	468	198			
湘西土家族苗族自治州										
湘西金土地宾馆	湘西自治州金土地宾馆有限公司	2	豪华套间	1	1	888	368	乾吉首市乾州新区世纪大道	0743－8515988/8516888	
			标准套间	4	4	688	300			
			标准单人间	7	7	388	128			
			标准双人间	51	51	388	128			
影视文化中心酒店	湘西州民族影视文化有限责任公司	3	豪华套间	16	16	1980	468	吉首市人民中路12号	0743－2121999/2121377	
			豪华单间	7	7	638	300			
			标准双人间	99	99	588	200			
湘西民族宾馆	湘西自治州民族宾馆有限公司	4	豪华套间	7	7	1288	598	湖南省吉首市人民中路7号	0743－8558885/8562188	
			标准套间	6	6	988	300			
			豪华单间	41	41	698	298			
			标准双人间	125	125	548	200			
			标准三人间	110	110	368	200			

饭店名称	发票开具单位名称	星级	客房（数量：间；价格：元/天）					地址	前台订房电话	备注
			房型	总间数	协议间数	门市价	协议价			
锦绣湘西国际酒店有限公司	锦绣湘西国际酒店有限公司		豪华套间	3	3	528	288	吉首市乾州新区世纪大道1号	0743－2819888	
			标准套间	3	3	428	288			
			豪华单间	20	20	258	168			
			标准双人间	57	57	218	148			
汇丰宾馆	汇丰宾馆	2	豪华套间	4	4	400	228	吉首市团结西路14号	0743－8711105	
			标准套间	4	4	320	148			
			豪华单间	8	8	288	138			
			标准单人间	16	16	248	128			
			标准双人间	28	28	208	138			
			标准三人间	8	8	198	118			
州政协接待处金利宾馆	州政协接待处金利宾馆		豪华套间	3	3	318	220	吉首市人民北路58号	0743－8721818	
			标准双人间	2	2	198	120			
			标准三人间	32	32	198	120			
湘西新华大酒店	湘西新华大酒店		豪华套间	2	2	328	228	吉首市人民北路42号	0743－8258111	
			标准套间	3	3	288	218			
			豪华单间	2	2	188	158			
			标准单人间	3	3	168	120			
			标准双人间	40	40	168	120			
湘西自治州天骄宾馆	湘西自治州天骄宾馆	2	豪华套间	5	5	488	200	吉首市团结西路17号	0743－8271368/8271358	
			标准单人间	4	4	298	110			
			标准双人间	64	64	298	110			
湘西自治州竹园宾馆有限公司	湘西自治州竹园宾馆有限公司	2	豪华套间	1	1	1288	400	吉首市光明西路5号	0743－8728801/8728802	
			标准套间	6	6	688	180			
			豪华单间	5	5	588	148			
			标准单人间	3	3	388	128			
			标准双人间	59	59	388	120			
			标准三人间	2	2	488	150			
金源宾馆	金源宾馆	2	豪华套间	2	2	218	180	吉首市文艺路3号	0743－8238888	
			标准单人间	10	10	128	100			
			标准双人间	34	34	128	100			
荷花园	荷花园		豪华单间	3	3	528	240	吉首市人民南路16号	0743－8561699/8561658	
			标准双人间	34	34	298	120			

湖南

饭店名称	发票开具单位名称	星级	客房（数量：间；价格：元/天）					地址	前台订房电话	备注
			房型	总间数	协议间数	门市价	协议价			
湘西自治州泸溪县影视文化有限责任公司辛女大酒店	湘西自治州泸溪县影视文化有限责任公司辛女大酒店	2	豪华套间	2	2	478	278	泸溪县白沙镇朝阳路	0743－4260088	
			标准套间	4	4	458	258			
			标准单人间	6	6	228	148			
			标准双人间	42	42	248	158			
邮政大酒店	邮政大酒店	2	豪华套间	2	2	388	238	泸溪县白沙镇建设中路	0743－4262088	
			豪华单间	3	3	188	138			
			标准单人间	4	4	168	128			
			标准双人间	22	22	158	118			
			标准三人间	2	2	228	188			
泸溪县天桥山旅游开发有限责任公司晨庄宾馆	泸溪县天桥山旅游开发有限责任公司晨庄宾馆		豪华套间	2	2	280	220	泸溪县白沙镇建设路	0743－4266718	
			标准套间	2	2	180	150			
			豪华单间	8	8	120	90			
			标准单人间	8	8	100	80			
			标准双人间	10	10	120	90			
			标准三人间	10	10	150	120			
泸溪县长城大酒店有限责任公司	泸溪县长城大酒店有限责任公司	2	豪华套间	4	4	688	328	泸溪县319国道旁	0743－4269888	
			标准套间	8	8	488	288			
			豪华单间	5	5	328	188			
			标准双人间	15	15	258	168			
国泰大酒店	国泰大酒店		豪华套间	3	3	280	220	泸溪县319国道旁	0743－4269238	
			标准套间	6	6	180	150			
			豪华单间	3	3	120	90			
			标准单人间	3	3	100	80			
			标准双人间	4	4	120	90			
			标准三人间	2	2	150	120			
政府宾馆	凤凰县龙志明旅游服务有限责任公司		豪华套间	4	4	1888	328	凤凰县沱江镇	0743－3221690	
			豪华单间	4	4	680	228			
			标准双人间	88	88	680	200			
				58	58	480	128			
			标准三人间	4	4	480	188			
花垣县兄弟河渡假村	花垣县兄弟河渡假村	3	豪华套间	6	6	298	198	湖南省花垣县城南汽车站旁	0743－7219111	
			标准单人间	2	2	150	100			
			标准双人间	19	19	180	120			

湖南

<table>
<tr><th rowspan="2">饭店名称</th><th rowspan="2">发票开具单位名称</th><th rowspan="2">星级</th><th colspan="5">客房（数量：间；价格：元/天）</th><th rowspan="2">地址</th><th rowspan="2">前台订房电话</th><th rowspan="2">备注</th></tr>
<tr><th>房型</th><th>总间数</th><th>协议间数</th><th>门市价</th><th>协议价</th></tr>
<tr><td rowspan="5">花垣县骏华华天大酒店</td><td rowspan="5">花垣县骏华华天大酒店</td><td rowspan="5">4</td><td rowspan="2">豪华套间</td><td>5</td><td>5</td><td>768</td><td>398</td><td rowspan="5">湖南省花垣县赶秋北路</td><td rowspan="5">0743－7229999</td><td rowspan="5"></td></tr>
<tr><td>17</td><td>17</td><td>658</td><td>358</td></tr>
<tr><td>豪华单间</td><td>4</td><td>4</td><td>498</td><td>288</td></tr>
<tr><td rowspan="2">标准双人间</td><td>57</td><td>57</td><td>458</td><td>200</td></tr>
<tr><td>51</td><td>51</td><td>438</td><td>200</td></tr>
<tr><td rowspan="4">华呈大酒店</td><td rowspan="4">华呈大酒店</td><td rowspan="4">3</td><td>豪华套间</td><td>2</td><td>2</td><td>888</td><td>600</td><td rowspan="4">花垣县赶秋路信合办公大楼</td><td rowspan="4">0743－7223685/7223688</td><td rowspan="4"></td></tr>
<tr><td>豪华单间</td><td>5</td><td>5</td><td>388</td><td>228</td></tr>
<tr><td rowspan="2">标准双人间</td><td>31</td><td>31</td><td>258</td><td>188</td></tr>
<tr><td>4</td><td>4</td><td>218</td><td>168</td></tr>
<tr><td rowspan="5">香茗泉大酒店</td><td rowspan="5">陈光敦</td><td rowspan="5">3</td><td>豪华套间</td><td>2</td><td>2</td><td>688</td><td>398</td><td rowspan="5">保靖县迁陵镇建新路26号</td><td rowspan="5">0743－7718999</td><td rowspan="5"></td></tr>
<tr><td>标准套间</td><td>40</td><td>40</td><td>198</td><td>158</td></tr>
<tr><td>豪华单间</td><td>8</td><td>8</td><td>328</td><td>238</td></tr>
<tr><td>标准单人间</td><td>8</td><td>8</td><td>198</td><td>158</td></tr>
<tr><td>标准双人间</td><td>12</td><td>12</td><td>198</td><td>158</td></tr>
<tr><td rowspan="6">清晖苑酒店</td><td rowspan="6">保靖县清晖苑酒店有限公司</td><td rowspan="6">3</td><td>豪华套间</td><td>4</td><td>4</td><td>508</td><td>160</td><td rowspan="6">保靖县酉水南路238号</td><td rowspan="6">0743－7720808</td><td rowspan="6"></td></tr>
<tr><td>标准套间</td><td>4</td><td>4</td><td>618</td><td>160</td></tr>
<tr><td>豪华单间</td><td>2</td><td>2</td><td>618</td><td>160</td></tr>
<tr><td>标准单人间</td><td>32</td><td>32</td><td>208</td><td>110</td></tr>
<tr><td>标准双人间</td><td>44</td><td>44</td><td>208</td><td>110</td></tr>
<tr><td>标准三人间</td><td>1</td><td>1</td><td>318</td><td>150</td></tr>
<tr><td rowspan="3">五一宾馆</td><td rowspan="3">保靖县五一宾馆</td><td rowspan="3"></td><td>豪华单间</td><td>2</td><td>2</td><td>150</td><td>110</td><td rowspan="3">保靖县迁陵镇北门路</td><td rowspan="3">0743－7718337</td><td rowspan="3"></td></tr>
<tr><td>标准单人间</td><td>6</td><td>6</td><td>140</td><td>110</td></tr>
<tr><td>标准双人间</td><td>14</td><td>14</td><td>140</td><td>100</td></tr>
<tr><td rowspan="6">保靖宾馆</td><td rowspan="6">保靖宾馆石正军</td><td rowspan="6">3</td><td>豪华套间</td><td>17</td><td>17</td><td>338</td><td>190</td><td rowspan="6">保靖县迁陵镇建新路</td><td rowspan="6">0743－7720999</td><td rowspan="6"></td></tr>
<tr><td>标准套间</td><td>3</td><td>3</td><td>268</td><td>190</td></tr>
<tr><td>豪华单间</td><td>8</td><td>8</td><td>180</td><td>150</td></tr>
<tr><td>标准单人间</td><td>22</td><td>22</td><td>168</td><td>120</td></tr>
<tr><td>标准双人间</td><td>53</td><td>53</td><td>168</td><td>120</td></tr>
<tr><td>标准三人间</td><td>1</td><td>1</td><td>150</td><td>120</td></tr>
<tr><td rowspan="5">邮政宾馆</td><td rowspan="5">保靖邮政宾馆</td><td rowspan="5"></td><td>豪华套间</td><td>1</td><td>1</td><td>350</td><td>300</td><td rowspan="5">保靖县迁陵镇建新路3号</td><td rowspan="5">0743－7718888</td><td rowspan="5"></td></tr>
<tr><td>标准套间</td><td>5</td><td>5</td><td>180</td><td>150</td></tr>
<tr><td>豪华单间</td><td>4</td><td>4</td><td>180</td><td>150</td></tr>
<tr><td>标准单人间</td><td>3</td><td>3</td><td>160</td><td>120</td></tr>
<tr><td>标准双人间</td><td>13</td><td>13</td><td>160</td><td>120</td></tr>
</table>

饭店名称	发票开具单位名称	星级	客房（数量：间；价格：元/天）					地址	前台订房电话	备注
			房型	总间数	协议间数	门市价	协议价			
古丈县功顺家园大酒店	古丈县功顺家园大酒店		豪华套间	8	8	558	448	古丈县古阳镇栖凤路19号	0743－4729555	
			标准套间	20	20	288	258			
			豪华单间	8	8	288	258			
			标准单人间	4	4	258	198			
			标准双人间	50	50	258	198			
古丈县邮政大酒店	古丈县邮政大酒店		标准套间	5	5	288	228	古丈县古阳镇正街十字街	0743－4727198	
			标准单人间	3	3	218	148			
			标准双人间	9	9	188	128			
永顺县水电宾馆	永顺县水电宾馆	2	标准套间	5	5	318	288	永顺县灵溪镇湘潭路	0743－5237818	
			豪华单间	2	2	318	288			
			标准单人间	8	8	198	178			
			标准双人间	45	45	208	188			
猛洞河宾馆	猛洞河宾馆	2	豪华套间	2	2	680	600	永顺县灵溪镇	0743－5225503	
			标准套间	6	6	380	300			
			豪华单间	6	6	288	200			
			标准单人间	6	6	288	200			
			标准双人间	57	57	268	190			
			标准二人间	4	4	278	190			
公安宾馆	公安宾馆	2	豪华套间	7	7	260	248	永顺县府正街	0743－5229666	
			豪华单间	7	7	260	248			
			标准双人间	38	38	188	168			
龙山县长城宾馆	龙山县长城宾馆		豪华套间	6	6	288	180	龙山县武装部院内	0743－6224903	
			标准套间	10	10	188	130			
			豪华单间	10	10	158	120			
			标准单人间	16	16	128	100			
			标准双人间	41	41	128	100			
			标准三人间	10	10	80	50			
民族宾馆	龙山民族宾馆	2	标准套间	2	2	380	300	龙山县民安镇新建路71号	0743－6224831	
			豪华单间	10	10	240	200			
			标准单人间	10	10	200	160			
			标准双人间	100	100	200	160			

<table>
<tr><th rowspan="2">饭店名称</th><th rowspan="2">发票开具单位名称</th><th rowspan="2">星级</th><th colspan="5">客房（数量：间；价格：元/天）</th><th rowspan="2">地址</th><th rowspan="2">前台订房电话</th><th rowspan="2">备注</th></tr>
<tr><th>房型</th><th>总间数</th><th>协议间数</th><th>门市价</th><th>协议价</th></tr>
<tr><td rowspan="6">时代大酒店</td><td rowspan="6">龙山县时代大酒店</td><td rowspan="6">3</td><td>豪华套间</td><td>12</td><td>10</td><td>448</td><td>400</td><td rowspan="6">龙山县民安镇长沙路中段28号</td><td rowspan="6">0743－6251448</td><td rowspan="6"></td></tr>
<tr><td>标准套间</td><td>86</td><td>80</td><td>228</td><td>200</td></tr>
<tr><td>豪华单间</td><td>30</td><td>30</td><td>248</td><td>220</td></tr>
<tr><td>标准单人间</td><td>35</td><td>30</td><td>158</td><td>138</td></tr>
<tr><td>标准双人间</td><td>90</td><td>90</td><td>158</td><td>128</td></tr>
<tr><td>标准三人间</td><td>2</td><td>1</td><td>178</td><td>158</td></tr>
<tr><td rowspan="5">龙山大酒店</td><td rowspan="5">龙山大酒店</td><td rowspan="5">3</td><td>豪华套间</td><td>2</td><td>2</td><td>398</td><td>238</td><td rowspan="5">龙山县民族路52号</td><td rowspan="5">0743－2821888</td><td rowspan="5"></td></tr>
<tr><td>标准套间</td><td>6</td><td>6</td><td>318</td><td>180</td></tr>
<tr><td>标准单人间</td><td>22</td><td>22</td><td>218</td><td>138</td></tr>
<tr><td>标准双人间</td><td>40</td><td>40</td><td>218</td><td>138</td></tr>
<tr><td>标准三人间</td><td>2</td><td>2</td><td>298</td><td>168</td></tr>
<tr><td rowspan="6">中天大酒店</td><td rowspan="6">中天大酒店</td><td rowspan="6">4</td><td>豪华套间</td><td>8</td><td>8</td><td>188</td><td>180</td><td rowspan="6">龙山县湘鄂路防汛大楼对面</td><td rowspan="6">0743－2821666</td><td rowspan="6"></td></tr>
<tr><td>标准套间</td><td>16</td><td>16</td><td>168</td><td>160</td></tr>
<tr><td>豪华单间</td><td>12</td><td>12</td><td>138</td><td>130</td></tr>
<tr><td>标准单人间</td><td>8</td><td>8</td><td>128</td><td>120</td></tr>
<tr><td>标准双人间</td><td>18</td><td>18</td><td>128</td><td>120</td></tr>
<tr><td>标准三人间</td><td>6</td><td>6</td><td>118</td><td>110</td></tr>
</table>

湖南

广 东 省

- 财政部委托广东省财政厅负责在广东省地级以上城市招标采购出差定点饭店并负责日常监督管理工作。
- 本次政府采购，确定广东省出差定点饭店 191 家。
- 出差定点饭店按照与财政部门签订《协议书》的价格向中央和地方各级党政机关和事业单位提供相应的接待服务。
- 如果对协议价格产生疑义，可以要求定点饭店出示《协议书》。
- 如有出差定点饭店变更或协议价格变化，应以“党政机关出差会议定点饭店查询网”的信息为准。
- 本目录中的广东省出差定点饭店的详细信息，可在“党政机关出差会议定点饭店查询网”查阅。
- 广州市在两个交易会期间的饭店住宿费价格变化较大，定点饭店的协议价格不适用于两个交易会期间。
- 广东省各地区长途电话区号：

广州市	020	清远市	0763
韶关市	0751	河源市	0762
梅州市	0753	潮州市	0768
汕头市	0754	揭阳市	0663
汕尾市	0660	惠州市	0752
东莞市	0769	深圳市	0755
珠海市	0756	中山市	0760
江门市	0750	佛山市	0757
肇庆市	0758	云浮市	0766
阳江市	0662	茂名市	0668
湛江市	0759		

广东省出差定点饭店

饭店名称	发票开具单位名称	星级	客房（数量：间；价格：元/天）					地址	前台订房电话	备注
			房型	总间数	协议间数	门市价	协议价			
广州市										
广州市南国会国际会议中心	广州市南国会国际会议中心		套间	11	11	1588	600	广州市番禺区小谷围街大学城外环东路280号学术交流中心	020－39338888	
			单间	23	23	988	300			
			标准间	38	38	888	300			
广东华师粤海酒店有限公司	广东华师粤海酒店有限公司	4	套间	10	10	760	450	广州市天河区中山大道西69号	020－85217223	
			单间	21	21	660	300			
			标准间	113	113	660	300			
中共广东省委组织部招待所（广东东园宾馆）	中共广东省委组织部招待所		套间	7	7	1380	600	广州市越秀区东湖北30号	020－37876000	
			单间	3	3	438	300			
			标准间	123	123	438	300			
帅府酒店	广州军区司令部服务中心		套间	3	3	738	480	广州市越秀区达道路5号	020－87667718/87161993	三人间（13间，价格：280元/天）
			单间	5	5	198	148			
			标准间	115	115	368	230			
广州大厦有限公司	广州大厦有限公司	4	套间	37	25	2392	600	广州市北京路374号	020－83189888－6623/6632	
			单间	92	65	1587	300			
			标准间	335	235	1587	300			
广州军区长城招待所	广州军区长城招待所		套间	3	3	1680	580	广州市越秀区寺右新马路2之18号	020－87766888	
			单间	7	7	268	150			
			标准间	71	71	318	198			
广州军区东山招待所（东山宾馆）	广州军区东山招待所	无	套间	8	8	838	536	广州市越秀区三育路44号	020－87773722－3	
			单间	20	20	438	280			
			标准间	149	149	438	280			
中国人民解放军海军南海舰队第一招待所	中国人民解放军海军南海舰队第一招待所		套间	28	28	1680	590	广州市海珠区江南大道中232号A座	020－84414213	
			单间	100	80	598	280			
			标准间	128	128	398	260			
广州湖天宾馆	广州湖天宾馆	3	套间	15	15	988－5888	588	广州市东风西路156号	020－81006818/81006616	
			单间	42	42	398－598	288			
			标准间	155	155	398－598	288			

饭店名称	发票开具单位名称	星级	客房（数量：间；价格：元/天）					地址	前台订房电话	备注
			房型	总间数	协议间数	门市价	协议价			
广东悦华法官（培训）中心	广东悦华法官（培训）中心		套间	45	45	720	420	广州市天河区龙口东路19号	020－85135100	
			单间	13	13	600	280			
			标准间	96	96	600	280			
广州三寓宾馆	广州三寓宾馆	3	套间	73	73	1288	580	越秀区三育路23号	020－37196088	
			单间	49	49	488	300			
			标准间	523	523	488	300			
红帆酒店	广州市红帆酒店有限公司	3	套间	3	3	1600	600	广州市海珠区革新路126号之一	020－89607887	
			单间	25	25	700	300			
			标准间	77	77	650	280			
浙江大厦富春宾馆	浙江大厦富春宾馆		套间	2	2	2680	600	广州市先烈中路85号	020－87317166	
			单间	21	21	888	300			
			标准间	94	94	888	300			
广州华泰宾馆	广州军区华泰招待所		套间	12	12	938	600	广州市先烈南路23号	020－87789888－16888	
			标准间	500	500	468	280			
东方丝绸大酒店	东方丝绸大酒店	3	套间	12	12	968	480	广州市东风东路752号	020－87762888－5128	
			单间	52	52	396	248			
			标准间	144	144	561	248			
华海大酒店	广东华海大酒店有限公司	3	套间	2	2	568	360	广州市海珠区江南大道中232号B座	020－84058888	
			单间	20	20	449	230			
			标准间	100	100	419	200			
广东奥体大酒店有限公司	广东奥体大酒店有限公司	3	套间	7	7	1380	580	广州市天河区东圃奥林匹克体育中心北A4门	020－82169999－8101	
			单间	5	5	498	268			
			标准间	138	138	480	268			
百花山庄度假村	增城市百花山庄度假村有限公司	4	套间	13	10	968	600	增城市荔城街百花林水库内	020－82658088	
			单间	14	10	583	280			
			标准间	140	130	580	280			
裕通大酒店	广东裕通大酒店有限公司		套间	8	8	1688	600	广州市天河区中山大道136号	020－61361888	
			单间	30	30	798	300			
			标准间	150	150	798	300			
广州金桥酒店	广州金桥酒店有限公司	4	套间	14	14	1680	600	广州市寺右新马路93号	020－83918868－5	
			单间	60	60	880	300			
			标准间	113	113	880	300			

<table>
<tr><th rowspan="2">饭店名称</th><th rowspan="2">发票开具单位名称</th><th rowspan="2">星级</th><th colspan="5">客房（数量：间；价格：元/天）</th><th rowspan="2">地址</th><th rowspan="2">前台订房电话</th><th rowspan="2">备注</th></tr>
<tr><th>房型</th><th>总间数</th><th>协议间数</th><th>门市价</th><th>协议价</th></tr>
<tr><td rowspan="2">广东省军区招待所</td><td rowspan="2">广东省军区招待所</td><td rowspan="2"></td><td>套间</td><td>46</td><td>46</td><td>780</td><td>580</td><td rowspan="2">广州市沙太南路163号</td><td rowspan="2">020－87729252</td><td rowspan="2"></td></tr>
<tr><td>标准间</td><td>290</td><td>290</td><td>580</td><td>288</td></tr>
<tr><td rowspan="3">广州天河远洋大厦有限公司</td><td rowspan="3">广州天河远洋大厦有限公司</td><td rowspan="3">3</td><td>套间</td><td>20</td><td>20</td><td>1086</td><td>580</td><td rowspan="3">广州市天河区龙口东6号</td><td rowspan="3">020－62811063/62811066/62811060</td><td rowspan="3"></td></tr>
<tr><td>单间</td><td>38</td><td>38</td><td>480</td><td>288</td></tr>
<tr><td>标准间</td><td>169</td><td>169</td><td>480</td><td>288</td></tr>
<tr><td rowspan="2">广州军区房地产管理局华山招待所（广州华山宾馆）</td><td rowspan="2">广州军区房地产管理局华山招待所（广州华山宾馆）</td><td rowspan="2">3</td><td>套间</td><td>4</td><td>4</td><td>888</td><td>488</td><td rowspan="2">广州市环市东路420号</td><td rowspan="2">020－87763868－6100</td><td rowspan="2"></td></tr>
<tr><td>标准间</td><td>103</td><td>103</td><td>468</td><td>288</td></tr>
<tr><td rowspan="3">广州翠岛水电度假村有限责任公司</td><td rowspan="3">广州翠岛水电度假村有限责任公司</td><td rowspan="3">3</td><td>套间</td><td>51</td><td>51</td><td>1048</td><td>600</td><td rowspan="3">广州市从化温泉镇温泉西路20号</td><td rowspan="3">020－87836638－6638</td><td rowspan="3"></td></tr>
<tr><td>单间</td><td>12</td><td>12</td><td>598</td><td>300</td></tr>
<tr><td>标准间</td><td>110</td><td>110</td><td>598</td><td>300</td></tr>
<tr><td rowspan="3">从化市碧泉大酒店有限责任公司</td><td rowspan="3">从化市碧泉大酒店有限责任公司</td><td rowspan="3"></td><td>套间</td><td>6</td><td>6</td><td>988</td><td>590</td><td rowspan="3">广州市从化温泉镇温泉东路73号</td><td rowspan="3">020－87838938</td><td rowspan="3"></td></tr>
<tr><td>单间</td><td>15</td><td>15</td><td>498</td><td>290</td></tr>
<tr><td>标准间</td><td>77</td><td>77</td><td>498</td><td>290</td></tr>
<tr><td rowspan="3">广东农垦燕岭大厦有限公司</td><td rowspan="3">广东农垦燕岭大厦有限公司</td><td rowspan="3">4</td><td>套间</td><td>13</td><td>10</td><td>1378</td><td>600</td><td rowspan="3">广州市天河区燕岭路29号</td><td rowspan="3">020－37282218</td><td rowspan="3"></td></tr>
<tr><td>单间</td><td>20</td><td>14</td><td>700</td><td>300</td></tr>
<tr><td>标准间</td><td>226</td><td>160</td><td>700</td><td>300</td></tr>
<tr><td rowspan="3">广东大厦</td><td rowspan="3">广东大厦</td><td rowspan="3">4</td><td>套间</td><td>40</td><td>27</td><td>1580</td><td>600</td><td rowspan="3">广州市越秀区东风中路309号</td><td rowspan="3">020－83339933－2119</td><td rowspan="3"></td></tr>
<tr><td>单间</td><td>15</td><td>10</td><td>840</td><td>300</td></tr>
<tr><td>标准间</td><td>438</td><td>310</td><td>840</td><td>300</td></tr>
<tr><td rowspan="3">广州番禺龙泉大酒店</td><td rowspan="3">广州市番禺龙泉大酒店有限公司</td><td rowspan="3">3</td><td>套间</td><td>14</td><td>14</td><td>680</td><td>476</td><td rowspan="3">广州市番禺区市桥镇大北路99号</td><td rowspan="3">020－84826288</td><td rowspan="3"></td></tr>
<tr><td>单间</td><td>37</td><td>37</td><td>583</td><td>260</td></tr>
<tr><td>标准间</td><td>86</td><td>86</td><td>385</td><td>260</td></tr>
<tr><td rowspan="3">中国人民解放军广州军区政治部健力招待所（健力百合酒店）</td><td rowspan="3">中国人民解放军广州军区政治部健力招待所</td><td rowspan="3"></td><td>套间</td><td>3</td><td>3</td><td>1388</td><td>600</td><td rowspan="3">广州市天河区林和西路169号</td><td rowspan="3">020－87021031</td><td rowspan="3"></td></tr>
<tr><td>单间</td><td>27</td><td>20</td><td>580</td><td>260</td></tr>
<tr><td>标准间</td><td>110</td><td>110</td><td>580</td><td>260</td></tr>
<tr><td rowspan="3">广东东方国际饭店</td><td rowspan="3">广东东方国际饭店有限公司</td><td rowspan="3">4</td><td>套间</td><td>20</td><td>20</td><td>1880</td><td>600</td><td rowspan="3">广州市广州大道中1418号</td><td rowspan="3">020－37233668</td><td rowspan="3"></td></tr>
<tr><td>单间</td><td>90</td><td>90</td><td>980</td><td>300</td></tr>
<tr><td>标准间</td><td>130</td><td>130</td><td>880</td><td>300</td></tr>
</table>

饭店名称	发票开具单位名称	星级	客房（数量：间；价格：元/天）					地址	前台订房电话	备注
			房型	总间数	协议间数	门市价	协议价			
广东省国营龙眼洞林场凤凰山宾馆	广东省国营龙眼洞林场	3	套间	12	12	468	288	广州市天河区广汕一路332号	020－87028998	
			单间	4	4	368	228			
			标准间	90	90	328	218			
山西大厦	山西大厦	3	套间	12	12	998	600	广州市三元里大道山西大厦	020－22293788	
			单间	44	44	468	300			
			标准间	138	138	498	300			
广东南洋冠盛酒店	广东南洋冠盛酒店有限公司	3	套间	5	5	2880	598	广州市天河区天府路11号	020－61398888－6122	
			单间	57	57	1280	298			
			标准间	149	149	2180	298			
广东南洋长胜酒店	广东南洋长胜酒店有限公司	3	套间	22	22	2280	598	广州市天河区兴华路38号	020－61368888－6122	
			单间	99	99	1280	298			
			标准间	208	208	1980	298			
广州市番禺疗养院	广州市番禺疗养院		套间	21	21	1280	588	广州市番禺区禺山西路688号	020－23889288	
			单间	4	4	380	298			
			标准间	206	206	380	298			
广州逸泉国际大酒店有限公司	广州逸泉国际大酒店有限公司		套间	18	18	1880	600	广州从化街口街逸泉山庄亲泉路1号	020－87808888－5	
			单间	24	24	1280	300			
			标准间	160	160	1080	300			
广州鸣泉居度假村有限公司	广州鸣泉居度假村有限公司		套间	8	8	1680	600	广州白云大道南1068号	020－86380118/86632888－19	
			单间	28	28	1180	300			
			标准间	129	129	1180	300			
金城宾馆	广州军区金城招待所	3	套间	9	9	888	480	广州越秀区东华北路168号	020－87754888－11186/11187/11188	
			单间	36	36	488	280			
			标准间	280	280	468	280			
天一酒店	广州市天壹实业有限公司天一酒店		套间	16	16	1088	360	广州市海珠区同福东路644号	020－34351716	
			单间	14	14	928	280			
			标准间	122	122	798	200			
广东迎宾馆	广东迎宾馆	4	套间	12	4	1800	600	广州市解放北路603号	020－83332950－3118/3498	
			单间	65	14	728	300			
			标准间	186	168	728	300			
新天河宾馆	广东新天河宾馆有限公司	3	套间	17	17	818	490	广州市天河路188号	020－85595888－10111	
			单间	56	56	488	280			
			标准间	153	153	488	280			

饭店名称	发票开具单位名称	星级	客房（数量：间；价格：元/天）					地址	前台订房电话	备注
			房型	总间数	协议间数	门市价	协议价			
广东红叶酒店有限公司	广东红叶酒店有限公司	3	套间	6	6	758	460	广州市机场西乐嘉路8号	020－86348988	酒店有17间三人房
			单间	66	66	438	268			
			标准间	89	89	398	238			
广州市江悦酒店有限公司	广州市江悦酒店有限公司	3	套间	11	11	1800	600	广州市海珠区滨江西路20号	020－61259931/61259933/61259888	
			单间	29	29	680	280			
			标准间	135	135	600	280			
华威达酒店	广州华威达商务大酒店有限公司	4	套间	12	12	1926	580	广州市黄埔大道西499号	020－38908888	
			单间	80	80	796	288			
			标准间	150	150	796	288			
广东省经贸委招待所	广东省经济贸易委员会招待所		套间	4	4	588	380	广州市越秀区麓苑路36号	020－83595020	
			单间	17	17	288	230			
			标准间	95	95	328	260			
广州军区从化接待处荔圃温泉度假区	广州军区从化接待处		套间	9	9	700	595	广州从化温泉河西路108号	020－87839016	
			单间	45	45	308	260			
			标准间	44	44	260	220			
广州嘉鸿华美达广场酒店	广东嘉鸿酒店有限公司		套间	12	9	1880	588	广州市天河区广园东瘦狗岭313号	020－87206888－3016/3019	
			单间	75	55	1280	288			
			标准间	75	55	1280	288			
广州市流溪河国家森林公园	广州市流溪河国家森林公园		套间	4	4	588	380	广州市从化流溪河国家森林公园	020－87843288	价格含公园门票
			单间	11	11	368	280			
			标准间	67	67	438	300			
星程金苑酒店	广东省金苑山庄	3	套间	7	7	1780	600	广州市恒福路117号	020－83581688－3628	
			单间	30	30	980	280			
			标准间	110	110	780	280			
东方国际会议酒店	广州白云国国际会议中心有限公司	5	套间	22	15	2737	600	广州白云大道南1039－1045号	020－88800888－营销部	
			单间	514	380	1725	300			
			标准间	409	300	1725	300			
广州市哈尔滨冰花酒店	广州市哈尔滨冰花酒店	3	套间	5	5	968	538	广州市天河区天河北路2号	020－38862888	
			单间	20	20	418	288			
			标准间	84	84	418	288			
云山大酒店	广州云山大酒店有限公司	4	套间	36	36	1580	600	广州市越秀区先烈中路云鹤北8号	020－38377188	
			标准间	85	85	880	300			

广东

饭店名称	发票开具单位名称	星级	客房（数量：间；价格：元/天）					地址	前台订房电话	备注
			房型	总间数	协议间数	门市价	协议价			
广商酒店	广州市广商酒店管理有限公司		套间	3	3	812	446	广州市海珠区赤沙路21号	020－84099168	
			单间	24	24	427	238			
			标准间	77	77	427	238			
广东亚洲国际大酒店	广东亚洲国际大酒店	5	套间	52	50	2875	600	广州环市东路326号之一	020－61288888－8138	
			单间	146	120	1725	300			
			标准间	181	160	1725	300			
广州南方毅源大酒店有限公司	广州南方毅源大酒店有限公司	3	套间	10	10	1288	560	广州番禺区迎宾大道兴南路30号	020－34764888－6688	
			单间	45	45	1088	280			
			标准间	127	127	1088	280			
广州从化凯旋宫饮食娱乐有限公司	广州从化凯旋宫饮食娱乐有限公司		套间	16	16	1680	600	广州从化江埔街河东环市东路168号	020－87989883	
			单间	62	62	780	280			
			标准间	189	189	880	300			
广州锦都商务大酒店有限公司	广州锦都商务大酒店有限公司	3	套间	8	8	1388	308	广州市花都区新华街滨湖路1号	020－86819999	
			单间	54	54	548	200			
			标准间	79	79	678	200			
广州流花宾馆	广州流花宾馆集团股份有限公司	4	套间	18	18	2200	600	广州市环市西路194号	020－86668800－6188	
			单间	40	30	1012	300			
			标准间	182	130	1012	300			
广州望谷温泉度假村	广州望谷温泉度假村有限公司		套间	3	2	5680	600	广州从化市温泉镇温泉西路9号	020－87833333	
			单间	34	34	1680－1980	298			
			标准间	70	70	1080－1980	298			
广州市东悦酒店有限公司	广州市东悦酒店有限公司	3	套间	3	3	938	580	广州市越秀区麓景路8号	020－61221888	
			单间	45	45	568	270			
			标准间	53	53	368	270			
广东胜利宾馆	广东胜利宾馆	4	套间	18	18	960	600	广州市沙面北街53号	020－81216688	
			标准间	250	250	400－460	300			
广东松园宾馆	广东松园宾馆		套间	30	30	1180	600	广州市广州大道北同泰路720号	020－87156666	
			单间	26	26	680	300			
			标准间	185	185	680	300			
广州市永成酒店有限公司	广州市永成酒店有限公司	4	套间	11	11	2080	600	广州市番禺区南村镇塘西村迎宾路东侧	020－39955888－8186	
			单间	78	78	1188	300			
			标准间	204	204	1188	300			

饭店名称	发票开具单位名称	星级	客房（数量：间；价格：元/天）					地址	前台订房电话	备注
			房型	总间数	协议间数	门市价	协议价			
广东珠岛宾馆	广东珠岛宾馆		套间	39	39	688	600	广州市沿江东路463号	020－87190810	
			单间	19	19	488	300			
			标准间	102	102	488	300			
广州市鼎龙国际大酒店	广州市鼎龙国际大酒店有限公司	4	套间	74	52	1680	600	广州市天河区广州大道北63号	020－87748999－8183	
			单间	87	61	1280	300			
			标准间	87	61	1280	300			
广州天龙大酒店	广州天龙大酒店	3	套间	1	1	680	480	广州大道中918号	020－38869988－3100	
			单间	20	20	360	230			
			标准间	111	111	398	250			
广州市桃花江大酒店	广州市桃花江大酒店有限公司		套间	2	2	888	480	广州市海珠区新港东路84号	020－62368888	
			单间	32	32	368	280			
			标准间	76	76	398	280			
广东湖滨宾馆	广东湖滨宾馆	3	套间	9	9	768	588	广州市沿江东路451号	020－87190923	
			标准间	181	181	418	298			
广东嘉福国际大酒店	广东嘉福国际大酒店有限公司		套间	61	61	988	330	广州市越秀区环市东路418号	020－37806086	
			单间	107	107	588	210			
			标准间	172	172	588	210			
维景大酒店	广州市维景大酒店有限公司		套间	7	7	1680	500	广州市番禺区南村镇兴南大道32号	020－34822888	
			单间	15	15	680	270			
			标准间	108	108	680	270			
国德国际大酒店	广州国德大酒店有限公司	5	套间	16	12	2580	580	广州市天河区天河东路153号	020－38861111	
			单间	90	65	1580	280			
			标准间	100	70	1780	280			
广东宣传教育服务中心（广轩大厦）	广东宣传教育服务中心	3	套间	8	8	880	550	广州市海珠区振兴大街9号	020－84174688－0100/0101	
			单间	35	35	336	230			
			标准间	227	227	380	260			
广州凯旋华美达大酒店	广州凯旋华美达大酒店	4	套间	24	17	2128	600	广州大道中明月一路九号	020－87372988－7085	
			单间	33	24	1323	300			
			标准间	88	82	1323	300			
广东广天大厦	广东广天大厦	3	套间	13	13	1288	560	广州市天河区黄埔大道西243号	020－28389889/28389890	
			单间	37	37	638	280			
			标准间	77	77	618	280			
广州市江河宾馆	广州市江河宾馆		套间	10	10	698	428	广州市天河区天寿路31	020－28850288	
			标准间	90	90	498	280			

饭店名称	发票开具单位名称	星级	客房（数量：间；价格：元/天）					地址	前台订房电话	备注
			房型	总间数	协议间数	门市价	协议价			
广州市从化温泉毅华假日酒店	广州市从化温泉毅华假日酒店		套间	3	3	1688	488	广州市从化温泉镇碧泉路一横街二巷5号	020－87839668	
			单间	15	15	288	188			
			标准间	60	60	488	228			
武警广东总队天鹿湖会议中心	武警广东总队天鹿湖会议中心		套间	16	16	680	568	广州市萝岗区黄陂北社路3号	020－87219388	
			单间	70	70	380	268			
			标准间	70	70	380	268			
广州军区政治部艺星招待所	中国人民解放军广州军区政治部艺星招待所	3	套间	14	14	1680	418	广州市东风东路728号	020－87782989－6000/6008	
			单间	14	14	680	268			
			标准间	128	128	680	268			
清远市										
清远聚龙湾天然温泉度假村	东新（佛冈）温泉开发有限公司		套间	4	4	998	600	广东省清远市佛冈县汤塘镇	0763－4632888	
			单间	32	32	798	300			
			标准间	156	156	798	300			
广东省机场管理集团公司佛冈培训中心	广东省机场管理集团公司佛冈培训中心		套间	16	16	880	560	广东省佛冈县汤塘镇白云机培训中心	0763－6830968/6830969	另：有40间标准间别墅；价格300元/天
			单间	5	5	398	288			
			标准间	41	41	398	288			
清远格豪假日酒店	清远格豪假日酒店有限公司	5	套间	20	20	1180	508	广东省清远市先锋中路18号	0763－3333228	
			单间	50	50	730	298			
			标准间	150	150	680	298			
清远市碧桂园假日半岛酒店有限公司	清远市碧桂园假日半岛酒店有限公司	5	套间	40	40	1680	600	清远市清城区石角镇花兜开发区碧桂园假日半岛	0763－3836688－2	
			单间	74	74	1180	300			
			标准间	81	81	1180	300			
嘉华大酒店	清远嘉华大酒店有限公司	4	套间	5	4	880	483	广东省清远新城桥墩南路8号	0763－3850038	
			单间	10	10	448	242			
			标准间	88	88	418	255			
英德溶洞温泉	英德溶洞温泉度假村有限公司		套间	20	20	1888	598	广东省英德市望埠镇李屋村	0763－2581888	
			单间	30	30	1288	298			
			标准间	150	150	1288	298			
韶关市										
方圆民族温矿泉酒店	乳源瑶族自治县方圆民族温矿泉酒店	4	套间	8	6	828	380	乳源县鹰峰西路50号	0751－5222222	
			单间	13	9	588	200			
			标准间	83	58	588	200			

饭店名称	发票开具单位名称	星级	客房（数量：间；价格：元/天）					地址	前台订房电话	备注
			房型	总间数	协议间数	门市价	协议价			
韶关市曲江曹溪温泉假日度假村有限公司	韶关市曲江曹溪温泉假日度假村有限公司	4	套间	28	28	1360	580	韶关市曲江区马坝转溪桥头	0751－6666666	
			单间	20	20	1360	250			
			标准间	426	350	680	250			
韶关市湖心宾馆	韶关市湖心宾馆	3	套间	2	2	1280	520	韶关市工业东路17号	0751－8176182/8761365	
			单间	8	8	660	180			
			标准间	90	90	480	180			
河源市										
河源迎宾馆	河源迎宾馆		套间	8	8	880	598	沿江中路20号	0762－3386999	
			单间	7	7	398	298			
			标准间	14	14	398	298			
河源市迈豪国际酒店	河源市迈豪国际酒店有限公司		套间	20	20	1388	600	广东省河源市沿江东路8号	0762－3389888/3293666	
			标准间	80	80	598	300			
梅州市										
梅州金叶国际大酒店	梅州金叶国际大酒店有限公司		套间	16	15	888	458	梅州市彬芳大道30号	0753－2153666	
			单间	18	18	548	288			
			标准间	120	119	548	288			
梅州市深海友谊大厦有限公司友谊宾馆	梅州市深海友谊大厦有限公司友谊宾馆	3	套间	19	19	968	482	梅州市江南彬芳大道52号	0753－2193105	
			单间	30	30	488	225			
			标准间	119	119	488	235			
梅州市华美达酒店	梅州市华美达酒店		套间	4	4	698	338	梅州市梅江区彬芳大道南梅园路口	0753－2112002/2112003	
			单间	61	61	518	213			
			标准间	64	64	518	213			
梅州迎宾馆（梅州太平洋酒店有限公司）	梅州迎宾馆（梅州太平洋酒店有限公司）		套间	26	26	1288	580	梅州市机关路9号	0753－2190888	
			单间	4	4	468	218			
			标准间	80	80	468	218			
田园大酒店	梅州市梅江区田园大酒店有限公司	3	套间	10	10	698	268	梅州长江南路35号	0753－2163288	
			单间	11	11	388	198			
			标准间	70	70	388	198			
梅县雁南飞茶田有限公司	梅县雁南飞茶田有限公司		套间	10	10	1932/2162	568	梅州市梅县雁洋镇长教管理区	0753－2828888	
			单间	16	16	1242	280			
			标准间	120	120	1127/1242	280			

饭店名称	发票开具单位名称	星级	客房（数量：间；价格：元/天）					地址	前台订房电话	备注
			房型	总间数	协议间数	门市价	协议价			
潮州市										
潮州市金龙宾馆有限公司	潮州市金龙宾馆有限公司	3	套间	9	9	595	550	潮州市环城南路35号	0768－2383888	
			单间	25	25	268	260			
			标准间	64	64	298	290			
潮州宾馆	潮州宾馆有限公司	4	套间	9	7	952	600	潮州潮枫路一号	0768－2137954/2137803	
			单间	25	18	368	300			
			标准间	115	80	368	300			
东山湖温泉度假村	潮安东山湖温泉度假村有限公司		套间	8	8	650	585	潮安县东山湖温泉度假村	0768－5215888	
			单间	32	32	550	298			
			标准间	27	27	450	280			
汕头市										
汕头市莲花山温泉度假村有限公司	汕头市莲花山温泉度假村有限公司		套间	1	1	398	280	汕头市澄海区莲华镇碧砂村	0754－85319888	
			单间	8	8	298	240			
			标准间	58	58	298	240			
龙湖宾馆	汕头市龙湖宾馆有限公司	4	套间	28	23	788	558	广东省汕头市大北山路2号	0754－88260706－5	
			单间	50	30	438	278			
			标准间	173	126	438	278			
汕头市中旅华侨大厦有限公司	汕头市中旅华侨大厦有限公司	3	套间	10	10	468	300	汕头市汕樟路41号	0754－88911222/88911208（销售部）	
			单间	18	18	268	188			
			标准间	196	196	268	188			
揭阳市										
揭西县京明温泉度假村有限公司	揭西县京明温泉度假村有限公司		套间	49	49	688	568	广东省揭阳市揭西县京溪园镇	0663－5851001	
			单间	53	53	328	268			
			标准间	226	226	328	268			
世茂名庭大酒店	揭阳市东山区世茂名庭大酒店		套间	19	19	700	600	揭阳市东山区建阳路以北仁义路以东世茂大厦	0663－8788888	
			单间	40	40	280	260			
			标准间	100	100	280	260			
榕江大酒店	揭阳市榕江大酒店有限公司	5	套间	18	18	1688	598	揭阳市东山区岐山大道（市政府西侧）	0663－8222888－8228/1000	
			标准间	190	190	818	298			

饭店名称	发票开具单位名称	星级	客房（数量：间；价格：元/天）					地址	前台订房电话	备注
			房型	总间数	协议间数	门市价	协议价			
揭阳市特美思大酒店有限公司	揭阳市特美思大酒店有限公司	4	套间	7	7	600	500	揭阳市东山马牙路以东建阳路以南	0663－8223888－8168/8188	
			单间	64	64	330	280			
			标准间	128	128	280	240			
汕尾市										
海丰莲花山度假村有限公司	海丰莲花山度假村有限公司	4	套间	28	28	888	558	广东省海丰县莲花山深林公园喷须	0660－6728888	
			单间	15	15	460	288			
			标准间	230	230	460	288			
惠州市										
惠州罗浮山宝田国际度假会议酒店	惠州市罗浮山嘉宝田乡村俱乐部有限公司	5	套间	49	25	1680	550	惠州市罗浮山风景区	0752－6891296	
			单间	40	40	1080	300			
			标准间	146	146	1180	300			
龙门县南昆山云天海原始森林度假村	龙门县南昆山云天海原始森林度假村有限公司		套间	28	28	900－1200	580	惠州市龙门县南昆山	0752－5940088	另：有 23 间山景房，价格 260 元/天
			单间	13	13	658	260			
			标准间	92	92	658	260			
中信惠州汤泉旅游度假村	中信惠州汤泉旅游度假村有限公司		套间	16	16	1980	598	惠州市小金口汤泉风景区	0752－2820838	
			标准间	33	33	800	298			
惠州市金世纪假日酒店	惠州市鑫泉实业有限公司	4	套间	8	6	818	498	广东省惠州市惠城区沥林镇惠樟路	0752－3868888	
			单间	40	25	468	238			
			标准间	123	100	468	238			
惠州金华悦商务酒店	惠州金华悦商务酒店有限公司	4	套间	118	83	638	319	惠州市下埔大道 28 号	0752－2086806/2087198/2087199/2087228/2088888	
			单间	110	77	598	299			
			标准间	208	146	578	289			
惠州宾馆	惠州宾馆	4	套间	8	6	870	600	惠州市环城西二路 17 号	0752－2181333	
			标准间	101	74	480	298			
东莞市										
宏远酒店	东莞市宏远酒店有限公司	4	套间	23	23	1380	600	广东省东莞市南城区宏远路一号	0769－22418888	
			标准间	150	150	580	290			

饭店名称	发票开具单位名称	星级	客房（数量：间；价格：元/天）					地址	前台订房电话	备注
			房型	总间数	协议间数	门市价	协议价			
东莞尼罗河酒店	东莞市尼罗河酒店有限公司		套间	28	20	1200 +10%	558	东莞市万江区万道路南10号新华南摩尔生活城F3区	0769－22706666	
			单间	139	100	560 +10%	280			
			标准间	112	100	560 +10%	280			
富盈酒店	东莞市富盈酒店有限公司	5	套间	10	10	1688	600	东莞市广深高速东莞出口东莞大道交汇处	0769－85888866	
			单间	147	110	928	300			
			标准间	140	120	1028	300			
东莞宾馆	东莞宾馆有限公司	4	套间	10	10	1430	518	东莞市莞城东正路十一号	0769－22222222－28	
			单间	70	50	770	288			
			标准间	100	70	550	280			
深圳市										
麒麟山疗养院	深圳市麒麟山疗养院		套间	12	12	880	440	南山区沁园路	0769－26626028－8169	
			标准间	228	228	680	300			
中共深圳市委党校学苑宾馆	中共深圳市委党校学苑宾馆		套间	32	32	1280	588	福田区香蜜湖路3008号	0769－82768008	
			标准间	412	412	680	298			
景田酒店	深圳市景田酒店有限公司		套间	20	18	3198	600	福田区莲花路78号妇儿大厦	0769－83140888－6398	
			单间	104	75	1012	300			
			标准间	90	65	1128	300			
红桂大酒店	深圳市红桂大酒店有限责任公司		标准大床房	51	51	458	298	罗湖区红桂路2068号	0769－25865688	
			标准双人房	16	16	458	298			
			商务套房	10	10	688	498			
深圳实华酒店有限公司	深圳实华酒店有限公司	3	套间	13	13	1998	480	福田区北环大道7001号	0769－33338536	
			单间	57	57	1088	260			
			标准间	90	90	1088	260			
新乐滨海明珠大酒店	深圳市新乐小汽车出租公司新乐滨海明珠大酒店	3	单间	12	12	460	198	盐田区大梅沙金沙路2号	0769－25254666	
			标准间	76	76	460	198			

广东

饭店名称	发票开具单位名称	星级	客房（数量：间；价格：元/天）					地址	前台订房电话	备注
			房型	总间数	协议间数	门市价	协议价			
观澜山水田园旅游文化园	深圳市山水田园实业有限公司观澜山水田园旅游文化园	4	套间	46	46	968	298	宝安区观澜君子布环	0769－29679888	
			单间	57	57	646	268			
			标准间	88	88	646	268			
深圳东湖宾馆	深圳东湖宾馆	3	标准间	157	157	596	238	罗湖区爱国路4006号	0769－25400088	
中国人民武装警察边防部队深圳生产基地	中国人民武装警察边防部队深圳生产基地		单人套间	3	3	588	470	龙岗区五联村	0769－89903083	
			标准间	27	27	368	290			
			三人间	25	25	438	350			
深圳人才酒店	深圳国际人才培训中心深圳人才酒店		标准双人房	70	70	680	290	福田区福中路17号国际人才大厦	0769－88323688/83233523	
山水时尚酒店	中青旅山水酒店投资管理有限公司		套间	56	56	1180	320	罗湖区沿河南路1098号昌湖大厦	0769－61621111	
			单间	256	256	880	250			
			标准间	342	342	880	250			
芭堤雅酒店	深圳市港城海湾实业发展有限公司芭堤雅酒店	4	单间	111	111	788	268	盐田区大梅沙环梅路20号	0769－25252888	
			标准间	307	307	788	268			
楚天酒店	深圳市湖北大厦有限公司楚天酒店		套间	21	21	980	468	福田区滨河大道9003号楚天大酒店	0769－83571695	
			单间	28	28	580	258			
			标准间	20	20	580	258			
深圳四川宾馆	深圳四川大厦企业有限公司四川宾馆	3	单间	40	40	620	280	福田区红荔路2001号	0769－83673333	
			标准间	90	90	620	280			
国汇大酒店	深圳市国汇大酒店有限公司		套间	20	20	688	433	福田区深南大道6002号人民大厦	0769－83928888	
			单间	6	6	468	295			
			标准间	82	82	468	295			
大梅沙海景酒店	秀峰渡假俱乐部（深圳）有限公司大梅沙海景酒店	4	行政套间	12	12	1500	600	盐田区大梅沙盐葵路128号	0769－25061688	
			单间	59	59	750	300			
			标准间	266	266	750	300			
景明达酒店	深圳特基实业有限公司景明达酒店		套间	9	9	1698	550	福田区景田商报东路85号	0769－83548000	
			单间	49	49	898	298			
			标准间	100	100	998	298			

饭店名称	发票开具单位名称	星级	客房（数量：间；价格：元/天）					地址	前台订房电话	备注
			房型	总间数	协议间数	门市价	协议价			
鸿波酒店	深圳市鸿波酒店投资有限公司	3	标准单间	12	12	880	299	南山区华侨城侨城西街10号	0769－26949448	
			标准间	30	30	880	299			
深圳市法官培训中心	深圳市法官培训中心		单间	4	4	288	150	深圳市龙岗区葵涌镇溪冲法官培训中心	0769－84235888	
			标准间	44	44	488	300			
世纪华源酒店	深圳市世纪华源酒店有限公司	3	单间	28	28	688＋15%	298	福田区八卦路3号	0769－61621888	
			标准间	41	41	638＋15%	258			
深圳寰宇大酒店	深圳寰宇大酒店	3	套间	5	5	856	408	罗湖区红岭中路1002号	0769－82476805	
			标准间	55	55	438	298			
深圳市新乐小汽车出租公司泓湖会所	深圳市新乐小汽车出租公司泓湖会所		套间	12	12	888	480	罗湖区湖贝路1009号	0769－82319666	
			单间	9	9	388	198			
			标准间	54	54	388	198			
深圳商报社迎宾楼酒店有限公司	深圳商报社迎宾楼酒店有限公司		套间	8	8	668	318	福田区商报路2号	0769－83522188－2222/3333	
			标准间	36	36	498	238			
深圳维景京华酒店有限公司	深圳维景京华酒店有限公司		套间	19	19	830	504	深圳市罗湖区东门中路2088号	0769－82318388	
			标准间	46	46	468	280			
深圳市新乐小汽车出租公司涵林苑文化会馆	深圳市新乐小汽车出租公司涵林苑文化会馆	3	单间	22	22	228	168	南山区前海路中段新乐数码大厦	0769－26087772	
			标准间	6	6	228	168			
珠海市										
珠海市旅游大酒店有限公司	珠海市旅游大酒店有限公司	3	套间	15	15	928	368	珠海市吉大海滨南路56号	0756－3366908	
			单间	36	36	568	258			
			标准间	84	84	568	258			
珠海南洋海景酒店	珠海市南洋海景酒店有限公司		套间	18	18	1380	550	珠海市拱北高沙中街108号	0756－8132185	
			单间	126	126	880	260			
			标准间	81	81	800	260			
珠海市委党校学苑宾馆	珠海市委党校学苑宾馆	3	套间	17	17	696	280	珠海市梅华东路276号	0756－2152788	
			单间	6	6	536	200			
			标准间	65	65	596	180			

饭店名称	发票开具单位名称	星级	客房（数量：间；价格：元/天）					地址	前台订房电话	备注
			房型	总间数	协议间数	门市价	协议价			
珠海市天鹅大酒店	珠海市天鹅大酒店有限公司		套间	26	26	1280	468	珠海市香洲区银桦路 98 号（888 商业街北侧）	0756－2653699	
			单间	66	66	980	298			
			标准间	142	142	880	248			
珠海度假村酒店有限公司	珠海度假村酒店有限公司	5	套间	8	8	1380＋15%	600	珠海市吉大石花东路 9 号	0756－3215666	
			标准间	200	200	880＋15%	300			
珠海粤海酒店	珠海粤海酒店	4	套间	133	133	2380	598	珠海市拱北粤海东路 1145 号	0756－8888128－3528	
			单间	215	215	1380	298			
			标准间	126	126	1080	298			
珠海华侨宾馆有限责任公司	珠海华侨宾馆有限责任公司	3	套间	4	4	676－1015	568	广东省珠海拱北迎宾南路 2106 号	0756－8136633	
			单间	77	77	450－563	268			
			标准间	111	111	450－563	268			
珠海 2000 年大酒店	珠海市二千年大酒店有限公司	4	套间	15	11	1288	597	珠海香洲人民东路 121 号	0756－2122998	
			单间	60	42	888	297			
			标准间	218	160	888	297			
珠海市城市中心酒店	珠海市城市中心酒店有限公司	4	套间	1	1	1380	548	珠海市吉大海洲路 53 号	0756－3212288	
			单间	55	55	1080	298			
			标准间	38	38	880	288			
珠海六和商务酒店	珠海六和商务酒店有限公司	3	套间	2	2	668	328	珠海市香洲区人民东路 228 号	0756－2221999	
			单间	32	32	438	238			
			标准间	56	56	368	188			
华骏大酒店	华骏大酒店	4	套间	22	22	1680	498	珠海拱北侨光西路 328 号	0756－8118999－3/1801	
			单间	55	55	980	288			
			标准间	130	130	980	288			
中山市										
中山富华酒店	中山富华酒店	4	套间	13	13	1078	480	中山市石岐西区富华道一号	0760－88638888－8238/8568	
			单间	40	40	638	280			
			标准间	100	100	638	280			

广东

饭店名称	发票开具单位名称	星级	客房（数量：间；价格：元/天）					地址	前台订房电话	备注
			房型	总间数	协议间数	门市价	协议价			
怡景假日酒店	怡景酒店经营管理有限公司		套间	15	15	1520	600	中山市长江南路（景观南路）长江水库风景区	0750－88311668－8223	
			单间	45	45	660	300			
			标准间	61	61	660	300			
中山国际酒店	中山国际酒店	5	套间	11	11	1587	600	广东省中山市中山一路142号	0760－88633388－206	
			单间	60	60	840	268			
			标准间	207	207	956	298			
中山温泉有限公司	中山温泉有限公司	4	套间	5	5	1200	600	广东省中山市三乡镇中山温泉有限公司	0760－86683888－88889	
			单间	72	52	780	280			
			标准间	171	171	780	280			
中山市阳光商务酒店有限公司	中山市阳光商务酒店有限公司		套间	8	6	1100	500	中山市西区升华路2号	0760－88636888－1101/1102	
			单间	88	62	530	250			
			标准间	72	60	580	250			
江门市										
江门丽宫国际酒店	江门丽宫国际酒店	5	套间	30	22	1280	498	广东省江门市东华二路18－28号	0750－8233388	
			单间	140	100	1012	298			
			标准间	160	120	840	268			
古兜温泉旅游度假邨	广东省新古兜温泉旅游度假邨有限公司		套间	12	12	880	528	广东省新会古兜温泉旅游度假邨	0750－6452793	
			单间	5	5	780	300			
			标准间	112	112	680	270			
江门市五邑碧桂园凤凰酒店有限公司	江门市五邑碧桂园凤凰酒店有限公司		套间	3	3	1480	550	江门市蓬江区西环路大西坑自然保护区旁五邑碧桂园内	0750－3289988	
			标准间	87	87	880	280			
鹤山市碧桂园凤凰酒店	鹤山市碧桂园凤凰酒店有限公司	5	套间	12	12	2277	600	广东江门鹤山市沙坪镇鹤山大道623号	0750－8866388－17	
			单间	37	37	1127	300			
			标准间	232	232	1127	300			
新会碧桂园凤凰酒店	江门市新会碧桂园凤凰酒店有限公司		套间	30	30	1580	598	广东省江门市新会区会城镇新港大道北1号新会碧桂园内	0750－6629888	
			标准间	331	286	880－980	298			
恩平市帝都温泉旅游区	恩平市帝都温泉旅游区发展有限公司		套间	29	29	980－1500	498	江门市恩平市良西镇	0750－7396188	
			单间	40	40	880－1380	298			
			标准间	221	221	600－980	298			

广东

饭店名称	发票开具单位名称	星级	客房（数量：间；价格：元/天）					地址	前台订房电话	备注
			房型	总间数	协议间数	门市价	协议价			
佛山市										
佛山市高明区碧桂园凤凰酒店有限公司	佛山市高明区碧桂园凤凰酒店有限公司		套间	21	19	2380	600	佛山市高明区三洲碧桂路高明碧桂园凤凰酒店	0757－88611111	
			单间	270	241	1080	298			
			标准间	46	37	1080	298			
蝴蝶谷酒店	佛山市南海蝴蝶谷酒店有限公司		套间	44	44	868	520	佛山市南海区南国桃园香格里拉花园内	0757－85230113	
			单间	50	50	548	280			
			标准间	162	162	548	280			
云影琼楼酒店	佛山市南海西樵通酒店物业管理有限公司	4	套间	6	6	1180	388	广东省佛山市南海区西樵山白云洞景区内	0757－81221988	
			单间	6	6	680	298			
			标准间	82	82	528	230			
金湖酒店	佛山市金湖酒店有限公司	3	套间	12	12	960	468	佛山市禅城区普澜二路23号	0757－83399338	
			单间	74	74	600	300			
			标准间	81	81	538	280			
佛山市禅城酒店银座有限公司	佛山市禅城酒店银座有限公司	3	套间	12	12	698	460	广东省佛山市禅城区汾江中路76号	0757－83022016/82966888	
			单间	48	48	548	300			
			标准间	77	77	498	280			
佛山市金银酒店有限公司	佛山市金银酒店有限公司	3	套间	8	8	1388	598	佛山市禅城区汾江西路4号	0757－83638323/83350239	
			单间	35	35	666	268			
			标准间	35	35	666	268			
佛山市三水中旅集团有限公司华厦酒店	佛山市三水中旅集团有限公司	3	套间	4	4	1280	600	佛山市三水区西南街道新华路42号	0757－87802361	
			单间	30	30	438	250			
			标准间	66	66	438	250			
祈福（仙湖）酒店	佛山市南海祈福仙湖酒店有限公司	4	套间	8	6	1088	600	佛山市南海区丹灶镇仙湖度假区祈福（仙湖）酒店	0757－85449988	
			单间	13	9	630	300			
			标准间	137	96	580	300			
佛山市南海桃源楼餐饮服务部	佛山市南海桃源楼餐饮服务部		套间	19	19	2880	600	佛山市南海区狮山镇松岗南国桃园桃红路16号	0757－85538999	
			单间	34	34	698	300			
			标准间	147	147	698	300			

饭店名称	发票开具单位名称	星级	客房（数量：间；价格：元/天）					地址	前台订房电话	备注
			房型	总间数	协议间数	门市价	协议价			
佛山市顺德区碧桂园物业发展有限公司渡假村	佛山市顺德区碧桂园物业发展有限公司渡假村	4	套间	5	5	1150	600	佛山市顺德区北滘镇碧江大桥边	0757－26330505	
			标准间	108	76	690	300			
肇庆市										
肇庆市委招待所（肇庆市湖滨大酒店）	肇庆市委招待所	3	套间	10	10	698	420	肇庆市天宁北路82号	0758－2316688	
			单间	5	5	398	245			
			标准间	117	117	398	245			
肇庆碧桂园凤凰酒店	肇庆市高要碧桂园凤凰酒店有限公司		套间	5	5	1680	600	广东省肇庆市高要南岸湖西一路18号（肇庆碧桂园内）	0758－8383888	
			单间	35	35	1080	300			
			标准间	180	180	1080	300			
肇庆华侨大厦	肇庆华侨大厦	3	套间	5	5	1048	530	肇庆市天宁北路90号	0758－2232650	
			单间	11	11	438	200			
			标准间	129	129	195	220			
肇庆市波海楼	肇庆市波海楼	3	套间	7	7	888	520	肇庆市星湖西路	0758－2233191	另：有13间一房一厅的套间；价格420元/人
			标准间	70	70	428	260			
肇庆皇朝酒店	肇庆星湖俱乐部	4	套间	6	6	950	600	广东省肇庆市端州五路九号	0758－2238238－13	
			单间	13	13	560	260			
			标准间	275	275	600	280			
云浮市										
新兴县金水台温泉有限公司	新兴县金水台温泉有限公司		套间	6	6	1188	600	广东省云浮市新兴县水台镇金水台温泉	0766－2513111	另：别墅有93间，价格600元/天
			单间	6	6	688	300			
			标准间	129	129	638	300			
云浮市迎宾馆	云浮市迎宾馆有限公司		套间	27	27	1680	558	云浮市行政中心侧	0766－8988688/8988558	
			单间	90	90	728	258			
			标准间	51	51	628	220			
阳江市										
阳江市碧桂园凤凰酒店有限公司	阳江市碧桂园凤凰酒店有限公司	5	套间	33	16	1580	600	广东省阳江市阳东湖滨西路	0662－6666638	
			单间	44	25	1180	298			
			标准间	265	209	1080	298			

饭店名称	发票开具单位名称	星级	客房（数量：间；价格：元/天）					地址	前台订房电话	备注
			房型	总间数	协议间数	门市价	协议价			
茂名市										
荔晶大酒店	茂名荔晶大酒店有限公司		套间	15	15	588	398	茂名市为民路一号	0668－2981888/2288228	
			单间	48	48	288	248			
			标准间	118	118	288	248			
茂名国际大酒店	茂名市国际大酒店有限公司	5	套间	11	8	1180	590	茂名市双山三路99号	0668－2986888－订房中心	
			单间	15	11	558	300			
			标准间	139	97	538	300			
茂名市东园大酒店	茂名市东园大酒店	4	套间	25	20	500	480	茂名市茂南区官山四路33号	0668－2737888	
			单间	30	23	300	290			
			标准间	60	45	300	290			
茂名花园酒店	茂名花园酒店有限公司	4	套间	20	20	360	268	广东省茂名市光华南路163号	0668－2171308/2171309	
			单间	40	36	220	168			
			标准间	121	100	250	188			
茂名市委招待所	茂名市委招待所		套间	12	12	558	517	广东省茂名市迎宾路42号	0668－2287636－80016/80017/80018	
			标准间	185	185	268	210			
湛江市										
湛江海滨宾馆有限责任公司	湛江海滨宾馆有限责任公司	4	套间	22	22	1280－1380	600	湛江市海滨大道中2号	0759－2286888－55	另：有21间别墅
			标准间	290	290	450	300			
金辉煌酒店	湛江市霞山区金辉煌酒店	4	套间	31	11	1280	498	湛江市人民大道中15号	0759－2368881	
			单间	89	68	800	299			
			标准间	88	88	850	299			
中国城酒店	湛江开发区中国城酒店有限公司	4	套间	11	10	688	568	湛江开发区乐山路48号	0759－3199991	入住第1天免费赠送水果
			单间	47	47	360	288			
			标准间	63	63	350	268			
湛江丽波度假村	湛江丽波酒店	4	套间	23	15	976	488	广东省廉江市塘山岭生态公园旁	0759－6618888	
			单间	25	15	396	168			
			标准间	250	188	296	148			
杏磊湾温泉度假村	徐闻县海安旅游渡假中心有限公司		套间	11	8	1588	498	徐闻县徐海大道杏磊段	0759－4683888	
			单间	28	20	1080	298			
			标准间	75	68	898	298			

广西壮族自治区

- 财政部委托广西壮族自治区财政厅负责在广西壮族自治区地级以上城市招标采购出差定点饭店并负责日常监督管理工作。
- 本次政府采购，确定广西壮族自治区出差定点饭店113家。
- 出差定点饭店按照与财政部门签订《协议书》的价格向中央和地方各级党政机关和事业单位提供相应的接待服务。
- 如果对协议价格产生疑义，可以要求定点饭店出示《协议书》。
- 如有出差定点饭店变更或协议价格变化，应以“党政机关出差会议定点饭店查询网”的信息为准。
- 本目录中的广西壮族自治区出差定点饭店的详细信息，可在“党政机关出差会议定点饭店查询网”查阅。
- 广西壮族自治区北海市的出差定点饭店包括了季节价格差，其中旺季为每年的7-8月，其余为淡季，请在使用查阅时注意。
- 广西壮族自治区各地区长途电话区号：

南宁市	0771	桂林市	0773
柳州市	0772	梧州市	0774
贵港市	0775	玉林市	0775
钦州市	0777	北海市	0779
防城港市	0770	崇左市	0771
百色市	0776	河池市	0778
来宾市	0772	贺州市	0774

广西壮族自治区出差定点饭店

饭店名称	发票开具单位名称	星级	客房（数量：间；价格：元/天）					地址	前台订房电话	备注
			房型	总间数	协议间数	门市价	协议价			
南宁市										
西园饭店	南宁西园饭店		单间	53	53	618	220	南宁市星光大道38号	0771－4822075	
			标准间	57	57	680	220			
			套房	34	34	2880	500			
荔园山庄	南宁西园饭店		标准间	56	56	780	300	南宁市青山路22号	0771－5333399	
广西军区桃源招待所	广西军区桃源招待所	4	主楼豪华商务套房	9	9	1388	580	南宁市桃源路74号	0771－2096188 2096189 2802775	可提供80元/人·天的围桌和自助餐
			主楼豪华单/双人房	157	110	598	238			
			六号楼标准单/双人房	165	115	288	168			
			桃花园标准双人房	58	40	250	120			
恒升大酒店	广西恒升酒店管理集团有限责任公司	4	套间	9	7	1088	560	南宁市中华路17号	0771－2108418	
			单间	44	44	588	260			
			标准间	175	175	528	260			
明园新都酒店	广西南宁明园新都酒店	5	套间	13	13	1858	600	南宁市新民路38号	0771－2119083	餐标：80元/人·天
			单间	18	18	858	300			
			标准间	212	212	858	300			
明园饭店	南宁明园饭店	4	套间	8	8	1280	600	南宁市新民路38号	0771－2119083	餐标：80元/人·天
			单间	15	15	680	300			
			标准间	199	199	520	230			
湄公河国际大酒店	南宁市湄公河国际大酒店	3	套间	3	3	760	305	南宁市竹溪大道98号	0771－2022998	
			单间	4	4	636	255			
			标准间	120	120	436	160			
满江红大酒店	广西满江红大酒店管理有限公司	3	套间	4	4	1400	388	南宁市祥宾路63号	0771－5752668	
			单间	7	7	538	288			
			标准间	127	127	438	178			
红林大酒店	广西红林大酒店有限公司	5	套间	48	35	1988	600	南宁市民族大道129号	0771－2021688－6588、6880	
			单间	50	36	1480	300			
			标准间	120	120	1366	300			
凤凰宾馆	广西南宁凤凰宾馆	4	标准双人间	35	35	528	218	南宁市朝阳路63号	0771－2119999	可提供80元/人·天的围桌、自助餐
			豪华双人间	107	107	618	236			
			豪华单人间	12	12	618	248			
			绿色双人间	68	68	618	248			
			绿色单人间	12	12	618	248			
			标准套间	7	7	1280	600			

饭店名称	发票开具单位名称	星级	客房（数量：间；价格：元/天）					地址	前台订房电话	备注
			房型	总间数	协议间数	门市价	协议价			
广西科学活动中心	广西科学活动中心	2	套间	5	5	438	250	南宁市新竹路20号	0771－2093888	
			单间	14	14	268	160			
			标准间	87	87	248	160			
南宁饭店	广西南宁饭店	5	豪华套间	11	11	1680	600	南宁市民主路38号	0771－2103399	
			豪华单间	31	31	880	300			
			豪华标准间	165	165	880	300			
锦华大酒店	广西锦华大酒店	4	套间	17	12	1388	520	南宁市东葛路1号	0771－2088893/2088895	
			单间	66	48	688	270			
			标准间	180	180	668	280			
金满地国际大酒店	南宁市金满地国际大酒店有限公司	3	套间	5	5	1080	398	南宁市琅西桂春路12号	0771－5819888/5819868	
			单间	23	23	580	180			
			标准间	152	152	580	180			
富满地大酒店	南宁市富满地酒店管理服务有限责任公司	3	套间	10	10	1280	300	南宁市桃源路43号	0771－2195888/2195688	免收长话市话上网费，含早餐
			单间	11	11	248	180			
			标准间	203	203	248	180			
广西凯宾皇冠大酒店	广西凯宾皇冠大酒店	4	商务套房（不含总统套房）	12	12	1958	380	南宁市民族大道98－1号	0771－5813888/5813889	
			标准双人间	150	150	598	128			
			豪华单间（标准单间）	85	85	598	128			
			行政单人间	13	13	1458	228			
嘉年华大酒店	广西南宁嘉迪酒店有限公司嘉年华大酒店	3	套间	8	8	1388	388	南宁市民族大道135号	0771－6111800	
			单间	11	11	418	188			
			标准间	100	100	388	168			
广西夏威夷国际大酒店	广西夏威夷国际大酒店有限公司	4	套间	20	20	1880	500	广西南宁市民族大道81号	0771－5885538	
			单间	26	26	660	240			
			标准间	152	152	580	200			
东春大酒店	广西东春大酒店有限公司		套间	5	5	998	480	厢竹大道11号	0771－5818088/5818199	
			单间	9	9	568	200			
			标准间	109	70	568	200			
广西福彩宾馆	广西福彩宾馆	3	套间	5	5	428	338	南宁市葛村路23号	0771－2195088	
			单间	4	4	278	218			
			标准间	100	100	188	120			

广西

饭店名称	发票开具单位名称	星级	客房（数量：间；价格：元/天）					地址	前台订房电话	备注
			房型	总间数	协议间数	门市价	协议价			
桂林市										
名城大酒店	桂林市就业服务中心名城大酒店	3	套间	2	2	881	300	桂林市秀峰区正阳步行街4号	0773－2882008	含早餐
			单间	1	1	498	200			
			标准间	84	84	416	132			
桂林凯斯顿大酒店	桂林凯斯顿大酒店		套间	3	3	888	488	桂林市骖鸾路9号	0773－5816816	含早餐
			单间	5	5	528	240			
			标准间	77	77	528	240			
粮贸大酒店	桂林粮贸大酒店	2	套间	3	3	800	480	桂林市象山区中山中路	0773－2251666	含早餐
			商务电脑房	18	18	328	178			
			商务网线房	10	10	308	158			
			单间	8	8	298	148			
			豪华标间	53	53	288	140			
			普通标间	60	60	268	130			
杉湖大酒店	桂林杉湖大酒店有限责任公司	3	套间	3	3	800	388	秀峰区中山中路24号	0773－2890087	含早餐
			单间	14	14	480	198			
			标准间	126	126	480	198			
丹桂大酒店	桂林丹桂大酒店	3	套间	4	4	1300	550	桂林市中山南路77号	0773－3834300－8109	含早餐
			单间	20	20	730	228			
			标准间	188	188	560	218			
山水大酒店	桂林山水大酒店	3	套间	8	8	960	460	桂林市七星路48号	0773－5851633	含早餐
			单间	14	14	660	168			
			标准间	162	162	660	180			
国际饭店	桂林国际饭店		套间	4	4	1980	600	桂林市骖鸾路1－1号	0773－5817666	含早餐
			单间	41	41	880	256			
			标准间	70	70	788	256			
			商务间	2	2	780	256			
台联酒店	桂林台联酒店有限责任公司	3	套间	4	4	1090	580	桂林市中山中路12号	0773－2892888	含早餐
			单间	37	37	880	280			
			标准间	129	129	880	280			
桃江宾馆	桂林桃江宾馆	4	套间	7	7	1288	480	桂林市桃花江路9号	0773－2558008	含早餐
			单间	2	2	888	286			
			标准间	102	102	788	286			
榕湖饭店	桂林市榕湖饭店	4	6#楼套间	4	4	1688	600	桂林市榕湖北路16号	0773－2895176	含早餐
			6#楼单间	25	25	888	286			
			6#楼标准间	139	139	868	286			
			6#楼1层、8#楼标准间	44	44	668	216			
			5#楼标、单间	40	40	1288	296			

饭店名称	发票开具单位名称	星级	客房（数量：间；价格：元/天）					地址	前台订房电话	备注
			房型	总间数	协议间数	门市价	协议价			
桂林桂星酒店	广西供销合作社桂星旅游贸易公司桂林桂星酒店	3	豪华套间	1	1	800	560	桂林市七星区七星路18号	0773－5618166/5618199	含早餐
			普通套间	2	2	800	380			
			单间	9	9	520	180			
			标准间	219	219	560	180			
东江高尔夫休闲度假有限公司	桂林市东江高尔夫休闲度假有限公司		套间	3	3	1088	550	七星区普陀路43号	0773－5630888	含早餐
			单间	17	17	688	220			
			标准间	88	88	688	220			
翠园宾馆	桂林翠园宾馆	3	套间	6	6	1380	450	桂林市安新北路2号	0773－3850288	含早餐
			单间	4	4	680	220			
			标准间	82	82	480	180			
			三人间	4	4	580	220			
临桂大酒店	桂林临桂大酒店	2	套间	4	4	1280	400	桂林市中山南路78号	0773－3835662	含早餐
			单间	9	9	320	150			
			标准间A房	65	65	320	150			
			标准间B房	73	73	280	110			
兴安泽霖宾馆有限责任公司	兴安泽霖宾馆有限责任公司		套间	4	4	1280	568	广西桂林市兴安县兴安镇双灵路	0773－6218888/6211999	含早餐
			单间	8	8	588	158			
			标准间	83	83	488	138			
阳朔县新西街国际大酒店	阳朔县新西街国际大酒店		套间	7	7	3688	588	阳朔县荆风路	0773－8888888/8888805	含早餐
			单间	43	43	1280	288			
			标准间	188	188	1280	288			
柳州市										
柳州饭店	柳州饭店	5	单间	30	30	680	300	柳州市友谊路1号	0772－2833106	
			标准间	55	55	680	300			
柳州宾馆	柳州工贸大厦股份有限公司	4	套间	6	6	1188	588	柳州市龙城路2号	0772－2308800	客房报价均不含早餐
			标A单间	42	30	568	288			
			标A双间	54	38	568	268			
			标B单间	14	10	418	218			
			标B双间	34	24	418	198			
丽晶大酒店	柳州工贸大厦股份有限公司	4	套间	16	11	858	428	柳州市龙城路32号	0772－2308800	客房报价均不含早餐
			标A单间	19	14	548	268			
			标A双间	33	24	548	248			
			标B单间	4	3	458	218			
			标B双间	36	26	458	218			

饭店名称	发票开具单位名称	星级	客房（数量：间；价格：元/天）					地址	前台订房电话	备注
			房型	总间数	协议间数	门市价	协议价			
京都宾馆	柳州京都宾馆有限公司	4	标准双人间 A	15	10	420	215	柳州市跃进路41号	0772－2300508	客房报价均含早餐；
			标准双人间 B	29	20	480	255			
			尊雅客房	45	40	680	298			
			商务标准间 A	41	35	550	275			
			商务单间	26	15	650	298			
			静音套间 A	4	4	680	350			
			静音套间 B	3	3	780	398			
			商务套间	8	6	880	560			
延安大酒店	柳州桂飘香酒店有限责任公司	3	商务行政套间	3	3	1586	580	柳州市飞鹅路79号	0772－3309998	客房报价均含早餐；
			商务行政单人间	28	28	618	248			
			商务行政标准间	44	44	618	248			
			商务单间	22	22	438	210			
			商务标准间	70	70	438	190			
			单间	12	12	368	148			
			标准间	32	32	368	148			
华锡大厦	广西华锡集团股份有限公司华锡大厦物业服务分公司	3	套间	2	2	768	410	柳州市桂中大道9号	0772－2622118	
			单间	5	5	320	190			
			标准间	20	20	320	190			
柳钢宾馆	广西柳州钢铁集团公司	4	豪华套间	8	3	1260	378	柳州市北雀路117号	0772－2560030	
			景观商务单间	12	8	960	288			
			标准间	64	40	560	178			
			豪华景观套间	4	4	1860	558			
			商务单间	14	8	760	248			
			高级标准间	80	60	660	208			
			景观套间	2	2	960	288			
			行政标准间	5	5	760	228			
			景观标准间	8	8	660	228			
			景观商务套间	6	4	1260	378			
南疆宾馆	柳州南疆宾馆有限公司	4	豪华套间	4	4	788	418	柳州市飞鹅路304号	0772－3608822	客房报价均含早餐；
			行政套间	14	12	668	288			
			豪华单间	5	5	528	228			
			豪华标间	50	45	528	228			
			欧式单间	5	5	428	180			
			欧式标间	50	45	428	180			

饭店名称	发票开具单位名称	星级	客房（数量：间；价格：元/天）					地址	前台订房电话	备注
			房型	总间数	协议间数	门市价	协议价			
梧州市										
华天大酒店	梧州市华天大酒店	3	套间	2	2	580	200	梧州市新兴二路116号	0774－6023669/6023668	
			单间	30	30	328	100			
			标准间	102	102	458	160			
新世纪大酒店	梧州新世纪大酒店	3	套间	11	11	688	220	梧州市中山路8号	0774－2812388	
			单间	35	35	368	120			
			标准间	59	59	368	160			
梧州大酒店	梧州大酒店	3	套间	5	5	880	350	梧州市西江三路2号	0774－2048828	
			单间	12	12	430	128			
			豪华标准间	87	87	430	128			
			标准间	92	92	330	100			
丽港皇冠酒店	梧州市丽港皇冠酒店	4	高级单人房	24	24	628	168	梧州市西江三路鸳江丽港8号楼	0774－6038888/6038880	
			高级双人房	76	76	628	168			
			江景豪华单人房	4	4	688	198			
			江景豪华双人房	60	60	728	188			
			高级商务套房	12	12	1088	238			
			江景商务套房	12	12	1388	268			
			高级行政套房	4	4	2088	308			
			江景行政套房	3	3	2688	368			
			行政套房	1	1	3288	408			
			江景行政套房	1	1	3888	468			
贵港市										
福来登酒店	贵港市万家居餐旅管理有限公司福来登酒店		套间	8	8	688	288	广西贵港市金港大道935号	0775－4268067	
			单间	8	8	528	168			
			标准间	24	24	528	168			
桂平功德山庄	中国工商银行股份有限公司广西区分行桂平西山培训中心功德山庄	3	豪华套间	1	1	1398	498	广西桂平市西山风景区	0775－3393399	
			标准单间	12	12	398	148			
			双人房	62	62	398	148			
桂平市乳泉井酒店	桂平市乳泉井酒店	4	套间	8	8	688	308	广西桂平市人民西路	0775－3369991	
			单间	14	14	398	198			
			标准间	60	60	398	198			
平南县大展丽宾馆	平南县大展丽宾馆		套间	4	4	400	300	平南县环城路	0775－7839999	
			单间	25	25	138	120			
			标准间	10	10	178	138			

饭店名称	发票开具单位名称	星级	客房（数量：间；价格：元/天）					地址	前台订房电话	备注
			房型	总间数	协议间数	门市价	协议价			
玉林市										
得利宾馆	玉林市得利宾馆有限公司	3	套间	2	2	880	320	玉林市一环东路323号	0775－2691436	
			单间	15	15	398	180			
			标准间	67	67	320	130			
锦源大酒店	玉林市锦源大酒店有限责任公司	3	套间	3	3	1888	488	玉林市一环北路848号	0775－2888889	
			单间	17	17	318	178			
			标准间	65	65	298	168			
花园国际大酒店	玉林市花园国际大酒店有限公司	4	行政套间	8	8	1388	498	玉林市一环东路48号	0775－2333333	
			标准间	52	52	588	220			
意景宾馆	玉林市意景宾馆		套间	6	6	498	270	玉林市人民东路727号	0775－2880101	
			单间	37	37	300	160			
			标准间	81	81	320	170			
君苑大酒店	玉林市君苑大酒店		套间	4	4	168	150	玉林市一环东路172号	0775－2827188	
			单间	6	6	128	100			
			豪华标准间	22	22	128	100			
嘉和国际大酒店	广西玉林市嘉和投资有限公司嘉和国际大酒店		标准套间	6	6	1188	260	玉林市一环北路884号	0775－2868866	
			豪华单间	18	18	888	180			
			标准双人间	114	114	688	159			
玉林市东方世纪	玉林市东方世纪大酒店有限责任公司	3	豪华标间	80	80	358	148	玉林市江岸路98号	0775－2885588	
			豪华单间	12	12	360	165			
			行政套间	6	6	658	298			
丽晶国际大酒店	玉林市丽晶国际大酒店有限责任公司	4	标准房单间	20	20	568	180	玉林市人民东路263号	0775－2883990	
			标准房双间	55	55	568	180			
			商务房单间	35	35	668	200			
			商务房双间	12	12	668	200			
			丽晶套房	2	2	1280	360			
玉林宾馆	广西玉林宾馆有限公司	4	套间	7	7	980	330	玉林市公园路133号	0775－2880088	
			豪华间	54	54	658	268			
			标准间	54	54	528	220			
福满地宾馆	玉林市福满地宾馆		套间	1	1	568	180	玉林市人民东路108号	0775－2886633	
			单间	28	28	258	118			
			标准间	56	56	278	118			

广西

饭店名称	发票开具单位名称	星级	客房（数量：间；价格：元/天）					地址	前台订房电话	备注
			房型	总间数	协议间数	门市价	协议价			
振林宾馆	广西玉林振林宾馆有限责任公司	3	套间	8	8	515	235	玉林市玉州路137号	0775－2832388	
			标准单间	17	17	328	150			
			标准双人间	54	54	361	165			
钦州市										
白海豚国际酒店	钦州市赛格置业有限公司白海豚国际酒店	5	单人套	15	15	1368	438	广西钦州市永福西大街58号	0777－2881888	
			6楼标准间	10	10	868	220			
钦州港正元大酒店	广西钦州港正元大酒店	3	标准单人套	3	3	588	280	广西钦州港经济开发区勒沟作业区	0777－3888000	
			单间	8	8	368	180			
			标准间	17	17	368	180			
海豚大酒店	钦州市海豚大酒店	3	套间	13	13	588	218	广西钦州市沙井大道91号	0777－2872888	
			单间	30	30	388	110			
			标准间	106	106	368	110			
恒商大酒店	钦州恒商大酒店	3	套间	6	6	518	268	广西钦州市文峰北路160号	0777－2862838	
			普通间	102	102	338	130			
			标准间	34	34	388	158			
高岭商务酒店	钦州市高岭商务酒店	3	套间	5	5	380	328	钦州市钦州湾大道71号	0777－2381500	
			单间	105	105	198	170			
			标准间	34	34	198	158			
颐豪大酒店	钦州市颐豪大酒店	3	豪华单人套	22	22	478	288	钦州港3号路	0777－3888299	
			单间	29	29	268	130			
			标准间	37	37	258	130			
景泰大酒店	钦州市景泰大酒店	3	豪华单人套	7	7	888	318	钦州市北部湾北大道66号	0777－2896888	
			单间	15	15	588	168			
			标准间	77	77	488	168			
幸福大酒店	钦州市幸福大酒店	3	套间	2	2	268	158	钦州市永福西大街29号	0777－2861093	
			单间	4	4	168	95			
			标准间	56	56	168	95			
钦州宾馆	钦州宾馆		套间	7	7	1888	500	钦州市文峰北路2号	0777－2897888	
			单间	18	18	888	220			
			标准间	32	32	888	220			
钱庄大酒店	钦州市钱庄大酒店	2	套间	8	8	1088	398	广西钦州市向阳街8－2号	0777－2128999	
			单间	20	20	628	168			
			标准间	33	33	628	168			

饭店名称	发票开具单位名称	星级	客房（数量：间；价格：元/天）					地址	前台订房电话	备注
			房型	总间数	协议间数	门市价	协议价			
嘉园酒店	钦州市嘉园酒店	3	豪华单人套	8	8	288	228	钦州市南珠西大街108号	0777－2848128	
			单间	44	44	168	128			
			标准间	56	56	148	108			
金花茶饭店	广西农垦钦州金花茶饭店	2	豪华单人套	3	3	268	178	广西钦州市钦州湾大道13号	0777－2835408	
			单间	8	8	168	100			
			标准间	75	75	188	110			
钦南泉城大酒店	钦州市钦南泉城大酒店	3	套间	5	5	180	180	广西钦州市南珠西大街7号	0777－2870198	
			单间	10	10	100	100			
			标准间	45	45	100	100			
鑫兴大酒店	钦州市鑫兴大酒店	3	套间	6	6	598	220	子材西大街福鑫城A栋	0777－2883666	
			单间	23	23	316	128			
			标准间	63	63	316	128			
红树林大酒店	钦州市红树林大酒店	3	套间	9	9	258	180	钦州湾大道60号	0777－2828888	
			单间	10	10	178	110			
			标准间	45	45	158	88			
防城港市										
防城港市金海岸宾馆	防城港市金海岸宾馆		套间	5	5	480	280	港口区友谊大道20号	0770－2823411/2822448	
			单间	8	8	198	138			
			标准间	130	130	168	120			
崇左市										
左江宾馆	崇左市左江宾馆有限公司	3	套间	12	12	688	288	崇左市新民路43号	0771－5967728	
			单间	39	39	398	168			
			标准间	110	110	338	128			
百色市										
鑫鑫大酒店	百色市鑫鑫大酒店		1号楼豪华套间	5	5	888	428	百色市城北二路18－1号	0776－2858888	
			1号、2号楼普通套间	16	16	588	288			
			1号楼单间	14	14	498	238			
			1号楼标准间	46	46	458	180			
			2号楼单间	4	4	498	178			
			2号楼标准间	38	38	398	158			
			2号楼普通双人间	8	8	398	128			

广西

饭店名称	发票开具单位名称	星级	客房（数量：间；价格：元/天）					地址	前台订房电话	备注
			房型	总间数	协议间数	门市价	协议价			
百色饭店	百色饭店		8号楼豪华商务套间	2	2	980	480	百色市镇中山一路42号	0776－2886181	
			8号楼豪华套房	7	7	780	380			
			8号楼豪华单人间	21	21	368	200			
			8号楼豪华标准间	9	9	328	180			
			5号楼豪华单人套	5	5	580	200			
			5号楼豪华单人间	17	17	268	138			
			5号楼豪华标准间	46	46	248	130			
			5号楼普通单人间	19	19	158	80			
			5号楼普通双人间	101	101	158	80			
瑞丰大酒店	百色市瑞丰大酒店	3	标准单人房	8	8	268	160	百色市城北二路5号	0776－2881688	
			豪华单人房	16	16	328	198			
			标准双人房	59	59	268	150			
			豪华双人房	15	15	288	180			
			豪华套房	1	1	680	380			
			豪华商务套	2	2	1200	560			
金都大酒店	广西驰程汽车运输有限责任公司金都大酒店百色饭店	3	主楼豪华套间	2	2	688	340	百色市城北一路29号	0776－2881180	
			主楼豪华单间	28	28	298	200			
			主楼豪华双间	74	74	288	180			
			贵宾楼豪华套间	1	1	688	320			
			贵宾楼标准单间	10	10	238	130			
			贵宾楼标准双间	72	72	228	110			
			贵宾楼标准三人间	4	4	258	120			
			商务楼豪华套间	4	4	688	320			
			商务楼标准单间	12	12	238	120			
			商务楼标准双间	60	60	228	110			
丰泰酒店	百色市丰泰酒店		豪华单间	6	6	280	150	百色市向阳路20号	0776－2889589	
			豪华标间	2	2	280	150			
			普通标间	25	25	200	100			
			普通单间	22	22	200	110			
欧艺大酒店	百色市欧艺大酒店有限责任公司		套间	4	4	598	238	百色市中山二路19号	0776－2884968	
			单间	10	10	348	138			
			标准间	66	66	318	120			
真龙大酒店	广西百色真龙大酒店有限公司	4	套间	14	14	438	188	百色市城东开发区拉域村	0776－2939189/2939286－销售部	
			豪华标间	42	35	338	138			
			豪华单间	14	14	338	138			

饭店名称	发票开具单位名称	星级	客房（数量：间；价格：元/天）					地址	前台订房电话	备注
			房型	总间数	协议间数	门市价	协议价			
供销大厦	百色市供销大厦	2	套间	1	1	198	120	百色市城北一路36号	0776－2824292	
			单间	33	33	198	120			
			标准间	39	39	198	120			
百色市恒升大酒店	百色市恒升大酒店有限责任公司	4	豪华单间	23	23	498	248	百色市新兴路体育广场	0776－2865288	
			豪华标间	137	137	458	228			
			豪华套间	9	9	898	388			
河池市										
河池大酒店	河池大酒店	4	套间	12	12	688	500	河池市新建路102号	0778－2283566 2106100	
			单间	37	37	338	238			
			标准间	97	97	318	238			
来宾市										
锦江大酒店	来宾市锦江大酒店	3	套间	8	8	666	298	广西来宾市滨江北路与祥和路交叉口	0772－4293999	
			单间	27	27	480	178			
			标准间	56	56	398	168			
裕达国际大酒店	广西裕达集团国际酒店有限公司	5	套间	16	16	1088	530	广西来宾市人民路西288号	0772－6688999	
			单间	58	58	538	258			
			标准间	81	81	538	230			
来宾市国际大酒店	来宾市国际大酒店	4	套间	2	2	880	528	广西来宾市维林大道68号	0772－4273888	
			单间	19	16	218	130			
			标准间	79	70	328	188			
森明大厦	来宾市森明实业有限公司	3	套间	6	6	268	188	来宾市柳来路167号	0772－4233588	
			单间	35	35	188	112			
			标准间	24	24	198	118			
贺州市										
金港酒店	贺州金港酒店	3	套间	3	3	688	280	贺州市太白西路48号	0774－5103618	
			单间	9	9	268	130			
			标准间	64	64	338	150			
永丰宾馆	贺州市永丰宾馆	3	套间	2	2	536	218	贺州市贺州大道南段73号	0774－5101998	
			单间	4	4	336	120			
			标准间	52	52	336	120			
国际酒店	贺州国际酒店	4	套间	25	19	888	418	贺州市建设东路183号	0774－5101191	
			单间	54	42	528	198			
			标准间	156	118	528	198			
八步粤港假日酒店	贺州市八步粤港假日酒店	3	套间	1	1	988	376	贺州市建设中路31号	0774－5108888	
			单间	25	25	338	116			
			标准间	40	40	338	116			

北海市淡旺季出差定点饭店

饭店名称	发票开具单位名称	星级	客房（数量：间；价格：元/天）房型	总间数	协议间数	门市价 淡季	门市价 旺季	协议价 淡季	协议价 旺季	地址	前台订房电话	备注
北海市												
广西干部学院	广西干部学院		套间	15	15	788	788	268	268	广西北海市银滩大道6号	0779－3896288	
			单间	129	129	488	488	138	138			
			标准间	54	54	588	588	158	158			
嘉莱度假酒店	北海嘉莱度假酒店有限公司	4	套间	125	125	780	780	350	350	广西北海市云南路89号	0779－6806666	
			单间	40	40	680	680	220	220			
			标准间	72	72	680	680	220	220			
银滩度假村	北海银滩度假村有限责任公司	3	套间	6	6	1180	1180	360	360	广西北海市银滩大道8号路	0779－3899388	
			单间	12	12	428	428	160	160			
			标准间	103	103	428	428	160	160			
珍珠湾酒店	北海珍珠湾酒店管理有限公司		套间	34	34	988	988	328	408	北海市外沙海鲜岛	0779－6813111	
			单间	52	52	598	598	150	160			
			标准间	166	166	518	518	150	160			
合浦红林大酒店	合浦红林大酒店有限公司	3	套间	30	30	688	688	359	359	广西合浦县廉州大道168号	0779－7220000	
			单间	5	5	598	598	220	220			
			标准间	99	99	538	538	220	220			
海滩大酒店	广西北海海滩大酒店有限公司	4	套间	26	26	1480	1480	500	598	广西北海市银滩大道	0779－3898101－102	
			单间	4	4	868	868	220	298			
			标准间	106	106	868	868	220	298			
利源国际大酒店	北海利源国际大酒店	3	套间	4	4	678	678	318	380	广西北海市重庆路3号	0779－3220688	
			单间	11	11	478	478	208	218			
			标准间	173	173	398	398	168	188			
金港酒店	北海金港酒店	3	套间	6	6	880	880	320	320	广西北海市银滩大道8号	0779－3897200	
			单间	23	23	360	360	180	180			
			标准间	77	77	380	380	180	180			
路海大酒店	北海路海大酒店	3	套间	4	4	880	880	280	420	广西北海市侨港镇港口路	0779－2212000	
			单间	96	96	368	368	98	128			
			标准间	108	108	598	598	168	220			
良港大酒店	北海市良港大酒店有限公司	3	套间	7	7	980	980	200	200	北海市北部湾东路10号	0779－2086666	
			单间	10	10	468	468	148	148			
			标准间	78	78	328	328	120	120			

饭店名称	发票开具单位名称	星级	客房（数量：间；价格：元/天）房型	总间数	协议间数	门市价 淡季	门市价 旺季	协议价 淡季	协议价 旺季	地址	前台订房电话	备注
银滩阳光假日酒店	北海银滩阳光假日酒店投资管理有限公司	3	豪华双人间	39	39	568	568	150	220	北海市银滩大道2号	0779－3895555	
			豪华单人间	10	10	568	568	150	220			
			海景双人间	23	23	628	628	200	260			
			迷你套间	2	2	1288	1288	260	320			
广西财会培训考试中心北海基地海景彩云宾馆	广西财会培训考试中心北海基地海景彩云宾馆	3	豪华套间	3	3	880	880	480	600	北海市侨港镇侨港海滩	0779－3899500/3899598	
			普通套间	6	6	600	600	280	380			
			单间	3	3	300	300	120	160			
			海景标准间	66	66	480	480	178	238			
			城景标准间	39	39	480	480	158	218			
中玉酒店	北海中玉酒店	3	套间	22	22	688	688	338	368	北海市北部湾西路33号	0779－3922888	
			单间	16	16	528	528	168	198			
			标准间	100	100	528	528	158	188			
真龙国际大酒店	北海真龙国际大酒店有限责任公司	4	套间	22	22	1320	1320	358	358	北海市北海大道186号	0779－3065666	
			标准间	124	124	600	600	208	208			
佳家大酒店	北海佳家大酒店有限责任公司	3	豪华套间	2	2	1180	1180	388	388	北海市北海大道和北京路交汇处	0779－3087500	
			商务套间	4	4	688	688	218	218			
			豪华单间	20	20	588	588	178	178			
			豪华标间	20	20	588	588	178	178			
			高级单间	20	20	438	438	158	158			
			高级标间	23	23	438	438	158	158			
			标准间	85	85	368	368	110	110			
			普通间	10	10	238	238	100	100			

海 南 省

- 财政部委托海南省财政厅负责在海南省地级以上城市招标采购出差定点饭店并负责日常监督管理工作。
- 本次政府采购，确定海南省出差定点饭店158家。
- 出差定点饭店按照与财政部门签订《协议书》的价格向中央和地方各级党政机关和事业单位提供相应的接待服务。
- 如果对协议价格产生疑义，可以要求定点饭店出示《协议书》。
- 如有出差定点饭店变更或协议价格变化，应以“党政机关出差会议定点饭店查询网”的信息为准。
- 本目录中的海南省出差定点饭店的详细信息，可在“党政机关出差会议定点饭店查询网”查阅。
- 海南省三亚市的出差定点饭店包括了季节价格差，其中旺季为每年的11月－次年2月，其余为淡季，请在使用查阅时注意。
- 海南省各地区长途电话区号　0898

海口市　三亚市
文昌市　琼海市
万宁市　五指山市
东方市　儋州市
临高县　澄迈县
定安县　屯昌县
昌江黎族自治县
白沙黎族自治县
琼中黎族苗族自治县
陵水黎族自治县
保亭黎族苗族自治县
乐东黎族自治县

海南省出差定点饭店

饭店名称	发票开具单位名称	星级	客房（数量：间；价格：元/天）					地　址	前台订房电话	备　注
			房型	总间数	协议间数	门市价	协议价			
海口市										
金海岸罗顿大酒店	海南金海岸罗顿大酒店有限公司	5	套间	27	27	2200	600	人民大道68号	0898－66259888－前台	
			单间	67	67	1280	300			
			标准间	204	204	1280	300			
海南新国宾馆	海南新国宾馆有限公司	5	套间	4	4	3088	600	海口市滨海西路111号	0898－966988	
			单间	58	58	1980	300			
			标准间	72	72	1980	300			
海南寰岛泰得大酒店	海南寰岛大酒店有限公司	5	套间	19	19	2596	600	海口市和平大道18号	0898－66265226	
			单间	108	108	1336	300			
			标准间	197	197	1176	300			
海口天佑大酒店	北京瑞元酒店管理有限公司海口天佑大酒店	5	套间	16	16	2600	580	海口市秀英区滨海大道239号	0898－31688866/31688860/31688891	
			单间	44	44	1600	280			
			标准间	133	133	1600	280			
海南鑫源温泉大酒店	海南鑫源置业发展有限公司鑫源温泉大酒店	4	套间	8	8	1318	460	海口市海秀东路18－8号	0898－66735111－前台	
			单间	97	97	578	200			
			标准间	175	175	678	220			
新奥斯罗克酒店	海南丽都假日酒店管理有限公司	4	套间	10	10	1280	600	海秀东路12号	0898－66530666	
			单间	78	78	780	238			
			标准间	120	120	780	238			
海南大阳城大酒店有限公司	海南大阳城大酒店有限公司	4	套间	6	6	1880	590	海口市龙华路甲16号	0898－66205380/53815382	
			单间	28	28	780	210			
			标准间	80	80	780	210			
海南燕泰国际大酒店	海南燕泰国际大酒店	4	套间	18	18	1280－1880	500	海口市美兰区海甸五东路18号	0898－66250888－52	
			单间	27	27	980－1080	260			
			标准间	335	335	880－930	220			
海口国际金融大厦有限公司（海口国际金融嘉柏大酒店）	海口国际金融大厦有限公司	4	套间	9	9	1900	380	海口市大同路29号	0898－66536647	
			单间	61	61	928	200			
			标准间	164	164	928	200			

饭店名称	发票开具单位名称	星级	客房（数量：间；价格：元/天）					地　址	前台订房电话	备　注
			房型	总间数	协议间数	门市价	协议价			
万利隆商务酒店	海口万利隆商务酒店有限公司	4	套间	9	9	1688	588	国贸金龙路51号	0898－68569666	
			单间	54	54	980	288			
			标准间	107	107	880	288			
海南椰海大酒店	海南椰海大酒店	4	套间	7	7	1388－1888	600	金融贸易区玉沙路46号	0898－68598888－8666/8866	
			单间	18	18	658－688	260			
			标准间	98	98	658－688	240			
海口湘天源温泉大酒店（原海南华天大酒店）	海口湘天源温泉大酒店有限公司	4	套间	10	4	1388	380	海口市龙昆北路9－1号	0898－66799988	
			单间	26	24	888	228			
			标准间	98	96	788	228			
海口国商海航商务酒店	海南国商酒店管理有限公司	4	套间	73	73	1999	380	海口市大同路38号	0898－66561368	
			单间	51	51	1099	280			
			标准间	82	82	899	240			
黄金海景大酒店	中国石化集团海南经济开发有限公司黄金海景大酒店	4	套间	20	20	1000	450	海口市滨海大道67号	0898－68519988	
			单间	24	24	780	270			
			标准间	86	86	738	250			
海口泰华酒店	海口泰华酒店	4	套间	6	6	2800	450	海口市滨海大道泰华路2号	0898－66772990	
			单间	38	38	808	200			
			标准间	163	163	808	200			
凯威大酒店	海南凯威大酒店有限公司	4	套间	7	7	1688	588	海口市海港路20号	0898－68628106/68628107	
			单间	23	23	588	238			
			标准间	178	178	588	238			
海南宝华海景大酒店管理有限公司	海南宝华海景大酒店管理有限公司		套间	42	42	1580	600	海口市滨海大道69号	0898－68536699－1362/1329	
			单间	41	41	920	300			
			标准间	168	168	920	260			
美华荷泰	海南美华荷泰旅业有限公司		套间	2	2	3888	388	海口市白龙南路83号	0898－65235306	
			单间	51	51	800	208			
			标准间	91	91	800	208			
海口五指山国际大酒店	海口五指山国际酒店有限公司		套间	15	15	1480	388	海口市五指山路8号	0898－65386666	
			单间	58	58	880	268			
			标准间	42	42	980	268			

饭店名称	发票开具单位名称	星级	客房（数量：间；价格：元/天）					地址	前台订房电话	备注
			房型	总间数	协议间数	门市价	协议价			
锦江之星	上海锦江国际旅馆投资有限公司海口分公司	3	套间	141	141	179	160	海口市文明东路36号	0898－65361388－0、65359519（营销部）	
			单间	43	43	169	130			
			标准间	99	99	169	130			
海口铁道温泉宾馆	海口铁道温泉宾馆有限责任公司	3	套间	15	15	388	268	海口市海府路165号	0898－65851111	
			单间	29	29	208	128			
			标准间	85	85	238	138			
海口美京海景大酒店有限公司	海口美京海景大酒店有限公司	3	套间	4	4	358	300	海口市滨海大道16号	0898－66206888	
			单间	30	30	168	120			
			标准间	109	109	168	120			
龙泉花园酒店	海南龙泉花园酒店有限公司	3	套间	13	13	588	260	海口市海秀路3号	0898－66786111	
			单间	27	27	288	120			
			标准间	64	64	288	120			
海南滨海大酒店	海南滨海大酒店		套间	16	16	328	260	海口市龙昆北路1号	0898－66506188	
			单间	22	22	138	128			
			标准间	149	149	138	128			
丽华大酒店	海南琼山丽华旅业有限公司丽华大酒店		套间	39	39	1680	380	海口市凤翔路158号	0898－65929888	
			单间	3	3	680	200			
			标准间	322	322	680	200			
海口明光海航大酒店	海口明光酒店管理有限公司	5	单间	52	52	1288＋15%	300	海口市南海大道9号	0898－36638888	
			标准间	192	192	1288＋15%	300			
康年皇冠花园酒店	海南凯都实业有限公司康年皇冠花园酒店		套间	4	4	1580	600	海口市金垦路6号	0898－68955636/68955611/68955888	
			单间	30	30	800	300			
			标准间	90	90	800	300			
海南金银岛大酒店	海南金银岛大酒店	4	标准间（包括双人、单人间）	104	104	780	248	海口市蓝天路16号	0898－66763388－666/8166	
			豪华双人间	16	16	880	268			
			商务房（包括双人、单人间）	54	54	1080	298			
			行政高级套间	7	7	1800	588			
海口宾馆	海南五洲旅游股份有限公司	4	行政套房	8	6	1388	438	海南省海口市海府路4号	0898－65351234－前台	
			浪漫及商务房	37	37	898	328			
			豪华单人房	35	35	788	268			
			豪华双人房	44	44	788	248			
			标准双人房	72	72	688	208			

海南

<table>
<tr><th rowspan="2">饭店名称</th><th rowspan="2">发票开具
单位名称</th><th rowspan="2">星级</th><th colspan="5">客房（数量：间；价格：元/天）</th><th rowspan="2">地　址</th><th rowspan="2">前台订
房电话</th><th rowspan="2">备　注</th></tr>
<tr><th>房型</th><th>总
间数</th><th>协议
间数</th><th>门市
价</th><th>协议
价</th></tr>
<tr><td rowspan="5">海南鸿运大酒店</td><td rowspan="5">海南鸿运大酒店</td><td rowspan="5">4</td><td>高级套间</td><td>7</td><td>7</td><td>1888</td><td>380</td><td rowspan="5">海秀路15号</td><td rowspan="5">0898－36665663</td><td rowspan="5"></td></tr>
<tr><td>高级单间</td><td>23</td><td>23</td><td>888</td><td>200</td></tr>
<tr><td>高级标准间</td><td>48</td><td>48</td><td>888</td><td>200</td></tr>
<tr><td>豪华单间</td><td>14</td><td>14</td><td>988</td><td>260</td></tr>
<tr><td>豪华标准间</td><td>35</td><td>35</td><td>988</td><td>260</td></tr>
<tr><td rowspan="3">宝驹大酒店</td><td rowspan="3">海口宝驹酒店管理有限公司</td><td rowspan="3">4</td><td>套间</td><td>11</td><td>11</td><td>422</td><td>342</td><td rowspan="3">海口市南海大道55号</td><td rowspan="3">0898－36618999/36316020</td><td rowspan="3"></td></tr>
<tr><td>单间</td><td>20</td><td>20</td><td>262</td><td>232</td></tr>
<tr><td>标准间</td><td>68</td><td>68</td><td>262</td><td>232</td></tr>
<tr><td rowspan="3">宝发幸福酒店</td><td rowspan="3">海南幸福酒店管理有限公司</td><td rowspan="3">4</td><td>套间</td><td>26</td><td>26</td><td>1680－1880</td><td>508</td><td rowspan="3">海南省海口市玉沙路26号宝发国际大厦</td><td rowspan="3">0898－31966666</td><td rowspan="3"></td></tr>
<tr><td>单间</td><td>100</td><td>100</td><td>1180－1380</td><td>280</td></tr>
<tr><td>标准间</td><td>100</td><td>100</td><td>980</td><td>280</td></tr>
<tr><td rowspan="3">海南赛仑吉地大酒店</td><td rowspan="3">海南赛仑吉地大酒店有限公司</td><td rowspan="3"></td><td>标准间</td><td>150</td><td>150</td><td>538</td><td>200</td><td rowspan="3">海口市海秀中路52号</td><td rowspan="3">0898－66778888－3101</td><td rowspan="3"></td></tr>
<tr><td>商务间</td><td>37</td><td>37</td><td>580</td><td>220</td></tr>
<tr><td>商务套间</td><td>3</td><td>3</td><td>998</td><td>420</td></tr>
<tr><td rowspan="3">海南大酒店</td><td rowspan="3">海南千江月酒店管理有限公司</td><td rowspan="3"></td><td>套间</td><td></td><td></td><td></td><td></td><td rowspan="3">海口市海府路51号</td><td rowspan="3">0898－36609990</td><td rowspan="3"></td></tr>
<tr><td>单间</td><td>26</td><td>26</td><td>780</td><td>244</td></tr>
<tr><td>标准间</td><td>94</td><td>94</td><td>780</td><td>244</td></tr>
<tr><td rowspan="6">海南嘉正海外国际大酒店</td><td rowspan="6">海南嘉正海外国际大酒店有限公司</td><td rowspan="6">3</td><td>套房</td><td>3</td><td>3</td><td>216</td><td>186</td><td rowspan="6">海南省海口市美兰区五指山路11号</td><td rowspan="6">0898－65235999－3900/6</td><td rowspan="6"></td></tr>
<tr><td>普通单间</td><td>4</td><td>4</td><td>186</td><td>136</td></tr>
<tr><td>普通标准间</td><td>64</td><td>64</td><td>186</td><td>136</td></tr>
<tr><td>豪华套间</td><td>1</td><td>1</td><td>988</td><td>600</td></tr>
<tr><td>豪华单间</td><td>6</td><td>6</td><td>218</td><td>168</td></tr>
<tr><td>豪华标准间</td><td>106</td><td>106</td><td>218</td><td>168</td></tr>
<tr><td rowspan="3">海南琼苑宾馆（一号楼）</td><td rowspan="6">海南琼苑宾馆</td><td rowspan="6">3</td><td>套间</td><td>2</td><td>2</td><td>280</td><td>250</td><td rowspan="6">海口市白龙南路38号</td><td rowspan="6">0898－65385293/65385288</td><td rowspan="6"></td></tr>
<tr><td>单间</td><td>5</td><td>5</td><td>140</td><td>130</td></tr>
<tr><td>标准间</td><td>80</td><td>80</td><td>140</td><td>130</td></tr>
<tr><td rowspan="3">海南琼苑宾馆（二号楼）</td><td>套间</td><td>4</td><td>4</td><td>350</td><td>300</td></tr>
<tr><td>单间</td><td>6</td><td>6</td><td>160</td><td>150</td></tr>
<tr><td>标准间</td><td>74</td><td>74</td><td>160</td><td>150</td></tr>
<tr><td rowspan="3">龙泉大酒店</td><td rowspan="3">海南龙泉大酒店有限公司</td><td rowspan="3">3</td><td>套间</td><td>7</td><td>7</td><td>688</td><td>208</td><td rowspan="3">海口市大同路22号</td><td rowspan="3">0898－66751117</td><td rowspan="3"></td></tr>
<tr><td>单间</td><td>21</td><td>21</td><td>398</td><td>168</td></tr>
<tr><td>标准间</td><td>22</td><td>22</td><td>378</td><td>158</td></tr>
</table>

饭店名称	发票开具单位名称	星级	客房（数量：间；价格：元/天）					地址	前台订房电话	备注
			房型	总间数	协议间数	门市价	协议价			
龙泉宾馆	海南龙泉宾馆有限公司发票专用章（海口）	3	套间	7	7	588	308	海口市龙昆南路18号	0898－66743308/66581299/66581300	
			单间	56	56	458	208			
			标准间	65	65	458	208			
龙泉之星	海口龙泉人之星白龙酒店有限公司	3	套间	5	5	578	232	海口市白龙南路58号	0898－65201668	
			单间	48	48	398	172			
			标准间	24	24	298	136			
金宝莱商务酒店	海南金宝莱商务酒店管理有限公司		单、双标	47	47	888	194	海口市城西路18号	0898－36680111/36681111	
			普通套房	10	10	1388	294			
			豪华套房	2	2	1988	414			
			商务房	13	13	888	224			
			情侣单间	14	14	888	214			
			三人间	3	3	988	294			
三亚市										
三亚胜意大酒店	三亚市胜意贸易发展有限公司胜意大酒店	待证五星	胜景房	327	230	1388	淡季300 旺季450	三亚湾路	0898－88898333	
			高级套	24	17	2388	淡季600 旺季900			
三亚鸿洲埃德瑞度假酒店	三亚鸿洲埃德瑞度假酒店	待证五星	套房	142	142	1388	淡季380 旺季380	三亚榆亚大道2号	0898－88608888	
			豪华套间	183	183	2088	淡季580 旺季580			
三亚豪威麒麟大酒店	海南龙威旅业有限公司豪威麒麟大酒店	4	标准房	120	120	988	淡季200 旺季258	三亚市河东路一路	0898－88988999	
			单人间	4	4	988	淡季200 旺季258			
			园景双标	33	33	988	淡季218 旺季288			
			市景双标	14	14	1288	淡季238 旺季308			

饭店名称	发票开具单位名称	星级	客房（数量：间；价格：元/天）					地址	前台订房电话	备注
			房型	总间数	协议间数	门市价	协议价			
三亚豪威麒麟大酒店	海南龙威旅业有限公司豪威麒麟大酒店	4	三人间	18	18	1288	淡季238 旺季308	三亚市河东路一路	0898－88988999	
			商务双	60	60	1688	淡季258 旺季338			
			豪华大床	9	9	1288	淡季238 旺季308			
			行政大床	9	9	1688	淡季258 旺季338			
			套房	11	5	1888	淡季388 旺季568			
三亚亚太国际会议中心	亚太国际会议中心有限公司	5	海景沙龙套房	12	6	2088	淡季600 旺季600	三亚湾路	0898－88332666	
			豪华海景双标房	58	35	1588	淡季300 旺季300			
			豪华海景大床房	50	35	1588	淡季300 旺季300			
			豪华山景双标房	105	95	1288	淡季300 旺季300			
			豪华山景大床房	15	8	1288	淡季300 旺季300			
三亚金银岛海景大酒店	三亚金银岛海景大酒店有限公司	4	园景房	30	30	798	淡季230 旺季338	三亚湾路	0898－88335999－8168	
			海景房	88	88	898	淡季260 旺季388			

饭店名称	发票开具单位名称	星级	客房（数量：间；价格：元/天）					地　址	前台订房电话	备　注
			房型	总间数	协议间数	门市价	协议价			
三亚金银岛海景大酒店	三亚金银岛海景大酒店有限公司	4	海景蜜月房	16	16	898	淡季260 旺季388	三亚湾路	0898－88335999－8168	
			海景套房	9	9	1398	淡季480 旺季580			
三亚半山锦江海景度假酒店	三亚兰海半山度假酒店有限公司	4	标准园景房	48	48		淡季200 旺季300	三亚市大东海旅游区	0898－88228888	
			标准海景房	82	82		淡季280 旺季420			
			高级海景房	55	55		淡季300 旺季450			
三亚豪威海景大酒店	三亚文豪旅业有限公司豪威海景大酒店	4	标准房	208	208	888	淡季200 旺季258	三亚市解放三路	0898－88285888	
			海景双标	34	34	988	淡季218 旺季288			
			行政双标	30	30	1188	淡季218 旺季288			
			三人间	25	25	1288	淡季238 旺季308			
			商务双	17	17	1288	淡季258 旺季338			
			豪华大床	10	10	1188	淡季238 旺季308			
			行政大床	10	10	1288	淡季258 旺季338			
			套房	4	2	1688	淡季388 旺季568			

饭店名称	发票开具单位名称	星级	客房（数量：间；价格：元/天）					地址	前台订房电话	备注
			房型	总间数	协议间数	门市价	协议价			
三亚经纬大酒店	三亚经纬大酒店	4	标准客房	164	164	888	288	三亚市三亚湾路海月广场旁	0898－88290788	
			标准客房	23	23	1388	288			
			普通套间	4	4	2888	568			
三亚馨苑生活服务中心	三亚馨苑生活服务中心	待证四星	套间	10	10	3688	淡季528 旺季588	三亚市河东路川北巷5号	0898－38896038	
			单间	20	20	980	淡季258 旺季298			
			标准间	100	100	980	淡季258 旺季298			
三亚新兴花园大酒店	三亚新兴花园大酒店	4	套间	7	7	1680	淡季388 旺季558	三亚市河东一路（月川桥旁）	0898－88681895	
			单间	29	29	980	淡季238 旺季298			
			标准间	280	200	980	淡季238 旺季298			
三亚金凤凰海景酒店	三亚金凤凰海景酒店	4	套房	22	15	2768	淡季500 旺季750	三亚湾路海月广场	0898－88661168/88661069	
			豪华套间	6	4	4888	淡季600 旺季900			
			单间	54	40	998	淡季300 旺季450			
			标准间	196	147	978	淡季300 旺季450			
三亚东方海景大酒店	三亚东方海景大酒店	4	套间	4	3	1880	淡季380 旺季570	三亚市解放四路176号	0898－88298080/88298585	
			单间	21	15	1080	淡季180 旺季270			

饭店名称	发票开具单位名称	星级	客房（数量：间；价格：元/天）					地　址	前台订房电话	备　注
			房型	总间数	协议间数	门市价	协议价			
三亚东方海景大酒店	三亚东方海景大酒店	4	标准间	260	185	980	淡季180 旺季270	三亚市解放四路176号	0898-88298080/88298585	
三亚湾仙居府海景酒店	三亚湾仙居府海景酒店	4	套房	8	8	2888	淡季438 旺季488	三亚市三亚湾滨海大道中段	0898-88270552	
			豪华套间	8	8	3888	淡季538 旺季588			
			单间	14	14	988	淡季268 旺季300			
			单间	72	72	988	淡季268 旺季300			
三亚华源温泉海景度假酒店	三亚华源温泉海景度假酒店	4	套房	8	8	2388	淡季588 旺季868	三亚湾旅游度假区	0898-88333999	
			标准间	40	40	1188	淡季288 旺季398			
三亚林达海景酒店	三亚林达海景酒店	4	套房	12	12	2280	淡季498 旺季688	三亚榆亚大道大东海旅游区	0898-31808888	
			豪华套间	4	4	2680	淡季598 旺季888			
			标准间	142	142	980	淡季288 旺季428			
三亚天福源度假酒店	三亚天福源度假酒店	待证四星	套间	13	10	2880	淡季600 旺季800	三亚湾路208号	0898-88333888	
			单间	46	40	1380	淡季300 旺季400			
			标准间	232	200	1380	淡季300 旺季400			

海南

饭店名称	发票开具单位名称	星级	客房（数量：间；价格：元/天）					地址	前台订房电话	备注
			房型	总间数	协议间数	门市价	协议价			
三亚力合度假养生中心	三亚力合度假养生中心	4	海景套房	9	9	1580	淡季 580 旺季 780	三亚湾旅游区	0898－88337788	
			普通套房	8	8	1580	淡季 500 旺季 600			
			五星级标间	145	145	1180	淡季 298 旺季 428			
			普通标准间	150	150	980	淡季 200 旺季 300			
三亚玉海国际度假酒店	三亚金天地酒店物业管理有限公司	待证五星	套房	22	15	2288	淡季 480 旺季 680	三亚湾路 163 号	0898－88918888/88918688	
			豪华套间	82	57	2688	淡季 580 旺季 880			
			普通标准间	189	189	1488	淡季 260 吐季 380			
			单间	22	18	1488	淡季 260 旺季 380			
			豪华标准间	459	321	1688	淡季 300 旺季 420			
文昌市										
文昌维嘉国际大酒店	文昌维嘉国际大酒店	待证五星	高级套房	6	6	550	350	文城镇文建路 166 号	0898－63288888	
			豪华套房	8	8	680	450			
			商务套房	8	8	780	500			
			高级客房标准间	89	89	420	220			
			高级客房单间	60	60	420	220			
			豪华客房标准间	50	50	480	260			
			豪华客房单间	22	22	480	260			

饭店名称	发票开具单位名称	星级	客房（数量：间；价格：元/天）					地　址	前台订房电话	备　注
			房型	总间数	协议间数	门市价	协议价			
凤凰城大酒店	来龙旅业有限公司文昌凤凰城大酒店		套间	7	7	588	228	文城镇文新路	0898－63338888	
			主楼单间	50	50	368	168			
			副楼单间	29	29	520	198			
			主楼标准间	72	72	368	168			
			副楼标准间	23	23	520	198			
文昌龙园酒店	文昌龙园酒店	3	套房	6	6	588	280	文城镇文新路68号	0898－63236666	
			豪华套间	1	1	688	380			
			单间	7	7	488	120			
			标准间	73	73	488	120			
文昌白金海岸度假酒店	文昌白金海岸度假酒店有限公司		休闲园景房	200	200	588	120	高龙湾白金路	0898－63339999	
			豪华海景房	200	200	728	150			
			行政商务房	260	260	868	180			
			海景家庭套房	32	32	1008	220			
			海景沙龙房	40	40	1388	298			
			白金至尊套房	2	2	2188	580			
文昌经纬花园	文昌经纬花园	3	套房	3	3	388	280	清澜经济开发区旅游大道	0898－63322794	
			豪华套间	1	1	688	380			
			单间	4	4	288	200			
			标准间	68	68	228	150			
海南文昌高隆湾金融度假村	海南文昌高隆湾金融度假村	3	豪华套间	17	17	680	250	清澜高隆湾旅游大道	0898－63322068	
			单间	6	6	380	200			
			标准间	80	80	360	150			
海南百莱玛度假村	海南百莱玛度假村有限公司	3	套间	5	5	1688	598	百莱玛度假村有限公司	0898－63538222	
			别墅双人间	28	28	488	168			
			别墅三人间	4	4	688	268			
			豪华木屋	41	41	888	298			
天福云龙湾度假村	海南铜鼓岭天福云龙湾度假村有限公司	待证四星	套房	8	8	680	598	文昌市龙楼镇天福云龙湾度假村	0898－63561266	
			豪华套间	2	2	1800	598			
			单间	9	9	480	298			
			标准间	100	100	480	298			
文昌文城福林酒店			套间	2	2	328	288	文城镇庆龄路	0898－36909999	
			单间	7	7	158	148			
			标准间	36	36	158	138			

饭店名称	发票开具单位名称	星级	客房（数量：间；价格：元/天）					地　　址	前台订房电话	备　　注
			房型	总间数	协议间数	门市价	协议价			
琼海市										
琼海维嘉国际大酒店	琼海维嘉国际大酒店有限公司		套间	5	5	1288	300	嘉积镇银海路	0898－62923333	
			单间	15	15	480	138			
			标准间	49	49	480	110			
琼海昌隆酒店	琼海昌隆酒店		套间	4	4	526	416	嘉积镇金海路111号	0898－62933666	
			单间	13	13	288	206			
			标准间	17	17	266	166			
			商务客房	39	39	288	206			
			水晶宫房	5	5	366	276			
博鳌玉带湾大酒店	海南福川投资有限公司博鳌玉带湾大酒店		海景套房	11	11	1880	518	博鳌镇滨海二路	0898－62777777	
			豪华海景大床房	30	30	1280	248			
			豪华海景家庭房	50	50	1380	268			
			高级海景双床房	80	80	880	218			
			豪华海景双床房	45	45	1080	248			
锦江温泉大酒店	上海（海南）旅游联合发展有限公司锦江温泉大酒店	4	豪华套间	6	6	2400	498	博鳌镇金海岸大道1号	0898－62778588	
			普通套间	8	8	1600	438			
			单间	12	12	880	248			
			标准间	130	130	860	228			
博鳌蓝色海岸	海南利腾物业管理有限公司		套间	18	18	3100	500	琼海市博鳌镇南群路18号	0898－36838888	
			单间	180	180	1033	280			
			标准间	19	19	1033	280			
官塘官泉谷温泉度假村	琼海官塘源生态温泉开发有限公司官泉谷温泉度假村	3	贵宾套房	4	4	1388	458	琼海市官塘温泉旅游开发区	0898－62802088	
			豪华套房	2	2	1088	318			
			普通套房	10	10	788	278			
			椰韵别墅房	8	8	888	308			
			豪华标间	59	59	588	218			
			普通双标	30	30	463	198			
琼海天福源温泉大酒店	琼海天福源温泉大酒店有限公司		套间	10	10	5388	600	琼海市官塘旅游开发区	0898－31698553	
			单间	24	24	1888	300			
			标准间	185	185	1888	280			
琼海宾馆	琼海宾馆	3	套间	6	6	480	380	嘉积镇南门二路8号	0898－62819988	
			单间	9	9	198	100			
			标准间	32	32	198	100			

饭店名称	发票开具单位名称	星级	客房（数量：间；价格：元/天）					地址	前台订房电话	备注
			房型	总间数	协议间数	门市价	协议价			
海南银海开发建设总公司银海度假中心	海南银海开发建设总公司银海度假中心	4	套间	4	4	888	380	嘉积镇金海路	0898－62930918	
			别墅单间	15	15	468	150			
			商务单间	8	8	398	100			
			别墅标准间	23	23	468	150			
			商务标准间	128	128	398	100			
官塘温泉休闲中心	海南万泉河温泉旅游开发股份有限公司官塘温泉休闲中心	4	套间	9	6	2388	600	琼海官塘温泉旅游开发区	0898－62803111	
			单间	30	21	1188	280			
			标准间	113	79	1088	280			
龙湾国际大酒店	海南龙湾国际酒店集团有限公司龙湾国际大酒店		套间	21	21	1280	380	嘉积镇金海路218号	0898－62928888－3806/13876168802	
			单间	80	80	1180	180			
			标准间	120	120	1180	180			
金芙蓉度假村	湖南中烟工业有限责任公司琼海博鳌金芙蓉度假村	4	套间	7	7	1680	580	琼海市博鳌镇	0898－62777816	
			单间	6	6	1280	258			
			标准间	156	156	680	238			
琼海泰和大酒店	琼海泰和工贸有限公司	3	套间	3	3	428	300	琼海市富海路50号	0898－66695555	
			单间	52	52	118	90			
			标准间	39	39	100	80			
琼海金银岛大酒店	琼海金银岛大酒店	待四星	行政套房	3	3	1288	468	琼海市银海路高速路口	0898－36831222	
			豪华套间	3	3	1188	388			
			普通套房	4	3	1088	308			
			单间	14	14	688	158			
			标准间	77	77	588	138			
博鳌华美达大酒店	琼海宝莲城酒店公寓管理有限公司	待证四星	套间	135	100	1688	600	琼海市博鳌镇龙博大道9号	0898－62770000	
			单间	180	130	1288	300			
			标准间							
万宁市										
海南兴隆明珠酒店	海南兴隆明珠酒店	4	豪华套间	6	6	1860	389	兴隆明珠大道3号	0898－62555999	
			普通套间	18	18	880	240			
			单间	17	17	730	138			
			标准间	305	305	730	138			
万宁大酒店	万宁大酒店	3	豪华套间					万宁市文明北街	0898－62229999	
			普通套间	7	7	300	260			
			单间	7	7	158	128			
			标准间	90	90	158	128			

海南

饭店名称	发票开具单位名称	星级	客房（数量：间；价格：元/天）					地　址	前台订房电话	备　注
			房型	总间数	协议间数	门市价	协议价			
兴隆金银岛大酒店	兴隆金银岛大酒店	4	豪华套间	6	6	1880	428	兴隆温泉大道1号	0898－62561690	
			普通套间	2	2	1880	428			
			单间	9	9	880	168			
			标准间	140	140	880	168			
兴隆金叶桃源温泉度假村	兴隆金叶桃源温泉度假村	4	豪华套间	8	8	3688	600	兴隆桃源大道	0898－62565999	
			普通套间	9	9	1688	480			
			单间	12	12	888	250			
			标准间	170	170	888	250			
康乐园海航度假酒店	康乐园海航度假酒店	5	豪华套间					海南万宁兴隆旅游城	0898－62577166	
			普通套间	10	10	3650	600			
			单间	149	149	1950	300			
			标准间	399	399	1950	300			
兴隆明阳山庄	兴隆明阳山庄	4	豪华套间	10	10	1680	350	海南万宁兴隆旅游城	0898－62553755	
			普通套间	44	44	1280	250			
			单间	22	22	980	150			
			标准间	224	224	980	150			
兴隆温泉宾馆	兴隆温泉宾馆	4	豪华套间	6	6	1680	600	海南万宁兴隆旅游城	0898－62566488	
			普通套间	2	2	980	480			
			单间	12	12	680	280			
			标准间	514	514	680	280			
兴隆正昊寿仙温泉大酒店	兴隆正昊寿仙温泉大酒店	4	豪华套间	5	5	1888	600	兴隆旅游城度假区温泉大道8号	0898－62555666	
			普通套间	2	2	1288	300			
			单间	11	11	688	150			
			标准间	177	177	688	150			
兴隆港隆酒店	兴隆港隆酒店	4	豪华套间	1	1	1888	580	海南万宁兴隆旅游城	0898－62573333	
			普通套间	1	1	1088	580			
			单间	7	7	688	238			
			标准间	119	119	688	238			
兴隆汇丰酒店	兴隆汇丰酒店	3	豪华套间	2	2	880	280	海南万宁兴隆旅游城	0898－36223388	
			普通套间							
			单间							
			标准间	189	189	588	138			
兴隆南山温泉度假村	兴隆南山温泉度假村	3	豪华套间	3	3	1380	280	海南万宁兴隆旅游城	0898－62565888	
			普通套间	5	5	1360	260			
			单间							
			标准间	174	174	860	120			

饭店名称	发票开具单位名称	星级	客房（数量：间；价格：元/天）					地　址	前台订房电话	备　注
			房型	总间数	协议间数	门市价	协议价			
兴隆银湖温泉假日酒店	兴隆银湖温泉假日酒店	4	豪华套间	1	1	2980	478	海南万宁兴隆旅游城	0898－62573888	
			普通套间	2	2	1880	258			
			单间	7	7	980	148			
			标准间	116	116	980	148			
兴隆老榕树酒店	兴隆老榕树酒店	5	豪华套间	30	30	2680	550	海南万宁兴隆旅游区温泉大道	0898－62398111	
			普通套间	30	30	1980	270			
			单间	40	40	1280	250			
			标准间	300	300	1280	250			
五指山市										
五指山宾馆	五指山宾馆	3	套间	10	10	418	318	五指山市奥雅路	0898－86622981	
			单间	6	6	158	120			
			标准间	74	74	138	120			
翡翠山城假日酒店	翡翠山城假日酒店	3	套间	10	8	888	288	五指山市山庄路1号	0898－86630888	
			单间	8	8	198	158			
			标准间	52	52	368	158			
五指山旅游山庄	五指山旅游山庄	3	套间	3	3	880	480	五指山市山庄路	0898－86623188	
			单间	17	17	580	230			
			标准间	30	30	380	180			
			标准间	58	58	580	230			
五指山华爵商务酒店	五指山华爵商务酒店		套间	4	4	1130	260	五指山市越丰路	0898－86666668	
			单间	10	10	780	170			
			标准间	42	42	630	140			
			标准间	22	22	680	160			
五指山国际度假寨	五指山国际度假寨	3	套间	3	3	580	380	五指山市雅宾旅游区	0898－86550001	
			单间	5	5	280	180			
			标准间	35	35	280	180			
林苑宾馆	五指山林苑旅业开发有限公司	1	套间	1	1	150	130	五指山市迎宾大道	0898－86639558	
			单间	19	19	60	60			
			标准间	46	46	90	80			
东方市										
东方绿宝大酒店	东方绿宝大酒店	3	行政套房	1	1	888	468	东方市东海路7号	0898－25521538	
			豪华套房	2	2	688	263			
			普通套房	3	3	588	200			
			豪华双标房	23	23	388	128			
			豪华单标房	5	5	388	128			
			普通标准房	13	13	288	118			
			标准间	10	10	388	148			
			标准间	5	5	488	188			

海南

饭店名称	发票开具单位名称	星级	客房（数量：间；价格：元/天）房型	总间数	协议间数	门市价	协议价	地址	前台订房电话	备注
东方云天大酒店	东方市云天实业贸易有限公司东方云大大酒店	3	豪华套间	2	2	668	488	东方市东海路4号	0898－25538666	
			普通套间	4	4	308	268			
			标准单人间	8	8	168	138			
			标准双人间	31	31	158	128			
东方富岛海湾大酒店	东方富岛海湾大酒店有限公司	4	行政套间	3	3	880	400	东方市银海大道北	0898－25588988	
			标准套房	6	6	780	320			
			豪标单人间	10	10	660	220			
			豪标双人间	41	41	560	200			
			标准双人间	15	15	480	160			
东方升达楼	东方东海升达楼		豪华套间	1	1	688	388	东方市东方大道	0898－25581888	
			标准双人间	53	53	198	138			
			标准单人间	25	25	198	138			
			其他	11	11	198	138			
东方良智海景大酒店	东方良智海景大酒店有限公司		豪华房	89	89	580	168	东方市东港路	0898－38968888	
			海景房	47	47	620	188			
			商务房	6	6	680	208			
			豪华海景房	6	6	720	218			
儋州市										
海南蓝洋温泉度假村	海南蓝洋温泉度假村	3	普通标	8	8	280	100	儋州蓝洋农场	0898－23355988	
			高级标	26	26	300	120			
			新标	34	34	320	150			
			初级套	7	7	450	220			
			三人间	6	6	330	150			
			高级套	6	6	500	300			
			豪华套	2	2	900	450			
			普通别墅（栋）	6	6	800	400			
			高级别墅（栋）	4	4	900	500			
豪威凯立商务酒店	海南豪威旅业有限公司儋州豪威凯立商务酒店	待证三星	标准客房（二人间）	73	73	188	148	儋州市解放北路69号C座	0898－23386666	
			标准客房（单人间）	9	9	198	158			
			豪华套间	7	7	338	268			
海南豪威旅业有限公司儋州豪威麒麟大酒店	海南豪威旅业有限公司儋州豪威麒麟大酒店	待证四星	标准间	30	30	198	148	儋州市那大镇中心大道西段	0898－23388888	
			豪华标准间	59	59	218	168			
			豪华商务间（单间）	22	22	218	168			
			豪华娱乐客房	15	15	258	208			
			豪华娱乐套房	7	7	388	328			
			豪华商务套房	7	7	358	288			
			豪华贵宾套房	1	1	408	358			

<table>
<tr><th rowspan="2">饭店名称</th><th rowspan="2">发票开具单位名称</th><th rowspan="2">星级</th><th colspan="5">客房（数量：间；价格：元/天）</th><th rowspan="2">地　址</th><th rowspan="2">前台订房电话</th><th rowspan="2">备　注</th></tr>
<tr><th>房型</th><th>总间数</th><th>协议间数</th><th>门市价</th><th>协议价</th></tr>
<tr><td rowspan="4">荣兴大酒店</td><td rowspan="4">荣兴大酒店</td><td rowspan="4">3</td><td>普通标间</td><td>22</td><td>22</td><td>178</td><td>148</td><td rowspan="4">儋州市中兴大道大转盘旁</td><td rowspan="4">0898－23331188</td><td rowspan="25">儋州市</td></tr>
<tr><td>豪华标间</td><td>69</td><td>69</td><td>188</td><td>158</td></tr>
<tr><td>商务标间</td><td>3</td><td>3</td><td>198</td><td>168</td></tr>
<tr><td>豪华套间</td><td>2</td><td>2</td><td>338</td><td>308</td></tr>
<tr><td rowspan="3">儋州市中旅宾馆</td><td rowspan="3">儋州市中旅宾馆</td><td rowspan="3">2</td><td>标准双人房</td><td>54</td><td>54</td><td>88</td><td>70</td><td rowspan="3">儋州市人民大道173号</td><td rowspan="3">0898－23325888</td></tr>
<tr><td>标准单人房</td><td>20</td><td>20</td><td>88</td><td>65</td></tr>
<tr><td>套房</td><td>5</td><td>5</td><td>188</td><td>120</td></tr>
<tr><td rowspan="4">中共儋州市委招待所</td><td rowspan="4">儋州市委招待所</td><td rowspan="4"></td><td>标准双人房</td><td>50</td><td>50</td><td>120</td><td>100</td><td rowspan="4">那大镇东风路97号</td><td rowspan="4">0898－23322091</td></tr>
<tr><td>豪华小套间</td><td>4</td><td>4</td><td>200</td><td>160</td></tr>
<tr><td>普通套间</td><td>4</td><td>4</td><td>300</td><td>250</td></tr>
<tr><td>豪华套间</td><td>2</td><td>2</td><td>500</td><td>460</td></tr>
<tr><td rowspan="9">新天地花园酒店</td><td rowspan="9">儋州市地税局</td><td rowspan="9">5</td><td>普通标间</td><td>30</td><td>20</td><td>538</td><td>228</td><td rowspan="9">儋州市中兴大道168号</td><td rowspan="9">0898－36780033/36780888</td></tr>
<tr><td>普通单间</td><td>17</td><td>10</td><td>538</td><td>228</td></tr>
<tr><td>高级双标</td><td>81</td><td>70</td><td>688</td><td>288</td></tr>
<tr><td>高级单间</td><td>15</td><td>8</td><td>688</td><td>288</td></tr>
<tr><td>行政双标</td><td>39</td><td>25</td><td>818</td><td>300</td></tr>
<tr><td>行政单标</td><td>19</td><td>10</td><td>818</td><td>300</td></tr>
<tr><td>豪华双标</td><td>64</td><td>50</td><td>858</td><td>300</td></tr>
<tr><td>豪华单标</td><td>16</td><td>10</td><td>858</td><td>300</td></tr>
<tr><td>行政套</td><td>12</td><td>8</td><td>1598</td><td>598</td></tr>
<tr><td rowspan="4">儋都大酒店</td><td rowspan="4">儋都大酒店</td><td rowspan="4"></td><td>标准客房（二人间）</td><td>14</td><td>14</td><td>138</td><td>108</td><td rowspan="4">海南省儋州市解放北路145号</td><td rowspan="4">0898－23313888</td></tr>
<tr><td>标准客房（单人间）</td><td>25</td><td>25</td><td>128</td><td>98</td></tr>
<tr><td>普通套间</td><td>24</td><td>24</td><td>168</td><td>138</td></tr>
<tr><td>豪华套间</td><td>2</td><td>2</td><td>208</td><td>188</td></tr>
<tr><td colspan="11">临高县</td></tr>
<tr><td rowspan="4">鸿运来大酒店</td><td rowspan="4">临高鸿运来实业有限公司</td><td rowspan="4">3</td><td>套间（豪华）</td><td>5</td><td>5</td><td>398</td><td>318</td><td rowspan="4">临高县临城镇文明东路</td><td rowspan="4">0898－28266666</td><td rowspan="7"></td></tr>
<tr><td>单间（豪华）</td><td>5</td><td>5</td><td>188</td><td>150</td></tr>
<tr><td>单间</td><td>14</td><td>14</td><td>168</td><td>135</td></tr>
<tr><td>标准间</td><td>32</td><td>32</td><td>168</td><td>135</td></tr>
<tr><td rowspan="3">明珠酒店</td><td rowspan="3">临高明珠酒店有限公司</td><td rowspan="3"></td><td>套间</td><td>3</td><td>3</td><td>280</td><td>224</td><td rowspan="3">临高县临城镇新镇街74号</td><td rowspan="3">0898－28289088</td></tr>
<tr><td>单间</td><td>5</td><td>5</td><td>150</td><td>120</td></tr>
<tr><td>标准间</td><td>45</td><td>45</td><td>140</td><td>112</td></tr>
</table>

海南

饭店名称	发票开具单位名称	星级	客房（数量：间；价格：元/天）					地　址	前台订房电话	备　注
			房型	总间数	协议间数	门市价	协议价			
麓江酒店	临高丽江酒店有限责任公司		套间	1	1	288	230	临高县临城镇解放路	0898－28284333	
			单间	3	3	108	90			
			标准间	26	26	138	110			
清玉宾馆	临高清玉实业有限公司		套间	3	3	168	135	临高县临城镇文明东路	0898－28263888	
			单间	8	8	108	85			
			标准间	13	13	138	110			
澄迈县										
金大拉乡村酒店	金大拉乡村酒店有限公司		套间	9	9	488	188	澄迈县金江镇大拉生态文明村	0898－36966666	
			单间							
			标准间	96	96	388	148			
长升花园酒店	长升花园酒店		套间					澄迈县金江镇文化北路	0898－67630111	
			单间	21	21	138	100			
			标准间	35	35	168	120			
信昌园酒店	信昌园酒店		套间					澄迈县金江镇文明路101号	0898－67632666	
			单间	15	15	138	118			
			标准间	29	29	128	108			
定安县										
丽湖银湾大酒店	华田（南丽湖）旅业有限公司	4	套间	6	6	1080	420	定安县南丽湖开发区	0898－63988888	
			陆上标准间	180	180	680	240			
			水上标准间	174	174	980	300			
丽湖水庄	海南丽湖水庄有限公司		套间	4	4	488	288	定安县南丽湖开发区	0898－63982688	
			单间	8	8	398	168			
			标准间	150	150	398	168			
华达宾馆	定安定城华达宾馆		套间	1	1	488	248	定安县定城镇见龙大道（定安地税局旁）	0898－63838888	
			单间	24	24	238	120			
			标准间	20	20	258	142			
春阳宾馆	定安定城春阳宾馆		套间	2	2	380	380	定安县定城镇沿江二路118号	0898－63837777	
			单间	16	16	130	120			
			标准间	22	22	170	160			
屯昌县										
康英大酒店	屯昌屯城康英大酒店		套间	1	1	488	268	县槟榔大道	0898－67838999	
			单间	7	7	368	168			
			标准间	60	60	188	118			

海南

饭店名称	发票开具单位名称	星级	客房（数量：间；价格：元/天）					地　址	前台订房电话	备　注
			房型	总间数	协议间数	门市价	协议价			
雅苑宾馆	屯昌县雅苑宾馆		套间	2	2	228	200	县解放路	0898－67836222	
			单间	6	6	118	90			
			标准间	18	18	128	100			
明艳大酒店	明艳旅业有限公司明艳大酒店		套间	3	3	258	238	县槟榔大道	0898－67815704	
			豪华标准间	8	8	158	128			
			小套间	4	4	188	158			
			标准间	17	17	138	108			
屯昌紫京皇冠酒店	屯昌紫京皇冠酒店		套间	9	9	780	258	屯昌县昌盛一路 289 号	0898－67808888	
			单间	21	21	460	158			
			标准间	28	28	460	158			
昌江黎族自治县										
雅加会议中心	北京清韵堂文化艺术有限公司海南霸王岭雅加会议中心	3	套间	15	15	868	434	昌江县霸王岭林业局雅加山庄	0898－26881888/26883111	
			单间（别墅）	12	12	1148	574			
			标准间	65	65	468	234			
昌江迎宾有限公司	昌江迎宾有限公司		套间	2	2	498	498	昌江县石碌镇东风路 25 号	0898－26637777	
			单间							
			标准间	108	108	188	168			
鸿俊宾馆	海南昌江鸿发实业有限公司		套间	5	5	280	140	昌江县石碌镇人民北路 108 号	0898－26633888	
			单间	5	5	280	140			
			标准间	64	64	236	110			
海南矿业联合有限公司迎宾馆	海南矿业联合有限公司迎宾馆		套间	6	6	380	230	昌江迎宾路	0898－26609677	
			单间	8	8	158	130			
			标准间	28	28	158	130			
白沙黎族自治县										
海南省白沙牙叉金源宾馆	海南省白沙牙叉金源宾馆		豪华套间	5	5	168	158	白沙县石油路	0898－27722300	
			普通套间	3	3	138	128			
			单间	3	3	128	118			
			标准间	20	20	100	90			
白沙牙叉会莱宾馆	白沙牙叉会莱宾馆		豪华套间	4	4	150	120	白沙县牙叉农场中心大道	0898－27728888	
			单间	8	8	90	80			
			标准间	20	20	100	90			
白沙雅登大酒店有限公司	白沙雅登大酒店有限公司		豪华套间	3	3	238	228	白沙县牙叉卫生路	0898－27729999	
			豪华套间	8	8	298	268			
			单间	29	29	158	100			
			标准间	26	26	168	138			

海南

饭店名称	发票开具单位名称	星级	客房（数量：间；价格：元/天）					地址	前台订房电话	备注
			房型	总间数	协议间数	门市价	协议价			
琼中黎族自治县										
乐园酒店	乐园置业有限公司	4	豪华套间	4	4	1180	568	琼中县营根镇新二区海榆中线路	0898－86238441	
			豪华双人套间	6	6	748	388			
			豪华双人间	10	10	498	238			
			单间	4	4	468	168			
			豪华标准间	22	22	468	168			
			标准间	56	56	468	148			
琼中宾馆	琼中宾馆	3	套间	7	7	380	198	县营根街95号	0898－86222840	
			单间	9	9	128	70			
			标准间	26	26	148	90			
			标准三人间	7	7	148	108			
			豪华套间	7	7	380	328			
			豪华双人间	22	22	220	118			
丰达宾馆	琼中丰达实业有限公司		豪华套间	3	3	360	200	琼中县城海榆路新二区商会综合大楼B栋	0898－86236088	
			单间	10	10	280	90			
			标准间	15	15	280	100			
营城红商务酒店	营城红商务酒店		套间	4	4	338	236	县营根街77号	0898－86221077	
			单间	5	5	168	130			
			标准间	15	15	188	150			
祥云宾馆	祥云宾馆		单间	8	8	120	70	琼中县营根镇海榆路297号	0898－86236698	
			标准间	2	2	200	100			
			豪华单间	1	1	200	100			
			豪华双间	9	9	220	120			
			商务间	3	3	220	120			
鸿兴宾馆	鸿兴宾馆		套间	6	6	150	120	琼中兴教路	0898－86235666	
			单间	4	4	100	80			
			标准间	6	6	80	70			
营城迎宾馆	营城迎宾馆		单间	10	10	120	60	琼中县营根镇海榆路482号	0898－86238167	
			标准间	36	36	160	80			
陵水黎族自治县										
世知度假酒店	海南世知旅游有限公司		套间	10	10	1288	350	陵水县英州镇	0898－83366666	
			单间	10	10	880	240			
			标准间	550	500	880	240			
天朗酒店	天朗酒店	4	套间	4	4	2680	280	陵水县新村镇	0898－83368288	
			单间	10	10	1280	140			
			标准间	121	121	980	120			

饭店名称	发票开具单位名称	星级	客房（数量：间；价格：元/天）					地　　址	前台订房电话	备　注
			房型	总间数	协议间数	门市价	协议价			
庆隆达酒店	陵水庆隆达实业有限公司	挂牌三星	套间	79	79	168	128	陵水县中心大道	0898－83311888	
			单间	8	8	188	148			
			标准间	4	4	588	288			
			套间	2	2	888	588			
海南陵水香水湾度假酒店	海南铭泰香水湾旅游发展有限公司陵水香水湾度假酒店		套间	54	54	2380	600	陵水县香水湾度假区	0898－83348888	
			单间	30	30	1380	300			
			主楼标准间	176	176	1280	280			
			二期标准间	400	400	880	200			
怡园大酒店	陵水怡润实业发展有限公司	挂牌三星	套间	3	3	368	218	陵水县新民路	0898－31811111	
			单间	5	5	118	88			
			标准间	48	48	188	130			
			大标准间	2	2	258	150			
海南香水湾金缔度假酒店	海南香水湾金缔度假酒店管理有限公司		豪华海景套房	31	31	1180	188	陵水县香水湾B区	0898－83301666	
			豪华园景套房	12	12	1388	208			
			豪华海景房	180	180	1688	228			
			高级海景房（套间）	110	110	2188	438			
			高级园景房（套间）	110	110	2688	568			
保亭黎族苗族自治县										
星河大厦	星河大厦		套间					保亭县	0898－83667777	
			单间	4	4		128			
			标准间	40	40		128			
海航迎宾馆	海航迎宾馆		套间					保亭县	0898－38660077	
			套间							
			单间							
			标准间	27	27	280	266			
财源酒店	财源酒店		套间					保亭县	0898－83669991	
			单间	17	17	182	132			
			标准间	38	38	182	132			
檀香山	檀香山		套间	2	2	180	160	保亭县	0898－83666855	
			单间							
			标准间	34	34	85	80			
泉水宾馆	泉水宾馆		单间	8	8	260	80	保亭县	0898－83668008	
			标准间	30	30	300	90			

饭店名称	发票开具单位名称	星级	客房（数量：间；价格：元/天）					地　　址	前台订房电话	备　　注
			房型	总间数	协议间数	门市价	协议价			
乐东黎族自治县										
乐东县委招待所	乐东县委招待所		套间	4	4	340	288	乐强路	0898－85523258	
			单间							
			豪华标准间	8	8	238	200			
			普通标准间	16	16	218	180			
嘉华商务酒店	乐东嘉华商务酒店有限责任公司		套间	5	5	388	338	迎宾南路	0898－85529888	
			单间	12	12	238	168			
			标准间	40	40	188	148			
乐东昌发休闲大酒店	乐东乐城昌发休闲大酒店		豪华套间	4	4	388	188	卫生路	0898－85536868	
			高级标准间	12	12	238	148			
			豪华标准间	16	16	218	158			
			豪华单间	11	11	218	158			
			普通单间	3	3	108	80			
洋浦管理区										
洋浦湾海景花园酒店	洋浦湾海景花园酒店		套间	18	18	1680	588	洋浦经济开发区洋浦湾	0898－36989999	
			单间	91	91	588	298			
			标准间	28	28	388	298			

重 庆 市

- 财政部委托重庆市财政局负责在重庆市招标采购出差定点饭店并负责日常监督管理工作。
- 本次政府采购，确定重庆市出差定点饭店 23 家。
- 出差定点饭店按照与财政部门签订《协议书》的价格向中央和地方各级党政机关和事业单位提供相应的接待服务。
- 如果对协议价格产生疑义，可以要求定点饭店出示《协议书》。
- 如有出差定点饭店变更或协议价格变化，应以“党政机关出差会议定点饭店查询网”的信息为准。
- 本目录中的重庆市出差定点饭店的详细信息，可在“党政机关出差会议定点饭店查询网”查阅。
- 重庆市长途电话区号　023

重庆市出差定点饭店

饭店名称	发票开具单位名称	星级	客房（数量：间；价格：元/天）					地　址	前台订房电话	备　注
			房型	总间数	协议间数	门市价	协议价			
重庆市										
重庆市渝州宾馆	重庆市渝州宾馆	国宾馆	套间	15	15	1280	528	重庆市渝中区渝州路168号	023-63551999	
			单间	34	34	350	298			
			标准间	155	155	350	298			
重庆大礼堂酒店	重庆大礼堂酒店管理有限责任公司	4	套间	4	4	1588	600	重庆市渝中区人民路173号	86527500	
			单间	26	24	788	300			
			标准间	80	70	788	300			
重庆市创世纪宾馆	重庆市创世纪宾馆	4	套间	9	6	1288	588	渝北区新牌坊一路1号	023-67621313	
			单间	55	38	638	258			
			标准间	113	79	638	238			
重庆雾都宾馆太阳城酒店	重庆雾都宾馆太阳城酒店	3	套间	13	13	1280	498	重庆市渝北区龙溪街道红叶路1号	023-67621335	
			单间	20	20	458	238			
			标准间	118	118	428	238			
重庆万友康年大酒店	重庆万友康年大酒店	4	套间	50	40	1200	420	重庆市渝中区大坪长江二路77号	023-68718888-70107/70109	
			单间	80	60	800	300			
			标准间	100	80	800	300			
重庆广场宾馆	重庆广场宾馆	3	套间	9	9	888	360	重庆市渝中区学田湾正街2号	023-63558988	
			单间	12	12	728	298			
			标准间	106	106	738	298			
香山大酒店	中轻物产重庆公司香山大酒店	3	套间	16	16	568	230	重庆市南岸区南坪正街66号	023-62906888 62905858	
			单间	16	16	438	190			
			标准间	56	56	380	160			
重庆渝通宾馆有限公司	重庆渝通宾馆有限公司	3	套间	10	10	1080	388	重庆市红旗河沟红锦大道18号	023-67890101	
			单间	25	25	568	238			
			标准间	162	162	568	238			
重庆邮电大学宾馆	重庆邮电大学宾馆	3	套间	9	9	880	480	重庆市南岸区崇文路2号	023-62461800	
			单间	4	4	288	140			
			标准间	126	126	368	260			
万州宾馆	重庆市万州宾馆有限责任公司	4	套间	2	2	780	390	重庆市万州区高笋塘1号	023-58228701	
			单间	12	12	400	200			
			标准间	50	50	360	180			

饭店名称	发票开具单位名称	星级	客房（数量：间；价格：元/天）					地址	前台订房电话	备注
			房型	总间数	协议间数	门市价	协议价			
莱特大酒店	重庆莱特酒店有限责任公司	4	套间	5	5	888	488	重庆市北碚区金刚碑缙村7号	023－68342222	
			单间	10	10	588	238			
			标准间	69	69	488	198			
重庆佳宇英皇酒店	重庆佳宇英皇酒店有限公司	4	套间	22	5	1580	438	重庆市九龙坡区杨家坪直港大道206号	023－68129999	
			单间	67	38	680	268			
			标准间	89	81	680	268			
重庆雾都宾馆	重庆雾都宾馆	4	套间	20	14	1688	600	重庆市渝中区上曾家岩24号	023－63862135	
			单间	60	40	678	300			
			标准间	108	78	678	300			
重庆东和花园酒店	重庆东和花园酒店有限责任公司	4	套间	12	12	1280	512	重庆市渝北区龙塔街道天和路16号	023－67532946/67533406	
			单间	28	28	648	259			
			标准间	109	109	648	259			
重庆市北碚区海旭花园酒店	重庆市北碚区海旭花园酒店	3	套间	6	6	688	400	重庆市北碚区双柏路	023－68359898	
			单间	18	18	298	178			
			标准间	47	47	288	173			
重庆赛格尔酒店有限责任公司	重庆赛格尔酒店有限责任公司	3	套间	5	5	408	258	重庆市渝中区五四路28号	023－63733333	
			单间	180	180	368	208			
			标准间	103	103	328	208			
重庆海宇温泉大酒店	重庆海宇温泉度假酒店有限公司		套间	29	22	1600	560	重庆市北碚区双元大道198号	023－63179955	
			单间	105	105	800	280			
			标准间	145	145	800	280			
重庆银河大酒店	重庆市天友乳液股份有限公司银河大酒店	4	套间	18	15	858	338	重庆市渝中区大同路49号	023－63808585－2012	
			单间	12	8	688	268			
			标准间	78	55	688	268			
重庆瑞格商务酒店	重庆瑞格商务酒店有限公司		套间	2	2	688	318	重庆北部新区洪湖西路22号	023－86782000	
			单间	26	26	368	168			
			标准间	17	17	458	188			
重庆蓝箭宾馆	重庆蓝箭宾馆	3	套间	6	6	880	580	重庆市江北区大石坝大路村85号	023－67892999－8001	
			单间	14	14	368	218			
			标准间	128	128	368	218			
涪陵金三峡宏声度假村有限责任公司	涪陵金三峡宏声度假村有限责任公司	3	套间	14	14	550	278	涪陵区望州路100号	023－72892939	
			单间	116	116	360	190			
			标准间	116	116	360	190			
金质花苑酒店	重庆金质花苑酒店有限公司	4	套间	10	8	888	388	江北区五简路9号	023－89185888	
			单间	36	25	418	198			
			标准间	72	50	418	238			
重庆市种子站种业宾馆	重庆市种子站种业宾馆		套间	10	10	588	288	重庆市南岸区南坪东路二巷12号	023－62920184/62920194	
			单间	30	30	288	148			
			标准间	75	75	288	138			

四 川 省

- 财政部委托四川省财政厅负责在四川省地级以上城市招标采购出差定点饭店并负责日常监督管理工作。
- 本次政府采购，确定四川省出差定点饭店 171 家。
- 出差定点饭店按照与财政部门签订《协议书》的价格向中央和地方各级党政机关和事业单位提供相应的接待服务。
- 如果对协议价格产生疑义，可以要求定点饭店出示《协议书》。
- 如有出差定点饭店变更或协议价格变化，应以“党政机关出差会议定点饭店查询网”的信息为准。
- 本目录中的四川省出差定点饭店的详细信息，可在“党政机关出差会议定点饭店查询网”查阅。
- 四川省各地区长途电话区号：

成都市　028　　广元市　0839
绵阳市　0816　　德阳市　0838
南充市　0817　　广安市　0826
遂宁市　0825　　内江市　0832
乐山市　0833　　自贡市　0813
泸州市　0830　　宜宾市　0831
攀枝花市　0812　　巴中市　0827
达州市　0818　　资阳市　028
眉山市　0833　　雅安市　0835
阿坝藏族羌族自治州　0837
甘孜藏族自治州　0836
凉山彝族自治州　0834

四川省出差定点饭店

饭店名称	发票开具单位名称	星级	客房（数量：间；价格：元/天）					地　　址	前台订房电话	备　　注
			房型	总间数	协议间数	门市价	协议价			
成都市										
成都金河宾馆	中国人民解放军成都军区第三招待所	3	标准间	118	118	460	260	成都市金河路18号	028－86164022/86164023	
			豪华标间	70	70	520	280			
			豪华单间	27	27	520	280			
	成都金河宾馆	3	商务标间	17	17	600	290			
			商务单间	7	7	600	290			
			豪华套房	9	9	1180	590			
成都泸天化酒店	四川化工天鹏资产经营有限责任公司成都泸天化酒店	3	单间	21	21	466	180	成都市上同仁路一号	028－86242030	会议室协议价为半天净价
			标准间	115	115	466	180			
成都军区新华宾馆	成都军区第一招待所		标准间	82	80	380	180	成都新华大道江汉路29号	028－86697571/86687120	
罗曼大酒店	成都罗曼大酒店有限公司	4	套间	5	5	1520	600	人民中路二段22号	028－82929999	
			单间	51	51	780	240			
			标准间	97	97	780	240			
总府四川宾馆	主楼：总府四川宾馆；南楼：总府酒店四川宾馆（南楼）分公司；西楼：总府酒店四川宾馆（西楼）分公司	4	标准间（南楼）	44	44	660	280	主楼：成都市总府街31号；南楼：成都市北新街47号；西楼：成都市暑袜街89号	028－主楼：86755555－5888/南楼：86755555－6888/西楼：86755555－7888	
			标准单间（西楼）	60	60	660	240			
			标准间（西楼）	64	64	660	240			
			经济单间（西楼）	16	16	440	130			
			标准B（主楼）	6	6	880	298			
四川岷山拉萨大酒店	四川岷山饭店有限公司拉萨大酒店管理分公司	4	单间	38	27	990	240	成都市肖家河北街88号	028－85198998	自助午晚餐需60人以上提供
			标间	92	65	880	280			
克拉玛依酒店	新疆石油管理局驻成都办事处克拉玛依酒店	3	商务单间	7	7	1288	220	新华大道三槐树路66号	028－86621235/86531118	
			豪华单间	8	8	888	200			
			豪华标间	75	75	688	220			
			标准间	15	15	468	200			

饭店名称	发票开具单位名称	星级	客房（数量：间；价格：元/天）					地址	前台订房电话	备注
			房型	总间数	协议间数	门市价	协议价			
四川天府河畔菲尔蒙特酒店管理有限公司	四川天府河畔菲尔蒙特酒店管理有限公司		豪华单间	8	8	638	240	四川省成都市望平街滨河路8号	028－84431888－11/12	
			水景单间	9	9	768	240			
			豪华标间	41	41	638	240			
			水景标间	43	43	768	240			
成都雷剑宾馆	中国人民解放军成都军区空军后勤部雷剑招待所	2	套间	10	10	1180	600	成都市倒桑街105号	028－66878100/66878200	
			单间	22	22	390	280			
			标准间	76	76	380	260			
省工商局机关招待所	四川省工商局机关招待所		套间	2	2	480	200	玉沙路118号	028－86783847	
			标准间	50	50	220	80			
成都西御大厦有限公司皇城西御饭店	成都西御大厦有限公司皇城西御饭店		豪华套房	2	2	1500	498	西御街8号	028－86441999	
			豪华标准间	79	79	800	300			
			豪华大床间	31	31	800	300			
			行政标准间	30	30	680	240			
			行政大床间	27	27	580	220			
安迅酒店	四川安迅酒店有限责任公司	3	套间	2	2	980	450	成都市青华北一街六号（杜甫草堂对面）	028－86302982	
			标准间	43	43	380	180			
军转大厦	四川省转业军官中转接待站		豪华单间	7	7	288	220	成都市新华大道三槐树路2号	028－86741638	
			商务套间	4	4	588	380			
			豪华标间	81	81	220	120			
成都喜玛拉雅大酒店	成都喜玛拉雅大酒店	4	豪华单间	53	45	880	290	成都市二环路北一段八号	028－86319988	
			豪华标间	36	28	880	290			
			商务标间	68	55	680	240			
			商务单间	10	7	680	240			
成都写庭阁圣马罗酒店	成都市写庭阁圣马罗酒店有限公司		单间	38	38	480	180	成都市蜀汉路189号	028－87546363	
			标准间	110	110	580	200			
沃特酒店	成都市自来水有限公司沃特酒店	4	套间	6	6	1680	598	太升南路53－57号	028－82988888－2688	
			单间	45	45	880	298			
			标准间	83	83	880	298			
成都天辰楼宾馆	成都天辰楼宾馆	3	套间	3	3	1080	560	成都市青羊区青华路38号	028－87326636	
			单间	4	4	480	240			
			标准间	30	30	420	200			

饭店名称	发票开具单位名称	星级	客房（数量：间；价格：元/天）					地　址	前台订房电话	备　注
			房型	总间数	协议间数	门市价	协议价			
成都白芙蓉宾馆	成都白芙蓉宾馆	3	高级套房	16	16	1200	600	成都市营门口路107号	028－87658044	
			单间	8	8	580	300			
			商务标间	23	23	480	240			
			标间	140	140	480	200			
新华国际酒店	四川新华国际酒店有限责任公司	4	套间	4	1	3800	600	成都市顺城大道古中市街8号	028－86615858－8988/8955	
			单间	34	34	880	240			
			高标	105	105	880	280			
			商标	10	10	980	290			
成都市鼎欣酒店管理有限公司	成都市鼎欣酒店管理有限公司	3	单间	4	4	480	180	成都市一环路西三段文华路23号	028－87750088/87774410	
			标准间	128	128	480	130			
四川锦弘广林酒店	四川省林业厅招待所		套间	6	6	288	200	金牛区成华西街5号	028－83178000	
			单间	15	15	168	110			
			标准间	155	155	168	110			
芙蓉丽庭酒店	芙蓉丽庭酒店有限公司	4	套房	9	9	1280	420	成都市一环路白马寺西二路17号	028－83172222－33	
			单间	12	12	980	240			
			标准间	144	144	880	240			
成都喀秋莎大饭店	成都喀秋莎实业有限公司	3	豪华标准间	20	20	580	200	成都市解放路二段237号	028－83380714	
			豪华单间	14	14	580	200			
			单间	21	21	480	150			
			标准间	92	92	480	150			
成都心族宾馆	成都心族宾馆	3	普通单间	36	36	336	240	成都市人民南路四段34号	028－85571660/85520825	
			普通标间	31	31	384	240			
			商务单间	30	30	398	240			
			商务标间	71	71	424	280			
成都新华饭店	成都新华饭店	3	豪华单房	30	30	428	158	成都市新华大道玉沙路157号	028－66105555	
			豪华标间	159	159	428	158			
			商务单间	9	9	698	188			
			商务标间	20	20	698	188			
			豪华套房	5	5	898	238			
			行政套房	2	2	1180	238			
四川岷山饭店有限公司	四川岷山集团有限公司	4	套间	2	2	1760	600	成都市人民南路二段55号	028－85583333－3105	岷山饭店商务楼
			标准间	30	30	1380	298			

饭店名称	发票开具单位名称	星级	客房（数量：间；价格：元/天）					地　址	前台订房电话	备　注
			房型	总间数	协议间数	门市价	协议价			
成都华西天使宾馆	成都华西天使宾馆有限责任公司	3	套间	4	4	1280	600	成都电信南街10号	028－85422050	
			单间	18	18	680	300			
			标准间	98	98	680	290			
四川省云龙酒店	四川省云龙酒店	3	商套	2	2	980	480	成都市锣锅巷122号	028－86780888－80129	
			普套	9	9	680	320			
			单间	8	8	398	150			
			标准间	114	114	398	150			
			商务标间	34	34	480	220			
			商务单间	4	4	480	220			
四川金地饭店	四川金地饭店	3	套间	4	4	888	400	四川省成都市新华大道德盛路89号	028－86921388	
			单间	35	35	380	180			
			标准间	145	145	562	200			
			商务间	9	9	596	238			
四川金沙世纪酒店	四川金沙世纪酒店有限责任公司		标准间	64	64	680	240	成都市二环西二段18号	028－87338531/87336485	
			单人间	30	30	780	260			
			豪华套房	4	4	1580	580			
四川民航大厦宾馆	四川民航大厦宾馆有限公司	3	商务套房	1	1	1600	560	成都市北新街31号	028－86716688	
			豪华套房	6	6	1280	520			
			普通套房	3	3	880	240			
			豪华商务单间	4	4	880	240			
			商务单间	42	42	680	220			
			商务标间	92	92	680	220			
			普通单间	9	9	438	160			
			普通标间	31	31	438	160			
西藏饭店（成都）	西藏饭店（成都）	5	单间	147	103	598	240	成都市人民北路一段10号	028－83183388/800－8865333 400－8803332	
			标间	112	112	1180	240			
四川省交通厅招待所	四川省交通厅招待所、四川省交通厅援外职工服务接待站		套间（1号楼）	5	5	460	240	成都市武侯祠大街180号附3号	028－85527660/85527916/85527918	
			单间（1号楼）	38	38	260	180			
			标准间（1号楼）	105	105	260	140			
			套间（2号楼）	5	5	1288	560			
			单间（2号楼）	3	3	888	290			
			标准间（2号楼）	40	40	488	260			

<table>
<tr><th rowspan="2">饭店名称</th><th rowspan="2">发票开具单位名称</th><th rowspan="2">星级</th><th colspan="5">客房（数量：间；价格：元/天）</th><th rowspan="2">地　址</th><th rowspan="2">前台订房电话</th><th rowspan="2">备　注</th></tr>
<tr><th>房型</th><th>总间数</th><th>协议间数</th><th>门市价</th><th>协议价</th></tr>
<tr><td rowspan="5">四川花园宾馆</td><td rowspan="5">四川花园宾馆</td><td rowspan="5">3</td><td>豪华大套房</td><td>4</td><td>4</td><td>1080</td><td>580</td><td rowspan="5">四川省成都市走马街47号</td><td rowspan="5">028－86653888</td><td rowspan="5">传真：86666544</td></tr>
<tr><td>中小套套房</td><td>8</td><td>8</td><td>888</td><td>480</td></tr>
<tr><td>豪华商务单间</td><td>42</td><td>42</td><td>720</td><td>300</td></tr>
<tr><td>豪华商务标间</td><td>115</td><td>115</td><td>680</td><td>268</td></tr>
<tr><td>商务标间</td><td>8</td><td>8</td><td>680</td><td>288</td></tr>
<tr><td rowspan="5">四川福德酒店</td><td rowspan="5">四川福德酒店有限公司</td><td rowspan="5">3</td><td>豪华套房</td><td>5</td><td>5</td><td>1080</td><td>480</td><td rowspan="5">四川省成都市新华大道玉沙路155号</td><td rowspan="5">028－86961818/86961660</td><td rowspan="5"></td></tr>
<tr><td>休闲套房</td><td>2</td><td>2</td><td>788</td><td>400</td></tr>
<tr><td>豪华商务单间</td><td>16</td><td>16</td><td>658</td><td>290</td></tr>
<tr><td>豪华商务标间</td><td>20</td><td>20</td><td>598</td><td>210</td></tr>
<tr><td>豪华标间</td><td>91</td><td>91</td><td>498</td><td>170</td></tr>
<tr><td>四川省人民政府滨江饭店</td><td>四川省人民政府滨江饭店</td><td>3</td><td>标准间</td><td>64</td><td>64</td><td>230</td><td>130</td><td>成都市锦江区滨江中路16号</td><td>028－86670451</td><td>会议室提供投影屏、音响、茶水服务</td></tr>
<tr><td rowspan="2">成都九龙宾馆</td><td rowspan="2">成都九龙宾馆有限责任公司</td><td rowspan="2">3</td><td>单间</td><td>8</td><td>8</td><td>580</td><td>290</td><td rowspan="2">成都市八宝街90号</td><td rowspan="2">028－86399999－3</td><td rowspan="2"></td></tr>
<tr><td>标准间</td><td>115</td><td>115</td><td>460</td><td>160</td></tr>
<tr><td rowspan="3">金领宾馆</td><td rowspan="3">成都金领宾馆有限责任公司</td><td rowspan="3">2</td><td>套间</td><td>2</td><td>2</td><td>568</td><td>200</td><td rowspan="3">成都市玉沙路80号</td><td rowspan="3">028－86745588</td><td rowspan="3"></td></tr>
<tr><td>单间</td><td>12</td><td>12</td><td>448</td><td>130</td></tr>
<tr><td>标间</td><td>54</td><td>54</td><td>380</td><td>130</td></tr>
<tr><td>四川锦江宾馆锦苑楼</td><td>锦宾国际酒店股份有限公司</td><td></td><td>套间</td><td>50</td><td>40</td><td>968</td><td>450</td><td>成都市人民南路二段80号</td><td>028－85506666－4000</td><td></td></tr>
<tr><td rowspan="3">中国人民解放军成都军区空军太成招待所（太成宾馆）</td><td rowspan="3">中国人民解放军成都军区空军太成招待所</td><td rowspan="3"></td><td>套间</td><td>8</td><td>8</td><td>1980</td><td>600</td><td rowspan="3">四川省成都市武侯祠大街83号</td><td rowspan="3">028－85553677</td><td rowspan="3"></td></tr>
<tr><td>单间</td><td>30</td><td>30</td><td>520</td><td>240</td></tr>
<tr><td>标准间</td><td>150</td><td>150</td><td>520</td><td>240</td></tr>
<tr><td rowspan="3">成都望江宾馆</td><td rowspan="3">成都军区第四招待所</td><td rowspan="3">5</td><td>宏达楼套房</td><td>12</td><td>12</td><td>2180</td><td>600</td><td rowspan="3">成都市下沙河铺42号</td><td rowspan="3">028－84090199</td><td rowspan="3"></td></tr>
<tr><td>宏达楼单间</td><td>11</td><td>11</td><td>880</td><td>290</td></tr>
<tr><td>宏达楼标准间</td><td>108</td><td>108</td><td>880</td><td>290</td></tr>
<tr><td rowspan="3">金牛宾馆</td><td rowspan="3">四川省人民政府金牛宾馆</td><td rowspan="3"></td><td>标间（东苑）</td><td>148</td><td>148</td><td>868</td><td>300</td><td rowspan="3">成都市金泉路2号</td><td rowspan="3">028－87306000/87306001</td><td rowspan="3"></td></tr>
<tr><td>标间（西苑）</td><td>59</td><td>59</td><td>868</td><td>300</td></tr>
<tr><td>单间（东苑、西苑）</td><td>13</td><td>13</td><td>868</td><td>300</td></tr>
<tr><td rowspan="3">省人大会议中心大成宾馆</td><td rowspan="3">四川新大成宾馆有限责任公司</td><td rowspan="3"></td><td>套间</td><td>6</td><td>6</td><td>898</td><td>480</td><td rowspan="3">成都市人民南路二段34号</td><td rowspan="3">028－86111239</td><td rowspan="3"></td></tr>
<tr><td>单间</td><td>5</td><td>5</td><td>598</td><td>260</td></tr>
<tr><td>标准间</td><td>123</td><td>123</td><td>498</td><td>240</td></tr>
</table>

四川

饭店名称	发票开具单位名称	星级	客房（数量：间；价格：元/天）					地址	前台订房电话	备注
			房型	总间数	协议间数	门市价	协议价			
正熙酒店	四川正熙投资实业有限公司		单间	30	30	880	240	成都市红星路三段16号	028－80639999	
			标准间	66	66	880	240			
成都博力假日酒店	成都埃丽特博力假日酒店		套房	1	1	1680	600	成都市金牛区迎宾大道438号	028－87501888	
			单间	16	16	660	240			
			标准间	58	58	680	240			
新良大酒店	四川新良大厦有限责任公司	4	高级标间	153	153	980	280	成都市东大街上东大街段246号	028－86739888	
			高级单间	86	86	980	240			
			普通单间	14	14	598	240			
百花园乡村酒店	成都百花园乡村酒店管理有限公司		标间	127	127	768	260	成都市锦江区三圣乡驸江路735号	028－84679500/84679501	餐费80元/人·天起
			套房	18	18	1380	600			
西御园乡村酒店	成都西御园酒店管理有限公司	4	豪华标间	62	62	688	240	成都市郫县郫筒镇洪石村	028－67517888/67517889	80元/人·天起
		3	普通标间	110	110	388	160			
		4	套房	5	5	1380	600			
蓉城饭店	成都老蓉城饭店有限责任公司	2	标间	118	118	380	170	成都市陕西街130号	028－86110732	
			单间	18	18	448	190			
			套房	3	3	680	280			
成都合江亭翰文大酒店	成都市合江亭翰文大酒店有限责任公司	4	套间	8	5	2699	600	成都市滨江东路138号	028－88822222－8888	
			单间（高级间）	62	44	988	300			
			标间（高级间）	50	35	988	300			
成都文翰宾馆	成都文翰餐饮文化有限公司		标准间	86	66	498	240	一环路南四段20号	028－85528888	大会议室在建中
成都花园城大酒店有限公司	成都花园城大酒店有限公司		普通套房	7	7	1088	340	成都市大业路8号	028－86663388	
			普通单间	48	48	680	240			
			普通标准间	88	88	780	230			
			商务套间	7	7	1288	430			
			商务单间	38	38	780	280			
			商务标准间	57	57	880	280			
成鑫苑	军区三招一分所	4	标准间1	11	11	460	300	浣花南路306号	028－87328866	
			单间	3	3	400	300			
			标准间2	43	43	380	280			
四川铁道大酒店有限责任公司	四川铁道大酒店有限责任公司	4	套间	5	5	1580	580	人民北路二段	028－83170237	
			单间	16	16	780	300			
			标间	141	141	780	300			

四川

饭店名称	发票开具单位名称	星级	客房（数量：间；价格：元/天）					地　址	前台订房电话	备　注
			房型	总间数	协议间数	门市价	协议价			
桂湖国际酒店	成都桂湖国际大酒店有限公司	4	套间	10	10	880	510	成都市新都区桂湖西路20号	028－67338999 67338858	
			单间	17	17	580	280			
			标间	95	95	560	258			
成都商报新闻培训中心（博瑞花园酒店）	成都商报新闻培训中心	4	标准间	140	140	880	300	龙泉同安镇	028－84839600/84839508/84839636	
浦园酒店	郫县格林实业发展有限公司		套间	4	4	1088	560	成都市西郊犀浦犀安路666号	028－87848000	
			单间							
			标准间	52	52	458	230			
京川宾馆	成都市京川宾馆	4	豪标	65	65	1080	300	成都市一环路西一段144号	028－87019017	
			普通单间	10	10	698	240			
			普通标间	25	25	698	240			
			套间	3	3	1800	600			
金强华亨酒店	成都温江华亨酒店资产管理有限责任公司	3	套间	6	6	818	240	成都温江南熏大道四段356号	028－82733777	
			单间	44	44	628	240			
			标准间	83	83	580	220			
琴台森林大酒店	成都巨龙投资有限责任公司邛崃白鹤山琴台森林大酒店分公司		单间	39	39	680	300	邛崃市临邛镇白鹤街1号	028－88736612/88736661	
			套间	9	9	780	600			
			标准间	66	60	460	240			
广元市										
天豪酒店	天豪酒店有限责任公司	3	套间	10	10	688	400	广元市南河敬国路	0839－35118888	
			单间	30	30	360	198			
			标准间	52	50	360	198			
皇朝酒店	广元市皇朝酒店有限公司		行政套房	4	4	668	268	广元市利州区蜀门北路二段	0839－3366666	
			行政单间	2	2	488	198			
			豪华套房	8	8	488	198			
			豪华单间	7	7	328	120			
			豪华标间	45	45	328	120			
			商务单间	3	3	388	150			
			商务标间	14	14	388	150			
			高级单间	9	9	258	108			
			高级标间	21	21	258	108			

四川

饭店名称	发票开具单位名称	星级	客房（数量：间；价格：元/天）					地址	前台订房电话	备注
			房型	总间数	协议间数	门市价	协议价			
丽晶商务酒店	广元市丽晶商务酒店	2	套间	1	1	488	288	广元市南河蜀门南路55号	0839－8999999	
			豪华单间	5	5	276	138			
			豪华标间	15	15	276	138			
			商务标间	30	30	236	118			
			普通单间	25	25	196	98			
			普通标间	32	32	196	98			
喜来登大酒店	广元市喜来登商务休闲中心		单间	7	7	118	100	广元市上西则天路228号	0839－3600000	
			普通标间	21	21	148	128			
			豪华标间	21	21	168	148			
			三人间	8	8	188	168			
			套房	2	2	880	580			
广元宾馆	广元市广元宾馆有限公司	3	高级单间	8	8	400	200	广元市蜀门北路466号	0839－3330999	
			豪华单间	32	32	500	240			
			高级标间	8	8	400	200			
			豪华标间	47	47	500	240			
			行政标间	50	50	600	270			
			豪华套房	4	4	800	520			
广元中源宾馆	广元中源宾馆有限公司	2	套间	1	1	488	300	广元市利州区利州西路32号	0839－3217084	
			单间	34	34	368	128			
			标准间	81	81	368	128			
			套三间	10	10	438	198			
			套四间	4	4	468	228			
名将．天赐	广元市名将．天赐有限责任公司		套间	2	2	480	240	利州区电子路73号	0839－3360888	
			单间	9	9	380	180			
			标准间	53	53	300	160			
凤凰大酒店（北街店）	四川凤凰酒店投资有限公司		套间	12	12	560	280	广元市利州区北街53号	0839－3357666	
			单间	60	60	480	240			
			标准间	90	90	520	260			
迎宾馆	迎宾馆		套间	2	2	560	280			
			单间	5	5	360	180			
			标准间	65	65	100	100			
广元市利州大酒店	广元市利州大酒店	3	套间	4	4	460	398	广元市政府街109号	0839－3286666	
			单间	16	16	210	180			
			标准间	100	100	210	180			

饭店名称	发票开具单位名称	星级	客房（数量：间；价格：元/天）					地　址	前台订房电话	备　注
			房型	总间数	协议间数	门市价	协议价			
广元市凤台国际酒店有限公司	广元市凤台国际酒店有限公司		普通单间	22	22	588	200	广元市滨河南路41号	0839－3333733	
			豪华标间	60	60	780	260			
			贵宾标间	29	29	1188	260			
			高级套房	11	11	1688	550			
绵阳市										
阳光新华绵阳酒店	四川新华发行集团有限公司阳光新华绵阳酒店	2	套房	1	1	538	380	警钟街7号	0816－2222398/2246789	
			单间	6	6	358	200			
			商务单间	6	6	318	220			
			标间A	55	55	238	158			
			标间B	18	18	258	178			
			公寓单间	10	10	118	80			
			公寓标间	20	20	118	70			
德阳市										
德阳大酒店	德阳大酒店有限责任公司	3	豪华套房	1	1	2200	600	四川省德阳市长江西路320号	0838－2278555	
			商务标间	10	10	638	300			
			标准间1	46	46	429	280			
			标准间2	20	20	308	200			
			商务单间	30	30	638	300			
			单间	21	21	352	230			
晶熙大酒店	德阳市晶熙大酒店有限责任公司	3	商务套间	2	2	980	600	德阳高新技术产业园区沂河街	0838－2517333	
			行政标间	25	25	660	300			
			商务标间	25	25	460	230			
			行政单间	44	44	660	300			
			商务单间	4	4	460	230			
旌湖宾馆	德阳旌湖宾馆有限责任公司	4	套间	3	3	1280	600	四川德阳长江西路一段一号	0838－2278100	
			单间	20	15	756	300			
			标间	50	40	396	300			
金领饭店	德阳金领商贸实业有限公司	2	套间	4	4	498	348	四川德阳庐山南路二段236号	0838－2905222/2902970	
			单间	20	20	278	160			
			标间	28	28	278	160			
东电宾馆	德阳东电宾馆有限公司	2	套间	5	5	368	300	德阳市黄河西路189号	0838－2411421	
			单间	36	36	238	140			
			标间	70	70	238	140			

饭店名称	发票开具单位名称	星级	客房（数量：间；价格：元/天）					地址	前台订房电话	备注
			房型	总间数	协议间数	门市价	协议价			
华西宾馆	德阳市华西宾馆	2	套间	6	6	468	358	德阳市岷山路76号	0838－2342775	
			单间	10	10	398	288			
			标间	33	25	188	140			
天韵酒店	德阳市天韵阳光休闲会所有限责任公司		豪华套房	7	7	760	360	四川德阳市翠湖街286号	0838－2905941/2904374	
			豪华单间	10	10	380	180			
			豪华标间	66	66	380	180			
			普通标间	32	32	380	160			
福康百思特酒店	福康百思特商务酒店		行政套房	1	1	1880	600	德阳市旌阳区黄河广场兴河街9号	0838－2557799	
			标准单间	20	20	480	190			
			商务标间	12	12	580	190			
			标准间	37	37	480	190			
			数码E房	6	6	680	270			
德阳旌东美华大酒店	德阳旌东美华大酒店		豪华套房	3	3	580	298	德阳市龙泉山路22号	0838－3010666	
			时尚单间	7	7	268	138			
			时尚标间	60	50	268	138			
南充市										
北湖宾馆	四川省南充市北湖宾馆有限公司	4	套房	5	5	650	588	南充市顺庆区文化路301号	0817－2266105/2260107/2229999	
			标间	86	86	396	298			
			单间	55	55	396	298			
万泰大酒店	南充万泰大酒店有限公司	4	套房	9	9	1588	588	南充市铁荣路2号	400－6161616	
			标间	80	80	498	298			
			单间	40	40	498	298			
广安市										
广安岷山世纪大饭店	广安岷山世纪大饭店有限责任公司	4	套间	9	7	3200	600	广安市思源大道88号	0826－2336666/2337207	
			单间	28	20	880	300			
			标准间	56	40	880	288			
天府饭店	广安天府饭店有限公司	3	豪套	1	1	788	350	广安市劳动街1号	0826－2330188/2330199	
			普套	2	2	658	300			
			豪华单间	14	14	408	160			
			商务标准间	3	3	458	180			
			豪华标准间	49	49	408	160			
			普通标准间	28	28	358	140			
遂宁市										
遂宁市天友国际酒店	遂宁市天友国际酒店	4	套间	4	4	980	498	遂宁市经济技术开发区明月路100号	0825－2396505	
			单间1	7	7	468	238			
			标准间1	77	77	468	238			
			单间2	24	24	588	288			
			标准间2	49	49	588	288			

饭店名称	发票开具单位名称	星级	客房（数量：间；价格：元/天）					地址	前台订房电话	备注
			房型	总间数	协议间数	门市价	协议价			
遂宁市明星康年大酒店	遂宁市明星康年大酒店	4	套间	16	12	998	448	遂宁市开发区明月路88号	0825－2210998－3	
			单间	32	23	638	298			
			标准间	88	62	638	298			
信合大酒店	信合大酒店	3	套间	3	3	888	298	遂宁市嘉禾西路1号	0825－2311208	
			单间	13	13	388	188			
			标准间	29	29	388	188			
好时年大酒店	好时年大酒店	普通	套间	2	2	618	198	燕西街	0825－2311633	
			单间	6	6	328	128			
			标准间	16	16	328	128			
		豪华	套间	2	2	688	388			
			单间	3	3	428	158			
			标准间	10	10	428	158			
内江市										
内江运亨酒店	内江运亨大酒店有限公司	4	套间	4	4	690	480	内江市双苏路123号	0832－2203118	
			单间	48	48	320	220			
			标准间	44	44	320	220			
			套间	8	8	480	430			
			单间	32	32	234	200			
			标准间	24	24	249	220			
内江市安泰实业开发有限责任公司安泰山庄酒店	内江市安泰实业开发有限责任公司安泰山庄酒店	3	套间	10	10	480	280	内江市市中区永安镇七里冲村（市中区黄河湖开发区	0832－2966666/2960000	
			单间	7	7	320	160			
			观景标准间	29	29	320	160			
			普通标准间	31	31	280	140			
内江诚翔商贸有限公司－长江长大酒店	内江诚翔商贸有限公司	4	商务单间	7	5	580	210	内江市西林大道338号	0832－2277188	
			商务标准间	32	23	580	210			
			普通单间	10	10	480	178			
			普通标间	54	54	480	178			
内江市飘香餐饮娱乐有限公司	内江市飘香餐饮娱乐有限公司		套间	6	6	796	398	内江市市中区双苏路159号	0832－5353288	
			单间	13	13	560	280			
			标间	51	51	380	190			
乐山市										
峨眉山饭店	峨眉山旅游发展有限公司	4	套间	4	4	2000	600	峨眉山市报国寺景区	0833－5590524	
			单间	15	15	1400	300			
			标准间	140	120	1100	300			

四川

饭店名称	发票开具单位名称	星级	客房（数量：间；价格：元/天） 房型	总间数	协议间数	门市价	协议价	地址	前台订房电话	备注
凤凰湖宾馆	峨眉山成商凤凰有限公司	3	套间	5	5	1880	600	峨眉山市报国寺景区	0833－5527888	
			单间	6	6	880	300			
			标准间	140	140	580	200			
华生酒店	华生实业有限公司华生酒店	4	标准间	152	152	1080	260	峨眉山市佛光南路	0833－5557777	
峨眉山大酒店	峨眉山大酒店	4	套间	3	3	1480	600	峨眉山市报国寺景区	0833－5591688/5526888	
			单间	11	11	980	300			
			标准间	197	197	980	280			
金叶大酒店	乐山金叶大酒店有限公司	3	套间1	1	1	1380	580	四川省乐山市嘉定北路199号	0833－2444222/2440050	
			套间2	3	3	780	380			
			单间1	6	6	830	330			
			单间2	28	28	780	280			
			标间1	23	23	600	230			
			标间2	42	42	480	180			
嘉州宾馆	乐山电力股份有限公司嘉州宾馆分公司发票专用章	3	套间	6	6	1800	600	四川省乐山市白塔街85号	0833－2156000/2156001/2156111	
			单间1	15	15	480	180			
			单间2	11	11	580	220			
			标准间1	120	120	480	180			
			标准间2	45	45	580	220			
金海棠大酒店	金海棠大酒店有限责任公司	4	标准间1	56	56	680	300	四川省乐山市海棠路512号	0833－2279222	
			标准间2	44	44	460	230			
自贡市										
汇东大酒店	四川自贡汇东大酒店有限公司	4	套间	13	10	1380	598	四川省自贡市汇东路东段16号	0813－8288618	
			豪单	24	24	680	298			
			商单	62	44	880	298			
			豪标	70	70	680	298			
			商标	50	35	880	298			
翠湖大酒店	自贡市双溪翠湖大酒店有限公司	3	豪华套间	1	1	1800	600	四川省自贡市荣县双溪水库大坝东侧	0813－6288888	
			套间	6	6	800	350			
			单间	8	8	380	150			
			标准间	48	48	288	150			
雄飞假日酒店	自贡市雄飞假日酒店有限公司	4	套房	12	10	800	318	四川省自贡市自流井区解放路193号	0813－2118888	
			高级套间	2	2	1000	418			
			行政套间	2	2	1200	548			
			商务单间	32	28	600	258			
			豪华单间	6	5	720	298			
			公务标间	76	70	600	248			
			豪华标间	6	5	720	298			

饭店名称	发票开具单位名称	星级	客房（数量：间；价格：元/天）					地址	前台订房电话	备注
			房型	总间数	协议间数	门市价	协议价			
世代加州酒店	自贡军分区民兵训练中心		豪华套间	3	3	888	418	四川省自贡市汇川路1569号	0813－5526888	
			普通套间	1	1	398	300			
			单间	12	12	388	160			
			标准间	58	58	328	140			
自贡市春熙宾馆	自贡市春熙宾馆	2	套间	2	2	780	460	四川省自贡市自流井区五星街81号	0813－2110111/2117711	
			单间	10	10	398	180			
			标准间	56	56	368	150			
自贡市檀木林城市名人酒店	城市名人酒店管理（中国）有限公司自贡分公司		套间	7	5	5888	600	四川省贡市自流井区塘坎上路2号	0813－5333333	
			单间	70	50	1008	300			
			标准间	70	50	1008	300			
雄飞锦绣花园酒店	自贡市雄飞假日酒店有限公司锦绣花园酒店分公司		高级套间	2	2	688	378	四川省自贡市自流井区解放路200号	0813－2112222	
			家庭套间	7	7	628	288			
			行政单间	15	15	268	208			
			观景单间	12	12	258	198			
			静雅单间	20	20	238	178			
			观景标间	26	26	288	238			
			标准间	23	23	258	218			
泸州市										
泸州大酒店	四川省泸州市巨洋酒店集团泸州大酒店有限公司	3	套间	12	12	668	318	泸州市江阳区江阳北路69号	0830－2288888	
			单间	60	60	256	148			
			标准间	77	77	256	148			
			商务单间	27	27	356	178			
			商务标准间	13	13	356	178			
			三人间	7	7	296	158			
泸州南苑宾馆	泸州南苑宾馆有限公司	3	套间	3	3	998	588	泸州市江阳区大山坪	0830－3158888	
			单间A	11	11	458	178			
			单间B			598	300			
			标准间A	81	81	398	168			
			标准间B			458	178			
泸州老窖大酒店	泸州老窖大酒店有限公司	3	套间	5	5	888	390	泸州市江阳区桂花街46号	0830－2398188	
			单间	14	14	320	148			
			标准间	75	75	320	148			
			商务套间	10	10	758	348			
			商务标间	31	31	518	238			

饭店名称	发票开具单位名称	星级	客房（数量：间；价格：元/天）					地　址	前台订房电话	备　注
			房型	总间数	协议间数	门市价	协议价			
泸州酒城宾馆	四川泸州酒城宾馆有限公司	5	单间	87	87	458	165	泸州市江阳区上平远路71号	0830－3159999－7888	客房为三星级、会议室为五星级
			标准间	26	26	498	165			
			商务套房	4	4	698	195			
			高级套房	1	1	1288	439			
			高级商务套房	1	1	1888	599			
宜宾市										
宜宾翠屏山庄	翠屏山庄	无	套间	7	7	1288	580	翠屏公园内	0831－818777/8187766	
			单间	10	10	880	280			
			标准间	45	45	688	280			
宜宾市政府招待所	宜宾市政府招待所	无	套间	1	1	428	200	宜宾市南岸酒都路市政府旁	0831－2339101	
			单间	1	1	328	160			
			标准间	20	20	228	100			
叙府宾馆	四川宜宾叙府旅游开发有限公司叙府宾馆	3	套间	3	3	888	500	宜宾市人民路14号	0831－8189809/8189808	
			单间	38	38	509	238			
			标准间	64	64	338	188			
兴文县银峰宾馆	四川省锦巍实业集团奇馨旅游开发有限公司	2	套间	8	8	598	368	兴文县古宋镇香山路44号	0831－8828888/8828288/8828188	
			单间	4	4	368	218			
			标准间	78	78	328	120			
			豪华标准间	22	22	368	168			
宜宾市远能大饭店	宜宾市远能大饭店	3	套间	2	2	758	400	宜宾市长江道中段17号电业局旁	0831－2185003/2185005	
			商务标（单）	28	28	428	190			
			豪华标（单）	60	60	328	155			
			普通标（单）	32	32	280	135			
成中蓝天宾馆	宜宾成中蓝天宾馆有限公司	2	套间	12	12	688	560	四川宜宾二二四翠柏商贸城	0831－6666688	
			商务单间	8	8	228	180			
			商务标间	13	13	228	180			
			单间	36	36	138	110			
			标准间	76	76	138	110			
宜宾建中实业有限公司建中宾馆	宜宾建中实业有限公司建中宾馆	2	套房	2	2	588	280	宜宾市马鸣溪八一二厂金江苑	0831－8282077	
			豪华套间	8	8	1080	500			
			标准间	39	39	168	80			
			豪华标间	20	20	268	180			

四川

饭店名称	发票开具单位名称	星级	客房（数量：间；价格：元/天）					地　址	前台订房电话	备　注
			房型	总间数	协议间数	门市价	协议价			
三江宾馆	宜宾市三江宾馆		豪华套间	1	1	888	260	都长街62号	0831－8201555	
			豪华单间	2	2	288	160			
			豪华标间	29	29	288	140			
			普单间	4	4	188	90			
			普标间	24	24	188	90			
			商务标	4	4	248	100			
			一套二	4	4	248	120			
翡翠度假村	长宁县地税局	3	豪华套间	1	1	2088	600	宜宾市长宁县竹海镇农林村二组	0831－4970111	
			观景套间	5	5	1280	480			
			单间	5	5	380	150			
			豪华标间	24	24	680	200			
			普通标准间	36	36	380	150			
攀枝花市										
攀枝花宾馆	攀枝花宾馆	4	豪华套间	13	13	1880	580	攀枝花市人民街68号	0812－3332869	四星（东楼）
			普通套间	3	3	1680	570			
			商务单间	30	30	688	290			
			商务标准间	108	108	648	280			
		3	套间	19	19	280	220			三星（南楼）
			单间	30	30	150	100			
			标准间	60	60	190	110			
			三人间	2	2	280	190			
学府酒店	攀枝花市学府酒店有限责任公司	4	套间	5	5	880	528	攀枝花市机场路10号	0812－3370666	
			单间	62	62	480	288			
			标准间	96	96	380	228			
欧方营地酒店	攀枝花市欧方营地有限责任公司欧方营地酒店	4	单间	15	15	1880	150	攀枝花市欧方营地酒店	0812－8726001/8726009/8726090	
			标准间	5	5	1880	150			
			单间	15	15	1880	120			
			标准间	10	10	1880	120			
			单间	15	15	1880	120			
			标准间	10	10	1880	120			
		3	单间	8	8	1280	115			
			标准间	16	16	1280	115			
			单间	16	16	1280	144			
			标准间	16	16	1280	144			
			单间	8	8	960	144			
			标准间	8	8	960	144			
		2	单间	15	15	480	60			
			标准间	35	35	480	60			

饭店名称	发票开具单位名称	星级	客房（数量：间；价格：元/天）房型	总间数	协议间数	门市价	协议价	地址	前台订房电话	备注
巴中市										
贡院酒店	贡院酒店		套间	3	3	320	220	江北大道望王路	0827－7767888	
			单间	2	2	280	160			
			标准间	30	30	180	120			
恒丰饭店	巴中市恒丰饭店股份有限公司	3	套间1	1	1	600	500	巴中江北大道中段88号	0827－5269898－3333	
			单间1	16	16	320	260			
			标准间1	29	29	320	260			
			套间2	2	2	600	500			
			单间2	8	8	280	230			
			标准间2	69	69	280	230			
			单间3	9	9	180	180			
			标准间3	43	43	180	180			
明珠饭店	明珠饭店	2	套间	2	2	388	358	巴中江北大道57号	0827－770000	
			单间	15	11	228	198			
			标准间	41	29	228	198			
江北宾馆	江北宾馆	3	套间	11	11	550	460	巴中市江北大道中段86号	0827－5269918－1088/1087	
			单间1	23	23	350	260			
			标准间1	36	36	350	260			
			单间2	24	24	240	180			
			标准间2	56	56	240	180			
高望都宾馆	高望都宾馆		单间1	8	8	358	168	巴中江北大道中段1号	0827－77700333	
			标准间1	2	2	358	168			
			单间2	8	8	348	158			
			标准间2	30	30	258	138			
			单间3	8	8	258	138			
东华宾馆	巴中市东华宾馆	3	套间	4	3	518	468	东城街90号	0827－5237777	
			单间	28	20	268	218			
			标准间	67	56	298	238			
达州市										
达州宾馆	中共达州市委招待所	4	套间	6	5	1680	600	四川省达州市荷叶街318号	0818－2122348－8119/2153898	
			单间	20	14	588	268			
			标准间	90	63	488	218			
达州莲花湖宾馆	达州莲花湖宾馆	3	单间	8	8	568	300	通川区莲花湖	0818－2630398	
			标准间	33	33	268	200			

四川

饭店名称	发票开具单位名称	星级	客房（数量：间；价格：元/天）					地　址	前台订房电话	备　注
			房型	总间数	协议间数	门市价	协议价			
凯悦酒店	达州长江实业有限公司凯悦酒店	3	商务套间	3	3	288	258	通川南路5号	0818－2399999/2684956	
			豪华标间	42	42	238/268	218/238			
			单间	30	30	168/188	138/158			
长城饭店	达州军分区	4	套间	2	2	1388	588	达州市通川北路2号	0818－5551111/5552222	
			单间	34	34	588	218/258			
			标间	48	48	588	208/258			
中恒君豪大酒店	达州市中恒君豪大酒店	4	套间	5	4	588	488	达州市通川区朝阳西路178号	0818－8096666	
			单间	24	17	298	268			
			标准间	73	52	278	228			
资阳市										
资阳市锦江蜀亨大酒店	资阳市锦江蜀亨大酒店责任有限公司	4	豪华套间	5	5	880	528	资阳市娇子大道西段	028－26120300	
			商务套间	8	8	680	458			
			豪华标准间	16	16	480	268			
			数码标准间	30	30	480	288			
			普通标准间	47	47	480	208			
			豪华单间	5	5	480	288			
			大单间	16	16	328	188			
			小单间	8	8	328	168			
阳光假日酒店	资阳市阳光假日文化有限公司	2	套间	3	3	530	318	雁城路3段001号	028－26762108	
			单间	9	9	248	148			
			标准间	34	34	230	138			
金迪大酒店	资阳市金迪实业有限责任公司	3	套间	4	4	1288	598	体育路32号	028－23011111	
			单间	35	35	336	168			
			标准间（豪华）	19	19	396	198			
			标准间（普通）	24	24	260	120			
			标准间（经济）	106	106	208	100			
格林博雅饭店资阳迎宾馆	资阳市格林博雅饭店	4	普通单间	19	19	468	238	四川省资阳市外环路一段	028－26123888	
			普通标间	60	60	468	238			
			豪华标间	8	8	668	268			
			套房	8	8	1188	588			

饭店名称	发票开具单位名称	星级	客房（数量：间；价格：元/天）					地址	前台订房电话	备注
			房型	总间数	协议间数	门市价	协议价			
眉山市										
眉山宾馆	眉山宾馆有限公司	3	套房	2	2	880	440	眉山市东坡区下西街45号迎宾巷17号	028－38226666	
			豪华单间	3	3	400	200			
			豪华标间	10	10	400	200			
			商务单间	8	8	360	180			
			商务标间	47	47	360	180			
			经济单间	59	59	200	88			
			单间	24	24	320	128（特价）			
			标间	44	44	320	128（特价）			
润丰酒店	眉山市润丰酒店	2	套间	2	2	580	280	眉山市东坡区凤翔路55号	028－38290168	
			单间	16	14	380	150			
			标准间	50	45	280	100			
眉山东坡国际大酒店	眉山东坡大酒店有限责任公司	4	套间	16	16	1380	526	眉山市湖滨路与南北干道交叉口	028－38805000 38805001	
			单间	32	32	780	298			
			标准间	78	78	780	298			
雅安市										
倍特星月宾馆	四川雅安倍特星月宾馆有限公司	4	套间	11	11	590	490	雅安市雨城区张家山路10号	0835－2225888	
			单间	17	17	438	260			
			标准间	63	63	398	260			
雅安红珠宾馆	雅安红珠宾馆	4	套间	3	3	1288－8888	588	雅安市雨城区陇西路88号	0835－8555999	
			单间	8	8	398	288			
			标准间	140	140	298－398	220			
西康大酒店	西康大酒店有限公司	3	套间	2	2	898	450	雅安市雨城区滨江路	0835－2239333	
			单间	5	5	498	240			
			标准间	46	46	538	260			
雨都饭店	雅安雨都饭店有限责任公司	3	套间	4	4	680	400	雅安市雨城区挺进路157号	0835－2601998	
			单间	14	14	418	230			
			标准间	57	57	418	230			
雅安宾馆（新楼）	雅安市嘉祥旅游发展有限责任公司雅安宾馆	2	套间	21	21	680－980	400	雅安市雨城区东大街2号	0835－2222826/2222610	
			单间	5	5	380	200			
			标准间	20	20	380	200			

饭店名称	发票开具单位名称	星级	客房（数量：间；价格：元/天）					地　址	前台订房电话	备　注
			房型	总间数	协议间数	门市价	协议价			
阿坝藏族羌族自治州										
嘉绒大酒店	马尔康嘉绒大酒店有限责任公司		套间	10	10	1688	300	马尔康县达萨街430号	0837－2827777/6666668	
			单间	12	12	1288	220			
			标准间	63	63	988	220			
澜峰大酒店	马尔康县澜峰大酒店		套间	3	3	660	460	马尔康县团结街177号	0837－2828268	
			单间	12	12	580	260			
			标准间	50	50	338	160			
			豪华标准间	43	43	368	160			
			豪华套间	1	1	770	560			
马尔康饭店	马尔康县马尔康饭店		套间（大）	3	3	880	480	金珠街48号	0837－2823001	
			套间（小）	5	5	500	300			
			单间	24	24	320	120			
			标准间	126	126	260	120			
甘孜藏族自治州										
康定宾馆	甘孜州康定宾馆有限公司		套间	4	4	480	480	康定县光明路25号	0836－2832777/2833444	
			单间	28	28	260	260			
格萨尔酒店	康定县华兴有限责任公司格萨尔酒店		标准间	96	96	200	200	康定县西大街60号	0836－2825777	
			套间	2	2	298	298			
			单间	12	12	180	180			
拉姆则林卡酒店	康定拉姆则林卡酒店管理有限公司	4	标准间	98	98	180	180	康定东关新城	0836－2816888	
			单间	3	3	220	220			
卡拉卡尔饭店	康定卡拉卡尔温泉旅游发展总公司卡拉卡尔饭店		标准间	65	65	150	150	康定县沿河东路5号	0836－2828888	
			套间	10	10	380	380			
			单间	9	9	300	300			
丹巴丽村大酒店	丹巴丽村大酒店		标准间	90	90	160	160	丹巴县章谷镇光明路43号	0836－3522999	
			套间	6	6	480	480			
			单间	3	3	300	300			
泸定桥宾馆	四川海螺沟旅行社泸定桥宾馆		标准间	120	120	140	140	泸定县泸桥镇赤水路56号	0836－3123666/3123888	
贡嘎宾馆	甘孜州贡嘎宾馆有限责任公司		标准间	128	128	180	180	泸定县磨西镇咱地一组	0836－3266677/3266688	
			套间	1	1	220	220			
			单间	3	3	160	160			

饭店名称	发票开具单位名称	星级	客房（数量：间；价格：元/天）					地址	前台订房电话	备注
			房型	总间数	协议间数	门市价	协议价			
海螺沟长征大酒店	四川省海螺沟长征大酒店有限责任公司	4	标准间	32	32	150	150	甘孜州海螺沟景区	0836－3266608	
凉山彝族自治州										
凉山州政府办培训中心	凉山州政府机关服务中心		套间	3	3	150	130	三岔口南路55号	0834－3866900	
			单间	9	9	150	130			
			标间	23	23	120	100			
西昌明珠大酒店	西昌明珠大酒店		套间	4	4	588	388	西昌市城南大道一段	0834－2503333	
			单间	53	53	218	188			
			标间	70	70	168	128			
凯旋酒店	西昌市凯旋酒店		套房	4	4	880	540	西昌市新村	0834－3868400/3951245	
			豪华标间	6	6	488	180			
			靠海标间	16	16	488	180			
			靠山标间	38	38	468	180			
天喜花月酒店	天喜园艺有限责任公司		单间	54	40	280	150	西昌市三岔口南路天喜花博园	0834－8886699/2187125/2187126	
			标准间	50	40	280	150			
金桥酒店	金桥酒店	3	单间	14	14	490	219	西昌市胜利路123号	0834－3220088/3220172	
			豪标	6	6	690	300			
			标间	35	35	490	219			
泸山大酒店	西昌泸山酒店管理有限责任公司		套间	2	2	888	328	西昌市胜利南路下段临海河旁	0834－2186666/2187777	
			单间	16	16	538	158			
			标准间	72	72	528	148			
名仁大酒店	西昌航展有限责任公司名仁大酒店	4	双套房	3	3	980	468	航天大道二段一号	0834－2890808	
			双套房	8	8	880	398			
			标准间	36	36	680	288			
			高级单间	12	12	680	288			
			普通单间	3	3	590	230			
			普通单间	3	3	680	288			
西昌华忠大酒店	西昌华忠大酒店有限责任公司	3	商务套间	3	3	1888	380	西昌市风情园北路76号	0834－8886888/8886999	
			套间	3	3	1666	280			
			单间	17	12	399	128			
			商务单间	17	12	499	158			
			标间	53	48	399	128			
			商务标间	53	38	499	158			

饭店名称	发票开具单位名称	星级	客房（数量：间；价格：元/天）					地址	前台订房电话	备注
			房型	总间数	协议间数	门市价	协议价			
星光宾馆	四川省星光电子开发有限责任公司星光宾馆		套间	7	7	328	318	西昌市长安东路25号	0834－3833888/3288666	
			单间	79	79	138	118			
			标间	119	119	138	118			
顺华大酒店	西昌市顺华大酒店	4	套间	10	8	880	380	西昌市长安南路139号	0834－2501999/2507695	
			单间	19	15	588	158			
			标间	76	54	488	138			
元源酒店	元源实业有限公司	3	套间	22	16	596	180	西昌市胜利路南路一环路南一段	0834－3208999	
			单间	25	18	396	120			
			标间	60	42	386	120			
岷山饭店	西昌岷山饭店有限公司	4	高级套间	6	6	1280	498	西昌市胜利南路88号	0834－3200888	
			豪华套间	1	1	1580	598			
			高级单间	5	5	680	268			
			高级标间	30	30	680	268			
玫瑰园精品酒店	西昌玫瑰园精品酒店管理有限责任公司	4	豪华套间	1	1	1188	538	西昌市春城路6号	0834－2180000/2198999	
			豪华标间	18	18	598	268			
			豪华单间	7	7	598	268			
			商务标间	21	21	438	198			
			商务单间	9	9	458	208			
			经济单间	9	9	388	188			
永宏酒店	四川三友食品有限公司永宏酒店		情侣套间	4	4	780	328	西昌市健康路438号	0834－2166666	
			豪华套间	6	6	1288	528			
			普通单间	18	18	518	238			
			豪华单间	21	21	638	268			
			普通标间	41	41	518	238			
			豪华标间	36	36	638	268			
醉太平大酒店	西昌醉太平大酒店	3	套间	2	2	688	380	西昌市海滨路月色风情小镇	0834－3952488/3951800	
			单间	3	3	498	200			
			标准间	56	56	488	180			

贵州省

- 财政部委托贵州省财政厅负责在贵州省地级以上城市招标采购出差定点饭店并负责日常监督管理工作。
- 本次政府采购，确定贵州省出差定点饭店 44 家。
- 出差定点饭店按照与财政部门签订《协议书》的价格向中央和地方各级党政机关和事业单位提供相应的接待服务。
- 如果对协议价格产生疑义，可以要求定点饭店出示《协议书》。
- 如有出差定点饭店变更或协议价格变化，应以“党政机关出差会议定点饭店查询网”的信息为准。
- 本目录中的贵州省出差定点饭店的详细信息，可在“党政机关出差会议定点饭店查询网”查阅。
- 贵州省的安顺市出差定点饭店包括了季节性价格差，其中旺季为每年的 3－10 月，其余为淡季，请在使用查阅时注意。
- 贵州省各地区长途电话区号：

贵阳市　0851　　六盘水市　0858
遵义市　0852　　安顺市　0853
毕节地区　0857　　铜仁地区　0856
黔东南苗族侗族自治州　0855
黔南布依族苗族自治州　0854
黔西南布依族苗族自治州　0859

贵州省出差定点饭店

饭店名称	发票开具单位名称	星级	客房（数量：间；价格：元/天）					地址	前台订房电话	备注
			房型	总间数	协议间数	门市价	协议价			
贵阳市										
贵阳神奇星岛酒店	贵阳神奇星岛酒店有限公司	3	套间	22	22	880	328	贵阳市新添大道南段78号	0851－6751888	行政客房送水果、报纸
			行政单间	13	13	680	268			
			行政标间	36	36	680	268			
			高级单间	11	11	580	238			
			高级标间	66	66	580	238			
贵州武岳酒店	贵州武岳酒店	4	套间	19	15	1228	548	贵州省贵阳市南明区南厂路1号	0851－8651777－6613	
			单间	59	50	628	258			
			标准间	114	100	708	268			
贵州省发展和改革委员会干部培训中心	贵州省发展和改革委员会干部培训中心	3	套间	14	14	688	398	贵州省贵阳市延安中路110号	0851－5287100	房费均含早餐
			单间	27	27	568	238			
			标准间	125	125	498	228			
贵州华联大酒店	贵州华联旅业有限责任公司	3	普通单间	8	8	428	240	贵州省贵阳市中华中路137号	0851－5200000	
			普通标间	23	23	428	240			
			商务单间	33	33	468	290			
			商务标间	67	67	468	290			
			普通套房	11	11	568	350			
			商务套房	7	7	688	450			
贵州饭店	贵州饭店有限责任公司	4	套间	12	9	2070	600	贵州省贵阳市北京路66号	0851－6680116	
			单间	23	17	782	300			
			标准间	141	100	782	300			
贵州花溪迎宾馆	中共贵州省委贵州省人民政府接待中心（花溪迎宾馆）		套间	15	15	1760	598	贵阳市花溪区林荫路	0851－5368002/5368003	
			单间	58	58	748	290			
			标准间	80	80	748	290			
贵阳华美达神奇大酒店	贵阳神奇大酒店有限公司	4	套间	37	27	1880	548	贵阳市北京路1号	0851－6771888－8600	
			单间	76	54	980	298			
			标准间	112	100	980	298			
贵州久远物业有限公司久远饭店	贵州久远物业有限公司久远饭店	3	套间	12	12	699	359	贵阳市瑞金南路36号	0851－5849999	含早餐
			单间	29	29	399	219			
			标准间	146	146	439	239			
			三人间	8	8	539	299			

<table>
<tr><th rowspan="2">饭店名称</th><th rowspan="2">发票开具单位名称</th><th rowspan="2">星级</th><th colspan="5">客房（数量：间；价格：元/天）</th><th rowspan="2">地　址</th><th rowspan="2">前台订房电话</th><th rowspan="2">备　注</th></tr>
<tr><th>房型</th><th>总间数</th><th>协议间数</th><th>门市价</th><th>协议价</th></tr>
<tr><td rowspan="6">贵阳神奇金筑大酒店</td><td rowspan="6">贵阳神奇金筑大酒店有限公司</td><td rowspan="6">4</td><td>高级单间</td><td>28</td><td>20</td><td>759</td><td>290</td><td rowspan="6">贵阳市宝山北路219号</td><td rowspan="6">0851－6825888－41/42/43/46（请8：30－17：30转至39预订，17：30－23：00转至46预订，其他时间转至41/42/43预订）</td><td rowspan="6">1. 含早餐；2. 以上协议间数以提前一天预订为准，如当日预订视酒店预订情况而定。3. 以上协议间数，酒店如未能提供相应的房型，将免费升级至高一档次以上的房型（升级的档次视当日预定情况而定）。</td></tr>
<tr><td>高级标间</td><td>80</td><td>70</td><td>759</td><td>290</td></tr>
<tr><td>精致套房</td><td>36</td><td>25</td><td>989</td><td>388</td></tr>
<tr><td>商务套房</td><td>4</td><td>4</td><td>1104</td><td>448</td></tr>
<tr><td>商务豪华套房</td><td>3</td><td>3</td><td>1794</td><td>588</td></tr>
<tr><td>神奇阁贵宾套房</td><td>3</td><td>3</td><td>1999</td><td>588</td></tr>
<tr><td rowspan="8">新联酒店</td><td rowspan="8">贵州久联集团新联酒店有限责任公司</td><td rowspan="8"></td><td>套间</td><td>5</td><td>5</td><td>688</td><td>300</td><td rowspan="8">贵阳市宝山北路213号</td><td rowspan="8">0851－6760056</td><td rowspan="8">所有房间含双早</td></tr>
<tr><td>电脑房（大床房）</td><td>10</td><td>10</td><td>488</td><td>240</td></tr>
<tr><td>电脑房（双床房）</td><td>10</td><td>10</td><td>488</td><td>240</td></tr>
<tr><td>高级房（大床房）</td><td>12</td><td>12</td><td>448</td><td>220</td></tr>
<tr><td>高级房（双床房）</td><td>72</td><td>72</td><td>448</td><td>220</td></tr>
<tr><td>普通房（大床房）</td><td>9</td><td>9</td><td>418</td><td>200</td></tr>
<tr><td>普通房（双床房）</td><td>24</td><td>24</td><td>418</td><td>200</td></tr>
<tr style="display:none"></tr>
<tr><td rowspan="3">南翔酒店</td><td rowspan="3">贵阳南翔酒店有限公司</td><td rowspan="3">3</td><td>套间</td><td>16</td><td>16</td><td>1080</td><td>326</td><td rowspan="3">贵阳市延安西路185号（老客车站旁）</td><td rowspan="3">0851－6501888</td><td rowspan="3"></td></tr>
<tr><td>单间</td><td>13</td><td>13</td><td>452</td><td>215</td></tr>
<tr><td>标准间</td><td>53</td><td>53</td><td>452</td><td>215</td></tr>
<tr><td rowspan="3">贵州聚鑫山林大酒店</td><td rowspan="3">贵州聚鑫山林大酒店有限公司</td><td rowspan="3">涉外三星</td><td>套间</td><td>12</td><td>12</td><td>688</td><td>300</td><td rowspan="3">贵阳市山林路118号</td><td rowspan="3">0851－6523000/6512332/6511360</td><td rowspan="3"></td></tr>
<tr><td>单间</td><td>22</td><td>22</td><td>288</td><td>180</td></tr>
<tr><td>标准间</td><td>120</td><td>120</td><td>388</td><td>180</td></tr>
</table>

饭店名称	发票开具单位名称	星级	客房（数量：间；价格：元/天）					地　址	前台订房电话	备　注
			房型	总间数	协议间数	门市价	协议价			
荣和酒店	贵州盐业集团荣和酒店管理有限公司		套间	16	16	438	388	贵阳市云岩区延安东路8号	0851－5620888	
			单间	8	8	238	188			
			标准间	70	70	268	218			
			豪华标准间	16	16	328	248			
			豪华单间	8	8	338	298			
金芦笙小镇精品特色酒店	贵州故乡情投资置业有限责任公司		套间	4	4	1588	598	贵阳市宝山南路88号	0851－5274639	
			单间	26	26	688	268			
			标准间	128	128	788	288			
贵州煤矿安全监察局京瑞宾馆	贵州煤矿安全监察局京瑞宾馆	3	豪华套房	2	2	628	428	贵州省贵阳市北京路194号	0851－6891600/6891601	所有房间报价均含早餐
			套房	3	3	628	350			
			单间	6	6	368	198			
			商务标间	12	12	358	260			
			普通标间	68	68	328	198			
			三人套间	12	12	428	298			
贵阳林城大酒店	贵阳林城大酒店有限责任公司	4	套间	23	18	1088	340	贵阳市云岩区八鸽岩路7号	0851－6788888	
			标准单人间	28	20	988	240			
			标准双人间	66	50	888	240			
聚鑫酒店	贵州广厦房地产开发有限公司聚鑫酒店	2	套间	10	10	688	300	环城北路258号	0851－6851999－1100	
			单间	35	35	368	220			
			标准间	68	68	368	220			
冠洲宾馆	中共贵州省委机关招待所		套间	6	6	998	598	贵阳市西湖路108号	0851－5892918	
			单间	8	8	498	300			
			标准间	70	70	398	288			
贵州铝厂宾馆	贵州铝厂宾馆		套间	15	15	698	420	贵阳市白云区刚玉街2号	0851－4896111/4895555	含早餐
			单间	19	19	398	240			
			标准间	102	102	398	240			
六盘水市										
六盘水市明湖宾馆有限公司	六盘水市明湖宾馆有限公司		套间	4	4	888	360	明湖路窑上水库	0858－8604701	
			标准间	46	46	388	150			
遵义市										
弗克斯酒店	遵义嘉鑫房地产开发有限公司弗克斯酒店	3	套房	6	6	1388	388	遵义市汇川区广州路弗克斯酒店	0852－7919608/7919699	含早餐
			商务套间	5	5	1588	438			
			豪华套间	6	6	1888	528			
			普通单间	21	21	568	238			
			商务单间	20	20	588	248			
			商务标准间	88	88	588	248			
			豪华标准间	11	11	888	298			

饭店名称	发票开具单位名称	星级	客房（数量：间；价格：元/天）					地址	前台订房电话	备注
			房型	总间数	协议间数	门市价	协议价			
京腾丽湾酒店	遵义市京腾丽湾酒店	3	套间	4	4	888	360	遵义市北京路与大连路交汇处	0852－8654286	含早餐
			单间	21	21	488	190			
			标准间	104	104	588	190			
遵义宾馆	遵义宾馆	3	套间	6	6	888	445	遵义市石龙路3号	0852－8224903	含早餐
			单间	40	40	488	245			
			标准间	119	119	488	245			
安顺市										
燕安大酒店	贵州燕安大酒店有限公司	3	套间	2	2	880	580	安顺市黄果树大街（市府路路口）	0853－3292568/3296888	协议价含早餐
			单间	8	8	468	260			
			标准间	80	80	388	220			
贵州若飞宾馆	贵州若飞宾馆	3	套间	7	7	588	488	安顺市西秀区中华南路48号	0853－3320228	
			单间	7	7	328	260			
			标准间	65	65	288	180			
新华宾馆	安顺开发区新华宾馆	3	套间	6	6	1288	580	安顺市开发区西航路138号	0853－3459888	协议价含早餐
			单间	28	28	688	208			
			标准间	63	63	688	208			
毕节地区										
腾龙凯悦酒店	毕节腾龙凯悦酒店管理有限公司	4	套间	6	6	1338	428	毕节市桂花路2号	0857－8290008	
			单间	20	20	838	268			
			标准间	85	85	838	268			
毕节洪山酒店	毕节洪山酒店有限公司	4	套间	4	4	618	339	毕节市洪山路1号	0857－8297777	
			单间	16	16	478	218			
			标准间	72	72	338	186			
毕节市天工大酒店	毕节市天工大酒店	3	套间	2	2	732	316	毕节市洪山路60号	0857－8292188	
			单间	10	10	356	178			
			标准间	50	50	346	168			
毕节红都假日酒店	毕节红都假日酒店	4	套间	6	6	1298	388	毕节市拥军路110号	0857－8275111	
			单间	36	36	828	258			
			标准间	72	72	828	258			
铜仁地区										
宝鑫大酒店	铜仁宝鑫投资有限公司宝鑫大酒店	4	套间	5	5	699	358	贵州省铜仁市东太大道888号	0856－5937666	房费含早餐
			单间	21	21	499	248			
			标准间	82	82	499	248			

饭店名称	发票开具单位名称	星级	客房（数量：间；价格：元/天）					地址	前台订房电话	备注
			房型	总间数	协议间数	门市价	协议价			
源丰商务酒店	铜仁源丰商务酒店有限公司	3	套间	10	10	388	198	贵州省铜仁市锦江南路1号	0856－5222222	
			单间	12	12	298	148			
			标准间	20	20	298	148			
君逸凯悦大酒店	铜仁市君逸凯悦大酒店		套间	4	4	898	418	贵州省铜仁市共青路41号	0856－5251111	
			单间	3	3	398	208			
			标准间	53	53	398	208			
黔东南苗族侗族自治州										
金冠酒店	凯里市金冠酒店	4	套间	8	6	1088	429	贵州省凯里市友庄路18号	0855－8060617	含早餐
			单间	15	11	780	300			
			标准间	80	60	680	248			
天华宾馆	黔东南州苗族侗族自治州天华宾馆	3	套间	1	1	588	300	贵州省凯里市营盘东路6号	0855－8276411/8276410	含早餐
			普通单间	5	5	268	130			
			普通标准间	53	53	268	130			
营盘坡民族宾馆	贵州省黔东南苗族侗族自治州营盘坡民族宾馆	3	套间	4	4	688	318	贵州省凯里市营盘东路53号	0855－3837779/3837776	含早餐
			单间	9	9	288	148			
			标准间	71	71	288	148			
黔南布依族苗族自治州										
金鹏国际酒店	都匀市金鹏酒店管理有限公司	4	豪华套房	2	2	1226	368	贵州省都匀市剑江中路金海岸大厦67号	0854－7127777	
			行政豪华单间	8	8	890	238			
			行政豪华标间	8	8	890	238			
			豪华标间	20	20	660	218			
			豪华标间	12	12	660	218			
			精致单间	27	27	560	168			
伯爵花园酒店	伯爵花园酒店	4	套间	8	8	1249	479	贵州省都匀市开发区龙山大道	0854－8199999	
			单间	40	40	739	279			
			标准间	30	30	739	279			
贵候苑商务大酒店	黔南州贵候苑商务大酒店有限责任公司	4	套间	14	14	1138	398	贵州省都匀市开发区龙山大道	0854－7121111	
			单间	34	34	628	198			
			标准间	33	33	628	198			
港龙大酒店	贵州省都匀市港龙大酒店	3	套间1	2	2	1280	560	都匀市河滨路134号	0854－8736888－2100	
			套间2	4	4	768	380			
			标间1	7	7	768	280			
			标间2	26	26	368	180			
			标间3	45	45	368	160			
			单间1	15	15	768	280			
			单间2	9	9	368	180			
			单间3	8	8	368	160			

饭店名称	发票开具单位名称	星级	客房（数量：间；价格：元/天）					地址	前台订房电话	备注
			房型	总间数	协议间数	门市价	协议价			
侨城宾馆	都匀市人民政府桥城宾馆	3	套间	7	7	368	180	贵州省都匀市文明路50号	0854－8222189	
			单间	13	13	268	120			
			标准间	70	70	268	120			
西苑假日酒店	西苑假日酒店	3	套间	9	9	468	198	贵州省都匀市龙山大道	0854－8758888	
			单间	9	9	368	155			
			标准间	36	36	358	150			
黔西南布依族苗族自治州										
黔山度假酒店	黔山度假酒店	4	套间	5	5	480	280	兴义市瑞金大道	0859－3111009	含早餐
			单间	18	18	380	260			
			标准间	143	143	280	220			
盘江宾馆	盘江宾馆	3	套间	4	4	400	220	兴义市盘江西路4号	0859－3223456	含早餐
			单间	37	37	280	160			
			标准间	77	77	380	140			

云南省

- 财政部委托云南省财政厅负责在云南省地级以上城市招标采购出差定点饭店并负责日常监督管理工作。
- 本次政府采购，确定云南省出差定点饭店 360 家。
- 出差定点饭店按照与财政部门签订《协议书》的价格向中央和地方各级党政机关和事业单位提供相应的接待服务。
- 如果对协议价格产生疑义，可以要求定点饭店出示《协议书》。
- 如有出差定点饭店变更或协议价格变化，应以“党政机关出差会议定点饭店查询网”的信息为准。
- 本目录中的云南省出差定点饭店的详细信息，可在“党政机关出差会议定点饭店查询网”查阅。
- 云南省各地区长途电话区号：

昆明市　0871　　　曲靖市　0874
玉溪市　0877　　　保山市　0875
昭通市　0870　　　丽江市　0888
普洱市　0879　　　临沧市　0883
德宏傣族景颇族自治州　0692
怒江傈僳族自治州　0886
迪庆藏族自治州　0887
大理白族自治州　0872
楚雄彝族自治州　0878
红河哈尼族彝族自治州　0873
文山壮族苗族自治州　0876
西双版纳傣族自治州　0691

云南省出差定点饭店

饭店名称	发票开具单位名称	星级	客房（数量：间；价格：元/天）房型	总间数	协议间数	门市价	协议价	地址	前台订房电话	备注
昆明市										
核工业二〇九大队昆明海鸥宾馆	核工业二零九大队昆明海鸥宾馆	2	套间	8	8	688	240	昆明市翠湖南路112号	0871－5315388	
			单间	8	8	400	140			
			标准间	137	137	400	140			
云南省政府办公厅招待所（云南华兴酒店）	云南华兴酒店	3	套间	5	5	980	460	昆明市西昌路858号	0871－5322589	
			单间	10	10	580	260			
			标准间	68	68	518	220			
昆明莲花宾馆	昆明莲花宾馆	3	套间	2	2	888	360	昆明市学府路145号	0871－5134084/5100998	
			单间	7	7	518	260			
			标准间	138	138	498	180			
云南省科技管理干部培训中心	云南省科技管理干部培训中心		套间	10	10	880	380	昆明市滇池路488号	0871－8090470	
			单间	10	10	480	200			
			标准间	90	90	480	200			
昆明云安会都	昆明云安会都有限责任公司	4	标准间	223	223	560	230	昆明市昆安公路（碧鸡路）马街路口	0871－8175666/8175777/8173473	清莲池
		4	单间	10	10	560	230			清莲池
		4	普通套房	4	4	800	400			清莲池
		4	豪华套房	4	4	1200	600			清莲池
		3	标准间	205	205	398	170			清华池
		3	标准间	68	68	398	170			华清池
		2	标准间	81	81	350	150			碧云楼
		2	单间	22	22	350	150			碧云楼
昆明华怡商务酒店	昆明华怡商务酒店有限公司		套间	4	4	680	320	昆明市呈贡县兴呈路	0871－7466666	
			单间	31	31	480	198			
			标准间	45	45	480	198			
云南绿洲大酒店	云南绿洲大酒店有限公司	5	套间	26	26	2500	550	昆明市拓东路80号	0871－3183855	
			单间	30	30	1000	300			
			标准间	206	206	1000	300			
昆明金龙饭店	昆明金龙饭店有限公司	4	套间	15	15	1660	550	昆明市北京路165号	0871－3133015	
			单间	30	30	820	300			
			标准间	180	180	820	300			
昆明兴华国际度假酒店有限责任公司	昆明兴华国际度假酒店有限责任公司	3	套间	6	6	1888	600	昆明市滇池国家旅游度假区怡景路3号	0871－4311690	
			单间	56	56	680	260			
			标准间	140	140	680	260			

饭店名称	发票开具单位名称	星级	客房（数量：间；价格：元/天）					地址	前台订房电话	备注
			房型	总间数	协议间数	门市价	协议价			
昆明世纪金源大饭店	昆明世纪金源大饭店有限公司	5	套间	34	34	2476	600	昆明市官渡区迎宾路一号	0871－7388888－2995	
			单间	41	41	1104	300			
			标准间	126	126	1104	300			
昆明怡景园度假酒店	昆明怡景园度假酒店有限责任公司	4	套间	21	21	1888	600	昆明市滇池路1288号	0871－4313338	
			单间	12	12	888	280			
			标准间	87	87	788	280			
昆明饭店	昆明饭店	4	套间	15	15	1169	600	昆明市东风东路52号	0871－3162063－、6343	
			单间	35	35	780	300			
			标准间	220	220	780	300			
云南海昆大酒店	云南海昆大酒店	3	套间	5	5	986	580	昆明市北京路北段620号	0871－3016666/3016670	
			单间	8	8	568	220			
			标准间	53	53	488	220			
泰丽国际酒店	云南通信股份有限公司泰丽酒店分公司	4	套间	58	41	1686	600	昆明市环城南路39号	0871－3305299	
			单间	119	85	878	300			
			标准间	335	250	878	300			
昆明理工大学专家楼宾馆	昆明理工大学专家楼宾馆	2	套间	3	3	880	470	昆明市白龙路98号昆明理工大新迎校区	0871－3317508/3317507	
			单间	8	8	480	228			
			标准间	129	129	360	130			
云南邦克饭店	云南邦克饭店有限责任公司	5	套间	50	50	2400	600	昆明市青年路399号	0871－3158888－6	
			单间	70	70	1200	300			
			标准间	160	160	1200	300			
云南连云宾馆	云南连云宾馆		套间	26	26	1280	580	昆明市圆通街58号	0871－5156661－3189	
			单间	44	44	580	260			
			标准间	232	232	580	260			
金泉大酒店	云南金泉大酒店有限公司	4	套间	11	11	158	600	昆明市人民东路93号	0871－3196888	
			单间	73	73	980	300			
			标准间	114	114	980	300			
云南省工商行政管理干部培训中心	云南省工商行政管理干部培训中心	2	套间	2	2	568	370	昆明市西山区西化北路281号	0871－4126128/4126138	
			单间	5	5	298	138			
			标准间	131	131	288	118			
云南祥瑞宾馆	云南祥瑞宾馆		套间	9	9	680	480	昆明市春城路196号	0871－3548666	
			单间	42	42	498	240			
			标准间	117	117	498	240			

饭店名称	发票开具单位名称	星级	客房（数量：间；价格：元/天）					地址	前台订房电话	备注
			房型	总间数	协议间数	门市价	协议价			
云南锦华国际酒店	云南锦华实业股份有限公司锦华国际酒店管理中心	3	套间	7	7	798	438	昆明市北京路96号	0871－3526666－5908	
			单间	48	48	488	220			
			标准间	122	122	488	220			
金茂酒店	昆明金茂粮油经营有限公司	3	套间	3	3	888	360	昆明市昆明永胜路61号	0871－3566111	
			单间	21	21	488	178			
			标准间	178	178	488	168			
云南嘉禾大酒店	云南嘉禾大酒店	2	套间	2	2	658	388	昆明市菱菱路36号	0871－5423888	
			单间	14	14	428	188			
			标准间	97	97	388	178			
昆明锦江大酒店	昆明锦江大酒店	4	套间	15	10	1288	600	昆明市北京路98号	0871－3138888－62	
			单间	30	30	998	300			
			标准间	200	200	998	300			
昆明市总工会职工之家	昆明市总工会职工之家	3	套间	2	2	650	400	昆明市书林街139号	0871－3120196/3137516	
			单间	8	8	520	220			
			标准间	91	91	468	190			
昆明希桥酒店	昆明希桥酒店有限责任公司	4	套间	3	2	2088	600	昆明市江滨西路1号	0871－5116666	
			单间	20	14	688	300			
			标准间	140	100	688	300			
云南经贸宾馆	云南经贸宾馆有限公司	4	套间	6	6	2800	600	昆明市青年路298号	0871－3190888－6600	
			单间	70	70	1280	300			
			标准间	130	130	1280	300			
云南佳路达酒店	云南佳路达酒店有限公司	3	套间	7	7	888	580	昆明市环城南路266号	0871－3516666	
			单间	31	31	498	238			
			标准间	141	141	498	238			
茶花宾馆	茶花宾馆	2	套间	10	10	428	240	昆明市东风东路96号	0871－3163000	
			单间	10	10	388	200			
			标准间	70	70	388	160			
云南省小龙谭矿务局昆明翠怡酒店	云南省小龙谭矿务局昆明翠怡酒店		套间	24	24	1288	460	昆明市人民中路222号	0871－6116622	
			单间	71	71	588	260			
			标准间	218	218	588	260			
云南金审大酒店	云南金审大酒店		套间	12	12	880	420	昆明市庆云街166号	0871－3116588	
			单间	10	10	588	220			
			标准间	58	58	588	220			

饭店名称	发票开具单位名称	星级	客房（数量：间；价格：元/天）					地　址	前台订房电话	备　注
			房型	总间数	协议间数	门市价	协议价			
昆明天和大酒店	昆明天和大酒店	3	套间	6	6	938	400	昆明市环城北路33号	0871－5138865	
			单间	4	4	698	220			
			标准间	104	104	488	220			
云南金孔雀大酒店	云南金孔雀大酒店有限公司	3	套间	2	2	988	500	昆明市滇池路312号	0871－8022618	
			单间	4	4	586	220			
			标准间	86	86	486	220			
云南省政协委员活动中心	云南省政协委员活动中心	3	套间	6	6	688	288	昆明市滇池路849号	0871－4604999/4664758	
			标准间	48	48	488	180			
昆明官渡大酒店	昆明官渡大酒店	4	套间	20	20	1380	588	昆明市官渡区日新路282号	0871－7169988－1	
			单间	6	6	916	300			
			标准间	195	195	888	300			
曲靖市										
安厦大酒店	安厦大酒店有限责任公司		套间	5	5	1280	512	曲靖市翠峰西路西苑小区	0874－3411111	
			单间	4	4	498	199			
			标准间	101	101	398	160			
石林国际大酒店	曲靖福牌实业有限公司石林国际大酒店	4	套间	7	7	960	480	曲靖市麒麟区园林路126号	0874－3310803	
			单间	8	8	468	234			
			标准间	141	141	398	199			
曲靖市银利大酒店有限公司	曲靖市银利大酒店有限公司	3	套间	6	6	426	256	曲靖市麒麟北路2号	0874－3292888－6666	
			单间	20	20	330	198			
			标准间	50	50	280	168			
曲靖宾馆	曲靖宾馆	2	套间	9	9	688	350	曲靖市文昌街67号	0874－3120666/3122448	
			单间	20	20	288	160			
			标准间	43	43	288	170			
曲靖市保安服务公司靖安宾馆	曲靖市保安服务公司靖安宾馆		套间	5	5	280	210	曲靖市西苑小区市公安局	0874－3392715	
			标准间	137	137	180	110			
曲靖罗曼大酒店有限公司	曲靖罗曼大酒店有限公司	3	套间	4	4	800	400	曲靖市廖廓南路中段183号	0874－3362888	
			单间	10	10	360	180			
			标准间	19	19	330	150			
曲靖翠峰大酒店有限公司	翠峰大酒店	3	套间	4	4	1380	358	曲靖市翠峰路5号	0874－3367888－6666	
			单间	4	4	360	198			
			标准间	46	46	320	176			
曲靖市人大培训中心	曲靖市人大培训中心		套间	3	3	880	572	曲靖市麒麟区文昌街新道巷13号	0874－6178188	
			单间	12	12	380	190			
			标准间	62	62	318	159			

云南

饭店名称	发票开具单位名称	星级	客房（数量：间；价格：元/天）					地　址	前台订房电话	备　注
			房型	总间数	协议间数	门市价	协议价			
麒麟区凤成金有限责任公司	麒麟区凤成金有限责任公司		套间	9	9	1108	554	曲靖市麒麟区三宝镇温泉度假村	0874－3982888	
			单间	4	4	308	154			
			标准间	100	100	268	134			
麒麟区丽景大酒店	曲靖市麒麟区丽景大酒店有限公司	4	套间	6	6	1000	500	曲靖市麒麟区子午路	1598741000	
			单间	5	5	400	200			
			标准间	53	53	400	200			
同悦花园酒店	同悦花园酒店有限公司		套间	6	6	998	449	曲靖市花柯路16号	0874－3216000	
			单间	86	86	476	215			
			标准间	88	88	476	199			
云南子午会馆温泉酒店有限公司	云南子午会馆温泉酒店有限公司		套间	2	2	798	318	师宗县丹凤镇小河口	0874－5767777	
			单间	26	26	398	158			
师宗大酒店	师宗大酒店	2	套间	3	3	588	310	师宗县丹凤镇丹凤西路5号	0874－5751188	
			单间	6	6	298	110			
			标准间	42	42	298	110			
师宗县能源宾馆	师宗县能源宾馆	1	套间	6	6	380	210	师宗县丹凤镇丹凤西路	0874－5760058	
			单间	12	12	250	140			
			标准间	31	31	180	110			
罗平县鑫源宾馆	罗平县鑫源有限公司	3	套间	9	9	818	580	罗平县文笔路西段	0874－8227888	
			单间	19	19	368	200			
			标准间	123	123	398	180			
美奂酒店	宣威市美奂酒店		套间	12	12	1680	338	宣威市振兴路北段	0874－7208888	
			单间	43	43	518	138			
			标准间	75	75	518	138			
雄业大酒店	宣威市雄业大酒店有限公司	3	套间	14	14	1388	466	宣威市向阳街东段750号	0874－7201888	
			单间	21	21	388	138			
			标准间	81	81	388	138			
凯程大酒店	宣威市凯程大酒店		套间	20	20	280	238	宣威市建设东街280号	0874－7165888	
			单间	30	30	138	118			
			标准间	129	129	138	118			
武星大酒店	宣威市武星大酒店		套间	5	5	288	188	宣威市建设东街358号	0874－7162888	
			单间	9	9	158	138			
			标准间	56	56	128	108			
星海大酒店	宣威市星海皇楼大酒店		套间	10	10	368	198	宣威市振兴街北段118号	0874－7206888	
			单间	14	14	138	90			
			标准间	186	186	138	90			

饭店名称	发票开具单位名称	星级	客房（数量：间；价格：元/天）					地　址	前台订房电话	备　注
			房型	总间数	协议间数	门市价	协议价			
市委招待室	中国共产党宣威市委员会招待室		套间	2	2	288	200	宣威市建设东街213号	0874－7162154	
			单间	2	2	108	80			
			标准间	14	14	108	80			
政府招待所	宣威市人民政府招待所		套间	5	5	98	60	宣威市建设街68－70号	0874－7165032	
			单间	1	1	88	40			
			标准间	14	14	68	40			
振华大酒店	云南振华大酒店有限公司		套间	5	5	480	200	陆良县同乐大道南段	0874－6338885	
			单间	7	7	180	80			
			标准间	21	21	280	100			
圣邦大酒店	陆良县圣邦大酒店有限公司		套间	4	4	600	360	陆良县西华公园旁	0874－6266888	
			单间	32	32	300	150			
			标准间	97	97	258	150			
同乐大酒店	曲靖云岭四季酒店管理有限公司		套间	2	2	516	360	陆良县同乐大道270号	0874－6328888	
			单间	23	23	266	150			
			标准间	31	31	226	150			
聚宝大酒店	聚宝大酒店	3	套间	6	6	640	200	会泽县通宝路619号	0874－5628888	
			单间	16	16	480	150			
			标准间	50	50	280	120			
会泽县招待所	会泽县招待所	2	套间	9	9	488	200	会泽县钟屏东路214号	0874－5129888	
			单间	37	37	280	150			
			标准间	14	14	220	120			
齐航大酒店	齐航大酒店		套间	3	3	388	338	会泽县通宝路以西	0874－5684088	
			单间	18	18	268	140			
			标准间	60	60	188	110			
美景大酒店	会泽美景大酒店		套间	6	6	368	170	会泽县通宝路363号	0874－5686346	
			单间	8	8	218	100			
			标准间	40	40	218	100			
鑫和大酒店	会泽鑫和大酒店		套间	12	12	286	170	会泽县通宝路458号	0874－5688000	
			单间	6	6	148	100			
			标准间	55	55	168	100			
富源县人民政府招待所	富源县人民政府招待所	2	套间	6	6	860	360	富源县中安镇中安街254号	0874－4618888	
			单间	40	40	280	100			
			标准间	36	36	360	120			
宏业酒店	宏业酒店		套间	6	6	460	360	富源县中安镇金城路74号	0874－4610899	
			单间	13	13	180	160			
			标准间	48	48	180	120			

饭店名称	发票开具单位名称	星级	客房（数量：间；价格：元/天）					地　址	前台订房电话	备　注
			房型	总间数	协议间数	门市价	协议价			
党校培训中心	党校培训中心		单间	3	3	100	80	富源县中安镇胜境大道100号	0874－4621606	
			标准间	31	31	70	50			
富源县中安镇新恒邦酒店	富源县中安镇新恒邦酒店		套间	6	6	888	360	富源县中安镇文化路69号	0874－4046666	
			单间	34	34	468	160			
			标准间	62	62	328	120			
富源县福鑫酒店	富源县福鑫酒店		套间	7	7	480	280	富源县中安镇河东路317号	0874－6101666	
			单间	3	3	198	130			
			标准间	40	40	148	100			
金利商务酒店	富源县金利商务酒店		套间	6	6	428	208	富源县中安镇胜境街260号	0874－4040888	
			单间	10	10	168	80			
			标准间	40	40	168	80			
富煤大厦	富源县富煤大厦		套间	3	3	280	180	富源县金城路165号	0874－4619999	
			单间	8	8	120	80			
			标准间	66	66	146	75			
东盛宾馆	富源县中安镇东盛宾馆		单间	10	10	180	100	富源县中安镇文化路	0874－4610123	
			标准间	42	42	120	80			
玉溪市										
玉溪市汇聚工贸有限公司红荷酒店	玉溪市汇聚工贸有限公司红荷酒店		套间	4	4	480	200	玉溪市红塔区龙马路13号	0877－2616066	
			单间	32	32	298	90			
			标准间	64	64	298	90			
玉溪汇龙商贸有限公司汇龙生态园	玉溪汇龙商贸有限公司汇龙生态园	3	套间	17	17	500	425	玉溪市红塔区大营街镇玉泉路1号	0877－2773666	
			单间	87	87	220	187			
			标准间	85	85	140	119			
玉溪市宏盛建筑有限公司宏盛酒店	玉溪市宏盛建筑有限公司宏盛酒店	2	套间	38	38	298	188	玉溪市红塔区凤凰路77号	0877－2016666	
			单间	38	38	208	108			
			标准间	155	155	208	98			
云南玉溪三乡酒店有限公司	云南玉溪三乡酒店有限公司		套间	5	5	238	168	玉溪市红塔区东风北路9号	0877－2037999	
			单间	2	2	198	138			
			标准间	55	55	128	78			
玉溪云溪宾馆	玉溪云溪宾馆	2	套间	5	5	150	120	玉溪市红塔区凤凰路8号	0877－2026178	
			单间	8	8	120	90			
			标准间	80	80	90	70			
云南玉溪映月潭温泉娱乐有限公司	云南玉溪映月潭温泉客栈		套间	4	4	260	180	玉溪市红塔区大营街镇公园路99号	0877－2771828	
			单间	4	4	180	120			
			标准间	72	72	180	120			

饭店名称	发票开具单位名称	星级	客房（数量：间；价格：元/天）					地址	前台订房电话	备注
			房型	总间数	协议间数	门市价	协议价			
维和公寓	玉溪市维和维生堂保健食品有限公司维和公寓		套间	3	3	280	180	玉溪市创新路5号	0877－2073737－3101	
			单间	13	13	110	80			
			标准间	34	34	110	80			
玉溪龙马大酒店有限公司	玉溪龙马大酒店有限公司	3	套间	20	20	328	210	玉溪市红塔大道48号	0877－2067102	
			单间	28	28	258	170			
			标准间	180	180	258	170			
江川瑞文酒店	江川瑞文酒店	3	套间	21	21	1200	580	江川县孤山风景区	0877－8551667	
			单间	2	2	366	180			
			标准间	75	75	366	180			
熙苑宾馆	熙苑宾馆	3	套间	4	4	408	200	通海县秀山沟接缘小坝	0877－3021123	
			单间	13	13	198	120			
			标准间	46	46	168	120			
云南通海通印大酒店有限责任公司	云南通海通印大酒店有限责任公司	3	套间	11	11	380	190	通海县礼乐东路2号	0877－3021777	
			单间	14	14	300	150			
			标准间	101	101	288	144			
通海昊万酒店	通海昊万酒店		单间	7	7	248	120	通海县挹秀路21号	0877－3010098	
			标准间	54	54	248	120			
易门大酒店	易门大酒店	3	套间	8	8	680	420	易门县履和路268号	0877－4864666	
			单间	16	16	280	200			
			标准间	100	100	200	180			
云南峨山高香万亩生态茶业有限责任公司茶文化旅游区	云南峨山高香万亩生态茶业有限责任公司茶文化旅游区	2	套间	3	3	480	270	峨山县高香万亩生态茶业茶文化旅游区	0877－4075048	
			单间	3	3	120	70			
			标准间	25	25	120	70			
玉溪天运温泉度假村	玉溪天运温泉度假村	2	套间	2	2	660	450	峨山县小街镇年景村	0877－4061099	
			商务间	3	3	200	120			
			单间	1	1	160	90			
			标准间	38	38	160	90			
新平宾馆	新平县招待所	2	套间	4	4	360	300	新平县桂山镇桂山路101号	0877－7016118	
			单间	5	5	220	120			
			标准间	61	61	220	120			
新平金茂房地产开发有限公司金茂大酒店	新平金茂房地产开发有限公司金茂大酒店		套间	4	4	1200	600	新平县新平大道4号	0877－7771888	
			单间	6	6	380	150			
			标准间	50	50	360	126			
			商务标准间	15	15	380	150			

云南

饭店名称	发票开具单位名称	星级	客房（数量：间；价格：元/天）房型	总间数	协议间数	门市价	协议价	地址	前台订房电话	备注
元江大酒店	元江大酒店有限公司		套间	16	16	280	220	元江县澧江镇红旗路2号	0877－6012888	
			单间	24	24	238	110			
			标准间	164	164	238	110			
元江凯迪宾馆	元江县联有建安有限公司凯迪宾馆	3	套间	16	16	300	150	元江县文化路口	0877－6018999	
			单间	11	11	250	120			
			标准间	53	53	200	100			
华宁县象鼻温泉度假村	华宁县象鼻温泉度假村	2	套间	15	15	650	195	华宁县宁州镇象鼻山	0877－5611088/5611028	
			单间	9	9	250	106			
			标准间	38	38	200	96			
云南省抚仙湖交通培训中心	云南省抚仙湖交通培训中心	2	套间	12	12	480	380	澄江县右所镇新河口抚仙湖畔	0877－6769441	
			单间	40	40	220	100			
			标准间	60	60	180	90			
昆明铁路国际旅行社（集团）象山宾馆	昆明铁路国际旅行社（集团）象山宾馆	3	套间	9	9	800	580	澄江县右所镇矣旧象鼻子抚仙湖畔	0877－6715202	
			单间	2	2	280	196			
			标准间	91	91	240	168			
澄江县华业笔架山庄	澄江县华业笔架山庄	2	套间	13	13	1600	480	澄江县禄充风景区	0877－6610001	
			单间	9	9	388	150			
			标准间	72	72	398	150			
保山市										
保山明和大酒店	保山明和大酒店	3	套间	12	12	660	320	保山市人民路东段	0875－2218888	
			单间	14	14	460	190			
			标准间	83	83	420	170			
保山市隆阳大酒店	保山市隆阳大酒店	2	套间	1	1	688	200	保山市九龙路39号	0875－2148888	
			单间	25	25	366	120			
			标准间	43	43	360	120			
保山市交通安全技术服务公司嘉顺大酒店	保山市交通安全技术服务公司嘉顺大酒店		套间	3	3	500	380	保山市永昌路237号	0875－2218777	
			单间	6	6	300	220			
			标准间	34	34	200	170			
保山金马中运大酒店	保山金马中运大酒店		单间	4	4	308	168	保山市永昌路240号	0875－2235888	
			标准间	37	37	298	148			
隆阳区八一花园酒店	隆阳区八一花园酒店		套间	2	2	680	408	保山市八一路	0875－2208555	
			单间	5	5	360	218			
			标准间	38	38	300	180			
锦程大酒店	保山锦程工贸有限公司锦程大酒店	4	豪华单间	21	21	988	300	腾冲县华严路与保腾路交叉口	0875－5161888	

饭店名称	发票开具单位名称	星级	客房（数量：间；价格：元/天）					地　址	前台订房电话	备　注
			房型	总间数	协议间数	门市价	协议价			
雷华酒店	腾冲县雷华酒店	3	商务套间	2	2	1188	580	腾冲县腾越镇秀峰社区泰安小区217号	0875－5151518	
			家庭套间	6	6	700	400			
			单人间	4	4	688	260			
昭通市										
昭通市昭阳区恒宇大酒店	昭通市昭阳区恒宇大酒店		套间	5	5	598	480	昭通市海楼路291号	0870－2888899	
			单间	28	28	298	240			
			标准间	55	55	268	198			
昭通宾馆	昭通宾馆	3	套间	18	18	568	288	昭通市崇义街24号	0870－2856888	
			单间	33	33	388	158			
			标准间	148	148	288	148			
云南省烟草公司昭通市公司画苑宾馆	云南省烟草公司昭通市公司画苑宾馆	3	套间	12	12	958	420	昭通市凤霞路50号	0870－2238888	
			单间	20	20	698	280			
			标准间	112	112	488	198			
昭通市昭阳区龙都酒店	昭通市昭阳区龙都酒店	2	套间	5	5	610	366	昭通市龙泉路66号	0870－2123333	
			单间	20	20	350	198			
			标准间	55	55	300	168			
云南昊龙大酒店	云南昊龙大酒店		套间	10	10	776	388	鲁甸县新区世纪大道	0870－8128166	
			单间	9	9	336	168			
			标准间	55	55	256	128			
长城商务宾馆	长城商务宾馆		套间	6	6	208	128	鲁甸县环城北路老医药公司	0870－8128899	
			单间	15	15	128	98			
			标准间	12	12	128	98			
欧亚酒店	盐津县欧亚酒店	2	套间	5	5	388	232	盐津县盐井镇坪街烟草公司对门	0870－6622868	
			单间	6	6	128	100			
			标准间	25	25	148	118			
永兴宾馆	盐津县永兴集贸有限责任公司		套间	4	4	360	290	盐津县盐井镇大街303号	0870－6622510	
			单间	25	25	120	100			
			标准间	3	3	160	130			
华曜宾馆	盐津县华曜宾馆		套间	4	4	168	168	盐津县盐井镇坪街沙坪桥头	0870－6628456	
			单间	8	8	90	90			
			标准间	4	4	90	90			
财政宾馆	盐津县财政培训中心		套间	1	1	208	128	盐津县黄葛槽新区友谊路	0870－6631876	
			单间	7	7	60	60			
			标准间	18	18	80	70			

饭店名称	发票开具单位名称	星级	客房（数量：间；价格：元/天）					地　址	前台订房电话	备　注
			房型	总间数	协议间数	门市价	协议价			
福鑫宾馆	福鑫宾馆		套间	2	2	268	210	大关县大关翠华镇辕门街	0870－5623288	
			单间	4	4	80	60			
			标准间	13	13	98	80			
大关大酒店	大关县翠华镇大关大酒店		套间	1	1	150	110	大关县大关龙洞路	0870－5626666	
			单间	16	16	100	90			
			标准间	8	8	100	90			
云水轩驿站	云水轩驿站		套间	7	7	358	258	大关县黄连河风景区	0870－5940999	
			单间	9	9	138	128			
			标准间	14	14	138	128			
黄连河大酒店	黄连河大酒店		套间	2	2	378	328	大关县大关顺城南路7号	0870－5939999	
			单间	4	4	158	138			
			标准间	34	34	158	138			
靖江大酒店	靖江大酒店		套间	6	6	288	238	绥江县凤池新区	0870－7627666	
			单间	16	16	138	120			
			标准间	20	20	118	96			
湖滨商务大酒店	湖滨商务大酒店		套间	6	6	288	248	绥江县凤池新区	0870－7628899	
			单间	9	9	168	120			
			标准间	11	11	138	100			
睿逸宾馆	睿逸宾馆		套间	4	4	160	128	绥江县凤池新区	0870－7624088	
			单间	4	4	120	80			
			标准间	14	14	120	80			
绥江宾馆	绥江宾馆		套间	6	6	180	160	绥江县凤池新区	0870－7627999	
			单间	7	7	120	120			
			标准间	41	41	100	100			
天河星座宾馆	云南水富天河星座宾馆	3	套间	3	3	888	268	水富县人民东路金沙明珠五楼	0870－8633766	
			单间	13	13	276	128			
			标准间	44	44	276	128			
云天宾馆	云天化集团有限责任公司云天宾馆	2	套间	8	8	680	300	水富县云天化生活区	0870－8663701	
			单间	18	18	360	160			
			标准间	65	65	330	148			
白云酒店	云南水富成中白云酒店有限公司	3	套间	5	5	1280	528	水富县城明月路78号	0870－8632866/8632966	
			单间	17	17	380	180			
			标准间	97	97	368	180			
港务大酒店	水富威鑫港务大酒店有限公司	待评三星	套间	6	6	1080	538	水富县城十字街1号	0870－8633988/8633966	
			单间	41	41	308	158			
			标准间	48	48	328	158			

饭店名称	发票开具单位名称	星级	客房（数量：间；价格：元/天）					地址	前台订房电话	备注
			房型	总间数	协议间数	门市价	协议价			
丽江市										
云南丽江民族贸易有限公司金穗宾馆	云南丽江民族贸易有限公司金穗宾馆	3	套间	1	1	1280	500	丽江市古城区福慧路648号	0888－5188995	
			单间	1	1	480	200			
			标准间	85	85	480	180			
丽江市丽江宾馆	丽江市丽江宾馆	3	套间	6	6	880	450	丽江市古城区福慧路521号	0888－5175008	
			单间	3	3	480	200			
			标准间	97	97	480	200			
云南航空丽江市观光酒店	云南航空丽江市观光酒店	4	套间	5	5	1380	600	丽江市香格里大道910号	0888－5160007	
			单间	16	16	980	260			
			标准间	188	188	880	260			
丽江阿丹阁大酒店有限责任公司	丽江阿丹阁大酒店有限责任公司	4	套间	13	13	1280	600	丽江市香格里大道	0888－5305668	
			单间	27	27	688	220			
			标准间	241	241	688	220			
丽江金泉大酒店有限公司	丽江金泉大酒店有限公司	4	套间	3	3	1580	600	丽江市香格里大道中段	0888－5152888	
			单间	8	8	680	260			
			标准间	128	128	680	260			
丽江凯天大酒店有限公司	丽江凯天大酒店有限公司	3	套间	10	10	1298	580	丽江市香格里大道中段	0888－5165704	
			单间	4	4	580	200			
			标准间	160	160	580	200			
华坪大华煤炭有限责任公司华玺宾馆	华坪大华煤炭有限责任公司华玺宾馆		豪华套间	2	2	680	480	华坪县中心镇	0888－6126016	
			标准套间	2	2	580	380			
			商务标准间	18	18	400	140			
			豪华标准间	53	53	368	130			
华坪县容大商务酒店有限责任公司	华坪县容大商务酒店有限责任公司		商务套间	4	4	888	500	华坪县中心镇	0888－6126222	
			单间	22	22	428	200			
			标准间	83	83	398	180			
华坪县宏宇影视有限公司	华坪县宏宇影视有限公司		套间	4	4	658	368	华坪县中心镇	0888－6128000	
			单间	25	25	388	188			
			标准间	30	30	338	158			
永胜县锦天大酒店	永胜县锦天大酒店		标准套间	1	1	866	480	永胜县城风鸣南路	0888－6529999	
			普通套间	2	2	688	380			
			单间	21	21	288	130			
			标准间	89	89	288	130			

饭店名称	发票开具单位名称	星级	客房（数量：间；价格：元/天）					地址	前台订房电话	备注
			房型	总间数	协议间数	门市价	协议价			
永胜雷特大酒店有限责任公司	永胜雷特大酒店有限责任公司		豪华套间	1	1	888	588	永胜县永北镇灵源路南路北排26号	0888－6527777/6528888	
			标准套间	2	2	548	488			
			普通套间	2	2	528	438			
			单间	6	6	365	288			
			标准间	66	66	268	168			
泸沽湖大酒店	泸沽湖大酒店	2	套间	2	2	600	300	宁蒗县大兴镇万格路858号	0888－5522862	
			单间	5	5	280	140			
			标准间	45	45	260	120			
云南省宁蒗林业局森工天保大酒店	云南省宁蒗林业局森工天保大酒店	3	套间	2	2	660	600	宁蒗县大兴镇北街	0888－5528892	
			单间	3	3	200	160			
			标准间	52	52	160	120			
小凉山大酒店有限责任公司	小凉山大酒店有限责任公司	2	套间	3	3	928	400	宁蒗县大兴镇赤格阿龙路110号	0888－5520555/5525555	
			单间	3	3	596	268			
			标准间	37	37	418	160			
普洱市										
云南锦伦酒店投资管理有限公司普洱分公司（圣安迪大酒店）	云南锦伦酒店投资管理有限公司普洱分公司	4	贵宾套间	12	12	2500	568	普洱市茶苑路	0879－2309666	
			家庭套间	9	9	2100	458			
			温馨套间	12	12	1160	288			
			行政套间	5	5	1160	288			
			行政单间	20	20	1066	240			
			行政标准间	100	100	1066	200			
			茶苑标准间	87	87	606	100			
普洱金凤旅游服务有限公司（金凤大酒店）	普洱金凤旅游服务有限公司	3	套间	15	15	888	580	普洱市人民东路8号	0879－2138868	
			单间	30	30	788	300			
			标准间	92	92	688	180			
云南省普洱市滇西南财政干部培训中心	云南省普洱市滇西南财政干部培训中心	2	套间	4	4	588	350	普洱市鱼水路18号	0879－2305858	
			标准间	68	68	168	100			
普洱看今朝民族茶文化饭店有限公司	普洱看今朝民族茶文化饭店有限公司		套间	4	4	380	380	普洱市茶苑路	0879－2319777	
			单间	15	15	380	180			
			标准间	130	130	380	180			
普洱永信酒店有限公司	普洱永信酒店有限公司		套间	4	4	880	480	普洱市茶城大道	0879－2208888	
			单间	9	9	380	220			
			标准间	60	60	360	150			

云南

饭店名称	发票开具单位名称	星级	客房（数量：间；价格：元/天）					地址	前台订房电话	备注
			房型	总间数	协议间数	门市价	协议价			
思茅建华工程有限公司建华酒店	思茅建华工程有限公司建华酒店		套间	2	2	360	280	普洱市人民东路11号	0879－2146588	
			单间	5	5	280	180			
			标准间	24	24	220	180			
普洱市思茅区豪城大酒店	普洱市思茅区豪城大酒店	3	套间	7	7	680	408	普洱市人民西路68号	0879－2129888	
			单间	5	5	280	200			
			标准间	55	55	280	130			
普洱市思茅区龙生茶叶大酒店	普洱市思茅区龙生茶叶大酒店		套间	6	6	988	350	普洱市环城南路38号	0879－2889998	
			豪华单间	6	6		250			
			单间	20	20	488	160			
			标准间	24	24	588	160			
普洱市思茅区金禾酒店	普洱市思茅区金禾酒店		套间	5	5	400	228	普洱市思茅区人民西路6号	0879－2148999	
			单间	21	21	180	110			
			标准间	27	27	168	120			
普洱洲祥酒店	普洱洲祥酒店		套间	2	2	1188	410	普洱市园丁路9号	0879－2887888	
			单间	9	9	396	138			
			标准间	48	48	396	138			
			标准间	50	50	316	120			
普洱市法官培训中心	普洱市法官培训中心		套间	2	2	150	100	普洱市茶苑路6号	0879－8883777	
			单间	4	4	100	80			
			标准间	18	18	80	80			
普洱金盾培训中心	普洱金盾培训中心		套间	1	1	185	185	普洱市长青巷（倒生根旁）	0879－2159737	
			单间	2	2	125	125			
			标准间	52	52	85	85			
			标准间	18	18	80	80			
普洱市恒邦酒店	普洱市恒邦酒店		套间	2	2	260	260	普洱市茶城大道64号	0879－2130128	
			套间	5	5	140	140			
			单间	6	6	90	90			
			标准间	37	37	90	90			
普洱牧培宾馆	普洱牧培宾馆	2	单间	2	2	90	90	普洱市思茅区民航路24号	0879－8889918	
			标准间	48	48	90	90			
天溪宾馆	墨江县天溪有限公司	2	套间	4	4	788	400	墨江县新建路76号	0879－4236818	
			单间	2	2	200	120			
			单间	6	6	238	140			
			标准间	26	26	268	160			
			标准间	31	31	238	140			

饭店名称	发票开具单位名称	星级	客房（数量：间；价格：元/天）					地　址	前台订房电话	备　注
			房型	总间数	协议间数	门市价	协议价			
紫金宾馆	紫金宾馆	2	套间	2	2	388	300	墨江县新建路76号	0879－4232940	
			单间	4	4	280	200			
			标准间	37	37	180	120			
			标准间	17	17	100	80			
雁林酒店	雁林酒店		套间	3	3	888	320	景谷县永安路1号	0879－5225668	
			单间	3	3	488	170			
			标准间	72	72	366	120			
威江园酒店	威江园酒店		套间	3	3	600	360	景谷县芒乡路	0879－5111757	
			单间	10	10	200	120			
			标准间	29	29	200	120			
海天酒店	海天酒店	2	套间	6	6	300	150	景谷县文明路23号	0879－5111666	
			单间	14	14	200	100			
			标准间	20	20	160	80			
景谷心之心酒店	景谷心之心酒店		套间	2	2	588	280	景谷县大营路18号	0879－5226886	
			单间	4	4	299	120			
			标准间	18	18	250	90			
景东县金丰大酒店	景东县金丰大酒店		套间	2	2	400	210	景东县凌云路74号	0879－6222266	
			单间	30	30	140	75			
			标准间	90	90	140	80			
景东银生大酒店	景东银生大酒店		套间	3	3	400	200	景东县凌云路83号	0879 6226877	
			单间	16	16	200	100			
			标准间	62	62	200	100			
景东县南羊河酒店	景东县南羊河酒店	2	套间	2	2	580	160	景东县凌云路138号	0879－6220933	
			单间	6	6	298	80			
			标准间	40	40	268	70			
镇沅大酒店	镇沅大酒店	2	豪华套间	3	3	498	298	镇沅县迎宾路	0879－5815555	
			套间	3	3	498	230			
			豪华单间	4	4	200	150			
			单间	5	5	198	80			
			标准间	126	126	148	80			
凤凰大酒店	凤凰大酒店		套间	3	3	588	280	镇沅县人民路5号	0879－8248678	
			单间	10	10	288	110			
			标准间	39	39	288	110			
新茂酒店	新茂酒店	2	套间	3	3	480	240	镇沅县绿海路	0879－5816646	
			单间	7	7	170	85			
			标准间	51	51	180	90			

云南

饭店名称	发票开具单位名称	星级	客房（数量：间；价格：元/天）					地址	前台订房电话	备注
			房型	总间数	协议间数	门市价	协议价			
茶源酒店	茶源酒店		套间	6	6	450	280	镇沅县绿海路	0879－5817988	
			单间	18	18	180	110			
			标准间	18	18	180	110			
普洱茶乡大酒店	普洱茶乡大酒店	2	套间	8	8	358	180	宁洱县东山路76号	0879－8895090	
			单间	16	16	158	120			
			标准间	49	49	158	120			
澜沧扎娜惬阁	澜沧扎娜惬阁	2	豪华套间	1	1	480	480	澜沧县建设路362号	0879－7234697	
			套间	4	4	330	260			
			单间	20	20	200	160			
			豪华标准间	15	15	150	120			
			标准间	24	24	150	60			
澜沧华隆大酒店	澜沧华隆大酒店	3	套间	3	3	468	200	澜沧县勐朗镇民族街	0879－7234999	
			单间	2	2	160	80			
			标准间	52	52	200	100			
澜沧富华大酒店	澜沧富华大酒店		套间	3	3	498	280	澜沧县环城东路	0879－7234998	
			单间	20	20	180	160			
			标准间	33	33	160	90			
澜沧金富酒店	澜沧金富酒店		套间	2	2	120	120	澜沧县环城东路	0879－7231998	
			单间	10	10	100	100			
			标准间	40	40	80	80			
小康温泉宾馆	澜沧县小康温泉宾馆	2	套间	2	2	360	280	澜沧县勐朗镇	0879－7227008	
			单间	4	4	120	90			
			标准间	49	49	120	90			
德宝宾馆	孟连县德宝宾馆		套间	4	4	250	240	孟连县边城东路	0879－8728888/8720788	
			单间	12	12	130	120			
			标准间	31	31	100	120			
检验检疫招待所	孟连县检验检疫招待所		套间	2	2	160	160	孟连县莲花路	0879－8720566	
			标准间	8	8	70	70			
鑫海宾馆	孟连县鑫海宾馆	2	套间	2	2	380	280	孟连县海关路1号	0879－8725888/8726888	
			单间	3	3	120	120			
			标准间	19	19	80	70			
金一水酒店	金一水酒店	3	套间	8	8	420	210	江城县绿茵路	0879－3728888	
			单间	5	5	180	80			
			标准间	38	38	190	90			

饭店名称	发票开具单位名称	星级	客房（数量：间；价格：元/天）					地　址	前台订房电话	备　注
			房型	总间数	协议间数	门市价	协议价			
华泰酒店	华泰酒店	2	套间	4	4	400	180	江城县绿茵路	0879－3727777	
			标准间	20	20	170	80			
金马假日酒店	江城县金马假日酒店		套间	9	9	190	148	江城县三江大道	0879－3729999	
			单间	5	5	140	90			
			标准间	38	38	140	90			
司岗里大酒店	西盟司岗里大酒店	3	套间	3	3	1180	588	西盟县龙潭路388号	0879－8345888	
			单间	12	12	380	158			
			标准间	36	36	280	138			
龙潭大酒店	龙潭大酒店		套间	7	7	1298	480	西盟县勐卡路	0879－8346666	
			单间	37	37	298	120			
			标准间	31	31	298	120			
云胶大酒店	云胶大酒店		套间	1	1	280	200	西盟县勐卡路	0879－8343888	
			单间	6	6	120	95			
			标准间	29	29	120	95			
临沧市										
临通大酒店	临沧临通有限责任公司	4	套间	8	8	688	600	临沧市凤翔路206号	0883－2156888	
			单间	16	16	468	300			
			标准间	133	133	418	200			
临沧市宾馆	临沧市宾馆	3	套间	2	2	268	200	临沧市南屏南路8号	0883－2144088	
			单间	6	6	168	120			
			标准间	56	56	128	100			
临沧佤赛酒店有限责任公司	临沧佤赛酒店有限责任公司		套间	2	2	688	400	临沧市世纪路394号	0883－2141888	
			单间	11	11	388	208			
			标准间	71	71	308	178			
临沧温泉花园大酒店有限公司	临沧温泉花园大酒店有限公司		套间	5	5	478	398	临沧市晚翠路290号	0883－2143069	
			单间	8	8	228	180			
			标准间	102	102	258	198			
临沧市临翔区绿水大酒店	临沧市临翔区绿水大酒店		套间	2	2	300	150	临沧市旗山路516号	0883－2153366	
			单间	8	8	180	90			
			标准间	31	31	160	80			
临翔区云宝酒店	临翔区云宝酒店		套间	2	2	300	160	临沧市南天路222号	0883－2150499	
			单间	8	8	180	100			
			标准间	37	37	180	120			
临翔区东阁公寓	临翔区东阁公寓		单间	8	8	120	100	临沧市东阁公寓（市三中旁）	0883－2153488	
			标准间	50	50	120	100			

饭店名称	发票开具单位名称	星级	客房（数量：间；价格：元/天）					地　址	前台订房电话	备　注
			房型	总间数	协议间数	门市价	协议价			
临沧强力酒店	临沧强力酒店		单间	3	3	120	70	临沧市南塘街119号	0883－2124800	
			标准间	6	6	120	70			
佤山王朝酒店	佤山王朝酒店	3	套间	4	4	500	290	沧源县广场路	0883－7124888	
			单间	4	4	360	180			
			标准间	10	10	320	160			
阿佤山大酒店	阿佤山大酒店		套间	3	3	268	190	沧源县广场路	0883－7122888	
			单间	10	10	168	90			
			标准间	26	26	168	80			
康乐酒楼有限公司	康乐酒楼有限公司	2	套间	5	5	268	180	沧源县勐懂镇广允路	0883－7124488	
			单间	24	24	188	120			
			标准间	13	13	168	100			
德宏傣族景颇族自治州										
君悦酒店	君悦酒店	3	套间	4	4	1200	580	潞西市勐焕路69号	0692－2286688	
			单间	16	16	260	120			
			标准间	33	33	260	120			
腾隆大酒店	瑞丽市腾隆房地产开发经营有限公司腾隆大酒店	3	行政套房	3	3	338	280	云南省瑞丽市卯喊路中段	0692－4108969	
			普通套间	16	16	258	210			
			行政单间	4	4	238	180			
			普通单间	13	13	178	138			
			行政标间	8	8	238	180			
			普通标间	70	70	168	130			
			行政豪标	2	2	258	198			
			普通豪标	13	13	200	150			
新凯通酒店有限责任公司	新凯通酒店有限责任公司	3	套间	11	11	660	330	云南省瑞丽市边城街150号	0692－4157777	
			单间	6	6	380	140			
			标准间	124	124	360	140			
边桥花园酒店	盈江边桥花园酒店	3	套间	4	4	728	558	盈江县勐腊路58号	0692－8120999	
			单间	35	35	198	148			
			标准间	58	58	188	138			
德安酒店	德宏州德安酒店有限责任公司		套间	4	4	488	220	潞西市阔时路62号	0692－2211288	
			单间	12	12	250	120			
			标准间	81	81	250	120			
景成大酒店	瑞丽市景成集团有限公司景成大酒店	4	套间	14	14	968	580	瑞丽市卯喊路95号	0692－4159577	
			单间	144	144	600	280			
			标准间	193	193	588	200			

饭店名称	发票开具单位名称	星级	客房（数量：间；价格：元/天）					地　址	前台订房电话	备　注
			房型	总间数	协议间数	门市价	协议价			
怒江傈僳族自治州										
盛宝路大酒店	盛宝路大酒店	3	套间	3	3	680	250	怒江州六库镇向阳东路46号	0886－3637888	
			单间	3	3	380	150			
			标准间	49	49	280	120			
			行政标准间	10	10	380	150			
香格拉大酒店	香格拉大酒店	3	套间	2	2	588	388	怒江州六库镇江西向阳南路8号	0886－3629188	
			单间	4	4	268	130			
			标准间	61	61	268	130			
怒江宾馆	怒江宾馆	3	套间	4	4	966	480	怒江州六库镇穿城路331号	0886－3626888	
			单间	8	8	558	220			
			标准间	52	52	286	150			
明美酒店	怒江州六库明美酒店	2	套间	4	4	388	210	怒江州六库镇穿城路47号	0886－3629888	
			单间	4	4	120	90			
			标准间	20	20	180	110			
永乐大酒店	永乐大酒店	2	套间	2	2	680	480	怒江州六库镇江西向阳南路103号	0886－3628241	
			单间	17	17	390	160			
			标准间	57	57	186	120			
			行政标准间	6	6	380	160			
国美酒店	国美酒店	3	豪华套间	3	3	980	600	怒江州六库镇新闻路1号	0886－3630071	
			普通套间	6	6	460	320			
			豪华标准间	6	6	300	200			
			标准间	45	45	190	130			
迪庆藏族自治州										
亚太世纪酒店	亚太世纪酒店（维西）酒店有限公司		套间	6	6	688	388	维西县保和镇南箭道1号	0887－8627777	
			商务标间	24	24	388	198			
			标准间	30	30	288	168			
观光大酒店	云南航空迪庆观光大酒店有限公司	4	单间	10	10	792	300	香格里拉县池慈卡街60号	0887－8229847	
			标准间	114	114	768	280			
实力大酒店	香格里拉实力大酒店有限公司	4	单间	3	3	568	300	香格里拉县长征大道	0887－8224514	
			标准间	101	101	518	280			
八方缘商务酒店	八方缘商务酒店		套间	1	1	1380	600	香格里拉县长征大道坛城广场	0887－8228000	
			单间	3	3	520	200			
			标准间	101	101	480	180			

云南

饭店名称	发票开具单位名称	星级	客房（数量：间；价格：元/天）					地　　址	前台订房电话	备　注
			房型	总间数	协议间数	门市价	协议价			
顺源酒店	香格里拉县顺源酒店		套间	4	4	880	600	香格里拉县长征大道167号	0887－8230206	
			单间	3	3	380	240			
			标准间	101	101	260	180			
卡瓦格博宾馆	卡瓦格博宾馆	4	单间	4	4	880	300	德钦县升平镇取和社区61号	0887－8414168	
			标准间	80	80	780	250			
达圣酒店	德钦县供销联合社达圣酒店	2	标准间	34	34	368	300	德钦县升平镇取南坪街49号	0887－8413838	
彩虹酒店	彩虹大酒店	2	单间	2	2	568	300	德钦县升平镇取南坪街40号	0887－8414248	
			标准间	52	52	468	250			
大理白族自治州										
大理州苍山饭店	大理州苍山饭店	4	套间	16	16	980	480	大理市苍山路19号	0872－2125681	
			单间	24	24	560	220			
			标准间	114	114	480	200			
大理祥和大酒店	大理祥和大酒店	4	套间	7	7	880	400	大理市经济开发区云岭大道15号	0872－2322855	
			单间	16	16	680	200			
			标准间	67	67	680	180			
兰林阁	大理古城兰林阁酒店	4	套间	3	3	1280	600	大理市古城玉洱路96号	0872－2666188	
			单间	20	20	620	220			
			豪华标准间	40	40	580	200			
			普通标准间	150	150	620	220			
洱海宾馆	大理供电有限公司洱海宾馆	3	套间	6	6	1180	480	大理市人民北路212号	0872－2166777	
			单间	23	23	520	190			
			标准间	98	98	560	190			
大禹酒店	大理州水利水电勘测设计研究院大禹酒店	3	套间	3	3	980	380	大理市双鸳路20号	0872－3140588	
			单间	6	6	480	160			
			标准间	70	70	480	160			
金达酒店	大理金达酒店	3	套间	3	3	760	370	大理市苍浪北路	0872－2191888	
			单间	6	6	480	170			
			标准间	72	72	560	170			
大理山水大酒店	大理山水实业有限公司山水大酒店	3	套间	1	1	1980	460	大理市经济开发区宾川路73号	0872－2328388	
			单间	5	5	460	140			
			标准间	79	79	560	160			
天赐酒店	大理天赐酒店	3	套间	4	4	888	240	大理市经济开发区宾川路288号	0872－2318899	
			单间	2	2	488	120			
			标准间	51	51	488	120			

饭店名称	发票开具单位名称	星级	客房（数量：间；价格：元/天）					地　址	前台订房电话	备　注
			房型	总间数	协议间数	门市价	协议价			
逸龙滨海酒店	大理逸龙滨海酒店	3	套间	4	4	880	340	大理市经济开发区洱海公园内	0872－2429888	
			单间	25	25	480	150			
			标准间	40	40	580	160			
明珠宾馆	大理明珠宾馆	3	套间	4	4	860	380	大理市经济开发区云岭大道3号	0872－2323898	
			单间	5	5	660	160			
			标准间	84	84	460	140			
芝兰斋大酒店	芝兰斋大酒店		套间	8	8	168	158	漾濞县苍山西镇苍山西路21号	0872－7521288	
			单间	8	8	128	118			
			标准间	25	25	128	118			
政协宾馆	漾濞县政协宾馆		单间	2	2	70	60	漾濞县城苍山西镇苍山中路69号	0872－7525689	
			标准间	10	10	60	50			
瑞星酒店	漾濞瑞星酒店		单间	3	3	100	80	漾濞县城苍山西镇苍山中路	0872－7522379	
			标准间	12	12	100	80			
侨源饭店	侨源饭店		套间	2	2	150	120	漾濞县苍山西镇苍山东路41号	0872－7525258	
			标准间	22	22	100	80			
茂元大酒店	祥云县茂元大酒店	3	套间	2	2	880	400	祥云县祥城镇龙翔路9号	0872－3129299	
			单间	14	14	360	160			
			标准间	79	79	320	140			
锦兴酒店	祥云县锦兴酒店	2	套间	4	4	190	180	祥云县祥城镇八里路	0872－3128666	
			单间	4	4	160	80			
			标准间	16	16	120	60			
祥云宾馆	祥云宾馆有限责任公司	2	套间	2	2	300	180	祥云县祥城镇红星街16号	0872－3121161	
			单间	3	3	130	80			
			标准间	57	57	130	70			
宏强酒店	宾川县宏强旅游服务有限公司	3	套间	9	9	400	380	宾川县金牛镇佛都路198号	0872－7153088	
			单间	10	10	150	120			
			标准间	61	61	120	100			
鑫亚酒店	宾川县鑫亚酒店服务有限责任公司	3	套间	4	4	380	320	宾川县金牛镇金牛路146号	0872－7311676	
			标准间	49	49	120	100			
庆远楼	宾川县庆远古建园林工程有限责任公司庆远楼	3	套间	5	5	280	200	宾川县金牛镇金牛路238号	0872－7311886	
			单间	12	12	120	100			
			标准间	56	56	120	100			

饭店名称	发票开具单位名称	星级	客房（数量：间；价格：元/天）					地址	前台订房电话	备注
			房型	总间数	协议间数	门市价	协议价			
鸿林宾馆	弥渡县鸿林宾馆	2	单间	12	12	128	70	弥渡县弥城镇彩云路35号	0872－8169999	
			标准间	22	22	128	70			
弥渡宾馆	弥渡宾馆有限责任公司	2	套间	3	3	688	400	弥渡县弥城镇建设路50号	0872－8169352	
			单间	3	3	368	200			
			标准间	35	35	198	100			
南涧宾馆	南涧彝族自治县恒华商贸有限公司	2	套间	6	6	260	140	南涧县城振兴北路2号	0872－8521461	
			单间	15	15	200	120			
			标准间	54	54	160	100			
小湾宾馆	南涧县小湾经贸有限责任公司	2	套间	8	8	880	160	南涧县城安定街2号	0872－8790037	
			单间	10	10	120	60			
			标准间	60	60	120	60			
南涧县祥临酒店	南涧县祥临酒店		套间	4	4	150	100	南涧县城金龙路	0872－8790108	
			单间	10	10	100	70			
			标准间	33	33	100	70			
南涧小湾假日酒店	南涧小湾假日酒店		套间	2	2	350	160	南涧县城金龙路	0872－8526566	
			单间	3	3	180	80			
			标准间	38	38	150	70			
云馨兰大酒店	云馨兰大酒店	2	套间	3	3	120	100	巍山县南诏镇红河源北路	0872－6352888	
			单间	3	3	120	100			
			标准间	45	45	80	70			
龙溪酒店	龙溪酒店	2	套间	8	8	180	150	巍山县南诏镇环城东路菜阳河旁	0872－6123748	
			标准间	60	60	70	50			
巍宝山宾馆	巍山县旅游投资开发有限责任公司		标准间	16	16	180	80	巍山县巍宝山山门小区内	0872－6369016	
霁虹宾馆	永平县霁虹宾馆		套间	3	3	480	400	永平县博南镇博南东路	0872－6522223	
			单间	19	19	180	150			
			标准间	18	18	150	120			
永强宾馆	永平县永强宾馆		套间	2	2	220	160	永平县博南镇博南东路23号	0872－6520458	
			单间	13	13	170	110			
			三人间	16	16	180	120			
			标准间	20	20	150	90			
锦源大酒店	永平县锦源大酒店		贵宾套间	2	2	380	320	永平县博南镇新光东路32号	0872－6524169	
			豪华套间	2	2	350	280			
			单间	4	4	240	180			
			标准间	22	22	220	140			

饭店名称	发票开具单位名称	星级	客房（数量：间；价格：元/天）房型	总间数	协议间数	门市价	协议价	地址	前台订房电话	备注
云龙宾馆	云龙县云龙宾馆	3	豪华套间	2	2	488	380	云龙县诺邓镇虎山路198号	0872－5524928	
			普通套间	4	4	388	280			
			单间	4	4	180	100			
			豪华标准间	39	39	260	140			
			普通标准间	28	28	180	100			
教育宾馆	云龙县教育宾馆		单间	3	3	80	70	云龙县诺邓镇虎山路195号	0872－5522311	
			标准间	17	17	70	70			
虎山宾馆	云龙县虎山宾馆		套间	1	1	300	200	云龙县沿江路	0872－5524781	
			单间	2	2	200	100			
			标准间	14	14	200	100			
云光宾馆	云龙县云光宾馆		套间	1	1	280	120	云龙县诺邓镇沿江开发区	0872－5520967	
			标准间	25	25	80	70			
大栗树茶苑宾馆	云龙县大栗树茶苑宾馆		套间	10	10	180	160	云龙县诺邓镇虎山路10号	0872－5522019	
			标准间	36	36	140	100			
洱源县九气台温泉宾馆	洱源县九气台温泉宾馆	2	套间	4	4	360	260	洱源县城城腾飞路	0872－5125298	
			标准间	45	45	160	120			
洱海源温泉宾馆	洱海源温泉宾馆	2	套间	4	4	360	260	洱源县城九台村	0872－5121666	
			单间	5	5	180	120			
			标准间	36	36	180	120			
大理地热国	云南洱源九气台旅游开发有限责任公司		VIP普套	1	1	1088	518	洱源县茈碧湖镇滨河路	0872－5125888/5125988	
			VIP豪标	52	52	588	278			
			VIP豪单	15	15	588	278			
			白族民居空调房	37	37	518	248			
			白族民居标准间	252	252	488	228			
			白族民居单间	15	15	488	228			
剑川宾馆	大理茶马古道房地产开发有限公司剑川宾馆		主楼套间	3	3	688	220	剑川县金华镇景德路1号	0872－4523928	
			主楼标准间	42	42	388	120			
			贵宾楼豪华套间	12	12	788	220			
			贵宾楼商务套间	2	2	888	280			
			贵宾楼行政套间	1	1	1880	580			
			贵宾楼单间	5	5	588	160			
			贵宾楼高标	6	6	788	220			
			贵宾楼豪标	12	12	688	180			
剑川县佳利大酒店	剑川县佳利大酒店		豪华套间	1	1	580	560	剑川县金华镇文献街12号	0872－4777177	
			行政套间	2	2	280	260			
			单间	9	9	160	120			
			标准间	25	25	160	120			

饭店名称	发票开具单位名称	星级	客房（数量：间；价格：元/天）					地址	前台订房电话	备注
			房型	总间数	协议间数	门市价	协议价			
方园酒店	方园酒店	2	单间	4	4	130	120	剑川县金华镇城北新区	0872－4777388	
			标准间	15	15	130	120			
华艺酒店	华艺大酒店		套间	1	1	380	380	剑川县金华镇滇藏南路69号	0872－4777268	
			单间	2	2	120	120			
			标准间	23	23	120	120			
君山大酒店	君山大酒店	3	行政套间	2	2	250	250	剑川县老君山镇81号民营经济园区	0872－4735639	
			商务套间	2	2	180	180			
			豪标	30	30	120	120			
			标准间	27	27	80	80			
永昌宾馆	永昌宾馆	2	单间	4	4	120	90	剑川县金华镇东门外	0872－4777288	
			标准间	25	25	120	90			
四通宾馆	鹤庆县四通宾馆		套间	1	1	668	260	鹤庆县城东环路	0872－4124188	
			单间	2	2	556	120			
			标准间	25	25	398	100			
鹤庆大酒店	鹤庆大酒店	2	套间	4	4	180	120	鹤庆县城东环路	0872－4121838	
			单间	20	20	120	60			
			标准间	34	34	120	60			
人和宾馆	鹤庆县人和宾馆		标准间	18	18	120	60	鹤庆县鹤阳西路文华小区1号	0872－4133507	
楚雄彝族自治州										
云南省楚雄州宾馆	云南省楚雄州宾馆	3	套间	15	15	688	480	楚雄市龙泉路102号	0878－6129999/6129888	
			单间	14	14	298	208			
			标准间	121	121	268	188			
云南红塔集团有限公司楚雄雄宝酒店	云南红塔集团有限公司楚雄雄宝酒店	4	套间	27	27	637	368	楚雄市鹿城东路193号	0878－6161888	
			单间	54	54	390	238			
			标准间	211	211	358	180			
楚雄州锦星酒店有限公司	楚雄州锦星酒店有限公司	3	套间	3	3	888	438	楚雄市开发区丰胜路25号	0878－3392888	
			单间	8	8	328	238			
			标准间	78	78	288	178			
楚雄汇通房地产开发有限公司彝人古镇大酒店	楚雄汇通房地产开发有限公司彝人古镇大酒店	4	套间	4	4	988	400	楚雄市经济技术开发区彝人古镇内	0878－3379999	
			单间	16	16	458	180			
			标准间	136	136	458	180			
云南欧西尼亚商务酒店	云南欧西尼亚商务酒店		套间	9	9	988	598	楚雄市开发区紫溪大道	0878－3122222/3379388	
			单间	58	58	568	168			
			标准间	226	226	488	108			

饭店名称	发票开具单位名称	星级	客房（数量：间；价格：元/天）房型	总间数	协议间数	门市价	协议价	地址	前台订房电话	备注
楚雄永兴大酒店有限责任公司	楚雄永兴大酒店有限责任公司	3	套间	14	14	406	280	楚雄市经济技术开发区鹿城北路131号	0878－3396716	
			单间	40	40	260	120			
			标准间	137	137	260	120			
楚雄州木材林产品有限责任公司森宝酒店	楚雄州木材林产品有限责任公司森宝酒店	3	套间	11	11	135	108	楚雄市鹿城北路52号	0878－3130936/3113088	
			单间	14	14	100	80			
			标准间	51	51	110	88			
新泰酒店	双柏县新泰酒店	2	套间	3	3	368	270	双柏县妥甸镇东兴路19号	0878－7720888	
			单间	2	2	208	130			
			标准间	36	36	208	130			
金信酒店	金信酒店		套间	2	2	168	140	牟定县新南路	0878－5217800	
			单间	2	2	80	70			
			标准间	11	11	68	60			
福原宾馆	福原宾馆		单间	2	2	80	80	牟定县茅阳路	0878－5220888	
			标准间	12	12	60	60			
南华县华鑫购物中心有限责任公司华鑫酒店	南华县华鑫购物中心有限责任公司华鑫酒店		套间	4	4	598	300	南华县龙川镇龙泉东路30号	0878－7211888/7211599	
			单间	31	31	128	80			
			标准间	42	42	158	100			
华泰龙综合服务部	华泰龙综合服务部	2	套间	2	2	150	120	南华县龙川镇龙泉东路	0878－7211960	
			单间	4	4	100	80			
			标准间	44	44	80	70			
姚安宾馆	姚安宾馆	2	套间	7	7	680	600	姚安县栋川镇南正街20号	0878－5723232	
			单间	3	3	150	150			
			标准间	31	31	120	120			
大姚县蛉烟酒店	大姚县蛉烟酒店	2	套间	4	4	200	160	大姚县金碧路58号	0878－6226099	
			单间	3	3	200	160			
			标准间	26	26	150	120			
虎鹏酒店	虎鹏酒店	2	套间	3	3	288	200	大姚县金碧路79号	0878－6226888	
			标准间	60	60	168	100			
永仁宾馆	永仁宾馆	2	套间	2	2	388	300	永仁县环城南路13号	0878－6711681	
			单间	2	2	188	150			
			标准间	26	26	128	90			
永仁大酒店	永仁大酒店	待评四星	套间	8	8	780	350	永仁县城新大街	0878－6718888	
			单间	26	26	460	160			
			标准间	96	96	420	160			

饭店名称	发票开具单位名称	星级	客房（数量：间；价格：元/天）					地　址	前台订房电话	备　注
			房型	总间数	协议间数	门市价	协议价			
元谋宾馆	元谋宾馆有限公司	3	套间	7	7	880	368	元谋县元马镇胜利街1号	0878－8212929	
			单间	14	14	398	158			
			标准间	25	25	380	148			
元谋佳和大酒店	云南佳和经贸有限公司	3	套间	8	8	980	406	元谋县元马镇发祥南路	0878－8214476	
			单间	26	26	380	208			
			标准间	36	36	380	178			
狮子山牡丹饭店	武定县狮子山牡丹饭店	2	套间	1	1	468	400	武定县狮子山风景区	0878－8711222	
			单间	3	3	268	200			
			标准间	22	22	168	150			
鸿霈大酒店	武定县鸿霈大酒店		套间	9	9	630	260	武定县狮山路南段	0878－8997666	
			单间	30	30	450	160			
			标准间	85	85	450	160			
武定宾馆	武定宾馆	2	套间	4	4	288	200	武定县狮山镇中山路41号	0878－8711926	
			单间	3	3	128	100			
			标准间	56	56	128	100			
禄丰商务大酒店	禄丰商务大酒店	3	套间	4	4	168	140	禄丰县世纪大街北延长线	0878－4148888	
			单间	12	12	120	90			
			标准间	52	52	100	80			
翡翠大酒店	禄丰翡翠大酒店有限公司	4	套间	6	6	1698	568	禄丰县世纪大街北延长线	0878－4801888	
			单间	18	18	488	198			
			标准间	84	84	418	158			
红河哈尼族彝族自治州										
蒙自凯悦酒店	蒙自凯悦酒店	4	套间	8	8	760	470	蒙自县文萃路104号	0873－3737088	
			单间	18	18	460	230			
			标准间	60	60	260	150			
红河官房大酒店	红河官房大酒店有限公司	5	套间	4	4	1388	600	蒙自县南湖南路8号	0873－3660999	
			单间	30	30	360	300			
			标准间	60	56	360	200			
红河奔牛酒店	红河奔牛篮球俱乐部有限公司奔牛酒店	3	套间	4	4	660	360	蒙自县锦华路中段红河体育馆旁	0873－3739997	
			单间	1	1	360	180			
			标准间	82	82	190	100			
红河警官培训中心	红河警官培训中心		套间	4	4	588	320	蒙自县凤凰路中段红河州公安局后	0873－3742667	
			单间	12	12	280	140			
			标准间	46	46	268	130			

饭店名称	发票开具单位名称	星级	客房（数量：间；价格：元/天）					地　址	前台订房电话	备　注
			房型	总间数	协议间数	门市价	协议价			
红大酒店	红河州永和村镇建设开发有限公司红大酒店		行政豪套	1	1	888	488	蒙自县天竺路41号	0873－3735588	
			豪华套间	2	2	688	398			
			普通套间	8	8	488	298			
			豪华单间	18	18	418	180			
			普通单间	20	20	268	120			
			豪华标准间	30	30	398	160			
			普通标准间	90	90	268	120			
天源大酒店	红河天源酒店管理有限公司天源大酒店	4	套间	4	2	880	528	蒙自县天马路42号	0873－3728366	
			单间	10	7	580	300			
			标准间	101	101	380	200			
十号楼宾馆	个旧市十号楼宾馆		单间	12	12	396	277	个旧市金湖东路124号	0873－2122514	
			豪华标准间B	17	17	316	190			
			普标A1	16	16	196	178			
			普标A2	11	11	266	160			
			普标B	27	27	236	142			
			南楼标准间	9	9	116	70			
云锡宾馆	云南锡业集团宾馆有限公司	3	观景套间	5	5	388	252	个旧市金湖东路121号	0873－3119656	
			商务套间	4	4	388	252			
			家庭套间	4	4	308	200			
			豪华标准间	8	8	388	252			
			标准间A	25	25	248	160			
			标准间B	30	30	218	140			
个旧宾馆	个旧宾馆	3	套间	4	4	480	250	个旧市金湖南路5号	0873－2122668	
			单间	1	1	240	170			
			标准间	63	63	180	100			
红河大酒店	红河大酒店	2	A标准间	32	32	280	160	个旧市人民路55号	0873－2155598	
			A单间	2	2	300	180			
			A四人间	4	4	320	260			
			B豪华套间	1	1	430	260			
			B标准间	15	15	230	100			
			B四人间	2	2	330	160			
			C套间	3	3	430	180			
			C标准间	36	36	200	80			
			C单间	9	9	240	100			
			C四人间	6	6	330	160			

饭店名称	发票开具单位名称	星级	客房（数量：间；价格：元/天）					地　址	前台订房电话	备　注
			房型	总间数	协议间数	门市价	协议价			
东启宾馆	云南省开远市东启经贸有限责任公司		套间	1	1	688	488	开远市灵泉东路 1 号（东联村）	0873－7220816	
			套间	1	1	488	388			
			单间	14	14	180	150			
			标准间	66	66	160	120			
红电文化城宾	云南天星实业有限公司文化城	4	套间	2	2	1052	526	开远市西南路天星文化城	0873－7194818	
			豪标	4	4	432	216			
			单间	16	16	400	200			
			标准间	80	80	280	140			
开远市南苑宾馆	开远市南苑宾馆		单间	2	2	450	300	开远市热带植物园南苑宾馆	0873－7181696	
			标准间	15	15	150	120			
昌源大酒店	建水县昌源大酒店	3	套间	8	8	998	580	建水县建水大道 645 号	0873－7621888	
			单间	5	5	398	280			
			标准间	120	120	328	180			
建水酒店	建水酒店	3	套间	5	5	3680	580	建水县北正街 75 号	0873－3186888	
			单间	9	9	398	280			
			标准间	92	92	338	180			
朝阳大酒店	朝阳大酒店	2	套间	2	2	618	580	建水县城隍庙街 6 号	0873－7668088	
			单间	2	2	318	280			
			标准间	50	50	218	180			
石屏天源酒店	红河天源酒店管理有限公司石屏天源酒店	3	套间	3	3	860	390	石屏县异龙镇西山路 31 号	0873－4851666	
			商务单间	7	7	560	230			
			豪华单间	11	11	460	170			
			豪华标准间	41	41	360	140			
石屏县良黎大酒店	石屏县良黎大酒店	2	套间	9	9	360	288	石屏县异龙镇龙泉路 9 号	0873－4851688	
			大豪标	52	52	320	160			
			单间	5	5	240	160			
			标准间	30	30	160	80			
金鼎大酒店	弥勒供电有限公司金鼎大酒店	3	商务套间	7	7	829	415	弥勒县温泉路中段	0873－6224888	
			行政套间	6	6	699	350			
			家居套间	3	3	699	350			
			单间	9	9	369	180			
			标准间	99	99	269	160			
湖泉花园 A 座	云南红河投资有限公司	2	普套	6	6	388	180	弥勒县髯翁西路 68 号	0873－6128555	
			豪单	13	13	288	150			
			豪标	84	84	258	120			
			普标（大）	42	42	188	80			
			普标（小）	16	16	168	70			

饭店名称	发票开具单位名称	星级	客房（数量：间；价格：元/天）					地址	前台订房电话	备注
			房型	总间数	协议间数	门市价	协议价			
泸西新天龙宾馆	泸西县天龙实业有限公司	3	套间	3	3	380	220	泸西县迎宾路中段客运站旁	0873－6651333	
			单间	6	6	230	130			
			标准间	33	33	210	120			
泸西县烟草宾馆	泸西县烟草宾馆	2	套间	10	10	388	250	泸西县阿庐大街东段	0873－6623191	
			单间	35	35	198	140			
			标准间	109	109	188	140			
屏边宾馆	红河公路管理总段屏边宾馆		商务套间	3	3	380	280	屏边县玉屏镇建设路	0873－3221368	
			单间	10	10	150	100			
			豪华标准间	64	64	100	80			
大围山旅游开发有限公司	大围山旅游开发有限公司		豪华标准间	18	18	160	110	屏边县玉屏镇阿季伍村	0873－3222888	
			普通标准间	42	42	110	90			
昆明铁路局河口国际公寓	昆明铁路局河口国际公寓	2	套间	2	2	468	280	河口县人民路2号	0873－3422222	
			单间	21	21	188	138			
			标准间	33	33	188	138			
河口东方大酒店	河口东方大酒店	2	套间	2	2	760	320	河口县人民路139号	0873－3424608	
			单间	8	8	360	130			
			标准间	50	50	240	110			
河口宾馆	河口阳光商贸有限公司河口宾馆	2	套间	2	2	968	480	河口县迎宾路23号	0873－3423333	
			单间	11	11	168	98			
			标准间	60	60	168	96			
西隆酒店	红河恒昊矿业股份有限公司西隆酒店	2	套间	6	6	778	418	金平县环城南路18号	0873－5227888	
			单间	3	3	280	148			
			标准间	40	40	260	138			
金运宾馆	金平金运宾馆	2	普单	15	15	140	70	金平县新建路8号	0873－5221167	
			迷单	4	4	220	110			
			豪单A	16	16	260	130			
			豪单B	3	3	240	120			
			B标	53	53	160	80			
			A标	37	37	200	90			
			豪标B	16	16	240	120			
			豪标A	16	16	260	130			
			娱标B	4	4	280	140			
			娱标A	2	2	300	150			
东仰大酒店	东仰大酒店		套间	3	3	800	400	绿春县城东段	0873－4225988	
			标准间	72	72	180	100			

饭店名称	发票开具单位名称	星级	客房（数量：间；价格：元/天）					地　址	前台订房电话	备　注
			房型	总间数	协议间数	门市价	协议价			
云梯大酒店	元阳县云梯大酒店有限责任公司	3	套间	3	3	868	600	元阳县新街镇原县政府驻地	0873－5624858	
			单间	4	4	318	220			
			标准间	94	94	258	180			
经贸大酒店	元阳县经贸大酒店	2	套间（主楼）	2	2	688	300	元阳县南沙常青路22号	0873－5642598	
			套间（附楼）	3	3	880	500			
			单间（主楼）	2	2	280	80			
			单间（附楼）	12	12	480	180			
			标准间（主楼）	40	40	260	80			
			标准间（附楼）	72	72	480	180			
元阳大酒店	元阳大酒店	2	豪华套间	3	3	600	400	元阳县南沙常青路27号	0873－5645338	
			普通套间	2	2	480	280			
			单间	4	4	200	100			
			标准间	44	44	160	80			
坤和酒店	坤和酒店	2	豪华套间	1	1	688	400	元阳县南沙橡林街1号	0873－5645288	
			普通套间	3	3	480	220			
			单间	7	7	200	100			
			豪华标准间	25	25	200	100			
			普通标准间	27	27	180	80			
南沙大酒店	南沙大酒店		套间	2	2	666	360	元阳县南沙叶榕路1号	0873－5643111	
			单间（豪单）	2	2	326	220			
			单间（普单）	10	10	226	110			
			标准间	44	44	286	110			
茶树广场酒店	茶树广场酒店	2	套间	7	7	360	300	元阳县新街镇水卜龙茶厂路口	0873－5623456	
			单间	5	5	100	80			
			标准间	33	33	100	80			
同心大酒店	红河县同心房地产开发经营有限公司	3	豪华套间	2	2	428	320	红河县迤萨镇莲花路	0873－4620388	
			普通套间	3	3	368	280			
			单间	10	10	258	190			
			标准间	65	65	228	170			
瑞龙酒店	红河县瑞龙酒店		套间	2	2	280	150	红河县迤萨镇莲花路	0873－4620299	
			标准间	15	15	160	80			
文山壮族苗族自治州										
锦盟酒店	锦盟酒店		套间	8	8	880	180	文山县外滩路2号	0876－2144299	
			单间	25	25	580	140			
			标准间	60	60	580	140			

云南

饭店名称	发票开具单位名称	星级	客房（数量：间；价格：元/天）					地址	前台订房电话	备注
			房型	总间数	协议间数	门市价	协议价			
文山军供站	文山军供站	3	套间	1	1	580	350	文山县开化镇卧龙路军供大厦	0876－2616066	
			单间	13	13	240	120			
			标准间	36	36	200	100			
文山交通宾馆	文山交通宾馆	2	套间	4	4	480	360	文山县环城北路1号	0876－2195518	
			单间	46	46	160	80			
			标准间	55	55	180	100			
文山九龙宾馆	文山九龙宾馆	3	套间	6	6	1999	600	文山县东风路44号	0876－2133888	
			单间	40	40	279	220			
			标准间	69	69	189	150			
文山州龙城商务酒店	文山州龙城商务酒店有限公司		套间	12	12	660	400	文山县东风路龙成商务酒店	0876－2125777	
			单间	88	88	460	230			
			标准间	68	68	360	180			
壮华酒店	文山壮华经贸有限责任公司壮华酒店		套间	18	18	360	180	文山县开化镇螺峰路56号	0876－2829999	
			单间	39	39	280	140			
			标准间	60	60	280	140			
天怡酒店	天怡酒店	3	套间	2	2	880	480	文山县卧龙路6号	0876－2193666	
			单间	12	12	380	160			
			标准间	51	51	380	140			
砚山县烟草大酒店	砚山县烟草大酒店	3	套间	4	4	668	415	砚山县砚华东路99号	0876－3130888	
			单间	9	9	268	165			
			标准间	51	51	208	135			
砚山迎宾馆	砚山迎宾馆		套间	4	4	208	125	砚山县江那镇团街67号	0876－3133888	
			单间	9	9	138	85			
			标准间	31	31	118	75			
西畴县映像宾馆	西畴县映像宾馆		套间	2	2	378	190	西畴县西洒镇人民路300号	0876－7627966	
			单间	20	20	180	90			
			标准间	22	22	180	90			
西畴县军供酒店	西畴县军供酒店		套间	6	6	168	128	西畴县西洒镇金玉路91号	0876－7628977	
			单间	25	25	100	60			
			标准间	12	12	100	60			
西畴县嵩驰宾馆	西畴县嵩驰宾馆		套间	2	2	100	80	西畴县西洒镇金玉路52号	0876－7625383	
			单间	4	4	60	50			
			标准间	10	10	70	60			

饭店名称	发票开具单位名称	星级	客房（数量：间；价格：元/天）					地址	前台订房电话	备注
			房型	总间数	协议间数	门市价	协议价			
麻栗坡县靖达酒店	麻栗坡县靖达酒店		套间	6	6	600	360	麻栗坡县城莱溪开发区	0876－6622888	
			单间	53	53	200	100			
			标准间	41	41	200	100			
麻栗坡金路酒店	麻栗坡县金路酒店		套间	4	4	600	300	麻栗坡县城玉尔贝路141号	0876－6620688	
			单间	20	20	240	120			
			标准间	23	23	280	120			
麻栗坡县国豪大酒店	麻栗坡县国豪大酒店	3	套间	3	3	888	360	麻栗坡县城玉尔贝路190号	0876－6629888	
			单间	23	23	288	130			
			标准间	19	19	266	120			
马关县华联酒店有限责任公司	马关县华联酒店有限责任公司		套间	4	4	320	260	马关县安平广场旁	0876－8892000	
			单间	20	20	180	160			
			标准间	50	50	140	120			
云南华联马关电力有限责任公司润源大酒店	云南华联马关电力有限责任公司		套间	6	6	470	260	马关县马白镇文化路194号	0876－7134999	
			单间	20	20	300	140			
			标准间	48	48	280	120			
马关锦兰苑宾馆	马关锦兰苑宾馆		套间	2	2	688	260	马关县城广环路（小坝新区）	0876－7463466	
			单间	11	11	268	70			
			标准间	24	24	168	70			
马关圣廷苑宾馆	马关圣廷苑宾馆专用章		套间	3	3	318	170	马关县城广环路（小坝新区）	0876－7463888	
			单间	6	6	168	80			
			标准间	33	33	128	70			
马关东方红宾馆	马关东方红宾馆		套间	1	1	266	140	马关县城信合路	0876－7133388	
			单间	9	9	166	80			
			标准间	20	20	135	70			
马关县宾馆	马关县宾馆		套间	6	6	388	140	马关县县委大院	0876－7127878	
			单间	21	21	220	70			
			标准间	41	41	180	70			
马关通达宾馆	马关通达宾馆		单间	8	8	140	70	马关县马白镇园中路	0876－7129998	
			标准间	28	28	120	60			
天成太和酒店	丘北天成太和酒店管理有限公司	4	套间	9	9	1688	600	丘北县新城区椒莲广场旁	0876－4615888	
			单间	71	71	988	300			
			标准间	122	122	880	200			
瑞和大酒店	瑞和大酒店	3	套间	2	2	600	480	丘北县人民路	0876－4125666	
			单间	17	17	280	196			
			标准间	64	64	220	154			
广南特安呐会所有限公司	广南特安呐会所有限公司		单间	14	14	398	200	广南县北宁路255号	0876－5151299	
			标准间	38	38	318	160			

饭店名称	发票开具单位名称	星级	客房（数量：间；价格：元/天）					地　址	前台订房电话	备　注
			房型	总间数	协议间数	门市价	协议价			
广南县珂祥大酒店	广南县珂祥大酒店		套间	3	3	988	488	广南县宾田西路176号	0876－5157999	
			单间	16	16	268	130			
			标准间	40	40	258	130			
广南县莲城凯鑫商务酒店	广南县莲城凯鑫商务酒店		套间	10	10	480	316	广南县北宁社区西路151号	0876－5619888	
			单间	5	5	160	120			
			标准间	21	21	186	140			
富宁宾馆	富宁宾馆		套间	3	3	200	160	富宁县城北路11号	0876－6121489	
			单间	17	17	80	60			
			标准间	36	36	80	60			
金泰得大酒店	富宁金泰得大酒店		套间	6	6	200	160	富宁县新华镇新兴社区迎宾路5号	0876－6127166	
			单间	6	6	100	80			
			标准间	30	30	100	80			
金园宾馆	富宁县金园宾馆		套间	2	2	100	80	富宁县迎宾路56号	0876－6124423	
			单间	3	3	80	60			
			标准间	15	15	60	50			
嘉禾宾馆	富宁县嘉禾宾馆		套间	4	4	866	360	富宁县东风路	0876－6129999	
			单间	12	12	218	110			
			标准间	45	45	308	110			
北海大酒店	富宁县北海大酒店		套间	6	6	300	150	富宁县迎宾路72号	0876－6127288	
			单间	6	6	240	120			
			标准间	27	27	200	100			
富强大酒店	富强大酒店		套间	5	5	300	150	富宁县迎宾路66号	0876－6128818	
			单间	4	4	240	120			
			标准间	29	29	200	100			
天怡酒店	富宁县天怡酒店		套间	3	3	280	224	富宁县新华镇迎宾路吉星家苑	0876－6128588	
			单间	9	9	100	80			
			标准间	23	23	110	90			
西双版纳傣族自治州										
财鑫大酒店	西双版纳财鑫大酒店有限责任公司	3	套间	7	7	1180	600	景洪市勐泐大道88号	0691－2162888	
			单间	10	10	500	300			
			标准间	153	153	580	300			
锦都大酒店	西双版纳锦都大酒店有限责任公司	3	套间	6	6	980	600	景洪市勐泐大道61号	0691－2140888	
			单间	2	2	780	300			
			标准间	128	128	680	300			

云南

西藏自治区

- 财政部委托西藏自治区财政厅负责在西藏自治区地级以上城市招标采购出差定点饭店并负责日常监督管理工作。
- 本次政府采购，确定西藏自治区出差定点饭店 49 家。
- 出差定点饭店按照与财政部门签订《协议书》的价格向中央和地方各级党政机关和事业单位提供相应的接待服务。
- 如果对协议价格产生疑义，可以要求定点饭店出示《协议书》。
- 如有出差定点饭店变更或协议价格变化，应以“党政机关出差会议定点饭店查询网”的信息为准。
- 本目录中的西藏自治区出差定点饭店的详细信息，可在“党政机关出差会议定点饭店查询网”查阅。
- 西藏自治区的出差定点饭店包括了季节性价格差，其中旺季为每年的 5 – 10 月，其余为淡季，请在使用查阅时注意。
- 西藏自治区各地区长途电话区号：

拉萨市　0891　　那曲地区　0896
昌都地区　0895　　林芝地区　0894
山南地区　0893　　日喀则地区　0892
阿里地区　0897

西藏自治区出差定点饭店

饭店名称	发票开具单位名称	星级	客房（价格：元/天）						地　址	前台预定电话	备　注
			房型	总间数	协议间数	门市价	协议价				
							旺季	淡季			
拉萨市											
新世纪宾馆	新世纪宾馆	3	套间	4	4	988	450	300	拉萨市北京中路23号	0891－6334895	
			单间	10	10	500	210	140			
			标间	66	66	500	210	140			
拉萨社院饭店	拉萨社院饭店	3	套间	5	5	1080	540	360	拉萨市色拉路40号	0891－6389905	
			标间	51	51	688	270	180			
			单间	6	6	688	270	180			
西藏拉萨泽当饭店	西藏拉萨泽当饭店	3	套间	13	13	1180	540	360	拉萨市北京中路54号	0891－6820999	
			标间	168	168	580	260	180			
			单间	30	30	380	260	180			
西藏宾馆	西藏宾馆	4	套间	16	16	1800	900	600	拉萨市北京中路64号	0891－6805926	
			标间	291	291	1280	300	200			
			单间	30	30	1280	300	200			
圣江宾馆	圣江宾馆	3	套间	3	3	1880	420	280	拉萨市北京中路44号	0891－6806888	
			标间	124	124	588	240	160			
			单间	6	6	588	240	160			
西藏邮政酒店	西藏邮政酒店	3	套间	6	6	1880	540	360	拉萨市北京中路33号	0891－6821999	
			标间	60	60	980	270	180			
			单间	20	20	980	270	180			
西藏迎宾馆	西藏迎宾馆	4	套间	21	21	2888	720	480	拉萨市宇拓路3号	0891－6355555	
			标间	120	120	999	300	200			
			单间	16	16	999	300	200			
西藏赛康大酒店	西藏赛康大酒店	4	套间	6	6	1288	900	600	拉萨市北京东路25号	0891－6362888	
			标间	70	70	788	300	200			
			单间	11	11	880	300	200			
西藏天海宾馆	西藏天海宾馆	3	套间	5	5	2680	450	300	拉萨市天海路6号	0891－6802274	
			标间	170	170	580	210	140			
			单间	15	15	580	210	140			
西藏大厦	西藏大厦	3	套间	7	7	2800	540	360	拉萨市北京中路67号	0891－6816666	
			标间	315	315	800	270	180			
			单间	13	13	800	270	180			

饭店名称	发票开具单位名称	星级	客房（价格：元/天）						地址	前台预定电话	备注
			房型	总间数	协议间数	门市价	协议价				
							旺季	淡季			
生态园大酒店	生态园大酒店	3	套间	5	5	2388	540	360	拉萨市生态园开发区	0891－6321555	
			标间	110	110	1088	240	160			
			单间	14	14	1288	240	160			
那曲地区											
西藏那曲仲青塘拉大酒店	西藏仲青塘拉商贸有限公司那曲分公司	3	套间	5	5	980	600	400	那曲浙江路超丹路交接口	0896－3828888	
			普通标准间	25	25	380	270	180			
			藏式标准间	11	11	580	300	200			
			豪华标准间	12	12	480	300	200			
中信那曲大酒店	中信那曲大酒店	5	豪华套间	4	3	4180	870	580	那曲拉萨北路	0896－3827999	
			藏式单间	5	5	1180	300	200			
			藏式标准间	5	5	1080	300	200			
			豪华单间	25	20	980	300	200			
			豪华标准间	65	60	880	270	180			
那曲饭店	那曲饭店	3	豪华单人套间	6	6	880	600	400	那曲浙江中路23号	0896－3822424	
			豪华双人套间	13	13	488	570	380			
			豪华标准间	51	51	388	300	200			
			普通标准间	29	29	248	240	160			
尼玛宾馆	尼玛驻那曲办事处		套间	4	4	580	300	200	那曲拉萨北路9号	13638961664	
			单间								
			标准间	41	41	280	180	120			
达园宾馆	发达客运公司		标准间	23	23	180	180	120	那曲辽宁路17号	0896－3828555	
昌都地区											
昌都饭店	昌都饭店	3	套间	6	6	480	600	400	嘎东街社区375号	0895－4825998	注：1. 其中原定有定点饭店取消一个，新增加一个定点饭店。 2. 取消定点饭店“东螺大酒店”，由于管理不善，经营困难，已达不到实行定点饭店的要求，故取消。 3. 新增加昌都友谊酒店，属三星级饭店，条件优越，经协商价格适中，故做为新增加的定点饭店
			单间	33	33	350	240	160			
			标准间	48	48	300	210	140			
友谊酒店	友谊酒店	3	商务套	6	6	680	600	400	西藏昌都地区西路嘎通街社区377－7号	0895－4831888	
			单间	15	15	420	270	180			
			标准间	48	48	380	270	180			
昌都大酒店	昌都大酒店	2	套间	2	2	580	450	300	昌都西路19号	0895－4844888	
			单间	8	8	260	195	130			
			标准间	42	42	198	180	120			
金川宾馆	西藏昌都金川商贸有限责任公司	3	套间	4	4	1188	600	400	聚盛路8号	0895－4844998/4844999	
			单间	14	14	320	200	150			
			标准间	34	34	320	180	130			
康盛宾馆	昌都地区康盛宾馆	2	套间	4	4	488	450	300	昌都地区邦达社区319号	0895－4824710	
			单间	12	12	300	180	120			
			标准间	39	39	300	180	120			
民政宾馆	民政宾馆	2	套间	3	3	488	300	200	昌都县昌都镇昌庆街	0895－4828999	
			单间	3	3	300	240	160			
			标准间	33	33	180	150	100			

饭店名称	发票开具单位名称	星级	客房（价格：元/天）						地址	前台预定电话	备注
			房型	总间数	协议间数	门市价	协议价				
							旺季	淡季			
林芝地区											
重庆小天鹅林芝宾馆	重庆小天鹅林芝宾馆	4	套间	10	10	1888	600	400	林芝县八一新村八一大街240号	0894－5827777	
			单间	12	12	1288	300	200			
			标准间	83	83	988	300	200			
林芝明旺大酒店有限公司	林芝明旺大酒店有限公司	3	套间	2	2	1680	450	300	林芝县八一新村福建路2号	0894－5888899	
			单间	6	6	888	180	120			
			标准间	42	42	888	180	120			
林芝香帕拉酒店	林芝香帕拉酒店	3	套间	3	3	1880	600	400	林芝县八一新村奇正路50号	0894－5835999	
			单间	23	23	1088	270	180			
			标准间	54	54	988	270	180			
西藏林芝山水宾馆	西藏林芝山水宾馆	3	套间	6	6	800	255	170	林芝县八一新村平安路47号	0894－5831855	
			单间	6	6	600	225	150			
			标准间	58	58	580	210	140			
林芝渡假酒店	林芝渡假酒店	2	套间	1	1	460	255	170	林芝县八一新村平安路63号	0894－5825222	
			单间	10	10	360	180	120			
			标准间	12	12	360	180	120			
西藏林芝嘉龙酒店	西藏林芝嘉龙酒店	2	套间	2	2	1380	255	170	林芝县八一新村广东路386号	0894－5828698	
			单间	6	6	588	180	120			
			标准间	33	33	569	180	120			
林芝大酒店	林芝大酒店	4	套间	7	5	1688	525	350	八一镇广州大道14号	0894－5833333	
			单间	12	8	1288	300	200			
			标准间	83	64	888	255	170			
西藏林芝宾馆	西藏林芝宾馆	4	套间	5	4	988	525	350	西藏林芝地区八一镇双拥北路335号	0894－5888668	
			单间	5	4	688	300	200			
			标准间	184	129	688	255	170			
林芝蜀府家宴	林芝蜀府家宴	2	套间	2	2	350	225	150	八一镇平安路消防支队旁	0894－5828066	
			单间	3	3	320	150	100			
			标准间	20	20	280	150	100			
新世纪大酒店	新世纪大酒店	2	套间	2	2	888	270	180	林芝地区八一镇福清路108号	0894－5885388	
			单间	12	12	388	180	120			
			标准间	26	26	388	180	120			

饭店名称	发票开具单位名称	星级	客房（价格：元/天）						地址	前台预定电话	备注
			房型	总间数	协议间数	门市价	协议价				
							旺季	淡季			
山南地区											
泽当饭店	泽当饭店	4	套间	10	8	2880	800	600	乃东路21号	0893－7821899	山南宾馆正在重建中，明年可建成使用，暂无会议室；建成后有大小会议室6个
			单间	47	47	800	300	200			
			标准间	162	162	800	300	200			
山南宾馆	山南宾馆		套间	1	1	580	540	360	湖南路2号	0893－7826168	
			单间	1	1	280	270	180			
			标准间	21	21	380	270	180			
雅砻河大酒店	雅砻河大酒店	4	套间	8	8	1580	800	600	湖北大道18号	0893－7800333	
			单间	31	31	980	300	200			
			标准间	99	99	980	300	200			
裕砻假日酒店	裕砻假日酒店		套间	6	6	1880	450	300	乃东路30号	0893－7832888	
			单间	12	12	580	300	200			
			标准间	56	56	580	300	200			
日喀则地区											
山东大厦	山东大厦	3	套房	4	4	660	450	300	日喀则市山东路102号	0892－8826135	
			单间	8	8	320	240	160			
			标准间	94	94	320	240	160			
乌孜饭店	乌孜饭店	3	套房	2	2	800	450	300	日喀则市黑龙江路21号	0892－8838996	
			单间	2	2	360	240	160			
			标准间	52	52	360	240	160			
圣康饭店	圣康饭店	3	套房	1	1	550	330	220	日喀则市山东路106号	0892－8822922	
			单间	5	5	280	180	120			
			标准间	83	83	280	180	120			
日喀则饭店	日喀则饭店	4	套房	7	7	2680	900	600	日喀则市上海路13号	0892－8800336	
			单间	20	20	560	300	200			
			标准间	96	96	560	300	200			
上海广场	上海广场	3	套房	2	2	2800	540	360	日喀则市珠峰路22号	0892－8824120	
			单间	6	6	580	240	160			
			标准间	63	63	580	240	160			
矿业宾馆	矿业宾馆	3	套房	3	3	2800	330	220	日喀则市珠峰路67号	0892－8822999	
			单间	11	11	180	180	120			
			标准间	101	101	180	180	120			
久木亚美国际大酒店	久木亚美国际大酒店	4	套房	4	4	2580	800	600	日喀则市吉林北路3号	0892－8837000	
			标准间	92	92	1580	270	180			

西藏

饭店名称	发票开具单位名称	星级	客房（价格：元/天）						地　址	前台预定电话	备　注
			房型	总间数	协议间数	门市价	协议价				
							旺季	淡季			
阿里地区											
狮泉河饭店	狮泉河饭店		套间	3	3	280	360	240	狮泉东路17号	0897－2800045	
			标准间	33	33	260	195	130			
象雄大酒店	象雄大酒店		套房	6	6	1980	600	400	宾河南路（中段）象雄大酒店	0897－2830888	光钎宽带、国内长途免费
			单间	2	2	480	420	280			
			标准间	42	42	480	420	280			
神湖宾馆	神湖宾馆		单间	8	8	200	195	130	陕西路1号	13638973575	
			标准间	18	18	200	180	120			
恒远宾馆	恒远宾馆		套间	2	2	260	300	200	北京南路1号	0897－2828996	
			单间	9	9	140	180	120			
			标准间	19	19	140	180	120			
			普通套间	12	12	100	120	80			
阿里地区迎宾馆	阿里地区迎宾馆		套间	2	2	688	540	360	狮泉河西路9号	0897－2824556	
			单间	4	4	288	180	120			
			标准间	15	15	288	180	120			
邮政酒店	邮政酒店		套间	6	6	488	450	300	北京中路4号	0897－2828888	
			单间	1	1	488	180	120			
			标准间	29	29	488	180	120			

陕 西 省

- 财政部委托陕西省财政厅负责在陕西省地级以上城市招标采购出差定点饭店并负责日常监督管理工作。
- 本次政府采购，确定陕西省出差定点饭店 144 家。
- 出差定点饭店按照与财政部门签订《协议书》的价格向中央和地方各级党政机关和事业单位提供相应的接待服务。
- 如果对协议价格产生疑义，可以要求定点饭店出示《协议书》。
- 如有出差定点饭店变更或协议价格变化，应以“党政机关出差会议定点饭店查询网”的信息为准。
- 本目录中的陕西省出差定点饭店的详细信息，可在“党政机关出差会议定点饭店查询网”查阅。
- 陕西省的汉中市出差定点饭店包括了季节性价格差，其中旺季为每年的 4、5、9、10 月，其余为淡季，请在使用查询时注意。
- 陕西省各地区长途电话区号：

西安市	029	延安市	0911
铜川市	0919	渭南市	0913
咸阳市	029	宝鸡市	0917
汉中市	0916	榆林市	0912
安康市	0915	商洛市	0914

陕西省出差定点饭店

饭店名称	发票开具单位名称	星级	房型	客房（元/天）总间数	协议间数	门市价	协议价	地址	前台电话	备注
西安市										
西安紫金山凯思特大酒店	西安紫金山大酒店	4	套间	60	60	1128	390	西安市环城西路328号	029－87668888	
			单间	13	13	828	290			
			标准间	99	99	828	290			
陕西榴花宾馆	陕西榴花宾馆	3	套间	6	6	980	400	西安市环城西路北段228号	029－84699999	
			单间	14	14	698	180			
			标准间	120	120	688	180			
陕西中祥大厦	陕西中祥大厦有限责任公司		套间	3	3	860	320	西安市北大街444号	029－87268115	
				3	3	660	248			
			单间	9	9	400	150			
			标准间	53	53	400	150			
				76	76	330	125			
西安鼎立大酒店	西安鼎立大酒店		套间	5	5	768	276	西安市西影路316号	029－83117799	
			单间	8	8	458	165			
			标准间	77	77	388	140			
西北饭店	西北饭店	4	标准间	189	189	300	200	西安市长安区西长安街52	029－85678888	
陕西奥罗国际大酒店	陕西奥罗国际大酒店	4	套间	41	41	1909	586	西安市南新街42号	029－87672888	
			单间	28	28	915	280			
			标准间	107	107	915	280			
中江之旅时代大酒店	陕西中江之旅时代大酒店有限公司	4	套间	9	9	1680	580	西安市文景路南段18号	029－86281111	
			单间	46	46	728	260			
			标准间	121	121	728	260			
西安天翼新商务酒店有限公司	西安天翼新商务酒店有限公司	4	套间	41	29	1500	382	西安市西二环南段281号	029－84680000	
			单间	32	23	880	228			
			标准间	115	81	880	228			
富凯酒店	西安富凯酒店有限公司	4	套间	8	8	1328	599	西安市南新街27号	029－87483674	
			单间	11	11	816	299			
			标准间	96	96	816	299			
佳恒富都酒店	陕西佳恒富都酒店有限公司	4	套间	6	6	888	468	西安市丈八东路5号	029－85566888	
			单间	18	18	518	270			
			标准间	42	42	528	280			
				260	48	48	498			

饭店名称	发票开具单位名称	星级	客房（元/天）					地　址	前台电话	备　注
			房型	总间数	协议间数	门市价	协议价			
兰州军区西安长城大厦	中国人民解放军兰州军区西安招待所	3	套间	2	2	858	420	西安碑林区友谊东路288号	029－87821411/87821442	
			单间	18	18	368	180			
			标准间	86	86	368	180			
金融宾馆	陕西金融宾馆有限公司	3	套间	3	3	988	428	西安市尚德路87号	029－87602000	
			单间	10	10	388	168			
			标准间	10	10	388	168			
西部机场集团温泉酒店	西部机场集团有限公司温泉酒店分公司	3	套间	4	4	488	288	西安市长安区东大街办北大村	029－85868300	
			标准间	32	32	358	198			
			标准间	16	16	280	168			
			三人间	8	8	360	198			
西安博泰大酒店	西安博泰大酒店有限公司	3	套间	5	5	1288	600	西安市南广济街6号	029－87612222	
			大床间	14	14	588	260			
			单间	6	6	458	200			
			标准间	54	54	518	255			
			标准间	75	75	488	220			
陕西省止园饭店	陕西省止园饭店	3	套间	13	13	800	560	西安市青年路111号	029－87686879	
			标准间	268	268	320	224			
西安阳光国际大酒店	陕西西安阳光国际大酒店有限公司	4	套间	59	47	1280	399	西安市解放路177号	029－87358869	
			单间	62	50	680	212			
			标准间	287	230	680	212			
西安德桂园大酒店有限公司	西安德桂园大酒店有限公司	3	套间	7	7	688	398	西安市环城南路90号	029－88403333	
			单间	10	10	368	188			
			标准间	35	35	428	198			
			标准间	24	24	458	218			
			标准间	36	36	388	188			
沐浴阳光大酒店	陕西沐浴阳光酒店有限公司	3	套间	6	6	918	360	西安市朱宏路53号	029－86252288	
			三人间	2	2	658	270			
			标准间	82	82	428	190			
延炼商务酒店	陕西延炼商务酒店有限公司	3	套间	4	4	1180	600	西安市南二环东段3号	029－85235000	
			单间	15	15	420	200			
			标准间	175	175	420	200			
陕西省妇女儿童活动中心	陕西省妇女儿童活动中心		套间	10	10	678	373	西安市丈八东路8号	029－83586888	
			单间	4	4	338	186			
			标准间	80	80	338	186			

陕西

饭店名称	发票开具单位名称	星级	客房（元/天）					地址	前台电话	备注
			房型	总间数	协议间数	门市价	协议价			
西安鑫源大厦	西安鑫源大厦		单间	2	2	370	150	西安尚勤路231号	029－87457610	
			标准间	56	56	370	150			
陕西雍村饭店	陕西雍村饭店	3	套间	13	13	888	280	西安市建国路65号	029－87432222	
			单间	9	9	398	200			
			标准间	155	155	398	200			
西安鸿业大酒店	西安鸿业通讯有限公司	3	套间	6	6	680	480	西安市含光路137号	029－88108899	
			单间	28	28	260	140			
			标准间	126	126	420	200			
			标准间	41	41	300	170			
			标准间	34	34	480	278			
陕西建苑大厦	陕西建苑大厦	3	套间	9	9	880	370	西安市南广济街38号	029－87606868	
			单间	12	12	450	190			
			标准间	160	160	450	190			
陕西凯瑞大厦	陕西凯瑞交通职工培训大厦	3	套间	13	13	868	300	西安市友谊西路352号	029－88478611	
			单间	6	6	468	170			
			标准间	40	40	418	160			
西安卫星测控中心招待所	西安卫星测控中心招待所		套间	4	4	880	500	西安市咸宁东路460号	029－84763888	
			单间	8	8	420	240			
			标准间	96	96	280	160			
西北大酒店	西北大酒店	3	套间	19	19	660	300	西安市北柳巷28号	029－87605003	
			单间	39	39	380	190			
			标准间	106	106	380	190			
西安尚德大厦	西安尚德大厦	3	套间	35	35	738	420	西安市尚德路155号	029－87445566	
			单间	16	16	488	260			
			标准间	99	99	488	280			
西安蕾德曼酒店	西安蕾德曼酒店	3	套间	3	3	888	400	西安含光路北段162号	029－87618383	
			单间	15	15	358	160			
			标准间	62	62	358	160			
省军区机关招待所	陕西省军区机关招待所		标准间	20	20	240	156	西安市小寨西路4号	029－84727000	
陕西军城大厦	陕西军城大厦有限公司		套间	6	6	520	260	西安市西影路486号	029－83123600	
			单间	7	7	298	150			
			标准间	70	70	298	150			

饭店名称	发票开具单位名称	星级	客房（元/天）					地址	前台电话	备注
			房型	总间数	协议间数	门市价	协议价			
关中饭店	西安旅游股份有限公司关中饭店		套间	5	5	588	290	西安市南新街集贤巷10号	029－87688588	
			单间	14	14	358	180			
			标准间	77	77	358	180			
陕西君山台湾大酒店	陕西君山台湾大酒店	3	套间	4	4	560	280	西安市莲湖路109号	029－82199999	
			单间	14	14	280	140			
			标准间	70	70	390	195			
陕西广电网络大酒店	陕西广电网络大酒店有限责任公司	3	套间	25	25	698	280	西安市南二环太白立交东南侧363号	029－62661111	
			单间	30	30	380	152			
			标准间	40	40	380	152			
军展大厦	国营西京汽车军展大厦	2	套间	4	4	680	368	西安市西一路53号	029－87693100	
			单间	10	10	360	188			
			标准间	165	165	388	188			
			标准间	45	45	360	160			
西安甲字商务会所	西安甲字商务会所		套间	6	6	688	230	西安市案板街22号	029－82115999	
			单间	5	5	488	160			
			标准间	73	73	430	140			
省军区招待所	省军区招待所		套间	2	2	360	320	西安小寨西路18号	029－84727888	
			单间	5	5	210	180			
			标准间	188	188	180	160			
水晶岛酒店	陕西新润水晶岛酒店管理有限公司	4	套间	71	71	1080	348	西安沣惠南路38号	029－88159901	
			单间	72	72	880	284			
			标准间	219	219	880	284			
警龙饭店	陕西省劳教工作警龙培训中心		套间	2	2	688	380	西安市习武园17号	029－62988788	
			标准间	73	73	388	120			
陕西秦安宾馆	陕西秦安宾馆	3	套间	12	12	360	280	西安市青年路2巷5号	029－87351915	
			单间	13	13	240	150			
			标准间	112	112	280	160			
西安西北民航大厦	西安西北民航大厦	3	套间	10	10	1300	480	西安市劳动南路296号	029－82123299	
			单间	39	39	460	170			
			标准间	163	163	480	170			
西安陇海大酒店	西安陇海大酒店		套间	10	10	960	520	西安市解放路306号	029－87416090	
			单间	39	39	480	240			
			标准间	238	238	480	240			
西安解放饭店	西安旅游集团股份有限公司解放饭店	3	套间	8	8	480	228	西安市解放路181号	029－87698888	
			单间	18	18	360	178			
			标准间	276	276	380	178			

饭店名称	发票开具单位名称	星级	客房（元/天）					地　址	前台电话	备　注
			房型	总间数	协议间数	门市价	协议价			
西安人民大厦	陕西省人民大厦	3	套间	14	14	680	340	西安市东新街319号	029－87928888	
			单间	25	25	580	290			
			标准间	114	114	580	290			
陕西宾馆	陕西宾馆		套间	22	22	2600	600	西安市丈八北路1号	029－68899999	房间其余部分为五星级，价格超过控制价格，无法参加定点
			单间	22	22	1200	300			
			标准间	146	146	760	300			
新疆饭店（原昆仑饭店）	新疆饭店（原昆仑饭店）	3	套间	5	5	800	360	西安市新城区尚德路南口红十字会巷3号	029－87681630	
			单间	6	6	420	190			
			标准间	87	87	170	170			
			二室一厅套房	3	3	380	240			
			三室一厅套房	4	4	480	300			
延安市										
延安宾馆	延安宾馆	4	套间	13	13	1160	580	北大街	0911－2886688	
			单间	4	4	480	300			
			标准间	172	172	580	300			
延安旅游大厦	延安旅游（集团）有限公司旅游大厦	4	套间	22	22	880	580	中心街	0911－2138999	
			单间	8	8	560	300			
			标准间	170	170	560	300			
延安交际宾馆	延安交际宾馆	3	套间	10	10	568	260	南关67号	0911－2137800	
			北楼标准间	45	45	388	150			
			南楼标准间	100	100	258	130			
延安君悦凯莱商务酒店	延安市宝塔区君悦凯莱酒店有限责任公司	3	套间	2	2	888	380	北关街	0911－8228688	
			单间	6	6	580	180			
			标准间	79	79	380	150			
延安窑洞宾馆	延安市宝塔区窑洞宾馆	3	套间	5	5	688	300	迎宾大道中段	0911－2219555	
			单间	/	/	/	/			
			标准间	68	68	288	160			
延安家和大酒店	延安家和商贸有限公司家和大酒店	3	套间	6	6	360	240	圣地路	0911－2859999	
			单间	6	6	178	160			
			标准间	61	61	188	160			
延安万花山庄	延安万花山庄	3	套间	10	10	880	360	万花路	0911－8250000	
			单间	/	/	/	/			
			标准间	95	95	380	180			

饭店名称	发票开具单位名称	星级	客房（元/天）					地　址	前台电话	备　注
			房型	总间数	协议间数	门市价	协议价			
延安正大宾馆	延安正大宾馆有限责任公司	3	套间	3	3	988	440	二道街	0911－2889996	
			单间	7	7	498	200			
			标准间	96	96	488	200			
延安圣通大酒店	延安圣通实业有限责任公司圣通大酒店	3	套间	11	11	660	350	东滨路103号	0911－2880006	
			单间	14	14	368	200			
			标准间	139	139	360	210			
延安国胜宾馆	延安市宝塔区国胜物业管理有限公司国胜宾馆		套间	8	8	880	580	尹家沟	0911－2215691	
			单间	15	15	580	280			
			标准间	131	131	480	280			
延安金融宾馆	延安金融宾馆	2	套间	5	5	488	190	二道街	0911－2885001	
			单间	2	2	288	130			
			标准间	48	48	288	130			
延安凤凰宾馆	延安凤凰宾馆	2	套间	7	7	480	400	北关街39号	0911－2113691	
			单间	/	/	/	/			
			标准间	80	80	180	160			
延安市延河宾馆	延安市延河宾馆	2	套间	2	2	560	290	北关街帅范路	0911－2569998	
			单间	4	4	400	190			
			标准间	60	60	360	170			
延安虹桥宾馆	延安市生产资料总公司虹桥商务酒店		套间	2	2	460	320	二道街	0911－2681777	
			单间	6	6	280	160			
			标准间	40	40	280	160			
延安高信宾馆	延安高信宾馆		套间	6	6	588	380	南门坡	0911－8223333	
			单间	7	7	388	200			
			标准间	62	62	288	180			
延安高第华庭大酒店	延安高第华庭大酒店		套间	6	6	1088	540	百米大道中段	0911－2998888	
			单间	5	5	588	290			
			标准间	124	124	588	290			
延安宏泰假日酒店	延安翔泰实业发展有限公司宏泰假日酒店		套间	1	1	1288	600	百米大道	0911－8212888	
			单间	17	17	488	220			
			标准间	111	111	318	160			
延安圣都商务大酒店	延安圣都商务大酒店		套间	12	12	1288	560	百米大道	0911－8220006	
			单间	9	9	588	220			
			标准间	94	94	548	170			
延安泰德大酒店	延安泰德大酒店有限公司		套间	13	13	888	300	圣地路	0911－2338111	
			单间	13	13	498	220			
			标准间	156	156	488	180			

陕西

饭店名称	发票开具单位名称	星级	客房（元/天）					地　址	前台电话	备　注
			房型	总间数	协议间数	门市价	协议价			
延安窑苑假日酒店	延安仕林苑酒店投资有限公司窑苑假日酒店		套间	37	37	488	350	延大校园内	0911－8068888	
			单间	5	5	298	240			
			标准间	114	114	288	180			
铜川市										
交通大厦	交通大厦	3	套间	6	6	480	380	新区长虹南路1号	0919－3588888	
			单间	12	12	218	140			
			标准间	80	80	180	140			
新懋酒店	新懋酒店	3	套间	4	4	328	200	新区长虹北路6号	0919－3181888	
			单间	/	/	/	/			
			标准间	38	38	168	130			
新凯悦酒店	新凯悦酒店	3	套间	3	3	380	140	新区铁诺南路	0919－3183001	
			单间	1	1	280	120			
			标准间	38	38	160	100			
花园饭店	花园饭店	3	套间	12	12	388	280	耀州区药王路88号	0919－6285688	
			单间	10	10	198	140			
			标准间	95	95	198	140			
铜川饭店	铜川饭店	4	套间	9	9	488	358	红旗街25号	0919－2183777	
			单间	/	/	/	/			
			标准间	74	74	180	140			
正阳酒店	正阳酒店	4	套间	18	18	960	228	新区正阳路16号	0919－3196666	
			单间	20	20	560	140			
			标准间	126	126	560	140			
渭南市										
渭南市人民政府招待所	渭南市人民政府招待所		套间	5	5	300	180	东风街72号	0913－2158400	
			豪华标准间	7	7	280	160			
			甲级标准间	67	67	130	110			
渭南饭店	渭南饭店		套间	30	30	160	138	朝阳路23号	0913－2072632	
			标准间	152	152	130	110			
祥龙宾馆	祥龙宾馆	3	套间	5	5	688	400	朝阳路中段	0913－2131801	
			单间	9	9	188－300	130－200			
			豪华标准间	24	24	288	190			
			普通标准间	25	25	188	130			

陕西

饭店名称	发票开具单位名称	星级	客房（元/天）					地址	前台电话	备注
			房型	总间数	协议间数	门市价	协议价			
渭河花园酒店	渭河花园酒店	3	套间	6	6	588	320	东风街西段56号	0913－2108888	
			商务标准间	44	44	298	150			
			普通标准间	38	38	238	120			
国贸大酒店	国贸大酒店		套间	8	8	308	260	东风街中段1号	0913－2062345	
			商务标准间	48	48	298	238			
			豪华标准间	135	135	198	160			
恒昌大酒店	恒昌大酒店		套间	16	16	238	190	东风街中段6号	0913－8195666	
			商务标准间	36	36	188	160			
			标准间	76	76	168	130			
咸阳市										
时代王朝大酒店	陕西时代王朝大酒店有限责任公司		普标	55	55	258	218	咸阳市秦都区体育场十字西南角	029－38160000	
			普单	23	23	258	218			
			豪标	16	16	298	258			
			商标	3	3	298	258			
			商单	7	7	298	258			
			商务套房	4	4	488	408			
			豪华套房	7	7	558	488			
锦绣中华大酒店	西北水利科技干部培训中心		套间	4	4	600	280	咸阳市中华路3号	029－33376666	
			单间	13	13	300	120			
			标准间	46	46	300	120			
燕原宾馆	二〇二所饮食服务公司燕原宾馆	2	套间	3	3	380	350	咸阳市毕塬东路5号	029－33787884	
			单间	11	11	180	138			
			标准间	32	32	180	138			
东方宾馆	新东方餐饮娱乐有限公司	3	豪华套房	7	7	368	280	咸阳市渭阳西路16号	029－33578888	
			豪华标间	49	49	238	148			
			商务标间	10	10	288	168			
彩虹宾馆	咸阳彩虹宾馆管理有限公司	3	豪华商务套房	1	1	688	488	咸阳彩虹路1号	029－33334800	
			套房	13	13	458	320			
			商务标间	16	16	348	180			
			豪华标间	58	58	318	150			
			普通标间	48	48	288	150			
咸阳国贸大酒店	咸阳国贸大酒店有限公司		豪华标准间	126	126	458	238	陕西咸阳渭阳中路1号	029－33178890	
			豪华单人间	22	22	458	218			
			豪华套房	11	11	908	360			
金桥国际商务酒店	陕西金桥餐饮娱乐有限公司	4	标准间	12	12	398	160	咸阳市玉泉西路1号	029－33569100	
			商务标间	90	90	458	178			
			豪华标准间	16	16	520	228			
			标准套房	2	2	996	428			
			豪华套房	1	1	1299	549			

饭店名称	发票开具单位名称	星级	客房（元/天）					地址	前台电话	备注
			房型	总间数	协议间数	门市价	协议价			
咸阳圣都大酒店	咸阳圣都大酒店有限公司		标准间	80	80	278	140	咸阳市咸通北路2号	029－33633666	
			单人间	8	8	278	130			
			豪华标间	8	8	439	219			
			豪华单间	3	3	539	239			
			豪华套间	3	3	1080	499			
宝鸡市										
西府宾馆	宝鸡西府宾馆有限责任公司	2	套间	8	8	218	140	中山西路56号	0917－3652266	
			单间	10	10	150	90			
			标准间	90	90	150	90			
天外天大酒店	宝鸡天外天大酒店	3	套间	10	10	680	430	陈仓区虢镇人民街7号	0917－6215940	
			单间	8	8	360	160			
			标准间	105	105	360	150			
			三人间	15	15	360	150			
嘉信宾馆	宝鸡嘉信商务有限公司	3	套间	5	5	480	346	广元路10号	0917－3247788	
			单间	8	8	268	210			
			标准间	82	82	218	168			
			三人间	5	5	298	210			
华康宾馆	宝鸡华康宾馆有限责任公司	2	套间	2	2	588	250	经二路93号付1号	0917－3270080	
			单间	12	12	388	190			
			标准间	32	32	308	140			
			三人间	12	12	368	195			
万全宾馆	宝鸡万全商贸（集团）有限公司	3	套间	26	26	368	180	经二路58号	0917－3270700	
			单间	10	10	218	120			
			标准间	300	300	218	120			
			三人间	12	12	268	160			
宝鸡宾馆	宝鸡宾馆	3	套间					公园路212号	0917－3675895	
			单间							
			标准间	45	45	398	200			
			三人间	10	10	498	200			
好世界酒店	宝鸡市好世界酒店有限公司		套间	2	2	388	200	文化路2号	0917－3246690	
			单间	20	20	268	120			
			标准间	66	66	268	120			
万利酒店	宝鸡万利商贸有限责任公司	3	套间	27	27	688	420	火炬路中段12号	0917－3602266	
			单间	18	18	568	200			
			标准间	289	289	398	200			
怡和酒店	宝鸡怡和酒店	4	套间	12	12	668	370	火炬路中段10号	0917－3315959	
			单间	6	6	368	200			
			标准间	128	128	388	168			
			三人间	10	10	398	200			

饭店名称	发票开具单位名称	星级	客房（元/天）					地址	前台电话	备注
			房型	总间数	协议间数	门市价	协议价			
美伦大酒店	宝鸡市华盛商贸有限公司聚丰美伦大酒店	3	套间	3	3	688	360	开发区火炬路2号	0917－3605168	
			单间	13	13	198	140			
			标准间	58	58	258	160			
锦江之星旅馆	宝鸡三迪酒店有限公司		套间	7	7	259	240	宝鸡市金台区宝虢路8号	0917－2701222	
			单间	31	31	219	200			
			标准间	63	63	199	190			
陈仓君悦酒店	宝鸡市育才陈仓君悦酒店有限公司		套间	8	8	688	355	宝鸡市陈仓区虢镇南环路东段	0917－6266111	
			单间	12	12	398	210			
			标准间	218	218	398	210			
高新君悦酒店	宝鸡高新君悦酒店有限责任公司		套间	16	16	1366	558	高新大道69号	0917－3908666	
			单间	40	40	418	268			
			标准间	90	90	418	268			
汉中市										
汉中红叶大酒店	汉中红叶大酒店有限公司	4	套间	16	16	980	470	汉中市汉台区劳动东路33号	0916－2383998	
			单间	52	52	460	245			
			标准间	92	92	460	260			
邮政大酒店	邮政大酒店	4	套间	6	6	880	460	汉中市汉台区天汉大道中段	0916－2118888	
			单间	6	6	360	240			
			标准间	130	130	480	260			
汉中金江大酒店	汉中金江大酒店有限公司	3	套间	2	2	880	440	汉中市汉台区人民路北段	0916－2238588	
			单间	25	25	398	180			
			标准间	160	160	498	160			
汉中田园大酒店	汉中田园大酒店	3	套间	6	6	580	280	汉中市汉台区劳动东路1号	0916－2111866	
			单间	29	29	380	140			
			标准间	133	133	380	140			
汉中国贸大酒店	汉中国际贸易中心有限公司	3	套间	12	12	688	380	汉中市汉台区中心广场西南侧	0916－2522888	
			单间	11	11	460	180			
			标准间	130	130	460	180			
紫晶时尚酒店	紫晶时尚酒店		套间	3	3	998	450	汉中市汉台区兴汉东路中段	0916－2612666	
			单间	7	7	460	180			
			标准间	54	54	460	180			
西凤宾馆	汉中百盛实业有限公司西凤宾馆		套间	8	8	488	300	汉中市汉台区人民路北段1号	0916－2110888	
			单间	8	8	288	160			
			标准间	72	72	288	160			

饭店名称	发票开具单位名称	星级	客房（元/天）					地　址	前台电话	备　注
			房型	总间数	协议间数	门市价	协议价			
利亨酒店	汉中利亨酒店管理有限公司		套间	3	3	888	388	汉中市汉台区民主街市政协楼下	0916－2628880	
			单间	11	11	428	180			
			标准间	36	36	398	168			
榆林市										
榆林人民大厦	榆林人民大厦有限责任公司		套间	46	46	2180	568	榆林市经济开发区明珠大道	0912－8173999/8173888－6103	
			单间	99	99	1380	298			
			标准间	190	190	1098	298			
银河大酒店	榆林银河大酒店有限公司	涉外3	套间	9	9	788	520	榆林市长城南路199号	0912－3239000/3680333	
			单间	18	18	418	220			
			标准间	118	118	388	200			
榆林市精华王子大饭店有限公司	榆林市精华王子大饭店有限公司	商务	套间	6	6	888	460	榆林市柳营西路1号	0912－3528888	
			单间	71	71	480	238			
			标准间	63	63	380	220			
榆阳国际大酒店	榆林榆阳国际大酒店有限公司	4	套间	4	4	898	490	榆林市榆阳区政府兴榆路6号	0912－3592222/3592111	
			单间	25	25	288	180			
			标准间	157	157	478	190			
榆林市四海明珠大酒店	榆林市四海明珠大酒店有限公司	2	套间	3	3	388	190	榆林市长城南路47号	0912－8125555/8123333	
			单间	14	14	268	140			
			标准间	82	82	328	160			
榆林市四海大酒店	榆林市四海大酒店有限责任公司	3	套间					榆林市新建南路149号	0912－3821999/3823333	
			单间	17	17	368	180			
			标准间	60	60	298	160			
榆林市中承商务会所有限公司	榆林市中承商务会所有限公司	2	套间	6	6	1375	440	榆林市西沙保宁中路	0912－3368000/3368111	
			单间	5	5	680	220			
			标准间	6	6	680	220			
广济大厦	榆林市榆阳区广济大厦	2	套间	4	4	888	580	榆林市西人民路十字	0912－3895158/3895185	
			单间	2	2	258	150			
			普通标准间	70	70	218	130			
			豪华标准间	80	80	268	160			
安康市										
安康宾馆	陕西省安康宾馆	3	标准间	31	31	260	140	汉滨区育才路100号	0915－3183888/3183868	餐饮优惠率10%
			豪华标准间	70	70	300	160			
			单间	6	6	300	160			
			双套间	7	7	580	368			
			三套间	2	2	780	468			
			四套间	1	1	980	588			

饭店名称	发票开具单位名称	星级	客房（元/天）					地址	前台电话	备注
			房型	总间数	协议间数	门市价	协议价			
金苑大厦	安康市莲花实业有限公司金苑大厦	3	标准间	41	41	388	180	汉滨区大桥路2号	0915－3188888/3265806/3265807	
			单间	10	10	388	180			
			双套间	6	6	688	400			
民航大酒店	安康巨丰民航大酒店	3	商务标准间	57	57	368	150	汉滨区兴安西路94号	0915－3181888/3181715	
			套间	4	4	658	360			
大禹酒店	安康大禹酒店有限公司	3	标准间	63	63	318	140	汉滨区大桥南路85号	0915－3196666	
			套间	5	5	618	360			
			三人间	5	5	418	200			
翠屏山庄	陕西安康瀛湖旅游有限责任公司	3	标准间	59	59	268	148	汉滨区瀛湖镇	0915－3020114/3020116	餐饮优惠率30%
			豪华标准间	5	5	298	168			
			套间	4	4	688	368			
			其他房型（临加房）	10	10	100	80			
税务宾馆	安康市伟业工贸有限责任公司	2	普通标准间	65	65	298	140	汉滨区大桥南路15号	0915－3330111/3330222	
			豪华标准间	6	6	328	160			
			单间	4	4	268	140			
			套间	6	6	688	380			
三星宾馆	安康市三星旅游有限公司		普通标准间	27	27	428	120	汉滨区巴山中路78号	0915－3226500	
			商务标准间	40	40	468	150			
			商务单间	4	4	468	150			
			套间	12	12	488	150			
晶海大酒店	安康晶海商务有限公司		标准间	62	62	398	180	汉滨区滨江大道2号	0915－3336001/3336002	
			标准间（无窗）	19	19	298	160			
			套间	10	10	898	350			
			豪华套间	3	3	1198	550			
金扬宾馆	安康市宏达房地产开发有限责任公司金扬宾馆		标准间	56	56	398	130	汉滨区江北黄沟路1号	0915－3438666/3436111	含早餐
			豪华标间	9	9	428	150			
			单间	23	23	498	150			
			套间	5	5	988	360			
金州大酒店	安康市汉滨区金州康源实业有限公司		标准间	21	21	288	120	汉滨区大桥南路38号	0915－3167866/3167888	
			商务标准间	25	25	358	180			
			单间	10	10	328	160			
			套间	4	4	1580	380			
尚元大酒店	安康市双堤商贸有限责任公司尚元大酒店	3	普通标准间	15	15	298	130	汉滨区解放路11号	0915－3168181/3168118	停车免费、餐饮优惠率5%
			豪华标准间	21	21	328	160			
			套间	6	6	698	260			

饭店名称	发票开具单位名称	星级	客房（元/天）					地址	前台电话	备注
			房型	总间数	协议间数	门市价	协议价			
亿佳豪森大酒店	陕西亿佳酒店有限责任公司安康分公司		普通标准间	43	43	388	200	汉滨区兴安中路61号	0915－3333666	
			商务标准间	43	43	488	220			
			行政标准间	49	49	528	240			
			豪华单间	6	6	668	260			
			豪华套间	3	3	1288	520			
金豪国际酒店	安康市金豪大酒店有限公司		普通标准间	106	106	328	168	汉滨区金州南路79号	0915－3333399/3333388/3333366	
			豪华标准间			368	188			
			商务标准间			418	218			
			商务单间	16	16	418	218			
			水床单间			666	238			
			小套间	3	3	666	369			
			大套间	3	3	888	399			
			总统套间	1	1	1288	588			
商洛市										
商洛国际会议中心	陕西金源酒店投资管理有限公司商洛分公司	1	单间	8	8	720	300	商洛市东环路商洛国际会议中心	0914－2956000/2956600	
			标准间	41	41	680	280			
锦都国际酒店	陕西锦都国际酒店有限公司	1	套间	8	8	888	458	商洛市通江西路中段	13399149678/0914－2258111/2258000	
			单间	16	16	558	228			
			数码标准间	102	102	518	208			
华伦商务酒店	商洛市长江实业有限责任公司华伦商务酒店	1	套间	4	4	518	350	陕西省商洛市工农路南段	0914－2988888/2986668	
			单间	18	18	318	168			
			标准间	116	116	258	168			
乾元宾馆	商洛市乾元宾馆	2	套间	2	2	388	310	商洛市名人街金源路口	0914－2323480/13891420631	
			单间	5	5	168	135			
			普通标准间	50	50	168	135			
			数码标准间	38	38	188	145			
天地仁和	商洛市天地仁和餐饮娱乐有限责任公司	1	数码套间	2	2	818	400	商洛市商州区工农路南段	0914－2331118/2331128	
			标准套间	2	2	688	300			
			单间	9	9	268	148			
			标准间	52	52	268	148			
			数码标准间	9	9	288	168			

饭店名称	发票开具单位名称	星级	客房（元/天）					地　址	前台电话	备　注
			房型	总间数	协议间数	门市价	协议价			
君诚商务酒店	商洛市商州区君诚商务酒店	1	套间	2	2	568	258	商洛市商州区州城路和通江路交接处	15991256661/0914－3038800	
			豪华单间	6	6	408	178			
			数码标准间（带电脑）	45	45	380	168			
			数码标准间（有网口，无电脑）	52	52	328	158			
香菊大酒店	陕西香菊集团餐饮娱乐有限公司	3	套间	4	4	480	350	商洛市商州区北新街138号	0914－2316666/2386000	
			单间	6	6	218	138			
			数码标准间	47	47	258	148			
			普通间	2	2	120	90			
丹鹤大酒店	商洛丹鹤大酒店	3	套间	6	6	380	230	商洛市北新街139号	0914－2108108/2108118	
			单间	32	32	118	100			
			标准间	40	40	158	120			
天元皇家宾馆	商洛市长江实业有限责任公司天元皇家宾馆	1	豪套	1	1	428	350	商洛市北新街中心广场东侧	0914－2333333	
			豪单	2	2	160	150			
			普单	3	3	120	110			
			豪标	3	3	160	150			
			数码标准间	6	6	130	130			
			A标	56	56	120	110			
			B标	26	26	110	100			
			普间	21	21	50	50			
嘉里商务酒店	商洛嘉里商务有限责任公司	1	单间	2	2	218	178	商洛市北新街156号	0914－2310666	
			标准间	24	24	218	128			
杨凌示范区										
杨凌国际会展中心酒店	杨凌国际会议展览有限公司会展中心酒店	4	套间	17	17	1198	488	杨凌新桥北路1号	029－87036888	
			单间	28	28	788	256			
			标准间	207	207	688	228			
杨凌鑫诚田园山庄酒店	杨凌鑫诚田园酒店管理公司杨凌田园山庄	3	套间	26	26	568	300	杨凌邰城路1号	029－87072666	
			单间	无	无	无	无			
			标准间	192	192	380	200			

饭店名称	发票开具单位名称	星级	客房（元/天）					地　址	前台电话	备　注
			房型	总间数	协议间数	门市价	协议价			
杨凌中欣酒店	杨凌中欣酒店	2	套间	7	7	488	240	杨凌西农路6号	029－87011313	
			单间	26	26	220	110			
			标准间	47	47	220	110			
杨凌玉皇宫大酒店	玉皇宫大酒店	3	套间	无	无	无	无	杨凌区高干渠路中段	029－87093888	
			单间	3	3	388	188			
			标准间	26	26	288	128			
杨凌西北农林科技大学新天地酒店	西北农林科技大学新天地设施农业有限公司新天地酒店	3	套间	4	4	698	300	杨凌邰城南路中段	029－87071666	
			单间	2	2	498	200			
			标准间	97	97	328	120			
杨凌神农娱乐餐饮有限公司	杨凌神农娱乐餐饮有限公司	3	套间	3	3	468	360	杨凌示范区神农路1号	029－87032000	
			单间	3	3	200	100			
			标准间	44	44	280	130			

甘 肃 省

- 财政部委托甘肃省财政厅负责在甘肃省地级以上城市招标采购出差定点饭店并负责日常监督管理工作。
- 本次政府采购，确定甘肃省出差定点饭店 124 家。
- 出差定点饭店按照与财政部门签订《协议书》的价格向中央和地方各级党政机关和事业单位提供相应的接待服务。
- 如果对协议价格产生疑义，可以要求定点饭店出示《协议书》。
- 如有出差定点饭店变更或协议价格变化，应以“党政机关出差会议定点饭店查询网”的信息为准。
- 本目录中的甘肃省出差定点饭店的详细信息，可在“党政机关出差会议定点饭店查询网”查阅。
- 甘肃省的敦煌市广源大酒店包括了季节性价格差，其中每年 5 – 10 月，其余为淡季，请在使用查询时注意。
- 甘肃省各地区长途电话区号：

兰州市　0931	嘉峪关市　0937
金昌市　0935	白银市　0943
天水市　0938	武威市　0935
酒泉市　0937	张掖市　0936
庆阳市　0934	平凉市　0933
定西市　0932	陇南市　0939
临夏回族自治州　0930	甘南藏族自治州　0941

甘肃省出差定点饭店

饭店名称	发票开具单位名称	星级	客房（价格：元/天）					地址	前台订房电话	备注
			房型	总间数	协议间数	门市价	协议价			
兰州市										
宁卧庄宾馆	甘肃宁卧庄宾馆		套间 1	10	10	1280	600	兰州市天水路 20 号	0931－8265888	
			标准间 1	44	44	680	300			
			套间 2	11	11	1280	600			
			标准间 2	78	78	880	300			
金轮宾馆	甘肃金轮宾馆	4	套间	9	9	958	458	兰州市和政路 72 号	0931－4638888	客房价格含早餐
			标准间 2	84	84	838	300			
			标准间 3	123	123	688	260			
西北宾馆	兰州军区第一招待所	3	套间 1	14	14	800	400	兰州市南昌路 649 号	0931－4815000	客房价格含早餐
			套间 2	16	16	460	300			
			套间 3	21	21	1280	600			
			套间 4	40	40	880	400			
			标准间 1	235	235	460	240			
			标准间 2	48	48	360	180			
			标准间 3	24	24	680	300			
八一宾馆	兰州军区第三招待所	2	套间	14	14	600	350	兰州市定西路 103 号	0931－4819000	客房价格含早餐
			标准间 1	11	11	280	200			
			标准间 2	151	151	260	180			
长城宾馆	兰州军区第四招待所	2	大套间	8	8	980	580	兰州市定西路 268 号	0931－4819999	客房价格含早餐
			小套间	10	10	680	380			
			单间	7	7	298	180			
			标准间	137	137	268	150			
农垦宾馆	甘肃农垦宾馆	3	套间 1	41	41	420	258	兰州市平凉路 8 号	0931－8417878	客房价格含早餐
			套间 2	15	15	300	200			
			单间 1	33	33	290	150			
			单间 2	20	20	190	140			
			标准间 1	109	109	290	160			
			标准间 2	30	30	190	150			
西湖大厦	甘肃西湖培训服务大厦	2	套间	4	4	488	298	兰州市西津东路 458 号	0931－2661499	客房价格含早餐
			标准间	70	70	288	158			
兰州饭店	兰州饭店	4	套间 1	20	20	1080	600	兰州市东岗西路 486 号	0931－8416321	客房价格含早餐
			套间 2	8	8	680	360			
			标准间	210	210	360	180			
			单间	20	20	380	180			

饭店名称	发票开具单位名称	星级	客房（价格：元/天） 房型	总间数	协议间数	门市价	协议价	地址	前台订房电话	备注
兰州友谊饭店	兰州友谊饭店	3	套间1	30	30	880	480	兰州市西津西路16号	0931－2689291	客房价格含早餐
			套间2	9	9	480	300			
			标准间1	249	249	480	260			
			标准间2	162	162	280	180			
美居飞天酒店	甘肃美居飞天之星酒店投资管理有限公司	3	套间	3	3	688	380	兰州市张掖路29号	0931－2126669	客房价格含早餐
			单间	51	51	398	220			
			标准间1	34	34	388	200			
			标准间2	7	7	398	200			
金城宾馆	兰州金城旅游宾馆有限公司	3	套间1	16	16	880	370	兰州市天水中路3号	0931－8885827	客房价格含早餐
			套间2	15	15	860	350			
			标准间1	116	116	428	170			
			标准间2	104	104	380	150			
飞天大酒店	飞天大酒店有限公司	4	套房	14	14	2185	600	兰州市天水南路226号	0931－8915556	客房价格含早餐
			标准间	264	264	920	300			
财会培训中心	甘肃省财政厅财会培训中心	4	套间	17	17	2180	500	兰州市东岗西路696号	0931－8899666	客房价格含早餐
			单间	15	15	1180	300			
			标准间	85	85	1080	300			
金鹏大厦	甘肃省纪检监察干部培训中心	2	套间	6	6	1088	488	兰州市雁滩路4188号	0931－2196907	客房价格含早餐
			小套	9	9	688	288			
			标准间	106	106	388	180			
兰空一所	兰州军区空军司令部第一招待所		套间	5	5	1280	600	兰州市焦家湾路375号	0931－8950069	客房价格含早餐
			单间	15	15	1080	300			
			标准间	150	150	228	120			
胜利宾馆	兰州新胜利宾馆有限公司	3	套间1	4	4	868	500	兰州市庆阳路285号	0931－8466259	客房价格含早餐
			套间2	22	22	668	380			
			标准间1	102	102	318	180			
			标准间2	128	128	258	150			
国际大酒店	甘肃国际大酒店有限公司	3	套间1	24	24	888	390	兰州市庆阳路423号	0931－8457188	客房价格含早餐
			套间2	36	36	588	290			
			单间	38	38	488	190			
			标准间	190	190	488	190			
海天大酒店	甘肃明珠旅游集团有限公司兰州海天大酒店	3	套间	21	21	680	500	兰州市西津东路678号	0931－2602222	客房价格含早餐
			单间	75	75	386	220			
			标准间	60	60	376	220			

饭店名称	发票开具单位名称	星级	客房（价格：元/天）					地址	前台订房电话	备注
			房型	总间数	协议间数	门市价	协议价			
庆阳大厦	兰州庆阳大厦	3	套间	8	8	680	480	兰州市科技街1号	0931－8265702	客房价格含早餐
			单间	68	68	300	200			
			标准间	62	62	320	220			
东金宾馆	甘肃东金宾馆有限公司		套间	1	1	1080	600	兰州市甘南路349号	0931－8884222	客房价格含早餐
			标准间1	57	57	268	140			
			标准间2	8	8	238	140			
微乐花园	甘肃微乐会所餐饮有限公司	3	套间	9	9	720	500	兰州市和平镇	0931－5272209	客房价格含早餐
			标准间	39	39	360	240			
华瑞大厦	甘肃华瑞大厦有限公司	3	套间	23	23	580	360	兰州市金昌南路353号	0931－8413841	客房价格含早餐
			单间	16	16	380	180			
			标准间	80	80	380	160			
翠英大酒店	兰州大学科技开发总公司翠英大酒店	3	套间	16	16	1880	500	兰州市天水南路226号	0931－8915556	客房价格含早餐
			单间	120	120	680	260			
			标准间	88	88	680	260			
西兰大酒店	西兰国际大酒店有限公司	4	套间1	4	4	1288	600	兰州市定西路39号	0931－8615155	客房价格含早餐
			套间2	11	11	1288	510			
			标准间	80	80	698	260			
锦江阳光酒店	甘肃锦江阳光大酒店	4	套间	6	6	800	600	兰州市东岗西路589号	0931－8805511	客房价格含早餐
			单间	15	15	548	400			
			标准间	144	144	518	300			
兴隆山宾馆	甘肃兴隆山宾馆	3	套间	12	12	860	500	兰州市榆中兴隆山	0931－5251188	客房价格含早餐
			单间	8	8	300	200			
			标准间	72	72	280	180			
华宇宾馆	兰州航天接待转运站	3	套房	4	4	888	400	兰州市南昌路435号	0931－4586118	客房价格含早餐
			单间	14	14	288	180			
			标准间1	48	48	388	200			
			标准间2	9	9	488	230			
华联宾馆	华联宾馆有限责任公司		套间	6	6	599	260	兰州市天水路7－9号	0931－4992118	
			单间	28	28	439	180			
			标准间1	56	56	439	180			
			标准间2	126	126	339	160			
嘉峪关市										
国际大酒店	嘉峪关国际大酒店		套间					嘉峪关市和诚东路	0937－6303888/6303777	
			单间							
			标准间	92	92	720	300			

甘肃

饭店名称	发票开具单位名称	星级	客房（价格：元/天）					地址	前台订房电话	备注
			房型	总间数	协议间数	门市价	协议价			
武威铁路嘉峪关铁道宾馆	嘉峪关铁道宾馆	2	套间	6	6	680	220	嘉峪关市迎宾路1号	0937－6311234	
			单间	6	6	200	110			
			标准间	70	70	280	120			
嘉峪关市长城宾馆	嘉峪关市长城宾馆	4	套间	6	6	980	500	嘉峪关市建设西路6号	0937－6226306/6225266	
			单间	8	8	760	240			
			标准间	98	98	560	200			
			豪华标准间	34	34	760	280			
东方宾馆	嘉峪关市三合春糖酒食品经贸有限公司东方宾馆	3	套间	2	2	780	380	嘉峪关市迎宾西路东方宾馆	0937－6301866	
			单间	6	6	420	180			
			标准间	70	70	420	160			
			三人标准间	2	2	600	210			
国泰大酒店	嘉峪关国泰大酒店有限公司	3	商务套间	4	4	1860	600	嘉峪关市雄关广场南侧	0937－6326699	
			单间	2	2	486	280			
			商务标准间	4	4	798	280			
			豪华套间	4	4	798	480			
			豪华标准间	70	70	368	220			
嘉峪关宾馆1号楼	酒钢（集团）嘉峪关宾馆有限责任公司	4	单间	20	20	780	280	嘉峪关市新华北路1号	0937－6226983/6201441	
			标准间	61	61	768	240			
嘉峪关宾馆2号楼			单间	6	6	668	200			
			标准间	48	48	668	200			
酒钢宾馆	酒钢宾馆	4	套间	9	9	1788	600	嘉峪关市雄关西路2号	0937－6714425/6201777/6201888	
			单间	29	29	682	300			
			标准间	146	146	682	300			
嘉峪关花苑大酒店	嘉峪关市花苑餐饮有限责任公司		套间	6	6	1680	600	嘉峪关市曙光街1号	0937－6308888	
			单间	4	4	580	300			
			标准间	33	33	580	280			
华天宾馆	嘉峪关市华天经贸有限责任公司	2	套间	4	4	580	180	迎宾路法院十字路口	0937－6305777	
			单间	2	2	388	120			
			标准间	27	27	388	120			
青年宾馆	嘉峪关市青年宾馆有限责任公司	3	套间	8	8	688	400	嘉峪关市建设西路3号	0937－6201088	
			单间	4	4	360	148			
			标准间	80	80	360	148			
峪达大酒店	金昌市金川建筑安装工程有限责任公司嘉峪关峪达大酒店	3	豪华套间	3	3	1288	600	嘉峪关市迎宾湖旅游园区西南侧	0937－6321111/6229999	
			商务湖景标	2	2	588	300			
			商务标间	8	8	508	300			
			湖景标准间	34	34	488	288			
			标准间	36	36	468	268			
			单人间	8	8	468	288			

饭店名称	发票开具单位名称	星级	客房（价格：元/天）					地　址	前台订房电话	备　注
			房型	总间数	协议间数	门市价	协议价			
汇力商务公寓	汇力商务公寓	3	标准间	113	113	498	180	雄关广场西侧	0937－6311888/6315888	
金昌市										
金昌饭店	金昌市政府招待所	3	套房	6	6	480	380	甘肃省金昌市金川区新华路	0935－8610058	
			商务套间	3	3	880	380			
			豪华套间	2	2	1380	580			
			单间	7	7	200	160			
			标准间	80	80	300	200			
金川宾馆	金昌金川宾馆有限责任公司	3	套间	14	14	500	450	甘肃省金昌市金川区北京35号	0935－8611808/8611809/3625070	
			单间	47	47	160	144			
			豪华标准间	104	104	300	270			
			普通标准间	80	80	140	126			
龙首山庄	龙首山庄	4	套间	9	6	860	598	甘肃省金昌市金川区金川西路16号	0935－8611588	
			单间	14	14	368	290			
			标准间	36	26	398	298			
白银市										
世纪宾馆	白银公路总段机械化工程公司	3	套间	4	4	398	300	白银区北京路488号	0943－8262269	
			单间	7	7	188	140			
			标准间	53	53	158	120			
白银饭店	白银市白银饭店有限公司	3	套间					白银区红星街269号	0943－8261111	
			单间							
			标准间	68	68	198	108			
白银万盛大酒店	中泰万盛集团白银万盛大酒店有限公司	4	套间	10	10	688	398	白银西区万盛8号	0943－8660111	
			单间	9	9	448	248			
			标准间	86	86	318	168			
白银饭店	白银市白银饭店有限公司	4	套间	8	8	698	288	白银区红星街269号	0943－8261111	
			单间	19	19	398	168			
			标准间	41	41	398	168			
凯圆宾馆	白银凯悦商贸有限责任公司		套间	16	16	140	120	白银区四龙路501号	0943－8221003	
			单间							
			标准间	28	28	120	100			
红鹭宾馆	白银有色集团股份有限公司红鹭宾馆		套间	28	28	488	228	白银区友好路68号	0943－8627002	
			单间							
			标准间	55	55	140	108			

饭店名称	发票开具单位名称	星级	客房（价格：元/天）					地址	前台订房电话	备注
			房型	总间数	协议间数	门市价	协议价			
白银绿色农业示范园	白银绿色农业示范园	4	套间	16	16	328	280	白银区四龙镇	0943－8823199	
			单间	20	20	208	160			
			标准间	80	80	228	180			
华谊大酒店	华谊大酒店	3	套间	2	2	450	360	白银区北京路488号	0943－8262269	
			单间	6	6	236	130			
			标准间	31	31	236	130			
电鑫宾馆	白银市电鑫宾馆餐饮有限责任公司	3	套间	8	8	680	598	白银区人民路99号	0943－8251999	
			单间	10	10	218	191			
			标准间	60	60	138	121			
金源大酒店	白银金源大酒店有限公司	4	套间	8	8	880	356	白银区北京路299号	0943－8265777	
			单间	16	16	480	186			
			标准间	24	24	428	170			
天水市										
天河大酒店	天水天河大酒店有限公司	3	套间	7	7	588	352	秦州区藉河北路5号	0938－8287666	
				10	10	330	198			
			单间	16	16	328	196			
			标准间	80	80	298	178			
天水迎宾馆	天水市人民政府招待所	3	套间	1	1	1888	600	秦州区建设路158号	0938－8212921	
				3	3	888	480			
				6	6	568	280			
			单间	10	10	380	170			
			标准间	71	71	380	170			
				68	68	258	130			
天水宾馆	天水宾馆有限公司		套间	25	25	1280	600	秦州区迎宾路5号	0938－8615555	
			单间	21	21	688	300			
			标准间	79	79	588	300			
华辰大酒店	天水华辰大酒店	4	套间	12	12	980	500	秦州区岷山路	0938－8611111	
			单间	10	10	600	260			
			标准间	140	140	580	260			
天辰大酒店	天水天辰大酒店有限公司	3	套间	16	16	1580	580	秦州区重新街1号	0938－8391888	
						1280	480			
			单间	28	28	458	160			
			标准间	94	94	458	160			
阳光饭店	天水金色阳光实业有限公司	4	套间	5	5	988	498	秦州区中华西路步行街19号	0938－8271666	
			单间	2	2	568	285			
			标准间	42	42	588	298			

饭店名称	发票开具单位名称	星级	客房（价格：元/天）					地　址	前台订房电话	备　注
			房型	总间数	协议间数	门市价	协议价			
凯悦大酒店	凯悦大酒店有限公司	3	套间	4	4	648	388	秦州区民主路6号	0938－8215888	
			单间	21	21	348	158			
			标准间	48	48	368	168			
				15	15	328	148			
森港大酒店	天水森港大酒店有限公司	3	套间	4	4	668	330	秦州区岷山路国税大厦	0938－8291111	
			单间	3	3	398	220			
				2	2	468	240			
			标准间	36	36	368	180			
武威市										
武威市天马宾馆有限责任公司	武威市天马宾馆有限责任公司	3	单间	8	8	380	280	武威市西大街41号	0935－2212356	
			标准间	82	82	580	280			
酒泉市										
世纪大酒店	酒泉市世纪大酒店	4	套间	10	10	980	588	酒泉市世纪大道53号	0937－2666186	
			单间	5	5	498	298			
			标准间	54	54	468	268			
龙腾宾馆	酒泉龙腾宾馆	3	套间	2	2	1280	480	酒泉市东环南路31号	0937－2612491	
			单间	15	15	380	180			
			标准间	60	60	380	160			
航天饭店	酒泉航天饭店有限责任公司	3	套间	16	16	1088	488	肃州区仓门街42号	0937－2671221	
			单间	8	8	538	180			
			标准间	70	70	488	150			
阿克塞宾馆	阿克塞县政府招待所	3	套间	9	9	888	580	阿克塞县金山路9号	0937－8322063	
			单间	31	31	488	280			
			标准间	48	48	488	280			
瓜州宾馆	瓜州县瓜州宾馆有限责任公司	3	套间	9	9	988	488	瓜州县县府街77号	0937－5515180	
			单间	14	14	498	298			
			标准间	66	66	388	198			
玉门宾馆	玉门宾馆甘来金业有限公司	3	套间	4	4	688	588	玉门市新城区	0937－3339300	
			单间	10	10	398	298			
			标准间	60	60	238	198			
敦煌大厦	敦煌大厦	3	套间	9	9	1180	220	敦煌市沙洲南路15号	0937－8825006	
			单间	2	2	480	150			
			标准间	110	110	480	150			

饭店名称	发票开具单位名称	星级	客房（价格：元/天）					地　址	前台订房电话	备　注
			房型	总间数	协议间数	门市价	协议价			
太阳大酒店	敦煌太阳大酒店	4	套间	12	12	1588	580	敦煌市沙洲北路5号	0937－8855268	
			单间	12	12	888	298			
			标准间	111	111	888	298			
金龙大酒店	敦煌市金龙大酒店	2	套间	4	4	498	280	敦煌市阳关中路30号	0937－8850344/8850268	
			单间							
			标准间	56	56	388	160			
敦煌大酒店	敦煌大酒店	3	套间	5	5	500	300	敦煌阳关中路16号	0937－8825818	
			单间	2	2	500	298			
			标准间	70	70	380	200			
敦煌宾馆	敦煌宾馆有限责任公司	4	套间	14	9	1480	598	敦煌市阳关东路14号	0937－8859268/8859368	
			单间	8	7	860	298			
			标准间	84	70	880	298			
阳关大酒店	敦煌市阳关大酒店有限责任公司	3	套间	4	4	888	380	敦煌市沙洲南路7号	0937－8851002	
			单间	4	4	468	160			
			标准间	120	120	468	160			
广源大酒店（旺季）	敦煌市广源实业有限公司广源大酒店	3	套间	5	5	1288	488	敦煌市鸣山路23号	0937－8821488	
			单间	10	10	688	260			
			标准间	110	110	688	200			
广源大酒店（淡季）	敦煌市广源实业有限公司广源大酒店	3	套间	5	5	1288	300	敦煌市鸣山路23号	0937－8821488	
			单间	10	10	688	200			
			标准间	110	110	688	140			
敦煌饭店	敦煌市晨光实业有限责任公司	3	套间	4	4	1288	588	敦煌市鸣山路16号	0937－8852999	
			单间	10	10	788	298			
			标准间	69	69	688	188			
张掖市										
张掖华辰国际大酒店	甘肃张掖华辰国际大酒店有限公司	4	普标	80	80	660	290	张掖市甘州区东大街20号	0936－8277655	
			普单	18	18	660	290			
甘州宾馆	张掖市金利豪商贸有限公司	3	普标	60	60	398	208	张掖市甘州区南大街373号	0936－8888822	
			普单	10	10	398	208			
			普套	11	11	598	388			
甘肃张掖电力大厦	张掖市金源电力实业有限责任公司		普标	22	22	360	180	张掖市甘州区西大街61号	0936－8268028	
			普单	16	16	320	160			
			豪华标间	56	56	580	290			
			豪华套间	8	8	1280	600			

饭店名称	发票开具单位名称	星级	客房（价格：元/天）					地址	前台订房电话	备注
			房型	总间数	协议间数	门市价	协议价			
金鼎宾馆	张掖市金鼎宾馆	3	普标	40	40	258	118	张掖市甘州区青年东路94号	0936－8252500/8252501	
			豪华标间	6	6	398	178			
			豪华商务房	5	5	518	228			
			豪华套房	7	7	398	178			
			豪华三人间	3	3	398	178			
张掖市水利宾馆	张掖市甘州区黑河水利培训中心		普标	30	30	188	100	张掖市甘州区南街65号	0936－8258668	
			普单	2	2	188	100			
			普套	2	2	208	148			
			豪华套房	2	2	268	168			
甘州电力宾馆	张掖市睿创商贸有限责任公司	3	普标	32	32	268	128	张掖市甘州区北街十字	0936－8256555	
			普单	6	6	168	108			
			豪华标间	12	12	368	158			
			普套	6	6	418	188			
张掖市祥永宾馆	张掖市祥永宾馆		普标	25	25	148	128	张掖市甘州区南街31号	0936－8230068/8232631	
			普单	2	2	148	128			
			豪华标间	19	19	158	138			
			豪华单间	6	6	188	168			
			豪华套房	2	2	218	188			
庆阳市										
庆阳宾馆	庆阳宾馆	4	套间	13	13	580	520	庆阳市长庆南路62号	0934－8273333	
			单间	16	16	380	290			
			标准间	80	80	380	290			
陇上明珠	陇上明珠	3	套间	6	6	688	488	庆阳市长庆南路73号	0934－8273222	
			单间	8	8	268	168			
			标准间	80	80	268	168			
新港湾大酒店	新港湾大酒店		套间	3	3	588	388	长庆南路永平小区北口	0934－8656799	
			单间	8	8	288	168			
			标准间	29	29	288	168			
平凉市										
平凉华辰大酒店	平凉华辰大酒店有限责任公司	4	单间套	7	7	398	360	甘肃省平凉市崆峒区崆峒东路9号	0933－8611618	
			单间	15	15	298	268			
			标准间	67	67	298	268			
广成大酒店	甘肃广成山庄有限责任公司	5	标准间	119	119	560	288	甘肃省平凉市崆峒镇寨子街	0933－8518888	

饭店名称	发票开具单位名称	星级	客房（价格：元/天）					地址	前台订房电话	备注
			房型	总间数	协议间数	门市价	协议价			
平凉银河宾馆	平凉银河宾馆	2	套间	13	13	488	428	甘肃省平凉市公园路1号	0933－8226489	
			单间	2	2	168	148			
			标准间	53	53	288	180			
平凉宾馆	甘肃平凉宾馆	4	套间	13	9	588	480	崆峒区西大街86号	0933－8253361/8253988	
			单间	9	9	318	220			
			标准间	84	84	288	200			
定西市										
定西宾馆	定西宾馆	3	豪华套间	11	11	400	300	定西市安定区中华路43号	0932－8284166	
			双人套间	4	4	300	200			
			单间	15	15	138	118			
			标准间	64	64	138	118			
			双人普通间	16	16	68	68			
欣大宾馆	定西市欣大经销有限公司		大套间	1	1	868	545	定西市安定区中华路54号	0932－8284888	
			中套间	4	4	388	238			
			小套间	2	2	298	158			
			单间	4	4	168	110			
			标准间	30	30	168	110			
海天宾馆	海天宾馆	3	套间	10	10	388	288	定西市安定区交通路423号	0932－8288898	
			单间	26	26	198	138			
			标准间	63	63	198	138			
凤城大酒店	定西市凤城大酒店有限责任公司		套间	6	6	418	288	定西市安定区交通路279号	0932－8221111	
			单间	20	20	168	118			
			标准间	49	49	168	118			
双星凯悦商务大酒店	定西双星凯悦商务大酒店有限公司		套间	4	4	688	258	定西市安定区中华路64号	0932－8283666	
			单间	8	8	238	118			
			标准间	52	52	238	118			
西锦大酒店	定西鸿邮有限责任公司	3	套间	2	2	268	228	定西市安定区民主街6号	0932－8284588	
			豪华单间	5	5	158	134			
			标准单间	4	4	138	125			
			经济单间	5	5	110	110			
			标准间	47	47	138	125			
金谷宾馆	金谷宾馆	2	套间	6	6	161	161	定西市安定区中华路64号	0932－8213002	
			单间	5	5	91	91			
			标准间	43	43	92	92			

饭店名称	发票开具单位名称	星级	客房（价格：元/天）					地址	前台订房电话	备注
			房型	总间数	协议间数	门市价	协议价			
银珠大酒店	银珠大酒店		套间	3	3	200	180	定西市大什字	0932－8284001	
			单间	4	4	120	100			
			标准间	10	10	92	92			
陇南市										
陇南饭店	陇南饭店	4	套间	10	10	888	598	陇南市武都区下教场	0939－8215321	
			单间	10	10	488	298			
			标准间	140	140	488	298			
宕昌绍兴宾馆（银河国际大酒店）	宕昌银河置业有限公司	3	套间	10	10	1188	360	陇南市宕昌县新城区	0939－6122804	
			单间	36	36	498	160			
			标准间	128	128	498	160			
金成大厦	成州矿业公司	3	套间	4	4	398	279	陇南市成县幸福路	0939－3202999	
			单间	2	2	178	125			
			标准间	48	48	198	139			
东诚大酒店	东诚集团	3	套间	3	3	1180	598	陇南市武都区建设北路	0939－8266999	
			单间							
			标准间	33	33	298	160			
陇南梅园会议中心	恒康集团	3	套间	6	6	2888	598	陇南市康县阳坝镇	0939－6121584	
			单间	6	6	300	180			
			标准间	64	64	288	150			
临夏回族自治州										
河海大厦	临夏河海大厦有限责任公司	2	豪华套间	4	4	570	514	临夏市红园路50号	0930－6235100/6235118/6235154	
			甲级套间	3	3	370	334			
			豪华标准间	9	9	188	170			
			甲级标准间	76	76	168	150			
鸿瑞假日大酒店	甘肃金发鸿瑞假日大酒店集体有限公司	4	豪华商套	6	6	998	600	永靖县刘家峡镇黄河路58号	0930－8837666/8837555/8836836	
			商务套房	4	4	918	550			
			欧式套房	12	12	658	395			
			中式套房	10	10	658	395			
			观光标准间	46	46	398	240			
			观光单人间	12	12	388	235			
			标准间	56	56	368	220			
临夏饭店（贵宾楼）	临夏饭店	3	套间	12	12	438	300	临夏市红园路9号	0930－6232832/6230080	
			单间	2	2	218	168			
			标准间	171	171	218	168			
临夏饭店（迎宾楼）			套间	9	9	328	240			
			单间	72	72	168	120			
			标准间	9	9	138	90			

饭店名称	发票开具单位名称	星级	客房（价格：元/天）					地址	前台订房电话	备注
			房型	总间数	协议间数	门市价	协议价			
黄河宾馆	永靖县政府招待所	2	套间	10	10	488	310	永靖县刘家峡镇黄河路2号	0930－8832096	
			单间	2	2	180	140			
			标准间	34	34	150	120			
邮政宾馆	康乐邮政		套间	12	12	120	100	康乐县新街23号	0930－4422888	
			单间	2	2	90	80			
			标准间	38	38	80	70			
甘南藏族自治州										
甘南饭店	甘南饭店有限责任公司	3	套间（贵宾楼）	4	4	580	580	原合作市人民街83号	0941－8212611/8214733	
			套间（东楼）	8	8	200	200			
			单间							
			标准间（贵宾楼）	42	42	240	240			
			标准间（东楼）	57	57	150	150			
人大培训中心（金盛大酒店）	奇仓土特产有限责任公司		套间	3	3	260	240	合作市玛曲东路110号	0941－8210756/8210758	
			单间							
			标准间	40	40	180	150			
卓尼县大峪沟兴隆旅游开发有限责任公司宾馆	卓尼县大峪沟兴隆旅游开发有限责任公司	2	套间	30	30	380	358	卓尼县大峪沟藏族风情苑内	0941－3692086	
			单间							
			标准间	69	69	260	180			
野林关大酒店	野林关大酒店		套间	20	20	560	320	临潭县冶力关镇	0941－3271888	
			单间	18	18	298	180			
			标准间	166	166	298	180			
卓尼县政府招待所	卓尼县政府招待所	3	套间	4	4	408	380	卓尼县柳林镇民主街县政府对面	0941－3623888	
			单间	4	4	228	180			
			标准间	26	26	188	150			
迭部宾馆	迭部县人大办	2	套间	4	4	368	288	迭部县	0941－5625001	
			单间							
			标准间	32	32	148	118			
吉祥饭店	地税局	3	套间	5	5	350	310	玛曲县尕玛路135号	0941－6121111	
			单间	4	4	120	80			
			标准间	50	50	230	180			
拉卜楞西羚大酒店	拉卜楞西羚大酒店	2	套间	5	5	480	320	拉卜楞人民东街	0941－7125528	
			单间	2	2	380	140			
			标准间	49	49	380	140			

甘肃

饭店名称	发票开具单位名称	星级	客房（价格：元/天）					地　址	前台订房电话	备　注
			房型	总间数	协议间数	门市价	协议价			
卓尼大酒店	卓尼县圣域大酒店	2	套间	2	2	298	280	卓尼县柳林镇滨河东路98号	0941－3623594/3623664	
			单间	3	3	188	180			
			标准间	45	45	138	100			
迭部县政府招待所	迭部县政府	2	套间	4	4	368	288	迭部县兴迭街9号	0941－5699999	
			单间							
			标准间	31	31	168	130			
迭部县益民饭店	迭部县人大办	3	套间	2	2	588	470	迭部县兴迭东街146号	0941－5623599	
			单间							
			标准间	24	24	268	190			
迭部县瑞峰宾馆	迭部县人大办	3	套间	4	4	268	268	迭部县西河滩滨河路	0941－5621666	
			单间							
			标准间	35	35	128	128			
迭部县贡阁宾馆	迭部县贡阁宾馆		套间	1	1	388	380	迭部县新华书店综合楼	0941－5699555	
			单间							
			标准间	17	17	128	100			
腊子宾馆	迭部县人大办		套间	2	2	388	320	迭部县腊子口	0941－5731018	
			单间							
			标准间	10	10	218	160			

青 海 省

- 财政部委托青海省财政厅负责在青海省地级以上城市招标采购出差定点饭店并负责日常监督管理工作。
- 本次政府采购，确定青海省出差定点饭店35家。
- 出差定点饭店按照与财政部门签订《协议书》的价格向中央和地方各级党政机关和事业单位提供相应的接待服务。
- 如果对协议价格产生疑义，可以要求定点饭店出示《协议书》。
- 如有出差定点饭店变更或协议价格变化，应以“党政机关出差会议定点饭店查询网”的信息为准。
- 本目录中的青海省出差定点饭店的详细信息，可在“党政机关出差会议定点饭店查询网”查阅。
- 青海省的出差定点饭店包括了季节性价格差，其中旺季为每年5－10月，其余为淡季，请在使用查询时注意。
- 青海省各地区长途电话区号：

西宁市　0971　　海东地区　0972
海北藏族自治州　0970　　海南藏族自治州　0974
黄南藏族自治州　0973　　果洛藏族自治州　0975
玉树藏族自治州　0976
海西蒙古族藏族自治州　0977

青海省出差定点饭店

饭店名称	发票开具单位名称	星级	客房（价格：元/天）						地址	前台预定电话	备注
			房型	总间数	协议间数	门市价	协议价	旺季价			
西宁市											
青海营苑旅游开发有限公司	青海营苑旅游开发有限公司	3	套间	4	4	680	480	480	互助北山林场国家树林地质公园	0971－8395266	
			单间	8	8	380	240	280			
			标准间	84	84	380	180	240			
西宁市伊尔顿国际饭店有限公司	西宁市伊尔顿国际饭店有限公司	4	套间	20	20	968	390	585	西宁市东关大街59号	0971－8161174	
			标准间	98	98	688	280	420			
青海东湖旅业有限责任公司	青海东湖旅业有限责任公司		套间	10	10	1880	600	900	西宁市同仁路付2号	0971－6121988	
			单间	20	20	1088	300	450			
			标准间	50	50	1088	300	450			
青海华辰大酒店有限公司	青海华辰大酒店有限公司	4	套间	4	4	998	450	675	西宁市八一中路45号	0971－8800999	
			单间	12	12	568	270	400			
			标准间	73	73	628	270	400			
青海浩海房地产开发有限公司西宁大厦	青海浩海房地产开发有限公司西宁大厦	4	套间	29	29	998	490	730	西宁市建国路61号	0971－8164799	
			单间	5	5	488	280	320			
			标准间	114	114	568	280	320			
青海省西宁宾馆	青海省西宁宾馆	3	套间	39	39	1680	600	868	西宁市七一路348号	0971－8463333	
			单间	78	78	460	260	388			
			标准间	195	195	560	300	450			
青海省小岛文化教育发展基地小岛宾馆	青海省小岛文化教育发展基地小岛宾馆	3	套间	10	10	580	300	380	西宁市五四西路35号	0971－6300193	
			标准间	70	70	320	160	220			
青海中发源餐饮有限公司	青海中发源餐饮有限公司	4	套间	14	14	728	600	828	西宁市大众街树林巷1号	0971－7111116	
			标准间	93	93	528	300	450			
青海省胜利宾馆	青海省胜利宾馆	4	套间	36	36	1280	498	746	西宁市黄河路160号	0971－6180666	
			单间	19	19	1080	298	446			
			标准间	83	83	880	298	446			
西宁三榆大酒店有限公司	西宁三榆大酒店有限公司	3	套间	30	30	798	438	560	西宁市长江路40号	0971－6102999	
			单间	28	28	398	198	260			
			标准间	220	220	398	238	280			
青海青藏大厦有限责任公司	青海青藏大厦有限责任公司	3	套间	10	10	688	320	460	西宁市西川南路43号	0971－6331427	
			单间	12	12	428	160	240			
			标准间	130	130	468	180	270			

饭店名称	发票开具单位名称	星级	客房（价格：元/天）						地址	前台预定电话	备注
			房型	总间数	协议间数	门市价	协议价	旺季价			
青海假日王朝大酒店有限公司	青海假日王朝大酒店有限公司	4	套间	15	15	1888	600	900	西宁市五四西路48号	0971-6365323	
			单间	35	35	688	288	430			
			标准间	135	135	688	288	430			
青海穆斯林大厦	青海穆斯林大厦	3	套间	3	3	580	430	640	西宁市七一路9号	0971-8138900	
			单间	11	11	380	180	260			
			标准间	117	117	380	180	260			
青海盐湖海润酒店管理有限公司	青海盐湖海润酒店管理有限公司		套间	21	21	1500	600	900	西宁市胜利路19号	0971-6166667	
			单间	40	40	620	290	430			
			标准间	160	160	620	290	430			
西宁市夏都实业有限公司	西宁市夏都实业有限公司	3	套间	2	2	788	380	450	西宁市黄河路154号	0971-6246594	
			单间	11	11	588	290	420			
			标准间	84	84	488	240	360			
青海北浮大酒店经营管理有限公司	青海北浮大酒店经营管理有限公司	3	套间	3	3	488	240	360	西宁市五四大街40号	0971-6167262	
			标准间	114	114	368	180	270			
青海华德宾馆有限责任公司	青海华德宾馆有限责任公司	3	标准间	72	72	518	160	220	西宁市祁连路97号	0971-8064117	
西宁三江源饭店有限公司	西宁三江源饭店有限公司	3	套间	1	1	588	350	520	西宁市祁连路292号	0971-8178988	
			标准间	85	85	368	180	270			
青海兴业房地产开发公司雅荷花园酒店	青海兴业房地产开发公司雅荷花园酒店		标准间	86	86	368	240	358	西宁市七一路334-8号	0971-8211188	
青海瑞捷商务宾馆	青海瑞捷商务宾馆		标准间	87	87	368	170	255	西宁市长江路52号	0971-8218000	
青海天年阁饭店	青海天年阁饭店	4	套间	5	5	1688	600	800	西宁市新宁路16号	0971-6076677	
			单间	20	20	688	280	420			
			标准间	94	94	688	280	420			
西宁西湖宾馆	西宁西湖宾馆	3	套间	6	6	988	450	600	西宁市城东经济开发区开元路15号	0971-8817666	
			单间	5	5	468	180	260			
			标准间	112	112	488	180	260			
西宁金座大酒店有限公司	西宁金座大酒店有限公司	3	套间	13	13	680	480	580	西宁市西川南路48号	0971-6301888	
			单间	4	4	480	240	360			
			标准间	116	116	480	240	360			

饭店名称	发票开具单位名称	星级	客房（价格：元/天）房型	总间数	协议间数	门市价	协议价	旺季价	地址	前台预定电话	备注
海东地区											
嘉诚酒店	青海嘉诚投资管理有限公司嘉诚酒店		套间	3	3	888	360	360	青海省海东地区平安县古驿大道227号	0972－8686088/8688168	
			单间	9	9	688	220	240			
			标准间	39	39	438	168	200			
海北藏族自治州											
海北宾馆	海北宾馆	3	套间	6	6	880	600	600	海北州西海镇银滩路17号	0970－8642648	
			单间	3	3	240	200	200			
			标准间	98	98	240	200	200			
旭恒假日大酒店	旭恒假日大酒店	3	套间	12	12	480	300	380	海北州西海镇门源路2号	0970－8646688	
			单间	6	6	320	240	280			
			标准间	100	100	240	160	200			
海南藏族自治州											
海南宾馆	海南宾馆	3	套间	5	5	960	580	580	共和县贵南东路9号	0974－8512773	
			单间	14	14	280	100	100			
			标准间	78	78	320	140	140			
黄南藏族自治州											
热贡宾馆	热贡宾馆		套间	3	3	880	580	580	同仁县隆务镇东格尔路1号	0973－8727088	
			单间	2	2	580	280	280			
			标准间	64	64	288	120	120			
海西蒙古族藏族自治州											
海西宾馆	海西宾馆	3	套间	10	10	688	498	518	德令哈市乌兰路15号	0977－8222781	
			单间	5	5	498	300	320			
			标准间	30	30	398	200	220			
蓝天宾馆	德令哈市蓝天实业有限公司	2	套间	6	6	428	220	220	德令哈市乌兰路15号	0977－8211222	
			单间	4	4	368	200	200			
			标准间	72	72	348	160	160			
金世界宾馆	德令哈市金世界实业有限公司	3	套间	2	2	468	360	360	德令哈市格尔木西路18号	0977－8216110	
			单间	2	2	228	200	200			
			标准间	20	20	228	200	200			
红晶天宾馆	德令哈市红晶天餐饮服务有限责任公司	2	套间	1	1	340	280	280	德令哈市柴达木东路13号	0977－7312666	
			单间	1	1	240	160	160			
			标准间	20	20	260	160	160			
华星饭店	格尔木华星商贸有限公司	3	套间	1	1	888	580	580	格尔木市黄河中路49号	0977－8455555	
			单间	3	3	288	198	198			
			标准间	20	20	238	168	168			

饭店名称	发票开具单位名称	星级	客房（价格：元/天）						地址	前台预定电话	备注
			房型	总间数	协议间数	门市价	协议价	旺季价			
水电宾馆	格尔木水电宾馆有限公司	3	套间	6	6	560	360	360	格尔木市昆仑南路18号	0977－8431788	
			单间	15	15	180	120	120			
			标准间	68	68	228	168	168			
格尔木宾馆	格尔木宾馆	4	套间	11	11	798	500	750	格尔木市昆仑中路43号	0977－8424288	
			单间	5	5	528	260	390			
			标准间	59	59	498	240	360			

宁夏回族自治区

- 财政部委托宁夏回族自治区财政厅负责在宁夏回族自治区地级以上城市招标采购出差定点饭店并负责日常监督管理工作。
- 本次政府采购，确定宁夏回族自治区出差定点饭店 67 家。
- 出差定点饭店按照与财政部门签订《协议书》的价格向中央和地方各级党政机关和事业单位提供相应的接待服务。
- 如果对协议价格产生疑义，可以要求定点饭店出示《协议书》。
- 如有出差定点饭店变更或协议价格变化，应以“党政机关出差会议定点饭店查询网”的信息为准。
- 本目录中的宁夏回族自治区出差定点饭店的详细信息，可在“党政机关出差会议定点饭店查询网”查阅。
- 宁夏回族自治区的出差定点饭店包括了季节性价格差，其中旺季为每年的6－9月，其余为淡季，请在使用查询时注意。
- 宁夏回族自治区各地区长途电话区号：

  银川市　0951　　石嘴山市　0952

  吴忠市　0953　　固原市　0954

  中卫市　0955

宁夏回族自治区出差定点饭店

饭店名称	发票开具单位名称	星级	客房（数量：间；价格：元/天）							地址	前台订房电话	备注
			房型	总间数	协议间数	门市价	协议价	旺季	淡季优惠价			
银川市												
太阳神大酒店	宁夏太阳神大酒店（有限公司）	4	套间	9	9	1688	600	900	600	银川市北京东路123号	0951－7868888	
			单间	32	32	598	300	358	300			
			标准间	74	74	598	300	358	300			
虹桥大酒店	宁夏虹桥大酒店有限责任公司	4	套间	16	16	980	600	788	600	银川市解放西街38号	0951－6918578	
			单间	50	50	580	300	450	300			
			标准间	66	66	580	300	450	300			
新崎特公寓酒店	银川市兴庆区新崎特公寓酒店	4	套间	4	4	1388	600	780	600	银川市利群东街91号	0951－5665888	
			单间	10	10	698	300	428	300			
			标准间（豪华）	56	56	698	300	428	300			
			标准间	56	56	598	298	388	298			
锦湖饭店	宁夏锦湖饭店有限公司	4	套间	9	9	2988	600	900	600	银川市民族北街369号	0951－5686666	
			标准间（豪华）	22	22	1288	300	450	300			
			标准间	25	25	988	300	450	300			
宁丰宾馆	宁夏宁丰宾馆有限公司		套间	15	15	988	598	688	598	银川市解放东街6号	0951－6090002	
			单间	15	15	588	298	418	298			
			标准间	80	80	588	298	398	298			
满春大酒店	银川满春大酒店（有限公司）	3	套间	7	7	488	300	300	260	银川市丽景北街418号	0951－6158666/3990999	
			标准间	129	129	348	180	180	160			
同福宾馆	银川同福餐饮服务有限公司同福宾馆	3	套间	15	15	489	466	466	446	银川市新华东街93号	0951－6036524	
			标准间	29	29	428	298	298	298			
工会大厦	宁夏工会大厦	3	套间	8	8	1288	600	900	600	银川市解放东街1号	0951－6039024	
			单间	32	32	558	300	450	300			
			标准间	63	63	598	300	450	300			
绿洲饭店	银川绿洲饭店有限责任公司	3	套间	13	13	788	569	569	569	银川市解放西街33号	0951－5029799	
			标准间（豪华）	60	60	488	299	299	299			
			标准间	30	30	328	218	218	218			
天豹大酒店	宁夏天豹汽车运输有限责任公司天豹大酒店	3	套间	15	15	688	298	338	298	银川市清和南街1352号	0951－7899555	
			单间	7	7	338	170	230	160			
			标准间	63	63	328	170	230	160			

饭店名称	发票开具单位名称	星级	客房（数量：间；价格：元/天）							地址	前台订房电话	备注
			房型	总间数	协议间数	门市价	协议价	旺季	淡季优惠价			
盛世花园酒店	宁夏盛世花园大酒店有限公司	3	套间	5	5	636	420	420	380	银川市玉皇阁北街46号	0951－6037188	
			单间（豪华）	24	24	356	240	240	180			
			单间	29	29	318	230	230	170			
			标准间	85	85	356	240	240	180			
银座酒店	宁夏银座酒店有限公司	4	套间	2	2	1888	600	900	600	银川市长城东路553号	0951－6020777	
			单间	40	40	688	300	450	300			
			标准间	66	66	728	300	450	300			
荣源大酒店	银川荣源大酒店（有限公司）	3	套间	9	9	988	420	580	420	银川市清和北街199号	0951－6045555	
			标准间（豪华）	60	60	388	158	198	158			
			标准间	120	120	348	148	188	148			
宁夏税务干部学校	宁夏税务干部学校		套间	8	8	580	480	480	480	银川市凤凰北街312号	0951－5054441	
			标准间（豪华）	30	30	280	228	228	228			
			标准间	40	40	248	210	210	210			
首府假日饭店	宁夏业兴建设开发有限公司首府假日饭店		套间	5	5	588	385	380	380	银川市中山北街536号	0951－3989888	
			单间	48	48	288	180	180	180			
			标准间	35	35	388	200	200	180			
黄河明珠大酒店	宁夏黄河明珠餐饮有限公司黄河明珠大酒店		套间	5	5	1380	600	750	600	银川市丽景街106号	0951－6036666	
			单间	40	40	880	300	428	300			
			标准间	120	120	880	300	428	300			
天奇宾馆	宁夏天奇集团宾馆有限公司	3	套间	6	6	568	270	290	270	银川市丽景北街满春家园1号	0951－6158788	
			标准间（豪华）	47	47	368	220	220	200			
			标准间	14	14	348	200	200	180			
大地乐驰宾馆	宁夏大地乐驰宾馆有限公司（锦江之星银川新月广场店）	全国连锁店	单间（豪华）	26	26	279	279	279	279	银川市丽景北街144号	0951－6031199	
			单间	9	9	209	209	209	209			
			标准间（豪华）	23	23	239	239	239	239			
			标准间	29	29	229	229	229	229			
工人疗养院	宁夏回族自治区工人疗养院		标准间（豪华）	3	3	398	180	200	160	银川市正源南街581号	0951－5032212	
			标准间	59	59	298	150	160	140			
悦海宾馆	宁夏悦海宾馆	5	套间	28	28	2188	600	900	600	银川市贺兰山路甲1号	0951－5696888/5696698/5696699	
			单间	87	87	788	300	450	300			
			标准间	133	133	688	300	450	300			

饭店名称	发票开具单位名称	星级	客房（数量：间；价格：元/天）							地址	前台订房电话	备注
			房型	总间数	协议间数	门市价	协议价	旺季	淡季优惠价			
九洲国际饭店	宁夏九洲国际饭店有限公司	5	套间	15	15	1599	600	900	600	银川市解放西街369号	0951－5029999	
			单间	20	20	1099	300	450	300			
			标准间	32	32	1099	300	450	300			
香渔王子饭店	宁夏香渔王子饭店有限责任公司	4	套间	7	7	1288	598	888	598	银川市北京东路355号	0951－6737666	
			单间	15	15	568	298	447	298			
			标准间	60	60	528	298	447	298			
凯达酒店	宁夏凯达酒店管理有限公司	4	套间	19	19	688	450	450	450	银川市清和南街256号	0951－6098456/6098457	
			单间（豪华）	8	8	558	280	280	280			
			单间	10	10	456	230	230	230			
			标准间（豪华）	42	42	558	280	280	280			
			标准间	131	131	456	230	230	230			
戴斯商务酒店	宁夏地德人和酒店有限公司戴斯商务酒店	4	套间	10	10	1288	598	897	598	银川市金凤区泰康街9号	0951－5678888	
			单间	91	91	898	300	450	300			
			标准间	81	81	898	300	450	300			
人大会议中心	宁夏区人大会议中心		套间	20	20	988	580	870	580	银川市金凤区贺兰山中路266号	0951－5188498/5188499	
			标准间	63	63	398	270	400	270			
宝塔宾馆	宁夏宝塔宾馆有限公司	3	套间	5	5	888	488	588	488	银川市宁安大街88号	0951－5699299	
			单间	19	19	568	270	300	270			
			标准间	92	92	528	258	300	258			
大坤速捌酒店	银川市兴庆区大坤速捌酒店	3	套间	3	3	368	298	298	298	银川市兴庆区富宁街96号	0951－5034888/7806666	
			单间	33	33	228	188	188	188			
			标准间	65	65	238	198	198	198			
大自然酒店	银川大自然酒店管理有限责任公司	3	套间（豪华）	5	5	880	600	900	600	银川市清和南街242号	0951－6016666/6037771/6037773	
			套间	10	10	488	300	450	300			
			标准间（豪华）	40	40	328	200	300	200			
			标准间	80	80	288	180	270	180			
金桥大酒店	宁夏金桥大酒店有限公司	3	套间	4	4	658	328	398	328	银川市解放东街81号	0951－4013666	
			单间	12	12	318	168	198	168			
			标准间	70	70	438	202	258	202			
长相忆宾馆	宁夏长相忆娱乐有限公司	3	套间	4	4	688	482	482	482	银川市玉皇阁北街120号	0951－6710668	
			单间	8	8	398	220	220	220			
			标准间	102	102	458	240	240	240			

饭店名称	发票开具单位名称	星级	客房（数量：间；价格：元/天）							地　址	前台订房电话	备　注
			房型	总间数	协议间数	门市价	协议价	旺季	淡季优惠价			
世纪大厦	宁夏华兴实业有限公司银川世纪大厦	3	套间	12	12	888	600	600	600	银川市玉皇阁北街24号	0951－6080688	
			标准间（豪华）	50	50	498	258	298	258			
			标准间	51	51	468	230	288	230			
林苑宾馆	宁夏林苑宾馆	3	套间	3	3	860	590	590	590	银川市兴庆区南熏西街88号	0951－4100870	
			单间	8	8	310	200	200	200			
			标准间	72	72	330	220	220	220			
怡江花园酒店	宁夏怡江花园酒店有限公司	3	套间	6	6	588	388	388	388	银川市北京东路41号（检察院附楼）	0951－5170333/5170388	
			单间	6	6	318	120	120	120			
			标准间	50	50	318	188	188	188			
隆湖宾馆	宁夏隆湖餐饮娱乐有限公司隆湖宾馆	3	套间（豪华）	2	2	888	500	680	500	银川市兴庆区民族北街162号	0951－6718888	
			套间	3	3	568	400	480	400			
			单间	50	50	298	240	260	240			
			标准间	20	20	368	240	300	240			
玉皇阁酒店	宁夏玉皇阁酒店有限公司	3	套间	4	4	298	198	258	198	银川市玉皇阁北街8号	0951－6090628/6090638	
			单间	27	27	258	168	228	168			
			标准间（豪华）	44	44	258	168	228	168			
			标准间	29	29	228	158	218	158			
沙湖宾馆	宁夏沙湖旅游股份有限公司沙湖宾馆	3	套间	23	23	888	600	650	550	银川市文化西街58号	0951－5069189	
			单间	8	8	328	220	240	220			
			标准间（豪华）	50	50	368	260	280	240			
			标准间	50	50	328	220	240	220			
瀛海花园酒店	宁夏瀛海花园酒店（有限公司）		套间	8	8	688	420	420	420	银川市文化东街127号	0951－6037888	
			单间	8	8	328	180	180	180			
			标准间	61	61	328	180	180	180			
长城宾馆	银川市长城宾馆有限公司	2	套间	16	16	468	270	400	270	银川市解放西街388号	0951－5065128	
			标准间（豪华）	38	38	298	190	240	190			
			标准间	37	37	268	160	220	160			
宁夏大学国际交流中心	宁夏大学国际交流中心（有限公司）		套间	7	7	888	438	416	398	西夏区贺兰山西路489号	0951－2064777	
			标准间	81	81	498	220	210	200			
清源大厦（原凯逸大酒店）	宁夏区党校劳动服务公司		套间	3	3	388	318	318	318	银川市西夏区怀远西路155号	0951－3871088	
			标准间	137	137	260	138	138	138			

饭店名称	发票开具单位名称	星级	客房（数量：间；价格：元/天）							地址	前台订房电话	备注
			房型	总间数	协议间数	门市价	协议价	旺季	淡季优惠价			
八一宾馆	中国人民解放军宁夏军区招待所		套间	66	66	240	178	268	178	宁夏银川市西夏区学院西路257号	0951－2983888/2133676	
			标准间	103	103	200	150	180	150			
凯元宾馆	宁夏凯元宾馆（有限公司）		套间（豪华）	8	8	588	388	388	388	银川市北京中路106号	0951－5672177	
			套间	8	8	388	298	298	298			
			单间	4	4	318	258	258	258			
			标准间	25	25	288	190	190	190			
功达宾馆	宁夏贺兰功达建业有限责任公司银川功达宾馆		套间	2	2	580	400	600	400	银川市兴庆区上海东路841号	0951－6728888	
			标准间（豪华）	40	40	268	150	225	150			
			标准间	19	19	198	120	180	120			
黄河宾馆	宁夏黄河宾馆（有限责任公司）		套间	3	3	388	268	288	268	银川市凤凰北街46号	0951－5043197	
			单间	4	4	288	178	198	168			
			标准间	46	46	218	138	168	128			
富康饭店	银川富康饭店有限公司		套间	2	2	600	580	580	500	银川市上海东路808号	0951－6712079	
			单间	12	12	300	180	180	160			
			标准间	53	53	268	150	150	140			
塞上明珠饭店	银川塞上明珠饭店有限公司	3	套间	14	14	328	260	260	260	银川市兴庆区文化西街109号	0951－3918188	
			单间	16	16	208	150	150	150			
			标准间	78	78	188	138	138	138			
昊源宾馆	银川昊源商贸有限公司	3	套间	7	7	668	508	508	508	银川市中山南街裕民巷1－11号	0951－6030036	
			单间	15	15	328	188	188	188			
			标准间	96	96	328	188	188	188			
颐恒宾馆	银川颐恒发展有限公司	3	套间（豪华）	3	3	628	518	518	518	银川市火车站兴洲路中段128号	0951－3965386	
			套间	7	7	398	280	280	280			
			单间	10	10	278	238	238	238			
			标准间(豪华)	22	22	278	238	238	238			
			标准间	56	56	278	180	180	180			
石嘴山市												
星海湖宾馆	石嘴山市润泽供排水有限公司星海湖宾馆	4	套间	6	6	1188	598	658	598	石嘴山市大武口区大平路（东方广场东侧）	0952－2057057	
			单间	16	16	588	298	328	298			
			标准间（豪华）	76	76	588	298	328	298			

饭店名称	发票开具单位名称	星级	客房（数量：间；价格：元/天）							地址	前台订房电话	备注
			房型	总间数	协议间数	门市价	协议价	旺季	淡季优惠价			
沙湖假日酒店	宁夏沙湖假日酒店	4	套间	7	7	1688	600	900	600	宁夏石嘴山市平罗县沙湖旅游区	0952－6684868	
			单间	105	105	688	300	450	300			
			标准间	138	138	588	300	450	300			
青山宾馆	宁夏石嘴山市青山宾馆有限责任公司	3	套间（豪华）	8	8	568	420	418	340	石嘴山市大武口区朝阳西街81号	0952－2012926	
			套间	4	4	438	360	308	258			
			单间（豪华）	14	14	258	180	178	160			
			单间	12	12	258	170	168	130			
			标准间（豪华）	36	36	368	220	238	180			
			标准间	51	51	258	170	188	150			
圆梦园宾馆	国电宁夏石嘴山发电有限责任公司圆梦园宾馆	3	套间	5	5	348	288	288	288	惠农区河滨工业园区电厂路口	0952－3675888	
			单间	10	10	268	178	178	178			
			标准间	34	34	218	148	148	148			
吴忠市												
天能怡园酒店	宁夏天能怡园大酒店有限公司	3	套间	8	8	488	320	320	320	吴忠市利通南街90号	0953－2042850	
			标准间	51	51	268	140	140	140			
红宝宾馆	吴忠市红宝宾馆有限公司	4	普套间	6	6	1288	600	688	600	吴忠市盛元广场西侧	0953－2035299/2035266	
			普单间	20	20	488	230	268	230			
			普标间	140	140	488	230	268	230			
吴忠宾馆	宁夏吴忠宾馆有限公司	4	套间	4	4	598	328	428	328	吴忠市裕民西街5号	0953－6522555	
			单间	10	10	388	194	220	194			
			标准间（豪华）	33	33	428	214	268	214			
			标准间	45	45	368	184	220	184			
众禾宾馆	宁夏众禾科贸有限公司		套间	3	3	468	220	220	220	吴忠市利通区迎宾大街南1号	0953－2067777/2069999	
			单间	25	25	400	200	200	200			
			标准间	160	160	300	160	160	160			
固原市												
六盘山宾馆	固原市原州区六盘山宾馆	3	套间	11	11	520	320	320	320	固原市原州区中山街77号	0954－2021599	
			标准间（豪华）	16	16	198	160	160	160			
			标准间	89	89	178	140	140	140			
永祥宾馆	固原市原州区永祥宾馆	4	套间	16	16	688	488	668	488	固原市原州区文化街20号	0954－2066666	
			标准间	144	144	208	148	198	148			

饭店名称	发票开具单位名称	星级	客房（数量：间；价格：元/天）							地址	前台订房电话	备注
			房型	总间数	协议间数	门市价	协议价	旺季	淡季优惠价			
天净龙源电力宾馆	宁夏天净龙源电力有限公司宾馆	3	套间	5	5	588	400	430	400	固原市原州区人民街219号	0954－2902499/2902478	
			标准间（豪华）	23	23	198	140	170	140			
			标准间	17	17	188	120	150	120			
红宝宾馆	固原红宝实业有限公司红宝宾馆	3	套间	5	5	658	428	428	428	固原市中山北街	0954－2066899	
			单间	5	5	258	178	178	168			
			标准间	70	70	248	170	170	160			
固原宾馆	固原红宝实业有限公司	2	套间	9	9	298	268	268	268	固原市政府街	0954－2023750	
			单间	4	4	168	138	138	138			
			标准间	70	70	158	128	128	128			
中卫市												
逸兴大酒店	中卫市逸兴大酒店有限责任公司	4	套间	6	6	888	480	480	480	中卫市鼓楼北街2号	0955－7017666	
			单间	11	11	628	288	288	288			
			标准间（豪华）	55	55	628	268	268	268			
			标准间	40	40	628	198	198	198			
世和中卫宾馆	宁夏世和中卫宾馆有限公司	3	套间	4	4	688	328	328	328	中卫市沙坡区头区鼓楼西街33号	0955－7012609	
			标准间（豪华）	42	42	318	148	148	128			
			标准间	46	46	288	138	138	118			
万瑞大酒店	中卫市万瑞大酒店	3	套间	4	4	888	328	328	328	中卫市沙坡区头区鼓楼东街3号	0955－7076888	
			单间	4	4	488	148	148	148			
			标准间（豪华）	28	28	488	148	148	148			
			标准间	16	16	428	138	138	138			
红宝宾馆	宁夏红宝实业有限公司中卫红宝宾馆	4	套房	7	7	1380	600	680	600	中卫市鼓楼南街	0955－7069878	
			单间	24	24	516	200	288	200			
			标准间（豪华）	98	98	468	200	258	200			
			标准间	62	62	368	180	238	180			
卓越酒店	中卫市卓越餐饮服务有限公司	3	套间	6	6	468	234	268	234	中卫市鼓楼东街	0955－7028888	
			单间	2	2	188	110	130	110			
			标准间（豪华）	28	28	268	130	160	130			
			标准间	16	16	228	120	140	120			
君悦大酒店	中卫市君悦大酒店有限公司	3	套间	4	4	588	388	388	388	中卫市汽车总站西侧无环广场	0955－7025888	
			单间	2	2	258	128	128	128			
			标准间	48	48	268	138	138	138			

新疆维吾尔自治区

- 财政部委托新疆维吾尔自治区财政厅负责在新疆维吾尔自治区地级以上城市招标采购出差定点饭店并负责日常监督管理工作。
- 本次政府采购，确定新疆维吾尔自治区出差定点饭店62家。
- 出差定点饭店按照与财政部门签订《协议书》的价格向中央和地方各级党政机关和事业单位提供相应的接待服务。
- 如果对协议价格产生疑义，可以要求定点饭店出示《协议书》。
- 如有出差定点饭店变更或协议价格变化，应以“党政机关出差会议定点饭店查询网”的信息为准。
- 本目录中的新疆维吾尔自治区出差定点饭店的详细信息，可在“党政机关出差会议定点饭店查询网”查阅。
- 新疆维吾尔自治区的乌鲁木齐市、哈密市、吐鲁番市出差定点饭店包括了季节价格差，其中乌鲁木齐市的旺季为每年的5－10月，哈密市的旺季为每年的5－10月，吐鲁番市的旺季为每年的5－10月，其余为淡季，请在使用查阅时注意。
- 新疆维吾尔自治区各地区长途电话区号：

乌鲁木齐市　0991

喀什地区　0998

和田地区　0903

哈密地区　0902

博尔塔拉蒙古自治州 0909

巴音郭楞蒙古自治州　0996

塔城地区　0901

石河子市　0993

克拉玛依市　0990

阿克苏地区　0997

吐鲁番地区　0995

克孜勒苏柯尔克孜自治州　0908

昌吉回族自治州　0994

伊犁哈萨克自治州　0999

阿勒泰地区　0906

新疆维吾尔自治区出差定点饭店

饭店名称	发票开具单位名称	星级	客房（数量：间；价格：元/天）						地址	前台订房电话	备注
			房型	总间数	协议间数	门市价	旺季价	淡季价			
乌鲁木齐市											
新疆迎宾馆	新疆迎宾馆	4	套间	59	59	880	600		乌鲁木齐市延安路1192号	0991－2509158	
			标准间	265	265	580	300				
联强宾馆	联强宾馆	3	套间	4	4	588	380		乌鲁木齐市建国路228号	0991－2611000/2611222	
			单间	5	5	288	200				
			标准间	62	62	268	180				
玛丽艳宾馆	玛丽艳宾馆	3	套间	4	4	680	380		乌鲁木齐市中山路57号	0991－2814935	
			单间	4	4	360	240				
			标准间	84	84	560	260				
鑫金新宾馆	鑫金新宾馆	3	套间	9	9	1680	600	500	乌鲁木齐市人民路255号	0991－5980666/5980856	
			单间	15	15	586	300	280			
			标准间	113	113	488	300	240			
新疆军区西虹宾馆	新疆军区西虹宾馆	4	套间	11	11	1080	600	500	乌鲁木齐市西虹东路816号	0991－4673222	
			单间	24	24	680	300	200			
			标准间	93	93	680	300	200			
徕远宾馆	徕远宾馆		套间	6	6	1888	600		乌鲁木齐市天山区建设路225号	0991－2933888	
			单间	10	10	688	300				
			标准间	93	93	498	298	258			
新疆华瑞大厦	新疆华瑞大厦	3	套间	8	8	1080	588		乌鲁木齐市五星南路198号	0991－2659999	
			单间	7	7	606	280				
			标准间	74	74	428	250	180			
新疆新融大厦	新疆新融大厦有限责任公司	3	套间	6	6	880	600	480	乌鲁木齐市人民路393号	0991－2835070	
			单间	10	10	580	300	240			
			标准间	120	120	480	300	240			
巴州大酒店	新疆巴州大酒店有限公司	3	套间	5	5	898	398		乌鲁木齐市友好北路352	0991－4862066/4862099	
			单间	12	12	498	200				
			标准间	50	50	468	200				
新疆教育大厦雪莲精品酒店	新疆教育大厦	3	套间	45	45	960	278		乌鲁木齐市钱塘江路216号	0991－5581838	
			标准间	154	154	568	140				

饭店名称	发票开具单位名称	星级	客房（数量：间；价格：元/天）						地址	前台订房电话	备注
			房型	总间数	协议间数	门市价	旺季价	淡季价			
新疆昆仑宾馆	新疆昆仑宾馆	3	套间	53	53	1200	600		乌鲁木齐市友好北路146号	0991－4811403/5191115	淡季下调20%
			单间	27	27	800	300				
			标准间	338	338	800	300				
新疆建设大厦	新疆建设大厦	2	套间	13	13	668	380		乌鲁木齐市红山西路106号	0991－8834888/8884889	
			单间	13	13	458	268				
			标准间	119	119	268	198				
新疆维斯特温泉假日酒店	新疆维斯特温泉假日酒店管理有限公司	5	套间	10	10	1080	580	380	乌鲁木齐市水磨沟区温泉东路287号	0991－4160888－销售部	
			单间	10	10	250	280	250			
			标准间	167	167	880	280	260			
新疆煤炭宾馆	新疆煤炭宾馆	3	套间	6	6	698	498		乌鲁木齐市友好南路458号	0991－4511933/4514204	
			单间	8	8	528	298				
			标准间	106	106	468	298				
党委办公厅干部培训中心	党委办公厅干部培训中心		套间	5	5	488	380		乌鲁木齐市东风路288号	0991－2624504	
			单间	63	63	218	150				
			标准间	68	68	288	140				
军区第四招待所	军区第四招待所		套间	9	9	680	480		乌鲁木齐市东环路68号	0991－4986028/4986100	
			单间	8	8	280	180				
			标准间	60	60	280	280				
克拉玛依市											
克拉玛依迎宾馆	克拉玛依迎宾馆	3	套间	10	10	688	480		克拉玛依市西环路39号	0990－6989666	
			单间	9	9	258	180				
			标准间	61	61	288	180				
独山子桃李园大酒店	独山子桃李园大酒店	3	套间	3	3	588	400		独山子大庆东路28号	0990－3871973	
			单间	16	16	268	210				
			标准间	89	89	288	210				
玛依塔柯酒店	新疆天虹实业有限公司	5	套间	7	7	1188	588		独山子大庆东路11号	0990－3886899	
			单间	140	140	898	280				
			标准间	39	39	898	280				
克拉玛依市国家税务局培训中心	克拉玛依市国家税务局培训中心		套间	3	3	480	380		克拉玛依市迎宾路62号	0990－6666585	
			单间	6	6	180	160				
			标准间	30	30	180	160				
喀什地区											
新疆喀什噶尔宾馆	新疆喀什噶尔宾馆		套间	17	17	880	580		喀什市塔吾古孜路57号	0998－2652367	淡季12月至次年3月；旺季4月至11月
			单间	20	20	680	380				
			标准间	112	112	580	380				

饭店名称	发票开具单位名称	星级	客房（数量：间；价格：元/天）						地址	前台订房电话	备注
			房型	总间数	协议间数	门市价	旺季价	淡季价			
喀什地委宾馆	喀什地委宾馆		套间	8	8	288	240		喀什市解放南路264号	0998－2522581	淡季10、11、12、1四个月；旺季6、7、8、9四个月
			单间	4	4	188	140				
			标准间	64	64	188	140				
其尼瓦克宾馆	新疆喀什噶尔旅游股份有限公司	3	套间	4	4	888	480		喀什市色满路144号	0998－2982103	淡季10月1日至6月9日；旺季6月10日至9月30日
			单间	12	12	380	180				
			标准间	238	238	380	180				
色满宾馆	喀什色满宾馆有限公司	3	套间	2	2	888	400		喀什市色满路337号	0998－2582129	淡季10、11、12、1；四个月；旺季6、7、8、9四个月
			单间	10	10	380	200				
			标准间	34	34	180	120				
阿克苏地区											
银海大酒店	阿克苏银海酒店有限责任公司	3	套间	4	4	568	280		阿克苏市东大街1－8号	0997－2131822/2131811	
			单间	14	14	298	150				
			标准间	73	73	268	130				
鸿福金兰大饭店	阿克苏市鸿福金兰大饭店	4	套间	6	6	1280	600		阿克苏市东大街32号	0997－2283085	
			单间	8	8	480	240				
			标准间	54	54	580	260				
地区宾馆	新疆阿克苏地区宾馆	3	套间	4	4	680	300		阿克苏市王三街9号	0997－2122000/2123369	
			单间	3	3	328	200				
			标准间	141	141	298	160				
天福大酒店	阿克苏市天福大酒店	3	套间	2	2	688	480		阿克苏市解放中路16号	0997－2525555/2518288	
			单间	14	14	488	168				
			标准间	76	76	488	158				
和田地区											
和田迎宾馆	和田迎宾馆	3	套间	9	9	880	580		和田市塔乃依北路44号	0903－2022824	
			单间	13	13	480	280				
			标准间	45	45	386	260				
和田宾馆	和田宾馆	3	套间	6	6	880	580		和田市乌鲁木齐南路57号	0903－2513570	
			单间	2	2	480	220				
			标准间	63	63	386	260				
吐鲁番地区											
西州大酒店	吐鲁番市西州大酒店	3	套间	7	7	888	680	380	吐鲁番市青年路8号	0995－8554000	旺季时间：5－10月；淡季时间：11月
			单间	4	4	388	280	120			
			标准间	40	40	388	280	120			

饭店名称	发票开具单位名称	星级	客房（数量：间；价格：元/天）						地　址	前台订房电话	备　注
			房型	总间数	协议间数	门市价	旺季价	淡季价			
哈密地区											
哈密鸿德酒店	哈密鸿德商贸有限公司	3	商务套间	17	17	688	328	288	新疆哈密市建国北路107号	0902－2267666/2263555	
			豪华套间	2	2	988	688	588			
			标准间	75	75	488	258	238			
新．哈加格达宾馆	哈密市加格达宾馆有限责任公司	4	套间（a楼）	6	6	680	388	300	新疆哈密市爱国北路8号	0902－2264816	
			单间（a楼）	4	4	588	268	228			
			标准间（a楼）	79	79	568	248	208			
			单间（b楼）	2	2	628	368	288			
			标准间（b楼）	54	54	608	300	228			
哈密宾馆	哈密宾馆	4	标准间（3号楼）	20	20	628	350	290	新疆哈密市迎宾路4号	0902－2233140－1188	
			单间（3号楼）	4	4	628	350	290			
			标准间（5号楼）	52	52	518	300	230			
			单间（5号楼）	8	8	518	300	230			
			套间（5号楼）	3	3	988	598	448			
克孜勒苏柯尔克孜自治州											
克州宾馆	克州宾馆	3	套间	3	3	1980	600		阿图什市帕米尔路西3院	0908－4221151	
			单间	4	4	680	300				
			标准间	28	28	580	280				
克州宾馆	克州宾馆	3	套间	16	16	580	280		阿图什市帕米尔路西3院	0908－4221151	
			标准间	60	60	280	180				
克州亚星大酒店	克州亚星大酒店		套间	17	17	888	408		阿图什市松他克路南7院	0908－4236888	
			单间	10	10	488	178				
			标准间	67	67	488	158				
博尔塔拉蒙古自治州											
博尔塔拉宾馆	博尔塔拉宾馆	4	套间	17	17	998	518		新疆博州南城区	0909－2313288	
			单间	25	25	318	238				
			标准间	131	131	288	218				
艾比湖大酒店	艾比湖大酒店	3	套间	3	3	398	180		新疆博乐市北京路295号	0909－2266066	
			单间	4	4	318	140				
			标准间	45	45	298	130				
			套间	2	2	498	260				
			标准间	34	34	298	100				
艾比湖大酒店（新楼）	艾比湖大酒店（新楼）	4	套间	7	7	1288	388		新疆博乐市北京路296号	0909－2266111	
			单间	33	33	588	228				
			标准间	113	113	588	180				
			豪华单间	7	7	688	248				

饭店名称	发票开具单位名称	星级	客房（数量：间；价格：元/天）						地址	前台订房电话	备注
			房型	总间数	协议间数	门市价	旺季价	淡季价			
昌吉回族自治州											
园林宾馆	昌吉回族自治州园林宾馆	4	套间	11	11	1128	580		昌吉市宁边东路272号	0994－2368666	
			单间	25	25	680	200				
			标准间	76	76	580	190				
天润酒店	昌吉市天润商贸有限责任公司	3	套间	12	12	498	400		昌吉市延安南路37号	0994－2882555	
			单间	4	4	268	160				
			标准间	60	60	268	160				
东方酒店	昌吉市东方酒店管理有限公司	3	套间	6	6	328	150		昌吉市北京北路122号	0994－2369966	
			单间	14	14	128	90				
			标准间	58	58	168	90				
教育培训中心培训宾馆	中国石油天然气运输公司教育培训中心		套间	10	10	580	480		南公园西路	0994－6581355	
			单间	156	156	160	160				
			标准间	96	96	280	120				
泉州楼	昌吉市泉州楼宾馆		套间	4	4	180	150		昌吉市北京北路7号	0994－2328233	
			标准间	46	46	120	100				
昌吉市政府招待所	昌吉市政府招待所		套间	3	3	280	280		昌吉市宁边西路64号	0994－2347272	
			单间	5	5	150	150				
			标准间	32	32	100	100				
巴音郭楞蒙古自治州											
巴音郭楞宾馆	巴州宾馆	4	1#套间	10	10	680	280		库尔勒市人民东路10号	0996－2215111	1. 含双早；2. 旺季时间为每年5月－10月
			1#单间	20	20	238	160				
			1#标准间	109	109	238	160				
			2#套间	6	6	1080	600				
			2#单间	10	10	468	260				
			2#标准间	45	45	438	260				
楼兰宾馆	新疆巴州楼兰宾馆	4	套间	14	12	1680	560		库尔勒市广场路2号	0996－2031156	
			单间	30	30	688	260				
			标准间	150	150	688	260				
塔里木石油酒店	中国石油天然气股份有限公司塔里木油田分公司	4	套间	20	20	1488	480		库尔勒石化大道塔指院内	0996－2173170	
			单间	51	51	868	280				
			标准间	81	81	818	240				
康城建国国际酒店	新疆康城国际大酒店有限公司	5	套间	19	19	1350	550		库尔勒市交通东路618号	0996－2275221	
			单间	101	101	980	280				
			标准间	146	146	980	280				

饭店名称	发票开具单位名称	星级	客房（数量：间；价格：元/天）						地址	前台订房电话	备注
			房型	总间数	协议间数	门市价	旺季价	淡季价			
库尔勒银星大酒店	库尔勒银星大酒店有限责任公司	4	套间	7	7	1880	580		库尔勒市人民东路36号	0996－2028888	
			单间	26	26	880	268				
			标准间	76	76	780	238				
伊犁哈萨克自治州											
伊犁宾馆	伊犁宾馆	4	套间	35	35	1288	600		伊宁市迎宾路8号	0999－8023799/8022794	含早餐
			单间	14	14	488	300				
			标准间	202	202	588	300				
伊犁大酒店	伊犁大酒店	4	套间	16	16	1088	600		伊宁市斯大林街23号	0999－8026666	不含早餐
			单间	13	13	680	300				
			标准间	184	184	680	300				
伊犁亚细亚酒店有限责任公司	伊犁亚细亚酒店有限责任公司	3	套间	3	3	688	300		伊宁市解放路119号	0999－8097289	含早餐
			单间	20	20	338	160				
			标准间	110	110	338	160				
塔城地区											
塔城地区职业培训中心酒店	塔城地区职业培训中心酒店	3	套间	10	10	580	380		塔城市光明路3号	0901－6223088	
			单间	8	8	280	220				
			标准间	42	42	180	120				
塔城地区宾馆有限责任公司	塔城地区宾馆有限责任公司	1	套间	8	8	588	380		塔城市友好街16号	0901－6226001	
			单间	3	3	180	140				
			标准间	100	100	160	120				
塔城地区旅游宾馆有限责任公司	塔城地区旅游宾馆有限责任公司	1	套间	3	3	368	200		塔城市光明路986号	0901－6262666	
			单间								
			标准间	45	45	168	80				
阿勒泰地区											
阿勒泰地区旅游宾馆	阿勒泰地区旅游宾馆	3	行政套间	2	2	1580	500		公园路205号	0906－2123804	
			商务套间	5	5	1580	480				
			单间	16	16	588	260				
			豪华标间	32	32	588	260				
			标准间	73	73	480	220				
金桥大酒店	金桥大酒店	3	豪华套间	6	6	888	500		解放路1号	0906－2127566	
			普通套间	9	9	688	408				
			普通单间	5	5	528	300				
			豪华标间	21	21	588	300				
			普通标间	161	161	488	200				

饭店名称	发票开具单位名称	星级	客房（数量：间；价格：元/天）						地　址	前台订房电话	备　注
			房型	总间数	协议间数	门市价	旺季价	淡季价			
石河子市											
石河子天富饭店	新疆天瑞恩基投资有限公司石河子天富饭店	4	标准间	88	88	480	298		新疆石河子市北二路28号	0993－2822111	持房卡可到游泳馆免费游泳
石河子宾馆	石河子宾馆	3	套间（中档）	3	3	680	580		新疆石河子市东环路4号	0993－2012587/2088790	
			套间（普通）	4	4	580	480				
			标准间（中档）	27	27	318	238				
			标准间（普通）	132	132	198	140				
			三人间	5	5	218	180				
石河子凯瑞酒店	新疆西部新丝路旅游（集团）有限责任公司凯瑞酒店	3	套间	7	7	888	560		新疆石河子市西环路109号	0993－2017624/2052088	
			单间	16	16	328	210				
			标准间	109	109	388	210				